Dieter Kühn
Ich Wolkenstein

Eine Biographie

Insel Verlag

Sonderausgabe 1979

Druck: May & Co, Darmstadt
Printed in Germany

Ich Wolkenstein

1

Von Köln nach Wolkenstein – längst schon liegt die Reiseroute fest: von Köln nach München, von München nach Herrsching, von dort über Partenkirchen, Innsbruck ins Grödnertal, Val Gardena, am Ende dieses Tals der Ort Wolkenstein, italienisch Selva, und hier die Burgruine Wolkenstein: die Stammburg, sozusagen, der Wolkensteiner. In dieser Burg hat Oswald von Wolkenstein mehrfach gewohnt, wenn auch kaum für lange Zeit, aber in einem Liedtext zeigt sich etwas wie Heimweh nach dieser Burg, die ich bisher nur auf einer alten Fotografie gesehen habe: eine senkrechte, mehrere hundert Meter hohe Felswand, und auf dem Geröllsockel, in eine Einwölbung hineingebaut, diese Burg, ein Felsnest. Als ich das Foto zum erstenmal sah, hatte ich Assoziationen an eine Pueblofestung.

Von Köln nach Wolkenstein: Flugsteigkopf B, Ausgang 4. Ich lehne mich an eine Leichtmetallbarriere vor der Glasfront, schaue auf das Heck des City-Jet, den Servicewagen, die Männer in Overalls. LH 622 nach München, abgekürzt MUC. Das grüne Lichtsignal über dem Ausgang des Warteraums noch nicht eingeschaltet, die Bordkarte in der Lederjacke. Ich fliege zu einer Lesung nach München, und weil ich dort ungefähr dreiviertel der Strecke Köln-Wolkenstein hinter mir habe, will ich mit einem Auto weiterfahren nach Südtirol, Norditalien: in Oswalds Region. In meinem Bewußtsein längst schon das neue Buchprojekt, es fordert mehr und mehr Raum: eine Biographie über Oswald von Wolkenstein. Ist es nicht selbstverständlich, daß ich mir die Orte, die Burgen anschaue, die in seinem Leben wichtig waren: Burg Wolkenstein, Burg Hauenstein, Burg Schöneck, Burg Neuhaus, die Trostburg und Greifenstein? Weiter gäbe es da noch die Burg Forst bei Meran, Vellenberg bei Innsbruck, aber in diesen Burgen ist Oswald nicht freiwillig gewesen, dorthin hatte man ihn überführt, gefesselt.

Zwei grüne Lichtpunkte, wechselweise an- und abgeschaltet; zweiter Aufruf, second calling. Durch den Teleskopgang zum Flugzeug; ein Fensterplatz. Die Betonplatten wasserstumpf, grellhell, gleich wieder stumpf – rasch und tief ziehende Wolkenballen. Böen drücken das kurze Gras flach neben der Piste. Die Beschleunigung, das Abheben, spürbare Einwirkung der Böen, schon sind die ersten Kilometer der Strecke Köln-Wolkenstein hinter mir. Unter mir: Grün wassersatt, Straßen und Dächer naßdunkel. Schon Wolkenbänke, die wir durchfliegen, Turbulenzen.

Das Durchstoßen der Wolkenschicht, rasches Auflichten des diffusen Grau, letzte Wolkenschleier, Wolkenfetzen; Quellweiß. Einige Wolkenlöcher: jeweils ein Ausschnitt Feldmuster, Straßenlinien, Siedlungsformen; bald schon bleibt die Wolkendecke geschlossen.

Ich lese von einem alten Gasthaus, und stolz erkläre der Wirt den Gästen, aus einer Dachrinne laufe das Regenwasser ab zur Sill, damit letztlich ins Schwarze Meer, auf der anderen Seite in den Eisack, damit zum Mittelmeer. Ich lese von der Säbener und Salurner Klause. Lese von einem Brauch: war der Bauer gestorben, so ging der Hauptknecht durch alle Räume des Bauernhauses, sagte: Der Bauer ist tot, sagte auch in den Ställen: Der Bauer ist tot, an den Bienenstöcken: Der Bauer ist tot. Und ich lese von Kornfeldern, die so steil sind, daß im Frühjahr die vom Schmelzwasser abgeschwemmte Erde in Körben wieder hinaufgetragen werden muß. Lese Wörter wie: Einbrennsuppe, Milchsuppe, Gerstensuppe, Fridattensuppe, wie Schwarzplenten und Schlutzkrapfen, wie Schnalser Nudeln und Innicher Sterz, wie Sauerkraut-Türteln und Topfennocken. Und Beinschinken wurden eingelegt in eine Beize von Trester mit Salz, Pfeffer, Salpeter, Lorbeerblättern, Knoblauch, Wacholderbeeren; danach wurde der Schinken wochenlang geräuchert.

Ich lege die Zeitschrift weg, schaue zum Fenster hinaus: eingeebnetes Quellweiß, auf der Tragfläche ein gleißender Lichtreflex. Von Düren über Köln nach Wolkenstein ist auch Oswald gereist, auf dem Rückweg der Reise von Wolkenstein über Köln nach Aachen; er wird für eine Strecke mehrere Wochen gebraucht haben; für mich ist es nur jeweils ein Tag – Zugfahrt, Flug, Autofahrt zusammengerechnet. Ich nehme mir vor, deutlich zu machen in dieser Biographie, was Reisen zu Oswalds Zeit bedeutete, Ende des vierzehnten, Anfang des fünfzehnten Jahrhunderts, was es damals hieß, bis nach Litauen zu kommen, auf die Krim, in die Türkei, ins Heilige Land, nach Nordafrika, Portugal, Spanien, Südfrankreich, nach England, Schottland, Irland. So hat er einen weiten Kreis gezogen, auf verschiedenen Reisen, um eine recht kleine Region, die sich mit wenigen Namen markieren läßt: Kastelruth, Seis, Ratzes, und in diesem Gebiet ein Punkt, der für Oswald zentral war: die Burg Hauenstein. Er hatte diese Burg besetzt, als sie ihm nur zu einem Drittel gehörte, danach jahrelanger Streit mit dem Besitzer, Oswald wurde schließlich gekidnappt, eingesperrt, wahrscheinlich gefoltert, aber seinen Anspruch auf diese Burg gab er nicht auf. Ihre topographische Umgebung hat er in verschiedenen Liedern benannt: die Zuordnung dieser Namen

auf einer Karte genügt mir freilich nicht, ich möchte wissen, wie lange man von der Burg Hauenstein nach Ratzes geht und ob man von der Burg aus Kastelruth sehen kann, das Oswald in zwei Liedern genannt hat und wie weit es von Hauenstein hinauf zur Seiser Alm ist, auf der er Weideland besaß.
Eine Durchsage: Wir überfliegen Frankfurt. Voraussichtlich der Publikationsort des Buchs. Das Erscheinungsjahr ist in meinem Bewußtsein schon fixiert: 1977, da ließe sich Oswalds 600. Geburtsjahr feiern. Sechshundert Jahre – diese Zahl kann eigentlich nur entmutigen, zugleich ist hier eine Herausforderung: möglichst viele Informationen sammeln, sie zusammensetzen zu einem biographischen Bericht, zugleich zu einem Bild, wenigstens zu einer Skizze seiner Zeit. Dazu würde ich mich kaum aufraffen, wenn mir Oswald nicht seit längerem nah, beinah gegenwärtig wäre in einigen seiner Liedtexte, vor allem im Hauenstein-Lied: nach vielen Reisen sitzt er fest in Ratzes am Schlern, auf seinem »Kofel«, von dichtem Wald umschlossen, und er sieht nur hohe Berge, tiefe Täler, sieht Felsbrocken, Gesträuch, Baumstubben, Schneestangen, wörtlich: Schneestangen, und statt des gewohnten gesellschaftlichen Umgangs Kälber, Geißen, Böcke, Rinder und »knospot leut«, also grobe, plumpe Leute, und die beschreibt Oswald als schwarz, häßlich, als verrußt oder verrotzt, je nach Lesart, und die eigenen Kinder fallen ihm auf die Nerven, er wird aggressiv und Eselschreien, Pfauenkreischen, ein tosender Wildbach – vor fünfzehn Jahren etwa hatte ich diesen Liedtext zum erstenmal gelesen: einer der Anstöße, mich genauer mit Oswald zu beschäftigen, und nun, September 75, ist es soweit; das Bewußtsein fixiert auf diesen Mann, eine erste Mappe mit Manuskriptblättern gefüllt.
Auslösend auch das Portraitgemälde, das ich in kleiner Reproduktion seit langem schon kenne: der massige Schädel, die gedrungene Nase, das rechte Auge geschlossen, die Narbe auf der Unterlippe, die pelzverbrämte Kappe, das prunkvolle Gewand mit Orden auf diagonalem Brustband – müßte man über jemand, den man so genau vor sich sieht, nicht Zutreffendes sagen können, wenn man genügend Informationen sammelt? Dazu, als weitere Schreibmotivation: Beschäftigung mit einem Mann, der verschiedene, zuweilen gegensätzliche Möglichkeiten verwirklicht hat, in seinem Leben, in seinen Arbeiten. Und zugleich wieder: Bewußtsein der Distanz, die sich kaum überspringen läßt. Und wiederum: Herausforderung durch das Andersartige, Fremde.
Die Reise nach Wolkenstein wird die Distanz zu Oswald von Wolkenstein kaum verkürzen. Zu sehen, was Oswald gesehen hat,

als Kind, als Erwachsener: Landschaften, die ihn jahrelang umgaben und die mich nun für einige Tage umgeben werden – kann ich dort Rückschlüsse ziehen? Was hat er von diesen Landschaften gesehen? Wieweit war sein Sehen vorgeprägt von Wahrnehmungsweisen seiner Zeit? Beispielsweise Abgeschiedenheit, die uns heute aufatmen läßt in einer Welt, die enger und enger wird – hat ein Oswald sie gesucht, war sie ihm gleichgültig, hat er sie gemieden? Ich mache mir deutlich: ich reise nicht nach Südtirol, Norditalien, um aus Sichtbarem Rückschlüsse zu ziehen, ich will mir seine Umgebung nur mal anschauen, als Zusatzinformation.
Weiterhin die Wolkendecke, das sehr reine Blau. Ich lese vom Pariser Abkommen, vom Autonomiestatut, vom Bombenterror in den sechziger Jahren, von der Vereinbarung zwischen Wien und Rom 1969, das sogenannte Paket der Befriedungsmaßnahmen, Paketler und Antipaketler – Wörter, die ich vorher nie gelesen, gehört habe. Auch nicht: Optanten und Dableiber. Ich lese, eine knappe Mehrheit der Landesversammlung der Südtiroler Volkspartei habe sich für das Paket entschieden, Erweiterung des bestehenden Autonomiestatuts, Gesetze, Durchführungsbestimmungen, die Einsprachigkeit von Steuer-, Gerichts- und Polizeibehörden aufgehoben, wenigstens formell. Wörter, Wortfolgen für die gegenwärtige Realität Südtirol: dort will ich die Spurensuche aufnehmen.
Das Hinabschrägen zur Wolkenschicht, registriert zwischen einem Satz und dem nächsten; ich stecke die Reiselektüre weg. Bald wischt es hellgrau am Fenster vorbei: Wolkenkuppen; die Lichtmulden schrumpfen. Diffuses Grau, Licht absorbierend. Das Flugzeug gerüttelt; ein paar Dutzend Köpfe an den Rücklehnen hin- und herpendelnd. Druck in den Ohren, schlucken. Auf einem Baggersee Wellen, sogar Schaumkronen. Einzelstehende Bäume sichtbar von Böen gezaust; ausgleichende Klappenbewegungen an der Tragfläche. Ins Weidegrün werden großflächige Windmuster gepreßt. Erste Leitlampen. Grasfläche durch mein Fenster, durch das gegenüberliegende Fenster, durch mein Fenster. Hartes Aufsetzen. Ausrollen. Losschnallen.
Durch den langen Korridor gehend, auf die Rolltreppe zu, vorbei an Plakaten, die für bayerische Fremdenverkehrsorte werben, wünsche ich mir, die Plakatflächen wären mit Reproduktionen von Oswalds Portraitgemälde bedeckt, im Vierfarbendruck: der massige, runde Schädel, das geschlossene rechte Auge, die kurze, gedrungene Nase, der große, in den Winkeln herabgezogene Mund, das Doppelkinn und wieder: der massige, runde Schädel, das geschlossene rechte Auge, die kurze, gedrungene Nase, der

große, in den Winkeln herabgezogene Mund, das Doppelkinn und wieder: der massige runde Schädel . . .
Am frühen Nachmittag ein Gespräch im Bayerischen Rundfunk. Zwischendurch frage ich mich, ob ich mal zur Musikabteilung gehen soll, ich kenne einen der Redakteure, wenn auch nur flüchtig: anfragen, ob man für das nächste oder übernächste Jahr an einer Sendung über Oswald von Wolkenstein interessiert wäre, mit ausgewählten Liedbeispielen der Langspielplatten – einige seiner Lieder längst schon als Ohrwürmer in meinem Kopf: Wach auff mein hort . . . Es fügt sich do ich was von zehen jaren alt . . . Auch seine Musik als Auslöser dieses Versuchs. Kein Besuch in der Musikredaktion. Die Lesung. Bier, Doppelkorn. Mit der S-Bahn nach Herrsching. Am Wochenende arbeite ich weiter an der Übersetzung eines Liedtextes.
Und dann, am Montagmorgen, der Aufbruch. Der Tag wie mit mächtigem Gongschlag eröffnet: WOLKENSTEIN! Aus dem Fenster schauend, weil das Wetter nun Reisewetter ist, registriere ich: föhnblauer Himmel, intensives Licht.
Die Tasche in den Wagen gelegt, die Autokarte, die Route liegt fest: Weilheim, Partenkirchen, Mittenwald, Zirler Berg, Innsbruck, Brenner, Brixen, Abfahrt Grödnertal, Val Gardena. Wie auf Werbeprospekten von Fremdenverkehrsorten ist der Ortsname WOLKENSTEIN dick gedruckter Mittelpunkt in einem Netz von Linien, die heranführen von Zürich, Brüssel, Amsterdam, von Hamburg, Berlin, Wien, von Triest, Florenz, Genua: WOLKENSTEIN, SELVA.
Die Kreisstadt Weilheim. Gebirgskulisse, davor Dörfer, Wiesen, Fichten, Birken. Partenkirchen, das Hinweisschild Mittenwald. Ortsumgehung Mittenwald, die Häuser rechts in einer Mulde; links, wenn ich hochschaue, das Karwendelgebirge: die Konturen wie frisch herausgebrochen. Der Grenzübergang. Zirler Berg, schon geht es nach Innsbruck – Straßenbauten für die Olympischen Winterspiele 76. Hier in Innsbruck ist Oswald mehrfach gewesen. Und außerhalb, oberhalb der Stadt war er eingesperrt, in Vellenberg bei Axams; das muß irgendwo zur Rechten im Hang liegen, aber ich mache keinen Abstecher, in meinem Bewußtsein wird der Ortsname WOLKENSTEIN immer größer.
Innsbruck rasch umfahren. Innsbruck ausschnittweise im Rückspiegel; wenn ich mich umschaue, sehe ich die Bergkulisse nordwärts, im linken Seitenfenster kurz die Sprungschanze Bergisel, wie der Pfeiler einer riesigen Autobahnbrücke, die einmal über Innsbruck hinweggeführt werden soll. Nach der Bergisel-Brücke der Bergisel-Tunnel, die Sonnenburgbrücke, die Europabrücke,

die Hauptmautstelle Schönberg; ich bezahle, erhalte einen Prospekt über die Brenner-Autobahn: die wichtigste europäische Nord-Süd-Verbindung, offen auch bei extremen Witterungsverhältnissen; 40 Notrufsäulen; elektronische Glatteiswarnung; Kommandozentrale; TV-Kameras; von Psychologen ausgesuchte Farbabstufungen an den Leitplanken sollen das Unterbewußtsein der Fahrer so beeinflussen, daß sie die Geschwindigkeit vermindern – wirkt sich bei mir nicht aus, ich will nach WOLKENSTEIN! Luft wummert durch das halb geöffnete Seitenfenster, staut sich im Gehäuse: es ist sommerlich warm, ich fahre ohne Schuhe, in Jeans und Hemd. Föhngereinigtes Blau. Bergzüge, Bergmassive rechts, Bergzüge, Bergmassive links. Die Gschleiers-Brücken, die Mützener-Brücken, die Gschnitztal-Brücke, die Autobahn fast völlig leer, off-season, kein winkender »Wachlsepp« macht mich ungeduldig, knallrot, mit einer Fahne Vorsicht signalisierend. Schon die Felperbrücke. Bergmassive, Burgen – Sichtmarkierungen auf dem Weg nach Wolkenstein! Abfahrt Nößlach, Gries, Obernberg, bald schon der LKW-Stauraum, Geldwechsel, der Obernberger Talübergang und Ausfahrt Brennersee, Brenner-Ort, der Brenner-Paß. Engführung: die Autobahntrasse ganz nah an der Straße, auf der Oswald geritten ist: »Von Wolkenstein brach ich nach Köln auf, gut gelaunt.« Südwärts bleiben Autobahntrasse, Straßentrasse, Eisenbahntrasse und Fluß nah beisammen, Verkehrsadern, gebündelt: pro Jahr überqueren rund 8 Millionen Reisende den Brenner – mein geringer Beitrag zur Statistik. Von Köln nach Wolkenstein reise ich, gut gelaunt.
Wieder zahlreiche Brücken, die Namen in den beiden Landessprachen dieser »Autonomen Provinz Bozen«: jetzt kann es wirklich nicht mehr lange dauern, bis ich abbiege ins Grödnertal, Val Gardena. Schon ist Brixen, Bressanone angezeigt: dieses Brixen, dessen Domtürme auftauchen im Flirrlicht, ist für mich jetzt nur der Name des Orts, in dem die Gedenktafel steht aus dem Jahre 1408: Oswald lebensgroß als Kreuzritter, mit Schwert und Wimpel, mit Harnisch und Kampfrock, mit gepanzerten Schuhen auf den Wappen der Familien Wolkenstein und Villanders; sein rechtes Auge geschlossen, sein Bart wie onduliert, regelmäßige Löckchen auch auf seinem Haupt; in seiner linken Hand ein Helm, Pfauenfederschmuck. Fotografien dieser Tafel habe ich mir genau angeschaut, neue Informationen wird mir diese Marmortafel nicht bringen – dennoch, in meinem Bewußtsein dehnt sich diese Tafel aus, überdeckt fast das Stadtbild: auf dieser Tafel hat Oswald sich selbst gesehen; als er sie herstellen ließ, war er etwa dreißig Jahre alt, hatte noch knapp vier Jahrzehnte zu leben.

Nicht einmal wegen dieser Gedenktafel schwenke ich von der Autobahn ab, ich werde sie mir später anschauen, jetzt erst Wolkenstein, WOLKENSTEIN. Von Köln nach Wolkenstein reise ich, gut gelaunt. Brixen im Seitenfenster, Brixen im Rückspiegel. Der Druck des Gedenksteins läßt nach, sein Volumen verringert sich, denn schon ist Klausen angezeigt und Waidbruck, damit wächst ein anderes Wort in meinem Bewußtsein, TROSTBURG, zugleich das Bild, das ich mir nach Fotos von dieser Burg gemacht habe.
Die Autobahnausfahrt, eine Brücke über den Eisack: Umleitung. Aber sie hat einen Vorteil: auf der anderen Seite des Tals sehe ich hoch am Hang eine Burg, erkenne sie sofort – die Trostburg! Ich halte, schaue hinauf: eine Schloßburg mit zahlreichen Fensterläden, rot und weiß gestrichen, der Turm mit Dachhaube, Schießscharten. Ein mächtiger Akzent gesetzt in diese Landschaft: WIR VON WOLKENSTEIN! Das Besichtigen dieses Gebäudes verschiebe ich: erst Wolkenstein, Selva. Zurück über den Eisack, auf schmaler Brücke, über die Eisenbahntrasse, über den *Platz Oswald von Wolkenstein:* hier bin ich richtig, hier werden Plätze und Straßen nach Oswald benannt!
Ich fahre unter der Autobahn durch, eine Brücke zwischen zwei Tunnelröhren: deshalb also keine Ausfahrt hier bei Waidbruck, sondern schon vorher bei Klausen. Das Grödnertal ist zunächst eng: Felsen, naß von Sickerwasser; die Straße in Windungen am Wildbach entlang, der schon zu Oswalds Zeiten diesen Straßenabschnitt begleitete, einen anderen Straßenverlauf konnte es nicht gegeben haben.
Bald weitet sich das Tal, St. Ulrich, Ortisei, St. Christina, S. Cristina, und nun ist es angezeigt: Wolkenstein, Selva. Ungeduld, obwohl es bloß noch ein paar Kilometer sind. Das Ortsschild WOLKENSTEIN, SELVA, blau und weiß. Mit diesem Schild rückt der Satz, der mich begleitet, in die Vergangenheitsform: Von Köln nach Wolkenstein reiste ich, gut gelaunt. Während ich in den Ort hineinfahre, Staunen: ein Hochplateau, ringsum Berge. Vor mir, in Fahrtrichtung quergestellt, ein riesiges Bergmassiv.
Ein geschlossenes, vergammelt aussehendes Hotel, vor dem ich den Wagen abstelle. Aussteigend sehe ich den Namen ALBERGO OSVALDO. Na bitte. Wieder ein Rundblick: Hangflächen, Bergwände, Felsmassive – ja, *das* ist ein Herkunftsort!
Im Ort selbst, durch den ich gehe, um mir eine Regionalkarte zu kaufen, weist nichts auf Vergangenheit hin: eine Ansammlung von Hotels, weitere Hotels werden hinzugebaut; Wolkenstein, so habe ich in einer Zeitung gelesen, wurde in den sechziger Jahren zu einem der »Zentren der Winterurlaubsindustrie«. Hinweis-

schilder für Pensionen, Hotels, Wanderwege und Seilbahnen; Andenkenläden, Boutiquen. Knapp vor der Mittagspause kann ich noch eine Karte kaufen: das quergestellte Massiv am Talende ist die Große Sella-Gruppe, höchste Spitze 3151 Meter; südwärts führt am Fuß des Massivs die Straße zum Sellajoch, nordwärts zum Grödnerjoch; südlich vom Dorf der Langkofel, 3181 Meter. Das Dorf selbst in einer Höhe von etwa 1500 Metern. Eine Burg Wolkenstein ist nicht eingezeichnet.

Aber ganz in der Nähe der Albergo Osvaldo ein Wegweiser: Schloß Wolkenstein. Ich fahre vorbei an einem Feuerwehrhaus, auf dem riesig der Familienname-Ortsname steht: Oswald als gefeiertes Vorbild der Feuerwehr von Wolkenstein? Oswald gehörte zu denen, die eher Feuer legten als Feuer löschten: seine ruppigen, oft harten Methoden, beispielsweise im Kampf um die Burg Hauenstein – in einem der Bücher, die ich über ihn gelesen habe, wird er als abenteuerliche Verbrechernatur bezeichnet. Aufgepaßt also: sich nicht bestechen lassen durch die Naturtheaterszenerie einiger seiner Auftritte!

Auf schmaler Straße fahrend, warte ich darauf, daß ein Bergmassiv an die Straße heranrückt; aber das Tal bleibt sanft, grün, weitgeschwungen. Ich frage. Ja, das Schloß sei ganz in der Nähe, in der Mulde, man könne es nach wenigen hundert Metern schon sehen, von oben. In einer Wiesenmulde? Es ist die Fischburg, die, wie ich später lese, ein Nachkomme von Oswalds Bruder Michael gebaut hat, Engelhard Dietrich von Wolkenstein. Die Burg schaue ich mir gar nicht erst an, ich frage nach der Burgruine Wolkenstein, und die liegt ganz woanders, drüben im Langental.

Ein weites Tal, abgeschlossen und eingefaßt von bewaldeten Bergrücken, dahinter Karstschrägen, darüber Felsmassive. Ein Weg mit vielen Windungen; Felsbrocken, Fichtengruppen. In der Talsohle, rechts unten, ein breiter Weg, ein Sportplatz, eine Kaserne, eine Auslauffläche einer Abfahrtpiste, die leeren Gehäuse der Zeitanzeiger. Wenn ich mich umdrehe, sehe ich den Ort und jenseits des Orts, südlich, über dem ersten, noch bewaldeten Bergzug das kahle Felsmassiv des Langkofel, des Sassolungo und links davon das Sella-Massiv, wiederum links davon die Berge auf der anderen Seite dieses Tals: immer deutlicher die zeitweilige Umgebung Oswalds!

Endlich sehe ich die Burgruine, nach erneuter Wegkrümmung, und bleibe stehen: senkrecht die Stevia-Wand, und dort, wo die Geröllschräge, auf der ich stehe, an das Massiv stößt, das Gemäuer der Wolkensteinburg. Enttäuschend klein! Ob sehr viel Mauerwerk abgebrochen, ins Tal gerutscht ist?

Im Zickzack hinauf, nur die Andeutung eines Pfads. »Von Wolkenstein brach ich nach Köln auf, gut gelaunt.« Ja, und bei diesem gutgelaunten Aufbruch war er durch die Maueröffnung herausgekommen, durch die ich nun hineingehe in den Vorhof der wirklich sehr kleinen Burg. Ich schaue mich um: Wolkenstein ist jetzt nicht mehr bloß ein Name, den ich dutzendfach gelesen und auch schon mehrfach geschrieben habe, das ist nun Raum, der mich umschließt, wenn auch nicht mehr vollständig.

Ich schaue mich im Vorhof um: über der Toröffnung Fensterchen, Schießscharten; der Vorraum etwa vier, fünf Meter im Geviert; ein Türbogen. Ich gehe geduckt hinein und bin gleich wieder draußen, weil nur die Frontmauer stehengeblieben ist, Kulisse einer Burg. Ich steige auf einen Felsblock, der wahrscheinlich schon außerhalb des Burggrundrisses lag, schaue hoch: die Burg ist unter einen Felsüberhang gebaut, der Fels zugleich als Dach. Die Türöffnung und die beiden größeren, schräg übereinanderliegenden Fenster der stehengebliebenen Mauer zeigen die Stärke des Mauerwerks an: etwa ein Meter. Seitenbänke aus Stein in diesen Fensternischen, größere Flächen Verputz: aus Oswalds Zeit? Wahrscheinlich, denn diese Burg wurde dann nicht mehr lang bewohnt, verfiel rasch.

Der Grundriß muß dreieckig gewesen sein: die Mauer südwärts steht noch; die zweite Mauer fehlt; der Fels als dritte Wand. Wahrhaftig ein Felsnest, wenigstens fünfzig Meter über der Talsohle – ich denke wieder an Pueblo-Indianer, an Verteidigungsbauten von Höhlenbewohnern.

Höhlenähnlich müssen die Räume der Burg gewesen sein; bei diesem sehr kleinen Grundriß waren es wohl drei Räume übereinander, und nach oben kam man nur mit Leitern, für eine Treppe war hier wahrhaftig kein Platz. Hatte man diese Felswand verputzt? Spuren von Bearbeitung sind nicht zu sehen, nichts glattgehauen, abgeschliffen – wurden Felle oder Teppiche vor diese im Sommer kühle, im Winter kalte Felswand gehängt?

Die Fensternischen: dort saß man wohl meist. Schaute man hinaus, ›genoß den Ausblick‹? Das wäre höchstens im Sommer möglich gewesen, im Winter wurden die Fensteröffnungen zugemacht, durch geöltes Pergament in Holzrahmen, durch Bretter. Die Wolkensteiner als Höhlenbewohner, zumindest in dieser Burg, und ganz gewiß im Winter: an der Felswand wahrscheinlich Kondenswasser, von unten Küchendüfte und die Leitern rauf und runter: Kinder, Verwandte, Besucher – es muß ein ziemliches Gedrängel gewesen sein! Nichts also von der Ruhe, die mich jetzt hier umgibt: in diesen Fensternischen wird Oswald kaum an Liedern

gearbeitet haben, der sonst so robuste Mann war sehr geräuschempfindlich – jedenfalls in seinen Selbstdarstellungen.
Wiederholt schaue ich, von ›innen‹ her, an der Wand hoch: Risse im Mauerwerk – irgendwann einmal wird sich auch diese Südwand vom Fels lösen, wird die Geröllschräge hinabrutschen. So mache ich mehr Fotos als geplant, Detailaufnahmen: etwa, wie oben das Mauerwerk anschließt an den überkragenden Fels. Dort, im obersten Raum, mußte man sich fast schon bücken, um an das Fenster heranzukommen, jedenfalls hätte ich mich bücken müssen, während Oswald wahrscheinlich klein, gedrungen war. Ich fotografiere die Mauer vom Vorraum aus, der überdeckt war, wie Balkenlöcher anzeigen: gewiß war hier der Stall für Pferde und Maultiere, dazu der übliche Hühnerstall, Taubenschlag. Ich fotografiere von außen die Vormauer. Gehe durch beide Maueröffnungen zurück in den ehemaligen Innenraum der Burg, fotografiere von hier aus die Umgebung: pompöse Bergregion, Panorama von 180 Grad.
Wie zur Betonung des Außerordentlichen dieser Umgebung wächst hinter der Großen Sella-Gruppe eine Gewitterwand auf, graublau; das Bergmassiv ist noch beleuchtet von der inzwischen recht tief stehenden Sonne: rotgrau die Bergwände, Karstschrägen. Wolken aufziehend auch am Langkofel, der Gipfel dieses Bergklotzes zeitweise verhüllt, die Wolken dann wieder als riesige Schleppe. Das Sella-Massiv über dem schwarzgrünen Fichtensokkel stumpfgrau; die Gewitterfront quecksilberhell durchästelt, fernes Grummeln. Und wieder, wie mit Scheinwerfern, die teilweise Ausleuchtung des Felsmassivs, ein sattes Rot.

2 Oswalds Urgroßvater hieß Randolt von Villanders, war Richter auf der Trostburg, Verwalter der bischöflichen Burg Säben. Im April 1293 kaufte er die Burg Wolkenstein samt Ländereien von Ruprecht Maulrapp und dessen Brüdern Fritz und Ulrich. Der Kaufpreis: 61 Mark »Berner«.
Oswalds Großvater Konrad, auch er Richter und Verwalter, wurde 1319, nach dem Tod seines Vaters, vom Landesfürsten mit Wolkenstein belehnt; die offizielle Bestätigung des Besitzwechsels. Aber erst für das Jahr 1370 läßt sich zum erstenmal der Geschlechtsname »von Wolchenstain« urkundlich nachweisen; Konrad schrieb sich auch noch Konrad von Villanders oder: von Säben. Erst Oswalds Vater, Friedrich, entschied sich für den Namen Wolkenstein, siegelte aber noch mit dem Wappen der Familie Villanders: Tiroler Landadel der Umgebung des Dorfes Villanders

am Osthang des Ritten. Man wohnte dort nicht in Burgen, sondern in befestigten Bauernhäusern, sogenannten Ansitzen. Friedrich von Wolkenstein war kein armer Mann: er besaß Lehnsgut und Gericht Wolkenstein, besaß die Trostburg, besaß Bauernhöfe und Ländereien, die zur Burg Hauenstein bei Seis gehörten, besaß die Pfandherrschaft Kastelruth, besaß Güter in den Pfarreien Rodeneck und Villanders – Gebiete zwischen Eisack und Dolomiten.

Verheiratet war er mit Katharina von Villanders. Sieben Kinder aus dieser Ehe: vier Töchter, drei Söhne. Die Namen der Töchter, in alphabetischer Reihenfolge: Anna, Barbara, Martha, Ursula. Der erstgeborene Sohn hieß Michael, es folgte Oswald, dann Leonhard.

Keine präzisen Angaben, mit denen sich Oswalds Biographie eröffnen ließe; weder liegt sein Geburtsjahr genau fest, noch sein Geburtsort. Vorsichtige Autoren geben an, Oswald sei zwischen 1376 und 1378 geboren; am wahrscheinlichsten ist das Jahr 1377. Und wo wurde er geboren? Hier gibt es vier Angebote: Säben, Trostburg, Wolkenstein, Schöneck. Setzt man als Geburtsjahr 1377 an, so wird Oswald auf der Burg Schöneck geboren sein; in diesem Jahr siegelte sein Vater eine Urkunde als »Hauptmann von Schöneck«.

3 Wolkenstein und Schöneck: deutlicher könnten die Unterschiede kaum sein! Dieses Schöneck ist an einem Wiesenhang gebaut, auf kleiner Felskuppe, die Büsche, Bäume fast völlig verdecken; sanft geschwungene Höhenzüge ringsum. In das Pustertal blickend, ostwärts, sehe ich, was sich seit Oswalds Kindheit kaum verändert hat: nur ein paar Häuser in der Mulde, Bauernhöfe, eine Mühle, von der zumindest der Name geblieben ist, und: Fichtenhänge, Fichtenhänge, weit geschwungen.

Was Natur ist – mußte das Oswald als Kind in Schöneck nicht auf entschieden andere Weise erlebt haben als in Wolkenstein? Alles sanft hier, bewachsen, keine Felswand im Rücken, keine Felsmassive im Halbkreis des Blickfeldes. Wie Oswalds emotionale Beziehungen zu diesen so unterschiedlichen Wohnsitzen, Umgebungen waren, ich weiß es nicht. Gefiel ihm das Felsennest Wolkenstein, das ›wilde Kurdistan‹ ringsum, oder war (auch) ihm diese Umgebung zu karg, schroff, und er zog (schon als Kind beeinflußt von Vorlieben seiner Zeit) mildere Regionen vor, wie hier in Schöneck?

Ich würde die Burgruine gern näher beschauen. Aber der jetzige Besitzer hat ein offenbar ausgeprägtes Eigentumsbewußtsein: Lattenzaun, Stacheldraht, am Tor die Anschrift: Cani cattivi, böse Hunde. Die höre ich im Gemäuer röhren. Ich klingle nicht, sage nicht ins Sprechgerät, ich interessierte mich seit längerem für Oswald von Wolkenstein, würde gern mal die Burganlage besichtigen, ich lasse mich abschrecken. (Später, als der Besitzer dies in einem Zeitungsvorabdruck liest, lädt er mich sogleich zu einem Tiroler Weißen ein und zur Besichtigung.) Einen Viertelkreis gehe ich um diesen Besitz herum, bis zur kleinen Waldschlucht mit Bach, hinter der Burg. Der Turm ist restauriert, ein Dach aufgesetzt, darunter Schlagläden, rot und weiß gestrichen, alle geschlossen. Die werden wohl nur geöffnet, wenn der Besitzer, der in einem Bungalow neben der Burgruine wohnt, Besucher dort hinaufführt, ihnen das Pustertal ostwärts zeigt; vielleicht sieht man dort oben auch Felsmassive, bei klarem Wetter, womöglich den Langkofel, südöstlich.

4 Oswald als Kind auf Schöneck, auf Wolkenstein, auf der Trostburg: Felsen, Burgtürme, Kellerverliese; Wälder, Bäche, Wiesen – verbanden sich damit Kindheitserinnerungen? Kein Bericht darüber, kein Hinweis darauf – nur eine Lücke in der Überlieferung?

In einem französischen Lied des 14. Jahrhunderts werden die Lebensalter mit Jahreszeiten, mit Monaten verglichen: dabei werden die ersten sechs Jahre gleichgesetzt mit dem Januar. Und in einem französischen Lied des 13. Jahrhunderts heißt es, ein sechsjähriges Kind könne kaum etwas wert sein, doch solle man es gut versorgen, gut ernähren, wer keinen guten Anfang habe, werde auch kein gutes Ende finden.

Philippe Ariès zitiert in seiner *Geschichte der Kindheit* diese Liedtexte, zeigt vor allem an Gemälden des Mittelalters, wie man damals Kinder sah: als kleine Erwachsene – gleiche Physiognomie, gleiche Kleidung, nur Größenunterschiede. Ariès zieht den Schluß, daß man das Spezifische der Kindheit noch nicht realisierte; was nicht im Bewußtsein war, konnte auch nicht auf Bildern erscheinen. Die Kindheit war wie nicht vorhanden: Januar, der mußte nur überstanden werden. Diese Neutralität wird motiviert durch die sehr hohe Kindersterblichkeit: man wußte, daß höchstens die Hälfte der Kinder durchkam. Das war so im Hohen Mittelalter, war so in Oswalds Zeit, blieb so bis ins siebzehnte, ja

achtzehnte Jahrhundert. Montaigne: »Sie sterben mir alle als Säuglinge weg.« Starke emotionale Bindung an das neu geborene Kind konnte man sich kaum leisten: zu groß wäre mit jedem Todesfall die Belastung geworden. Ein Kleinkind war wie ein Probestück innerhalb einer größeren Serie, war noch halb anonym, konnte jederzeit wieder verschwinden.
Erst ab sieben Jahren etwa begann man zu zählen und wurde auch gleich zu den Erwachsenen gezählt. Ein zehnjähriger Junge, zum Beispiel, war kein Kind mehr, sondern ein kleiner Erwachsener mit einer hellen Stimme, und der mußte beim Bauern mit auf dem Feld und im Stall arbeiten, beim Handwerker in der Werkstatt und als Sohn eines Adligen erlernte er möglichst rasch das Kriegshandwerk.

5 Oswalds erste zehn Lebensjahre: ein kurzes Kapitel in dieser Biographie! Es ließe sich ausweiten durch Informationen über eine durchschnittliche Kindheit im Mittelalter, etwa wie folgt: Kinder und Erwachsene trugen meist ein langes, hemdartiges Gewand, dicker oder dünner, je nach Jahreszeit; man hängte Kindern vielfach ein Amulett um, wegen der hohen Sterblichkeit; es gab auch in Burgen keine räumliche Trennung zwischen Kindern und Erwachsenen (›Kinderzimmer‹); kleine Kinder hatten zwar ihre eigenen Spiele, Reifentreiben und Kreiselschlagen, Ballspiel und Fangspiel, Reigen und Plumpsack, aber Kinderspiele wurden recht bald identisch mit Erwachsenen-Spielen, die allerdings, nach unserer Vorstellung, vielfach recht kindhaft, ja kindisch waren; beliebt war im 14. Jahrhundert unter Erwachsenen und Kindern vor allem das Froschspiel: der ›Frosch‹ saß auf dem Boden, die anderen jagten um ihn herum, der ›Frosch‹ mußte hüpfend versuchen, einen Mitspieler zu fangen; ebenfalls beliebt waren bei Erwachsenen wie bei Kindern: Schneeballschlachten, Versteckspiele.
Weitere Informationen ließen sich zusammenstellen, es gibt Untersuchungen auch zu diesem Thema, aber: für Oswald wie für seine Zeitgenossen werden solche Details bedeutungslos gewesen sein. Und so will ich in diesem Abschnitt nur noch erwähnen, was über Oswalds Kindheit berichtet wird.
Das erste: Oswald sei, wie seine Brüder, von einem Geistlichen unterrichtet und erzogen worden. Über diesen Burgpfarrer wird von einem Autor des vorigen Jahrhunderts erzählt, er sei Invalide gewesen, ein Bein amputiert. Das läßt sich aber nicht nachweisen,

wir können das vergessen. Selbst, wenn es standesüblich war (zumindest unter reichen Adligen), einen Hausgeistlichen einzustellen: ob auch Friedrich von Wolkenstein einen Pfarrer im Personal hatte, müßte erst einmal nachgewiesen werden.
Wahrscheinlich wurde Oswald, wie seine Brüder, in eine der beiden Schulen geschickt, die in der Nähe der Trostburg lagen: die Domschule von Brixen oder die Klosterschule von Neustift. Da die Familien Villanders und Wolkenstein dem Kloster zuweilen fromme Stiftungen machten, werden die Söhne in die Stiftsschule gegangen sein, eine Art Internat. Oswalds Schulzeit dürfte freilich nur recht kurz gewesen sein.
Das zweite, das über seine Kindheit berichtet wird: bei einem Fastnachtstreiben auf der Trostburg sei ihm versehentlich das rechte Auge ausgeschossen worden. Keine zuverlässige Nachricht, eher ein Familienhistörchen. Ich werde später auf diesen Punkt eingehen, deute hier, vorwegnehmend, nur an: es könnte eine angeborene einseitige Lidlähmung gewesen sein.

6 Ich stelle den Wagen ab auf der *Piazza Oswald von Wolkenstein,* gehe den Schloßweg hinauf zur Trostburg. Reste einer Pflasterung, in mehreren Steinplatten sehe ich Radrinnen.
Steile Wiesenschräge, Obstbäume, einige Bauernhäuser; Wald oberhalb der Burg. Sie ist ziemlich groß: mehrere Stockwerke hoch das Wohngebäude mit weiß und rot gestrichenen Schlagläden.
Die Trostburg ist nach Oswalds Zeit erheblich verändert worden, durch Engelhard Dietrich von Wolkenstein, zu Beginn des 17. Jahrhunderts. Den Wohnturm, der auf dem vorgeschobenen Felskopf stand, baute er um in einen Bergfried. Schießscharten für Kanonen. Oberhalb der Burganlage ein kleiner Turm, ich sehe ihn zwischen Bäumen: der Römerturm, zur Sicherung eines Felshügels, der die Burg überragt – von dort aus hätten Belagerer die Anlage leicht beschießen können. Freiherr Engelhart baute auch einen Wehrgürtel mit drei Türmen und äußerem Turmzwinger, Kanonenscharten in den Türmen, Sturmpfähle an den Mauern. Die Burg, die Oswald mehrfach besucht hat, sie wurde weitgehend umgestaltet. Dennoch, ich steige hinauf, Äpfel essend, die ich von Ästen reiße: diese Burg war wichtig in der Familiengeschichte der Wolkensteiner, schon Vater Friedrich hatte sie besessen, und Michael, als Ältester, hatte sie übernommen.
Der Pflasterweg führt zu einer Toröffnung. Auf einem Pfad gehe

ich um das Schloßgebäude herum; links die Wehrmauer. Ein Weinfaß, senkrecht aufgestellt, ein Schlauch hängt herein, Wasser läuft über den Rand. Eine Frau klammert Wäschestücke an die Leine, beachtet mich nicht, geht in den Bau, durch eine offenstehende, schwarz gestrichene Eisentüre. Hühner, kein Hund. Ich gehe weiter, oberhalb des Schloßgebäudes, innerhalb des Wehrmauerrings: ein Wiesenpfad. Von den Fenstern des Wohntrakts wird man weiten Blick haben ins Eisacktal, vor allem südwärts, Richtung Bozen. Offenbar sind Besichtigungen dieser Burg nicht vorgesehen. Ich habe von einer Zimmerflucht mit Rokokostuckaturen gelesen und von einer gotischen Kammer und von einer Burgkapelle des Engelhard Dietrich und aus seiner Zeit auch der Rittersaal, lang und schmal, mit großen Fenstern, reicher Stuckverzierung, Renaissance, und in den Rundbogennischen Stuckfiguren in Hochrelief, Vorfahren der Familie, unter ihnen Oswald, schlank, verschönt, mit zwei offenen Augen.
Die Raumgliederung dieser Burg soll unübersichtlich sein, Zimmer, Kammern, Gänge, Treppen, und die Keller besonders tief, sehr weitläufig: war Oswald als Kind dort hinabgestiegen, die Kelleranlagen ähnlich tief, noch nicht ganz so weitläufig?
Ich gehe zu einem Turm, im Süden – dort führt ein asphaltierter Weg herauf. Einen Burgweg muß es hier schon zu Oswalds Zeit gegeben haben, denn im Turm hinter dem Michelstor sehe ich in halber Höhe den Rest einer Steinplatte: die stilisierten Wolkensäcke des Familienwappens, ein »chel von wolkenstain« – also dürfte Oswalds älterer Bruder diesen Turm erbaut haben, und sein Nachkomme Engelhard Dietrich hat diese Steinplatte nicht herausreißen oder mit Verputz überdecken lassen: so etwas wie eine Sichtverbindung zum Vorfahren, dem Stammvater des Trostburger Zweiges der Familie.
Um mehr zu sehen von alter Bausubstanz, müßte ich in den inneren Burgbereich kommen. Die einzige Öffnung zwischen Umfassungsmauer und Schloßgebäude ist die schwarz gestrichene Eisentüre, die halb offensteht. Ein Gewölbedurchgang. Rechts einige Stufen hinab, eine Türe, auch sie steht halb offen; in einem ziemlich dunklen Raum sitzen zwei ältere Frauen, ein Mann, schweigend löffeln sie Suppe. Ich grüße, sie grüßen nicht zurück, hocken am Tisch, Wachstuch, löffeln. Ich sehe vor mir, was ich in manchen Filmsequenzen gesehen, wovon ich auch gelesen habe: verschlossene Landleute. Mich wundert also nicht, daß eine der Frauen auf meine Frage nur mit einem Wort antwortet: Nein. Ein klares, ruhiges, entschiedenes Nein. Ich frage nicht weiter, sie sagen nichts weiter, stumm wird die Suppe gelöffelt. Ich steige zum

Gewölbegang hoch, gehe ein paar Schritte burgeinwärts: ein schmaler Gang zwischen Mauern, auf den Turm zu, links Sensen an Holzstangen, Pferdehalfter. Hühner laufen herum. Ich nehme an, einer der stummen Suppenlöffler behält mich im Blick: ich gehe zurück zur Eisentüre.

7 Die südtiroler Sage von »Eisenhand« beginnt mit einer Weissagung: Oswalds Mutter wird verkündet, ihr Sohn werde ein großer Sänger, falls er das Harfenspiel erlerne, aber es werde dann kein Glück, keinen Frieden mehr für ihn geben. Davor möchte die Mutter den Sohn bewahren, wie die meisten Mütter ihre Söhne davor bewahren wollen, Sänger oder Dichter zu werden; sie trägt den noch kleinen Jungen hinauf ins Felsgebirge Kedùl, läßt dort von wilden Frauen seine Hände verzaubern: sie werden stark für Schwert und Lanze, zu grob für jedes Instrument.

Das zeigt sich, als Oswald, einige Jahre älter geworden, die Musik von Spielleuten hört: Begeisterung, er möchte ebenfalls musizieren; Spielleute versuchen, ihn zu unterrichten, aber den Fiedeln zerfetzt er, den Harfen zerreißt er die Saiten, Instrumente zerbrechen in seinen Händen. Man nennt ihn nun »Eisenhand«.

Und Eisenhand erlernt das Kriegshandwerk, wird Jäger. Meist pirscht er allein in Bergwäldern. Einmal steigt er hinauf in die Berge (südlich der Seiser Alm), wandert am Molignon-Massiv (2852 m) entlang, kommt zur Mittagsstunde an eine große Bergwiese, hört Gesang und Saitenspiel. Seine Ohren sind nicht verzaubert, er schleicht sich näher heran: eine Elfe, in einem selbstverständlich silberglänzenden Gewand, spielt eine kleine Harfe, singt. Singt so betörend schön, daß Oswald atemlos lauscht. Stundenlang hört er ihr zu. Als Schatten in die Bergtäler wachsen, verschwindet die Sängerin, löst sich die Blumenwiese auf.

Am nächsten Tag ist Oswald wieder dort oben, und die Blumenwiese ist wieder da und die Elfensängerin auf der Blumenwiese, und sie spielt wieder Harfe, singt wieder, und Oswald ist wieder in Bann geschlagen, lauscht stundenlang, versteckt. Selbstverständlich hat ihn die Elfe längst bemerkt. An sechs Tagen singt sie, an sechs Tagen hört er ihr zu; am siebten Tag ruft sie zu ihm hinüber, sie habe ihn durchaus bemerkt. So kommt man ins Gespräch: Oswald gesteht ihr, wie gern er das Harfenspiel erlernen würde, aber seine Hände seien zu schwer, zu grob, zu hart. Die Elfe weiß, was Oswald noch nicht weiß, er hat es als kleiner Junge nicht bemerkt: daß seine Hände verzaubert wurden. Und die Elfe sagt ihm, dieser Zauber könne nur gebrochen werden durch großes Leid; sie wünscht ihm freilich, daß er dieses Leid niemals erfahre. Als der junge Mann Oswald einige Zeit darauf seine Mutter besucht, erzählt er ihr vom sehr schönen Fräulein dort oben im Gebirge, und er habe sich mit ihr verlobt. Natürlich möchte Mutter Wolkenstein wissen, wer dieses Fräulein ist, aber darüber kann Oswald nichts sagen, nicht einmal ihren Namen kann er nennen. Er steigt wieder in die Berge, wandert am Molignon entlang, trifft die Elfe, fragt sie nach dem Namen. Sie antwortet, er dürfe nie erfahren, wie sie heiße – sobald er ihren Namen besitze, müsse sie sich von ihm trennen.

Oswald berichtet dies bei nächster Gelegenheit seiner Mutter. Die weiß sofort, um welche Art Fräulein es sich handeln muß und warnt den Sohn: es gebe keine wahre Gemeinschaft zwischen Menschen und Berggeistern.

Monate vergehen. Oswald streift allein durch Wälder, durchs Gebirge. Einmal kehrt er spät zurück, es ist schon finster, er sieht Feuerschein in einer entlegenen Bergwaldregion, schleicht sich heran: Bergmenschen, wilde und weise Cristànes, sitzen am Feuer, sprechen aus, was Oswald nicht hören darf: die alte Wolkenstein habe durchaus recht gehabt, als sie Sohn Oswald die Hände verzaubern ließ, aber nun, seit er Antermòya kennengelernt habe, bestehe Gefahr, daß der Zauber wieder gebrochen werde. Jetzt kennt, besitzt Oswald ihren Namen: Antermòya.

Und Oswald trifft Antermòya wieder, vergißt sich, spricht ihren Namen aus. Antermòya, auch sie verliebt, klagt und weint: nun müsse sie sich von ihm trennen, müsse fort für immer. Sie sagt Lebewohl, schenkt ihm zum Abschied ihre Harfe, geht in die Mitte der Blumenwiese, singt das Lied, das Oswald als erstes von ihr hörte, schon bricht der Boden auf, schon quillt Wasser hoch, schwarzes Wasser, in dem sie eintaucht, versinkt, und mit ihr die Blumenwiese: Ŭ te kash leek spari'l adüm la trónyora florida ü bèla tjantarina, heißt es in der Ladiner Mundart.

Was bleibt, ist ein Bergsee (Lago Antermoia). Drei Tage lang geht Oswald um diesen See herum, trauernd. Dann nimmt er die Harfe, beginnt zu spielen, zu singen: ein Klagelied. Er spielt und singt vollendet: das Leid hat den Zauber gebrochen.

Aber damit erfüllt sich auch diese Weissagung: daß er nun ruhelos in der Welt umherziehen muß, kein Glück, keinen Frieden findet.

8 Über die Zeit zwischen (etwa) seinem zehnten und (ungefähr) vierundzwanzigsten Lebensjahr wissen wir nur, was uns Oswald selbst berichtet, in seinem großen autobiographischen Lied: »Es fügt sich . . .« Für diesen Abschnitt der Biographie sind vor allem die ersten beiden Strophen wichtig.

Es kam dazu, daß ich, an die zehn Jahre alt,
mir ansehn wollte, wie die Welt beschaffen ist.
In Not und Fremde, manchem heißen, kalten Land
hielt ich mich auf bei Christen, Heiden, Orthodoxen.
Drei Pfennig in dem Beutel und ein Stückchen Brot
das nahm ich mit daheim, auf meinem Weg ins Elend.
Bei Fremden, Freunden ließ ich manchen Tropfen Blut,
ich glaubte mich zuweilen schon dem Tode nah.
Ich lief zu Fuß, als sei's zur Buße. Dann verstarb
mein Vater. Vierzehn Jahre, immer noch kein Pferd.
Nur eins mal, halb gestohlen, halb geraubt – ein Falber.
Auf gleiche Weise wurd ichs leider wieder los!
War Laufbursch, war sogar mal Koch und Pferdeknecht,
und auch das Ruder zog ich, es war reichlich schwer,
bei Kreta und auch anderswo, und dann zurück.
So mancher Kittel war mein bestes Kleid.

Nach Preußen, Litauen. Und Tatarei, Türkei und Syrien;
nach Frankreich, Norditalien, Spanien. Mit zwei Königsheeren
(ich zog umher im Liebesdienst, doch zahlte selbst!)
mit Ruprecht, Sigmund: beide mit dem Adlerzeichen.
Französisch und arabisch, spanisch, katalanisch, deutsch,
lateinisch, slawisch, italienisch, russisch, griechisch –
zehn Sprachen habe ich benutzt, wenn's nötig war.
Auch konnt ich fiedeln, trommeln, pauken, flöten.
Ich habe Inseln, Halbinseln und manches Land umfahren
auf Schiffen, deren Größe mich bei Sturm beschützte;
so bin ich auf den Meeren hin und hergesaust.
Das Schwarze Meer, es lehrte mich ein Faß umklammern,
als (großes Pech!) die Brigantine unterging.
Da war ich Kaufmann, kam davon mit heiler Haut,
ich und ein Russ; in dem Getose fuhr mein Kapital
samt Zins zum Meeresgrund; ich aber schwamm zur Küste.

Kann der Biograph hier ablesen, daß Oswald früh seine Eltern verließ, offenbar heimlich, weil er die Welt kennenlernen wollte, daß er länger als ein Jahrzehnt umhervagabundierte in verschiedenen

Ländern, mehrere Tätigkeiten, Berufe ausübte, und es wird aufgezählt: Laufbursche, Koch, Pferdeknecht, Kaufmann?
Diese Story wurde oft erzählt und ausgesponnen, vor allem im neunzehnten Jahrhundert, aber noch in unserer Zeit wurde hier naiv Wunderliches berichtet. Beispielsweise über den Aufbruch: da heißt es zuweilen, den Jungen habe Abenteuerlust hinausgetrieben, und man fragt, wovon oder von wem diese Abenteuerlust geweckt worden sei, und ich lese, in einem sonst keineswegs romanhaften biographischen Bericht, Oswald habe schon als Knabe von den Ritterromanen seiner Zeit geschwärmt. Ein anderer Autor, der diese Fiktion übernimmt, meint bestätigend: dies erkläre Oswalds abenteuerlichen Hang, in die Gefahren des Lebens hinauszuziehen und Ritter zu werden. Und es wird ergänzt: damals sei unter Adligen die Lektüre deutscher Ritterepen und französischer Ritterromane beliebt gewesen – am prasselnden Kamin, während draußen der Schneesturm heulte oder das Käuzchen schrie? Welche Ritterromane waren das, bitteschön? In welchen Handschriften lagen die damals vor im Tiroler Raum? Besaß Friedrich von Wolkenstein eine Privatbibliothek? Brachte der Hausgeistliche aus seinem Stammkloster solche Lektüre mit, zum Vorlesen? Abgesehen davon: woher will man wissen, ob Oswald, falls auch er von Artus, Iwein oder Lancelot hörte, bei diesen Geschichten ins Schwärmen geriet, daß hier Nachfolgelust entstand? Wir können höchstens voraussetzen, daß bei Oswald ein Impuls, ein wohl starker Impuls war, in die Welt jenseits der umliegenden Wälder und Berge aufzubrechen; er hätte sich vor diesem Aufbruch ja auch drücken können, dafür gibt es genügend Beispiele: das bequeme »Verliegen«. Was sich in Oswalds Kopf festgesetzt hatte, bevor er die elterliche Burg verließ, wir können es nicht wissen. Und wir dürfen hier schon gar nicht unsere Vorstellungsmuster in das 14. Jahrhundert übertragen! Etwa nach dem Klischee: ein Junge, der es in seiner Umgebung nicht aushält, und er entzieht sich ihr zuerst durch Lektüre, haut dann wirklich ab, etwa, um Seemann zu werden, auf möglichst fernen Meeren, oder Fremdenlegionär, der schießend, saufend, hurend ein knallbuntes Leben führt. Die Umwelt, in der Oswald aufwuchs, war alles andere als (bürgerlich) gesichert – es wurde überfallen, geraubt, niedergestochen, angezündet, gevierteilt. Wollte der Junge nun in Länder, in denen noch mehr überfallen, geraubt, niedergestochen, angezündet, gevierteilt wurde?
Um richtig zu verstehen, was Oswald schreibt, müssen wir uns fragen, wie seine Liedtexte damals von den Zuhörern verstanden wurden. Wer aber waren seine Zuhörer?

Diese Frage ist wichtig, sie wird noch genauer zu erörtern sein. Vorwegnehmen läßt sich dies: Oswald war kein Berufsdichter, kein fahrender Sänger, der sich sein Publikum suchen mußte, Oswald bezog als Adliger keine Einkünfte aus dem Liedermachen und Liedersingen, er machte Lieder, trug sie vor, wenn er Lust dazu hatte. Seine Zuhörer werden vor allem Mitglieder der Gesellschaftsschicht gewesen sein, der er selbst angehörte. Wir müssen uns also an einen Informationsstand heranarbeiten, in einen Bewußtseinshorizont zurückversetzen, der ungefähr dem Informationsstand, Bewußtseinshorizont seiner damaligen Zuhörer entsprach.
Hierbei kann uns vor allem dieses Buch helfen: Norbert Mayr, *Die Reiselieder und Reisen Oswalds von Wolkenstein.* Wie wird hier der Aufbruch des Jungen interpretiert? Mayr weist darauf hin, daß es in adligen Familien jener Zeit üblich war, die Söhne im Alter von etwa vierzehn, fünfzehn Jahren hinauszuschicken, zur Fortsetzung der bisherigen Erziehung und Ausbildung; sie wurden entweder Edelknaben bei Hof oder wurden einem fahrenden Ritter mitgegeben, dem die Eltern vertrauten.
Wenn Oswald nun erzählend sang, daß er mit zehn Jahren in die Welt aufbrach, so werden das seine adligen Zuhörer durchaus als standesgemäßen Aufbruch verstanden haben. Außergewöhnlich konnte ihnen höchstens das Alter erscheinen. Aber warum sollte ein Junge nicht früher als üblich einem Ritter mitgegeben werden, wenn es sich so ergab, und vor allem: wenn der Junge das so wünschte? Es ist, statistisch gesehen, also recht unwahrscheinlich, daß Oswald heimlich oder sogar gegen den Willen seiner Eltern hinauszog.
Nun gibt es einige Details im Lied, die hier störend wirken könnten. Vor allem Oswalds Angabe, er sei mit drei Pfennigen im Beutel und ein wenig Brot losgezogen. Wer so wenig von zu Hause mitnimmt, der bricht wohl kaum offiziell auf! Wäre hier nicht vorstellbar, daß er einem Ritter nachgelaufen ist, nachdem ihm die Eltern erklärt hatten, er sei noch zu jung für die erste Fahrt in die Fremde? Ließe sich auf diese Weise nicht beides verbinden: der offenbar frühe, demnach eigenwillige Aufbruch und die standesübliche Ausbildung durch einen fahrenden Ritter?
Solche Phantasie-Verbindungsstücke sind nicht notwendig, wenn man Mayrs Ausführungen folgt: Oswald macht hier keine exakten Angaben über Bargeld und Wegzehrung, diese drei Pfennig, dieses Stückchen Brot waren vielmehr Glücksgaben der Eltern an das hinausziehende Kind: der »Notpfennig«, das »Heimwehbrot«. Diese Hinweise auf die symbolischen Gaben signalisierten den

Standesgenossen, daß hier das Übliche geschah, auch bei Oswald, der verkürzend erzählt und mit einseitiger Betonung. Seinen Zuhörern wäre es gewiß überflüssig erschienen, hätte Oswald seine Reiseausstattung aufgezählt: Hosen, Wämser, Brot und Schinken, den genauen Geldbetrag.

Und so zog er sicher auch nicht allein, als junger Vagabund, umher, sondern als Begleiter des einen oder anderen fahrenden Ritters: die ritten von Hof zu Hof, warteten auf die Gelegenheit, an einem Feldzug (damals: »reise«) teilnehmen, sich dabei auszeichnen und bereichern zu können. Ein Schildknappe folgte solch einem »reisigen« Ritter meist zu Fuß, und diese ausgedehnten Märsche auf staubigen oder verschlammten Wegpisten konnten durchaus mit Bußmärschen verglichen werden. Wenn Oswald seinen Zuhörern singend berichtete, er sei Laufbursche, Koch und Pferdeknecht gewesen, so wurde auch dies richtig verstanden: all das gehörte zu den Pflichten eines Edelknaben. Der mußte jede Arbeit tun, die ihm aufgetragen wurde: er war Kammerdiener und Laufbursche, mußte das Pferd versorgen, mußte unterwegs Feuer machen, kochen. Und wurde oft noch streng behandelt.

Oswald lag offenbar daran, zu zeigen, daß er zum ›harten Kern‹ der Ritterschaft gehörte; deshalb wohl hat er Not, Entbehrung, Strapaze, Gefahr so deutlich herausgestellt.

9 Daß vieles an Oswalds Biographie standesüblich war, kann auch ein Vergleich mit der Biographie des Marx Sittich von Wolkenstein zeigen. Er wurde 1563 geboren, als sechzehntes Kind des Wilhelm III. von Wolkenstein. Das körperlich zarte Kind Marx Sittich zeigte Interesse für Dichtung und Wissenschaft, es sollte Geistlicher werden.

1577 starb Vater Wilhelm. Wenige Tage nach seinem Tod zog Andreas von Österreich, ein junger Kardinal, durch das Eisacktal, war Gast auf der Trostburg: die Mutter (und der wohl inzwischen eingesetzte Vormund) baten den Kardinal, den Vierzehnjährigen als Edelknaben in das Gefolge aufzunehmen. Das geschah. Etwa fünf Wochen später traf der Kardinal mit seinem Anhang in Rom ein; hier blieb Marx Sittich etwa zwei Jahre.

Sechzehnjährig reiste er weiter nach Madrid, nun groß und stark genug für den Kriegsdienst – auch zu dieser Zeit ein wichtiger Teil des Erziehungsprogramms. Von Madrid aus wurde er gleich an die Front in den Niederlanden geschickt, durfte dort erste Kampferfahrungen sammeln, kehrte wieder nach Spanien zurück, diente

noch einige Zeit im spanischen Heer. Nach elfjähriger Abwesenheit war er wieder in Tirol, 1588.
Nun war er 25 Jahre alt. Er übernahm von seinem Vormund die Verwaltung der ererbten Güter, erweiterte sie zielstrebig: neben Grundstücken, Bauernhöfen kaufte er die Burg Rafenstein, vor Bozen, ließ sich hier nieder.
Er begann mit Vorarbeiten zur Chronik und Landesbeschreibung von Tirol. Und heiratete. Geboren wurden drei Söhne und drei Töchter, die aber sämtlich kurz nach der Geburt starben. Auch seine Frau starb früh. Marx Sittich heiratete eine zweite: ein halbes Jahr nach der Hochzeit gebar sie das erste Kind, drei Jahre später das zweite. Die Eheleute trennten sich. Der außereheliche Geschlechtsverkehr des Freiherrn wird verschieden interpretiert: als Notzucht an armen Bauernmädchen oder als übliche Beziehung zu Hausangestellten. In den letzten Jahren war Marx Sittich in verschiedene Prozesse verwickelt. Mit 57 Jahren war er tot.

10 Die Welt an den Grenzen Europas, außerhalb Europas: märchenhafte Bereiche zu Oswalds Zeit! Das zeigt die Reisebeschreibung des John Mandeville, im damaligen Europa so etwas wie ein ›Bestseller‹: viele Abschriften und Übersetzungen. Eine dieser Übersetzungen von Hans Vintler, einem Verwandten Oswalds.
Wer Mandeville gewesen sein mochte, ob er überhaupt die Welt umrundet hat, diese Fragen sollen hier nicht erörtert werden. Wahrscheinlich hat hier jemand ein geschicktes Kompendium verschiedener Reisebeschreibungen hergestellt. Der große Erfolg zeigt, welche Erwartungen in der Öffentlichkeit bestanden, und die wurden nun bestätigt, bestärkt.
Märchenhaftes wird bereits im neunten Kapitel erzählt: die Tochter des Hippokrates ist in einen Drachen verzaubert, einhundert Klafter lang – »sagen die Leute, denn ich habe es nicht gesehen«, schreibt Mandeville, aber ernsthaft erzählt er, wie alle zwei, drei Jahre dieser Drache aus seiner Höhle unter einer alten Burg herauskommt, und er möchte unbedingt einen Kuß, am liebsten von einem Ritter, dann wäre er standesgemäß erlöst, aber die Angst der Männer vor einem Drachen ist doch zu groß! Beispielsweise ein Johanniter, der will den erlösenden Kuß wagen, aber als er den riesigen Drachen sieht, fällt er vor lauter Schreck mit seinem Pferd vom hohen Fels ins tiefe Meer. Später kommt ein junger Mann auf die Insel, soll Süßwasser holen für das Schiff, und er trifft eine

hübsche junge Frau, will gleich mit ihr schlafen, aber sie macht ihm die Spielregeln klar: am nächsten Tag wird sie ihm in Drachengestalt begegnen, dann soll er sie beherzt auf den Mund küssen, ihm werde nichts dabei zustoßen, sie aber werde dadurch erlöst, werde ihm gehören, und das Land noch dazu. Auf diesen Vorschlag geht der junge Mann ein, aber als er am nächsten Tag den Drachen sieht, graust es ihn, er reißt aus, der Drache hinter ihm her, jämmerlich schreiend.
Weiterhin Märchenhaftes, Wundersames. So gibt es auf Zypern Wein, der ist im ersten Jahr rot, im zweiten weiß. Und wenn der Sultan mit einem Fremden, einem Gast redet, so stehen ringsumher Diener mit erhobenen Schwertern, Äxten, Spießen, um den Gast sofort in Stücke zu hauen, falls er etwas sagt, das der Sultan nicht hören will. Und in Äthiopien gibt es Leute, die nur einen Fuß haben, aber mit diesem einen Fuß laufen sie schneller als die üblichen Zweibeiner; dieser Fuß ist sehr breit und sehr lang – wenn einer, der auf so großem Fuße lebt, sich auf den Rücken legt und ihn hochhebt, hat er ausreichend Schatten. Und auf der Insel Tschampa gibt es Schnecken mit derart großen Schneckenhäusern, daß sie von Menschen bewohnt werden können, nachdem man sich am Schneckenfleisch sattgegessen hat. Auf der Insel Caffo werden Kranke einfach am nächsten Baum aufgeknüpft. Auf einer anderen Insel in jener Weltregion hetzt man Hunde auf die Siechen, sie werden totgebissen, aufgegessen – dies allerdings von Verwandten. Überhaupt wird viel Menschenfleisch verzehrt in diesem Buch: auf einer wiederum anderen Insel werden die Kranken prinzipiell gegessen, der Sohn vom Vater, der Mann von der Frau, und jeder verspeist seinen nächsten Freund. Und auf den Nikobaren-Inseln gibt es Kynozephali, Menschen mit Hundeköpfen, sie sind nackt, stark, streitlustig, fressen den besiegten Gegner auf. Und auf den Andamanen-Inseln, insgesamt vierundfünfzig, gibt es die absonderlichsten Erscheinungen: Menschen riesengroß, mit einem Auge mitten auf der Stirn; auch gibt es Menschen, die überhaupt keinen Kopf haben: ihre Augen an den Achseln und ihr Mund, hufeisenförmig, mitten auf der Brust; andere wiederum haben Augen und Mund auf dem Rücken.

11 »Buchen Sie Portugal«, lese ich in einer Anzeige. Ich könnte auch fast jedes andere Land buchen, zwischen Spitzbergen und Kapstadt, Grönland und Nepal – die Reiseziele erreichbar in Jet-Stunden.

Ich muß Materialien heranziehen, um mir zu vergegenwärtigen, wie langsam und mühsam man vor der Erfindung von Auto, Eisenbahn, Dampfschiff und Flugzeug reiste. Im ersten Band der Dokumentensammlung *Deutsche Sozialgeschichte* lese ich: die Extrapost, die 1827 auf der Strecke Kassel–Frankfurt eingesetzt wurde, brauchte immerhin noch 24 Stunden – reine Fahrzeit, Aufenthalte nicht eingerechnet. Und 1823 brauchte man für die Strecke Königsberg–Berlin 72 Stunden; darauf war man stolz, denn Väter und Großväter, so erzählte man, waren auf der gleichen Strecke durchschnittlich vierzehn Tage unterwegs gewesen. Weitere Angaben aus dieser Zeit: von Ulm bis München ein Tag; München bis Regensburg zwei Tage, mit Übernachtung in Landshut. Drei Tage und Nächte in der Diligence von Frankfurt bis Paris. Und das waren Hauptstrecken! Für Nebenstrecken setzte man erheblich mehr Zeit an: entschieden schlechtere Straßen, kaum Postverbindungen; am besten war dann, man nahm einen Lohnkutscher. Ein Beamter, der 1830 von Elberfeld nach Ragnit an der Memel fuhr, brauchte dafür dreieinhalb Wochen.
Der noch langsamere Reiseschnitt zu Oswalds Zeit: die Straßen in durchweg desolatem Zustand: meist Wege ohne Unterbau. Wurden Löcher und Mulden zu tief, füllte man sie mit Ästen und Steinen auf: so ging es »über Stock und Stein«.

12 »Nach Preußen, Litauen« – hier nennt Oswald in seiner autobiographischen Ballade zwei Länder und verzichtet auf jeden Kommentar. Für damalige Zuhörer war mit diesen Namen freilich schon einiges gesagt; Norbert Mayr weist hin auf die wiederholten Kriegszüge von Preußen nach Litauen. In einer Fußnote seiner Untersuchung ein Hinweis auf die *Geschichte Preußens* von Johannes Voigt.
Kriegszüge von Preußen nach Litauen – davon könnte Oswald bereits als Kind gehört haben, sie wurden sicher häufig erörtert unter Adligen. Denn fast jedes Jahr zogen Ritter aus dem deutschen Reich, aus Frankreich, aus den Niederlanden, auch aus England, Schottland nach Preußen, um freiwillig teilzunehmen an den blutigen ›Missionierungs‹-Expeditionen.
Der Deutsche Orden hatte sich einiges einfallen lassen, um möglichst viele Ritter anzulocken; beispielsweise gab es die Ehrentafel. An diesem beinah jährlich gedeckten Tisch durften Ritter, von denen man besondere Leistungen erwartete, mit dem Hochmeister des Deutschen Ordens speisen: eine neue Form der Artus-Runde.

Wer sich bewährte mit seinen Leuten, wurde (auch) nach dem Kriegszug gefeiert; erhielt als besondere Auszeichnung den Ehrensold: silberne Schalen, mit Goldstücken gefüllt.
Selbstverständlich wurde auch der religiöse Aspekt betont: hier kämpften schließlich Christen gegen Heiden. Ablässe für die Teilnahme an solch einer »Heidenfahrt«, für das Abschlachten von Litauern: kein Götze durfte an Preußens Grenze angebetet werden! Das war offenbar auch Tirolern und Schotten wichtig. Natürlich mußte sich solch eine »Heidenfahrt« auch materiell lohnen, für die Ritter wie für das Fußvolk: wiederholt wird von Plünderungen berichtet.
Diese Feldzüge, Beutezüge machen die alte Bedeutung des Tätigkeitswortes »verheeren« bewußt: alles wegfressen, wegsaufen, plündern, niederbrennen, vergewaltigen, gefangennehmen, niedermachen!
Beispielsweise der Feldzug von 1391. Damals war Oswald etwa 14 Jahre alt, konnte also durchaus schon zum Gefolge eines jener reisigen Ritter gehören, die nach Königsberg zogen. Unter den »Kriegsgästen« diesmal zahlreiche Engländer und Schotten. Weil sie nicht rasch genug voneinander abgelenkt werden konnten durch gemeinsames Töten von Litauern, fielen sie übereinander her – Verwundete, Tote. Die Franzosen, die ebenfalls eine alte Feindschaft mit den Engländern verband, mischten sich ein – Verwundete, Tote. Der Hochmeister mußte den Aufbruch des Heeres beschleunigen. Als erstes wurde die Festung Wissewalde gestürmt: Gefangene, Tote. Weiter nach Wilna.
Hier hatten die Verteidiger vier bis fünf Meilen rund um die Stadt alles zerstört, niedergebrannt. Kein Holz also für das Auffüllen der Gräben, für den Bau von Belagerungsmaschinen, kein Futter, keine Lebensmittel – das Heer schwenkte ab. Um das Aktionspotential der Männer zu nutzen, ließ der Hochmeister zwei Burgen bauen, im Werder. Dazu stellten die Ritter gewiß ihre Knappen, Pagen, Knechte – so hätte denn Oswald gebuddelt, Holz geschleppt, Steinbrocken zurechtgemeißelt. Die Herren gingen solange jagen, machten Streifzüge ins Hinterland, plünderten aus, vergewaltigten, töteten, steckten in Brand. Oswald, vierzehnjährig, als Augenzeuge auch solcher Mordbrennereien? Wurde er zur Belohnung für fleißiges Gräbengraben, Balkenschleppen, Steinemeißeln schon mal mitgenommen? Durfte er mitplündern? Mußte er helfen, widerspenstigen Frauen die Beine auseinanderzureißen? Schreien wie am Spieß; schreien am Spieß.
Im nächsten Jahr, 1392: wieder eine Möglichkeit für ihn, im Gefolge eines Ritters an solch einer »Heidenfahrt« teilzunehmen.

Selbst, wenn die leitenden Herren des Deutschen Ordens keine Lust mehr gehabt hätten, alle Jahre wieder durch Staub, Schlamm oder Schnee Richtung Wilna zu reiten, die Kriegsgäste trafen ein, wollten ihren Kriegszug haben, denen konnte man nicht sagen: Tut uns leid, dieses Jahr nicht. Es kamen vor allem wieder Kriegsgäste aus dem deutschen Reich, aus den Niederlanden, aus Frankreich. Und das Wetter war günstig, vom militärischen Standpunkt aus: früher Winterbeginn, in Preußen erfror zu Michaeli der Wein, die Maulbeerbäume verloren ihre Blätter, aber nun waren die vom Herbstregen aufgeweichten Wege passierbar, sogar die Sumpfgebiete.

Der Ordensmarschall Werner von Tettingen, Komtur zu Christburg, an der Spitze des Heeres. Wie immer die Fahne mit dem heiligen Georg, die Marienfahne, die Ordensfahne, die Fahnen der Kriegsgäste. Und erst mal wieder, als beinah schon übliche Vorspeise, die Belagerung einer Burg: Garten. Die Belagerung zog sich freilich entschieden länger hin als geplant. Und drei Tage lang dauerte denn der »Hauptsturm«. Als die Burg endlich ›geknackt‹ war, da war auch dieser Kriegszug zu Ende: Erschöpfung, hohe Verluste, man kehrte um. Immerhin brachte man rund 3000 Gefangene nach Preußen. Weite Gebiete waren verheert.

Ein Hochmeister folgte dem anderen, und Kriegszug auf Kriegszug – längst schon ein selbständig gewordener Vorgang, hier mochte der jeweilige Hochmeister denken, wie er wollte. Auch 1394 (nun war Oswald etwa 17) fanden sich zahlreiche Kriegsgäste ein; also war ein neuer Kriegszug fällig. Die Kriegsziele: die von den Litauern eroberte und zerstörte Burg Ritterswerder wieder aufbauen, und, natürlich, Belagerung und Erstürmung der Stadt Wilna.

Aufbruch Ende Juli: über Königsberg zur Küstenstadt Labian. Marschierte Oswald mit, staubschluckend? Mit Schiffen wurde das Heer dann über das Kurische Haff zur Memel transportiert. Ein Orkan, Verluste an Kriegsmaterial. Mitte August Landung auf dem Werder. Aber die Litauer wollten den Neubau der Festungsanlage nicht zulassen, sie zogen mit großem Heer heran. Gefechte, Kämpfe. Die burgundischen Bogenschützen bestätigten ihren Ruf, die Litauer zogen sich zurück, etwa 15 000 Mann. Das Ordensheer mit den Kriegsgästen hatte offenbar Blut geleckt, man zog nach Wilna, ohne vorher die Burg aufzubauen. Ein Litauer wurde gefangengenommen, zum Reden gebracht, man erfuhr, daß alle Waldwege in der geplanten Marschrichtung durch Verhaue und Geschütze gesperrt waren, Fallen, Hinterhalte. So zog das Heer auf einem Umweg weiter nördlich, durch Waldge-

biete, die zuvor kaum jemand durchquert hatte: Wegschneisen mußten geschlagen, Knüppeldämme gelegt, Brücken gebaut werden – hier mußte auch Oswald ran, falls er dabei war. Überfälle, immer wieder, durch größere und kleinere Trupps der Litauer. Mehrfach wurden Trupps, die Futter und Proviant besorgen sollten, niedergemacht. Zahlreiche Pferde, mitgetriebenes Schlachtvieh ging in den Sümpfen verloren. Der langwierige, äußerst mühsame, verlustreiche Weg nach Wilna.
Dort gab es für das Heer erst mal eine kurze Erholungspause. Dann sollte die Stadt eingeschlossen werden, aber das gelang den Ordensrittern und Kriegsgästen nicht; wiederholte Ausfälle der Belagerten. Die burgundischen Bogenschützen zeichneten sich zwar aus, aber weitere Ausfälle konnten nicht verhindert, der Belagerungsring konnte nicht geschlossen werden. Wachsende Verluste unter den Trupps, die im Hinterland fouragierten. Der Ordensmarschall persönlich zog mit einer größeren Einheit aus, zum Säubern, aber es gab nur Verluste. Die Lebensmittel wurden knapp, der Nachschub war schwierig, dennoch setzte man die Belagerung fort: Aufwerfen von Wehrschanzen, Bau von Belagerungstürmen, die an die Stadtmauer herangerollt werden sollten, so hoch wie die Mauerkrone. Wiederholt machten die Belagerten Ausfälle, auch nachts. Feuer im Lager des Ordensheeres: Zelte, Lagerhütten brannten nieder, große Verluste an Lebensmitteln und Futter. Fortsetzung der Belagerung: Abschnitte des Grabens vor der Stadtmauer wurden mit Holz aufgefüllt, man versuchte, das Wasser abzuleiten. Aber gerade diese Vorbereitungen wurden durch Ausfälle gestört, hohe Verluste unter den Belagerern. Beginnende Demoralisierung. Hunger. Der Hochmeister brach die Belagerung ab. Rückmarsch. Das Waldgebiet, das man auf dem kürzesten Weg durchqueren mußte, war von Litauern versperrt: eine Erdschanze. Das erschöpfte Heer konnte nicht noch einmal auf einen Umweg geführt werden, so blieb nur der Sturmangriff. Vor allem die burgundischen Bogenschützen schossen den Weg frei; hohe Verluste. Das Heer setzte über die Memel, zwei Monate nach dem Aufbruch. Ein erfolgloser Feldzug: Ritterswerder hatte man nicht aufbauen, Wilna nicht stürmen können. Selbst die Beute war mager.
An welchem dieser Litauenfeldzüge (die noch fortgesetzt wurden!) Oswald auch teilgenommen haben mochte: er wird beim Berichten oder Singen den Namen Litauen kaum mit Enthusiasmus hervorgehoben, mit Pathos betont haben. Eher mag es so geklungen haben: Preußen, Litauen, naja . . .

13 Litauen: mit diesem Namen war für Oswald ein ganz anderes Land bezeichnet als für uns; zu der Zeit, als er in dieses Land zog, hatte es seine weiteste Ausdehnung erreicht: es bauchte sich mächtig aus zwischen Polen und dem Großfürstentum Moskau, grenzte zwischen Bug und Dnjepr ans Schwarze Meer.
Und damit war man damals bereits in der Nähe der »Tatarei«, die Oswald später ebenfalls unter seinen Reiseländern aufzählen wird. In einem geographischen Lexikon des siebzehnten Jahrhunderts wird unterschieden zwischen der »kleinen« und der »großen« Tatarei, und zur »kleinen Tatarei« gehörte die Krim. Hier wird Oswald aller Wahrscheinlichkeit nach gewesen sein; in die »große Tatarei«, also in die Mongolei, kam man damals kaum. Die Krim als südwestlichster Zipfel des riesigen Eroberungsgebietes der »Goldenen Horde«, die im dreizehnten Jahrhundert bis zum Mittelmeer vorgedrungen war, bei Smyrna, aber dort war man nicht lang geblieben, das war wohl doch zu weit entfernt von den heimatlichen Yuchten. Rund 240 Jahre lang herrschten die Tataren in den Gebieten, die sie erobert hatten: ein Nomadenvolk mit einer für damalige Zeit fast perfekten Verwaltung; es gab allein vierzehn Arten der Besteuerung.
Als Oswald in der »Tatarei« war, begann die Macht dieses Reiches schon zu bröckeln: es bildeten sich Teil-Chanate, die sich befehdeten, bekämpften, und diese beginnende Zersplitterung wurde Moskaus Chance; allerdings sollte es immer noch ein rundes Jahrhundert dauern, ehe die Tataren aus den russischen Gebieten vertrieben werden konnten. Oswald war also in einer kriselnden, aber noch sehr mächtigen Tatarei.
Setzen wir unsere Inspektionsreise nach Südwesten fort, so kommen wir nach Konstantinopel, der Hauptstadt des »Reiches der Romania«, des byzantinischen Reichs. Davon war zu Oswalds Zeit nicht mehr viel übriggeblieben – es war auf das Stadtgebiet zusammengeschrumpft. Ein paar Jahre nach Oswalds Tod wird es von den Türken erobert. Selbstverständlich hatten sie schon lange vorher versucht, die berühmte, immer noch glanzvolle, sehr reiche Stadt zu stürmen, aber die war geschützt durch mächtige Stadtmauern, seewärts und landwärts. Dieser Stadtstaat verteidigte sich energisch, verdiente noch gut im Seehandel, das stolze Selbstbewußtsein aber war ebenso geschrumpft wie das Herrschaftsgebiet, man lebte auf Abruf, gedachte alter Prophezeiungen vom Untergang des Reiches – vor den Mauern die immer mächtigere Türkei, das Osmanische Reich.
Das hatte während Oswalds ersten Reisejahren wieder eine seiner expansiven Phasen. Vor allem nach Nordwesten dehnte es sich

aus. Wichtiger Faktor war dabei das straff organisierte, streng disziplinierte, modern bewaffnete Heer. Als Oswald etwa zwölf Jahre alt war, fand die Schlacht von Kossovo statt: die Türken schlugen ein Heer von Serben, Bosniern, Ungarn, Albanern – das Gemetzel auf dem Amselfeld. Und weiter dehnte sich das Osmanische Reich aus, bis zur Donau.

14 Frühere Biographen haben vermutet, Oswald habe an einem der Feldzüge gegen die Türken teilgenommen, an der Schlacht von Nikopolis. Das läßt sich nicht nachweisen, aber möglich wäre es.
Selbst, wenn Oswald (neunzehnjährig) an ihr nicht teilgenommen haben sollte – gewußt hat er von dieser Schlacht; die Niederlage des »Kreuzfahrer«-Heeres war so etwas wie ein westeuropäisches Trauma.
Alarmiert von der raschen Expansion der Türken, entschlossen sich westeuropäische Länder, aufgerufen durch Papst Bonifaz, zu einem sogenannten Kreuzzug, mittlerweile dem zwölften. Zielvorstellung war: Eroberung der Türkei, dann Persiens, danach Einmarsch ins Heilige Land. König Sigmund von Ungarn, mit seinem Land am unmittelbarsten bedroht, stellte das größte Truppenkontingent; dazu kamen Truppen aus Österreich, aus Böhmen, aus der Walachei, aus Polen und vor allem: aus Frankreich. Bei Buda, gegenüber von Pest, sammelte sich das Heer: etwa 100000 Mann. Es marschierte an der Donau entlang, verließ Ungarn an der Eisernen Pforte, eroberte zwei kleinere Städte, kam nach Nikopolis, an der südlichsten Ausbuchtung der Donau. Diese befestigte Stadt wollte man rasch erobern, gleichsam im Vorbeimarschieren, mußte sich aber doch auf eine reguläre Belagerung einrichten. Als der Belagerungsring geschlossen war, entwickelte man nicht mehr viel Initiative; ich lese von Spielen und Ausschweifungen; Siege fanden offenbar an Spieltischen statt, Eroberungen in Betten.
Als der türkische Sultan, wieder einmal mit der Belagerung von Konstantinopel beschäftigt, vom Einmarsch des Christenheeres erfuhr, zog er sein Heer zusammen, etwa 100000 Mann, marschierte rasch nach Nikopolis, unterbrach die »Spiele und Ausschweifungen«. Sigmund schlug den französischen Kollegen vor, mit seinen Truppen die erste Linie zu bilden, seine Soldaten hätten bereits Erfahrungen im Kampf mit Türken. Aber die Franzosen wollten partout nicht in der zweiten Linie stehen, sie wollten ganz

vorn sein, dort, wo der triumphale Sieg zu holen war. Sie griffen denn auch die Türken an, die sich auf einem taktisch wichtigen Hügel verschanzt hatten. Unter großen Verlusten erkämpften die Franzosen die Hügelkuppe, glaubten die Schlacht gewonnen, aber nun begann sie erst: mit 40000 Mann, die er bisher noch nicht eingesetzt hatte, schlug der Sultan zurück – ein Blutbad. Sigmund konnte sich in letzter Minute auf ein venezianisches Schiff retten, das stromabwärts trieb. Allgemeine Flucht. Nikopolis als Schock. Von einem Kreuzzug redete danach niemand mehr. Um so mehr sprach man in Europa von den Türken.

15 Realität Krieg, Realität Zerstörung, Realität Tod: der Junge wird etliches davon gesehen haben bei den Feldzügen, und womöglich war er auch direkt an Kämpfen beteiligt, in mehr oder weniger großer Distanz zu den Rittern vorn, die schossen, schlugen, stachen. Wie hat Oswald auf Kriegseindrücke, Kriegserfahrungen reagiert? Waren da Alpträume? Entstanden Empfindlichkeiten, Reizbarkeiten, Anfälligkeiten?
Oswald als Schildknappe – hier muß ich ergänzendes Material heranziehen. 1975 erschien im Selbstverlag der Unterprima des Kaiser-Karl-Gymnasiums in Aachen das Buch: *mit 15 an die Kanonen.* Untertitel: »Eine Fallstudie über das Schicksal der als ›Luftwaffenhelfer‹ (LwH) eingesetzten Oberschüler in den Sperrfeuerbatterien (Flak Abt. 514) rund um Aachen während der anglo-amerikanischen Luftoffensiven der Jahre 1943/44.« Befragt wurden 52 ehemalige Luftwaffenhelfer: können uns die ausgewählten, abgedruckten Auskünfte weiterhelfen?
Fast alle Befragten berichteten, daß sie eigentlich froh waren, als man sie von der Schule nahm und hinausschickte zu den Flakbatterien. Stichworte, die sich wiederholen, die charakteristisch scheinen: »Abwechslung«, »Abenteuer«: »Wir haben ein gewisses Abenteuer darin gesehen«, »Das war so 'n bißchen Abenteuer spielen«. Ein weiterer, wichtiger Punkt: das Selbstbewußtsein wurde gehoben – die Jungen, bisher in der Hitlerjugend, trugen nun eine Soldatenuniform: »Du hattest das Gefühl, du wirst ernst genommen.« Das »Erschrockensein«, den »Widerwillen« der Erwachsenen verstand man nicht; bedauert werden wollte man nicht; nur ungern ließ man sich dispensieren, auf Wunsch der Eltern, durch ärztliches Attest: wer nicht mit dabei war, fühlte sich ausgeschlossen, abgewertet. »Wir hatten einen, der hatte bei einem Chemieversuch ein Auge verloren, der war furchtbar traurig,

daß er nicht mitdurfte.« Hätte man ihn dennoch aufgenommen, vielleicht hätte er besonders angestrengt versucht, ›seinen Mann zu stehen‹, sich zu ›bewähren‹, womöglich auszuzeichnen.
Die Aufnahme in diese militärische Organisation war fast so etwas wie ein Initiationsritus: »Ganz stolz waren wir auf das Koppelschloß, das mit dem Luftwaffenadler versehen war.« Einer der ehemaligen Luftwaffenhelfer sprach von einem »vorgezogenen Männlichkeitsbewußtsein«, ein anderer erklärte: »Jungen in diesem Alter stimmen in jedem Fall zu, wenn sie mit Aufgaben betraut werden, die weit über ihre Altersmöglichkeiten hinausgehen.«
Ist so etwas nur für eine bestimmte historische Situation kennzeichnend, oder ist hier Typisches, das sich auf frühere Zeiten übertragen läßt? Erwartung von Abwechslung, Hoffnung auf Abenteuer auch bei Schildknappen des 14. Jahrhunderts? Und Stolz, wenn ihnen Aufgaben gestellt wurden, die »über ihre Altersmöglichkeiten« hinausgingen?
Die Luftwaffenhelfer kriegsrechtlich als »Wehrmachtsgefolge«, die Trossbuben, Schildknappen als Rittergefolge: halb Kinder, halb Erwachsene, lebten sie in einer Zwischenposition. Es kam gelegentlich vor, daß Luftwaffenhelfer in der Geschützstellung Versteck spielten, Nachlaufen, Räuber und Gendarm – gab es Entsprechendes bei Jungen im Gefolge von Rittern? Und die unmittelbaren Kampferfahrungen? Wie die sich auswirkten auf Jugendliche, wie die nachwirkten, darüber erfahre ich fast gar nichts von den ehemaligen Luftwaffenhelfern, danach wurde vielleicht gar nicht gefragt. Zu erfahren ist nur, wie sich Luftwaffenhelfer bei Bombenangriffen auf die Stellungen verhielten: man warf sich auf den Boden, zog eine Plane über sich, man nahm den Kopf zwischen die Arme, man begann zu beten: »Es war oft so, daß wir richtiggehend gebetet haben, auch laut. Da ist auch keiner von uns gewesen, der sich da als Held gefühlt hat. Wir sind danach alle sehr kleinlaut gewesen.« Aus einem anderen Bericht: »Man betete und hoffte, daß es einen selbst nicht traf. Man fürchtete den Tod nicht so sehr als das Verstümmeltwerden: Bauchschuß, Blindwerden. Der Tod war etwas, das nicht in den Bereich des Möglichen gezogen wurde.« Und das erklärt einer der Kommentatoren dieser Dokumente so: die Verwundeten, Verstümmelten sah man nachher noch, die Toten wurden sofort begraben.
Hatte auch Oswald Angst, verstümmelt zu werden, Angst, vielleicht auch noch das linke Auge zu verlieren?

16 Oswald nach vielen Reisejahren wieder in Tirol – nach wie vielen? Setzt man voraus, daß er 1377 geboren wurde, und glaubt man ihm, daß er tatsächlich mit zehn Jahren in die Welt hinausgezogen war, so hätte er im Jahr 1387 die Burg verlassen, die seine Eltern damals bewohnten. 1399 starb sein Vater. Für das Jahr 1400 läßt sich Oswald zum ersten Mal dokumentarisch in Tirol nachweisen. Also ein rundes Dutzend Jahre zwischen Aufbruch und Heimkehr.
Norbert Mayr ist der Meinung, es sei wenig wahrscheinlich, daß Oswald während dieses Zeitraums ständig unterwegs war; üblich sei das nicht gewesen. Ein Adelssproß zog mit einem Ritter aus, die »Fahrt« dauerte ein bis zwei Jahre, er kehrte für einige Zeit nach Hause zurück, bis zum nächsten Aufbruch. Oswalds Zuhörer setzten also wohl voraus, daß Oswald in diesem runden Dutzend Jahre hin und wieder zur Familie zurückkehrte. Wenn Oswald recht bald nach dem Tod seines Vaters in Tirol war – setzte das nicht voraus, so fragt Mayr, daß die Verbindungen zum Elternhaus nicht ganz abgerissen waren?

17 Und es gebe viele Bären im Lande Tirol, auch Wölfe – in besonders kalten Wintern kämen Bären und Wölfe von den Bergen herab in die Niederungen zu den menschlichen Siedlungen. Auch sei der Luchs nicht selten im Land, Biber und Dachs, Otter und Fuchs. Steinmarder seien zahlreich und Murmeltiere: »ein kurz wolliges Tierle«. Ausreichend Gemsen und Steinböcke. Und Schneehühner, Rebhühner, Haselhühner. Und Spielhennen und Schneegänse und Reiher und Enten und Gänse und drei Arten von Wildtauben. Und Finken, Amseln, Drosseln, Hirngrillen, Nachtigallen, Brandvögel, Zaunschlüpfer, Rohrdommeln, Sperlinge und so weiter. Es gebe auch zahlreiche giftige Tiere, vor allem Spinnen und Skorpione. Und Schlangen: die Blindschleichen, die aber zu Unrecht als blind bezeichnet würden. Die Hauptfarben: schwarz, lederfarben, blau. Auch schneeweiße Schlangen. Und Vipern mit breiten Köpfen, schmalen Hälsen, aschfarben, mit schwarzen, viereckigen Flecken auf dem Rücken. Auch kleine Wasserschlangen.
Dies berichtet Marx Sittich von Wolkenstein in seiner Beschreibung des Landes Tirol. Vieles von dem, was er registriert, wird auch für Oswalds Tirol charakteristisch sein. So gebe es in diesem Land genug Fleisch: Ochsen, Kühe, Geißen, Lämmer, Böcke. Auch ausreichend Schmalz, Butter, Milch. Öl werde aus Italien

eingeführt; Versuche mit Ölbäumen seien in Tirol nicht erfolgreich gewesen, zu frühe Kälteeinbrüche.
In der »von Gott mild gesegneten und löblichen Grafschaft Tirol« gebe es Wein in »Güte und Menge«; der Weinanbau beginne südlich von Brixen. Besonders gute Rebsorten werden aufgezählt. Und in Bozen werde Branntwein hergestellt, reichlich und von guter Qualität. Mit Getreide könne sich das Land knapp selbst versorgen – in einer Region wächst der beste Roggen, in einer anderen die beste Gerste, und im Pustertal gibt es reichlich Bohnen, Erbsen, Linsen. Viel Obstanbau: Äpfel, Erdbeeren, Kirschen, Pflaumen, Granatäpfel. Verschiedene Pfirsichsorten: bei einigen löst sich das Fleisch gut vom Kern, bei anderen nicht.
»Gott der Erschaffer« hat Tirol auch reichlich ausgestattet mit Wäldern und Wiesen. Verschiedentlich erreicht das Gebirge eine Höhe von »drei Meilen Wegs«; dort oben wächst freilich nichts mehr. Regnet es im Tal, so schneit es im Felsbereich. Aber wie zum Ausgleich gibt es die »allergrößten« Tannen, Fichten und Lärchen an den Berghängen – vor allem Lärchen würden auf der Etsch bis ans Meer gebracht, zum Schiffsbau. Für die Landesbewohner freilich bleibe genügend Bauholz und Brennholz; »ganz zu schweigen von dem Holz, das in den höchsten Wäldern umgeworfen wird und dort liegend ohne Nutzen verfaulen muß. Ein ganzes Land hätte daran eine lange Weile genug zu brennen.« Außerdem gibt es: Eichen-, Buchen-, Eschen-, Erlen-, Föhren- und Birkenwälder. Auch wilde Kirschen-, Apfel- und Birnbäume. Viele Eßkastanien: »Die armen Leute nähren sich damit, machen Mehl und Brot daraus.«
Und der Chronist berichtet von »Bergwerken, Erzgruben, von Salz, Alaun, Vitriol und Steinen«. Im Salzbergwerk bei Hall arbeiten 5000 bis 6000 Menschen, das Feuer unter den Pfannen geht nur aus zu Ostern, Pfingsten, Weihnachten. Weiter die »herrlichen Bergwerke«, in denen Gold, Silber, Kupfer, Blei, Eisen und andere Metalle gefördert werden. Die Schmelzhütten gehören teils den Landesfürsten, teils den Fuggern. Die »stattlichen Bergwerke in Taufers und Ahrn« gehören den Herren Wolkenstein-Rodenegg. Reichlich Kupfer, Schwefel, Vitriol. Diese Herren von Wolkenstein besitzen auch noch ein Bergwerk zu Kältenbach; eine Silbergrube mit etwa 100 Knappen.
An Steinen werden gefunden und abgebaut: Marmor, Alabaster, Porphyr, weißer Standstein. Und man findet den grünen Jaspis und den roten Blutstein, zum Teil mit grünen Äderchen.
Die »von Gott edelbegabte Grafschaft Tirol« sei weiterhin ausgezeichnet durch reiches Wachstum von Heilkräutern: der weiße

Nießwurz, dessen Saft unter anderem gegen Läuse schützt. Und der Meisterwurz, der Hl. Geistwurz, hilfreich gegen allerlei Gift, Pestilenz, gegen Gedächtnisschwäche und Steinbildung. Und der Rosenwurz oder Frauenwurz sei folgendermaßen anzuwenden bei Unfruchtbarkeit: in Milch aufkochen, trinken, den ehelichen Geschlechtsverkehr ausüben – da empfängt die Frau noch in der gleichen Stunde.

Weiter zählt er an Kräutern auf: Schlangenmord, auch Schmalwurz genannt, hilfreich bei Schwindelanfällen und Fallsucht; wenn man es kaut, »vertreibt es alle Melancholien«. Und der Enzian »ist gut für Gift, Bruch, Husten«, auch bei schwachem oder krankem Magen. Der Gems- oder Schwindelwurz wird vielfach von Gemsjägern gekaut, so wird ihnen beim Klettern nicht schwindlig. Und: Engelfuß und Hammerwurz und Kreuzwurz und Hirschwurz und Haarstrang und Wintergrün und Weinrauten und Wermut und Stabwurz und so weiter.

Im zwölften Kapitel äußert sich der Wolkensteiner über die Fruchtbarkeit der Weiber: nachdem er so viel über die Fruchtbarkeit der Grafschaft geschrieben hat, will er auch diesen Punkt nicht auslassen. Der Freiherr ist mit der Fruchtbarkeit der Frauen zufrieden; sie könnte allerdings noch höher sein, wenn die Frauen auf Schleckwerk und übermäßigen Weinkonsum verzichten würden; dadurch werde die Leibesfrucht zumindest geschwächt. Es wird berichtet von Zwillingen, Drillingen, Vierlingen. Mißgeburten gebe es »in dieser Grafschaft leider zuviel«, und zwar beim hohen wie beim niedrigen Stand, aber er meint, es gehöre sich nicht, auf diesen Punkt genauer einzugehen. Folgen Ausführungen über die Gesundheit Tirols, die gute Luft; es gibt zwar Gicht und Podagra, aber es ist offenbar nichts Außergewöhnliches, wenn jemand 100 Jahre alt wird; eine Frau, die gesund gelebt habe, nur von Kraut, Rüben, Nudeln, sei 104 geworden; das mache der Verzicht auf »delikate und schleckhafte Speisen«. Und Peter von Gerauch hat das 112. Jahr erreicht, geht noch immer seiner Wege und Stege, handelt und wandelt noch immer unter den Leuten, kauft und verkauft, »ist bei guter Vernunft«, hat ein gutes Gedächtnis, kann viele alte Geschichten erzählen, kein Wunder.

Insgesamt aber: es wird nach seinem Geschmack zuviel gefressen in Tirol. Beispielsweise bei Hochzeiten; früher sei man noch mit drei bis vier Gängen zufrieden gewesen, heute aber müsse alles fürstlich zugehen, auch bei ärmeren Leuten müßten es vierzig bis fünfzig Gänge sein, meint er. Ach, und all das Geschleck aus dem Welschland . . .

Weil schon mehrfach auf soziale Schichten hingewiesen wurde,

will Marx Sittich nun die vier Landstände dieser Grafschaft beschreiben. Er benennt und beschreibt erstens den geistlichen Stand, zweitens den löblichen Ritterstand, aber danach bricht entweder die Aufzeichnung ab, oder ausgerechnet an dieser Stelle ist ein Stück des Manuskripts verlorengegangen: kein Wort über den Bürgerstand und den Bauernstand . . .
Im zweiten Hauptteil geht der Chronist nun regionsweise vor, beschreibt die einzelnen Fürstentümer und Hochstifte, beginnt damit bei Trient. Interessant ist für uns nur, was er über das Gericht Kastelruth und das Gericht Wolkenstein schreibt.
Das Kastelruther Gebiet bezeichnet er als schön groß; »wir von Wolkenstein« schon lange in dieser Region. Früher gab es dort die von Maulrapp und die von Hauenstein. Burg Hauenstein liege »mitten in einem großen Wald«, sei noch bewohnt, verschiedene Zinsgüter gehörten zum Besitz, eine »schöne große Waldung mit allerlei Holz, wie Lärchen, Fichten und Tannen«. Im Schloß gebe es auch eine Kapelle, für Sankt Martin und Sankt Sebastian.
Marx Sittich berichtet auch über die Trostburg, die sein Bruder Engelhard Dietrich schön ausgebaut habe, auch seien dort Gärten angelegt worden, die allerlei Früchte brächten. Und er weist hin auf die Seiser Alm: die schönste und größte Alm des Landes. Jährlich sind dort oben 1 500 Kühe und 600 Ochsen, dennoch werden nicht weniger als 1800 Fuhren Heu herabgeschafft; vier bis fünf Wochen lang arbeiten etwa 4000 Menschen, um das beste und kräftigste Heu des Landes einzubringen. Und die allerköstlichsten Kräuter wachsen dort. Der Chronist weist auch hin auf »wilde Leute«: noch vor wenigen Jahren seien droben Waldmenschen bei Nacht gehört, bei Tag gesehen worden. Sogar bei Villanders habe man, nach einem glaubwürdigen Zeugen, einen wilden Mann gesehen, »ganz rauh, haarig und ungestalt«. Und bei Meran wurde ein »wildes Fräulein«, eine Waldnymphe, gesichtet, am hellichten Tag.
Das Gericht Wolkenstein schließe sich an das Gericht Kastelruth unmittelbar an. Der Chronist weist hin auf die Burg Wolkenstein, bezeichnet sie erstaunlicherweise als »Neu-Wolkenstein«: diese Burg liege an einer jäh abfallenden Wand, sei nicht mehr bewohnt, »steht nur etliches Gemäuer«. Das Gericht Wolkenstein habe nur etwa 50 Feuerstätten, dafür aber gute und reiche Almgebiete, etwa die Stevia-Alm, die Puez-Alm, die Cawazes-Alm, die Ferrara-Alm.
Wein und Weizen wüchsen nicht im Gericht Wolkenstein, wegen der Kälte, aber es gebe genügend Heu und Gerste, Mohn und Linsen, Rüben und Futter. Man lebe dort vom Vieh, das man aufziehe

und verkaufe. An Wildbret gebe es Hirsche, Bären, Wölfe, Hasen, Füchse, Marder, Murmeltiere und an »Federwildbret« Auerhähne, Haselhühner, Schneehühner, Steinhühner. Auch in diesem Gericht rede man eine »grobe und unverständliche Sprache«, weder italienisch noch deutsch: das Ladinische.
Wolkenstein gegenüber liege ein sehr hoher Kofel oder Berg, der Wolkenstein, mit vielen Zinnen und Spitzen; dieser Berg sei selten frei von Nebel oder Wolken; man höre vielfach Sausen und Rauschen, als würden Steine oder große Wände herabfallen. Dieser Berg sei sehr wild, hoch oben wachse weder Holz noch Heu, kein Mensch habe ihn bisher bestiegen, es gebe dort große Adler. Dieser Wolkenstein ist der heutige Langkofel.

18 Angenommen, ich würde Oswald einen Brief schreiben, der ihn in einer phantastischen Raum-Zeit-Kurve erreicht, würde in diesem Brief ein Wort benutzen wie »Wald«, ein Wort, das damals in Gebrauch war, das heute noch immer in Gebrauch ist, so gäbe es schon bei diesem scheinbar gemeinsamen, verbindenden Wort Schwierigkeiten. Denn was er sich beim Wort »Wald« dachte und was ich mir beim Wort »Wald« denke, das unterscheidet sich so sehr, daß wir eigentlich zwei verschiedene Wörter benutzen müßten.
Wald bedeckte zu seiner Zeit beinah ganz Europa, Wald war fast von jedem Weg, von jedem Feld, von jedem Dorf, von jeder Burg, auch von jeder Stadt aus zu sehen, fast immer bildete Wald den Horizont. Dieser Wald war etwas Weites, Dichtes, Dunkles, durch das nur einige Pisten, Wege, Pfade führten, und in diesem Weiten, Dichten, Dunklen gab es Tiere, vor denen man sich fürchtete, beispielsweise Wölfe, die hörte man vor den Burgen und vor den Städten heulen, nachts, vor allem im Winter, und wie oft geschah es und wie oft wurde davon berichtet, daß Menschen in diesem Weiten, Dichten, Dunkeln von Wölfen angefallen wurden oder von Bären, die sehr behend waren? Und noch größer die Wahrscheinlichkeit, daß man in diesem Weiten, Dichten, Dunklen von Räuberbanden überfallen wurde: so was kennen wir nur noch in Kindergeschichten von Räubern im finsteren Tann, in dem Äste knacken und Käuzchen rufen, die nicht immer Käuzchen sind.
Aus dem Wald wollte man möglichst rasch wieder herauskommen, aber in welche Richtung man auch zog, es dauerte oft Tage, ehe man in gelichtetes Gebiet kam, mit einem Dorf, das stunden-

weit vom nächsten Dorf entfernt lag und vielleicht tageweit von der nächsten Stadt.
Was wir uns dagegen unter Wald vorstellen, das sind forstwirtschaftliche Nutzflächen mit einem dichten Netz von Wirtschaftswegen, mit einer durch Zählungen und Abschußquoten ständig kontrollierten Zahl von Tieren. Was der gewohnten Waldordnung widerspricht, wird durch Polizei-Einsatz entfernt: »Waldmenschen« beispielsweise. Und als irgendwo in Bayern ein paar Wölfe aus einem Gehege ausbrachen, marschierten gegen diese halbdomestizierten Tiere Hundertschaften der Polizei auf, und bald schon wurde in der Bevölkerung auch der Einsatz gepanzerter Fahrzeuge gefordert.
Nein, wir könnten uns nicht einmal bei einem Wort wie »Wald« verständigen, ohne ausführliche Kommentare, längere Demonstrationen. Und das wäre so bei fast jedem Wort, mit dem wir unsere Umwelt bezeichnen, er seine, ich meine.

19 Bei meiner ersten Fahrt nach Südtirol machte ich Zwischenstation in Innsbruck, kaufte einen (sehr wichtigen) Sammelband, den es nur im dortigen Institut für Deutsche Philologie gibt: *Oswald von Wolkenstein, Beiträge der philologisch-musikwissenschaftlichen Tagung in Neustift bei Brixen 1973*. Bei diesem Besuch im Seminar lernte ich den Dozenten Anton Schwob kennen, unser Gespräch über Oswald wurde fortgesetzt durch einen Briefwechsel. Der brach auch nicht ab, als Schwob später von einem Bozener Verlag die Anregung erhielt, seine biographische Skizze zu Oswald auszuarbeiten zu einer Biographie.
Als ich 1976 zum zweitenmal nach Südtirol reiste, machte ich wieder Station in Innsbruck, bei den Schwobs. Diskussionen vor allem über Oswalds politische Haltung, gesellschaftliche Position. Ute Schwob, Historikerin, nahm an den Gesprächen teil; manches sah ich nun klarer.
Kontakt auch mit Erika Timm, spezialisiert auf Fragen der Textüberlieferung bei Oswald, damit auch (für mich sehr wichtig) auf die Frage der Datierung von Liedtexten. Briefwechsel, Telefonate, dann ein Besuch in Trier: in ihrem Dozentenzimmer wurde stundenlang über Detailfragen aus ihrem Forschungsbereich gesprochen.
Weiter: ein erst schriftlicher, dann telefonischer Kontakt mit Ulrich Müller, den ich schließlich in Stuttgart besuchte, zwei Tage lang. Wir haben ausführlich über Oswald gesprochen, vor allem

über Interferenzen zwischen literarischen Mustern und biographischer Realität. Müller spielte mir aber auch Bandaufnahmen vor, die er in einem seiner Oswald-Seminare gemacht hatte – meist Lieder, die es auf keiner der drei Oswald-Langspielplatten gibt: technisch und interpretatorisch ohne Glamour, doch hilfreich für die Arbeit.
Bei Müller lernte ich Hans-Dieter Mück kennen, der bei ihm promoviert, selbstverständlich über Oswald. Mück hat die wohl umfangreichste Sammlung von Sekundärliteratur über Oswald, meist in Ablichtungen. Er baute den Pulk von Aktenordnern auf einem Tisch auf und fragte: Was wollen Sie haben? Nach einer Bibliographie, die er zusammengestellt hatte, gab ich die Titel verschiedener Arbeiten an, und bald wuchs der Stoß von Fotokopien, die er nochmal für mich ablichtete.
Im nächsten Jahr wieder ein Besuch in Stuttgart, bei Müller und in Kornwestheim, bei Mück. Auch in der Zwischenzeit, in der Zeit danach Briefwechsel und Telefongespräche zwischen Kornwestheim und Düren. Mück wies mich auf neue Publikationen hin, aber auch auf ältere, die er aufgespürt hatte, schickte mir solche Arbeiten zum Teil auch gleich in Ablichtungen: Informationen zu Nahrungsmittelpreisen im späten Mittelalter oder zur Währungsfrage, Reichstagsakten, Materialien zu Oswalds älterem Bruder oder zu seiner Tochter Maria.
Weil mir die Übersetzungen von Liedtexten immer wichtiger wurden, schrieb ich Lambertus Okken an, Dozent an der Rijksuniversiteit Utrecht. Er hat in Fachzeitschriften einige Wortschatzuntersuchungen zu Liedern Oswalds veröffentlicht, Arbeiten, die ich für meine Übersetzungen selbstverständlich genutzt habe. Okkens Spezialität ist das Entschlüsseln schwieriger Texte, er arbeitet hier wie ein Codebrecher. Ein langes Wochenende in Bilthoven, schwierige Textstellen wurden erörtert, manche Texte systematisch durchgearbeitet; mir rauchte der Kopf. Im Sommer 76 eine zweite Arbeitssitzung in Düren, im Herbst eine dritte in Bilthoven; hier hat mir Okken vor allem beim Übersetzen von Dokumenten geholfen. Okken hat seine Großzügigkeit so motiviert: was er durch die Universität gelernt habe, das könne er nun, zum Teil, zurückgeben an eine größere Öffentlichkeit. Okken hat, neben Mück, am entschiedensten bei der Arbeit an diesem Buch geholfen.
Die Bereitwilligkeit, mit der man meine Arbeit unterstützte, war für mich ebenso erstaunlich wie erfreulich. Als ich einem Rundfunkredakteur davon erzählte, meinte er: Ich würde andere doch nicht an meinen Zettelkasten heranlassen! Darauf lief es in der Tat

zuweilen hinaus. Als ich Okken zum erstenmal anschrieb, lud er mich gleich nach Bilthoven ein, ich könne dort in seinen Ordnern »ernten«. Diese Ordner enthielten Materialien zu einem Buch über Oswalds »Bauernlieder«: Wortschatzuntersuchungen zu jedem dieser Texte. Ich weise auf dieses Buch hin, das er gemeinsam mit Mück schreibt; wer nach Begründungen, Belegen sucht für manchen vielleicht überraschenden Übersetzungsversuch, der wird sie hier finden, zumindest bei den Bauernliedern.
Von Anfang an stand für mich fest: ich wollte auf solche Kooperation nicht bloß hinweisen in Fußnoten oder in einer allgemeinen (womöglich kleingedruckten) Danksagung am Schluß des Buchs, ich wollte den Erarbeitungsprozeß in die Darstellung einbeziehen. Damit nehme ich eine Methode auf, die ich bereits im Roman *Die Präsidentin* ausprobiert habe. Hier nun führt sie zu einer weiteren Auffächerung, und das liegt mit am ›Objekt‹: die sehr vielseitige Person Oswald von Wolkenstein.

20 Oswalds Aufenthalt in Tirol war fürs erste relativ kurz. Das väterliche Erbe wurde von Michael, dem Ältesten, verwaltet – mit offenbar fester Hand. Oswald merkte wohl bald, daß hier für die nächste Zukunft nichts lockerzumachen war; nach dem März 1401 ist er für ein Jahr in Tirol nicht mehr nachweisbar. Er könnte also im Frühling oder Frühsommer 1401 Tirol wieder verlassen haben. Wie er in seiner Lebensballade erwähnt, nahm er teil am Italienfeldzug des Königs Ruprecht. Wir können voraussetzen: Junker Oswald kam für Pferd und Ausrüstung selbst auf, erwartete aber, daß er für seine Teilnahme am Feldzug bezahlt wurde. Dazu wohl auch Hoffnung auf Beute.
Dieser Italienfeldzug des Königs Ruprecht war ein jämmerliches Unternehmen. Ich skizziere Vorgeschichte und Verlauf; hier zeigt sich Typisches für Oswalds Zeit.
Im Jahre 1400 war in Lahnstein von Kurfürsten und Fürsten König Wenzel abgesetzt worden, wegen Unfähigkeit. Als sein Nachfolger wurde Pfalzgraf Ruprecht gewählt. Ein Mann, von dem man wußte, daß er arbeiten konnte, ganz im Gegensatz zum abgesetzten Vorgänger; ein Mann, von dem man hoffte, er werde die vom Vorgänger vertagten und verschlampten Aufgaben lösen.
Aber Ruprechts Position war äußerst schwach. So war es alles andere als selbstverständlich, daß er überall im Reich anerkannt wurde. Im Süden wurde ihm gehuldigt, im Norden kaum, im Osten gar nicht, und im Westen hatte er Schwierigkeiten. Bei-

spielsweise mit der Stadt Frankfurt: sechs Wochen und drei Tage mußte er vor den verschlossenen Stadttoren warten, das sogenannte Königslager, ehe die Stadtväter sich durchringen konnten, ihn einzulassen, ihm zu huldigen. In Aachen wollte er sich nach altem Brauch zum König krönen lassen, in der Nachfolge Karls des Großen, aber die Stadtherren ließen ihn nicht in die Stadt herein. So mußte er sich in Köln krönen lassen.
Was Ruprecht brauchte, war Erfolg, der die Zögernden überzeugte, die Stellung der Opponenten schwächte. So plante er bald nach seiner Amtsübernahme einen Feldzug: in Oberitalien, in der Lombardei hatte sein Vorgänger Wenzel Gebiete verloren, Ruprecht wollte sie zurückerobern, wollte sich dann in Rom vom Papst zum Kaiser krönen lassen, auch das sollte sein Ansehen heben.
Diese Ziele blieben Fiktion. Als das Heilige Römische Reich noch das Heilige Römische Reich war, eine neue, christliche Version des römischen Imperiums, da reichte es von der Nordsee bis Mittelitalien, schloß Rom ein, nominelles Zentrum auch des Reichs. Dieses italienische Gebiet war schwer zu halten, es mußte vom deutschsprachigen Reichsgebiet aus wiederholt zurückerobert werden. Schon Kaiser Friedrich war das Mitte des dreizehnten Jahrhunderts schwergefallen. Die immer reicheren Städte Oberitaliens konnten nur mit militärischen Mitteln gezwungen werden, dem deutschen Herrscher zu huldigen – und zu zahlen. Man sah nicht ein, weshalb man sich als königliches Lehen verleihen lassen sollte, was man ohnedies besaß. In den anderthalb Jahrhunderten wurde die Lage zunehmend schwieriger für die deutschen, nominell römischen Könige: die Entfernung nach Rom wurde gelegentlich unüberwindlich. Dazu hatten auch die jahrhundertelangen Machtkämpfe zwischen Königen und Päpsten geführt: durfte der König Bischöfe benennen, selbstherrlich, oder mußte er den Steigbügel des jeweiligen Papstes halten, unterwürfig?
Zu Ruprechts Zeit war südlich der Alpen das Heilige Römische Reich Deutscher Nation nur noch Erinnerung. Durch seinen Marsch nach Rom wollte Ruprecht die alte Reichsmacht wieder herstellen. Das heißt: wenn er an die Kaiserkrone heranwollte, mußte er sich bis Rom vorkämpfen. Wer dies schaffte, bewies, daß er ausreichende militärische und damit politische Macht besaß, also ein Faktor war, den ein Papst berücksichtigen mußte.
Nun gab es freilich seit Jahrzehnten zwei Heilige Stühle, den einen in Rom, den anderen in Avignon – Papst und Gegenpapst, das Kirchenschisma. Es läßt sich also sagen: ein nur teilweise aner-

kannter König wollte sich von einem nur teilweise anerkannten Papst zum Kaiser eines Reiches krönen lassen, das es bloß noch auf alten Landkarten und in den Köpfen einiger Träumer gab.
Der neue König nahm Verhandlungen auf mit Florenz: die reiche Handelsstadt sollte seinen Feldzug finanzieren; im Reich war Ruprecht nicht kreditwürdig, über eigene Geldmittel verfügte er nicht. Florenz erklärte sich bereit, 200000 Dukaten an den König zu zahlen, wenn er sich vertraglich verpflichtete, sich von Anfang September bis Mitte Oktober in der Lombardei aufzuhalten, das heißt also: im Machtbereich des Herzogs von Mailand, mit dem der Stadtstaat um die Macht in der Lombardei kämpfte. Ruprechts Anwesenheit mußte, so rechnete man in Florenz, zu einer militärischen Auseinandersetzung und Entscheidung führen. Grob gesagt: man kaufte den deutschen König als Söldnerführer ein. Dabei sicherte man sich ab: die erste Rate von 50000 Dukaten sollte erst auf italienischem Boden ausgezahlt werden, im neutralen Venedig, die weiteren drei Raten in Städten, die Florenz noch bestimmen wollte. Der Feldzug sollte also abschnittweise finanziert werden.
Um überhaupt den Feldzug starten zu können, brauchte Ruprecht freilich schon vorher Geld für Sold, Proviant, Ausrüstung. Er bat Kaufleute von Mainz, ihm 50000 Dukaten zu leihen, er werde sie zurückzahlen, sobald er in Italien diesen Betrag erhalte. In ein derart fragwürdiges Unternehmen wollten die Kaufleute ihre Gewinne allerdings nicht investieren. Flehentlich bat der König daraufhin die florentinischen Verhandlungspartner, ihm wenigstens die Hälfte der ersten Rate auf deutschem Boden auszuzahlen, schließlich mußte er überhaupt erst mal das Heer aufstellen! Außerdem mußte er dem Herzog Leopold von Österreich den riesigen Betrag von 100000 Dukaten zahlen, um durch Tirol marschieren zu dürfen, über den Brenner, durch die Salurner Klause – die Hälfte des gesamten Betrags, mit dem Florenz den Feldzug finanzieren wollte! Der Habsburger wußte, daß Ruprecht nicht durch die Schweiz marschieren konnte, nutzte die Notlage erpresserisch aus. Dennoch nahm Leopold mit eigenen Truppen an diesem Feldzug teil . . .
Außerordentlich schwierig auch Ruprechts Verhandlungen mit dem Papst in Rom. Bonifaz war nicht zufrieden mit dem üblichen Loyalitätseid, er stellte Forderungen: das Recht zur Absetzung deutscher Könige, die Koordinierung der Reichspolitik mit der Politik des Heiligen Stuhls in Rom, die Zusicherung des Königs, er werde nicht versuchen, das Kirchenschisma aufzuheben; falls er hier doch etwas unternehme, so nur in engster Absprache mit

dem römischen Papst und zu dessen Vorteil. Ja, Bonifaz forderte sogar, Ruprecht müsse den Gegenpapst in die Einheit der Kirche zurückführen, ihn also absetzen, müsse Frankreich dem Willen des Heiligen Stuhls unterwerfen. Phantastische Forderungen! Ruprecht war vorsichtig mit Zusagen, wollte sich nicht festlegen; er hoffte, durch Erfolge in Oberitalien seine Verhandlungsposition gegenüber dem Papst verbessern zu können.
Mit leerer Kasse kam Ruprecht 1401 nach Augsburg, wo sich die Kriegsfreiwilligen sammelten. Alle Herbergen der Stadt, der umliegenden Dörfer überfüllt: unter den rund 20000 Reitern wohl auch Oswald. Bestimmt ahnte er nichts von den zähen Verhandlungen zwischen dem König und den Handelsherren aus Florenz. Die blieben dabei: die erste Rate auf italienischem Boden. Ruprecht mußte daraufhin 5000 Reiter entlassen, die kein Geld hatten; die anderen Reiter waren demnach bereit oder konnten es sich leisten, mit der Auszahlung des ersten Solds zu warten. Zu ihnen muß Oswald gehört haben.
Einen Tag lang hielt König Ruprecht mit seinen Offizieren Kriegsrat: sollte er das Unternehmen abblasen oder mit dem viel zu kleinen Heer losmarschieren? Er zögerte. Verhandelte wieder mit der Delegation aus Florenz: die erste Rate sollte nicht in Venedig, sondern bereits in Trient ausgezahlt werden; dazu erklärten sich die Herren bereit. Nun wurde ein Vertrag unterzeichnet: der König verpflichtete sich, die Freiheit der Stadt Florenz zu erhalten, ihre Herrschaft nach Kräften zu mehren; als Kaiser werde er die Privilegien dieser Stadt bekräftigen. Weiter verpflichtete er sich, in diesem Monat September bis spätestens 15. Oktober mit dem Herzog von Mailand Krieg zu führen, bis zu dessen »Ruin, Vertilgung, Untergang und Verfall«, weil er die Rechte des Kaisers beanspruche, die Stadt Florenz beleidige, sie in Besitz nehmen wolle. Florenz verpflichtete sich, dem zukünftigen Kaiser Ruprecht einen Stadtzins zu zahlen und seinen bevorstehenden Feldzug mit insgesamt 200000 Dukaten zu finanzieren; eine Anleihe in gleicher Höhe wurde ihm zu guten Konditionen angeboten.
So mußte der König dem Geld nachmarschieren, das er für den Feldzug brauchte. Wertvolle Zeit hatte er mit den Verhandlungen verloren, mit Zögern – schon wurde ihm Faulheit vorgeworfen. Am 16. September brach er auf, zog über Füssen nach Innsbruck. Dort forderte er den Herzog von Mailand auf, die besetzten Reichsgebiete wieder herauszugeben; die Antwort des Herzogs war selbstverständlich abschlägig. Der Vormarsch wurde fortgesetzt, doch ziemlich langsam; nach fast einem Monat erreichte man endlich Trient. So hatte der Herzog von Mailand Zeit genug,

sich auf den Krieg vorzubereiten; die Städte Verona und Brescia wurden von seinen disziplinierten, gut ausgebildeten und ausgerüsteten Soldtruppen in Verteidigungsbereitschaft versetzt. Man schlug Ruprecht deshalb elegante Umgehungsmanöver vor, aber er traute sich nicht. In Trient erhielt er verabredungsgemäß die erste Rate – die 50000 Dukaten waren rasch verteilt. Plündernd zogen Trupps durch die Umgebung von Brescia – bei ersten Scharmützeln zeigte sich die Überlegenheit der Mailänder Truppen. Das wird auch Oswald miterlebt, zumindest aber gehört haben.
Als es endlich zur Schlacht kam, waren schon der gesamte September und zwei Drittel des Oktober vertan. Die Jahreszeit war ungünstig für einen Feldzug: kein Gras mehr auf den Wiesen, statt Brot gab es nur Rüben – Fleisch mußte auf eigene Faust beschafft werden. An der Schlacht von Brescia, am 21. Oktober, nahm Ruprecht gar nicht teil – er wagte sich nicht aus dem Gebirge heraus in die Ebene, blieb in Trient. Der Burggraf von Nürnberg, der zeigen wollte, was ein Burggraf von Nürnberg ist, wurde gleich beim ersten Anritt aus dem Sattel gehoben. Der Herzog von Österreich wurde gleichfalls beim ersten Angriff aus dem Sattel geworfen und gefangengenommen. Für einen Teil des Heeres war damit der Kampf erledigt, Truppen setzten sich ab. Nur Franz von Carrara, der sich mit italienischen Truppen dem König angeschlossen hatte, verhinderte die Katastrophe.
Erst nach dieser Schlacht zeigte sich Ruprecht in der Ebene, hielt sich vier Tage in sicherer Distanz vor Brescia auf, zog sich wieder nach Trient zurück. Leopold von Österreich wurde freigelassen, und die Mailänder wußten, warum: für diesen Verwandten des Herzogs von Mailand war der Krieg zu Ende, er marschierte nach Hause, mit seinen Truppen, soweit sie nicht sowieso schon zurückgekehrt waren. Auflösung des Heeres. Schneefälle. Der König folgte den Truppen nach Bozen. Der größere Teil des Heeres zog über den Brenner: was die abgerissenen Kämpfer über Ruprecht erzählten, war nicht schmeichelhaft.
In Bozen, erst recht in Brixen hätte sich auch Oswald vom Restheer absetzen können: bestimmt hatte auch er nur eine Abschlagszahlung auf den Sold erhalten, und die Aussichten auf Erfolg waren jetzt weitaus geringer. Nun ist Oswald aber erst wieder im März des folgenden Jahres urkundlich nachweisbar in Tirol. So wird er vielleicht beim Heeresrest geblieben sein, der durchs Pustertal marschierte und die Alpen auf dem Plöckenpaß überquerte – ein Saumtierpfad, im Schnee. Sobald Ruprecht die Tiefebene bei Friaul erreichte, nahm er wieder Verhandlungen auf, mit Venedig, mit Florenz, mit dem Papst, aber man stellte Forderungen und

hielt sich mit Zusagen zurück. Ein kurzfristiger Trost war für Ruprecht der glanzvolle Empfang in Padua: »Benedictus qui venit in nomine Domini« sangen der Bischof und sein Klerus am Stadttor, kniend küßte Ruprecht ein goldenes Kruzifix, schlug einen italienischen Adligen zum Ritter, man schnallte ihm goldene Sporen an, danach eine feierliche Schlüsselübergabe, feierliche Rückgabe des Schlüssels, festlicher Umzug durch die Stadt, ein Baldachin aus Goldtuch, mit Hermelin verziert, die Königin auf vergoldetem Wagen hinterher, von vier Zeltern gezogen, dann allerlei Hofstaat und zahlreiche Ritter. Unter ihnen wohl auch Oswald – mit wieder verstärkter Hoffnung auf Sold und Beute? Gebet am Dom.

Und Fortsetzung der Verhandlungen mit den Herren aus Florenz. Die erklärten: der noch ausstehende Restbetrag von 65000 Dukaten werde erst ausgezahlt, wenn der König seine vertraglichen Verpflichtungen erfüllt habe. Aber wie sollte Ruprecht nun im Winter, mit seinem kümmerlichen Restheer den mächtigen Herzog von Mailand besiegen? Ruprecht richtete sich im Kastell von Padua aufs Überwintern ein, veranstaltete Feste, wartete, verhandelte. Der Papst ging von seinen Forderungen nicht ab, die Stadt Florenz wollte nicht mehr Geld in diesen Feldzug investieren. Repräsentanten der Stadt Venedig empfingen den König und sein Gefolge ehrenvoll, verhielten sich sonst aber zurückhaltend. Im April verließ Ruprecht mit dem Rest seines Heeres die Stadt Padua, mußte wieder auf einem östlichen Nebenpaß die Alpen überqueren, zog über Bruneck und Innsbruck nach München, kam hier am 2. Mai 1402 an. Der Feldzug war eine Pleite. Statt des Ansehens waren nur die Schulden des Königs gewachsen; er mußte Kleinodien und Silbergeschirr versetzen. In Spottliedern nannte man ihn den »Goggelmann mit der leeren Tasche«.

Oswald war bereits im März in Tirol. Auch er wird mit leeren Taschen zurückgekehrt sein.

21 Auch jetzt gab Michael das Erbe noch nicht heraus; Oswald aber brauchte Geld, nun wohl noch dringlicher als zuvor. Wie an Geld kommen?

In einer großen Lebensballade hat Oswald vom Untergang des Handelsschiffs im Schwarzen Meer, vom Verlust des Kapitals samt Zinsen, von der Rettung durch ein Faß berichtet; wir können hier schließen, daß er eine Zeitlang Händler war. Wann könnte das gewesen sein?

In einem Lied über verschiedene Todesgefahren wird Oswald 1425 noch einmal von einem Schiffbruch, von einer Rettung durch ein Faß berichten, diesmal ist es ein Weinfaß.

Und wieder, Wochen später,
hat mich der Herr beschützt:
ich hatte einen Schiffbruch
auf wilder, hoher See,
umarmte rasch ein Faß,
das voll Malvasier war,
das brachte mich zur Küste –
beinah hätt ich verzagt!
Nach dieser Reise dann
sah mein Empfang so aus:
ich wurde festgenommen,
man nahm mir alles ab.
Mein Schädel hat gedröhnt,
er wurde wund von Schlägen;
auch bohrte man in mich
ein Schwert – die halbe Klinge!

War diese Errettung aus Seenot für Oswald ein derart bedeutsames Ereignis, daß er es wiederholt beschreiben mußte? Oder erzählte er zweimal davon, weil ihm diese Episode ›gelungen‹ schien? Der dies berichtete, singend, war ein Tiroler, der sich wiederholt zum Weintrinken bekannte, und ausgerechnet ihm mußte so etwas passieren: guten Malvasier im Faß gluckern hören, es nicht öffnen können, umgeben von Salzwasser . . . Solche Assoziationen werden gewiß bei seinen Zuhörern entstanden sein; Zurufe, vielleicht wurde ihm zugeprostet. War die Faß-Episode auf solche Wirkung hin konzipiert?
Bei dieser Episode vor allem setzt eine Untersuchung von Ulrich Müller an: *›Dichtung und Wahrheit‹ in den Liedern Oswalds von Wolkenstein.* Müller sieht in diesen Lied-Berichten über die Errettung durch das Faß eine Verbindung von tradiertem Darstellungsmuster und realer Erfahrung. Zum Bericht über Fahrten in ferne Länder gehörte damals fast zwangsläufig ein Schiffbruch. Nun kamen Schiffbrüche vergleichsweise häufig vor, mußten nicht erfunden werden; zugleich war der Schiffbruch im Mittelalter ein Bild für das Scheitern des Menschen. Müller bezweifelt nicht, daß Oswald irgendwann, irgendwo einmal ein Sturmerlebnis hatte, vielleicht sogar Schiffbruch erlitt, aber: »Es läßt sich nicht feststellen, wieweit und ab wann es durch Vorbilder, eigene

Phantasie und Tonlage des jeweiligen Berichtes umgeformt worden ist.«
Nun erwähnt Marx Sittich von Wolkenstein ein Votivbild, das Oswald für den Dom von Brixen malen ließ; es ist leider nicht mehr erhalten, wir müssen es uns vorstellen nach seinem Bericht: »Er ist auf dem Meer von Nordafrika, als er einen Schiffbruch erleidet«; drei Tage lang habe er sich auf einem Malvasierfaß gehalten, sei dann von Heiden gerettet worden; so sei es in der Portikuskapelle des Doms gemalt.
Ein Meer vor Nordafrika? Sollte hier ein anderer Schiffbruch gemeint sein? Ich nehme an, mit Schwob, daß hier die Familienüberlieferung über zwei Jahrhunderte hinweg ungenau wurde, man verwechselte inzwischen die Meere: gemeint war wohl der Schiffbruch im Schwarzen Meer, das im damaligen Seehandel eine wichtige Rolle spielte.
So mag also der Schiffbruch, den Oswald erlebt hat, ein Schiffbruch in übertragener Bedeutung gewesen sein und zugleich, ganz konkret, der Untergang einer Brigantine. Auf ein Votivbild eine Erfindung malen zu lassen, dies hätte sich Oswald nicht erlaubt, das wäre Blasphemie gewesen. Ob sich Oswald nun mit der üblichen Planke oder dem beliebten Faß gerettet hat, ist hier belanglos.
Und jetzt die dritte Episode, für uns in diesem Zusammenhang besonders wichtig: die Vorgänge nach der Rückkehr von dieser in jeder Hinsicht gescheiterten Geschäftsreise. Oswald wurde, nach seiner Aussage, festgenommen, man nahm ihm ab, was er besaß, er wurde verprügelt, es wurde sogar ein Schwert in ihn gestoßen, und zwar tief. Undeutliche, rätselhafte Vorgänge . . . Warum Oswald hier so vage blieb, läßt sich verstehen, wenn man die realen Vorgänge kennenlernt: Auseinandersetzungen mit Michael in Besitzfragen, Michael fügte seinem Bruder eine lebensgefährliche Verwundung zu; im übernächsten Kapitel wird genauer über diese Vorgänge berichtet, hier nur: die Verwundung ist keine Fiktion, sie läßt sich dokumentarisch nachweisen.
Oswald verknüpft Episoden sonst nur selten; hier aber besteht chronologische Verbindung zwischen der Faß- und der Schwertstich-Episode: »und nach derselben raise«. Anton Noggler hat als erster darauf hingewiesen. Schwob hat nun die These entwickelt, daß diese Reise eine Handelsreise war, daß Oswald die Handelsreise(n) zwischen 1402 und 1404 gemacht hat; in dieser Zeit ist er in Tirol dokumentarisch nicht nachweisbar.

22 Im Seehandel wurden zu Oswalds Zeiten zuweilen enorme Umsätze gemacht, riesige Gewinne kassiert. So gab es beispielsweise die Gebrüder Lakha auf Zypern, einem der Hauptumschlagplätze des damaligen internationalen Handels: Franz Lakha verdiente einmal, so wird überliefert, an einem einzigen Tag rund 30000 Dukaten, schenkte davon ein Drittel seinem König. Und ein Stefan von Lusignan verdiente mit einem Warentransport (auf drei Schiffen) von Syrien nach Zypern so viel, daß er mit einem Drittel des Gewinns den Bau einer neuen großen Kirche auf Famagusta finanzieren konnte. Das waren Sonderfälle. Aber es galt als normal, wenn Kaufleute in einem Jahr ihr Vermögen verdoppelten.

Welche Dimensionen damals bereits möglich waren, zeigt das Beispiel des Francesco di Marco Datini, zu Oswalds Lebenszeit auf dem Höhepunkt seines Ansehens, seiner Umsätze, seiner Gewinne. Sein Stammhaus in Florenz, Handelshäuser in Pisa, Genua, Avignon, in Spanien, auf Mallorca. Ein mehrfacher Millionär. Agenten in verschiedensten Ländern. Eigene Produktionsstätten. Eigenes Nachrichtensystem, vor allem durch Brieftauben. Seine Archive sind erhalten geblieben: rund 150000 Geschäftsbriefe, mehr als 500 Hauptbücher, rund 400 Versicherungspolicen, mehrere tausend Frachtbriefe, Avisbriefe, Wechsel und Schecks. Allein diese Zahlen lassen Rückschlüsse zu auf das Umsatzvolumen solch eines Handelshauses.

Ich bin sicher: von einem Datini, von den Gebrüdern Lakha wurde damals unter Kaufleuten aller Kategorien erzählt: große Vorbilder, lockende Möglichkeiten, vor allem in Seehandel! Kein Wunder, daß Oswald kein »Staubfuß« wurde, ein Kaufmann des Landhandels; der zog es gewöhnlich vor, seine Reisen im Sommer zu machen, weil im Winter die Straßen, auch die großen Handelsstraßen, kaum noch benutzbar waren. Meist wurden die Waren auf Maultieren und Pferden transportiert, auf zweirädrigen Karren; vierrädrige Wagen waren eine Seltenheit, konnten eigentlich nur in Städten benutzt werden. Der Warentransport zu Land war also mühsam, umständlich, langwierig. Und gefährlich: Räuber, Raubritter. Große Kaufleute besaßen ihre eigene Leibwache, kleinere Kaufleute schlossen sich in Gruppen zusammen. Zu all dem war der Landtransport auch noch teuer: auf größeren Strecken Dutzende von Zollstationen. Auf den Flüssen war es ähnlich: 64 Zollstationen am Rhein, 77 an der Donau.

All diese Schwierigkeiten entfielen beim Seehandel. Hier hatte man höchstens mit Stürmen und Piraten zu rechnen. Die Piraten freilich als die geringere Gefahr; die Handelsschiffe waren zum

Teil mit Kanonen ausgerüstet; vielfach segelten Handelsschiffe und Kriegsschiffe gemeinsam.
Zur Kapazität: Venedig war Heimathafen von etwa 3000 Schiffen, rund 70000 Seeleute im regulären Dienst; in den Lagunenwerften etwa 16000 Arbeiter. Ähnlich große Zahlen bei Genua, dem Hauptkonkurrenten Venedigs. Oswald nennt in einem seiner Reiselieder auch diese Stadt.
Und womit wurde vorzugsweise gehandelt? Atiya zählt die wichtigsten Handelsprodukte auf, die in Konstantinopel umgeschlagen wurden: Seide und Porzellan aus China, Edelsteine und Gewürze aus Indien, Elfenbein und Ebenholz aus Afrika, Stickereien und Teppiche aus Persien, Perlen vom Persischen Golf, Textilien und Getreide aus Ägypten, Glas und Stahl aus Syrien, Pelze und Holz aus Rußland, Lederwaren aus Marokko. Dazu der Sklavenhandel. Die Preise für erwachsene Sklaven waren unterschiedlich, je nach Herkunftsgebiet. Am meisten wurde für junge, gesunde Tataren bezahlt: 130 bis 140 Dukaten; für einen gesunden Tscherkessen legte man zwischen 110 und 120 Dukaten an; Griechen waren billiger zu haben, im Schnitt für 90; noch geringer wurden Sklaven aus den Balkangebieten notiert: etwa 70 bis 80. Ein Handelsschiff auf der Route zwischen Konstantinopel und der Krim konnte auf der Rückfahrt also durchaus Sklaven geladen haben.

23 Das erste Dokument, das wieder Oswalds Anwesenheit in Tirol bezeugt, läßt Rückschlüsse zu auf seine finanzielle Lage: im Februar 1404 nahm Oswald bei Bischof Ulrich von Brixen eine Anleihe auf von 45 Mark. Für solch einen Betrag konnte man damals zwei oder drei Bauernhöfe mit Ländereien kaufen – es war also kein Taschengeld, das Oswald als Kredit aufnahm.
Wie sehr er heruntergewirtschaftet war, nicht allein finanziell, zeigt ein Vorfall, um den in früherer Oswald-Literatur meist herumgeschrieben wurde – ein ›wunder Punkt‹, damit Genierlichkeiten, Verschleierungen.
Über die Vorgänge, die wahrscheinlich zwischen 1404 und 1406 stattfanden, gibt es ein Gedächtnisprotokoll des Bartholomäus von Gufidaun. Es wurde allerdings erst 1430 verfaßt – die Angelegenheit war nach ungefähr einem Vierteljahrhundert also noch immer nicht vergessen, bereinigt! Ich übersetze dieses wichtige und bezeichnende Dokument.
»Ich, Bartholomäus von Gufidaun, Ritter, bekunde vor aller Welt mit dieser Urkunde, was mir wahrheitsgemäß bekannt ist: näm-

lich was sich vor etlichen Jahren ereignet hat, als der wohlgeborene Ritter, Herr Michael von Wolkenstein, nicht zu Hause war. Damals wollte eines Tages die Gemahlin des Herrn Michael nach Meran reiten; als sie bei Blumau war, da erst fiel ihr ein, daß sie ein Kästchen, in dem Herrn Michaels und ihr Bargeld und die Kleinodien waren, nicht gründlich verschlossen, sondern vor ihrem Ausritt in einem Erker vergessen hatte. So schickte sie einen Knecht zurück und ließ ausrichten, falls Herr Michael früher zurückkehre als sie, so möge er das Kästchen an sich nehmen. Inzwischen hatten Oswald und Leonhard, die Brüder des obengenannten Herrn Michael, das Kästchen entdeckt, und sie ließen an einem Seilwindenstrick einen Knecht namens Schöberlin von oben herab und befahlen ihm, daß er ihnen das Kästchen mit heraufbringe. Das tat er auch, wie er es später selbst ausgesagt und zu Protokoll gegeben hat.
Nun hatte der Oswald gegenüber Herrn Michael erklärt, wenn er ihm eine Gegenleistung erbringe, so wolle er ihm vollständige Auskunft darüber geben, wie es mit den Kleinodien bestellt sei; und er bezichtigte die Frau des Herrn Michael, sie habe die Kleinodien mit ihrem Liebhaber auf liederliche Weise durchgebracht. Was aber nicht der Wahrheit entsprach, denn kein Mensch hat von ihr je anderes gehört oder gesehen, als was sich einer anständigen, ehrbaren Edelfrau schickt.
Nun fand Herr Michael bei einem Goldschmied etliche Ringe und erkundigte sich, wer sie ihm gegeben habe. Darauf entwortete der Goldschmied, sein Bruder Leonhard habe sie ihm zur Umarbeitung gegeben, er solle andere Ringe aus ihnen machen. Daraufhin stellte Herr Michael den Leonhard zur Rede, der leugnete es ab. Sobald aber Herr Michael den wahren Tatbestand erfuhr, war er seiner Frau gegenüber weniger aufgebracht, denn wahrhaftig, wäre sie daheim gewesen, er hätte sie auf Grund von Oswalds Aussage getötet.
Kurze Zeit darauf ritt Herr Michael in einer Landtagsangelegenheit nach Österreich, und als er zurückkehrte, stellte er fest, daß Oswald an seiner Stelle alle seine Einkünfte vereinnahmte, und wer sie ihm nicht freiwillig gab, der wurde mißhandelt und verletzt. Wegen dieser und auch anderer Angelegenheiten gerieten sie aneinander, und Herr Michael verletzte den Oswald lebensgefährlich, nahm ihn fest und zwang ihn, ihm zu zeigen, wo die Kleinodien seien. Das tat er auch.
Nun wollte sie Herr Michael nicht selbst übernehmen, und so forderte er mich auf, ich solle dabei sein, wie das auch der gnädige Herr Leopold seligen Angedenkens verfügt hatte. Ich tat das auch,

machte Nikolaus von Rost zu meinem Begleiter und ritt nach Wolkenstein. Dort führte uns Oswald in einen Keller, er hatte dort das Geld und die Kleinodien in einem Faßuntersatz versteckt. Und er gab mir jedes Stück einzeln in die Hand. Als ich fragte, wo sonst noch etwas vom Geld und von den Kleinodien sei, gab er zur Antwort, das sei nicht alles; sein Bruder Leonhard hat die Hälfte an sich genommen. Nun gab ich sie ihm zurück.
Danach appellierten wir im Auftrag meines gnädigen Herrn, des Herzogs Leopold, an ein Schiedsgericht gerichtsfähiger Personen; Obmann war der selige Herr Ulrich von Säben. Als Urteilsfinder nahm sich Herr Michael den seligen Peter von Spaur, mich, Bartholomäus von Gufidaun, und den seligen Hans von Wolkenstein; Oswald nahm sich die seligen Herren Leonhard Löwenberg, Christian Fuchs und Hans Egger. Sie sprachen obengenanntem Herrn Michael sein Geld und die Kleinodien wieder zu. Oswald von Wolkenstein gab ihm denn auch in unserer und in der Gegenwart anderer gerichtsfähiger Leute, von denen viele gegenwärtig noch leben, die Kleinodien und die Gelder, die vorhin erwähnt wurden, heraus, mußte dann aufstehen und die Ehre der allgemein geachteten Frau wiederherstellen und seine Anschuldigungen zurücknehmen.
Daß dies den Tatsachen entspricht, das erkläre ich bei meiner Ehre an Eidesstatt und habe als Zeugnis dessen mein Siegel an diese Urkunde gehängt.
Und auch ich, Nikolaus von Rost, erkläre bei meiner Ehre und ebenfalls an Eidesstatt, daß ich mit dabei gewesen bin, als der obengenannte Herr Bartholomäus von Gufidaun nach Wolkenstein ritt und Herr Oswald von Wolkenstein die erwähnten Kleinodien und das Geld aus dem Faßuntersatz zog und sie Herrn Bartholomäus zeigte. Zum Zeugnis dessen habe ich mein eigenes Siegel an diese Urkunde gehängt.« Sie wurde ausgestellt in Brixen, am 12. Dezember 1430.
Es liegt nah, allzu nah, aus diesem Vorgang Rückschlüsse zu ziehen auf Oswalds Charakter: Raffgier, ohne Rücksicht selbst auf familiäre Bindungen. Charakter aber läßt sich nur definieren in Relation zur jeweiligen Gesellschaft.
Anton Schwob hat mir zu diesem Vorgang einige abgelichtete Seiten aus dem Typoskript seiner Biographie geschickt; er schreibt hier, der Streit um Kleinodien sei im Mittelalter »nicht gerade selten« gewesen; er verweist auf entsprechende Streitfälle unter den Habsburgern. Vor allem bei Erbstreitigkeiten war es beinah üblich, sich durch Diebstahl, durch Raub von Kleinodien zu »entschädigen«. So meint denn Schwob, Oswalds Tat sei »nicht als

Raub, oder, was zu seiner Zeit noch schlimmer wäre, als Diebstahl anzusehen, sondern als ein Versuch, sich seinen Anteil am väterlichen Erbe zu erzwingen«.
Das Recht war damals noch nicht Domäne des Staates – der bestand in unserer Form noch nicht. Es gab für einen Adligen zwar die Schiedsgerichte von Standesgenossen, aber vielfach kam man nur zu seinem Recht, wenn man ›auf eigene Faust‹ vorging. Es gibt in diesem Gedächtnisprotokoll eine Formulierung, die andeuten könnte, daß Oswald ein taktisches Manöver durchgeführt hat: »Nun hatte der Oswald gegenüber Herrn Michael erklärt, wenn er ihm eine Gegenleistung erbringe, so wolle er ihm vollständige Auskunft darüber geben, wie es mit den Kleinodien bestellt sei.« Könnte damit gemeint sein: sobald die Erbteilung durchgeführt ist, erhältst du die Kleinodien zurück?
Allerdings ist da ein Punkt, der bei solch einer Auslegung stört: daß Leonhard (gewiß mit Oswalds Zustimmung) einen Teil der geraubten Ringe einem Goldschmied gebracht hat, zum Umarbeiten – er wollte die Diebesbeute also behalten. Oswald freilich hatte die Kleinodien nicht weggegeben, er hatte sie versteckt – vorerst? Der Diebstahl als rechts-taktisches Manöver: solche Interpretation trifft also nur teilweise zu; ein völliges Alibi läßt sich hier nicht konstruieren. Und bei allen Faustrecht-Gewohnheiten seiner Zeit: Oswald hat sich seiner Schwägerin gegenüber schäbig verhalten.
Erstaunlich, wie sehr Michael – wenigstens im ersten Moment – der Schutzbehauptung seines Bruders geglaubt hatte – wäre seine Frau zu diesem Zeitpunkt auf der Trostburg gewesen, er hätte sie sofort getötet, der Gufidauner sagt es klar genug. Das wird keine Übertreibung sein, er kannte seine Wolkensteiner. Wie rasch und hart Michael reagierte, zeigt sich im gleichen Bericht: daß Oswald von seinem Bruder nicht tödlich verwundet wurde, war wohl nur Glück. Die Umgangsformen waren damals im allgemeinen sehr direkt, sehr hart, aber beim Wolkenstein-Clan kamen wohl noch ein paar Erbanlagen, Temperamentfaktoren hinzu.
Zur zweiten Aktion Oswalds: das unberechtigte Einziehen der Zinszahlungen bei Michaels Bauern. Bartholomäus von Gufidaun deutet an, mit welchen Methoden Oswald hier vorging – klassische Mafia-Techniken! Denn: freiwillig gaben ihm die Bauern weder Naturalien noch Geld! So wird Oswald mit ein paar Mann Begleitung bei den Bauern erschienen sein, und wenn man sich nicht bereit erklärte, ihm auszuhändigen, was Michael zustand, wurde Gewalt angedroht, angewandt.
Versuchte Oswald auch auf diese Weise, ›an sein Recht zu kom-

men‹? Sagte er sich: was ich hier einziehe, zwangsweise, steht mir letztlich sowieso zu; Michael enthält mir meinen Besitz und damit meine Einnahmen vor? Oswalds Bemühungen, nach dem Tod des Vaters an Geld zu kommen, waren gescheitert: der Italienfeldzug war eine Pleite, als Kaufmann hatte er Schiffbruch erlitten. In dieser Lage kam es zum Kleinodien-Diebstahl, zur Beraubung von Bauern seines Bruders.

In Michael hatte Oswald einen starken Widerpart gefunden. Als der Ältere hatte er das Sagen in der Familie, sein gesellschaftlicher Rang war hoch, seine Macht entsprechend groß: von 1406 bis 1411 war er Burggraf auf Tirol. Das hieß: er war der erste Beamte, der Stellvertreter des Landesfürsten, repräsentierte richterliche und polizeiliche Autorität, war nebenbei auch zuständig für den Schutz der Gewerbetreibenden, für die Aufrechterhaltung der Stadtordnung, Marktordnung.

24 Oswald hatte seine Aktionen mit einer lebensgefährlichen Verletzung bezahlen müssen. Der Gufidauner schreibt zwar nichts von einem Schwertstich, dennoch wird hier der reale Kern dieser Lied-Episode sein. Freilich, Oswald wird übertrieben haben: eine halbe Schwertlänge! Da wäre die Schwertspitze beinah an der anderen Körperseite wieder herausgekommen! Aber selbst, wenn das Schwert ›nur‹ eine Spanne, ›nur‹ fingertief in seinen Körper eingedrungen wäre – er mußte schon eine robuste Natur und viel Glück haben, um das zu überstehen beim damaligen Stand der Heilkunde: keine antiseptische Behandlung, keine entzündungshemmenden Antibiotika. Vielleicht hat Oswald, wie damals üblich, den Wundsegen vor sich hin gesprochen, der im Anhang eines seiner (späteren) Geschäftsbücher notiert ist.

»Das Wasser möge Heilkraft haben wie der heilige Jordan, in dem Gott selber getauft wurde. (Kreuzzeichen) Im Namen des Vaters, des Sohnes und des Heiligen Geistes, Amen. (Kreuzzeichen)

Ich segne dich heute, du böse Wunde, mit den rechten Zeichen, (Kreuzzeichen) daß du dein Schwären und dein Schwellen und dein Tropfen und dein Fließen und dein Faulen und dein Säuern und dein Stinken und dein Quälen und alle Schrecknis aufgibst. Seien es Fliegen, Würmer oder Spinnen oder sonstige Plagen: was den Wunden schädlich ist, das möge abgestorben sein mit diesen Worten, die ich soeben ausgesprochen habe, dazu helfe der wahre Gott. Das ist wahr, in Gottes Namen, Amen. (Kreuzzeichen, Pater noster, Ave maria)

Du geheiligter Gott, Jesus Christus: deine heiligen Wunden, sie schwären nicht und schwellen nicht, sie tropfen nicht und fließen nicht und faulen nicht und säuern nicht, sie machen nicht wehrlos, sie verunstalten nicht, kein Unheil hat sie verschlimmert. (Kreuzzeichen) Also geschehe mit der Wunde, die ich soeben hier gesegnet habe, mit Hilfe des wahren Gottes. Das ist wahr, in Gottes Namen, Amen. (Kreuzzeichen, Pater noster, Ave maria)
Die geheiligten Wunden unseres lieben Herrn Jesus Christus, sie heilten rasch und für immer, gründlich. Kein Unheil hat sie verschlimmert. So möge es mit der Wunde sein, die ich hier besegnet habe mit der Hilfe des wahren Gottes. Das ist wahr, in Gottes Namen, Amen. (Kreuzzeichen, Pater noster, Ave maria, Kreuzzeichen)«
Zum Schluß eine Anweisung: »Diesen Segen soll man dreimal sprechen und soll frisches Quellwasser dabei anwenden.«

25 Nach der Rückkehr vom Italienfeldzug, vielleicht auch erst nach dem Zwischenspiel als Händler wird Oswald seine ersten Lieder geschrieben haben. Hier wird freilich nicht artikuliert, was er bisher erlebt, erfahren, erlitten hat; seine frühesten Liedtexte sind weithin vorprogrammiert von literarischen Mustern, die Jahrzehnte, ja mittlerweile gut zwei Jahrhunderte lang die Herstellung von Texten beeinflußten, steuerten – hier spricht das literarische Medium.
Die Biographie eines Dichters und Komponisten setzt voraus, daß seine Arbeiten weithin bekannt sind – davon kann bei Oswalds Liedtexten die Rede nicht sein, wenigstens (noch) nicht in den Jahren, in denen ich an dieser Biographie arbeite. Deshalb stelle ich auch Texte vor, die keine direkten biographischen Bezüge haben; auch sie lassen Rückschlüsse zu auf Oswald.
Zur Methode meiner Übersetzungen später. Hier nur noch eine technische Anmerkung für Leser, die diese Übersetzungen mit den Originaltexten vergleichen wollen: ich gebe jeweils, in der üblichen Abkürzung, die Nummer an, die der Liedtext in der wissenschaftlichen Ausgabe von Karl Kurt Klein erhielt.
Zuerst ein Tagelied (Kl 101): die Trennung eines Liebespaares am frühen Morgen.

Wach auf, mein Schatz! Schon leuchtet her
von Orient der lichte Tag!
So schau hinüber, sieh den Glanz:

wie dort am Horizont das Blau
ins Frühgrau wächst, das uns noch barg.
Ich fürcht, es wird bald tagen.

»Mir ist die Stunde unerwünscht!
Man hört die Vögel in dem Wald
mit reichem, hellem, schönem Klang.
Oh Nachtigall, dein Ziergesang
bringt mir nur Qual, ich preis ihn nicht.
Fast kindlich ist mein Klagen.«

Beurlaub mich! Die Trennung jetzt
verwundet mich – dein Herz ein Speer!
Nur Trauer bringt die Abschiedsnot,
nur Sehnsucht schafft dein roter Mund,
der bittre Tod wär nicht so schlimm.
Und so muß ich verzagen.

Der folgende Liedtext (Kl 73) könnte eine Variante eines Tagelieds sein: wieder ein Abschied, diesmal werden Namen genannt, Nikolaus und Else. Biographische Realität wird dieser Liedtext höchstens in ›Spurenelementen‹ enthalten. Zwar ist Oswald mehrfach zu Reisen aufgebrochen, mag sich dabei auch mal von einer Freundin verabschiedet haben – aber solch ein Text könnte auch ohne biographischen Anlaß entstanden sein. Rückschlüsse auf seine Biographie lassen sich hier jedenfalls nicht ziehen.

»Ach, herzgeliebter Nickl mein,
vergiß mich nicht, versprich es mir!«
Ja, heiahoh!
»Das tu ich gern, du schöne Els,
denn deine Liebe, sie bleibt jung.«
Ja, sei es so!
»Mein Herz wird schwer, wenn du jetzt von mir scheidest.«
»Sei ruhig, mein Schatz, ich werd bald wiederkommen.«
  »Ach Nickl, Nickl, liebes schönes Kläuschen,
  umarm mich, küß mich, streck mir her dein Kerlchen.«

»Versprich mir erst, du schöne Els,
daß du dir keinen andern nimmst.«
Ja, heiahoh!
»Viel eher stürz ich mich vom Fels,
eh ich mit einem andren schlaf.«

Ja, sei es so!
»Die hehre Liebe, nimmer wird sie wanken . . .«
»Mein kluger Nickl, bleibst mir stets im Sinn.
  Ach Nickl, Nickl, liebes schönes Kläuschen,
  umarm mich, küß mich, streck mir her dein Kerlchen.«

»Der Herr mit dir, mein bester Schatz!
Kein Abschied schmerzte je so sehr!«
Ja, heiahoh!
»Du läßt mich hier und gehst dann fort –
wann werden wir uns wiedersehn?«
Ja, sei es so!
»In kurzer Frist, da werd ich wiederkommen.«
»Mein lieber Nickl, halte dein Versprechen.
  Ach Nickl, Nickl, liebes schönes Kläuschen,
  umarm mich, küß mich, streck mir her dein Kerlchen.«

Eine damals beliebte literarische Form war neben dem Tagelied die Pastourelle: Liebe im Grünen. Kl 92 ist ein Schäfer-Duett.

Treib her, treib hier herüber,
mein sehr geliebtes Bärbelchen;
mit deinen Schafen komm zu mir,
mein schönes Bärbelchen, mach schnell!

»Ich merk, bemerk dich schon,
doch geh ich besser nicht drauf ein.
Denn deine Weide ist nichts wert,
und meine Weide strotzt von Grün.«

Die Weide, Weide hier,
die ist ganz unvergleichlich gut,
voll Blättern, Blüten, Gras und Klee;
der Schnee schmilzt hier im Hütbezirk.

»Ich höre, höre hier
so manchen süßen Vogellaut,
da wird mir meine Zeit nicht lang.
Und locker schweifen die Gedanken.«

Ich hab, ich habe hier
auch eine Quelle, klar und kühl,
und Sonnenschatten rund herum.
Mein Herzensliebchen, komm!

»An Durst, an Durst
da leide ich wahrhaftig nicht:
ich aß noch nichts vom Käsebrot,
das mir die Mutter eingepackt.«

Doch Schwammerln, Pilze groß,
die wachsen hier in dem Gebüsch.
Dazu gibts Vögel, frisch im Nest,
so komm – ich geb dir was davon!

»Wenn du, wenn du mir fest
versprichst, du faßt mich nicht gleich an,
vielleicht, daß ich hinüberkomm!
Wenn nicht, so ziehen wir weit fort.«

So fürchte, fürcht dich nicht,
mein Püppchen, unvergleichlich schön!
Ich flechte dir dein blondes Haar
und streich das rote Kleid dir glatt.

»Du hast, du hast es mir
schon oft und feierlich gelobt,
daß du mich hier in Frieden läßt,
und nicht an meine Muschi gehst.«

Der Schade, Schaden, der
dir zustieß, war ja nur gering!
Von deiner Schwester weiß ich das.
Ich lasse dich dort jetzt in Ruh.

»Das fühlt, das spürt man erst,
wenn einer mich zur Braut erwählt,
ob mir das Häutchen ist verrutscht.
So schäm dich, warst dabei zu wild!«

Sei will-, nun sei willkommen,
du allerliebster, schönster Schatz;
ich seh dich lieber nah als fern.
Komm, flüstre mir ein Wörtlein zu.

»Und wär, und wär ich fern,
wer wäre, Liebster, dann bei dir?
Verlassen habe ich dich nie
ganz ohne Schmerz; du weißt das auch.«

Ich preise, preis
mich glücklich, hunderttausendfach!
Du schönes Mädchen gibst mir Trost,
befreist das Herz von schwerer Last.

– Die Lust, viel Lust
hat diese beiden dann gepackt,
bis rasch die Dämmerung eintrat.
Sie gingen glücklich ihrer Wege . . .

Das ist für heutige Leser eine ländliche Idylle, für Oswalds Zuhörer – Tiroler wie er und aus seiner Gesellschaftsschicht – war dies keineswegs ein bukolisches Liebesspiel: Okken machte mir das bewußt. Zum Beispiel: wenn Schafherden zusammengeführt wurden, war das (für die Besitzer) kein liebliches Bild, sie sahen hier grobe Fahrlässigkeit, denn so wurde eine Weidefläche stärker abgegrast, auch mußten die Schafe wieder sortiert werden.
Noch eins: die »Vögelchen«, auf die der Schäfer lockend hinweist. Hier stellt man sich vielleicht vor: die beiden, Schäferlein und Bärbelchen, gucken ins Nest, sind entzückt von den kleinen, süßen Vögeln. Gemeint war sicher etwas anderes: das Nest wurde ausgenommen. Und dann geschah wohl, was auch heute noch vorkommt: die Vogelbrut wurde gegen einen Baum geschmissen, auf den Boden geklatscht. Zuweilen soll (damals) auch vorgekommen sein, daß die kleinen Vögel aufgefressen wurden.

26 Am 22. April 1407 war es endlich soweit: Michael von Wolkenstein teilte das väterliche und mittlerweile auch mütterliche Erbe auf. Die Teilungsurkunde ist erhalten: ein Papierheft, etwa zehn mal dreißig Zentimeter, Hochformat. Es liegt im Nürnberger Wolkenstein-Archiv; ich werde noch von meiner Arbeit dort berichten. Einleitend heißt es in diesem Heft, ich übersetze: »Im Jahre 1407 haben die drei Brüder, Herr Michael, Herr Oswald und Leonhard von Wolkenstein eine Teilung vollzogen, wie unten aufgeführt wird.« Zuerst genannt wird nun »Herrn Oswalds Teil auf Hauenstein« – auf insgesamt vier Seiten werden Bauerngüter und die Einkünfte aus diesen Gütern aufgezählt. Dann »Herrn Michaels Teil auf Trostburg« – ebenfalls vier Seiten. Zuletzt »Herrn Leonhards Teil auf Aichach« – knapp sechs Seiten.
Der jüngste Bruder erhielt freilich kein besonders üppiges Erbe,

hier wurde wohl ein Ausgleich dafür geschaffen, daß er nur landwirtschaftlichen Besitz bekam. Michael, als Familienhaupt, behielt die Trostburg und die Stammburg Wolkenstein. Oswald erhielt zwar keine Burg, aber (mit zugehörigen Ländereien) einen Drittel-Anspruch auf die Burg Hauenstein: den Erbanteil der Familie Wolkenstein an diesem Besitz.

Und das war eine Sache mit Haken! Schon Jahrzehnte zuvor hatte sich Friedrich von Wolkenstein mit Martin Jäger um den Besitz dieser Burg und der zu ihr gehörenden Bauerngüter gestritten, dieser Streit wurde von Oswald bald fortgesetzt. Die Vorgeschichte ist lang und vertrackt, ich will sie dennoch skizzieren – ein bezeichnendes Kapitel Familienpolitik; Material über den Streitfall finde ich vor allem in einem großen Aufsatz von Anton Noggler über den *Wolkenstein-Hauensteinischen Erbschaftsstreit.*

Hauenstein ursprünglich als Stammburg derer von Hauenstein, die ihre Besitzungen ständig erweiterten: sie reichten vom Eisack bis tief in die Dolomiten. Das war gegen Ende des zwölften Jahrhunderts. Nach gut einem Jahrhundert wurden die Schulden der Hauensteiner größer als ihre Einkünfte, sie begannen zu verkaufen: erst einen Hof, dann einen Weingarten, danach landwirtschaftliche Güter, und schließlich verkaufte 1367, zehn Jahre vor Oswalds Geburt, Lajan von Hauenstein seinen Anteil an der Burg, samt »Mannschaft und Lehen«. Der Käufer war Eckhard von Villanders; seine Tochter Katharina wurde die Frau des Friedrich von Wolkenstein; damit wurde Oswalds ›Kampf um Hauenstein‹ vorprogrammiert.

Im Jahre 1393 »stieg«, so lese ich, »endlich auch Heinrich von Hauenstein in die Familiengruft«. Neben ihm fast alle Geschwister; nur die Schwester Barbara war oben geblieben. Sie wurde (in zumindest zweiter Ehe) vom Landedelmann Martin Jäger geheiratet. Als Erbe brachte sie den Hauensteinschen Restbesitz mit in die Ehe. Ihr Mann sollte später wenig Grund haben, sich daran zu freuen.

Denn die Sippschaft Villanders-Wolkenstein wollte diesen Besitz einkassieren; mit einer Barbara von Hauenstein und ihrem Martin Jäger werden wir schon fertig, wird man sich gesagt haben. Bereits 1394 mußte sich Martin Jäger bei Herzog Albrecht von Österreich beschweren, schriftlich: Friedrich von Wolkenstein hatte die Burg Hauenstein besetzt, hatte sich zugehörige Wälder, umliegende Ländereien angeeignet, hatte Lehnsleute von Jäger gezwungen, alle Abgaben ihm zu entrichten – Erpressung, sicher auch Gewaltanwendung.

Martin Jäger hatte sich auch bei Bischof Ulrich von Brixen beschwert, der hier als Lehnsherr zuständig war. Ulrich setzte einen Rechtstag an, in Brixen, zu einem Schiedsspruch kam es jedoch nicht, dafür hatte Friedrich von Wolkenstein vorgesorgt. Wieder mußte Jäger bitten, mahnen, fordern, daß endlich Recht gesprochen werde. 1396 erneut ein Rechtstag, aber die Verhandlung fand diesmal gar nicht erst statt, Friedrich von Wolkenstein erschien nicht – aus Termingründen, würde es heute heißen.

Wie Oswalds Vater die Lage einschätzte, zeigt sich daran, daß er in seinen Ansprüchen und Forderungen keineswegs zurückhaltender wurde. Etwa um diese Zeit stellte Martin Jäger eine Liste auf: »Dies sind die Besitzungen, die er sich angeeignet hat.« Als erstes notierte hier Jäger, Friedrich habe dreimal Kalk gebrannt und dazu Holz im Hauensteiner Wald geschlagen; den Schaden setzte er pro Kalkbrand auf mehr als 50 Mark an. Friedrich mußte allerdings riesige Kalkmeiler angelegt, weite Waldflächen abgeholzt haben, um mehr als 150 Mark Schaden anzurichten – für diesen Betrag konnte man einige Bauernhöfe oder eine kleinere Burg kaufen! Weiter setzte Jäger auf die Verlustliste ein Bauernhaus in Kastelruth, »das sie bewohnen« und das ebenfalls zum Hauensteiner Lehen gehöre – hier hatten sich die Verluste an Pachteinnahmen im Lauf der Jahre, ja vielleicht Jahrzehnte auf 100 Mark summiert, wenigstens nach Jägers Berechnung.

Nach diesen beiden großen Posten wurden kleinere Verluste aufgezählt. So wurden von einem Bauernhof widerrechtlich Naturaleinnahmen von knapp 200 Litern Getreide und eine Grundrente von insgesamt 8 Mark eingezogen. Eine Wiese auf der Seiser Alm wurde einem der Pächter des Martin Jäger abgenommen und einem der Bauern des Wolkensteiners zur Nutzung übergeben – sie brachte in guten Jahren 20 Fuder Heu. Dann: eine Wiese, die durchschnittlich 10 Fuder Heu einbrachte. Zwei Äcker, die insgesamt 10 Pfund abwarfen, im Lauf der Jahre. Und ein Hof Kalkadin wurde besetzt, noch eine Wiese auf der Seiser Alm widerrechtlich genutzt, und noch ein Acker . . .

Jäger notierte abschließend, er habe bisher Aufwendungen gehabt von 1 000 Gulden, dennoch habe er sein Recht nicht erhalten können, weder im Lande, noch außerhalb – damit war wohl gemeint: weder in Tirol noch in einem anderen Land der Habsburger. In dieser Summe waren wohl Reisekosten, Aufenthaltskosten, Gebühren, Schmiergelder und so weiter zusammengefaßt – ein sehr hoher, entschieden aufgerundeter Betrag, er entsprach ungefähr der Reichssteuer einer kleineren Reichsstadt.

Der Tatbestand war nun freilich eindeutig und so kam Bischof Ulrich nicht daran vorbei, noch einmal einen Rechtstag anzusetzen,

und zwar am 9. September 1397. Der Schiedsspruch ist erhalten; ich übersetze die Einleitung. »Wir, Ulrich, von Gottes Gnaden Bischof zu Brixen, Kanzler des hochgeborenen Fürsten, unseres gnädigen, lieben Herrn, des Herzogs Leopold, Herzog zu Österreich etc., geben bekannt: Es gab Streitigkeiten zwischen den Edelleuten, Unseren lieben Getreuen Martin Jäger, als Rechtsvertreter seiner Ehefrau, einerseits, und Friedrich von Wolkenstein, als Rechtsvertreter seiner Ehefrau, andererseits, um die Burg Hauenstein mit Wald, Vogtei, Untertanen und Lehnsleuten, wie Stephan, Ulrich und Leonhard von Hauenstein sie innegehabt und nachgelassen haben; dies alles gehört als Lehen zu Unserem Gotteshaus.«
Beide Parteien, so wird nun weiter berichtet, hätten sich einem Schiedsgericht von vier Urteilsfindern unter dem Vorsitz des Bischofs unterworfen; ein Schiedsspruch sei gefällt worden. »Erstens: der Jäger und seine Ehefrau sollen zwei Drittel der genannten Burg (mit Wald, Vogtei, Untertanen und Lehnsleuten) behalten; der genannte Wolkensteiner und seine Ehefrau sollen ein Drittel der erwähnten Burg mit Wald und dem soeben genannten Zubehör behalten. Zweitens wurde verkündet: die Zinsgüter, die der Wolkensteiner oder seine Ehefrau aus den besagten Lehnsgütern gemacht haben, oder die sie in ihre Verfügungsgewalt gebracht und in Besitz gehalten haben, diese Güter sollen alle in die Verteilung einbezogen werden, so daß dem Jäger und seiner Ehefrau zwei Drittel und dem Wolkenstein und seiner Ehefrau ein Drittel zufallen. Ferner zu den Einkommensverlusten von dreißig Jahren, über die sich der Jäger und seine Frau beklagen: die Urteilsfindung hierüber soll Uns anheimgestellt sein.«
Wie hoch wurden Jägers Einkommensverluste angesetzt? Ich nehme an, Martin Jäger wird erst einmal die 1 000 Gulden gefordert haben, die 150 Mark für den wiederholten Kalkbrand, die 100 Mark für den Kastelruther Hof. Zusammengerechnet wären das etwa 1 600 Gulden – über die Umrechnung später. Wie hoch hat Jäger die weiteren Verluste angesetzt? Vielleicht hat er, noch einmal aufrundend, 2 000 Gulden gefordert. Ob diese Forderung vom Bischof gebilligt wurde, darüber habe ich keine Unterlagen gefunden. Und so weiß ich auch nicht, ob Friedrich von Wolkenstein Schadensersatz gezahlt hat. Ich bezweifle es.
Dies zur Vorgeschichte des Erbanteils Hauenstein. Und nun erbte Oswald ein Drittel von Burg und Ländereien Hauenstein. Er stand an Rücksichtslosigkeit und Härte seinem Vater nicht nach, wie sich vor allem gegenüber Martin Jäger zeigen wird. Dabei war Oswald nicht gerade leer ausgegangen! Er erbte allein im Hauen-

steiner Gebiet neunzehn Höfe, dazu Bauerngüter und Ländereien bei Rodeneck und im Grödner Tal, Besitzungen in der Stadt Brixen, Weingüter, Wiesen ... Der dreißigjährige Oswald von Wolkenstein – ein reicher Mann?

27 Die Namen der Höfe und Güter, die Oswald nun erbte, sind überliefert, blieben zum Teil sogar erhalten, wenn auch zuweilen etwas verändert, im Lauf der Jahrhunderte.
Alois Dejori hat, gemeinsam mit seinem Onkel, einem Bürovorsteher in Kastelruth, soweit wie noch möglich die Höfe und Güter lokalisiert, die Oswald im Gebiet von Seis-Kastelruth besaß. Diese Angaben sind aufgeführt in seiner Dissertation.
In der Teilungsurkunde ist zuerst der Hof Zifig genannt, und dieser Hof heißt heute Fizidhof, liegt in der Gemeinde Kastelruth, Fraktion St. Michael, der Besitzer ist oder war zur Zeit der Katalogisierung Johann Karbon. Das sind so konkrete Angaben, daß sich ausmalen läßt: man fragt in Kastelruth nach dem Fizidhof, nach Johann Karbon, und dieser Name, diese Hofbezeichnung löst bei Einheimischen Reaktionen aus, Wörter, die sich reihen, Fingerzeige: weitergehen, geradeaus bis, nach rechts oder links abschwenken, bis, nochmal nach links oder rechts, bis, und schließlich. Der Hof liegt dann an einer Wiesenschräge oder in einer Wiesenmulde oder auf einem Wiesenbuckel oder an einem Waldrand, und vor dem Haus gackern Hühner oder kollern Truthähne, bellt ein Hund, und jemand öffnet die Haustüre oder fährt gerade mit einem Traktor aus der Remise, sieht den Fremden, läßt ihn näher herankommen, einen Gruß aussprechen, den Namen Johann Karbon aufsagen, und vielleicht ist der Mann auf dem Traktor mit diesem Johann Karbon identisch, und zur Begründung dafür, daß der Fremde auf den Hof kommt und ihn, den Besitzer, anspricht, muß er den Namen Oswald von Wolkenstein nennen, einen Namen, mit dem für diese Gegend auch ein wenig geworben wird, einen Namen, den man auch im Fach Heimatkunde hört, vor allem in der Schule von Kastelruth – war der jetzige Hofbesitzer auf der Schule von Kastelruth? Welche Informationen hatte er dort mitbekommen über Oswald von Wolkenstein? Viel mehr als ein paar Sätze werden es kaum sein, die der Hofbesitzer mit diesem Namen verbinden kann. Sollten dafür aber im Fizidhof noch einige Mauer- oder Balkenreste des alten Zifighofes zu besichtigen sein? Aber was würde ein Beschauen und Betasten der alten Mauerreste oder eines möglicherweise gut

600 Jahre alten Balkens an Informationen einbringen für diese Biographie?
Kein Besuch auf dem Fizidhof, auch nicht auf dem Rosslaufhof, der zu Oswalds Zeit Hof Rosselgay hieß, auch nicht auf dem Hof Starkiten, der heute Tschangithof heißt. Der Hof Fantoni und der Hof zum Aindlein lassen sich nicht mehr lokalisieren. Beim Hof zum Schoberstein dagegen ist alles klar, der heißt heute noch genauso, liegt in der Nähe der Pfarrkirche von Kastelruth. Und der damalige Hof zum Nußbaum (als letztes Beispiel) ist heute der Nußbaumhof, und der hat seinen Namen gewiß von einem Nußbaum, der groß gewesen sein muß, sonst wäre der Hof nicht nach ihm benannt worden, vor Oswalds Zeit, in Oswalds Zeit – gibt es eine Tradition auf diesem Hof, nach der man einen neuen Nußbaum setzte, sobald der alte Nußbaum morsch wurde, immer ein Nußbaum, der zum Namen Nußbaumhof gehört, auch jetzt noch?

28 Mich genauer über die damalige Wirtschaftslage informierend, weil hier Motivationen sein könnten für Oswalds ständige Versuche, seinen Besitz zu erweitern, an Geld zu kommen, lerne ich neue Wörter kennen wie: Wüstung, Wüstungsforscher, Wüstungsquotient, Flurwüstung, Hofwüstung, Dorfwüstung, finde sie in einem Aufsatz über *Wüstungen und Preisfall im spätmittelalterlichen Europa,* von Wilhelm Abel. Hier wird, und das betrifft genau Oswalds Zeit, von einer kommerziellen Stagnation, von Depressionserscheinungen, von einer Agrarkrise geschrieben, von einem »wirtschaftlichen Niedergang der Kernländer Europas im Spätmittelalter«. Zeichen dieses Niedergangs sind die zahlreichen Wüstungen: aufgegebene, verlassene, verfallende Dörfer und Weiler in Europa, im Norden wie im Süden, im Westen wie im Osten – überall die gleiche Tendenz, nur unterscheiden sich regional die Zahlen: hier verfallen etwa ein Fünftel, dort zwei Drittel der Ortschaften. Grund dafür: der Bevölkerungsrückgang. Grund für den Bevölkerungsrückgang: vor allem die Große Pestepidemie Mitte des vierzehnten Jahrhunderts, die sich später wiederholenden »Seuchenwellen«, »Seuchenumzüge«. Folgen: Preis- und Lohnbewegungen, die, zusammen mit anderen Faktoren, »siebend und sichtend die Siedlungen schieden«. Das muß man zweimal lesen, laut: »siebend und sichtend die Siedlungen schieden.«
Zum Beispiel Frankreich: ganze Landstriche entvölkert, von

Brombeergebüsch und anderem Gestrüpp überwuchert, bebaute Felder oft nur noch in unmittelbarer Umgebung von Städten, von Befestigungen, im Sichtbereich der Wächter auf Türmen, so daß rechtzeitig gewarnt werden konnte vor der Annäherung von Räuberbanden. Und in Österreich: Siedlungen, vor allem in größeren Höhen, wurden aufgegeben, statistisch ein Sinken der Siedlungsgrenze. Insgesamt: Rückgang der Ackerflächen. Zugleich aber auch ein stetiges Sinken der Getreidepreise, und zwar in ganz Europa. So sehe ich drei Diagramme, eins für England, eins für Frankfurt, eins für Krakau, und auf allen dreien: die Preislinie für Weizen, für Roggen sinkt, und zwar sinkt sie innerhalb der Lebenszeit Oswalds fast auf die Hälfte der Indexziffer, dagegen zeigen die Löhne zu seiner Zeit überall eine steigende Tendenz, eine Nachwirkung der Großen Pest: Arbeitskräfte waren rar geworden.

Insgesamt also: der Kostenindex der Landwirtschaft stieg, die Erlöse fielen. Ich lese von einem Preiseinbruch, Preisfall, Preisabschwung, einem Rückgang der Ertragsquoten in der Landwirtschaft, einem Sinken der Grundrente.

Gewiß hat die allgemeine Entwicklung der Preise eingewirkt auf Tirol, auch wenn es landwirtschaftlich ein Sonderfall war und ist: Getreide läßt sich in diesem vorwiegend bergigen Land kaum anbauen – deshalb lagen die lokalen Getreidepreise über dem europäischen Schnitt. Eine relativ große Bedeutung dagegen hatte und hat in Tirol die Viehwirtschaft, und die Lage auf dem Fleischmarkt war damals in Europa relativ günstig, Vieh ließ sich recht leicht exportieren, per Huf, Getreide dagegen nicht, wegen der miserablen Verkehrsverhältnisse. Ich werde mich später noch genauer mit Oswalds Einkünften aus seinen landwirtschaftlichen Besitzungen befassen, jetzt nur soviel: ein Teil seiner Naturalbezüge bestand selbstverständlich aus Produkten der Viehwirtschaft (Oswald als ›Hörndlbauer‹), ein erstaunlich hoher Anteil jedoch aus Getreidelieferungen (Oswald als ›Körndlbauer‹).

29 Zwischenfrage: warum heißt es in diesem Buch immer nur »Oswald« und nicht korrekt »Oswald von Wolkenstein« oder wenigstens »Wolkenstein«? Ist es nicht fast eine Demonstration von Gemeinsamkeit, womöglich von Kumpanei, wenn ich nur »Oswald« schreibe? Wir beiden, Oswald und Dieter auf Duzfuß, wenigstens nachträglich?

Von Germanisten werden (zumindest die bekannten) Dichter des

Mittelalters durchweg mit ihren Vornamen genannt, auch in wissenschaftlichen Untersuchungen. Dies habe ich übernommen, der Vorname ist entschieden handlicher als das sperrige Oswald von Wolkenstein. Kein Anbiedern also, keine Verbrüderung.

30 Oswald wird schon 1407 gewußt, zumindest geahnt haben, daß er mit der Übernahme seines Erbanteils keineswegs für alle Zukunft ausgesorgt hatte. Dennoch tat er so, als habe er einen Teil des Nibelungenhorts geerbt: selbstbewußt, standesbewußt demonstrierte er seinen neuen Besitzstatus durch Stiftung und repräsentative Selbstdarstellung.

Oswald ließ auf der Empore zwischen den beiden Türmen der Stiftskirche zu Brixen eine Kapelle für den hl. Oswald ausmalen und ausstatten, ließ eine Sakristei anlegen. In dieser Kapelle war auch das Bild, von dem Marx Sittich berichtete: Oswald in Seenot. Die Kapelle wurde noch im Jahr der Erbteilung eingeweiht; Oswald stellte zwei Kapläne für sie ein.

Dieses Beneficium muß kommentiert werden: hier wurden zwei, wahrscheinlich junge Männer nur dafür bezahlt, daß sie werktags abwechselnd und sonntags, in Gottes Namen, gemeinsam die Messe lasen. Sonst hatten sie nichts zu tun – jedenfalls nicht für das Geld, das Oswald für sie aufbrachte. Waren die beiden Kapläne geschickt, so beschafften sie sich weitere Pfründen – darauf angewiesen waren sie aber nicht. Man bezeichnete Geistliche in solchen Positionen als »Messpriester«, unterschied sie von den »Leutpriestern«, die eine Gemeinde hatten, Amtstätigkeiten ausübten, also die eigentliche Arbeit taten.

Jedem dieser beiden »Messpfaffen« wurde ein Haus zur Verfügung gestellt. In der *Brixner Häusergeschichte* von Mader sind die Adressen angegeben. Das erste in einer Gasse direkt am Eisack, in einer Häuserreihe, die durchweg Beneficien gewidmet war: Griesgasse Nr. 6. Noch im Jahre 1842 wird dieses Haus als St. Oswald Beneficium ausgewiesen – hier hatte Oswald also eine lange Tradition begründet! Das zweite Haus in der Runggadgasse, mit der heutigen Nummer 16. Dieses Haus war sogar noch 1895 St. Oswald Beneficium!

Zwei keineswegs kleine Stadthäuser: welch ein Aufwand für eine (in unseren Augen) belanglose Funktion. Und dies sogar in doppelter Besetzung! Oswald hat diese Stiftung zeitlebens einen nicht unbeträchtlichen Teil seiner Pachteinnahmen gekostet.

Nun läßt sich einwenden, daß diese fromme Stiftung nicht nur die spontane Aktion eines jungen Grundbesitzers war, der den Sinn für Proportionen verlor: der Teil-Anspruch auf Hauenstein samt Ländereien machte Oswald zum Lehnsträger des Fürstbischofs von Brixen, machte ihn zum »Brixener Gotteshausmann«; da war eine fromme Stiftung also angebracht, wurde wohl auch erwartet, ja vorausgesetzt.

31 Offenbar hat Oswald der heilige Oswald viel bedeutet: darum einige Zeilen über ihn. Oswald, der zum heiligen Oswald wurde, war ein Sohn des heidnischen Königs Ethelfrith von Northumbrien, wurde geboren um 600. Oswald ließ sich bekehren, taufen, christlich erziehen, unterrichten, wurde König, unterstützte die Missionierung Northumbriens, stiftete Kirchen, Klöster, Benefizien. Gepriesen, gerühmt wurde seine Mildtätigkeit: täglich sollen Bettler an seiner königlichen Tafel gespeist haben. Wiederholte Kämpfe gegen heidnische Regionalherren der angrenzenden Gebiete, gegen König Ceadwalle, König Penda: Machtpolitik und Religion. Oswald fiel in der Schlacht auf dem Maserfeld, am 5. August 642. Penda ließ seinen Kopf und seinen rechten Arm abhacken, auf einen Pfahl spießen; diese Körperteile wurden später zu hochverehrten Reliquien.
Durch britische Missionare wurde die Verehrung des heiligen Oswald verbreitet, auch im deutschsprachigen Bereich; schon im 8. Jahrhundert war er ein populärer Heiliger. Mehrfach wurde seine Legende niedergeschrieben, er war Hauptfigur eines Spielmannsepos. Gemalt wurde er gewöhnlich als Ritter in einer Rüstung, ein Horn blasend, oder als König mit Hermelinkragen und königlichen Insignien. Gelegentlich wurde er zu den 14 Nothelfern gezählt. Die Kurz- und Koseform seines Namens lautete Osi.
Vielleicht kann mir der hl. Oswald weiterhelfen: bei der Ermittlung des Geburtsdatums unseres Oswald. Kinder wurden damals und bis in unsere Zeit oft nach dem Heiligen benannt, an dessen Namenstag sie geboren wurden – es ist also möglich, daß auch bei Oswald Namenstag und Geburtstag identisch waren. In diesem Fall wäre er an einem 5. August geboren worden.

32 Oswald ließ 1408 einen Gedenkstein herstellen und im Brixener Dom anbringen – die lebensgroße Selbstdarstellung eines feschen Kreuzfahrers mit gezwirbeltem Schnurrbart, gewelltem Kinnbart, onduliertem Haar, mit Harnisch, Kampfrock, Rittergurt und Langschwert, in der rechten Hand ein Kreuzfahrerwimpel, in der linken ein Helm mit gewundenen Hörnern, aus denen standesübliche Pfauenfedern ragen. So steht er auf den Wappen der Familie Villanders und der Familie Wolkenstein, mit Lamellenschuhen und Radsporen.
Oswald nicht als Pilger sondern als Kreuzritter: hier wird erheblich stilisiert! Eine Selbstpräsentation dieser Art war in seinem Stand verbunden mit einer Pilgerfahrt ins Heilige Land: der Stein als sichtbares Gelöbnis. Und zugleich als Grabstein für den Fall, daß man nicht zurückkehrte; am rechten Rand blieb Platz frei zur Eintragung der Daten.

33 Eine der beliebtesten Stories der Trivialliteratur über Oswald von Wolkenstein ist diese: Oswald sei aus Liebe zu »Sabina«, der Tochter (ausgerechnet!) Martin Jägers, ins Heilige Land gepilgert . . .
Ein direkter Nachkomme von Oswald, Arthur von Wolkenstein-Rodenegg, hat als Arthur von Rodank im letzten Jahrzehnt des vorigen und in den ersten Jahren dieses Jahrhunderts eine Reihe von *Tiroler Romanen* veröffentlicht, *Das Fräulein von Trostburg* und *Teresina* und *Ein Bauernrebell* und *Herr Tänzel* und *Das Fräulein von Villanders* und *Die Schwarze Katharina*, hat in dieser Reihe 1905 auch den Roman *Sabina Jäger* publiziert, ein »Zeit- und Lebensbild aus dem Anfang des 15. Jahrhunderts«. Ein Trivialroman (»Sabina saß mit wogender Brust da«) mit literarischen Ansprüchen. Graf Arthur läßt die entscheidende erste Begegnung seines Vorfahren mit Sabina im Mondlicht stattfinden.
»Sie wollte in die nahe Burg zurückeilen, da – was klang plötzlich aus dem Gebüsch zu ihr herüber? Die Klänge einer Laute – das – das ist Herr Oswald! Mit seelenvoller Stimme begann er ein Liebeslied. Sabina beschwichtigte den knurrenden Hund und lauschte, und lauschte! Ja, das war die Stimme Oswalds, des Sängers.
Gespannt horchend stand Sabina im vollen Mondenlichte. Ein Bild, wohl dazu angetan, einen Dichter und Sänger geradezu zu begeistern. Der Sang war beendet; Oswalds Gestalt löste sich

aus dem Dunkel des Gebüsches, er schritt auf Sabina zu. Sabina ging dem Sänger entgegen und reichte ihm die Hand, die er stürmisch küßte.«

In einem Roman, der nach dem Zweiten Weltkrieg geschrieben wurde, von Hans Hömberg, sieht Oswald das kecke Luder Sabina zum ersten Mal in der Badewanne und riskiert ein Auge zuviel. »Ein Duft von Veilchen und Aloe drang zu ihm, verwirrte ihn und ließ sein Herz heftig schlagen. ›So komm doch näher!‹ Oswald gehorchte und errötete.«

Was Graf Arthur und Hans Hömberg ihren Oswald und ihre Sabina zuerst sagen lassen, unterscheidet sich kaum. »Sabina! Darf ich denn gar nicht hoffen?«, heißt es einmal, und das andere Mal: »Hab Mitleid und Erbarmen!« Aber Sabina will Oswald erst erhören, wenn er hier eine »Prüfung«, dort eine »Probe« bestanden hat. Einmal heißt es klar: »So will ich dich heiraten, wenn du eine Pilgerreise nach Jerusalem unternimmst.« Das andere Mal wird die Forderung verschlüsselt: »Der Rosen viele blühen in meinem Garten, doch eine fehlt. Die Rose aus dem Heiligen Lande, die Rose von Jericho.«

Und Oswald fährt ins Heilige Land; als er zurückkehrt, ist Sabina verheiratet, mit dem reichen und alten Bürger Hans Hausmann. Erschütterung, Leid, das sich in Liedern ausdrücken muß, doch weiterhin umwirbt Oswald diese Frau: er ist diesem, wie ich lese, sinnlich lockenden, betörenden, ja dämonischen Weib verfallen!

34 Ist so viel über Oswalds Liebe zur Hausmann fabuliert worden, weil Oswald so wenig über sie geschrieben hat? Nur ein einziges Mal erwähnt er, später, in einem Lied ihren Familiennamen, nie aber ihren Vornamen (wie immer er gelautet haben mag). Daß sich kein Lied eindeutig auf dieses Liebesverhältnis beziehen läßt, hat schon manchen Oswaldforscher irritiert, denn eigentlich, nicht wahr, hätte Oswald wenigstens *ein* leidenschaftlich-verhaltenes oder leidenschaftlich-rückhaltloses Lied auf die Geliebte schreiben müssen, aber nichts davon. So versuchte man, einige Liebeslieder auf diese Liebe zu beziehen; besonders favorisiert wird dabei KL 57.

> Kluges Kind von achtzehn Jahren –
> bringt zum Schweigen allen Spaß,
> läßt mich nicht mehr von sich los,
> seit ichs sah, mit einem Aug.

Gönnt mir wirklich keine Ruh:
früh und spät bannt mich ihr Mund,
der sich lieblich öffnet, schließt,
zart gelenkt von Wörtern . . .

Bin ich fern, sie ist mir nah –
schön ihr Antlitz, überall,
längst fixiert hat mich ihr Blick,
weiht mich in die Liebe ein.
Könnt sie nur Gedanken lesen:
Liebeskummer macht mich krank,
bin vor ihr schon wie erstarrt,
keinen Finger kann ich rühren . . .

Weiblicher war nie ein Weib –
makellos, verführerisch!
Ihre Anmut tuts mir an
ach, vom Scheitel bis zur Sohle.
Wenn ich an die Maße denke
(üppig, schlank, füllig, rank)
muß ich sie da nicht begehren?
Wenn sie nur Erbarmen hätte . . .

Eigentlich gibt es nur zwei Angaben zu diesem Lied, die biographische Rückschlüsse ermöglichen. Einmal: daß sie 18 Jahre alt war, als er sie kennenlernte oder sich in sie verliebte. Dies wird kaum eine Zahl sein, die Jugendlichkeit signalisieren sollte (wie bei uns etwa das »Siebzehn Jahr . . .«) – bei einer durchschnittlichen Lebenserwartung von etwa Mitte dreißig war man mit 18 eine reife Frau; man heiratete vielfach mit 15 oder 16.
Der andere Punkt: daß er sie mit seinem »einen Auge« sah und nicht von ihr loskam – ein klarer autobiographischer Bezug. Sonst aber die damals üblichen literarischen Formeln eines Liebeslieds: daß sie schön, ja letztlich vollkommen ist, daß er sie um Gnade, Milde, zärtliches Entgegenkommen bittet. Das ist ähnlich schon vielhundertfach vor diesem Lied geschrieben worden, auf eine konkrete Beziehung läßt sich hier nicht schließen – weder zu einer Freundin noch zur späteren Ehefrau. Francesco Delbono weist darauf hin, daß über diesem Lied in der Wiener Handschrift vermerkt ist: Regina margarita. Er schließt daraus, Oswald habe in diesem Lied seine spätere Frau Margarete besungen. Aber: wer hat diesen Zusatz eingetragen? Und wann ist das geschehen? Dies müßte erst einmal geklärt werden.

Aber letztlich ist gleichgültig, ob hier eine »Sabina« oder eine Margarete besungen werden: dies bleibt ein Text, der konkrete Erfahrungen abstrahiert. Oder: in dem literarische Schemata vor biographischen Realitäten stehen. Das gilt vor allem für das folgende Lied, Kl 51.

Ach, Leid aus Liebe,
fern sein, fremd sein, feind sein, das tut weh –
lieber denn versunken in der See!
Zart liebevolle Frau,
du treibst, verbannst mich ins Tal Josaphat.
Gemüt, Gedanken, Herz und Sinne: todesmatt.
Bin reif zum Tod,
wenn deine Gnade mir nicht hilft
aus großer Not.
Den Schmerz verberg ich dir.
Dein roter Mund,
er hat in mir so starke Lust erweckt,
daß ich nun auf Erfüllung dränge.

Mein Herz im Kummer ficht
und bricht. So lindre, löse doch die Last!
Ich wart auf freundlichen Bescheid;
ich bin wie ein Delphin,
den sein Instinkt zum Meeresboden schickt
vor einem Sturm, den wieder hochlockt dann
der Sonnenglanz,
der ihm den Sinn erquickt.
Geliebte, bleib mir treu
in deiner Trefflichkeit!
Laß deinen Freund doch in der Fremde
nicht kraftlos wanken, kränkeln, sterben.
Ach, dies Exil, es läßt mich toben, wüten!

Mein Kopf ist voll
von Krankheit, Kläglichkeit und Klagen.
Die Zeit, sie geht nicht weiter . . .
Wenn ich mein Leid bedenke
des Nachts, so bleib ich wach, bin wie zerschlagen;
find keinen Trost im Bett,
obwohl mein Unglück alles überragt.
Gefoltert wird mein Herz
von manchem Seufzerstoß.

Wann werde ich erlöst
von dieser Last? Warten, Harren zehrt mich aus,
raubt mir beinah den Verstand.

Auch hier also vorgeprägte Muster: die Abhängigkeit, Hörigkeit des Mannes, der Liebesschmerz, die Bitte um Erlösung durch Liebe. Und allgemeine Hinweise auf einen Aufenthalt in einem fernen, fremden Land. Nur einmal ein Name: Josaphat, das Tal, in dem die Muttergottes begraben sein soll; hier hatte Oswald offenbar eine gefährliche Situation erlebt, vielleicht einen Überfall, denn später, 1426, wird er in einem Brief nachdrücklich vor einem Besuch dieses Tals warnen.

35 Martin Jäger und seine (zweite?) Frau Barbara hatten, nach Mayr, nur eine Tochter, und die hieß nicht Sabina, sondern ebenfalls Barbara.

Wie war man auf Sabina gekommen? Es gibt eine alte Genealogie des Tiroler Adels, und hier findet man diese Angabe: »Sabina, Uxor des alten Hans Hausmann zu Hall«. Diese acht Wörter haben Zehntausende, Hunderttausende von gedruckten Wörtern ausgelöst, wahrhaftig ein Treib-Satz! Aber Mayr weist nach, daß hier Ungenauigkeiten und Verwechslungen vorliegen; er hat in den *Archiv-Berichten aus Tirol* folgende Angaben gefunden: Michael von Wolkenstein und Barbara, »die Tochter des Martin Jäger« hatten 1402 gemeinsam ein Hauensteinsches Erblehen vergeben. Daß es Besitz-Gemeinschaften gab zwischen den Familien Wolkenstein und Jäger, zeigte mir ein (bisher unbeachtetes) Dokument vom 2. März 1404, das ich im Nürnberger Wolkenstein-Archiv gesehen habe: ein gemeinsamer Lehensbrief des Michael von Wolkenstein (im Namen seiner Brüder) und des Martin Jäger auf dem »hoff zu vall« (im Namen seiner Frau Barbara) für Nikolaus Rasnitz. Diese Urkunde stellt uns entschieden vor die Frage: wieso konnte zwei Jahre zuvor Jägers Tochter Barbara ein Erblehen vergeben? Ihr Vater lebte ja noch, ebenso die Mutter – vererbt aber wurde auch damals erst nach dem Tod der Besitzer. Hier kann etwas nicht stimmen! Anton Schwob hat sich aus dem Archiv der Churburg eine Ablichtung des Lehensbriefes von 1402 beschafft, und es zeigte sich: hier ist zwar Barbara genannt, aber nicht als Tochter, sondern als »Martins des Jägers eleichen wirtin«, also Ehefrau. Dies berichtete mir Schwob in einem Brief, für den ich ihm besonders dankbar bin.

Und Martin Jägers Töchterlein? Es soll Kinder geben aus seiner früheren Ehe, unter ihnen auch eine Tochter, Magdalena, aber das muß nicht weiter überprüft werden, es geht allein um die Kinder oder das Kind aus der neuen Ehe dieses Mannes. Hier läßt sich aber kein Kind nachweisen; Schwob nimmt an, »daß Martin Jäger und Barbara Hauenstein gar keine Kinder hatten. Jedenfalls tauchen in den mir bekannten Urkunden keine auf.«
Eine Tochter aus dieser Ehe ist aber nun Voraussetzung der Trivial-Story vom alten, wenn auch angesehenen Mann mit mehreren Kindern, der eine junge Frau heiratet, und bald darauf lernt sie einen etwa dreißigjährigen, weitgereisten Adligen kennen, der dichten, komponieren, singen kann, und schon beginnt eine Romanze, eine heimliche Liebe . . . Alles Fiktion! Alles Fiktion?
Es hat nachweislich eine »hausmannin« gegeben, die Oswald kannte, aber diese Hausmann war nicht Martin Jägers Tochter, die vom alten Hausmann geheiratet wurde, diese Hausmann war, recht simpel, die Tochter von Hans Hausmann. Er hatte vier Kinder, ich zähle die überlieferten Namen in alphabetischer Reihenfolge auf: Anna, Hans, Heinrich, Jakob.
Ich gebe zu, es hat in meinem Bewußtsein einen erheblichen Ruck gegeben, als ich Schwobs Brief las, denn hier wird ein Oswald-Mythos zerstört. So läßt sich (derzeit) nur dies berichten: Hans Hausmann war Schulmeister, nachweisbar für das Jahrzehnt 1370/80; wahrscheinlich war er 1387 Bürgermeister von Brixen; außerdem war er, nach Schwob, »Dienstnehmer des Hochstifts«. Oswald von Wolkenstein und Hans Hausmann lernten sich zuerst also wohl dienstlich kennen, und irgendwann wurde Oswald die Tochter vorgestellt, Anna.
Dies dürfte in Brixen gewesen sein. Wann, ungefähr? In einem Liedtext, den Oswald Ende 1421, Anfang 1422 geschrieben haben dürfte, heißt es, er habe die Frau, die ihn nun quälte, seit dreizehn Jahren und noch länger geliebt. Über diese ›femme fatale‹ beklagt sich Oswald in verschiedenen Liedtexten dieser Zeit, nie aber wird ihr Name genannt; erst später, 1427, identifiziert er sie, im Rückblick, mit der »hausmannin«. Rechnen wir zurück, so dürfte Oswald die Tochter des Hans Hausmann etwa 1408 kennengelernt haben.
Mehr läßt sich hier nicht berichten? Im Nürnberger Wolkenstein-Archiv liegt ein Dokument, das uns ein wenig weiterhelfen kann. Am 25. Mai 1409 vermachte Anna Hausmann, »Tochter des verstorbenen, seligen Hans des Hausmann«, dem Heiligen-Geist-Spital zu Brixen ein Gütlein. Demnach war ihr Vater zu diesem Zeitpunkt verstorben. Und: seine Tochter war im geschäfts-

fähigen Alter. Wie alt war sie genauer? Diese Frage muß offenbleiben.
Interessant ist an dieser Urkunde die folgende Feststellung, gegen Schluß: »Auf meine Bitte hat der Ritter, Herr Oswald von Wolkenstein, derzeit Hauptmann des ehrwürdigen Gotteshauses zu Brixen, sein Siegel an die Urkunde gehängt.« Demnach war Oswald in der Familie Hausmann offiziell eingeführt: keine heimliche Beziehung des etwa dreißigjährigen Junkers zur Tochter des alten, bald darauf verstorbenen Schulmeisters.
Nun muß hier noch ein Rest der alten Romanze exorziert werden: daß Oswald für die Freundin, Geliebte ins Heilige Land reiste. Es hat sich gezeigt, daß sich aus den Liedtexten so etwas nicht ablesen läßt. Es hätte auch weder gesellschaftlichen noch literarischen Spielregeln entsprochen, als Adliger für die Tochter eines (wenn auch angesehenen) Bürgers ins Heilige Land zu reisen, das mußte eine anbetungswürdige Dame der ›high society‹ sein; ihr Name wurde traditionellerweise nicht genannt, denn diese Dame war, dem gesellschaftlich-literarischen Schema entsprechend, verheiratet.
Die Motivation für die Reise liegt hier: die Erbschaftsteilung hatte Oswald die materiellen Voraussetzungen für solch eine (standesübliche) Reise gegeben.
Wann fand sie statt? Es besteht (nach jetziger Kenntnis) eine Dokumentenlücke zwischen Mai 1409 und Januar 1411 – in dieser Zeit könnte die Pilgerreise stattgefunden haben.

36 Pilgerreisen ins Heilige Land hatten in der zweiten Hälfte des vierzehnten, in der ersten Hälfte des fünfzehnten Jahrhunderts (und auch später noch) fast stets den gleichen Ablauf: ungefähr dieselbe Route, meist das gleiche Programm. So läßt sich aus vielen Berichten damaliger Pilger der statistisch durchschnittliche Verlauf solch einer Pilgerreise »über Meer« zusammensetzen. Dies hat Reinhold Röhricht getan in seinem Buch *Deutsche Pilgerreisen nach dem Heiligen Lande*.
Die Reisemotive der Pilger waren unterschiedlich: es gab selbstverständlich Pilger, die Jesus im Heiligen Land näher sein wollten, es gab auch Pilger, die mit solch einer Fahrt ein Gelübde erfüllten, andere kamen mit dieser Reise einer Wette nach oder sie wollten romantisch den Spuren der Kreuzritter folgen, wollten den orientalischen Handelsmarkt erkunden, wollten Ritter am Heiligen Grab werden, wollten Abenteuer erleben. Zum Teil waren die Pil-

ger auch Pilger-Profis: wem die Reise zu fernen Wallfahrtsorten zu umständlich, zu gefährlich war, der konnte stellvertretend einen Pilger dorthin schicken, das sollte ungefähr die gleiche Wirkung haben; so bildete sich mit dem System der stellvertretenden Pilgerschaft rasch eine Organisation von Berufspilgern: Männer, die sich gegen entsprechende Bezahlung auf die Reise schicken ließen – vielfach rüde Burschen.

Wer eine Pilgerfahrt antreten wollte, mußte eine geistliche Erlaubnis haben. Hochgestellte Personen hatten sich in dieser Angelegenheit an ihren Papst in Rom oder Avignon zu wenden, gegen entsprechende Gebühren; sonstige Pilger sprachen bei den nächsten geistlichen Autoritäten vor. Die damalige Kirche schätzte Wallfahrten nicht sonderlich hoch ein: es ging eher lustig als fromm zu. Wollten Pfarrer und Mönche eine längere Wallfahrt unternehmen, so mußte für strenge geistliche Aufsicht gesorgt werden: zu rasch ging vielfach die Klosterdisziplin verloren, zu oft vergaßen Priester ihren Auftrag. Damalige Sprichwörter und Redensarten zeigen an, wie man über Pilgerfahrten dachte: Wallfahrten geschehen mehr aus Wollust denn aus Andacht; – wer oft wallfahren tut, wird selten gut; – als Pilgerin fortgehen, als Hure wiederkommen. –

Neben der geistlichen Erlaubnis mußten die finanziellen Mittel für die Pilgerfahrt besorgt werden. Für ärmere Pilger legten oft die Verwandten zusammen, ja zuweilen der ganze Ort; solch ein Pilger mußte an den Heiligen Stätten entsprechend viel beten. Mitglieder der höheren Klassen nahmen Anleihen auf, wenn sie nicht genug Bargeld besaßen, und überwiesen vor ihrer Abreise die Gelder an eine venezianische Bank. Die meisten Pilger freilich versteckten ihre Geldmittel so gut wie möglich, um nicht schon vor Venedig von Straßenräubern gerupft zu werden.

Die Reisevorbereitungen bestanden auch darin, daß man sich rechtzeitig einen Pilgerbart wachsen ließ. Spätestens in Venedig zog man sich eine graue Pilgerkutte an mit aufgenähtem rotem Kreuz, ein zweites Kreuz auf dem breitkrempigen Hut. Weiter gehörten zur Standardausrüstung der Stock, der Sack, die Flasche. Von Bekannten, Verwandten, Freunden bekamen Pilger gewöhnlich Ringe und Steine mit, für Rosenkränze: die sollte man mit allen geweihten Orten in Berührung bringen.

Fürsten legten vor dem Aufbruch zuweilen den Grundstein zu einer Votivkirche. Mönche ließen sich vom Abt segnen. Gewöhnlich machte man vor dem Aufbruch sein Testament. Das Abendmahl war für alle Pilger obligatorisch. Glückwünsche, Tränen, der Johannissegen.

Und auf gings nach Venedig. Teils über die Alpen, teils auf Umwegen über andere Wallfahrtsorte, Gnadenorte, zur Sicherung des himmlischen Beistands für die Reise. In Treviso oder Pavia verkauften die berittenen Pilger gewöhnlich ihre Pferde oder gaben sie bis zur Rückkehr in Futter. Vor Venedig warteten Scharen von Anreißern auf die Pilger, schleppten sie ab zu den Gasthäusern, von denen sie Provision erhielten. Reichere Pilger konnten es sich leisten, diese Anreißer abzuwimmeln, sie hatten sich schon vor der Reise eine Unterkunft in Venedig besorgen lassen, im Weißen Löwen, zum Beispiel, im Schwarzen Adler oder im Deutschen Haus – hier waren Wirt und Wirtin Deutsche, ebenso Knechte und Mägde, deutsch auch die Küche.

Reiche Pilger hatten auch rechtzeitig durch Mittelsmänner einen Kontrakt mit einem Reeder geschlossen; sehr hochgestellten Persönlichkeiten der politischen Szene wurde eine Staatsgaleere zur Verfügung gestellt. Die meisten Pilger aber mußten sich auf dem Markusplatz mit Agenten und Reedern einigen; unter den Fahnen und Bannern der Schiffsgesellschaften wurde laut geworben und hart verhandelt. Im Kontrakt, der schließlich von beiden Seiten unterschrieben wurde, waren gewöhnlich diese Punkte festgelegt: der Patron soll die Pilger von Venedig nach Jaffa bringen und wieder zurück; das Schiff soll in wenigen Tagen segelfertig sein; es soll mit den nötigen Mannschaften und Waffen ausgerüstet sein; ein Barbier und ein Arzt sollen sich an Bord befinden; das Schiff soll nur an den üblichen Hafenplätzen anlegen; jeder Pilger erhält täglich Essen und Trinkwasser, und zwar möglichst gut und frisch – vor jeder Mahlzeit ein Glas Malvasier; reiche Reisende dürfen sich einen eigenen Koch halten; jeder Pilger hat Anspruch auf genügend Platz, auch zur Unterbringung von zehn bis zwölf Hühnern. Der Patron verpflichtet sich, die Pilger vor jeder Unbill zu schützen, sie im Heiligen Land zu geleiten, persönlich oder durch Stellvertreter, die nötigen Abgaben und Tribute zu entrichten, ausgenommen die Zahlung der üblichen Trinkgelder. Zum Schluß gelobte man, allen Ausflüchten und Verdrehungen zu entsagen, die durch Auslassung oder unklare Formulierungen eines Paragraphen entstehen könnten. Der beiderseits unterschriebene Kontrakt wurde in der Dogenkanzlei von einem Notar ratifiziert.

Nun begannen die unmittelbaren Reisevorbereitungen, und dazu hatte man meist mehr Zeit, als im Vertrag festgelegt war: es konnte bis zu sechs oder acht Wochen dauern, ehe das Schiff endlich ablegte. Man tauschte die verschiedenen Valuten ein, die auf dieser Reise notwendig waren, vor allem für Trinkgelder. Diese Münzen wurden in Kleidern vernäht oder in Schweinefleisch versteckt, um

sie vor dem Zugriff der Muselmanen zu sichern. Reichere Pilger versorgten sich auch mit Proviant. Der Nürnberger Hans Tucher gibt später in einem Buch einige Ratschläge für Jerusalempilger, Ratschläge, die in ähnlicher Form schon zu Oswalds Zeit gegeben wurden, in Reisebeschreibungen und Pilgerbüchlein, erhältlich etwa im Franziskanerkloster della Vigna. Es wurde geraten, vor allem gesalzene Butter, Käse, Zwieback, Stockfisch, Schinken, Erbsen und Gerste mitzunehmen. Besonders wichtig seien Hühner, man solle sie in einem verschließbaren Korb transportieren: so habe man Frischfleisch, könne sich auch mal eine kräftigende Brühe kochen (lassen), besonders nützlich bei Seekrankheit. Wichtig ist dem Hans Tucher auch der Wein: vom Malvasier, der bei Hitze leicht verdirbt, rät er ab, günstiger sei Wein aus Friaul. Und aufgepaßt auf die Verdauung: hier helfen nach seiner Erfahrung grüner Ingwer, kandierter Koriander, Zitronat, Konfekt. Das Gepäck solle man in einen Sack und zwei Taschen verteilen, das sei am praktischsten für Eselsritte im Heiligen Land; außerdem solle man eine lange Truhe mitnehmen, in der man das Gepäck während der Schiffsreise verstaue, auf der man nachts schlafe: viel Ungeziefer auf dem Schiffsboden. Diese sarggroßen Holzkästen waren schon zu Oswalds Zeit üblich. Und wer nicht gern die Schiffslatrine benutzte, erwarb sich einen Nachtstuhl.
Am Tag der Abfahrt wurde auf dem Schiff die Pilgerfahne gehißt: weiß mit rotem Kreuz, dann die Fahne des San Marco: roter Löwe auf weißem Feld, und das päpstliche Banner: grüner Eichenlaubzweig mit goldenen Eicheln und gekreuzten Schlüsseln auf himmelblauem Grund. Die Pilger sangen fromme Lieder; eine Messe wurde gelesen; Pilger und Schiffsbesatzung baten kniend um den himmlischen Segen.
Auf der Schiffsfahrt, die gewöhnlich zwei Monate dauerte, gelegentlich auch zwei Wochen weniger, vertrieben sich die Pilger die Zeit meist mit Kartenspielen; manchmal wurden Delphine gejagt; man ließ sich von Matrosen Fabelhaftes erzählen von meilenlangen Fischen, von Seeschlangen, von Stürmen und Piraten. Nach einiger Zeit gewöhnlich die ersten Reibereien, Auseinandersetzungen, Schlägereien an Bord. Besonders verrufen waren die Berufspilger und die Niederländer. Die Schiffsbesatzung klaute soviel sie konnte.
Als erholsam galt solch eine Schiffsreise nicht. Die Unterkunft war eng und stickig. Es gab Läuse, Wanzen, Mäuse, Ratten. Unaufhörlich stampften auf Deck die Maultiere und Pferde; wer drunter lag, fand kaum Ruhe. In den Schlafräumen wurde bis spät in die Nacht geredet, gesungen, gegrölt, gebrüllt. Das Essen war mäßig

bis miserabel: Kraut, Fleisch und Suppe, Suppe, Suppe. Das Brot hart, mit Würmern, das Wasser brackig, übelriechend.
Die gewöhnliche Schiffsroute: Venedig – dalmatinische Küste – Korfu – Kreta – Rhodos – Zypern – Jaffa. Zuweilen sah man wirklich Piratenschiffe, von denen soviel erzählt wurde: gewöhnlich wagten sie sich an die stark bewaffneten Pilgerschiffe nicht heran. Manchmal erlebte man auch einen der Stürme, von denen ebenfalls viel erzählt wurde. Zog ein Unwetter auf, so versuchte man es durch Schüsse zu vertreiben.
Allgemeine Erregung, sobald die Küste des Heiligen Landes auftauchte. Von einem der beiden Wachtürme von Jaffa wurde ein Kanonenschuß abgegeben, ein Banner wurde aufgesteckt. Das Schiff mußte vor der Küste ankern, bis alle Formalitäten erledigt waren. Nach mehreren Kreuzzügen war das Heilige Land nun doch wieder im Besitz der »Heiden«, und die hatten, wohl aufgrund entsprechender Erfahrungen, die Devise: Hüte dich vor jedem Jerusalemfahrer! In jeder Hinsicht sollten diese unerwünschten Besucher finanziell ausgebeutet werden, zur Strafe, aus Rache. Gebühren, Tribute, Wegegelder, Eintrittsgelder, Abgaben, Sonderabgaben, und immer wieder: Bakschisch.
Es dauerte nach dem Kanonenschuß bis zu sechs Tagen, ehe aus Ramleh und Jazur Vertreter der türkischen Behörden erschienen, begleitet von zahlreichen Kaufleuten. Auf dem Schiff verhandelte der Patron mit den türkischen Herren, bewirtete sie zuvorkommend, auch mit Wein. Gebühren und sonstige Gelder wurden bezahlt. Alle Pilger mußten ihre Waffen ablegen, mußten Namen und Stand angeben, auch Namen und Stand der Eltern: reiche Pilger, namhafte Pilger reisten gewöhnlich unter Pseudonym, um nicht allzu sehr gerupft und womöglich erpreßt zu werden – wiederholt Geiselnahmen.
Während der langen bürokratischen Formalien versuchten die Kaufleute den Wartenden möglichst viel zu verkaufen: Rosenwasser, Balsam, echte und falsche Edelsteine, Eier, Brot, Fleisch, Wasser, Rosenkränze, Decken; Eseltreiber boten ihre Esel an.
Der Gruppenleiter erteilte Instruktionen: stets in der Gruppe bleiben, nicht lachen und lärmen, nicht auf türkische Gräber treten, Mauern und Wände nicht beschmieren, nicht Stücke vom Heiligen Grab hacken, sich nicht mit Frauen einlassen, Türken keinen Wein geben, selbst auch keinen Wein trinken, nicht Moscheen aufsuchen, den Gruppenleiter nicht für Verzögerungen oder Verspätungen verantwortlich machen.
Damit ging es endlich los, Richtung Ramleh. Beschaulichkeit konnte sich unter den Pilgern kaum einstellen, zum Beten und

Singen fand man wenig Gelegenheit, denn fast unablässig war man mit den Eseltreibern beschäftigt. Gewöhnlich waren mehr Esel als Pilger da, jeder Eseltreiber aber wollte etwas verdienen, so fing ein Gerangel an um die Pilger. Die reicheren Pilger waren von diesem Problem befreit, sie hatten auf Schiffsdeck ihre Reittiere mitgebracht; den anderen Pilgern aber erging es vielfach so: sie kamen mit einem Eseltreiber überein; der forderte Bakschisch für das Hinaufhelfen auf den Esel; nach oft recht kurzer Zeit schon sorgte der Treiber dafür, daß sein Esel den Pilger abwarf: neues Bakschisch für das Hinaufhelfen – das konnte sich mehrfach wiederholen. Blieb ein Pilger auf seinem Esel zurück, war der Eseltreiber einmal nicht in seiner Nähe, so wurde der Pilger von einem noch unbeschäftigten Treiber aus dem Sattel gerissen, auf sein eigenes Reittier gehoben; dafür wurde Bakschisch verlangt. Wer nicht zahlte, wurde verprügelt; zurückschlagen war verboten. Bis zu vier- oder fünfmal konnte man so gezwungen werden, sein Reittier zu wechseln. Und jedesmal Bakschisch, auch für das Absteigen, endlich, an der Raststation. Dort waren dann schon etliche Gepäckstücke verschwunden. Und mit Vorliebe zerschlugen die Treiber die kleinen Weinfäßchen der Pilger.
Endlich Jerusalem! Von Eseltreibern, Dieben, Händlern umkreist und bedrängt, kniete manch einer hin: die hochheilige Stadt mit Mauern und Türmen; Rührung, Dankgebet. Erneute Abgaben am Stadttor. Die Pilger fanden Unterkunft im Johanniterhospital oder im Zionskloster; dafür mußte man bei der Abreise fünf bis acht Dukaten zahlen. (Besonderen Spaß machte es manchen Pilgern, die Mönche zu bescheißen: sie gaben ihnen falsche oder »böse« Münzen.)
Nachdem man sich von den Strapazen der Anreise erholt hatte, versammelte man sich auf dem Zion zur Prozession. Kurze Ansprache durch den Gruppenleiter: Hinweis auf die Heiligkeit des Ortes, Bitte um entsprechendes Benehmen. Nachdem man, mit Kerzen in den Händen, den Leidensweg des Herrn abgeschritten hatte, ging es zur Grabkirche. Sie war eigentlich nur zweimal im Jahr geöffnet, doch wenn entsprechende Gebühren gezahlt wurden, entsiegelten die türkischen Beamten die Türe; wer nicht zahlte, kam nicht rein. Erneute Anweisungen des Gruppenleiters: nicht mit den Händlern in der Kirche feilschen; die Priester der Gruppe sollten sich nicht um das Messelesen zanken; die heiligen Stätten nicht durch Anmalen oder Abschlagen verunglimpfen; beichten, das Abendmahl feiern.
In der Grabkirche ging es bunt zu: Händler boten kostbare Stoffe an, Ketten, Ringe, Rosenkränze, Kreuze und vor allem: Reliqui-

en. Trotz der Verbote beschrieben Edelleute die Wände, schlugen Nägel ein, hängten ihre Wappen auf. Pilgerinnen versuchten, sich in einem Winkel befruchten zu lassen, weil Kinder, die in einer Kirche, erst recht in dieser Kirche, gezeugt wurden, als Glückskinder galten. Priester zankten sich um die Alba, weil nur einer die Messe in der Grabkirche lesen durfte. Das Abendmahl.

Feierlich dann das Ritual des Ritterschlags; der Gruppenleiter, der Guardian, schlug einen Pilger zum Ritter des Heiligen Grabes, dieser wiederum schlug den nächsten Pilger zum Ritter des Heiligen Grabes, dieser wiederum einen dritten Pilger zum Ritter des Heiligen Grabes, der dritte einen vierten, der vierte einen fünften und so weiter. Damit war für viele das wichtigste Reiseziel erreicht: sie waren Ritter vom Heiligen Grab.

Es schlossen sich fromme Exkursionen an, nach Bethlehem und an den Jordan. Der Patron versuchte meist, seiner Gruppe den Besuch des Jordan auszureden: zu gefährlich, räuberische Beduinen! Denn möglichst rasch sollte die Gruppe wieder an Bord des Schiffes und zurück nach Venedig verfrachtet werden; die Dauer des durchschnittlichen Aufenthalts zwischen Ausschiffung und Einschiffung lag bei nur zehn bis vierzehn Tagen. Weil der Besuch des Jordan als sehr wichtig galt, wurde er von den Pilgern vielfach erzwungen.

Das Bad im Jordan als zweiter Höhepunkt der Reise: vollkommener Nachlaß der Sünden. Die Pilger beteten und sangen im Jordanwasser, tauchten ihr Sterbehemd ins Jordanwasser, füllten Jordanwasser in Flaschen ab, zur Taufe der Kinder. Berichtet wird aber auch von »unzüchtigem Treiben« zwischen Pilgern und Pilgerinnen im Jordanwasser. Die Begleiter der Pilgergruppen mahnten durch Trommelschläge zum Aufbruch; wer das Wasser nicht rechtzeitig verließ, dem wurde mit der Peitsche nachgeholfen.

Zurück in Jerusalem deckte man sich mit Reliquien ein: Stücke vom Heiligen Grab, Abdrücke von den Fußspuren Christi, Steinchen vom Zion oder vom Ölberg, Frauenmilch aus Bethlehem, Marienerde, Rosenkränze aus Bethlehem und Gethsemane, Stücke der Hebroneiche, Rosen von Jericho, Dornen aus der Dornenkrone Christi, Leinwandstreifen in der Länge des Heiligen Grabes; gelegentlich wurden auch Früh- und Fehlgeburten angeboten, als Leichen der unschuldigen Kindlein von Bethlehem.

Man konnte sich mit heiligen Symbolen tätowieren lassen, man besorgte sich, soweit man noch Geld dazu hatte, Hemden aus Baumwolle oder Seide, orientalische Schuhe, womöglich auch Juwelierarbeiten. Dann ging es zurück nach Venedig: nur wenige Pilger reisten weiter zum Sinai, zum Katharinenkloster.

Auf dem Pilgerschiff wieder Kartenspiele. Waren Frauen an Bord, so mußten sie tanzen. Es gab Kunstfechter und Gaukler. Lieder wurden gesungen. Man hielt Ausschau nach Piraten und dunklen Wolken. Man wartete auf den Anblick Venedigs.

37 Literarisches Ergebnis der Pilgerreise ist einer der erstaunlichsten Liedtexte Oswalds: Kl 17. Ein Gespräch zwischen einer Dame und ihrem Liebhaber; er macht eine (literarisch) übliche Pilgerreise, um seine Liebe zu beweisen, sie gibt ihm Ratschläge mit auf den Seeweg. Dabei geschieht sprachlich Außerordentliches – eine Reise in eine neue Wortwelt!

»Leg ab und laß das Segel frei,
bis ungefähr der Kurs anliegt –
gelingt dir das, bist du als Seemann gut.
Doch sag, was ist dein Reiseziel?
Vielleicht hilft dir mein Rat.
Halt dich da nicht zurück, sonst reut es dich.«
Der junge Mann: »Bei dieser Fahrt
wär mir dein Rat willkommen, meine Liebste.
Du weißt ja, was ich mir vor allem wünsche . . .
Nach Syrien richtet sich mein Sinn,
auf dein Geheiß will ich am Heilgen Grabe beten,
will täglich trachten, daß du mir gewogen bist.«
  Sie haben sich mit Lust
  umarmt, und das sehr oft.
  Und Küsse wechselweise.
  Das machte beiden Spaß.
  Sie sprach: »So brich denn auf,
  und achte auf die calamita,
  wenn ich dir raten soll.

Den Bug voran, nimm Kurs auf Ost
und kein Lavieren. Nutze gleich
den Wind ponente, der von achtern kommt.
Das Segel ziehe hoch am Mast
zur Spitze, fang den Westwind ein.
Gib Gegenruder, laß das Schiff nicht luven.
Maestro provenza hilft voran;
der tramontana: günstig ist auch er.
Luv an beim greco, Steuermann!

Und: cazza, pozza! Carga, rasch!
Bestimme Position und Kurs auf deiner Karte,
stell deinen Kompaß ein. Levante – aufgepaßt!
    Basso alla banda! Springt!
    Und ihr da: unter Deck!
    Gib dich dem Sturm nicht preis,
    fahr vorher in den Hafen.
    Erreichst du seine Einfahrt,
    gib acht auf seichte Stellen
    und gehe dann vor Anker.

Doch widrig zeigt sich manchesmal
scirocco, macht das Segeln schwer,
bei starkem Seegang gibt es große Schäden –
der Bursche, der bringt gerne Sturm!
Halt einen Strich nach Norden dann!
Und wenn du seekrank wirst, so gib nichts drauf.
Cala la vela! Grosso! Hopp!
Con brio treib das Schiffsvolk an! Paß auf
vor starker Drift! Den Ausgleich schafft der austro,
er wird dir sehr von Nutzen sein
bei halbem Wind. (So hab ichs mal gehört . . .)
Das Segel hoch, cagnola angezurrt!
    Bleib auf dem Kurs,
    berechne ihn genau.
    Frischt dann der coro auf,
    so bläst er dich direkt
    in Richtung Orient.
    Der Herr bring dich zurück,
    mein sehr geliebter Freund!«

Generationen von Sprachwissenschaftlern standen diesem Text ziemlich hilflos gegenüber. »Wassa alabanda«, heißt es beispielsweise – mußte das für einen wilhelminischen Gelehrten nicht wie eine afrikanische Zauberformel klingen? Oder dies: »Challa potzu karga behend«? Erfindungen eines spätmittelalterlichen Sprach-Chaplin?
Um diesen Text übersetzen zu können, mußte ich besonders viele Informationen sammeln. Hilfreich war der Kommentar von Werner Marold: philologische Entschlüsselungen schwieriger Wörter und grammatischer Konstruktionen, zusätzliche Sachinformationen. Walter Röll hat »auf der Basis« dieser Arbeit einen Kommentar der Lieder 1–20 verfaßt, hat speziell zu diesem Lied zusätzliche

Informationen eingebracht. Beide (unveröffentlichte) Arbeiten habe ich benutzt.
Schließlich habe ich diesen Liedtext mit Bert Okken durchgesprochen: braungebrannt, nach einer Segeltour auf der holländisch-friesischen Seenplatte, kam er nach Düren, und ein Blatt nach dem anderen zeichnete er voll mit Segelpositionen, mit Winkeln zwischen Bug und Wind, mit Kraft-Parallelogrammen, und nach Oswalds Lied-Angaben wurde eine Karte skizziert: die Segelroute von Venedig nach Jaffa, die Reihenfolge, in der Oswald die Winde aufzählt, die Steuermanöver. Dabei zeigte sich, daß Oswalds Angaben folgerichtig sind: die Reihenfolge der Winde keineswegs beliebig, sondern genau koordiniert mit dem Reiseverlauf! Demnach muß sich Oswald exakt informiert haben.
Ich kann hier nicht alles präsentieren, was von Oswald-Forschern zu diesem Liedtext erarbeitet wurde, will nur ein paar Punkte hervorheben, um anschaulich zu machen, wie Oswald gearbeitet hat. Fangen wir an mit der »calamita«. Die brachte schon manchen Interpreten in Kalamitäten. Beispielsweise glaubte man hier den zynischen Wunsch des schlimmen Weibes »Sabina« herauszuhören, er möge nicht in die Kalamitäten geraten, in die sie den offenbar bis weit über beide Ohren verliebten Oswald hinausschickte. Ein Musikwissenschaftler unserer Zeit glaubte, zum Wort »Kalamitäten« eine entsprechende musikalische Akzentuierung aus dem Notationsbild ablesen zu können, aber mit Kalamitäten hat »calamita« nichts zu tun, damit ist der sagenhafte Magnetberg bezeichnet.
Die Bezeichnungen der Winde hat Oswald in der Sprache der norditalienischen Seeleute wiedergegeben; sie wurden in heutiges Italienisch übertragen. Ebenso die Offiziers-Befehle; Oswald hat sie nicht einfach in den Text eingestreut, sie entsprechen jeweils den nautischen Situationen. So heißt es beispielsweise, man solle beim levante aufpassen. Wie August Köster in seinem Buch *Das antike Seewesen* schreibt (ich zitiere nach Röll), nimmt beim Ostwind »die Luvgierigkeit zu, so daß es schwer wird, ihr mit dem Steuer entgegenzuwirken und das Schiff auf seinem Kurs zu halten«. So wurde befohlen: »Basso alla banda!« Und das bedeutet: Weit hinüber auf die andere Schiffseite! Köster: »Aufheben kann man die Luvgierigkeit dadurch, daß man das überliegende Schiff aufrichtet, indem die gesamte Mannschaft sich an die Luvseite begibt.« Wer bei diesem Manöver störte, mußte von Deck, und das waren die Pilger, denen der zweite Befehl galt: In den Kielraum! Hier standen sie niemand im Weg. Und sie schufen hier, nach Röll, zum »überliegenden Mast ein Gegengewicht«.

Noch ein Beispiel dafür, wie fachmännisch Oswald formuliert hat: er läßt die junge Dame vor der Drift warnen. Okken zitierte dazu in einem Brief einen niederländischen Schiffer-Merkspruch »Tink dochs om de drift« und definierte in einer seiner Skizzen die Drift als »Höhenverlust, der sich trotz des Widerstandes des Schiffsrumpfs (mitsamt Kiel) ergibt«. In Landratten-Deutsch übertragen: bei seitlich anstehendem Wind wird das Schiff von seinem Kurs auf einen angesteuerten Punkt weggedrückt, deshalb muß man einen höheren, freilich nicht allzu hohen Punkt ansteuern, um den Zielpunkt dennoch zu erreichen. Wieder Okken, als Segelexperte: »Wer am Wind fährt, fühlt sich manchmal versucht, höher zu steuern, als klug ist. Man gewinnt scheinbar Höhe, aber verspielt noch mehr Höhe infolge der überproportional wachsenden Drift; im Endergebnis fährt man schlechter, während man meint, besser zu fahren. Man sei also vernünftig und steuere nicht so sehr hoch = Paß auf vor starker Drift, und man warte ab, bis der Punkt erreicht ist, wo der günstige Wind einsetzt – den Ausgleich für eine vernünftige Einbuße an Höhe schafft jener austro.« Also der Südwind.
Weitere Belege würden nur bestätigen, was sich hier schon klar genug zeigt: Oswald hat, bei aller Lust an fremdartig klingenden Wörtern, exakt die Wortbedeutung der nautischen Termini beachtet. Dieser Dichter von Mitte dreißig wirkt in seiner Schreibmethode hier erstaunlich modern!
Bleibt noch eine Frage: für welches Publikum hat Oswald dieses Lied geschrieben? Norbert Mayr gibt auf diese Frage eine Antwort, die mich überzeugt: Oswald hat dieses Lied auf der mehrwöchigen Rückfahrt des Pilgerschiffs verfaßt, hat es Mitreisenden vorgesungen. Und die hatten wohl ihren Spaß daran, die seemännischen Ausdrücke, Rufe, Befehle, die sie auf dem Schiff hörten, wiederzuerkennen. Vielleicht hörten auch venezianische Matrosen und Offiziere zu: denen war das Ganze böhmisch, aber ihre Fachausdrücke verstanden sie, selbst, wenn sie bei Oswald leicht bayrisch eingefärbt klangen.

38 Oswald erzählt in seiner großen Lebensballade, er habe gerudert, »bei Kreta und auch anderswo und dann zurück«. Eine Schiffsreise an Kreta vorbei – die konnte eigentlich nur ins Heilige Land führen. Oswald hat diese Fahrt aber auf einem Segelschiff gemacht, das hat er ja nun mit überzeugender Exaktheit beschrieben. Sollte er auf eine frühere Mittelmeerreise anspielen?

Daß er zweimal die Route zum Heiligen Land gefahren war, hätte er in einem seiner Lieder sicher einmal erwähnt, das wäre wirklich etwas Besonderes gewesen. Andererseits, daß solch ein Hinweis fehlt, beweist auch nichts. Oder sollte womöglich eine der Handelsfahrten gemeint sein? Oswald deutet an, daß er nicht nur bei Kreta gerudert hat. Eine seiner Übertreibungen? Jedenfalls, auf dieser Pilgerreise hat er möglicherweise (auch) gerudert: ein Segelschiff, auf dem bei Flauten Ruder eingesetzt wurden. Denkbar wäre nun, daß eine der damals häufigen Fieberkrankheiten ausbrach unter den Ruderern, und weil man weiterkommen mußte, sprangen Passagiere ein.
Üblich war auf einer Galeere das »Königsrudern«, »a monte e casca«: langsames Rudern mit weiten Schlägen. Die Ruderer stiegen auf ihre Fußraste, dann auf die Ruderbank vor ihnen, zogen den Riemen, indem sie sich auf die eigene Ruderbank zurückfallen ließen: die Ruderbänke mit Leder gepolstert, meist auch mit Strohbüscheln. Das Königsrudern galt als schwierig: zahlreiche Riemen dicht beieinander, so konnten sich Fehler multiplizieren – Riemen brachen, Ruderer wurden verletzt. Zum Königsrudern wurden nur Berufsruderer eingesetzt; für einen Mann aus Tirol hatte man hier kaum Verwendung.
Anders war es bei der scaloggio-Technik: schwere Riemen, die jeweils von drei bis fünf Mann bewegt wurden – hier konnte man schon mal eine Hilfskraft einsetzen. Beim ersten Takt erhob sich der Vormann von der Ruderbank, machte einen Schritt nach vorn, setzte den rechten Fuß auf die Fußraste – je näher ein Ruderer an der Bordwand saß, desto geringer wurde die Bewegungsweite. Beim zweiten Takt ließen sich die Ruderer auf die Ruderbank zurückfallen; beim dritten Takt tauchte das Ruderblatt wieder aus dem Wasser auf.

39 Daß Oswald mit Lust Fachausdrücke in seine Liedtexte aufnahm, zeigen auch die beiden folgenden Beispiele: ein Lied über das Vogelfangen (und Vögeln) und ein Jagdlied. Verglichen mit dem Seefahrtslied ist allerdings im folgenden Liedtext (Kl 83) der Anteil an Fachbegriffen relativ gering.

Ein Beerenmädchen, frisch, keck, frech,
auf steilem Hang in wilder Höh,
das macht mir Lust, schwellt mir den Kamm
zur Frühlingszeit, wenn sich der Wald

mit hellem Grün belaubt.
Ich laure auf sie wie ein Fuchs,
bin gut versteckt, man hört mich nicht,
späh aus der Staude (duck dich, Luchs!)
bis ich bei ihr ans Braune komm:
auf allen vieren kriech ich hin,
verscheuch sie nicht . . .
    Ihr roter Mund, ihr edler Schlund
    ist innen wahrhaft zuckersüß!
    Die Füße klein, die Beine hell,
    die Brüste fest. Doch was sie sagt
    und tut, ist reichlich berglerisch!

Den Amseln geh ich an den Balg,
auch mancher hübschen Drossel
dort oben, Am Lawinenbach,
mit einem Spaltholz, das sie packt,
wenn ich das Schnürchen reiß
in einer Hütte, abgeschirmt
von lecker grünem Laubgeäst.
Sie kommt wohl her, ermuntert mich
mit Übermut und frechem Spaß:
sie schlüpft hier durch die Lücke
und macht sich klein . . .
    Ihr roter Mund, ihr edler Schlund
    ist innen wahrhaft zuckersüß!
    Die Füße klein, die Beine hell,
    die Brüste fest. Doch was sie sagt
    und tut, ist reichlich berglerisch!

Sobald der Kloben rausgestreckt
und mein Gerät so richtig steht,
da hört man – heda! – süßes Locken
und bald darauf ein groß Geschnauf.
Die Hübsche hat gut lachen:
sie hat mir abgeschaut die Kunst,
die ich beim Vogeln zeig;
bei mir setzt sie ihr Schlitzholz ein,
mein Piepmatz macht sie allzu scharf –
das läßt die Hütte krachen!
Nun feste ran!
    Ihr roter Mund, ihr edler Schlund
    ist innen wahrhaft zuckersüß!

Die Füße klein, die Beine hell,
die Brüste fest. Doch was sie sagt
und tut, ist reichlich berglerisch!

Bei Oswald ist die Bergbauern-Schönheit »ain jetterin«. Das war ein Mädchen, das Pilze, Kräuter, Beeren, vor allem aber Futterlaub sammelte. Wie diese Informationen einbringen in die Übersetzung? »Die Sammlerin von Futterlaub« – das wäre zu sperrig, da könnte ich – bei vier Hebungen maximal – die Adjektive nicht mehr unterbringen. »Eine Jäterin« – das würde falsche Assoziationen wecken. Weil auch Vögel Beeren suchen, habe ich eine entsprechend doppeldeutige Bezeichnung eingesetzt: »Beerenmädchen«. Ebenso habe ich für den »Kloben«, den heute niemand mehr kennt, die Bezeichnung »Schlitzholz« und »Spaltholz« erfunden: damit ist einerseits das historische Vogelfanginstrument beschrieben, andererseits deutet sich in diesen Bezeichnungen an, worauf sich das Interesse des Vogelfängers versteifte.
Technisch lief der Vogelfang so ab: man baute eine Abschirmung, ein wigwamähnliches, meist recht kleines Ast- und Laubgehäuse, hielt den Kloben hinaus, die Vögel wurden angelockt durch Lockpfiffe, Lockrufe, durch Lockvögel wie Meise oder Eule. Sobald sich ein Vogel auf den hinausgehaltenen Kloben setzte, wurde mit einer Schnur das aufgespreizte Fangholz zusammengezogen, schlagartig, der Vogel wurde am Kopf, am Gefieder oder an den Läufen festgeklemmt, in die Hütte geholt, getötet: rund zwei Dutzend Amseln oder Drosseln brauchte man für die damals sehr beliebte Vogelpastete.
Und nun das Jagdlied Kl 52. Auch bei noch so fleißigem Gebrauch von Wörterbüchern hätte ich diesen Liedtext kaum übersetzen können; glücklicherweise gibt es hierzu eine spezielle Untersuchung von Siegfried Beyschlag. Er hat seinerseits die Arbeitsstelle für Deutsche Jägersprache am Deutschen Seminar der Universität Erlangen-Nürnberg konsultiert. Herausgearbeitet wurde hier, was ich bei der Übersetzung wieder einzuarbeiten versuchte: eine Technik der Hetzjagd mit Hunden und Netzen. Die Hunde wurden dabei in mehreren Etappen (Relais) eingesetzt, weil sie entschieden rascher ermüdeten als das Wild; gehetzt wurde bergauf.
Oswald hat nun konsequent und fachmännisch die Termini der Hetzjagd benutzt: für das Ansetzen der Hunde auf Fährten, für das Aufnehmen von frischen Fährten, für das Lautgeben, für das »Abliebeln« von Hunden, die sich bei der Hetzjagd bewährt haben. Die meisten der Hundenamen waren damals gebräuchlich; einige Namen wie Freud, Lieb, Trost dagegen wirken befrem-

dend. Beyschlag ist wohl auf einer richtigen Fährte, wenn er vermutet, diese exakte Beschreibung einer Hetzjagd sei zugleich eine Jagdallegorie: gehetzt, gejagt wird hier ja ein weibliches Wesen, eine Hirschkuh. Der alte Doppelsinn also des Auflauerns, Anpirschens, Jagens von Mädchen und Frauen. Oswald erweist sich (auch) hier, wie es George Jones formuliert, als »Experte des Nachstellens im doppelten Sinne«.
Jones macht in seiner kleinen Untersuchung *Oswald von Wolkenstein – Vogelsteller und Jäger* einen wichtigen Punkt deutlich: Oswald hat eine Fachsprache benutzt, die seinen Zuhörern geläufig war, eine »Gemeinsprache« der »Mitglieder der oberen Klasse und ihrer Jäger« – und für diese Klasse war die Jagd Monopol. Selbst bei großen Wildschäden durften die Bauern nicht jagen; Jagdfrevel wurde hart bestraft.
Das Jagdlied ist ein Wechselgesang, ein Duett; der Text wurde auf eine zweistimmige französische Balladenkomposition geschrieben, die Oswald übernahm. Weil hier beide Stimmen im Wechsel oder gleichzeitig singen, ist es schwierig, eine angemessene Textform vorzulegen. Auf der Grundlage der Dissertation von Erika Timm habe ich versucht, eine Leseversion zusammenzustellen, die nicht allzu entfernt ist vom Liedtext, wie er hörbar wurde.

Waidmannsheil! Wer jagen will,
»Waidmannsheil! Wer jagen will«,
wem das Jagdglück winken soll,
»stell sein Netz erst richtig auf«,
muß vor allem wachsam sein,
»leg Relais an, hoch am Hang«,
bringt dann auch viel Wild zur Strecke!
Los jetzt, Freud!
Ja, dein Bellen trägt sehr weit!
Hör auch Lieb und Trost:
werdet mich erlösen
aus der Wartequal.
Hetzt, die Spur ist frisch!
»Aufgepaßt! Laßt Wunn und Heil
nicht vom Seil!
So kriegt ihr das Wild doch nie!
Weg da von der alten Spur!«
Geud und Meld
sollen nicht so stöbern!
Auf gehts, Lapp. Rennt schon,
Rügg und Trapp!

Folgt der Fährte, Gail, Gesund!
Kusch hier! Brav die Hunde, brav.
Glück, schließ auf, bleib an der Spur!
»Vorwärts! Hundebellen, Hörnerblasen,
Berg und Tal,
ja, das haben Jäger gern!
Schlagt schon an! Die Klinge raus!
Gleich ist es geschafft!
Drüben läuft die stolze Hirschkuh!«
Hinterher, die ganze Meute!
Hussa, Schenk!
An die Spur jetzt, Stät und Wenk!
»Heuch, heuch, heuch!«
Los, wie Will und Harr!
»Heuch, heuch, heuch!«
Bist auf falscher Fährte!
»Heuch, hoch, hauch!«
Lauf im Kreis, nimm auf die Spur!
»Heuch, heuch, heuch!«
Trüb, hinterher!
»Heuch, hoch, hauch!«
Das Wild ist müd.

40 Oswald war, wie sein Vater, Lehnsträger des Bischofs von Brixen – durch den Anteil am Hauensteinschen Besitz. So waren diese Wolkensteiner Ministeriale, »Diener« des Bischofs und Reichsfürsten, hatten diesem weltlich-geistlichen Regionalherrn Hofdienste zu leisten. Die bestanden meist in Verwaltungsarbeiten – selbstverständlich in gehobenen Positionen. Notfalls mußte ein Ministeriale für seinen Lehnsherrn auch in den Krieg ziehen.
Zum Begriff Lehen eine kurze Anmerkung: wenn man beispielsweise eine Burg kaufte, blieb man nominell Lehnsträger des Lehnsherrn des Besitzes, den man erwarb, den man vererben konnte – ein etwas vertracktes Verhältnis, zu dem es ausführliche juristische Untersuchungen gibt, denen ich hier aber nicht in alle begrifflichen Verästelungen folgen kann. Grundsätzlich nur: ein Lehen war ursprünglich, etwa um die Jahrtausendwende, Besitz auf Zeit und Widerruf; Hofdienste und Kriegsdienste wurden im Mittelalter nicht bar bezahlt, Geld war stets knapp gewesen, Dienste wurden honoriert durch Vergabe von Grundbesitz, und zwar

als Lehen. Das wurde mit dem Tod des Lehnsträgers immer seltener eingezogen, Lehen wurden im Lauf der Zeit erblich. Dennoch blieb das Lehnsverhältnis bestehen, wurde vielfach zur bloß noch formalen Bestätigung längst bestehender Besitzverhältnisse. Dienstleistungen des Lehnsträgers wurden dennoch gefordert, wurden zum Teil aber bezahlt.
1413 forderte Oswald von Bischof Ulrich I. in Brixen 1000 Gulden für eine zehnjährige Diensttätigkeit, von »der drei Jahre vergangen sind und deren andere ich willig war, noch abzudienen«, wie Oswald betont.
Der Beginn seiner Tätigkeit für Bischof Ulrich läßt sich also auf 1410 ansetzen – wohl auf die zweite Hälfte dieses Jahres, nach Oswalds Rückkehr aus dem Heiligen Land. Was hat Oswald für den inzwischen betagten Bischof getan? Dejori zieht in seiner Dissertation den Schluß, daß Oswald das Amt eines Richters ausübte, am Hofgericht von Brixen. Dieses Hofgericht entschied vor allem bei Streitigkeiten zwischen Ministerialen des Verwaltungsbereichs, bei Lehnsstreitigkeiten, Erbstreitigkeiten, und mal ging es um unterlassene Zinszahlungen, mal um eine Heimsteuer, mal um die Stiftung eines Ewigen Lichts – und so weiter. Zivilrecht also. Das Hofgericht auch als Personalgericht, für die Ministerialen wie für das Hofgesinde. Dieses Hofgericht unterstand der Gerichtsbarkeit des Bischofs: war er verreist oder verhindert, so übernahm Oswald stellvertretend diese Aufgabe, handelte also, wie es in heutigen Dokumenten heißen würde, ›im Auftrag‹.
Schon im ersten Jahr kam es zu Auseinandersetzungen zwischen dem Bischof und seinem zeitweiligen Stellvertreter in weltlichen Belangen. Handelte Oswald zu selbständig, nahm er sich zuviel heraus? Die Auseinandersetzungen eskalierten zu einer Fehde, mit Geiseln als Faustpfand, Herzog Friedrich mußte eingreifen, schlichten. Ferrucio Bravi hat hierzu in Brixen eine Urkunde entdeckt; ich übersetze sie nach seiner (leider verkürzenden) Transkription.
»Wir, Friedrich, Herzog von Österreich, geben bekannt: Es bestanden etliche Streitigkeiten und Zwistigkeiten zwischen Ulrich, Bischof von Brixen und Oswald von Wolkenstein. In dieser Sache haben Wir sie vor Uns geladen und beide Parteien angehört. Wir haben im Konflikt zwischen beiden ein Urteil gefunden und ausgesprochen, und zwar: sämtliche Streitigkeiten, zu denen es zwischen ihnen gekommen ist, sollen hiermit geschlichtet sein, ohne jeden Vorbehalt. Der von Brixen soll der wohlwollende Herr des Oswald sein; Oswald wiederum soll als Gegenleistung tun, was dem Bischof genehm ist. Bezüglich der Gefangenen, die der Bi-

schof in Haft hält und der Küchenlieferanten, die Oswald im Streit derer von Görz gefangengenommen hat (sie sollen niemand als Faustpfand dienen!) erklären Wir: sämtliche Küchenlieferanten und die vom Bischof von Brixen Inhaftierten sollen Uns unverzüglich ausgeliefert werden.«

Dokumente von 1413 zeigen, daß der Krach nur für einige Zeit neutralisiert, nicht aber definitiv beigelegt worden war – Streitigkeiten dürften bald wieder eingesetzt haben. Und 1413 war es soweit: Oswald wurde vom Bischof entlassen. Daß hier ein einseitiger Entschluß vorlag, darauf läßt Oswalds dokumentierte Äußerung schließen, er habe die sieben Jahre noch abdienen wollen – schließlich brauchte er Geld! Der Bischof aber sah nicht ein, weshalb er zehn Jahresgehälter zahlen sollte, wenn Oswald nur drei Jahre für ihn gearbeitet und ihm dabei etlichen Ärger bereitet hatte. Zusätzlich wurde Ulrichs Weigerung motiviert durch die bereits chronische Geldknappheit seines Bistums.

Diese Diözese war einmal, etwa zwei Jahrhunderte zuvor, groß und reich gewesen, hatte inzwischen aber die meisten Ländereien und damit Einkünfte verloren. Weil die geistlichen Herren irdischen Besitz nicht selbst verwalten durften, hatten sie diese Aufgabe verschiedenen Adligen der Umgebung übertragen, und die hätten diese Güter konsequent in Besitz genommen. So waren vom Bistum Brixen nur ein paar Restgebiete übriggeblieben, rund um die Stadt und im Pustertal. Eine Zahl: 1419 lagen die Gesamteinkünfte des Bistums nur noch bei 2750 Gulden.

Der Bischof konnte und wollte also nicht zahlen. Um dennoch an das Geld zu kommen, das ihm vertraglich zustand, rief Oswald ein Schiedsgericht an. Und Berthold, Propst zu Neustift, Sebastian, Dechant des Hochstifts Brixen, Peter von Lenzburg, Chorherr zu Brixen, entschieden: der Bischof muß den vollen Betrag zahlen. Ulrich beugte sich diesem Schiedsspruch, das zeigt ein zweites Dokument, ausgefertigt und besiegelt eine Woche später, am 15. Oktober: Oswald wurde für seine zehnjährige Dienstzeit bezahlt, durch einen Schuldbrief.

Der nützte Oswald nun freilich auch nicht viel, er brauchte Bargeld. Aber erst 1414 gelang es ihm, als erste Rate 200 Dukaten einzutreiben.

41 Allerheiligen 1411 schloß Oswald von Wolkenstein einen Vertrag mit dem Kloster Neustift: gegen Zahlung einer beträchtlichen Summe erwarb er das Wohnrecht im Klosterbereich; zugleich sorgte der etwa vierunddreißigjährige Vertragspartner für sein Alter vor.

Der Text dieses Dokuments ist veröffentlicht im Urkundenbuch von Neustift, herausgegeben von Theodor Mairhofer. Ich übersetze: »Wir, Nikolaus, durch Gottes Wille Propst zu Neustift, Dechant Christian und das gesamte Konvent erklären und verkünden für Uns und Unsere Nachfolger mit dieser öffentlichen Urkunde allen, die sie sehen oder denen sie vorgelesen wird: In Anbetracht der Förderung und der Dienste, die Uns und dem Kloster durch ihn, seine Brüder und seinen Anhang erwiesen wurden und weiterhin erwiesen werden, haben Wir den edlen und aufrechten Oswald von Wolkenstein und zwei Knechte selbdritt als Pfründner aufgenommen und haben ihm auf Lebenszeit das Haus und den Hof überlassen, die gelegen sind zwischen der St. Margareten-Kapelle und dem Haus des Herrn Georg von Säben, das seinerzeit von Peterle dem Schneider bewohnt worden ist. Für den obengenannten Oswald von Wolkenstein besteht das ständige Angebot, mit Uns, dem obengenannten Propst Nikolaus, oder wer sonst Propst ist, aus Unserer Schüssel zu essen; zusätzlich werden Wir ihm täglich zwei Maß Wein geben, zwischen den Mahlzeiten. Seine beiden Knechte sollen mit Unserem Personal, Kämmerern und Dienern essen und trinken, und zwar völlig gleichberechtigt, ohne jede Zurücksetzung. Falls er selber aber nicht mit Uns zu speisen wünscht, so soll man ihm aus Unserer Küche täglich des Morgens vier Mahlzeiten reichen und ohne jede Minderung des Abends drei, dazu genügend Brot, außerdem drei Maß Wein am Tag. Seine Knechte dagegen sollen stets mit Unseren Kämmerern und Dienern essen, wie oben beschrieben. Weiterhin soll er ausreichend Brennholz erhalten für Herd und Ofen, auch dies ohne Abstriche. Für den Fall, daß der genannte Oswald das erwähnte Haus instand setzen oder ausbauen will, werden wir den Arbeitern ausreichend zu essen und zu trinken geben; er aber soll das Baumaterial und den Lohn bezahlen. Ferner sei bekanntgegeben: wenn der genannte Herr Oswald nicht daheim im Kloster ist und die Pfründe nicht in eigener Person und durch seine beiden Knechte bezieht, so sind Wir nicht verpflichtet, ihm dafür irgendeinen Ausgleich zu leisten – solange er nicht daheim ist. Falls er wiederum einen seiner Knechte oder beide im Kloster läßt, während er selbst nicht daheim im Kloster ist, sollen Wir ihnen dennoch zu Lebzeiten ihre Pfründe geben, gleichberechtigt mit

Unseren Kämmerern und Dienern, so, wie es oben beschrieben ist – auch dies ohne Abstriche. Als Gegenleistung haben Wir von ihm 150 Mark erhalten. Wir erklären ausdrücklich, daß Wir den Betrag anstandslos erhalten haben und damit voll zufriedengestellt sind. Wir haben den erwähnten Betrag bereits zu Nutz und Frommen Unseres Gotteshauses in Neustift angelegt.«

42 Chorherrenstift Neustift, Abbazia Novacella – eine weitläufige Klosteranlage wenige Kilometer nördlich von Brixen, nah am Eisack: gletschergrünes Wasser, rasch fließend. Weinhänge, Wiesen, Waldhänge. Nördlich schieben sich die Berge eng aneinander, voreinander; zum Süden hin öffnet sich das Brixener Tal. Dieses Augustinerkloster lag an der wichtigen Nord-Süd-Verbindung; das gab ihm besondere Bedeutung.

Rund zwei Jahrhunderte alt war zu Oswalds Zeit der romanische Neubau des zuvor abgebrannten Holzgebäudes; einige Jahrzehnte nach seinem Tod wurde die Kirche gotisiert, Mitte des achtzehnten Jahrhunderts barockisiert. Hier ist eigentlich nur noch der Grundriß identisch mit der Kirche, die Oswald gesehen hat, in der er begraben wurde.

Man weiß ungefähr, nach alten Aufzeichnungen, wo sein Grab gelegen hat. Der Grabstein ist nicht mehr erhalten, nur eine Skizze ist überliefert. Und verschollen ist das Gemälde über dem Grabstein: Oswald, seine Frau Margarete, ihre sieben Kinder.

1976 bin ich (zum zweiten Mal) in Neustift, spreche mit dem Pförtner, der eine der beiden Milchglasscheiben beiseite geschoben hat – hinter ihm, auf einem Tisch, Schneiderarbeiten. Ich sage, daß ich gern das Pfründnerhaus sehen würde, in dem Oswald von Wolkenstein gewohnt hat. Der Pförtner bezweifelt, ob das ohne weiteres möglich ist, will aber telefonisch anfragen, schiebt die Milchglasscheibe zu. Sehr bald wird die Milchglasscheibe wieder geöffnet, der Pförtner steckt wie ein Kasperl den Kopf heraus, zeigt mir, in welcher Richtung ich über den Hof gehen soll; die Milchglasscheibe wird wieder geschlossen.

Ein freundlicher, älterer Geistlicher, der bald erscheint, mit großem Schlüssel. Ich frage zuerst nach der Margaretenkapelle, unmittelbar am Haus, in dem Oswald wohnte. Die Margaretenkirche, die der Pfarrer mir aufschließt, ist allerdings erst nach Oswalds Tod gebaut worden, das sieht man sofort, aber an der gleichen Stelle mag früher eine andere Margaretenkirche oder Margaretenkapelle gestanden haben, direkt am Pfründnerhaus.

Ich sehe nach weiteren Schlüsseldrehungen dieses Haus vor mir: zweistöckig langgestreckt mit kleinen Fenstern, einem sehr steilen Dach. Hier habe sich so gut wie nichts geändert in den vergangenen Jahrhunderten, höre ich. Und ich sehe massives Gemäuer, vor allem beim Aufgang, Eingang – hier wird schon die Masse der Bausubstanz Widerstand geleistet haben gegen Veränderungen. Ist dieses Haus also identisch mit dem Haus, in dem ab 1411 Oswald gewohnt hat?
Noch heute ist es bewohnt: Blumenkästen in einigen der Fenster. Brennholzstapel an der Westseite – keine Zentralheizung, das Haus stehe unter Denkmalschutz, deshalb wären solche Einbauten nicht möglich. Ich mag nicht fragen, ob man auch hineingehen, zumindest hineinschauen kann – hinterher ärgere ich mich über diese Zurückhaltung, tröste mich aber damit, daß innen im Lauf der Jahrhunderte bestimmt viel geändert wurde, und man weiß ja auch nicht, in welchem Raum, in welchen Räumen Oswald gewohnt hat – kein Steintäfelchen über einer der Türen.

43 Etwa 1411 oder 1412 dürfte Oswald seine ersten geistlichen Lieder geschrieben haben – was hat ihn dazu angeregt? War hier religiöses Bewußtsein, das sich artikulieren wollte? War hier Nachwirkung der Pilgerfahrt? Oder waren die ersten geistlichen Lieder Auftragsarbeiten? Im Hochstift Brixen und im Kloster Neustift wußte man ja nun, daß Oswald Lieder schrieb – wäre nicht vorstellbar, daß man seine ›Gabe‹, seine ›Gottesgabe‹ im Namen der Kirche nutzen wollte?

Gesegnet sei die Frucht,
Trank, Speise, Brot und Wein
von Gott, den eine Jungfrau rein
für uns gebar:
dreifältig einer, litt für uns den Tod.
Der immer, ewig lebt,
der stets schon war,
der spende uns sein Sakrament,
sobald es hier
mit uns zu Ende geht.
Maria, hilf dabei!
Kyrie eleison.
Vater, Heiliger Geist
mit deinem Sohn –

gewähr uns Gnade,
verwehre es den Feinden,
daß sie uns zur Hölle locken.
Amen. Benedicite.

Wurde dieses Tischgebet (Kl 14) von Augustinermönchen in Neustift gesungen, im Refektorium? Und weil diese Bearbeitung des Benedicite Anklang fand, bat man den Dichterkomponisten, er möge in Gottes Namen auch den zweiten Teil des Tischgebets neu formen, das Gratias? Gleichsam als Textstiftung für das Kloster, zum liturgischen Gebrauch?

Auf, auf, die ihr im Himmel seid,
in reinster Liebe wohnt bei Ihm,
dem A und O, der Herrlichkeit:
stimmt ein in unsern Dankgesang
mit süßem, engelreinem Klang,
dafür, daß Er mit Speis und Trank
die Menschen angemessen nährt,
die schwach und arm sind. Amen.

Dafür sei Lob Dir, reine Frau,
und Deinem allerhöchsten Gut,
das in Dir eine Freistatt schuf –
dort klage ich mich Sünder an,
weil ich in diesem Jammertal,
in dieser trügerischen Zeit
verschleudert habe manchen Tag,
den mir Dein Sohn gewährte.

Doch ist es leider schon zu spät,
drum rufe ich, in großer Angst:
hilf, Jungfrau, hilf, Dreieinigkeit,
gebt uns der Hölle nicht anheim!
Stehst Du mir bei, oh hohe Frau,
so sing ich: deo gratias!
Mit Reue, Frieden, Herr, beschenke
die Seelen, die da glauben. Amen.

Oswald von Wolkenstein als Dichter und Komponist geistlicher Lieder – er kann in einer Biographie nicht umgangen werden. Zählt man streng, so hat er ungefähr ein Dutzend geistlicher Lieder verfaßt; das wäre rund ein Zehntel seines Gesamtwerks. Zählt man Lieder mit einem hohen Anteil geistlicher Formen und Formeln dazu, so käme man auf mehr als zwei Dutzend. Anlaß genug, die Frage zu stellen: für wen hat Oswald seine geistlichen Lieder geschrieben?

Hier liegt der Schluß sehr nah: auch für die geistlichen Herren, mit denen er privat und dienstlich in Verbindung stand. Andererseits: daß Oswald als Gotteshausmann in Brixen die niedere Gerichtsbarkeit ausübte, daß er sich in Neustift eine Wohnung und zugleich eine Altersversorgung erkauft hatte, das war noch kein Grund, ihn zu bitten, geistliche Lieder zu schreiben. Vor allem: war die liturgische Sprache nicht ausschließlich das Latein?

Wie damals ein liturgisches (lateinisches) Tischgebet aussah, das zeigt Franz Viktor Spechtler in seinem Aufsatz *Zu den geistlichen Liedern Oswalds von Wolkenstein.* Aus dem Vergleich zieht er Schlüsse. Zuerst: Oswald schreibt »zwei Lieder anstatt des einen, zweiteiligen Tischgebets«. Und: es zeigen sich in diesen Liedern »Elemente, die nicht in unmittelbarem Zusammenhang mit einem Tischsegen stehen«, also etwa: die Hinweise auf Christi Geburt, auf Gottes Unendlichkeit, auf die Schwachheit der Menschen, auf Maria. Vor allem das Gratias habe sich »von der Gebrauchsfunktion losgelöst«. Also werden die Augustiner diesen Tischsegen kaum gesungen haben.

Hat Oswald Tischsegen und Dankgebet zum eigenen Gebrauch bestimmt, etwa: wenn er im Pfründnerhaus speiste? Oder sang er so etwas, wenn er zum Essen beispielsweise auf der Trostburg war, eventuell begleitet von Bruder Michael oder dessen Hauskaplan?

Viele Fragen. Vielleicht hilft uns der dritte Liedtext weiter, ein Marienlob: Kl 13.

> Wer ist sie, die da leuchtet
> weit mehr als Sonnenglanz,
> erquickend auch bewässert,
> was trocken wurde, dürr?
> Wer ist sie, die den Tanz anführt,
> und die dem frischen, jungen Mai die Blumen schenkt?
> Es ist die Jungfrau gut und zart,
> die uns, fürwahr, den Sohn gebar,
> der, keusch, zugleich ihr Vater war;
> jungfräulich rein genas sie so
> der unitas, Dreifaltigkeit.
> Darum sind wir befreit, erlöst
> vom scharfen Höllenschlund.

Wer kann die Magd so schmücken,
wie es dem hohen Stand entspricht?
Kein beßres Mädchen wurde
in dieser Welt geboren.
Du hochgeliebte, keusche Kreatur –
in Klarheit überstrahlst du alle Menschen,
genau wie ein Rubin,
der aus sich selbst den lichten Glanz erzeugt –
so glänzt kein Stein, in Gold gefaßt!
Ich folge deinem Ehrenzeichen,
mit Demut preis ich dich im Lied.
Dafür will ich denn bei der Zarten
recht bald auf Gnade hoffen.

Wer ist die Rose ohne Dorn,
von der man liest und spricht,
und die auf ihren Schultern
den Zorn des Herren trägt?
Wenn sie am Jüngsten Tage von uns nimmt,
was uns an Klagepunkten schwer belastet,
wenn uns, zu Heil und Segen,
der Schoß dann schützt –
da wird sie selbst ein grober Klotz erkennen;
ihn führt kein Weg zur Hölle mehr.
Du Reine, Gute, unser Schild:
zerbrich des Teufels Speer, wehr ab
den Wurfspieß, schöne Jungfrau. Amen.

Ein stellenweise krauser Text: es läßt sich vorstellen, daß ein Geistlicher bei mancher Formulierung die Stirn in Falten legte. Wurde Oswald als Produzent geistlicher Lieder vom Klerus akzeptiert?
Wieweit sich die Kirche für die geistlichen Lieder des Herrn von Wolkenstein interessiert hat, läßt sich erschließen aus der Streuüberlieferung. Oswald hat die geistlichen Lieder (sämtliche?) in seine beiden späteren Handschriften aufgenommen – aber gibt es zusätzliche Aufzeichnungen?
Ich schreibe einen Brief an den hilfsbereiten Hans-Dieter Mück, der sich speziell mit der Frage der Streuüberlieferung beschäftigt, und gleich skizziert er mir eine Liste: welche Lieder wie oft in der Streuüberlieferung nachzuweisen sind, bisher. Demnach sind zwanzig verschiedene Lieder Oswalds außerhalb der beiden Handschriften überliefert, darunter nur zwei geistliche Lieder –

ein Zehntel! Ich schaue mir diese beiden geistlichen Lieder an: es sind Übersetzungen aus dem Lateinischen. Hier könnten in der Tat Auftragsarbeiten vorliegen, wobei sicher ein Kleriker die Rohübersetzung anfertigte.
Der Befund der Streuüberlieferung sagt klar: keinem der Kleriker unter seinen Zuhörern erschien eins der originalen geistlichen Lieder Oswalds wichtig genug, aufgeschrieben zu werden.
Warum also und für wen hat Oswald geistliche Lieder geschrieben? Spechtler weist mich in einem Brief auf einige Punkte hin. Erst einmal: daß ein mittelalterlicher Dichter, der vorwiegend weltliche Texte schrieb, auch geistliche Lieder verfaßte, sei keineswegs ungewöhnlich – Spechtler bringt hier verschiedene Beispiele. Geistliche schrieben weltliche, Laien geistliche Lieder, hier wurde damals keine Trennlinie gezogen. »Leider wecken wir Philologen durch unsere thematischen Abgrenzungen diesen Eindruck.« Die Ausbildung im Schreiben, auch im Notenschreiben, Komponieren erfolgte damals nur in kirchlichen Institutionen; das hatte prägende Wirkung. Es war also eigentlich selbstverständlich, daß ein Dichter auch geistliche Lieder schrieb. Außerdem, darauf weist mich Spechtler hin, passen die geistlichen Lieder zum »Programm« Oswalds: »Alles Liedkönnen seiner Zeit zu umfassen.«

44 Oswald als Zeitgenosse des ausgehenden Mittelalters: können wir ihm näherkommen, indem wir versuchen, Bewußtseinsformen zu verstehen, die für seine Zeit bezeichnend waren? Ich lese noch einmal Huizingas *Herbst des Mittelalters.* Zwar nimmt der Autor seine Beispiele vor allem aus Frankreich, doch wird es im deutschen Sprachraum zumindest Entsprechungen gegeben haben, oft auch Gemeinsamkeiten. Das Buch führt in seiner Darstellung meist über Oswalds Lebenszeit hinaus, aber Veränderungen des allgemeinen Bewußtseins gingen damals sehr langsam vor sich.
Wichtig schon der erste Satz dieses Buchs: »Als die Welt noch ein halbes Jahrtausend jünger war, hatten alle Geschehnisse im Leben der Menschen viel schärfer umrissene äußere Formen als heute.« Krankheiten beispielsweise: kaum wirksame Medikamente, kaum Spitäler; wer krank war, fand nur wenig Hilfe. Und Gebrechen versteckten sich nicht in isolierenden Heimen, die drängten sich auf – das Klappern und Rasseln der Aussätzigen, das schreiende Betteln der Krüppel.

Und der Tod: Volksprediger, die enormen Zulauf fanden, redeten vom Sterben, vom Verwesen, auf einem Friedhof, vor einem offenen Beinhaus, Knochen geschichtet, Schädel gestapelt; eindringlich wurde hingewiesen auf das Verkrampfen der Hände, das Aufklaffen des Mundes, das Erkalten und Verwesen, Würmer in den Eingeweiden, der Mensch als Madensack, alle Schönheit nur äußerlich, unter der Haut nichts als Schleim, Blut, Galle, Kot! Und Weinen, Wehklagen unter den Zuhörern, ein Hinausschreien der Angst vor dem Sterben, dem Verwesen, ein Hinausschreien von Sündenbekenntnissen, man warf sich auf die Erde, Schluchzen, Weinen, Stammeln, Ächzen – man war damals rückhaltlos in seinen Äußerungen.
Immer wieder gemeinsame Emotion, ein öffentliches Hingerissenwerden: Scheiterhaufen, die nach zündenden Predigten errichtet wurden, und Frauen warfen Kopfputz hinein, der als eitel bezeichnet wurde, Männer warfen Spielkarten, Würfel, Spielbretter hinein, die als teuflisch bezeichnet wurden, und kurz darauf trug man wieder Kopfputz, vielleicht noch höher, glanzvoller, und bald wieder fortgesetzt das Kartenspielen, Brettspielen, Würfeln, und unablässig das Fluchen, das gotteslästerliche Fluchen, weil alles sanftere Fluchen ohne Würze war, einer versuchte den anderen zu übertrumpfen, ganze Fluchkataloge gab es, Flucharien. Dazu finde ich kaum Material bei Huizinga, lese hier und dort dies: man wünschte einem das Fieber, die Krämpfe, den Veitstanz, man legte Schwüre ab bei Gottes Lunge oder Leber, bei Gottes Blut oder Darm, bei Gottes Laus oder Schweiß, bei Gottes Leichnam. Daß dich Gottes fünf Wunden schänden! Daß dich der Teufel schände! Daß dich Gottes Leichnam schände! Und dann wieder verfluchte man sein Fluchen, weinte während der öffentlichen Ekstase, die Wanderprediger herausreizten durch Predigten, in denen Schreien und Wimmern, Singen und Toben rasch abwechselten – nur so konnten sie ihr Publikum einfangen, bannen; alles mußte kraß sein, überdeutlich.
Krasse Deutlichkeit auch beim öffentlichen Bestrafen und Töten von Verurteilten: düstere Spektakel der veranstaltenden Justiz. Dazu wieder Details aus anderen Büchern: wer mit falschen Würfeln spielte oder nachts Unfug trieb, Passanten behelligte, dem wurden die Augen ausgestochen oder ausgebrannt; Fälschern wurden die Backen gebrandmarkt oder sie wurden in kochendes Wasser geworfen; Dieben hackte man die Hände ab oder man hängte sie auf; Schänder wurden gepfählt: auf den Rücken gelegt, Arme und Beine weggestreckt und festgebunden, ein Pflock auf die Bauchdecke gesetzt, das Opfer durfte die ersten drei Hammer-

schläge ausführen, dann wurde der Pflock durch den Körper in den Boden geschlagen. Und Vierteilen und Rädern. Das Enthaupten: der Verurteilte mußte hinknien vor dem Henker, der schlug mit dem Schwert zu. Dabei reichte normalerweise ein Schwerthieb nicht aus, oft drei, vier, fünf, sechs oder sieben Schwerthiebe, ehe der Kopf vom Rumpf war; es kam auch vor, daß man den Kopf schließlich absägte.

Wie wirkten die Lebensformen seiner Zeit auf Oswald ein? Was prägte ihn, was weckte Resonanz in ihm, was ließ ihn gleichgültig, was lehnte er ab?

Als zentralen Faktor sieht Huizinga die Religion, die Kirche: das Leben der mittelalterlichen Christenheit in allen Beziehungen durchdrungen von religiösen Vorstellungen. Gab es kirchliche Gewohnheiten, von denen Oswald sich Schutz erhoffte? Die wiederholte Teilnahme an Messen, und vielleicht auch bei ihm die Vorstellung, man könne an einem Tag, an dem man eine Messe höre, nicht blind werden oder einen Schlaganfall erleiden oder: man werde während der Messe nicht älter? Zeigte sich auch bei ihm religiöse Fixiertheit in tickhaften Kleinigkeiten: immer fünf Schluck trinken wegen der fünf Wunden Jesu Christi? Oder gehörte er zu denen, die sich mit Vorliebe in den heiligen Nächten besoffen, und am schönsten das Saufen, Kartenspielen, Fluchen in der Christnacht? War es auch für ihn selbstverständlich, daß man in der Kirche während der Messe herumlief, schwatzte, Ausschau hielt nach Mädchen und Frauen, mit Dirnen verhandelte und daß man sich vom nächsten Wanderprediger wieder zu Tränen hinreißen ließ? Der Fixpunkt Gott, der umfassende Bereich Kirche. Selbst der damals übliche Spott auf Pfarrer und Mönche, das Verhöhnen dieser Männer, die nicht kämpfen und lieben durften, und die lustvollen Vorstellungen vom prassenden, messerstechenden, saufenden, fickenden Mönchen – Affekte, die Bindungen anzeigten! Lachte auch Oswald Tränen, wenn von prassenden, saufenden, fickenden Mönchen erzählt wurde, von geilen Nonnen?

Und wiederum – fromme Gelöbnisse auch bei ihm? Drei Kerzen für die Mutter Gottes, wenn . . . Vierzehn Tage keine Frau, wenn . . . Vier Wochen keinen Alkohol, wenn . . . Zuckte er die Schulter, wenn er von Gesten äußerster Demut und Selbstbescheidung hörte, beeindruckte ihn das? Die Reichen, die barfuß laufen, im härenen Gewand? Der Sterbende, der sich eine schwere Kette um den Hals legen läßt, und wenn er tot ist, soll man ihn nackt an den Füßen zum Kirchentor schleifen, soll ihn nicht in einen Sarg legen, bloß auf ein Brett, das mit grobem, schwarzem Leinen überzogen ist, soll ihn darauf zur Grube schleppen wie ein

Aas – von solchen Vorgängen hörte man damals wohl, so etwas wurde weitererzählt, davon wurde gepredigt, vieles sah man selbst.
Sich in Oswald hineindenken, das wird schwieriger, je mehr sich von solch fremdartigem, für mich fast exotischem Material ansammelt.

45 Das Verbrennen einer Leiche in Nepal – ein Kurzfilm, Vorfilm, in Farbe: ein langsam fließendes, braunes Gewässer, in einer Stadt, kein Kommentar zu den Bildern, also auch kein Name für diese Stadt, da ist nur das braune, langsam fließende Gewässer, zu dem ein paar Stufen hinabführen, und in diesem Gewässer stehen einige Bewohner dieser Stadt, der Wasserspiegel nur eine Handbreit über den Knöcheln, und man wäscht sich, schwenkt Gefäße aus in diesem langsam fließenden braunen Gewässer in Nepal, und auf einem Steinsockel kniet ein Mann, der sich mit weißem Staub oder Puder bewirft, ihn dann sorgsam einreibt, vom kahlen Schädel bis zum Lendentuch; und auf einer Plattform, eine Handbreit über dem Wasserspiegel, ein Holzstoß, und zu diesem Holzstoß tragen zwei Männer eine Art Bahre, die Leiche auf dieser Bahre verhüllt von einem roten Tuch, und diese Bahre und diese Leiche auf der Bahre werden nicht gleich auf den Holzstoß gelegt, sondern zuerst dicht neben das Wasser, es folgen einige offenbar rituelle Vorgänge, die ich nur ansatzweise sehe, denn ein Schnitt reißt mich aus dem Bild heraus, zeigt mir einen der an diesem Gewässer zahlreich umherlaufenden, herumspringenden Affen, ihr Fell fast im gleichen Braun wie das Braun des Gewässers, das seine Strömung nur anzeigt durch einen Fetzen Papier: gemächlich das Gleiten. Gemächlich auch das Vorbereiten der Verbrennung. Soweit ich das beobachten kann auf den Filmbildern, die durch Kameraführung und Schnitt meine Sehweise bestimmen, erweckt das kein Aufsehen, kaum Interesse: wer in der Nähe hockt, zufällig oder wie gewohnt, der schaut mal gleichgültig hinüber, jedenfalls habe ich den Eindruck, als sei es ein gelegentliches, gleichmütiges Hinüberblicken; und wer vorbeigeht, der wird keinen Schritt langsamer, auch nicht, als die dünne, wie provisorische Bahre mit der rot verdeckten Leiche auf dem Holzstoß liegt, der im Grundriß etwas länger und breiter ist als die Bahre; und auch als der Holzstoß brennt, werden Passanten nicht langsamer, nur wer sichtlich Zeit hat, bleibt stehen. Dann, nach erneutem Zeitsprung, ein bereits fortgeschritteneres Stadium der Verbrennung

dieser Leiche in Nepal, das rote Tuch längst weggefressen von den Flammen, das meiste Fleisch auch schon verbrannt, das sehe ich deutlich am linken Bein, am linken Fuß, der liegt dort, wo das Holz noch nicht brennt: der Fuß ist noch dran, eine Handbreit über dem Knöchel ist das Fleisch schon fort, liegt der Knochen frei: wie ein schwarzer Stock und an diesem Stock aufgesetzt die Wachsplastik eines Fußes, eines sehr weißen Fußes. Und auch jetzt kein Stehenbleiben und schon gar kein Drängeln oder Hinzeigen: es scheint wahrhaftig nichts Besonderes, daß dort eine Leiche verbrannt wird. Einer der Männer, die am Holzstoß stehen und die Verbrennung kontrollieren, geht nun mit der Stange an die Ecke des Holzstoßes, an der dieser weiße Fuß liegt, und mit der Stange hebt er diesen weißen Fuß an, und im Kniegelenk wird der schwarze Knochenstock hochgeschwenkt, wird zurückgekippt, der weiße Fuß nun mitten im Feuer, im Qualm, ist als weißer Fuß nicht mehr zu sehen, Schnitt. Aber das hat sich eingeprägt, beginnt, sich zu wiederholen, wird in den Wiederholungen bald selbständig, wie kopiert über die weiteren Filmbilder: der schwarze Knochenstock und wie aus Wachs geformt der weiße, aufgesteckte Fuß, und eine Stange unter diesen weißen Fuß geschoben und hochgeschwenkt am Knochenstock und ins Feuer, in die Asche gekippt, dort wird der Fuß wohl rasch aufgezehrt. Ein wie eingebranntes Bild: der schwarze Knochenstock, der weiße, aufgesteckte Fuß, die Stange unter den Fuß geschoben, unter die Ferse, die rasche Kipp- oder Schwenkbewegung des Knochenstocks mit dem wie aufgesteckten Fuß: während sich dieses Bild reproduziert, besonders auf der Rückfahrt vom Kino, weiß ich, daß ich über dieses Verbrennen einer Leiche in Nepal schreiben werde, schreiben muß, weiß auch sofort, wo ich dieses Kapitel in die Biographie einfügen werde: das gehört zur Konfrontation mit einer Gesellschaft, in der (beispielsweise) das Sterben, der Tod nicht kaschiert, nicht ignoriert wurden, in der vielmehr Sterben und Tod zu einem sich weithin in der Öffentlichkeit abspielenden Leben gehörten. Freilich, ganz direkt kann der Bezug zu Oswalds Zeit nicht sein: Leichen wurden damals vergraben, kaum verbrannt, aber es gab das öffentliche Verbrennen von noch lebenden Menschen, und dabei vielleicht auch mal das Nachschieben einer Hand, die noch nicht von den Flammen erfaßt war, einer ebenfalls wie nachmodellierten, auf einen Knochenstock geschobenen Hand, und auch dieses Nachschieben ausgeführt mit ruhiger Selbstverständlichkeit, keine Reaktion bei einem Publikum, das vielleicht schon bei der zwangsweisen Amputation von Händen oder Füßen zugeschaut hat oder bei einer Vierteilung. Eine

Bildsequenz von vielleicht zwei Sekunden Dauer, aber die reiht sich, wie dutzendfach kopiert, in meinem Bewußtsein: das Hochschwenken, Hochkippen des weißen Fußes am Knochenstock, das Hochschwenken, Hochkippen des weißen Fußes am Knochenstock, das Hochschwenken, Hochkippen des weißen Fußes am Knochenstock. Ein paar Wochen, bevor ich diesen Film sah, war ich bei einer Feuerbestattung: der Sarg zwischen Kränzen, Blumengebinden, dahinter, im Halbkreis, vielarmige Kerzenleuchter, und dezent drückte der Pfarrer auf einen Knopf, der liturgische Text gab ihm das Stichwort, und vor der nun stehenden Trauergemeinde sank der Sarg lautlos ab, langsam, bis sich ein Kuppelverschluß zusammenschob: die Imitation einer Beerdigung, eine vollmechanische Inszenierung. Und nichts zu hören von Flammen, fauchend oder knisternd, nur Orgelmusik, der Sarg nun in einem der Öffentlichkeit nicht zugänglichen Kelleraum von der Plattform hinübergehoben auf ein Transportgestell und in eine Kühlzelle gerollt und dort aufbewahrt, bis genügend Leichen für eine Verbrennung beisammen sind, und diese Verbrennung wohl nachts durchgeführt, damit kein Friedhofsbesucher den Rauch aufsteigen sieht: nicht einmal ein Mitglied der engsten Familie dürfte bei dieser Einäscherung dabeisein, entsprechende Anträge würden von der Ordnungs- oder Friedhofsbehörde bestimmt abschlägig beschieden; alles abgeschirmt von Mauern, hinter Türen, deren Durchqueren Unbefugten strengstens verboten ist. Dagegen nun diese Filmbilder aus einem Land, in das ich eine Flugreise buchen könnte, und wenn ich aufpasse, werde ich vielleicht Augenzeuge solch einer Verbrennung, schätzungsweise 10 000 Kilometer vom Tisch entfernt, an dem ich dies schreibe, zu einer Zeit, in der in Nepal weiterhin Verbrennungen durchgeführt werden, es war ein ziemlich neuer Film. Demnach ist nur etliche Flugstunden von mir entfernt, was zuvor einige hundert Jahre zurücklag: eine Gesellschaft, in der Tod aus der Öffentlichkeit nicht ausgeschlossen wird: ein Fuß, der beim Verbrennen einer Leiche noch nicht vom Feuer erfaßt ist, wird hochgeklappt am kohlschwarzen Knochenstock, fällt in die Glut, in das Feuer, und wenn alles Fleisch von den Knochen weggebrannt ist, wird die Asche in kleinen Portionen in das braune Gewässer geworfen, dessen langsames Fließen nun wieder sichtbar wird: größere Ascheplacken bleiben noch kurz an der Wasseroberfläche, ein bißchen Rauch steigt auf, Dampf, dann sinkt die Asche ab im braunen, langsam fließenden Gewässer, in dem Bewohner des Landes Nepal stehen.

46 Keine Zeile hat Oswald über den Schwarzen Tod, das Große Sterben geschrieben. Auch wenn Nachrichten oder Gerüchte über Pestepidemien in verschiedenen Gebieten des Reichs mit großer Verspätung, erheblicher Ungenauigkeit nach Tirol kamen – er wird sie registriert haben. Unmittelbare Erfahrung ist das Große Sterben für ihn offenbar nie geworden, er hat Glück gehabt. Aber daß beständig diese Gefahr drohte, das wird sich zumindest in einem Winkel seines Bewußtseins eingenistet haben: werden Pestepidemien nicht meist durch Hafenstädte importiert, folgen sie nicht vielfach den Handelswegen? Und da ist Venedig nicht allzuweit entfernt, und ganz in der Nähe die Handelsstraße zum Brenner: wie rasch könnte sich die Pest von Brixen her ausbreiten, in die Seitentäler und hoch zum Plateau von Kastelruth, Seis? Und dann: Massensterben, nur ein Drittel, ein Viertel, ein Sechstel, ein Zehntel überlebt? War das nicht vor einigen Jahrzehnten so gewesen, beinah in ganz Europa? Und fast jedes Jahr eine neue Pestepidemie im Reich, wenn auch meist regional, aber wie rasch könnte sie übergreifen?

Wenn Oswald Fieber bekam, in der Türkei oder in Italien oder zu Hause in Tirol – hatte er Angst, es könnte Vorbote sein dieser tödlichen Erkrankung? Oder wenn er die Drüsen in der Leiste spürte – gleich die Angst, das könnte anschwellen, zu Pestbeulen?

Das wußte man doch, damals, das hörte man immer wieder: es fängt an mit Schüttelfrost, Fieber, mit Kopfschmerzen, Rückenschmerzen, Schmerzen in Armen und Beinen, man fühlt sich apathisch, schlapp, schwindlig, wie bei anderen Krankheiten auch, der Puls wird schwach, die Haut wird heiß, die Augen werden lichtempfindlich, die Zunge ist erst weißlich belegt, wird trocken, rot, rissig. Dann Übelkeit, Erbrechen, Galle beigemischt, Blut, der Unterleib aufgetrieben, Blut aus dem Darm, Blut aus der Blase, und Druck, Schmerz unter dem Brustbein, Atemnot, blutig gefärbter Schleim beim Husten, auch Blut. Und kleine Drüsengeschwulste unter der Haut, sie schwellen rasch an, werden zum Teil weich, platzen auf, Eiter, Gewebsfetzen, jaucheartiger Gestank. Und noch größer die Angst, wenn sich diese Pestbeulen in der Leiste, unter den Achseln, an den Oberschenkeln nicht öffnen, wenn sie wachsen und hart bleiben, da stirbt man sehr rasch. Ebenso, wenn aus dem Körper schwarze Stippchen hervorbrechen: Zunge und Schlund beinah schwarz, brennender Durst, Sprechstörungen, Zungenlähmung, Verstummen, Bewußtlosigkeit, Tod.

47 Ich möchte nicht in seiner Haut stecken: eine Sprachformel, die Identifikation ablehnt, aber die Identifikation einbezieht: daß man aus seiner Haut heraus- und in die Haut einer anderen Person hineinschlüpft, und nun steckt man in dieser Haut, in einer Situation, die man sich nicht wünscht, deshalb das Abwinken, Abwehren: Ich möchte nicht in seiner Haut stecken. Aber die Sprache hält auch Formulierungen bereit für Versuche der Identifikation, und daß diese Formulierungen zu Formeln wurden, zeigt an, wie häufig Versuche sind, sich in eine andere Person zu versetzen, wie häufig man dazu aufgefordert werden kann. Versuch mal, dich in meine Lage zu versetzen: hier die Erwartung, daß man in der Lage, in der Position eines anderen manches auch anders sieht, anders beurteilt; wer dieser Aufforderung folgt, macht den ersten, entscheidenden Schritt zur Identifikation. Dieser versuchsweise durchgeführte Positionswechsel wird nicht nur als Aufforderung formuliert, hier liegt auch ein Sprach-Angebot vor: Ich an deiner Stelle. Und nun folgt meist eine Ergänzung: würde dies tun oder jenes lassen. Hier ist wohl auch mitgedacht ein Hinüberwechseln, ein wenigstens probeweises Hinüberwechseln von einer Ichposition in eine andere Ichposition, und dabei würde man eine Einstellung, Haltung, Entscheidung mit hinübertransportieren, würde an der Stelle des anderen dies tun oder jenes unterlassen. Und noch weitergehend diese Formel: Wenn ich du wäre. Auch hier schließt sich meist ein Vorschlag an: Wenn ich du wäre, würde ich . . . Und dieser Konjunktiv hält zugleich Distanz, zeigt an, daß dies nur ein Gedankenspiel ist, aber dieses Gedankenspiel ist schon so selbständig geworden, daß es zur Sprachformel wurde: Wenn ich du wäre. Bezeichnenderweise ist hier mitgedacht, daß dies ein zeitlich begrenzter Identitätswechsel wäre: nachdem getan ist, was man an der Stelle des anderen tun würde, würde man sich wohl wieder in seine eigene Haut zurückziehen. Aber immerhin: die Sprache sieht solche kurzfristigen Identitätswechsel vor.
Vorbereitende, bestätigende Formeln für das Beschäftigen mit einem anderen Leben, für das Schreiben wie für das Lesen einer Biographie (oder eines erzählenden Textes). Diese Identifikationsversuche setzen voraus, daß es Gemeinsames gibt, zumindest einige Berührungspunkte, und an diesen Stellen setzt so etwas wie Osmose ein bei fortgesetzter Beschäftigung, schreibend oder lesend: ein wiederholtes Hineindenken in die andere Person, ein wiederholtes Sichhineinversetzen. Das ist natürlich kein geradlinig fortschreitender Prozeß, hier ist ein Wechselspiel zwischen Abrücken und Annähern: kein Verständnis für manche Verhaltensweisen,

Aktionen und wiederum Gemeinsames, das verbindet, sonst gäbe es keinen Anlaß, sich mit einer anderen Person, noch dazu mit einer längst verstorbenen Person zu beschäftigen, ausführlich und eindringlich. Schreibend und lesend erfahren, mitvollziehen, was ein anderer in einer anderen Situation, in einer anderen Zeit gedacht, erlebt, getan hat, und dabei Möglichkeiten kennenlernen, die man selbst nicht verwirklicht und zugleich Wirklichkeiten erkennen, wiedererkennen, wie man sie selbst erfahren hat, und wiederum das ganz Andere, Fremde, das sich nicht aneignen, nicht einverleiben läßt: Herausforderungen, Konfrontationen. Ich in deiner Lage, an deiner Stelle, ich in deiner Haut und insgesamt: wenn ich du wäre, wie wären dann meine Lebensformen, Bewußtseinsformen?

48 Es ist immer der gleiche Ablauf: ein junger Mann und eine junge Frau im Bett, sie schlummern dicht nebeneinander, haben eine aufregende, aufreibende Nacht hinter sich; nun bläst der Nachtwächter die Morgenstunde ein, verkündet laut rufend das allererste Frühlicht; von diesen Signalen wird sie wach, sie sieht durch das Fenster oder durch einen Spalt des Fensterladens, genauer: durch eine Lücke der damals senkrecht vor die Fensteröffnung gestellten Fensterbretter, daß es tatsächlich zu dämmern beginnt, hört erstes Vogelzwitschern; nun muß sie dafür sorgen, daß der Liebhaber verschwindet, im Schutz der Dämmerung, damit der außereheliche Geschlechtsverkehr in der Umgebung nicht bekannt wird, rufschädigend; andererseits möchte sie gern noch mal, und das hält auf, wo er doch möglichst rasch weg sollte – so entsteht eine lustvoll-schmerzhafte Situation, eine Verdichtung der Gegenwart durch die nah bevorstehende Trennung; sie weckt ihn auf, weist hin auf das Hornblasen, das Nachtwächterrufen, das Vogelzwitschern; er blinzelt, sieht das erste Tageslicht, ein Grau, Graublau im Osten; eine Umarmung, die sich meist intensiviert und dann, um so hastiger: der Abschied! Aber er will wiederkommen, soll wiederkommen.
Nach diesem Schema sind, mit Variationen und Modifikationen, mindestens drei Jahrhunderte lang Liedtexte produziert worden; hier hat auch Oswald Muster und Schemata, Formen und Formeln übernommen.
Ein höchstwahrscheinlich sehr frühes Beispiel wurde bereits vorgestellt: »Wach auf, mein Schatz.« Der folgende Liedtext (Kl 16) führt dieses Muster sehr viel detaillierter aus.

»Ich spür ein Lüftchen, kühlen Hauch,
und brauch ich richtig den Verstand,
so wird er der Nordost genannt.
Seht selbst, was ich – der Wächter – ruf:
der Tag steigt aus dem finstren Wald!
Ich sehe, melde nun die Morgenröte.
Die Vögel singen überall:
die Haubenlerche, Drossel, Amsel, Nachtigall;
am Berg, im Tal entfaltet sich ihr Klang.
Wer jetzt noch wohlgeborgen liegt,
und wer die lange Nacht mit Lust verbracht,
der schau jetzt zu, daß er sich endlich trennt!«
Sie hatte sich verschlafen,
er wurde nach ihr wach.
Sie riefen beide: Weh uns,
der Tag mag uns nicht leiden!
Das Mädchen schalt ihn sehr:
»Herr Tag, auf unsern Ruf
da gebt Ihr wenig acht!«

Besorgt bot sie dem jungen Mann
mit heller Hand ein weißes Hemd:
»Steh auf und lauf. So schau, der Morgen graut!«
Den Fensterladen stieß er auf,
der junge Mann, und sagte ihr:
»Oh Gott, es stimmt! Er kommt, bringt Kummer her.
Das Firmament durchdringt er schon.
Der Morgenstern hat seinen Glanz verloren,
die Nacht vergeht im Morgengrau.«
Er küßte ihr den roten Mund:
»Ach Schatz, noch keine halbe Stunde ist es her,
seit wir uns in der Liebe fanden.«
Sie seufzten und sie klagten,
die Lippen preßten sich,
weil sie das helle Licht
nun auseinandertrieb.
Sie sagte: »Mein Geliebter,
da komme doch, was wolle,
zu mir gehörst du ganz!«

Der Wächter bläst, er läßt sich laut
noch einmal durch das Horn vernehmen,
verkündet Wind und Licht aus Ost.

Das Mädchen, sehr verliebt, es denkt:
»Ach Sonne, wer hat dich geschickt?
Ich wünschte sehr, du wärst im Westen;
auf deinen Glanz kann ich verzichten.
Der Abendstern, würd er nun angekündigt,
ihn säh ich gern; tät sich mein Wunsch erfüllen . . .«
Der junge Mann, er lachte laut:
»Mein Bestes, leider wird das nicht geschehn.
Mit Liebeskummer muß ich von dir scheiden.
Du machst mir Freude, Lust,
versüßt mein Herz mit Glück,
hast mir den Kopf verdreht,
mir ganz den Sinn verwirrt.«
Nun haben diese beiden sich
noch einmal nackt umarmt.
»Mein Liebes, ich muß gehn.«

Zum festen ›Inventar‹ eines Tageliedes gehört neben dem Morgengrau der Ostwind, der Wind aus Orient. Wie Oswald ein Standardmotiv ausweitet, verändert, wie sich bei ihm Tradition und Innovation verbinden, das zeigt sehr deutlich die erste Strophe eines insgesamt dreistrophigen Tageliedes (Kl 20), das Oswald ein paar Jahre nach dem eben vorgestellten Tagelied geschrieben haben wird, 1415 oder 1416: die Windbewegung wird mit weitem Atem beschrieben.

Es braust daher von Orient
ein Wind, den man »levante« nennt;
den Weg durch Indien kennt er gut,
in Syrien, dort ist er schnell,
an Griechenland streicht er vorbei,
und weiter nach Nordafrika,
Granada hat er bald erstürmt,
glüht auf in Spanien, Portugal;
die ganze Welt, von Ost bis West
beherrscht dies edle Element.
Als Boten schickte ihn der Tag,
er folgt ihm nach durchs Firmament,
doch der »ponente« hält ihn auf –
so freuen sich im Occident
die Leute von Narbonne.
Ein Mädchen hörte dies Gebraus;
es lag im Bett, war fest umarmt,

von Liebe ganz umfaßt. Es sprach:
»Ich höre dieses Luftgetümmel!
Das Licht macht schon die Nacht zum Tag.
Wach auf, mein Schatz! Vertrieben sind
die Sterne bald vom Himmelsfeld.
He, Wächter, hast uns hier gestört,
nur Jammer bringst du mir!
So sag, du Kerl, mit welchem Recht
weckst du in mir den Liebesschmerz,
daß mir das Herz vor Leid erstarrt?
Die Reue wäre doch sehr groß,
wenn ihm der Abschied nicht gelänge!
Das ist dein blödes Blasen schuld!«
Und sie begann zu kosen,
ihn aus dem Schlaf zu lösen,
sich fest an ihn zu schmiegen,
voll Lust an ihn zu pressen,
daß ihm die Glieder knackten –
er kam zu sich und gleich
begann das Liebesspiel!

49 Der knab erschrak aus lawres wan / sag lieb wie sol ich das verstan/daz mich dein zartlich umbefan/in grym'rache hie began/erschreckn ser mit wid'zam/hab ich dich misvalln tan/ach nain dw austerwelt' man / mich rewt dein sorgleich von mir gan / des bin ich mutes word'n an / hor zu den voglein wunnesam / den tag ze melden sy nicht lan / ye yedes vicht sein sundern gan / mit sußer styme auff pames pan. Fortsetzung des Liedtextes, dessen erste Strophe ich eben in der Übersetzung vorlegte; ich gebe den Text so wieder, wie er in der ersten Handschrift niedergeschrieben ist: unsere Sprache, wie sie vor mehr als einem halben Jahrtausend gesprochen und geschrieben wurde. So ist so vil d' klaffer schall / die uns v'denchen uberall / mit snodem ticht in schandn tal / daz ich wolt sein ain anemal / yo wes'n gleich der nachtigal / da mit deins zart'n leibes sal / an schuld nicht flur der er'n gral / doch hoff ich das kain boser gal / sich an dir frewd in neides pal / O wacht' den verswign hal / mit trewn hat gewichn / Das zunglin gan sy ym spitzn / smytzn in den mund / plint lieb hat nicht witzn / hytzn trähern kund / sy aus den augelin giessn / niessn / an verdrissn fliessn schon v'wund. Mit der Übersetzung wird diese Sprache umgewandelt, im Lautstand, in vielen, ja in den meisten Wörtern,

in der Syntax, und mit diesem Verändern von Lautstand, Wortlaut, Satzbau ein Verkürzen, ja Aufheben von Distanz. Wie groß die Distanz ist, das soll sich hier ablesen lassen: Fremdsprache, Sprachwiderstand, Sprachblock. O trumitan wie hast dw mein / vergessn hye in solcher pein / daz du hast lan gewaltig sein / den sud und osst spaczirn herein / ponent dein schricklich wyd'grein / v'drungn hat d' dies rein / auch lucifer d' klarhait vein / den gryffn dw last ub'frein / des müss ich elends magathein / aus liebe slossn streckn.

50 Ein politisches Kapitel: 1410 starb König Ruprecht; der ungarische König Sigmund wurde zu seinem Nachfolger gewählt. Weil Sigmund zu einer der wichtigsten Figuren dieser Biographie wird, muß er hier vorgestellt werden.

»Der ungarische König Sigmund wurde zu seinem Nachfolger gewählt«: in dieser Knappheit lügt der Aussagesatz. Denn nur mit größten Mühen konnte Sigmund ungarischer König werden und bleiben, nur mit viel Glück konnte er römischer König werden.

Exposition, erster und zweiter Akt dieses blutigen Grand-Guignol-Schauspiels sollen hier wenigstens skizziert werden: welche Vorgeschichte hat dieser König, welche Erfahrungen haben ihn mitgeprägt?

Sigmund war der jüngste Bruder des Königs Wenzel, den man 1400 absetzte. Sie beide waren Söhne des Königs Karl IV., der vorzugsweise in Prag residierte und einer der bedeutendsten Bauherren dieser Stadt wurde; sein Name wird in Kunstführern der Stadt Prag häufig genannt. Wenzel stammte aus seiner dritten, Sigmund aus seiner vierten Ehe. Geboren wurde er am 14. Februar 1368.

Als Sigmund zwölf war, wurde er vertraglich mit Maria, der zweiten (damals neunjährigen) Tochter des Königs Ludwig von Ungarn und Polen verlobt; eine politische Entscheidung. Zwei Jahre lebte nun Sigmund am ungarischen Hof. 1382 starb König Ludwig. Da inzwischen auch die ältere Schwester gestorben war, wurde Maria, zwölfjährig, zur Königin von Ungarn gekrönt. Der fünfzehnjährige Sigmund wurde Statthalter in Polen. Ein Erbfolgestreit verhinderte, daß er später auch König von Polen wurde: Polen wollte nicht länger Provinz von Ungarn bleiben.

In Ungarn wurde Sigmunds Position ebenfalls schwierig: seine zukünftige Schwiegermutter, die Regentin Elisabeth aus Bosnien, mochte den jungen Mann aus der Luxemburger Linie nicht, konnte

überhaupt die Deutschen nicht ausstehen: Sigmund mußte Ungarn verlassen – freilich mit der festen Absicht, zurückzukehren, mit einem Heer. Kaum war er draußen, verlobte Elisabeth ihre Tochter mit einem französischen Prinzen – auch Ludwig von Orléans wollte König von Ungarn werden. Ebenfalls der neapolitanische König Karl III. von Durazzo. So begann ein Wettlauf nach der Krone. Sigmund war in dieser Phase der schnellste: unterstützt von seinem jüngeren Bruder Johann und von zwei Verwandten, Jobst und Prokop von Mähren, marschierte er in Buda ein, vollzog das Beilager mit Maria, zog sich gleich wieder nach Böhmen zurück, um seine Truppen zu verstärken.
Kaum war er in Böhmen, marschierte Karl von Durazzo in Ungarn ein, ließ sich in Stuhlweißenburg zum König proklamieren. Dieser Mann paßte Mutter Elisabeth auch nicht ins Konzept, sie wollte Ludwig von Orléans zum Mann ihrer Tochter, zum König von Ungarn machen: so lud sie Karl zu einem Gespräch ein, ließ ihn festnehmen, einsperren, im Gefängnis ermorden.
Nun marschierte Wenzel mit einem Heer in Ungarn ein, ließ Elisabeth den Ehevertrag zwischen Sigmund und Maria bestätigen, zog sich wieder zurück. Von Mitgliedern der Gegenpartei wurde Elisabeth bald darauf, als sie gemeinsam mit Maria eine Reise machte, überfallen; Mutter und Tochter wurden in einer Burg an der dalmatinischen Küste eingesperrt.
Sigmund marschierte nun, von Venedig unterstützt, mit einem Heer in Ungarn ein, wurde, 19jährig, in Stuhlweißenburg gekrönt, am 31. März 1387. Wenzel, Jobst und Prokop befreiten die junge Königin. Elisabeth wurde im Gefängnis ermordet.
Sigmund hatte nun die ungarische Krone, hatte seine Frau, aber seine Position war noch keineswegs gesichert. Er verließ Ungarn wieder, wollte ein noch größeres Heer aufstellen, brauchte dazu viel Geld, verpfändete (wohl auch als Dank für die wiederholte militärische Unterstützung) die Mark Brandenburg auf eine Frist von fünf Jahren an Jobst, und zwar für 565 263 Gulden, eine damals fast unvorstellbar große Summe. Jobst galt als gewandter, auch skrupelloser Geschäftsmann; er hoffte, mit Recht, sein Vetter Sigmund werde nach fünf Jahren nicht in der Lage sein, die Pfandsumme zurückzuzahlen: als Pfandherr der Mark Brandenburg hatte er dann ein entschieden größeres politisches Ansehen, konnte sich Hoffnungen machen auf die Krone des Heiligen Römischen Reiches Deutscher Nation. Wenzel, der sich immer weniger für Politik interessierte, machte den Stiefbruder zum Reichsverweser.
Bevor Sigmund dieses Amt übernahm, wollte er sich Prestige ver-

schaffen durch einen militärischen Sieg über die Türken. Aber bei Nikopolis wurde sein »Kreuzfahrerheer« geschlagen, vernichtend. Sigmund mußte auf weitem Umweg fliehen, über Konstantinopel, Ragusa, kehrte erst im folgenden Jahr, 1397, nach Ungarn zurück.
Hier war seine Position wieder einmal bedroht, erst recht nach diesem Debakel. Sein Bruder Wenzel arrangierte sich mit Jobst. Und Ladislaus, Sohn des ermordeten Karl von Durazzo, mischte sich in die ungarische Politik ein, wollte wie sein Vater König von Ungarn werden.
Eine Verschwörung, 1401, vor allem von Mitgliedern des Hochadels: Sigmund wurde im Audienzsaal der Burg Buda festgenommen. Bei Kéry lese ich, man habe ihm vor allem Willkür, Eigenmächtigkeit, Verschwendung, Zügellosigkeit vorgeworfen. Er wurde eingesperrt. Der Kampf um die Nachfolge führt in immer größere Wirren. Wenzel und Jobst marschierten wieder einmal in Ungarn ein, nach 18 Wochen Haft wurde Sigmund befreit. Auf einem Reichstag fand eine allgemeine Versöhnung statt, Sigmund war wieder König.
Allzugroß war seine Dankbarkeit allerdings nicht: als Wenzel enger mit Jobst kooperierte, ließ ihn Sigmund verhaften und an dessen entschiedensten Feind ausliefern, den Herzog Wilhelm von Österreich.
1403 marschierte Ladislaus von Durazzo mit einem Heer in Ungarn ein, ließ sich zum König proklamieren, mußte aber gleich wieder abziehen; Sigmund hatte sich recht gut verteidigt, verlor aber Böhmen. Und Herzog Wilhelm ließ Wenzel entfliehen. Schon ein Jahr später versöhnte sich Wenzel mit seinem jüngeren Bruder.
Sigmund war so jung mittlerweile auch nicht mehr: 36. Vier Jahre später, 1408, heiratete er (Maria war bereits 1392 gestorben, 21jährig) die sechzehnjährige Barbara von Cilli: viel Hofklatsch und Nachwelt-Geraune über ihre sexuelle Promiskuität.
Am 15. April 1410 starb denn König Ruprecht. Sigmund bewarb sich selbstverständlich um das vakante Amt. Ebenso Jobst: nach Ablauf der Fünfjahresfrist hatte ihm Sigmund die Pfandsumme nicht zurückzahlen können, so war die Macht dieses Verwandten gewachsen. Auch Wenzel wollte, unterstützt vom Papst in Rom, sein Glück nochmal versuchen. Eine Zeitlang wollte sogar Oswalds Landesherr, Herzog Friedrich, kandidieren; er verhandelte bereits mit Venedig, wollte mit Tiroler Truppen die Republik Venedig beim Kampf gegen Ungarn unterstützen, dafür sollte ihm Venedig beim Marsch nach Rom helfen, zur Kaiserkrönung. Er

ließ sich dann freilich doch nicht aufstellen, aber Sigmund erfuhr von den vorbereitenden Verhandlungen – auch damit war ein Vorzeichen gesetzt für das zukünftige Verhältnis dieser beiden Amtsträger.

Sigmunds Wahl war äußerst knapp: das Kurfürstenkollegium konnte sich nicht auf einen Kandidaten einigen. Am 20. September 1410 wählten Pfalzgraf Ludwig, Burggraf Friedrich von Zollern und der Erzbischof von Trier Sigmund zum König; zehn Tage später entschieden sich die anderen Wahlmänner für Jobst.

König Sigmund nahm Verhandlungen auf mit König Jobst; zu Sigmunds Glück starb Jobst aber schon im Januar 1411. Nun war eine Nachwahl notwendig. Wenzel machte sich wieder Hoffnungen, doch Sigmund kaufte sie ihm ab: er bot seinem Stiefbruder die Hälfte des Reichseinkommens an. Das war freilich nur gering, Sigmund mußte noch etwas dazutun: die Reichsinsignien sollten Wenzel zur Verwahrung übergeben werden. Außerdem verzichtete Sigmund darauf, sich zum Kaiser krönen zu lassen, solange Wenzel lebte, erklärte sich sogar bereit, eine Kaiserkrönung Wenzels zu unterstützen! Den Burggrafen Friedrich ernannte Sigmund zum Verwalter der Mark Brandenburg.

Nach solchen Vorbereitungen konnte er der Wahl mit Ruhe entgegensehen. Am 21. Juli 1411 wurde Sigmund vom Kurfürstenkollegium als König des Heiligen Römischen Reiches Deutscher Nation anerkannt. Erst am 22. Mai 1412 nahm er offiziell die Wahl an; mit der Krönung ließ er sich noch mehr Zeit – einige Jahre!

Nach dem Bericht eines Teilnehmers kamen 1412 in Buda zu den Festlichkeiten zusammen: 3 Könige, 3 Regenten, 13 Herzöge, 21 Grafen, 26 Herren – die ungarischen Herren nicht mitgezählt; etwa 1500 Ritter, schätzungsweise 3000 Knechte, 1 Kardinal, 3 Erzbischöfe, 11 Bischöfe, 86 Trompeter und Posaunenbläser, 17 Herolde, 40000 Pferde aller Arten. Siebzehn Landessprachen habe man in Buda gehört: Ungarn, Böhmen, Polen, Russen, Preußen, Litauer, Griechen, Tataren, Türken, Deutsche, Franzosen, Engländer, Albaner und so weiter, auch »Abrahamsche Leute vom Heiligen Grabe und sonst viele scheußliche Heiden mit langen Bärten, hohen Hüten.«

Sigmund war, äußerlich, ein Prachtexemplar von einem König: ein großer, kräftiger Mann, als schönster Fürst seiner Zeit gepriesen, ein Mann, der das königliche Dekor liebte und vor allem: Feste, ein Mann, dem eine große Vorliebe für Wein und Frauen nachgesagt wurde, ein Mann, der in Verhandlungen geschickt und bei Reden überzeugend, ja mitreißend war, ein Mann, der keine Arroganz zeigte im Umgang mit einfachen Leuten, ein bald weithin beliebter Herrscher, aber seine innenpolitische wie außenpolitische Stellung war schwach; was er brauchte, war Erfolg.

51 Im Heiligen Römischen Reich war es damals für die Könige generell sehr schwierig, sich durchzusetzen – vor allem gegen die Territorialherren: Kurfürsten und Fürsten verteidigten mit Entschiedenheit ihre Sonderrechte. Und weil sie nach dem Reichsgesetz von 1356 (»Goldene Bulle«) das Recht hatten, den künftigen König zu »küren«, sorgten sie dafür, daß ein Mann das Amt übernahm, der ihnen hinreichend schwach, damit beeinflußbar erschien; außerdem mußte er sich für die Wahl revanchieren durch großzügige Vergabe von Privilegien, Lehen, Bargeldern. Sobald ein König gewählt war, versuchte er, mußte er versuchen, seine Position zu stärken. Das war allerdings schon technisch schwierig, denn es gab damals keine Hauptstadt, keine Verwaltungszentrale, der König zog im Reich umher, von Stadt zu Stadt, von Reichstag zu Reichstag, die Verwaltung folgte ihm, sein Etat war lächerlich klein. So suchten die Könige, vor allem im Spätmittelalter, Unterstützung, und die fanden sie vorwiegend beim Adel; die Bildung von Adelsbünden wurde von Königen gefördert.
In Bünden zusammengeschlossen, wollte der Adel eine Entwicklung aufhalten, die kaum noch aufzuhalten war: den rapiden Verlust an Besitz und Macht. Diesen Adelsbünden standen Städtebünde gegenüber; der Schwäbische Städtebund, zum Beispiel, war eine Vereinigung von rund vierzig Städten.
Städtebünde und Adelsbünde, die sich bekämpften, hatten freilich auch ein gemeinsames Ziel: sie wollten sich den Territorialherren nicht unterstellen, wollten »reichsunmittelbar« bleiben. Die Städte hatten vielfach ihr eigenes Recht, das Bannmeilenrecht, hatten ihre eigene Verwaltung, wollten ihren Machtbereich auf umliegende Ländereien ausdehnen. Diese Freizonen innerhalb ihrer Herrschaftsgebiete wollten die Landesherren nicht zulassen, sie setzten alles daran, die Reichsstädte zu integrieren. Die Könige wiederum, die nicht bloß Marionetten der Kurfürsten und Fürsten sein wollten, unterstützten die Städte und Städtebünde wie deren unmittelbare Gegner, die Adelsbünde. So kam es zu Überschneidungen. Jeder wollte möglichst viel Macht: die Städte, der Adel, die Landesfürsten, der König.

52 Landesfürsten: hier ist das Stichwort gegeben für Herzog Friedrich IV., den Landesherrn von Tirol. Oswald wird ihn in den nächsten anderthalb Jahrzehnten mit Entschiedenheit, Hartnäckigkeit bekämpfen, unterstützt (zumindest formell) vom König; Friedrich ist die zweite politische Hauptfigur dieser Biographie. Leider habe ich nur wenig biographisches Material über ihn gefunden.

Friedrich wurde 1382 geboren, als jüngster Sohn des Herzogs Leopold III. und einer Tochter des Herzogs von Mailand, Visconti. Friedrich als jüngster von vier Brüdern: so machte er Erfahrungen, die gewiß sein späteres, oft blind-entschlossenes Verhalten mit motivierten.

Bis zum Tod seines Großvaters, Rudolf IV., war es ruhig in den österreichischen Ländern (»Landen«), danach aber begann eine wüste, für Zeitgenossen wie für spätere Generationen verwirrende Folge von Erbstreitigkeiten, Länderteilungen, erneuten Erbstreitigkeiten, erneuten Länderteilungen. Was fehlte, waren klare Erbfolgegesetze; zuviel Spielraum in den Hausordnungen der Habsburger, jeder Herzog wollte möglichst viel Land und Macht an sich reißen. So raufte sich Friedrichs Vater Leopold mit seinem Bruder Albrecht herum, bis sie schließlich in einem Hausvertrag die österreichischen Länder unter sich aufteilten, wobei Leopold unter anderem die Steiermark, Kärnten und Tirol erhielt. Nach vollzogener Teilung proklamierte man die unteilbare Zusammengehörigkeit.

Mit 37 Jahren fiel Friedrichs Vater im Kampf gegen die Eidgenossen, die Nachbarn Tirols; Leopold hinterließ Schulden und Verwirrung. Seine beiden volljährigen Söhne freilich, Wilhelm und Leopold, wollten das väterliche Erbe nicht im Streit aufteilen, sie baten ihren Onkel Albrecht III., die Regierung des väterlichen Erbes zu übernehmen. Dazu erklärte sich Albrecht gern bereit, aber ein knappes Jahr später war er tot. Er hatte noch rechtzeitig seinen Sohn, Albrecht IV., zu seinem Nachfolger bestimmt, aber Wilhelm, der älteste der vier Brüder, wollte nun doch selbst einmal an die Macht; er ging rücksichtslos vor gegen den jungen Albrecht, gegen seinen Bruder Leopold, und (soweit sie für ihn überhaupt zählten) gegen Ernst und Friedrich. Wilhelm setzte sich durch, übernahm die Regierung der väterlichen Erblande.

So lernte Friedrich recht früh, was Machtpolitik war, auch unter Brüdern; er wuchs auf in einer Umwelt, in der jeder jedem so viel Besitz und Macht wegnehmen wollte wie möglich, in der jeder jeden betrog und bekämpfte.

Mit gnädiger brüderlicher Erlaubnis übernahm er die Leitung ei-

ner militärischen Aktion, die sonst wohl keiner ausführen wollte: die aufständischen, bisher siegreichen Appenzeller Bauern im Nachbargebiet St. Gallen sollten unterworfen werden; sie bedrohten militärisch die österreichischen »Vorlande«; ihre aufrührerischen Parolen konnten Resonanz finden in Tirol. Friedrich wurde am 17. Juni 1405 geschlagen.
Kein guter Start; Friedrich durfte dennoch die Regierung von Tirol übernehmen. Auch hier: eine sehr undankbare Aufgabe. Er mußte sich erst einmal durchsetzen gegen die alteingesessenen Adelsfamilien, deren Macht und Selbstbewußtsein in den Wirren gewachsen waren. Besonders aktiv waren in Tirol die Familien derer von Gufidaun, Lichtenstein, Rottenburg, Spaur, Starkenberg und Wolkenstein.
1406 gründeten Mitglieder vor allem dieser Familien den Elefantenbund: ein silberner Elefant im Halbrelief an einer Halskette als Bundeszeichen: Symbol robusten Widerstands gegen die Machtansprüche des jungen Landesherrn? Oswald war Mitglied dieser Standesorganisation – übrigens auch Martin Jäger.
Adelsbünde wurden damals recht häufig gegründet: in einer Zeit, in der die Ritter unsere Vorstellungen von Rittern optisch erfüllten, gab es bereits so etwas wie Ritterromantik. Zum Verlust an Besitz und Macht kam motivierend noch dies hinzu: auch als Kriegerkaste verlor der Adel an Bedeutung; es wurden immer mehr Feuerwaffen produziert, und die konnten von einfachen Fußsoldaten eingesetzt werden. Diese Entwicklungen versuchte man zu kompensieren, und so bildete man alte Ritterorden nach, das Vorlesen von Ritter-Epen des Hochmittelalters kam in Mode, Figuren wie König Artus wurden glorifiziert.
Selbstverständlich hatte dieser Elefantenbund auch konkrete Ziele: die Verteidigung von Privilegien, alten (verbrieften, also: urkundlich fixierten) Rechten. So sollten dem Adel die höchsten Ämter im Lande vorbehalten bleiben – juristisch ausgebildete Bürger übernahmen mehr und mehr leitende Positionen, auch in der unmittelbaren Umgebung des Königs: der Bürger Kaspar Schlick als Kanzler, also ›Verwaltungschef‹, die Sekretäre ebenfalls Bürger. Diese allgemeine Entwicklung sollte zumindest für Tirol gestoppt werden. Wichtig war diesen Adligen auch das Privileg, Rechtsstreitigkeiten nicht vor Gerichten des Landes, vor dem Landesfürsten austragen zu müssen wie Bürger und Bauern, man wollte das weiterhin unter sich ausmachen, wollte Adelskollegen heranziehen, auch ausländische. Und sehr wichtig waren Besitzprivilegien. Schließlich gelobte man sich wechselseitige Hilfe bei Gefahr und Not.

Laut Bundesbrief sollte die Organisation eine Laufzeit von fünf Jahren haben, aber sie löste sich schon sehr viel früher auf. Heinrich von Rottenburg, einer der mächtigsten Männer dieses Landes, Besitzer weiter Ländereien, Inhaber wichtiger Posten, sorgte dafür, daß sich der offenbar schwerfällige Bund 1407 neu formierte im Falkenbund: das Bundeszeichen sollte wohl größere Wendigkeit, Schnelligkeit, Schärfe signalisieren.
Diese Neugründung war auch ein Reflex auf die wachsende militärische und soziale Gefahr im westlichen Grenzgebiet: der Appenzeller Bauernbund siegte in allen Gefechten, kämpfte längst nicht mehr allein gegen den Abt von St. Gallen, sondern ganz offen auch gegen den Adel, fand mit Proklamationen und Aktionen immer stärkere Resonanz bei den Bauern der umliegenden Länder, damit auch in Tirol. Der Falkenbund sollte (wie die schwäbische Rittervereinigung vom St. Jörgenschild) diese Gefahr bekämpfen. Selbstverständlich gehörte auch die Wahrung der alten Land- und Herrenrechte zum Programm dieser Vereinigung. Oswald und seine Brüder zählten zu ihren aktivsten Mitgliedern.
Herzog Friedrich nutzte aus, daß diese Organisation zugleich gegen ihn und gegen die aufständischen Schweizer Bauern gerichtet war – er wurde Mitglied des Bundes. Der mußte sich nun festlegen auf die Verteidigung des Landes gegen äußere Feinde, auf die Erhaltung der inneren Ruhe.
Aus diesem politisch geschickten Schachzug läßt sich freilich nicht schließen, Friedrich hätte sich souverän durchgesetzt in Tirol – mit diesem Trick waren die Spannungen nicht aufgehoben, die Probleme nicht gelöst: er wollte die Macht in Tirol, und der Adel wollte nichts von seiner Macht abgeben.
Auch waren da noch die älteren Brüder mit ihren Machtansprüchen. Wilhelm starb freilich recht bald, und Herzog Albrecht IV. wurde, 28jährig, vergiftet. Der Sohn, den er hinterließ, hieß ebenfalls Albrecht (V.), er war allerdings erst sieben Jahre alt, und so ging der Erbstreit wieder los. Leopold wollte die österreichischen Lande, Ernst stellte inzwischen auch Ansprüche; es sah so aus, als würde Friedrich von den beiden Brüdern nun ausmanövriert. So meldete er mit Entschiedenheit seine Ansprüche an, schickte Räte nach Schaffhausen, wo die beiden älteren Brüder verhandelten. In der bürgerkriegsnahen Situation dieser Zeit verbündete sich Ernst mit Friedrich gegen Leopold, der zu erkennen gab, er wolle Friedrich als dem Jüngsten von der Macht nichts abgeben. Weitere Verhandlungen; 1409 wurde ein Vertrag geschlossen: Ernst machte Friedrich nun definitiv zum Landesherrn von Tirol.
Bald darauf starb Leopold, Ernsts und Friedrichs gemeinsamer

Feind: sogleich entstand Zwist unter den beiden übriggebliebenen Brüdern. Der Streit eskalierte rasch, König Sigmund mußte eingreifen, 1411, schlichtete, wenigstens für die nächste Zeit.

53 Keine Rückwirkungen solcher politischen Vorgänge auf die Lieder, die Oswald in diesen Jahren schrieb; ich ordne die folgenden drei Texte ein in den Zeitraum zwischen 1411 und 1415. Der erste Text spielt traditionelles Formelmaterial des Frühlings- und Liebesliedes durch: Kl 37. Er zeigt einen relativ frühen Sprachstand, könnte also auch in der Zeit vor der Pilgerfahrt geschrieben sein. Aber ich bezweifle, daß sich alle seine Lieder einordnen lassen in ein konsequentes Entwicklungsschema – in den verschiedenen Schreibphasen finden wir immer wieder Texte mit einem relativ großen Anteil an literarischem Formelmaterial.

Die Himmelskuppel
hellt sich auf
mit Tagesanbruch.
Mit süßen Tönen
wecken mich
die schönen Vögel auf.
Geschmolzen ist der Schnee;
Laub, Gras und Klee
entsprießen frisch.
So recht von Herzen
und fröhlich
will ich's der Freundin singen.
Mein Verlangen
kann sie stillen,
meinen Kummer von mir nehmen
mit den Händen,
liebevoll.
Glücklich
macht mich die Schöne.
Gering
wird mein Kummer
wenn ich dran denke,
wie sie mich unermüdlich
mit schlanken Armen
umfängt –
das kann sie gut!

Völlig ergeben
bin ich
der zarten Frau –
wo ich auch sei.

So blast zum Tanz!
Die Linde ist grün,
der Wald schlägt aus.
Sei keck in diesem Mai
und unbeschwert,
Herzliebste!
Schau dir die hellen Blumen an:
buntgefärbt,
schön im Wuchs –
sie sollen uns schmücken!
Entfaltet
ist der lichte Glanz.
In vielen Farben,
jung und zart:
schlanke Gräser,
herbe Kräuter,
vielgestaltig.
Neu und alt
gefüllt mit Süße.
Willkommen
sei das Sprießen, Sprossen!
Zu zweit, zu viert,
in Gruppen, Scharen
mit Lustgeschrei –
so tummelt sich nun
alle Welt.
Schöne Frau,
sei mir gewogen,
wenn ich zu dir
zum Tanzen komme.

Zieht ab, ihr scharfen Winde,
laßt uns jetzt unbehelligt –
vorbei ist eure Zeit!
Dem schönen Kind
habt ihr
die roten Lippen spröd gemacht!
Verschont nun

sein Gesicht,
die weißen Hände,
wenn es im Erlengrund
die kleinen Schuh
mit Tau benetzt.
Nun raus, ihr Winterschläfer,
auf die Gassen!
Wer vorher
wie ein nasser Sack
am Ofen hockte
schlaff und schlapp,
der freu sich jetzt der Sonne,
des hellen Glitzerns
frischer Quellen.
Mai, du kannst
alles
auferwecken,
das macht uns jubeln!
Fragt ihr, weshalb?
Darum,
weil uns der Eine Gott
mit vollen Händen
seine Gnade schenkt.

Das nächste Lied (Kl 50) ist eine Kontrafaktur. Zu diesem, damals weithin üblichen Herstellungsverfahren nun eine Anmerkung: man erfand nicht unentwegt neue Melodien, neue Strophenformen, man übernahm auch Melodien, Strophenformen von Kollegen und Vorgängern. Am häufigsten war das neue Textieren übernommener Melodien oder Liedsätze. Das bedeutete: man mußte die Strophenform, das metrische Schema der Vorlage übernehmen. Zum Teil übernahm man auch gleich Textinhalte, sogar Formulierungen. Dies ist hier der Fall: Oswald hat von einer französischen Vorlage die Melodie, den Strophenbau, das metrische Schema, den Inhalt und Textteile übernommen: im Virelais »Par maintes foys« von Jean Vaillant wird Vogelsingen, Vogelzwitschern hörbar gemacht, lautmalend und melodisch. Freilich hat Oswald nicht bloß übersetzt: im Übernehmen der Vogelgeräuschimitationen war er großzügig, bei den Zwischentexten hat er Eigenes eingebracht. Ich übertrage diese Strophe, weil sie zeigt, wofür Oswald in dieser Zeit aufgeschlossen war: für virtuose Klangbildungen.

Der Mai: mit reichem Klang
erfüllt er diese Welt,
Hügel, Flachland, Berg und Feld.
Die Vöglein lassen den Gesang
ertönen, schwebend heller Klang;
Lerchen, Drosseln, Nachtigall.
Der Kuckuck, der fliegt überall
und schikaniert voll Übermut
die sonst so frohe Vogelbrut.
Hört, wie er ruft und tut:
»Kuku, kuku, kuku,
der Zins, der steht mir zu,
der will mir wohl behagen,
der Hunger knurrt im Magen.«
»Oh weh, oh je, wohin
mit uns?« so riefen sich die Vöglein zu.
Zaunkönig, Zeisig, Meise, Lerche,
so kommt, wir wollen singen:
»Ozi, so soll es klingen,
ozi ozi, ozi ozi, ozi ozi,
fi fideli, fideli fideli fi,
zi, zieriri, zi, zi, zieriri,
zi zi ziwick, zidiwick, fizi, fizi.«
Der Kuckuck aber rief dazu:
»Kawa wa kuku.«
»Rako«, so sprach der Rabe,
»ich singe recht gut auch,
doch nur mit vollem Bauch.
Mein Lied, das klingt sehr fein:
hau rein, schieb rein, stopf rein!«
»Liri liri liri liri lirilei«,
so sang die Lerche,
sang die Lerche,
sang die Lerche.
»Ich singe hell«, das Drösselchen,
»ich singe hell«, das Drösselchen,
»ich singe hell«, das Drösselchen,
»daß es im Walde klingt!«
Ihr tiriliert und jubiliert,
ihr krächzt und gäckert,
schnalzt und balzt,
genau wie unser Pfarrer.
»Zidiwick, zidiwick, zidiwick,

zizifigo, zizifigo, zizifigo«: Nachtigall,
für den Gesang wird man dich krönen, überall!

Als dritter Text Kl 53: ein konventionelles Textmuster, ausgeführt im gezierten, geblümten Stil, der bei Oswalds Zeitgenossen beliebt war.
In einigen Zeilen freilich geht Oswald entschieden weiter, macht den Klang zum Organisationsprinzip des sprachlichen Ablaufs, Wörter als Klangkörper: »Lünzlot münzlot klünzlot und zisplot wisplot freuntlich sprachen . . .« Für solche Wortklangfolgen mußten Entsprechungen gesucht werden in unserer Sprache.

Fröhlich, friedlich, lieblich und zärtlich, läßlich, sacht, gemach
und sanft und süß und frisch und rein erwach
du schönes, liebevolles Weib,
streck, reck, zeig den zarten, stolzen Leib,
mach deine strahlend hellen Augen auf,
und sieh, in deiner Morgenwonne,
wie nun erlahmt der Sterne Lauf
im Glanz der hellen, heitren, klaren Sonne.
Wohlauf nun zum Tanz!
Binde einen schönen Kranz
aus blauem, violettem,
rotem, gelbem, weißem,
lichtem Blütenglanz.

Schmuslich, koslich, küßlich und zünglich, lüstlich sei die Sprache
für manche herrlich üppig schöne Sache:
nur davon sei dein schwellend roter Mund bewegt.
Er hat mein Herz in Liebesglut versetzt,
hat mich gewiß schon tausendfach ergötzt,
hat meine Lust erregt
aus Schlaf und Traum: hier sah ich bald
den wohlgeformten, sanften Spalt,
zum Lächeln wie gemacht,
darin der Zähne Pracht:
füllig, rosig, lipplich, lecklich –
mit zartem Pinsel
dargebracht!

Wollt sie, möcht sie, tät sie und käm sie, nähm sie meinem Herz
den sehnsuchtsschweren, herben Schmerz,
die weißen Brüste fest an mich gedrückt –

das Leid wär fort, ich wär entzückt!
Welch Mädchen sonst, so zart und fein
könnt so beglückend für mich sein,
für dieses Herz: es nimmt den Schmerz
und weckt die reinen, reichen, reifen Lüste:
der Mund den Mund geküßt,
Zung an Zünglein, Brust an Brüste,
Bauch an Bäuchlein, Pelz an Pelzlein
schnell mit Schwung
und frisch hinein!

54 »Auch konnt ich fiedeln, trommeln, pauken, flöten«: Oswald hat sich beim Singen also (stets? vielfach? zuweilen?) selbst begleitet.

Die Fiedel war sehr geeignet zur Begleitung einer Singstimme: auf einer Plattenaufnahme wird der Text des eben vorgestellten Liedsatzes von einem Bariton gesungen, die zweite Stimme ist mit einer Fiedel besetzt. Mit der Fiedel kann aber auch, bei einstimmigen Liedern, der Bordun gespielt werden: sich wiederholende Baß-Grundakkorde und zusätzlich vielleicht Figurationen, etwa zwischen den Strophen. Ob Oswald dieses Instrument, sich selbst begleitend, »gelehnt« oder »gestemmt« spielte, den Bogen »untergriffig« oder »obergriffig« führte, wissen wir nicht.

Trommel und Pauke: sie wurden im Mittelalter oft gemeinsam genannt, eine feste Wortverbindung. Ein Sänger hatte meist zwei miteinander gekoppelte Handtrommeln auf den Oberschenkeln liegen, schlug Rhythmen oder Akzentuierungen. Und die Pauken? Abgesehen von Kriegspauken, die als akustische Artillerie eingesetzt wurden, waren sie relativ klein; sie wurden (etwa am Gürtel aufgehängt) mit zwei Schlägeln gespielt.

Beliebt war damals die Kombination Flöte und Trommel. Oswald schreibt denn auch, er habe »pfeiffen« können. Damit kann theoretisch die ganze Flötengattung gemeint sein: die Kernspalt- oder Schnabelflöte (unsere Blockflöte) und die Querflöte, aus Holz, ohne Klappen. Sie wurde im Hohen und Späten Mittelalter besonders gern im deutschen Bereich gespielt, wurde im Ausland oft »deutsche« Flöte genannt.

Nun kann »pfeiffen« allerdings auch bedeuten: Dudelsack spielen – »pfeiff auff«! Oswald und der Dudelsack – das wäre freilich eine erstaunliche Stilisierung! Mit dem Dudelsack wurde vorwiegend zum bäuerlichen Tanz aufgespielt, und das hat Oswald von Wolkenstein bestimmt nicht getan! Freilich konnte man mit dem Dudelsack auch Lieder begleiten – die Sackpfeife war im Mittelalter fast so beliebt wie das Akkordeon in den zwanziger bis fünfziger Jahren unseres Jahrhunderts. Setzt man voraus, daß der Dudelsack damals geblasen, nicht von einem kleinen Blasebalg (zwischen Ellbogen und Körper) mit Luft versorgt wurde (das habe ich auf keiner Abbildung jener Zeit gesehen), so schließt sich von selbst aus, daß Oswald sich mit diesem Instrument begleitet hat, den Bordun spielend, hier also einen kontinuierlichen Baß-Grundakkord. Und Oswald als begleitender Musiker? Höchstens ausnahmsweise dürfte er einen anderen, dann wohl sozial gleichstehenden Sänger begleitet haben.

Oswald ließe sich allerdings zutrauen, daß er mit dem Verb »pfeiffen« bei seinen Zuhörern eine Assoziation an die Sackpfeife wekken wollte, irritierend. Er wird aber die Flöte geblasen haben, präludierend und in kurzen Zwischenfloskeln.

Fiedel, Trommel, Pauke, Flöte – Instrumente, die bei Spielmännern üblich, für sie typisch waren. Kein höfisch feines Psalterium hingegen, keine Laute! Freilich, *ein* Instrument wird Oswald ganz bestimmt noch gespielt haben, selbst wenn er es nicht nannte: die Harfe. Sie war *das* Instrument für den Sänger, der sich selbst begleitete. Eine Harfe war damals entschieden kleiner als die heutige Konzertharfe: sie wurde auf den Oberschenkeln aufgesetzt, reichte bis ans Kinn.

Auf der Wartburg war bis vor einiger Zeit eine Harfe zu besichtigen, die seit etwa hundert Jahren als »Oswalds Harfe« bezeichnet wird – ich habe sie leider nicht gesehen, entweder weil das Gedrängel zu groß war oder weil sie nicht mehr ausgestellt ist: ich kenne diese Harfe also nur von Abbildungen und Beschreibungen. Ein offenbar sehr schönes Exemplar, mit Intarsien aus Ebenholz, aus weißem und grüngefärbtem Elfenbein: geometrische Muster. Oben Blümchen, weiße Rauten. Auf heller Fläche mit grüner Einfassung in schwarzen Buchstaben das Wörtchen »wann«. Ob dieses Instrument tatsächlich aus Oswalds Besitz stammt? Recht unwahrscheinlich.

55 Zu Oswalds Zeit wurden Musikinstrumente nicht allein von Instrumentenbauern hergestellt – sie spezialisierten sich meist auf Instrumente, die handwerklich besonders schwierig waren, wie etwa Lauten. Sonst bauten sich Musiker ihre Instrumente meist selber.

Auch wenn Oswald das nicht getan hat – er hatte bestimmt keinen Instrumentenwart, der für ihn Reparaturen durchführte oder Korrekturen, dies wird er selbst gemacht haben. Beziehen einer Trommel mit neuem Fell, Auswechseln eines Stimmwirbels einer Fiedel – plötzlich sehe ich einen Oswald vor mir, der an Instrumenten arbeitet.

56 Oswald von Wolkenstein und seine Trommeln und Pauken, seine Flöte, Fiedel, Harfe – und sein Hauptinstrument, die Stimme? Sang er Tenor, Bariton, Baß? Ich habe Wilfrid Jochims, Sänger und Hochschuldozent, gebeten, sich einmal genau die Abbildungen von Oswald anzuschauen – lassen sich Rückschlüsse ziehen aus seiner Konstitution? Ich weiß nur allgemein: Tenöre und Bassisten, beispielsweise, unterscheiden sich in Körperbau und durchschnittlicher Körpergröße.
Jochims schrieb mir eine Art Expertise, aus der ich nun heraushebe, was mir für die Biographie wichtig scheint. Zuerst, allgemein: von den »Maßverhältnissen eines Kopfes« in Beziehung zur Halsform und Rumpfform läßt sich auf »gewisse Qualitäten der Stimme schließen«; dabei werden Teilergebnisse der musikalischen Stimmforschung, der Anthropometrie, der Anatomie, der Phonetik, der Typologie benutzt. Ausschließlich aus Abbildungen (»ikonographisch«) Schlüsse zu ziehen auf die Stimme, ist nicht üblich, ist auch nicht notwendig, man hat es stets mit lebenden »Stimmbesitzern« zu tun; dennoch, in diesem Fall sind – mit Vorsicht und Vorbehalt – einige Schlußfolgerungen möglich.
Wichtigste Grundlage dazu ist das Portraitgemälde der Handschrift B: ein realistisches Bild, dennoch können sich hier (etwa in der Darstellung der Schultern) Stilmerkmale jener Zeit ausprägen – ein erster Unsicherheitsfaktor. Der zweite, entschieden größere Unsicherheitsfaktor: es zeigen sich konstitutionelle Übereinstimmungen beim Vollbild der ersten, beim Portraitbild der zweiten Handschrift, beim »Konstanzer Portrait«, das ich gefunden habe (dazu später); auf der Brixener Marmortafel dagegen und in der Wolfenbütteler Handschrift ist Oswald ein schlanker, schmalgesichtiger Mann. Die Darstellung auf dem Brixener Stein dürfte stilisiert sein: kleine, dicke Ritter wurden nicht in Marmor gemeißelt. Das Oswaldbild der Wolfenbütteler Handschrift gibt verschiedene Probleme auf.
Benutzt wurden zur Konstitutionsbeschreibung also nur die Bilder der beiden Handschriften und die Konstanzer Zeichnung.

Und hier zeigt sich »nach den Kennzeichnungen der Typologie« ein »athletischer Körperbau mit einer eurosomen Tendenz«. Was den eurosomen Konstitutionstyp charakterisiert, ist der weiche Übergang vom Rumpf zum Hals, die Neigung zum Fettansatz an Kinn und Hals; »der Wuchs ist mittelgroß und gedrungen«.
Dieser »athletisch-eurosome Mischtyp« läßt schließen auf einen »ausgeprägt hohen Bariton mit einer Neigung zur tenoralen Stimmfärbung«. Vom Konstitutionstyp her dürfte Oswalds Stimme kräftig, »füllig« gewesen sein.
Es lassen sich noch weitere Aussagen machen über Oswalds Stimme. Denn: er hat zumindest die einstimmigen Lieder für sich geschrieben, aller Wahrscheinlichkeit nach, also kann man Schlüsse auf den »Ambitus« seiner Stimme ziehen. Auch wenn die Tonhöhen bei der damaligen Notationsweise (innerhalb bestimmter Grenzen) relativ sind, es läßt sich doch ablesen, für welchen Tonumfang Oswald geschrieben hat: der erreicht die große Dezime, die Undezime, also fast anderthalb Oktaven. Das ist beträchtlich, wenn man es vergleicht mit der (gregorianischen) Kirchenmusik jener Zeit, in der alle Musiker ausgebildet wurden: hier lag der Ambitus meist bei einer Sexte, konnte sich ausdehnen bis zu einer Oktave. Oswalds Tonumfang war also für die damalige Zeit sehr groß.
Weiter zeigen die Liedkompositionen, daß Oswald bei sich eine große technische Sicherheit voraussetzte. So gibt es in seinen Liedern Quartsprünge, diffizile Intervallfolgen, sogar Septsprünge – hier muß der Sänger im »Springen« und »Treffen« sicher sein.
Wir können noch einen weiteren Schluß ziehen: Musik mit so hohen technischen Schwierigkeitsgraden konnte und wollte nicht volkstümlich sein.

57 Oswald als Dichter, Sänger, Instrumentalist: auf dem Konstanzer Konzil wird er den Höhepunkt seiner Entwicklung erreichen. In Konstanz wird Oswald zudem in das Gefolge von König Sigmund aufgenommen, wird er mit einer diplomatischen Mission betraut – ein Höhepunkt auch seiner politischen Karriere. So muß in dieser Biographie auf einige Faktoren hingewiesen werden, die zur Einberufung des Konzils führten. Die Figur Oswald von Wolkenstein würde zu sehr isoliert, damit zu sehr vergrößert in einer fast ausschließlich auf seine Person gerichteten Perspektive. Es müssen auch Vorgänge beschrieben werden, von denen er betroffen oder beeinflußt wurde, an denen er teilnahm oder denen

er sich verweigerte: Oswald wird nur sichtbar, wenn er in seiner Zeit sichtbar wird.
Hier ist denn zu berichten, wie König Sigmund nach Italien zog, wie dort Papst Johannes mit ihm Kontakt aufnahm.
Wie sein Vorgänger Ruprecht suchte Sigmund in Italien den militärischen Erfolg, den er politisch brauchte. Italien bestand damals aus fünf Ländern: Republik Venedig, Florentinische Republik, Herzogtum Mailand, Königreich Neapel, Kirchenstaat.
1411 schickte Sigmund von Ungarn aus Truppen gegen Venedig: die Republik hatte dalmatinische Gebiete vereinnahmt, Sigmund wollte Ungarn den Zugang zum Mittelmeer zurückerobern. Außerdem wollte er, als deutscher König, die Oberhoheit über Italien wiederherstellen; bei der Königswahl hatte er sich vertraglich verpflichten müssen, die italienischen Reichslehen wieder in das Heilige Römische Reich Deutscher Nation zurückzuholen.
Ersten Siegen in der Ebene von Friaul folgten Niederlagen, ein Rückzug Richtung Udine. Im letzten Vierteljahr dieses Venezianischen Krieges wurden auch österreichische Einheiten eingesetzt; denkbar, daß Oswald zu ihnen gehörte. Aus seiner großen Lebensballade läßt sich, mit Vorsicht, ein Hinweis auf zwei Italienfeldzüge ablesen; die Urkunden bieten nach gegenwärtiger Kenntnis eine passende Lücke für dieses Vierteljahr an. Ostern 1413 wurde ein Waffenstillstand geschlossen; die Bedingungen waren für Sigmund nicht ungünstig.
Völlig erfolglos dagegen war sein Feldzug in die Lombardei, im gleichen Jahr: Sigmund wollte das Herzogtum Mailand der Oberhoheit des Reiches unterstellen. Dabei ging es nicht allein um ein Prinzip, sondern vor allem um Geld: 15 000 Golddukaten Steuerausfall jährlich, solch einen Fehlbetrag konnte man sich nicht leisten.
Um an dieses Geld zu kommen, brauchte Sigmund viel Geld, und das hatte er nicht: er zog mit wenigen hundert Reitern und Fußknechten los, die ihm ein Baron gegen eine Schuldverschreibung über 7000 Dukaten zur Verfügung stellte.
Mit diesem Miniaturheer kam Sigmund gegen den mächtigen Herzog von Mailand militärisch nicht an, also mußte er verhandeln. Er traf sich mit Philippo Maria Visconti zwischen Lodi und Mailand, trug seine Vorschläge und Forderungen vor. So wollte er mit seinen Soldaten in Mailand einziehen und sich zum König der Lombardei krönen lassen; sein Verhandlungspartner aber wollte ihm höchstens ein Trüppchen zugestehen und verlangte offiziell als Lehen, was er mittlerweile erobert hatte. Dies konnte ihm Sigmund nun allerdings nicht zugestehen, schließlich war er nach

Oberitalien gekommen, um diese Entwicklung rückgängig zu machen! Die Verhandlungen wurden abgebrochen, Sigmund kehrte mißmutig nach Como zurück. Hatte er vielleicht erwartet, ein militärisch und politisch Mächtiger würde ihm, dem militärisch und politisch Machtlosen, einen Teil seiner Macht abgeben? Der Zug in die Lombardei war gescheitert. Daran änderte auch nichts, daß der Regionalherr von Como dem Römischen König huldigte und daß Piacenza zur freien Reichsstadt erklärt wurde.

In dieser Zeit nun wandte sich Papst Johannes XXIII. an den König, hilfesuchend. Johannes, der Pisaner Papst, hatte Gregor, den römischen Amtskollegen, aus dem Kirchenstaat vertrieben, war im Vatikan eingezogen. Gregor war zum König von Neapel geflohen, hatte ihn um Hilfe gebeten. König Ladislaus ließ sich nicht dreimal bitten, Neapel befand sich sowieso in einer expansiven Phase, so marschierte Ladislaus im Kirchenstaat ein, Johannes mußte fliehen; die Peterskirche als Pferdestall. Johannes floh nach Siena, weiter nach Florenz, schließlich nach Bologna. Er suchte militärische Hilfe gegen Ladislaus, nahm so Verhandlungen auf mit Sigmund. Entgegenkommend ließ er dem König anbieten, was der sich wünschte: ein Konzil. Auf diesem Konzil sollte endlich das Kirchenschisma beendet, sollte die längst überfällige Reform der Kirche beschlossen werden.

58 Das Kirchenschisma war fast genauso alt wie Oswald: ein Heiliger Stuhl in Rom, ein Heiliger Stuhl in Avignon. Und ein Papst kritisierte, verurteilte, verketzerte den anderen Papst, Bannbullen hin und her. Zum Rücktritt war keiner der Herren bereit.

So konnte das Problem nur durch ein Konzil gelöst werden. Wichtigste Voraussetzung eines Generalkonzils: es mußte mehr Macht haben als ein Papst oder deren zwei. Theologen und Kirchenjuristen, vor allem von der Universität Paris, bereiteten Begründungen dafür vor, daß das allgemeine Konzil als Repräsentation der gesamten Kirche über einem Papst stehe, ihn also auch absetzen könne.

Ein Nationalkonzil fand in Paris statt, erklärte beide Päpste für abgesetzt, aber die Herren in Rom und Avignon kümmerten sich nicht weiter um diese Entscheidung. Man setzte schließlich Söldnertruppen ein, Papst Benedikt verschanzte sich in seinem Palast in Avignon, verteidigte sich zäh, zog sich später zurück nach Perpignan.

Im Konzil von Pisa, 1413, sollte das Schisma dann endgültig aufgehoben werden. Beide Päpste wurden vorgeladen; weil sie nicht kamen, wurden sie für halsstarrig erklärt, auf lateinisch. Einige Sitzungen später kündigte man ihnen den Gehorsam auf. Und wiederum einige Sitzungen später bezeichnete man sie öffentlich als notorische Schismatiker und hartnäckige Häretiker, erklärte sie all ihrer Würden für verlustig, schloß sie aus der Kirche aus. Man wählte einen neuen Papst, Alexander V.
Damit war das Problem nur formell gelöst, denn weder der Papst in Rom noch der Papst in Perpignan akzeptierten den Konzilsbeschluß, beide protestierten. Und weil sie beide noch Anhänger hatten, weiterhin politische Unterstützung fanden, hatte man nun drei Päpste: »Aus der verruchten Zweiheit ist eine verfluchte Dreiheit geworden.« Politische Aktivitäten, diplomatische Verhandlungen: Frankreich erkannte den Pisaner Papst an, England schloß sich erstaunlicherweise diesem Votum an, im deutschen Reich war man teils für den Papst von Pisa, teils für den Papst von Rom – im übrigen herrschte in dieser Frage weithin Gleichgültigkeit: man sah hier nur Klerikergezänk, geistlich-weltliche Machtpolitik, man durchschaute die Vorgänge nicht mehr. Auf jeden Fall aber: ein entschiedener Autoritätsverlust des Papsttums. Ein entschiedener Autoritätsverlust auch der Kirche, bis hinab zu den Gemeindepfarrern. In jener Zeit herrschten, wie zu lesen ist, in der hohen wie in der niederen Geistlichkeit Üppigkeit und Luxus, Geiz und Verschwendung, Unwissenheit und Roheit, Schwelgerei und Unzucht. Das hatte Rückwirkungen auf das Verhalten der Bevölkerung. So wurde immer entschiedener eine Beseitigung des Schismas, eine Reform an »Haupt und Gliedern« der Kirche gefordert.

59 Was wußte Oswald über die Entstehung dieses Schismas? Was über politische Faktoren und Konstellationen, die es jahrzehntelang fortdauern ließen? Besaß er Einblick, Überblick, beispielsweise vermittelt durch Gesprächspartner in Brixen oder Neustift? Oder war ihm nur die eine oder andere Einzelheit zu Ohren gekommen über Querelen zwischen Päpsten, aber er wußte beispielsweise nicht, warum Schottland Partei ergriff für den Papst in Avignon? Auch keine konkreten Vorstellungen über die innenpolitische und außenpolitische Situation dieses Schottland? Kurz: wie waren in Oswalds Zeit die Informationsmöglichkeiten über Vorgänge in anderen Ländern?

Schottland weiterhin als Beispiel: Nachrichten über wichtige Ereignisse dort mußten erst einmal in einer Hafenstadt der Ostküste der Britischen Insel ankommen, und das konnte lang dauern – keine Nachricht schneller als ein Pferd, auf schlechten Straßen. Die Nachricht mit ihrem Übermittler dann per Segelschiff zu einer Hafenstadt der Niederlande, beispielsweise. Von dort in einer der großen Entfernung angemessenen Gemächlichkeit nach Südosten, vielleicht nicht einmal auf direktem Weg. Und wenn schließlich Schnee den Brenner blockierte? Dann kam eine Nachricht nicht weiter, blieb – vorerst – auf der Strecke. Traf schließlich doch eine Nachricht über einen wichtigen Vorgang (beispielsweise) von Schottland in Brixen und Umgebung ein, so war sie schon mehrere Monate alt. Und detailliert war sie ganz gewiß nicht!

60 Papst Johannes und König Sigmund: beide waren an einem Konzil interessiert, wenn auch aus verschiedenen Gründen. Johannes war, als Nachfolger von Alexander, der zweite Pisaner Papst, hatte damit in der Kirche den stärksten Rückhalt, verspielte aber viel Kredit: seine Fähigkeiten lagen auf weltlichem Gebiet, er hatte sich hervorgetan beim Kapern von Schiffen und Frauen, war anerkannt als militärischer Experte und Verwaltungsfachmann, galt als verschlagen, habgierig, skrupellos, grausam. Er wollte die ganze Macht: die beiden Konkurrenz-Päpste sollten auf einem neuen Konzil endgültig abgesetzt, er selbst wollte als einzig rechtmäßiges Kirchenoberhaupt anerkannt werden.
Und Sigmund? Er hatte als noch immer ungekrönter Römischer König bisher nur Mißerfolge, Pleiten erlebt, er brauchte ganz entschieden Erfolg. Wenn unter seiner Schirmherrschaft das längst und dringlichst gewünschte Konzil einberufen wurde, so war das zumindest ein Achtungserfolg. Und: irgendwann wollte er sich auch mal zum Kaiser krönen lassen; dies war nur sinnvoll, wenn es durch einen allseits anerkannten Papst geschah; hierzu mußte erst einmal die Voraussetzung geschaffen werden.
Sehr wichtig waren für ihn auch machtpolitische Erwägungen: er wollte mit vereinten europäischen Kräften die Türken schlagen, die unmittelbar Ungarn, mittelbar das Reich bedrohten. Nach dem Einfall und dem Sieg Tamerlans, 1402, hatte man einige Jahre Ruhe gehabt vor den Türken. Aber inzwischen hatte sich das Osmanische Reich regeneriert, war erneut zu einer starken Militärmacht geworden. Damit war Sigmund in seiner Personalunion als König von Ungarn und als König des Reiches doppelt bedroht.

So faßte er diesen Plan: Europa soll auf einem neuen Kreuzzug unter seiner Führung das Osmanische Reich endgültig schlagen, soll anschließend das Heilige Land zurückerobern; die Befreiung des Heiligen Grabes.
Nun war die Situation allerdings nicht günstig für ein gemeinsames Handeln der europäischen Länder, sie waren zu sehr mit sich selbst, ihren Feindschaften und Kriegen beschäftigt – noch immer, zum Beispiel, der Krieg zwischen England und Frankreich, nun schon seit Jahrzehnten. Sigmund sah nur einen Weg: er wollte zuerst dafür sorgen, daß das Kirchenschisma aufgehoben wurde, wollte dann, gestärkt in seiner Position als Schirmherr der geeinten Kirche, eine politische Aktionsgemeinschaft der europäischen Mächte herstellen, um den großen Kreuzzug durchzuführen. Ein Projekt, das Wenzel und Ruprecht als Traumziel erschienen wäre. Sigmund sah hier seine Chance.
Ob Johannes sich über diese Motive im klaren war, dürfte zweifelhaft sein; er wußte wohl nur, daß Sigmund Erfolg brauchte. Und er schickte zwei Kardinal-Legaten nach Como, im Oktober 1413, mit allen Vollmachten zur Bestimmung des Tagungsorts. Für ihn war derart selbstverständlich, daß dieses Konzil nur in Oberitalien stattfinden konnte, daß er offenbar versäumte, diesen Punkt den beiden Delegierten einzuschärfen. Sigmund schlug sogleich als Tagungsort Konstanz vor: das liege günstig für alle Teilnehmer. Die Gesandten hatten Bedenken, erhoben Einwände, Sigmund aber bestand auf Konstanz, die Legaten mußten schließlich ihre Zustimmung geben, im Namen des Papstes.
Johannes versuchte sofort, diese Entscheidung rückgängig zu machen; außerhalb Italiens, so fürchtete er, werde sein Einfluß sehr viel geringer sein. Doch Sigmund ließ nicht mehr mit sich handeln; er begann, Einladungen zu verschicken an kirchliche und weltliche Oberhäupter; Tagungsort Konstanz, Eröffnungstermin Allerheiligen 1414. Er selbst werde zum Konzil kommen, betonte er, werde allen Teilnehmern Schutz und Sicherheit gewähren.
Erst nachdem diese Einladungen heraus waren, Ende November, trafen sich Johannes und Sigmund persönlich, in Lodi. Der Papst versuchte nachdrücklich, die Entscheidung für Konstanz rückgängig zu machen, aber Sigmund stellte klar: Johannes werde von ihm nur unterstützt und geschützt, wenn das Konzil in Konstanz stattfinde. Es nützte nichts mehr, daß sich Johannes bei den Unterhandlungen in vollem päpstlichen Ornat auf einen Thron setzte, und Sigmund mußte, als Diakon gekleidet, vor ihm hocken – die Entscheidung war gefallen, der König blieb hart. So feierte man denn gemeinsam Weihnachten.

61 Papst Johannes XXIII. (er wird von der Römischen Kirche nicht gezählt, deshalb gab es in unserer Zeit noch einmal einen Johannes XXIII.), Papst Johannes also zog am 28. Oktober 1414 in Konstanz ein, mit düsteren Vorahnungen – beim ersten Anblick der Stadt hatte er von einer Fuchsfalle gesprochen. Rechtzeitig hatte er Vorkehrungen getroffen, um auch in kritischer Lage aus der Konzilsstadt wieder herauszukommen, hatte geheime Verträge geschlossen mit dem Erzbischof von Mainz und vor allem mit Herzog Friedrich von Tirol. Den hatte er Mitte Oktober in Meran zum Generalkapitän der Römischen Kirche ernannt, für ein Jahresgehalt von immerhin 6000 Gulden; dafür hatte sich Friedrich verpflichtet, den Papst während des Konzils in jeder Hinsicht zu schützen, notfalls auch militärisch.
In den ersten Tagen freilich schien alles günstig auszusehen für Johannes. Stadtrepräsentanten überreichten ihm zur Begrüßung einen goldenen Baldachin, die Bevölkerung zeigte Begeisterung, und das ist verständlich: der erste große Einzug in die Stadt, ein Gefolge von 600 Personen, und immerhin ein Papst, wenn auch nur einer von dreien, aber offenbar doch der Papst, der unter diesen Päpsten am meisten Papst war.
Die Eröffnungssitzung des Konzils fand statt am 16. November. Papst Johannes hielt eine Rede vor 16 Kardinälen, 32 Prälaten – fast nur Italiener seiner Gefolgschaft; so war es leicht, positive Resonanz zu finden. Man müsse zum Wohl der Kirche beim Konzilsbeschluß von Pisa bleiben, erklärte er, die dort beschlossene Absetzung der beiden Prätendenten müsse bekräftigt werden; falls sie nicht freiwillig zurückträten, müßten sie dazu gezwungen werden. Die zu erwartenden Loyalitätsbekundungen: die Synode müsse Papst Johannes bitten, ja verpflichten, seine Rechte gegen die Prätendenten mit Nachdruck, notfalls mit Gewalt geltend zu machen. Es herrschte also Einigkeit, zumindest in seiner Gefolgschaft.
Doch einen Tag später traf der französische Kardinal d'Ailly ein, das »Licht der Theologie«, ein sehr einflußreicher alter Herr. Das zeigte sich schon nach wenigen Tagen. Am 19. kamen Gesandte des Papstes Gregor an, erhielten Quartier im Augustinerkloster. Sie hängten – wie das bei offiziellen Teilnehmern üblich war – über der Eingangstüre ihrer Unterkunft ein Wappen des Papstes auf. Gleich in der ersten Nacht wurde es von Gefolgsleuten des Papstes Johannes heruntergerissen. In der nächsten Sitzung der Generalkongregation wurde heftig über diesen Vorfall diskutiert; Johannes bekam erstmals Widerstand zu spüren, vor allem durch den französischen Kardinal. Man handelte einen Kompromiß aus: die

Gesandten dieses Papstes durften das Papstwappen nicht öffentlich führen; sollte aber Papst Gregor persönlich nach Konstanz kommen, so würden ihm alle Ehrenbezeugungen erwiesen; das gleiche gelte für Papst Benedikt. Damit wurden die beiden anderen Päpste vom Konzil anerkannt; eine wichtige Entscheidung, wie sich zeigen sollte.
In dieser Eröffnungsphase wurde vor allem diskutiert, ob die Beschlüsse des Konzils von Pisa unumstößlich seien. Ein heikler Punkt, denn damit wurde letztlich die Autorität des gegenwärtigen Konzils erörtert: wieweit kann ein Konzil die Entscheidungen eines vorhergehenden Konzils revidieren oder widerrufen? Taktisch geschickt wies Kardinal d'Ailly auf die Rolle hin, die hier auch der König zu spielen habe. Aber Sigmund war noch nicht in Konstanz – wo steckte der Schirmherr des Konzils?

62 Um in Konstanz mit größerem Ansehen auftreten, das Konzil entschiedener beeinflussen, leiten zu können, wollte sich Sigmund zuvor krönen lassen – immerhin sein viertes Amtsjahr! Eigentlich war er früh genug nach Aachen aufgebrochen, um pünktlich als frisch gekrönter Schirmherr in der Konzilsstadt zu sein, doch es entstanden einige Schwierigkeiten, damit Verzögerungen. Zum Beispiel wollte er, bereits Anfang August, den Erzbischof von Mainz treffen, aber dieser Mit-Schützer des Pisaner Papstes ließ sich nicht sehen. So reiste Sigmund nach Bingen und Koblenz, traf dort am 12. August ein, blieb einen Monat, wartete auf die Fürsten, die er hierher geladen hatte, aber zu den wenigen Fürsten, die ihn begleiteten, kam niemand hinzu: keiner aus Sachsen, keiner aus Böhmen, keiner aus Bayern . . . Der König war verärgert, reiste nach Heidelberg, wollte ungekrönt nach Ungarn heimreiten, gab den Reichsständen doch nochmal eine Chance, lud sie auf den 23. September nach Nürnberg – es kamen nur einige Herren aus der näheren Umgebung. Nun wollte Sigmund definitiv nach Ungarn zurück; einige seiner Begleiter rieten entschieden davon ab, schlugen vor, wieder nach Aachen zu reisen. Erneut wurden Einladungen an die Fürsten verschickt.
Mit großem Gefolge zog Sigmund schließlich in Aachen ein: seine Frau Barbara, ungarische Prälaten, Barone, Ritter, Herren, etwa achthundert Personen. Diesmal waren doch einige Herrschaften zum Festakt gekommen: sieben Bischöfe, acht Fürsten, ungefähr hundert Grafen, etwa sechshundert Ritter. Theoderich von Köln krönte Sigmund am 8. Dezember. Gleich am nächsten Tag reiste

der Römische König nach Köln, ließ sich dort huldigen, bestätigte Privilegien. Papst Johannes forderte ihn schriftlich auf, seine Reise nach Konstanz zu beschleunigen, König Sigmund aber mußte zuvor noch schwierige Verhandlungen mit der Stadt Frankfurt führen, weil sie die Judensteuer ermäßigt hatte. Am 16. Dezember schließlich reiste Sigmund auf kürzestem Weg nach Konstanz. Am Christabend erreichte er Überlingen, setzte über, kam um vier Uhr morgens in Konstanz an, eine sehr kalte Winternacht. In einer feierlichen Messe wurde ihm von Papst Johannes ein Degen überreicht; der König als Schutzherr des Konzils.
Nun kamen in rascher Folge die restlichen Konzilsteilnehmer, geistliche und weltliche. Die Gesamtzahl der geistlichen Würdenträger: 3 Patriarchen, 29 Kardinäle, 33 Erzbischöfe, über 300 Bischöfe. Fast ebenso zahlreich die weltlichen Würdenträger: Fürsten, Barone, Grafen, ausländische Delegierte.
Am 4. Februar traf dann auch Herzog Friedrich mit großem Gefolge in Konstanz ein. Man zählte bei einem Gefolge damals meist die Pferde, hier sollen es sechshundert gewesen sein. Auf ihnen die Gemahlin des Landesfürsten, zwölf Grafen, zahlreiche Edelleute, vor allem aus Tirol. Es sind Namen überliefert, unter anderen: Graf von Montfort, Hans Truchseß von Diessenhofen, wegen seiner Korpulenz »Molli« genannt, dann: Herren von Brandis, von Schlandersberg (unter ihnen Heinrich), Herren von Freundsberg, von Villanders (unter ihnen Hans) und von Wolkenstein: Oswald und sein Bruder Leonhard, dazu ein Onkel, Hans von Wolkenstein.

63 Was trieb oder lockte Oswald eigentlich in die Konzilsstadt? Verpflichtungen als Gotteshausmann? Dies wohl nicht, denn als Gotteshausmann war er in Abwesenheit des Bischofs dessen Stellvertreter in der Verwaltung.
Möglicherweise wollte Oswald in Konstanz (wieder) Konkakt mit Sigmund aufnehmen, weil er sich dadurch persönliche Vorteile erhoffte und zugleich: um den König stärker auf die Seite der Adelsgruppe zu ziehen. Außerdem: auch Herzog Friedrich reiste nach Konstanz – wollte man ihm auf die Finger schauen?
Abgesehen davon: das Konzil von Konstanz war die ganz große Attraktion jener Zeit! Ein Mann vom Landadel rechnete damit, daß es dort allerlei zu erleben gab.

64 Die Stadt, die nun auch Oswald beherbergte, sehe ich aus der Vogelperspektive des Mathäus Merian auf einem Kupferstich des Jahres 1657, also knapp zweieinhalb Jahrhunderte später. Und doch läßt sich kaum vorstellen, daß die Konzilsstadt noch kleiner gewesen sein sollte als dieses überschaubar gegliederte Städtchen an See und Fluß. Vielleicht war in der Zwischenzeit das eine oder andere Gebäude außerhalb der Stadtmauern dazugekommen, wurde die eine oder andere Baulücke geschlossen, aber noch immer sind bei Merian freie Flächen in der Stadt zu sehen, besonders im erweiterten Mauerbereich mit seinen einzelnen Häusern und Bäumen; ein Dörflein in diesem Stadtbezirk heißt Paradies.

Konstanz war Reichsstadt, hatte also eigene Verwaltung, eigene Gesetzgebung, eigene Münze. Die Einwohnerzahl zwischen 6000 und 8000; etwa 1500 dieser Einwohner wurden namentlich in den Steuerlisten geführt. Und die Steuererträge waren nicht gering in Konstanz: es wurde vor allem Leinwand produziert, nach Italien exportiert – »tela di Constanza«. Und viel Geld wurde mit dem Fernhandel verdient.

Die verkehrstechnisch günstige Lage der Stadt am Rhein, am Bodensee, in der Nähe der Alpenübergänge war (neben der Sicherheit) einer der Hauptgründe, weshalb sie von Sigmund zum Tagungsort bestimmt worden war. Außerdem: hier war weites Hinterland für die Beschaffung von Lebensmitteln und Futter.

Über die Zahl der Konzilsteilnehmer und Besucher gibt es phantastische Zahlenangaben; ein zeitgenössischer Chronist schreibt von 60000 bereitgestellten Doppelbetten in Konstanz und näherer Umgebung. Aber solch eine Bettenkapazität ist völlig unmöglich in einer so kleinen Stadt; vielleicht war die Gesamtzahl der Gäste innerhalb der vier Konzilsjahre gemeint. Diener, Boten, Knechte wurden nicht einmal bei diesen hohen Zahlen berücksichtigt: sie schliefen nicht in Betten, sondern beispielsweise in Ställen.

Der Rat der Stadt hatte vorsorglich Höchstpreise festgesetzt für Doppelbetten, für Pferdefutter und Brennholz, für Fisch und Fleisch, für Getreide und Brot, für Gemüse, für Wein. Allerdings schien die Kontrolle nicht recht zu klappen; mit der unerwartet großen Nachfrage stiegen die Preise.

Auch die Preise der Prostituierten, die in die Stadt zogen, in ihrer gelben Berufskleidung. Mal lese ich von 600, mal von 800, sogar von 1500 Prostituierten. Aber auch hier: damit war gewiß nicht die Zahl der gleichzeitig anwesenden und tätigen Prostituierten gemeint, sondern, bei entsprechender Fluktuation, die Gesamtziffer während der Konzilsjahre. Ohne Zweifel war die Zahl der

Prostituierten groß, dennoch gab es keine Dumping-Preise, der Schnitt blieb hoch, mit Recht: sollten sie aus den weltlichen und geistlichen Würdenträgern so viel Geld wie möglich herausholen! Denn: die Beschäftigungslage auf dem Land und in den Städten war zum Teil miserabel, Arbeiter konnten für ihre Familien oft kaum das Existenzminimum erwirtschaften, so gingen viele Mädchen und Frauen ›anschaffen‹. Und der damalige Goldene Westen war Konstanz, ein lockendes Las Vegas am Bodensee.

65 Oswald von Wolkenstein ist im Teilnehmerverzeichnis des Konzils aufgeführt, und zwar als »servus«, als »Diener«. Diese Bezeichnung hatte damals noch eine andere Bedeutung, sie entsprach, in seinem Fall, ungefähr dem englischen »knight«: Nachwuchs, der sich profilieren, der aufsteigen will, und zwar zum »Herrn«, zum »Ritter«. Ein »Herr«, ein »Ritter« konnte freilich weiterhin »Diener« bleiben. Oswald als »Diener« des Fürstbischofs von Brixen, bald auch des Königs, dies bedeutete: Mitarbeiter in einer höheren Verwaltungsposition, in einer Vertrauensstellung.
Michael von Wolkenstein wird im Verzeichnis als »Herr« aufgeführt. Aber Oswald war es, der kurz nach seiner Ankunft in das königliche Gefolge aufgenommen wurde – bei Michael dauerte es noch zwei Jahre länger.
Es ist auffällig, wie schnell der recht spät in Konstanz eingetroffene Oswald mit dem sicher vielbeschäftigten König zusammenkam: kannten sich die Herren bereits? Mitte 1413 war Sigmund in Brixen gewesen, hatte den Bischof und Reichsfürsten belehnt; an diesem Festakt hatte, mit weiterer Prominenz des Landes, wahrscheinlich auch Oswald von Wolkenstein teilgenommen – war man bei dieser Gelegenheit ins Gespräch gekommen?
Am 10. Februar wurde die Bestallungsurkunde ausgestellt. »Wir, Sigmund, von Gottes Gnaden Römischer König, zu aller Zeiten Mehrer des Reiches und König von Ungarn, Dalmatien, Kroatien etc., geben hiermit allen, die diese Urkunde lesen oder denen sie vorgelesen wird, kund und zu wissen: In Anerkennung loyaler, williger, unermüdlicher und willkommener Dienste, die Uns der ehrenwerte Oswald von Wolkenstein, Unser lieber Gefolgsmann, oft nutzbringend geleistet hat, täglich leistet und zukünftig leisten will und wird, haben Wir ihn als Unseren Diener und als Mitglied des Hofgefolges aufgenommen und nehmen ihn auf kraft dieser Urkunde. Damit er Uns noch bereitwilliger und eifriger diene,

haben Wir ihm ein Jahresgehalt von 300 ungarischen roten Gulden versprochen. Es wird (vom jüngsten St. Valentinstag an gerechnet in einem Jahr zum ersten Mal und daraufhin jedes weitere Jahr am St. Valentinstag) von Unserer Kammer ausgezahlt, bis auf Widerruf.
Bekundet mit diesem Dokument, versiegelt mit Unserem königlichen, anhängenden Siegel. Gegeben zu Konstanz im Jahre 1415 nach Christi Geburt, am Sonnabend vor Invocavit, im 28. Jahre Unserer königlichen Herrschaft zu Ungarn und am 5. Jahre Unserer Römischen Königswürde.«
Welche Dienste hat Oswald geleistet, leistete er zu dieser Zeit, sollte er weiterhin leisten? Ist das nur eine formelhafte Begründung, die in solchen Fällen vom Kanzleischreiber automatisch niedergeschrieben wurde? Oder lassen sich hier Rückschlüsse ziehen aus der Höhe des Jahresgehaltes? Norbert Mayr hält dies für ein durchschnittliches Gehalt; er sieht auch nichts Besonderes darin, daß Oswald in das königliche Hofgefolge aufgenommen wurde; Oswald sei einer unter mehreren gewesen, die in jenem Zeitraum vom König eingestellt wurden.
In der Tat: wenn man in Altmanns *Regesta Imperii* blättert, zeigt sich, daß Sigmund während des Konstanzer Konzils weitere Herren eingestellt hat und daß ihre Jahresgehälter im Schnitt höher lagen: bei 500 und 600 Gulden. Aber was waren die Aufgaben der Herren Katzenstein oder Crae? Dies müßten wir wissen, um hier vergleichen und werten zu können.
Die »ungarischen roten Gulden« waren Goldgulden; ihr Kurs lag etwas über dem der rheinischen Goldgulden, die im Reichsgebiet als Zahlungsmittel weite Anerkennung gefunden hatten, im Konkurrenzkampf verschiedener Münzstätten; auch in Tirol wurde vielfach nach rheinischen Gulden gerechnet. Mayr setzt die 300 ungarischen nun mit 400 rheinischen Gulden gleich – dabei hat er wohl aufgerundet. Auf jeden Fall: Oswald erhielt, umgerechnet, mehr als 300 rheinische Gulden und das war kein geringes Gehalt, vor allem, wenn man es mit den 100 Gulden vergleicht, die Oswald mit dem Brixener Bischof vereinbart hatte.
Offenbar wurde Oswald von Sigmund ›zur besonderen Verwendung‹ eingestellt, wie das heute hieße. Der erste Auftrag war eine diplomatische Mission.
Oswald als Diplomat? Es gab damals keine Ausbildung zum Diplomatendienst, keine entsprechende Laufbahn – ein Regent nahm Männer, die ihm geeignet schienen, aufgrund von Empfehlungen oder eigener Erfahrung; es konnten hohe Geistliche, Adlige, Patrizier oder Ratsmitglieder von Reichsstädten sein. Die

Voraussetzungen sind rasch aufgezählt: Verhandlungsgeschick, wohl auch Entschiedenheit, Beherrschung der Verhandlungssprache.

Schätzungsweise Ende März, Anfang April 1415 reiste Oswald aus Konstanz ab, als Mitglied einer Delegation. Mayr vermutet, die Gesandtschaft sei zuerst nach England und Schottland gereist. Aus welchem Grund? Vielleicht sollte die spätere Reise König Sigmunds nach England diplomatisch vorbereitet werden. Falls Oswald und seine Kollegen bei dieser Gelegenheit in Schottland waren: sollten sie darauf hinwirken, daß auch dieses Land eine Abordnung nach Konstanz schickte?

Sicher ist jedenfalls, daß Oswald nach Portugal reiste – nach einem möglichen Umweg über England, Schottland. Auch die Reise nach Portugal läßt sich dokumentarisch nicht belegen, aber wir haben keinen Anlaß, Oswalds Angaben in einem seiner Liedtexte zu bezweifeln. Wir können den ungefähren Zeitraum erschließen: er wird spätestens Mitte Juli in Lissabon gewesen sein, denn am 25. Juli segelte das Expeditionskorps des portugiesischen Königs ab.

Warum nahm Oswald an diesem Kriegszug teil? Lockten Geld und Beute? Oder war hier so etwas wie eine Goodwill-Aktion, im Sinne König Sigmunds? Portugal war eins der Länder, die mit der Entsendung einer Vertretung nach Konstanz zögerten – sollte Oswald hier nachhelfen? Der König hatte in der letzten Phase der Kriegsvorbereitungen wohl kaum Zeit und Lust, über eine Teilnahme am Konzil zu verhandeln – rechnete Oswald damit, daß er während des Kriegszugs Gelegenheit fand, ausführlicher mit dem König zu sprechen?

66 Zweite Inspektionsreise durch Oswalds Europa, diesmal zur Iberischen Halbinsel: Namen von Ländern, von Königreichen, die heute meist nur noch Namen von Provinzen sind.

Beispielsweise Kastilien: dieses Land war groß, aber nicht sehr stabil, innenpolitisch. Verhältnisse, wie sie für jene Zeit weithin typisch waren: die Feudalherren vor allem damit beschäftigt, sich zu befehden, die Städte in ihrer Politik eigenbrötlerisch. Zu Oswalds Lebzeit gelang es keinem der kastilischen Könige, die Machtansprüche der Feudalherren, der Provinzen zu brechen, es muß zeitweise anarchisch zugegangen sein in Kastilien.

Im Jahrzehnt 1406 bis 1416 war das alte Königreich León-Galizien von Kastilien abgelöst. Darauf weist Mathias Feldges hin in einem

Aufsatz, der sich speziell mit der Frage beschäftigt, was Oswald eigentlich unter »ispanien« verstanden hatte. Ein vereinigtes Königreich Spanien existierte zu dieser Zeit noch nicht, es gab auf der Iberischen Halbinsel die Königreiche Aragón, Granada, Kastilien, León-Galizien, Navarra und Portugal. Wenn Oswald, so Feldges, von Spanien schrieb, meinte er damit, je nach Liedtext, einmal das Königreich León (damals vor allem Pilgern nach Santiago de Compostela bekannt und Besuchern des Kap Finisterre) oder er bezeichnete mit Spanien die Iberische Halbinsel ohne Portugal und Granada.

Granada war damals ein kleines Küstenland unter einem arabischen Herrscherhaus. Seine Könige (»Söhne des Roten«) profitierten von den politischen Unruhen in Kastilien und Aragón, bauten ihre Macht aus.

Das Königreich Aragón war ungefähr so groß wie Portugal: eine Förderation, zu der die Territorien Katalanien und Valencia gehörten. Auch hier innenpolitische Probleme: die Machtansprüche der Regionalherren gegen die Machtansprüche der Krone.

Von den Ländern der Iberischen Halbinsel blieb allein Portugal erhalten – dabei war dieses Land besonders gefährdet! Als während Oswalds Kinderjahren König Ferdinand regierte, drangen kastilische Truppen in sein Land ein; Plünderungen, Eroberungen. Beinah wäre Portugal unterworfen und damit annektiert worden. Ferdinands Nachfolger, König Johann, ein entschiedener Mann, besiegte die Kastilier in einer Schlacht, vertrieb sie aus dem Land, hatte nun Ruhe, zumindest vor den Kastiliern. Von 1385 bis 1433 regierte dieser König – in seinem Portugal ist Oswald gewesen.

67 Die Eroberung von Ceuta machte Oswald stolz – urteilt man nach einem Liedreflex. Er nahm hier am ersten (und einzigen!) Feldzug teil, der nicht in eine Niederlage oder Katastrophe führte.

Wie war es zu diesem Feldzug gekommen? Ich will nur zwei Faktoren nennen. Einmal: die Kriegslust der Söhne des Königs, der Infanten Duarte und Henrique (später: Heinrich der Seefahrer). Zum zweiten: man wollte das Handelsvolumen vergrößern, den Machtbereich erweitern.

Das kaufmännische Bürgertum hatte in Portugal erheblich an Macht gewonnen, damit an Einfluß auf das Königshaus – die Seehändler förderten ganz gewiß diesen Kriegsplan! Denn alle Handelsschiffe, die durch die Meerenge von Gibraltar fuhren, mußten im Hafen von Ceuta anlegen, Ankergeld zahlen, den Seezoll entrichten; kreuzende maurische Kriegsschiffe sorgten dafür, daß sich kein Handelsschiff entzog. Nach einer Eroberung konnte man den Seezoll selbst kassieren und die Meerenge von Gibraltar kontrollieren: Ceuta als Handelszentrum, als Flottenstützpunkt und als Brückenkopf für eine territoriale Ausdehnung. (Ein kurzer Blick in die Zukunft: Portugal erreichte 1441 das Kap Verde, 1481 den Kongo, 1484 das Kap der guten Hoffnung – und mit diesen Eroberungen wuchs das Handelsvolumen.)

Über den Verlauf des Feldzugs informiere ich mich vor allem in Schäfers *Geschichte von Portugal.* Demnach wollte man die Mauren nicht allzufrüh alarmieren, und so täuschte man vor, der Feldzug richte sich gegen die Niederländer, mit denen man Schwierigkeiten hatte; durch geheime Gesandte wurde das Spiel abgekartet. Und man begann, Schiffe zu mieten, englische, deutsche. So sprach sich in Europa rasch herum, in Portugal würden Kriegsvorbereitungen getroffen. Gleichgültig, was letztlich das Kriegsziel sein mochte – zahlreiche Ritter brachen auf, vor allem Deutsche, Franzosen, Engländer.

Während der Vorbereitungen zum Aufbruch des ›Expeditionskorps‹ starb die Gemahlin des Königs an der Pest. Zahlreiche weitere Todesfälle durch Pest; die versammelten Kriegsteilnehmer wollten nicht länger als nötig im heißen und verseuchten Lissabon bleiben, man drängte zum Aufbruch.

Der erfolgte am 25. Juli: ein Trompetensignal vom Schiff des Königs, das wurde von Trompetern auf anderen Schiffen weitergegeben. Und nun verließen den Hafen von Lissabon 33 Linienschiffe, 59 Galeeren, rund 120 kleinere Schiffe. Erst am nächsten Tag, auf offener See, an einem Sonntagmorgen, gab der König das Ziel der Kriegsexpedition bekannt: Ceuta. Die Schiffspfarrer predigten, teilten das Abendmahl aus.

Am zehnten August erreichte man die Meerenge von Gibraltar, sie wurde nachts durchfahren. Die Flotte segelte am zwölften Tag auf die Stadt zu, doch nun zog ein Sturm auf, teilte die Flotte: die Linienschiffe wurden Richtung Malaga abgetrieben, die Galeeren hielten mühsam Kurs auf Ceuta. Dort schloß man die Stadttore, beobachtete alarmiert die Galeerenflotte auf dem Meer. König Johann wollte erst landen, wenn die Flotte beisammen war, aber die Linienschiffe kamen, kreuzend, nur langsam an Ceuta heran. Der Sturm ließ endlich nach, die Flotte fast vereinigt, aber schon wurden die Linienschiffe erneut von einem Sturm in Richtung Malaga weggetrieben – man hatte wohl nicht die allerbesten Kapitäne gechartert. Die Mauren waren nun offenbar beruhigt: Vorbereitungen zur Verteidigung der Stadt wurden abgebrochen, herangezogene Hilfstruppen wieder in die Wüste geschickt. Auch auf der Flotte war man vielfach der Meinung, das Unternehmen sei gescheitert, doch der König wollte die hohen Kosten für dieses Unternehmen nicht umsonst investiert haben, er bestand auf Durchführung der Aktion. Die endlich vereinigte Flotte segelte und ruderte wieder auf Ceuta zu.

Der maurische Befehlshaber ließ die Stadtmauer am Meer mit möglichst vielen Soldaten besetzen und gab Befehl, am Abend in allen Häuserfenstern seewärts Lichter aufzustellen: als sei die Stadt voller Verteidiger. Das muß aber eher anziehend als abschreckend gewirkt haben, vom Meer aus, am warmen Sommerabend.

Am nächsten Morgen die Landung, und die war nicht eben streng koordiniert; als Infant Henrique seinen Trompeter das Angriffssignal blasen ließ, wurde vor der Stadt bereits gekämpft. Die Verteidiger warteten nicht ab, bis die feindlichen Truppen unter den Mauern standen, sie machten Ausfälle – harte Kämpfe bei großer Hitze. Unter den Mauren fiel ein riesiger, nackter Neger auf, der mit einer Schleuder kämpfte – als er von einer Lanze durchbohrt wurde, nahm das vielen Mauren den Mut, gab den Portugiesen und ihren Kriegsgästen verstärkten Schwung. Die Mauren wichen zurück, flohen schließlich zu einem offenstehenden Tor, Portugiesen und andere Kriegsteilnehmer setzten nach, das Tor konnte nicht mehr geschlossen werden, Duarte und Henrique drangen mit etwa fünfhundert Mann in die Stadt ein, kämpften sich zum Palast vor; weitere Truppen drängten nach. Straßenkämpfe. Am Abend waren die wichtigsten Punkte der Stadt besetzt; zahlreiche Mauren getötet, geflohen, gefangen. Nun begann die Plünderung der Stadt; es muß sich gelohnt haben: Handelswaren, Silber, Gold. War auch Oswald beim Plündern beteiligt?

Am ersten Sonntag nach der Eroberung wurde die Hauptmoschee in eine Kirche umgewandelt; Aufführung eines Tedeums mit etwa 200 Trompeten und zahlreichen Pauken: »weitschallend der Triumph des Christentums über den Islam«. Nach dem Gottesdienst traten die drei Infanten in ihren Ritterrüstungen auf, ein festlicher Zug durch die Stadt, die Königssöhne, die endlich Blut geleckt hatten, zufrieden voran, irgendwo hinter ihnen wahrscheinlich auch Oswald von Wolkenstein aus Tirol. An der Kirche angekommen, knieten die Infanten vor ihrem Vater nieder, zogen ihre Schwerter, küßten sie, reichten sie ihm, der schlug sie nacheinander zu Rittern. Die zu Rittern Geschlagenen schlugen dar-

aufhin andere zu Rittern, das war üblich. Anschließend wohl ein Festmahl, Festgelage.
Wenig später, auf Wunsch des Königs, der Aufbruch einer Gesandtschaft: sie sollte die Siegesbotschaft über Kastilien nach Aragón bringen.

68 Schon 27 Tage nach dem Sieg von Ceuta war Oswald in Perpignan, der Hauptstadt des Königreichs Aragón: die Reise hätte kaum so rasch sein können, für damalige Verhältnisse, wäre Oswald nicht Mitglied der Gesandtschaft gewesen.
Daß er sich hier nicht bloß angeschlossen hatte, zeigte sich bald nach der Ankunft: er wurde ausgezeichnet, und zwar durch die junge und schöne Witwe des aragonesischen Königs Martin, durch Margareta von Prades. In Oswalds großer Lebensballade wird dieser Episode eine ganze Strophe gewidmet, ein Siebtel des gesamten Textes!

Die Königin von Aragon war zart und schön;
ergeben kniete ich und reichte ihr den Bart,
mit weißen Händen band sie einen Ring hinein,
huldvoll und sprach: »Non mais plus disligaides.«
Die Ohrläppchen hat sie mir eigenhändig dann
durchbohrt, mit einer kleinen Messingnadel;
nach Landessitte hängte sie zwei Ringe dran.
Ich trug sie lang; man nennt sie dort »racaides«.
Sobald ich König Sigmund sah, ging ich zu ihm –
er riß den Mund auf, schlug ein Kreuz, als er mich sah
und rief mir zu: »Was zeigst du mir denn für ein Zeug?«
Und freundlich dann: »Tun dir die Ringe auch nicht weh?«
Die Damen, Herren schauten mich da an und lachten –
neun Diplomaten, Vollmachtträger, seinerzeit
in Perpignan; ihr Papst von Luna, namens Pedro,
als zehnter König Sigmund; auch die Frau von Prades.

Oswald bringt hier zwei Zitate aus der katalanisch-aragonesischen Sprache. »Non mais plus disligaides«, sagte die junge Königinwitwe zu Oswald: »Binde ihn nicht mehr los.« Und »racaides« oder raicades sind Ohrgehänge, so, wie Oswald es übersetzt.
Bei allem Stolz erzählt er nun aber, daß er mit Bartring und Ohrgehänge Gelächter auslöste – was war der Anlaß?
Müller hat in einem Exkurs seiner Dissertation, in dem er Oswald

ausführlich um den Bart geht (seit wann und wie lange trug er einen Bart?), einige Informationen zu dieser Episode gesammelt. Demnach gab es damals auf der Iberischen Halbinsel und in Frankreich die Sitte, in einen langen Bart Goldfäden einzuflechten, als Schmuck, nicht als Auszeichnung. Doch ein Ring im Bart? Im deutschen Bereich zumindest war solch eine Auszeichnung unbekannt. Es war also für Oswald zu erwarten, daß seine Zuhörer an dieser Stelle lachen würden: ein Mann wie er mit einem Ring im Bart, dazu noch Ohrringe! Fing Oswald diese Wirkung ab oder verstärkte er sie, wenn er sang, daß auch an allerhöchster Stelle gnädig über ihn gelacht wurde? Sigmunds Belustigung ist verständlich: er sah so etwas bestimmt zum erstenmal. Aber Papst Benedikt, damals in Perpignan residierend – konnte für ihn dieser Vorgang so zum Lachen einmalig sein, wenn der Bartring eine ortsübliche Auszeichnung war? Oder hatte die junge Witwe dem vor ihr knienden Landedelmann aus dem fernen, exotischen Tirol spontan den Ring in den vielleicht auffallend prachtvollen, eitel gepflegten Bart gehängt? Entsprechend die Reaktionen der Herrschaften?
Wäre es Oswald darum gegangen, ernsthaft bewundert zu werden, so hätte in dieser Liedstrophe von der zweiten, hochoffiziellen Auszeichnung berichtet: ihm wurde zu jener Zeit von »einer edlen Königin« (wahrscheinlich Eleonora von Albuquerque, Gattin des aragonesischen Königs Ferdinand I.) ein sehr renommierter Orden verliehen, den Ferdinand wenige Jahre zuvor gestiftet hatte: die »devisa della stola e jarra« oder »devisa del collar de las jarras y Gryfo«, der Kannen- oder Greifenorden. Das Abzeichen (»Devise«): eine weiße Stola, die über die linke Schulter und diagonal über die Brust gelegt wurde, so, wie Oswald das später auf dem Portraitbild malen ließ; eine goldene Kette aus Henkelkrügen (jarras) mit jeweils drei Lilien; an dieser Kette ein Greif, in seinen Klauen ein Band mit dem Wahlspruch »por su amor« – ihr zuliebe; gemeint war Nuestra Señora. In einem Aufsatz über diesen Orden und diese Ordensgesellschaft schreibt Anna Coreth, die Verehrung der Muttergottes, die Erhöhung des Festes Mariae Himmelfahrt sei das Motiv der Stiftung gewesen. Und: die Verteidigung der katholischen Religion gegen die Mauren.
Ein Orden war damals zugleich Zeichen für die Zugehörigkeit zu einer Ordensgesellschaft. So gab es eine Ordenstracht: Männer mußten sonntags ganz in Weiß gekleidet sein oder zumindest die weiße Stola tragen. Die Ordensmitglieder feierten das Stiftungsfest durch einen gemeinsamen Gottesdienst zu Mariae Himmelfahrt; wer nicht teilnehmen konnte, mußte zehn Ave Maria, zehn

Pater Noster beten. Außerdem sollte jedes Mitglied am Ordens-Hauptfest fünf Armen ein Mahl bereiten.

69 Am 18. September war König Sigmund in Perpignan eingetroffen; spätestens in diesen Tagen wird Oswald erfahren haben, was in den Monaten seiner Abwesenheit in Konstanz geschehen war; die Folgen dieser oft turbulenten Ereignisse sollen bald auch Auswirkungen für ihn haben, kurzfristig und langfristig.

Oswald wird die Konzilsstadt kurz vor oder nach der Flucht des Papstes Johannes verlassen haben. Dessen Lage hatte sich rasch geändert; zuerst hatte er sich von seinem Gefolge beweihräuchern lassen, aber mit der Ankunft von Kardinal d'Ailly und von König Sigmund wuchs rasch die Opposition gegen ihn.

Sigmund hatte von Anfang an diese Konzeption: alle drei Päpste werden als gleichrangig anerkannt, dann werden alle drei abgesetzt. Diese Taktik fand mehr und mehr Zustimmung, Unterstützung. So legte bereits im Januar 1415 Kardinal Fillastre ein Gutachten vor, in dem der gleichzeitige Rücktritt aller drei Päpste gefordert wurde; das Konzil sei befugt, im Interesse der kirchlichen Einheit, einen Papst auch gegen seinen Willen zur Abdankung zu zwingen.

Johannes und sein Gefolge opponierten entschieden gegen dieses Gutachten. So erklärten die »Pisaner«: wenn man bereit sei, den Beschluß des Konzils von Pisa aufzuheben, so wäre denkbar, daß eines Tages auch der Beschluß des gegenwärtigen Konzils aufgehoben würde – und dann gäbe es womöglich vier Päpste! Aus recht verstandenem Kircheninteresse sei es unumgänglich, Johannes als alleinigen Papst anzuerkennen; man hätte ja auch nicht Jesus Christus zumuten können zurückzutreten, wenn in seiner Zeit zufällig noch zwei andere Messiasse aufgetreten wären.

Solche Argumentation fand wenig Resonanz. Aber letztlich baute Johannes nicht auf Erörterung und Überzeugung, sondern auf Stimmenmehrheit, und hier hatte er vorgesorgt: sein Anhang war so groß, daß er gar nicht abgewählt werden konnte. Aber man wollte ihn abwählen, und so wurde der Vorschlag erörtert, den Abstimmungsmodus zu ändern. Einer der energischsten Promoter, vielleicht sogar Urheber dieses Vorschlags war König Sigmund: wenn die deutsche, englische, französische und italienische Nation jeweils die gleiche Stimmenzahl erhielten, ließ sich der Rücktritt des hartnäckigen Johannes erzwingen. Durch ge-

schickte Verhandlungen erreichte es Sigmund, daß dieser Modus von der Mehrheit der Konzilsteilnehmer akzeptiert wurde.
Und man ging über zur Offensive gegen den martialischen Papst: achtzehn Anklagepunkte wurden zusammengestellt; unter anderem wurde ihm unsittlicher Lebenswandel und wucherischer Handel mit Kirchenämtern vorgeworfen; er wurde als Schismatiker und Häretiker bezeichnet. Die achtzehn Punkte wurden allerdings nicht veröffentlicht, dieses Papier wurde als Druckmittel eingesetzt. Johannes, der Gründe genug hatte, eine Publikation der Anklage zu fürchten, erklärte sich am 16. Februar 1415 zur Abdankung bereit; gleichzeitig stellte er Bedingungen. Zwei Wochen zähe Verhandlungen: am 1. März gab er die gewünschte Erklärung vor der Generalkongregation ab, am nächsten Tag schwor er die Rücktrittsformel.
Dies alles hatte Oswald in Konstanz noch miterlebt. Und er wird zumindest gehört haben von den fortgesetzten Verhandlungen mit diesem Papst, dem man nicht traute: man befürchtete, er werde das Konzil auflösen, werde seine Rücktrittserklärung annullieren. Sigmund, der in dieser Zeit immer entschiedener hervortrat, ließ die Stadt einfach zusperren: niemand durfte ohne Sondergenehmigung hinaus, auch nicht zum Spaziergang. Die Italiener schlugen Krach, drohten mit der Abreise – in dieser Situation reichlich paradox. Die Generalkongregation verlangte vom Papst, er solle allen Teilnehmern verbieten, das Konzil eigenmächtig zu verlassen; er selbst mußte versichern, er werde sich nicht aus Konstanz entfernen, werde das Konzil nicht auflösen, bevor die Einheit der Kirche wiederhergestellt sei.
Vor seinem Einzug hatte Johannes die Konzilsstadt als Fuchsfalle bezeichnet – jetzt war sie zugeschnappt! Aber der Fuchs suchte einen Ausweg. Geheime Unterredungen mit Herzog Friedrich, den er zum Generalkapitän und persönlichen Schutzherrn ernannt hatte – er mußte nun den geheimen Vertrag von Meran einlösen. Herzog Friedrich lud ein zu einem Turnier vor den Toren der Stadt, zum 20. März, sagte seinen persönlichen Auftritt zu, lieferte einen ausgedehnten, offenbar spannenden Schaukampf mit Graf Ulrich von Cilli, einem Schwager des Königs; zahlreich und aufmerksam das Publikum. Während dieses Duells floh Johannes aus der Stadt, als Reitknecht verkleidet, mit einer Armbrust, auf einem kleinen Pferd. Er ritt nach Schaffhausen, das zu den österreichischen Vorlanden gehörte, damit zum Herrschaftsgebiet des Herzogs Friedrich. Der wurde während des Turniers von der gelungenen Flucht informiert, ließ seinen Gegner siegen und setzte sich mit kleinem Gefolge gleichfalls nach Schaffhausen ab.

Der Papst geflohen – Verwirrung, Verstörung, ja Panik in Konstanz. Kaufleute befürchteten Raub und Plünderung; Gastwirte und Zimmervermieter hatten Angst, ihre Gäste würden sofort abreisen, ohne zu zahlen. Und waren nicht auch militärische Aktionen möglich gegen die Stadt, von Schaffhausen her? Ermuntert von Pfalzgraf Ludwig handelte König Sigmund rasch: er ritt durch die Stadt, von einem Herold begleitet, rief aus, es gebe keinen Grund zur Furcht, er garantiere allen in dieser Stadt Sicherheit für Leben und Besitz, er werde versuchen, den Papst zurückzuholen. So beruhigte er Händler wie Kardinäle, bewahrte das Konzil vor der sofortigen Selbstauflösung.

Hektische Verhandlungen während der folgenden Tage. Johannes schickte einen Brief aus Schaffhausen an den König und an die Kardinäle: er habe sich aus Gesundheitsgründen nach Schaffhausen zurückgezogen, wegen der besseren Luft, er werde sein Rücktrittsgelöbnis halten, mit nun größerer Freiheit und Sicherheit. Und: er habe diesen Schritt ohne Wissen des Herzogs unternommen. Allen Informierten war klar, daß dies nur Täuschungsmanöver waren, daß Johannes mit allen Mitteln versuchen werde, das Konzil zu sprengen.

Hatte er überhaupt noch die Macht dazu, nach seiner Rücktrittserklärung? Die eigentliche, formelle Absetzung, die depositio actualis, war noch nicht erfolgt. Dazu gehörte die Zerstörung des päpstlichen Siegels (der Bulle) und die Devestitur: der Ritus der Entfernung des Papstdekors, seiner Insignien und Embleme. Natürlich hatte sich Johannes vor diesem letzten, definitiven Schritt gedrückt, er amtierte also weiterhin als Papst. Und erließ denn auch ein päpstliches Edikt: wer weiter an diesem Konzil teilnehme, werde exkommuniziert. Er ließ eine Anweisung am Dom von Konstanz anschlagen: sein Gefolge habe sich spätestens bis zum Weißen Sonntag nach Schaffhausen zu begeben; für den Weigerungsfall wurde der Entzug von Amt und Würden angedroht. Sieben Kardinäle und weiteres Gefolge setzten sich ab, einige verkleidet. Die Lage war brisant; Theologen diskutierten die Frage, ob das Konzil bereits aufgelöst sei oder noch aufgelöst werden müsse.

König Sigmund ging nun mit aller Entschlossenheit gegen den Schutzherrn des Papstes vor, forderte die Reichsstände (den Adel, die Reichsstädte) auf, ihn dabei zu unterstützen. Friedrich wurde vorgeladen, mit einer Frist von drei Tagen; der Herzog ließ sich entschuldigen. Der König berief ein Fürstengericht ein, zum 30. März. Hier wurde gegen Herzog Friedrich die Reichsacht erklärt: alle seine »Lande und Leute« wurden des Gehorsams gegen ihn

entbunden, seine Lehen fielen an das Reich zurück, es wurde verboten, ihn zu »hausen«, zu »hofen«, Frieden mit ihm zu halten. Und die Herren und Städte des Heiligen Römischen Reiches Deutscher Nation wurden aufgefordert, sofort in das Herrschaftsgebiet des Herzogs einzumarschieren; sämtliche Friedensverträge und Bündnisse, die mit ihm geschlossen waren, wurden für null und nichtig erklärt. In wenigen Tagen sagten etwa vierhundert Herren und Städte dem Herzog die Fehde an. Ein Heer wurde zusammengestellt und Richtung Schaffhausen in Marsch gesetzt. Dem Papst wurde die Lage brenzlig, bei Regen und Wind verließ er am Karfreitag Schaffhausen, fuhr den Rhein hinab nach Laufenburg. Herzog Friedrich blieb vorerst in Schaffhausen, er hoffte, die Kriegserklärungen gegen ihn wären letztlich doch nur formell. Aber der Burggraf von Nürnberg belagerte bald die Stadt Stein am Rhein, besetzte sie, marschierte am Ostermontag weiter in Richtung Schaffhausen. Nun folgte der Herzog dem Papst nach Laufenburg. Die Stadt Schaffhausen ergab sich. Die Truppen marschierten weiter. Johannes fühlte sich auch in Laufenburg nicht mehr sicher, setzte sich ab nach Freiburg, nach Breisach.
Am 30. März widerrief Johannes seine Rücktrittserklärung: sie sei erzwungen worden, sei damit ungültig. Erneut forderte er seine Anhänger auf, das Konzil zu verlassen, unverzüglich. Eine Reihe von kirchlichen Würdenträgern folgte dieser Anweisung. Aber auch mit dieser Situation wurde König Sigmund fertig: er berief auf den 5. April eine Generalkongregation ein, in die Münsterkirche. Hier wurde das Verhalten des Papstes scharf gerügt, als Hinterhältigkeit und bewußte Irreführung. Und man beschloß erneut, niemand dürfe ohne spezielle Erlaubnis die Stadt verlassen. Truppen vor den Toren.
Eine Gesandtschaft wurde zum Papst geschickt, mit einer Vorladung; für den Fall der Weigerung sollte ihm ein Prozeß angedroht werden. Der Papst ließ sich entschuldigen, er fühle sich nicht wohl, empfing am nächsten Tag die Herren aber doch, Verhandlungen über zwei Klauseln. In der nächsten Nacht verließ er das Schloß auf einer Leiter, floh zum Rhein, wollte sich übersetzen lassen, das gelang ihm nicht, er mußte nach Breisach zurückkehren; die Delegation hatte inzwischen die Rückreise nach Konstanz angetreten. Bei einem erneuten Versuch, nach Frankreich zu entkommen, wurde er festgenommen und in Radolfzell inhaftiert. Für kurze Zeit wurde er auch im Schloß Gottlieben eingesperrt, dem Sitz des Bischofs von Konstanz. Im West-Turm des Gebäudes befand sich ein anderer Gefangener: Jan Hus.
Am 29. Mai wurde Papst Johannes »als unwürdig, unnütz und ge-

fährlich von seinem päpstlichen Rang und jeder geistlichen und zeitlichen Verwaltung entfernt, ausgeschieden und abgesetzt.«
Nun wurde auch der Fall Friedrich von Österreich erledigt. Der hatte sich mittlerweile dem Konzil gestellt; am 7. Juni mußte er sich bei einer Vollversammlung dem König Sigmund unterwerfen. Weltliche und geistliche Repräsentanten der vier Nationen im Refektorium des Barfüßerklosters. Der König erklärte der Versammlung, er habe Herzog Friedrich von Österreich den Krieg erklären müssen, weil er sich an der gesamten zu Konstanz versammelten Kirche vergangen habe. Der Herzog wurde hereingerufen. Demonstrativ wendete der König der Türe den Rücken zu, unterhielt sich mit einigen Italienern. Der Herzog kniete an der Schwelle nieder, ging dann, begleitet von Pfalzgraf Ludwig und dem Burggrafen von Nürnberg, in die Mitte des Saals, kniete nochmals nieder, kam zum König, kniete ein drittes Mal nieder. Nun erst drehte sich König Sigmund um, fragte, was er begehre. Der Pfalzgraf bat in Friedrichs Namen den König um Vergebung; er unterwerfe sich mit Landen und Leuten der königlichen Majestät; auch sei er bereit, den Papst wieder zu stellen. Das bestätigte Herzog Friedrich, bat selbst nochmal um Gnade, Verzeihung, Barmherzigkeit. Er mußte eine Unterwerfungsurkunde vorlesen, beschwören. Der König nahm die Unterwerfung gnädig an – und ließ den Herzog einsperren.
Als dies Oswald in Perpignan berichtet wurde, saß der Herzog immer noch im Gefängnis, in Konstanz; das wird Oswalds Vergnügen gewiß gesteigert haben!

70 Ob sich Oswald noch für Berichte über die Verurteilung und Verbrennung des Jan Hus interessiert hat? Selbst, wenn ihm dieser Fall gleichgültig geblieben wäre, September 1415 in Perpignan – sein Biograph muß darüber berichten, denn aus diesem ›Zündpunkt‹ entwickeln sich später Konsequenzen für Oswald: die Hussitenkriege.
Jan Hus, Priester, zeitweilig Rektor der Prager Universität, hatte Lehren des englischen Reformtheologen John Wyclif übernommen und weitergeführt, und dieser Wyclif galt als Ketzer; somit wurde auch Hus verketzert. Drei Punkte vor allem warf man Hus vor: daß er die Autorität kirchlicher Amtsträger in Frage stellte; daß er über die Sakramentenlehre nachdachte, eine neue Abendmahls-Lehre propagierte; daß er dem Volk einen direkten Zugang zur Bibel vermitteln wollte.

Während die Sprache der Prediger im Reich Lateinisch, auch Deutsch war, predigte Hus tschechisch, fand große Resonanz bei den unterprivilegierten Tschechen des Reichslandes Böhmen. So hatte Papst Johannes im Jahre 1411 den Großen Kirchenbann über Jan Hus ausgerufen. Dieser Bannfluch war von Hus ignoriert worden, auch von den Tschechen: der Prediger der Bethlehem-Kirche in Prag hatte jetzt sogar noch stärkeren Zulauf, noch größere Resonanz – sie ging über Prag hinaus. Johannes drohte einen Kreuzzug an gegen das »Ketzerland«. Um diese Gefahr von seinen Landsleuten abzuwenden, war Hus der Einladung des Königs Sigmund nach Konstanz gefolgt – wohlgemerkt: eine Einladung, keine Vorladung. Hus wollte seine als Irrlehren bezeichneten Lehren verteidigen, wollte damit militärische Maßnahmen gegen Böhmen verhindern. Er wußte, daß er sein Leben riskierte.
König Sigmund war es wichtig, daß in Böhmen der religiöse, soziale und politische Friede wiederhergestellt wurde. Er hatte Hus einen Schutzbrief nach Konstanz überbringen lassen; Hus war dort bereits am 3. November eingetroffen, zu dieser Zeit war Sigmund noch auf dem Weg zur Krönung in Aachen. Dieser Schutzbrief nützte Hus allerdings nichts; wenige Wochen nach seiner Ankunft wurde er verhaftet und im Dominikanerkloster eingesperrt. Gegen dieses Vorgehen der Geistlichkeit protestierte Sigmund, sobald er in Konstanz war, aber die Herren erklärten: wer der Ketzerei verdächtig sei, müsse vor ein kirchliches Gericht, davor könne ihn auch ein königlicher Schutzbrief nicht bewahren. Und Sigmund mußte sich fragen lassen, ob er einen Ketzer schützen wolle? Und drohend wurde ihm erklärt: wenn er das Konzil weiter in seinen Rechten zu behindern versuche, werde es sich auflösen. So etwas durfte Sigmund nicht riskieren, gleich in der Anfangsphase, also gab er nach, gab Hus damit letztlich auf.
Sein Fall wurde vom Konzil nebenher erledigt – die Verhandlungen fielen in die wirrsten, turbulentesten Monate. Hus wurde vor allem *einem* Prinzip geopfert: der Wiederherstellung der päpstlichen Autorität; die hatte Hus in Frage gestellt, damit auch die Autorität der Kurie. Als man nun Papst Johannes absetzte, dabei seine Irrtümer, Sünden, Vergehen, Verbrechen herausstellte, fühlte Hus sich bestätigt. Er schrieb an Freunde in Böhmen: »Oho, schon ist das Haupt abgehauen, der Gott auf Erden in den Bann getan, schon ist er in seinen Sünden öffentlich bloßgestellt. Schon ist der Brunnen vertrocknet, die Sonne verdunkelt, das Herz ausgerissen, die Zuflucht aus Konstanz entflohen und verworfen. Das Konzil hat ihn zum Ketzer erklärt.«

Hus erhielt kaum Gelegenheit, auf die Anklagepunkte – berechtigte wie unberechtigte – einzugehen; bei den Verhandlungen im Refektorium des Franziskanerklosters wollte man sich auf lange Dispute nicht einlassen. Hus: »Ich wünsche Belehrung; habe ich etwas Übles geschrieben, so will ich mich belehren lassen.« Darauf die Antwort: »Wenn du belehrt sein willst – hier ist die Belehrung: Nach dem Befund von fünfzig Magistern der Heiligen Schrift sollst du widerrufen!« Jan Hus dazu in einem Brief: »Oho, eine ganz famose Belehrung!«
In dieser Zeit ein Vorfall, der später die sozialen und politischen Spannungen zwischen Tschechen und Deutschen in Böhmen entschieden verschärfte. Nach Beendigung der dritten großen Verhandlung stand König Sigmund mit drei Kardinälen in einer Saalnische; er glaubte, der Saal sei bereits leer, er könne sich also offen äußern, aber es warteten noch einige Tschechen auf ihn, und die hörten, wie Sigmund erklärte, jeder der Anklagepunkte gegen Hus reiche allein zu seiner Verurteilung aus; wenn er nicht widerrufe, müsse er verbrannt werden; aber selbst, wenn Hus verspreche, sich von seinen Irrlehren zu distanzieren, könne man ihm keinen Glauben schenken; »Ich für meine Person würde es jedenfalls nicht tun, denn sobald er zu seinen Freunden zurückkehrt, wird er noch weitere Irrtümer verbreiten.« Die Ohrenzeugen sorgten nach der Hinrichtung dafür, daß diese Äußerung in Böhmen bekannt wurde.
Hus hatte keine Chance. In der Sitzung vom 6. Juli 1415 wurde er, in Anwesenheit von König Sigmund, als Häretiker verurteilt. Hus erhob Einspruch – vergebens. Er wies darauf hin, daß er freiwillig nach Konstanz gekommen sei, erinnerte an den königlichen Schutzbrief – vergebens. Man legte ihm ein Priestergewand an, gab ihm einen Meßkelch in die rechte Hand, nahm ihm diesen Kelch wieder ab (»Du verfluchter Judas, wir nehmen den Kelch der Versöhnung von dir!«), zog ihm das Priestergewand aus, verunstaltete seine Tonsur, setzte ihm eine Papiermitra auf mit der (lateinischen) Inschrift: »Dies ist der Erzhäretiker«, übergab ihn der irdischen Gerichtsbarkeit, repräsentiert durch den Reichsrichter Pfalzgraf Ludwig; der wiederum übergab Hus dem Vogt von Konstanz.
Unterwegs, vom Dom zur Hinrichtungsstätte, wurde Hus ein Feuer gezeigt, in dem mehrere Exemplare seiner Schriften brannten; er soll gelächelt haben. Außerhalb der Stadtmauer, auf dem »kleinen Brühl«, in der Nähe des Ortsteils Paradies, war bereits ein Pfahl eingerammt, lagen Holz und Stroh bereit. Als Hus vor den zahlreichen Zuschauern auf deutsch zu predigen begann, ließ

Pfalzgraf Ludwig die Hinrichtung beschleunigen. Mit nassen Stricken, einer rostigen Kette fesselte man Hus an den Pfahl, Holz und Stroh wurden um ihn herumgeschichtet, bis zum Hals. Zum letztenmal lehnte er den geforderten Widerruf ab, der Scheiterhaufen wurde angezündet. In Feuer und Qualm sang Hus lateinische Hymnen, verstummte aber recht bald. Sein verkohlter Körper wurde zerschlagen; der Pfalzgraf ließ Asche und Knochen mit einem Karren zum Rhein fahren, hineinkippen – keine Reliquien sollten zurückbleiben!

71 König Sigmund war (mit Prälaten und theologischen Doktoren, mit einem Reitertrupp) nach Perpignan gekommen, um den letzten der drei Päpste abzusetzen, Petrus de Luna, Benedikt XII., diesen hartnäckigen, halsstarrigen alten Mann. Pedro wollte von Rücktritt auch jetzt nichts hören, die Entscheidung des Konzils interessierte ihn nicht, für ihn war dieses Konzil kein Konzil, bloß eine Versammlung, und auf der Bezeichnung »Versammlung« beharrte er bei den Unterhandlungen mit König Sigmund. Der machte ihm klar, daß dieses Konzil das Recht und die Macht habe, auch einen Papst abzusetzen; bei Johannes sei das bereits geschehen, Gregor in Rom sei freiwillig zurückgetreten, nun sei er an der Reihe: Rücktritt ohne Konditionen. Das war für Benedikt undiskutabel, er stellte Bedingungen: falls er zurücktrete, so habe er das Recht, den nächsten Papst zu wählen. Sigmund aber wollte ihm keinerlei Rechte zugestehen, forderte ihn auf, sofort zurückzutreten, doch Benedikt sagte nein. Wütend verließ Sigmund Perpignan, grollend zog sich Benedikt weit in den Süden auf die Festungsinsel Peñiscola zurück, berief dort ein Allgemeines Konzil ein und erklärte, alle Fürsten, die seiner Einladung nicht folgten, würden abgesetzt.
Das wurde den Herrschern von Aragón, Kastilien und Navarra nun doch zu bunt, sie nahmen Kontakt auf mit Sigmund in Narbonne; Verhandlungen. Dabei erreichte Sigmund, daß die drei Regenten dem letzten der schismatischen Päpste die Gefolgschaft aufkündigten. Am 13. Dezember 1416 wurde ein entsprechender Vertrag unterzeichnet: Benedikt wurde nach den Regeln des kanonischen Rechts für abgesetzt erklärt; Konstanz wurde als Tagungsort des Konzils anerkannt; Delegationen der drei Königreiche sollten am Konzil, an der Wahl eines neuen Papstes teilnehmen. Diese Abmachungen wurden feierlich beschworen und in einem Edikt der Öffentlichkeit bekanntgegeben. Großer Jubel in

Konstanz, als dort einen Monat später diese Nachricht eintraf: in einer Generalkongregation wurde der Vertrag ratifiziert; sechzig Einladungen wurden zur Iberischen Halbinsel geschickt; Benedikt wurde aufgefordert, nach Konstanz zu kommen und offiziell seinen Rücktritt zu vollziehen.

Sigmund konnte mit diesem Verhandlungsergebnis zufrieden sein; er brach mit seinem Gefolge, seinem Reitertrupp nach Paris auf; Oswald begleitete ihn. In Paris und danach in London wollte Sigmund versuchen, Frankreich und England miteinander zu versöhnen, nach rund einem Jahrhundert Krieg: seine fortgesetzten Bemühungen, Europa zu einigen – gegen die Türken. Am 1. März 1416 traf Sigmund mit seinem Anhang in Paris ein; glänzender Empfang. Aber die Situation war ungünstig für Unterhandlungen: starke innenpolitische Spannungen, sie mußten erst einmal abklingen, und so wartete man in Paris, bis etwa Mitte April.

Und nun erreichte, mit der damals üblichen Reisezeitverzögerung, den König die Nachricht, Herzog Friedrich sei aus seiner Gefängniszelle in Konstanz entflohen.

Nach seiner exemplarischen Unterwerfung hatte Friedrich mittlerweile zehn Monate lang gesessen; in dieser Zwischenzeit hatte sein Bruder, Herzog Ernst von der Steiermark, die Regentschaft von Tirol übernommen, protegiert von der Tiroler Adelsfronde – der Herzog Ernst dafür Privilegien bestätigen mußte. Je länger Friedrich wartete, desto geringer wurden seine Chancen für eine Rückeroberung der Macht; durch Besucher war er über die Entwicklung informiert worden. Friedrich bestach einen Wächter, verkleidete sich, floh am frühen Morgen des 28. März aus Konstanz.

Wieder einmal eine kritische Situation. Eigentlich hätte Sigmund sogleich nach Konstanz zurückkehren müssen, aber er wollte unbedingt erst noch seine Friedensmission in England durchführen. So schickte er Oswald von Wolkenstein, seinen »getreuen Diener und Rat«, nach Konstanz, mit einem Teil des Gefolges. Eine königliche Botschaft an die Konzilsteilnehmer war zu überbringen; auch wollte der König genauer über die jüngsten Vorgänge, über die weitere Entwicklung informiert werden. Sollte Oswald in dieser Krisensituation auch als Mittelsmann fungieren zwischen König und Tiroler Adel?

April 1416 traf Oswald wieder in Konstanz ein; ein Jahr war er nun auf Reisen gewesen.

72 Oswald hat seine Erlebnisse zwischen Konstanz, Ceuta, Perpignan und Paris in einem Lied von achtundzwanzig Strophen dargestellt; ich habe es ganz übersetzt. Nicht, weil es uns wichtige zusätzliche Informationen bringt zu dieser Phase seines Lebenslaufs, sondern weil es uns zeigt, wie Oswald dieses Reisejahr gesehen hat, was er hier hervorhebt – dies charakterisiert ihn ebenfalls.

Ulrich Müller hat in seiner Dissertation eine Prosa-Übersetzung dieses sehr schwierigen Textes vorgelegt, hat dabei Alternativen angeboten – hier mußte ich Entscheidungen treffen; an einigen Stellen bin ich von Müllers Erarbeitung abgewichen.

Ich habe mich erst ziemlich spät entschlossen, den Text zu übersetzen, erstens wegen der großen Schwierigkeiten, zweitens, weil ich Kl 19 nicht zu Oswalds besten Texten zähle. War er nicht besonders in Form, als er dieses Lied schrieb? Oder hat er hier ganz bewußt etwas Ungefüges hergestellt? Das wäre ihm zuzutrauen. Vieles klingt wie in einem Gassenhauer, vor allem am Schluß jeder Strophe: hier wird das abschließende Reimpaar musikalisch besonders betont. Um diesen Gassenhauer-Sound in die Übersetzung einzubringen, habe ich die Schlußzeilen gereimt. Sie sind zum Teil recht kalauerhaft: ich wollte Oswald weder nachstehen, noch ihn überbieten.

Die Lehre, die ist längst bekannt,
seit mehr als hundert Jahren:
wer niemals Leid erfahren hat,
wie kann der Freude finden?
Ich hab den vollen Preis gezahlt
dafür, daß es mir gut erging
in Aragón, in Spanien –
dort ißt man gern Kastanien.

Doch was von ›zarter Damenhand‹
mein Bart in Konstanz leiden mußte,
und wie man mir den Siegelstein
aus meinem Beutel wegstibitzt,
das steht auf einem andren Blatt,
das paßt sehr wenig nur zu dem,
was ich erlebt in Avignon
sowie dann auch in Perpignan.

Wer einen Vogel fangen will,
der ihm nicht mehr entfliegt,

der muß ihm eine Falle stellen,
ihn locken und dann überlisten.
Mit Netzen, mit dem Fangholz
wird mancher Vogel reingelegt;
dem Fänger fällt er in die Hände –
und das ist schon sein Ende!

Trompeten, Pfeifen, Saitenspiel,
die Mohren schlugen Trommeln.
Dazu viel Volk, hübsch aufgereiht;
im Festzug Burgen als Modell.
Und Engel – herrlich kostümiert!
Die ließen manches Lied erklingen:
ein jeder sang für sich allein,
doch stimmte alles überein.

Entgegen kam uns arm und reich;
vor Staub wurd ich ganz heiser!
Sehr ehrenvoll war der Empfang
für König Sigmund, demnächst Kaiser,
zur Perpignan, dort in der Stadt.
Zum Bad hat man ihm eingeheizt –
hätt man ihm auch noch Dampf gemacht,
das hätt uns wenig Spaß gebracht!

Von Königen Begrüßungsküsse,
auch von der beiden Königinnen –
nur nach der jungen, wie ich sah,
hat er sich nicht den Mund gewischt!
Ein Schisma zwischen Mann und Weib –
viel leichter hätten wirs beendet
als das mit diesem Peter Schräufel
und seinem Knecht, dem Teufel.

So lange Schwänze sah ich nie
an Löwen und an Pfauen
als sie in diesem Land die Frauen
an ihren Röcken hinten tragen.
Und Ohrenringe, Nagelrot!
Auch grüßten sie nicht mit der Hand,
sie gaben lieber einen Kuß
und zwar ganz spürbar mit Genuß.

Der König Sigmund mühte sich
dort täglich, achtzehn Wochen lang,
mit Papst und Bischof, Kardinal.
Und hätte man die massakriert,
die dabei falsches Spiel getrieben,
das Schisma fortgesetzt –
da sänge ich gleich, als ›Protest‹,
ein Freudenlied auf dem Podest.

So manchen bösen Trick gabs dort,
wobei man sich devot verhielt.
Drum habe ich gar manche Nacht
auf einer Pritsche wachen müssen –
auf der Bespannung lag ich schlecht.
Die war von einer alten Kuh:
die hörte auf den Namen »Mumme«,
so sagte letztlich eine Stumme.

Und der von Ötting hat den Tag
an meinem Schädel eingeläutet,
grad so, wie sonst ein Rabe
am Kopf des toten Stieres pocht.
Dafür hab ich ihm was verpaßt:
nahm einen ziemlich harten Schuh,
den ich ihm an die Pelle schmiß –
man sah sofort den Riß!

Der Herr von Brieg, der war nicht dumm,
der lag und dachte nach –
ich streckte meinen Hintern hoch,
entbot ein »Guten Morgen!«
Nun wurde mir so mancher Schuh
mit wilden Flüchen nachgeworfen!
Sogleich ergriff ich da die Flucht,
hab Schutz in meinem Bett gesucht!

Von solchen Schwänken gabs noch mehr –
hätt ich sie alle nur behalten!
Der Baumgartner gab dem Herrn Fritz
›geweihtes Wasser‹, eines Morgens,
aus einem Kübel voll Gestank:
Gesicht und Joppe und das Laken,
war alles gelb bespritzt –
da putzte dann Herr Fritz!

Sobald die große Glocke dann
zum Sturm geläutet hat,
da lief mir nichts mehr schnell genug
und mir verging das Singen.
Ich dachte bloß: verdammtes Ding,
wär ich jetzt nur auf Wolkenstein
mit Freunden, Kameraden,
du könntest mir nicht schaden.

Das Sturmgeläute dieser Glocke,
das hatte mich so aufgeschreckt,
daß ich die Treppe runterfiel
mit herrlichstem Gepolter.
Dort unten stand denn schon mein Herr,
im Harnisch, kampfbereit,
und mit dem Schwert am Gürtel –
der Kampf ging los im Viertel!

Mein Sack ist voll, läßt mir nun Ruh,
»von Gulden« ist sein Name,
seit in Narbonne die Christenheit
nochmal gerettet wurde.
Herzog von Brieg, Bischof von Riga,
Herr Großgraf: König Sigmunds Sieg
der war auch eure Freundesgabe –
der Lohn, er folge euch im Trabe!

Auch denen, die da Harnisch, Pferd
verpfänden mußten in der Stadt,
und dic denn durch den Dreck
der Straßen waten mußten –
für alle zahlt es sich mal aus,
wenn sie den Weg zum Bittgang machen.
Von meinen Pferden, schön und falb,
behielt ich da nur zweieinhalb.

Ja Peterle, du böse Katz,
lunatisch schon geboren,
die Mönchstonsur hat nichts genützt!
In Avignon, da hörte ich
von dem Vertrag der Könige –
wer früher dir gehorsam war,
der läßt dich jetzt als Schranzen
nach seiner Pfeife tanzen!

Darauf dann eine Prozession
zu Hauf und mit Gedränge,
mit Glocken, Flöten und Trompeten
und feierlichen Chören.
Am Abend folgte Tanz –
da wurde Pedro rasch vergessen
bei vielen Mädchen, schön und jung,
beim Tanzen und beim Liebessprung.

Doch alles ändert sich wie toll:
mein Sack, der ist in Nöten;
ein Kerl nahm mir zwei Batzen ab,
und einen ließ ich springen –
so war ich bald erleichtert!
Gar mancher, der sich fein liiert,
der wär schon froh, wenn er dies Geld
als Mitgift von der Frau erhält.

Doch zählt das alles für mich kaum,
seit mir die schöne Margarete
die Ohrläppchen durchstochen hat
mit einer Nadel, wie's der Brauch,
und diese edle Königin
zwei goldne Ringe an sie hing
und einen dritten in den Bart –
ich zeigte mich, war voll in Fahrt!

Ein Titel wurde mir verliehn:
»Vicomte von der Türkei«.
So mancher glaubte in der Tat,
ich sei ein Heidenfürst.
Ein maurisches Gewand, rotgold,
das gab der König Sigmund mir;
damit bin ich herumscharwenzelt,
sang heidnisch, hab dazu getänzelt.

Viel tausend Leute in Paris,
vor Häusern, in den Gassen, Straßen –
Mann, Frau und Kind, sehr dicht gedrängt,
bestimmt zwei Meilen weit:
sie alle starrten da auf ihn,
den König Sigmund aus dem Reich.
Mich aber hat man ausgelacht
in meiner bunten Türkenpracht.

Vertreter aller Fakultäten,
die ihre goldnen Prügel trugen,
die ehrten ihn, auf seinem Thron,
weit mehr als einen Engel.
Und jede Fakultät für sich
sang dort ihr Loblied ab.
Das war in einem weiten Saal;
Studenten, Lehrer – Riesenzahl!

Ich lernte auf den Knien gehn
in meinen alten Tagen,
denn aufrecht durfte ich nicht stehn,
wenn ich ihr Reverenz erwies:
Frau Els von Frankreich meine ich,
die Königin, so hoch verehrt;
sie hängte mir mit eigner Hand
in meinen Bart den Diamant.

In großen Wassern fischt sichs gut,
wenn man die Netze richtig legt:
man stellte für mich auf den Tisch
vier Säcke und nen halben.
Der König Sigmund füllte mir
den Sack mit Silbermünzen –
den hab ich nur mit letzter Kraft
und zwei Gesellen fortgeschafft!

Ein Fall von großer Relevanz
zwang mich, nun fortzureiten.
Der König Sigmund, dieser Edle,
er schickte mich ganz dringlich fort.
Er gab die Hand mir, in Paris,
und segelte nach England dann,
vermittelnd zwischen Königen –
ich will hier nichts beschönigen.

Weit mehr als andere Franzosen
da preis ich, par ma foi,
den Mann, der mir vollkommen scheint:
das ist der Edle von Savoy.
Der König hat in seiner Gnade
die Herzogswürde ihm verliehn.
So manchem wurd das Fest gewürzt,
als die Tribüne eingestürzt!

Was ich auch höre, singe, sage,
den Lauf der Welt bedenkend:
es bleibt am Jüngsten Tage
vom Reisesack bloß noch der Griff,
vom Weinhaus nur ein Essigrest.
Doch unser Seelenheil bewahren –
ach, wär uns dies gelungen,
ich hätte gut gesungen!

Dieses ellenlange Lied ist eine kunterbunte Anhäufung von Episoden und Episödchen, von Anekdoten und Anekdötchen – oder ist das nur ein erster, täuschender Eindruck? Auf einem Germanistentag (in Essen, 1964) war dieses Lied Thema eines Symposions; zwei Kurzreferate und eine Zusammenfassung der Diskussion wurden veröffentlicht. Ein Germanist hat hier, eingefuchst auf das Herausfinden von Ordnungsschemata, eine »konsequent symmetrische«, ja sogar »spiegelsymmetrische« Struktur herausgefunden, aber mir scheint dieses Schema so weit von Oswalds Liedtext entfernt, daß ich erst gar nicht darüber referieren mag.
Interessanter ist, was auf dem Symposion zur Musik dieses Liedes gesagt wurde: achtundzwanzigmal die gleiche Melodie, das mußte Rückwirkung haben auf die Rezeption! Die moralische Einleitung, der Morgengruß mit (aus?) blankem Arsch, das Zusammenkrachen der Tribüne, die fromme Schlußbetrachtung – alles auf einer Melodie gesungen! Bertau spricht von »musikalischer Langeweile«, weist allerdings darauf hin, daß der Sänger seinen Vortrag modifizieren konnte. So läßt sich vorstellen, daß Oswald die moralische Einleitung und den frommen Schluß getragener sang und daß er im Tempo anzog, den Vortrag stärker pointierte, wenn er zu turbulenten Vorgängen kam. Und weiß der Himmel, welche Gesten und Faxen er dabei machte!
Dieser Liedtext ist in seiner lockeren, fast beliebigen Reihung nicht nur charakteristisch für den Dichter Oswald von Wolkenstein, hier ist auch Zeittypisches. So waren zu seiner Zeit Abenteuergeschichten sehr beliebt, vielfach als Prosa-Auflösungen alter Heldensagen: dort hatten die »aventiuren« noch einen Stellenwert im Entwicklungsschema des Helden, aber diese Motivationen lösten sich auf in den Prosafassungen des späten Mittelalters, nun reihten sich die Abenteuer nur noch. Und dies wird zeitgenössische Vorstellungen über abenteuerliche Lebensläufe beeinflußt, wird sich bei Oswald auf die Selbstdarstellung in Lebensballaden ausgewirkt haben.
Hier ist der Text durchaus symptomatisch; deshalb habe ich ihn

komplett aufgenommen. Und aus einem zweiten Grund: die zahlreichen Andeutungen, Wortspiele, Verschlüsselungen stellen uns entschiedener als sonst vor die Frage, für wen Oswald Lieder geschrieben und gesungen hat.

Müller zeigt auf, welche Informationen Oswald bei seinen Zuhörern voraussetzte – ich hebe einige Punkte hervor.

Beispielsweise, wenn das Publikum von Peter Schräufel hörte und seinem Knecht, dem Teufel, so mußte es sofort schalten: damit ist Pedro de Luna gemeint, also Papst Benedikt – »lun« als kleine Schraube: ›Schräubchen-Peter‹. In dieser kabarettistischen Anspielung schwingt auch mit: luna, der Mond, und so habe ich hier das Adjektiv »lunatisch« benutzt: eine Schraube locker ... Oswald setzte voraus, daß sein Publikum Wortspiele dieser Art verstand.

Dieses Publikum mußte beispielsweise auch wissen, wer »der von Ötting« war: Graf Ludwig XII. von Öttingen, der Hofmeister Sigmunds. Und »der von Brieg« war Herzog Ludwig II. von Brieg, ein hoher Diplomat. Das Jugendherbergstreiben fand also im offiziellen königlichen Gefolge statt!

Und die Sturmglocke in der dreizehnten und vierzehnten Strophe? Dazu Eberhard Windecke, der Zeitgenosse, Mitarbeiter und Biograph des Königs: »Zur gleichen Zeit fing es in Perpignan an zu brennen, und der Römische König und alle seine Leute dachten nicht anders, als daß sie erschlagen werden sollten, und legten sich die Harnische an, denn die Spanier und Katalonier kämpften hart miteinander in der Stadt.«

In der sechzehnten Strophe wird berichtet, wie Teilnehmer der Delegation Pferde, auch Rüstungsstücke versetzen und zu Fuß weiterziehen mußten. Demnach waren Oswald und seine Kollegen abgebrannt – das geschah hier nicht zum ersten, auch nicht zum letzten Mal, die Geldnot war chronisch. Den König machte sie zu einem der größten Zechpreller seiner Zeit.

Wenn Oswald in diesem Lied berichtet, was er in Paris von König Sigmund an Geld erhielt, so glaube ich ihm kein Wort: Oswald hat uns im genauen Wortsinn etwas aufgetischt mit diesen viereinhalb Geldsäcken! Vielleicht hat er mal eine Sonderzuwendung erhalten, nach den politischen Erfolgen des Königs, aber der Betrag dürfte gering gewesen sein. Wenn Oswald also erzählt, man hätte zu dritt das Geldgeschenk kaum wegschleppen können, so ist das blanker Hohn.

Auch um an Geld zu kommen, hatte der König den Grafen Amadeus III. von Savoyen zum Herzog gemacht; kein Gnadenakt, sondern ein Geschäft – wie sich der König überhaupt jede Amts-

handlung mit geradezu wucherischen Gebühren bezahlen ließ. Bei dieser Belehnung im Februar 1416 stürzte in Chambéry eine Tribüne ein; Graf Ludwig von Öttingen verletzte sich dabei.
Für welches Publikum Oswald dieses Lied geschrieben, komponiert hat, dürfte nun klar sein: für Personen, die, wie Oswald, zum Gefolge König Sigmunds gehörten. Diese ›insider‹ werden mit Gelächter auf das Lied reagiert haben. Dieses groteske Durcheinander der Vorgänge! Und diese Tölpel- und Narrenrolle, in der Oswald sich darstellt: der Mann, der eine Treppe runterkracht, der Mann, der beim Budenzauber mitmischt, der Mann, der in einem orientalischen Gewand eine Nummer abzieht, heidnische Gesänge imitierend und heidnische Tänze – Oswald als Showmann!

73 Ich hatte eine Zeitlang angenommen, Oswald sei an einer objektiven Darstellung politischer Ereignisse einfach nicht interessiert gewesen, er habe gemerkt, wie schwierig die Darstellung politischer Vorgänge und Zusammenhänge in einem Liedtext ist, habe sich deshalb auf eine betont subjektive Perspektive beschränkt. Dies alles mag mitspielen, aber nur zum Teil, denn: hier wirkt sich auch die soziale Position des Dichters aus.
Dies ist mir bewußt geworden durch einen Vergleich, den Ulrich Müller in einem Aufsatz gezogen hat: *Oswald von Wolkenstein und Michel Beheim.* Beide waren Dichter, Komponist und Sänger in einer Person – das verbindet sie. Was sie trennt, und zwar entschieden, ist ihre soziale Position: Beheim als fahrender Berufsdichter kleinbürgerlicher Herkunft, finanziell angewiesen auf Gönner, Auftraggeber. Das hatte Rückwirkungen auf den Stil: Beheim konnte sich einen nur geringen Stilisierungsgrad leisten. Müller betont, in der »individuellen Begabung« hätten sich beide Dichter sicherlich unterschieden, aber: daß Oswald seinen Stil »ungehemmt« ausbilden konnte, dies wurde durch die günstigeren sozialen Verhältnisse ermöglicht.
Der Unterschied wird besonders deutlich an Beheims Reiselied »Von meiner Meerfahrt«. In diesem 490 Zeilen langen Lied berichtet er über eine Schiffsreise nach Norwegen. Er beginnt mit der Motivation dieser Reise, beschreibt kontinuierlich den Reiseverlauf, von der Ostsee über Kopenhagen nach Norwegen, das ihm überhaupt nicht gefiel, er habe nie ein »scheußlicheres wildes Land« gesehen, nichts als Felsgewirr, Berge und Täler. Aber brav beschreibt er, was er gesehen hat, auch die kleinen, »wilden Lap-

pen«, und wie sie ihre Mäntel und Kapuzen ausfüttern, und ordentlich wird auch der Verlauf der Rückreise geschildert, eins ergibt sich aus dem anderen, ist nachprüfbar – ein gesungener Reiseführer. Auf solche bürgerliche Ordnung, solchen Biedersinn hat Oswald gepfiffen: er zerschlug in seinen Reiseliedern die logische, chronologische Ordnung.

Nun war Oswald auf seiner Reise nach Portugal, Nordafrika, Aragón und Frankreich auch Zeuge wichtiger politischer Vorgänge, war, wenigstens am Rande, an ihnen beteiligt: wäre denkbar, daß Oswald sich einmal nicht in den Vordergrund stellte, sondern sich weitgehend auf die Beschreibung politischer Vorgänge beschränkte? Daß dies nicht außerhalb der literarischen Möglichkeiten seiner Zeit lag, zeigen zahlreiche politische Lieder von Zeitgenossen.

Der Aufsatz von Müller, vor allem aber seine Habilitationsschrift über die politische Lyrik des deutschen Mittelalters machen deutlich, daß nicht nur eine persönliche Entscheidung vorlag, wenn Oswald auf solche Versuche verzichtete, sondern daß sich hier seine soziale Position auswirkte. Politische Liedtexte waren fast durchweg Brotarbeiten, und Oswald gehörte zu der Gesellschaftsschicht, die sie in Auftrag gab. Bezeichnenderweise hat er keine gereimte Chronik des Konzils oder der Vorgänge in Perpignan geschrieben, bezeichnenderweise kein einziges Huldigungslied auf König Sigmund.

Die soziale Position als wichtiger Faktor. Ebenso wichtig, ja noch wichtiger scheint mir die soziale Gruppe, für die man schreibt oder komponiert. Es hat im Hohen Mittelalter eine Reihe von Troubadours und Minnesängern gegeben, die nicht aus dem herrschenden Adel stammten, für diese Schicht aber produzierten; ihre Arbeiten zeigen vielfach einen hohen Grad an Verdichtung, Verschlüsselung.

Oswald dagegen mußte sich nicht erst die soziale Anerkennung des Adels erarbeiten, er schrieb für Standesgenossen. Das erklärt vieles, längst nicht alles. Dies zeigt ein Gegenbeispiel: Hugo von Montfort. Ein Mann in einer ähnlichen sozialen Position, aber was er schrieb, blieb formelhaft blaß, war ›dünne Lymphe‹.

Bei Oswald kam eine Reihe von Faktoren zusammen, die das Außerordentliche *ermöglichten*. Daß er es *verwirklichte*, muß persönlichen Eigenschaften zugeschrieben werden, etwa: seiner Wachheit und Entwicklungsfähigkeit, seiner Spontaneität und Vitalität, seiner Arbeitsintensität. Gesellschaftliches und Individuelles führten zu einer Potenzierung. Oswald *konnte* und *wollte* subjektive Eindrücke und Erfahrungen vermitteln, er *konnte* und *wollte* selbstherrlich schreiben – dies in genauer Wortbedeutung: selbstherrlich verdichtete, verkürzte, veränderte, verschlüsselte er.

74 ICH WOLKENSTEIN – diese Formel klingt nicht eben bescheiden: ein Mann, der sich standesbewußt, selbstbewußt beim Namen nennt, etwa auf Urkunden – hier siegelt Oswald von Wolkenstein, Ritter.
In seinen Liedern finden wir diese Formel recht häufig: Ich Oswald Wolkenstein, ich Wolkensteiner, mich Wolkensteiner, mir Wolkensteiner, von Wolkenstein, ich Wolkenstein, und so weiter. Vorschnell könnte man hier allgemeine Schlüsse ziehen: der Mensch an der Wende zwischen Spätmittelalter und Frührenaissance setzt sich autonom, das Erwachen individuellen Selbstbewußtseins . . .
Aber in dieser Formel zeigt sich kein Anschwellen von Selbstbewußtsein, sondern, im Gegenteil: Demut. Der Wolkensteiner nennt sich fast nur in geistlichen Liedern beim Namen, wenn er Sünden bekennt, wenn er Maria und Jesus um etwas bittet, wenn er geistliche Ratschläge erteilt. Hier bläht Oswald nicht den Brustkorb auf, ICH WOLKENSTEIN, hier schlägt er sich an die Brust, vorwurfsvoll, sündenbewußt: Ich, der Wolkensteiner, dieser krumme Hund, diese sündige Kreatur . . .
Freilich: auch diese Selbstaussage wird mitgesteuert von literarischen Mustern. Wenn Oswald geistliche Lieder schreibt, in denen das weltliche Treiben verurteilt, das christliche Dasein, das himmliche Leben gepriesen wird, so ist damit automatisch verbunden eine Selbstdarstellung als sündenbewußter Mensch. Hätte sich Oswald aber nicht auch ohne Zerknirschung, ohne Sündenbewußtsein in weltlichen Liedern beim Namen nennen können?
Dies geschah damals sehr oft in Schlußzeilen weltlicher Liedtexte. Beispielsweise baute Peter Suchenwirt, eine Generation vor Oswald, seinen Namen wiederholt in Schlußformeln ein: »Den Rat gibt euch der Suchenwirt«, »Das klag ich, Peter Suchenwirt«. Und der Liederhersteller Muskatblüt, ein Zeitgenosse Oswalds, konnte sich seinen Namen gegen Liedschluß eigentlich nie verkneifen: »Ach Muskatblüt, wie wahr hast du gesungen!« Auch der Nürnberger Büchsenmacher Hans Rosenblüt brachte gern seinen Namen an in selbstgeschmiedeten Reimwerken – so, wie er in Waffen eigener Herstellung wohl sein Markenzeichen eingravierte. Und Beheim eröffnete ein Lied mit dieser Zeile: »Ich, Michel

Beheim aus Weinsberg-Sulzbach« . . . Nichts von Devotion; hier signierten Handwerker ihre Artikel.
Diese Praxis war Oswald bekannt. Erstaunlicherweise hat er sich nur in einem einzigen weltlichen Text beim Namen genannt, in einer späten Reimpaar-Rede über Fragen der Rechtsprechung. Wollte er sich als standesbewußter Adliger mit den Praktiken von Berufsdichtern, von Versemachern aus Handwerkerkreisen nicht identifizieren? Konnte er es sich leisten, seinen Namen nur in Bescheidenheitsformeln zu präsentieren?

75 Dort, wo ich den Wagen abstelle, war früher, schon zu Oswalds Zeit, die westliche Stadtmauer und vor ihr der Stadtgraben: die Stadt Konstanz war also von Wasser umgeben, westlich und südlich von Stadtgrabenwasser, östlich von Bodenseewasser, nördlich von Rheinwasser; eine Stadtinsel. Die westliche Stadtmauer wurde samt Befestigungstürmen, Tortürmen im vorigen Jahrhundert abgerissen, der Stadtgraben zugeschüttet, wohl auch mit dem Steinmaterial von Mauern und Türmen, soweit man es nicht für Neubauten verwendete. So ist nun dort, wo Stadtmauer und Stadtgraben waren, eine breite Allee, mit doppelter Baumreihe in der Mitte; die Untere Laube, die Obere Laube.
Ich gehe in die Stadt hinein, Richtung Münster, das ich nach hundert, hundertfünfzig Metern vor mir sehe, nicht nur den Turm mit der im vorigen Jahrhundert aufgesetzten Spitze. Auf dem Münsterplatz bleibe ich kurz stehen, registriere, daß dieses Münster auf der Kuppe einer leichten Erhebung steht, gehe weiter. Nach hundert oder zweihundert Metern bereits der See. Diese Stadt war in ihrer Ost-West-Ausdehnung also recht klein.
Vor mir die Seefläche, graubraun, mit Lichtreflexen. Die grün bewachsenen Seeufer rücken voneinander ab: die Konstanzer Bucht, auch Konstanzer Trichter genannt. Vor mir quirlen Tretboote, dazwischen Ruderboote, Gewipp und Geschrei. Herumschnellend, schrill die zu solch einem See gehörenden Möwen. Auf der Wasserfläche draußen ein zu solch einem See gehörendes weißgestrichenes Passagierschiff.
Ich gehe an Blumenrabatten und Kurparkbänken entlang zum Konzilsgebäude, in dem keine Konzilsitzungen stattfanden, nur das Konklave, November 1417; das über fünzig Meter lange Lagerhaus, Handelshaus wurde mit provisorischen Zellen versehen, wurde verschlossen, versiegelt, bewacht, und nach drei Tagen war er gewählt: Papst Martin V.

Ich setze mich auf eine Bank, das Gebäude nun hinter mir, vor mir die Seefläche: weithin Lichtreflexe, ein fast hochsommerlich heißer Maitag, keine Sicht auf die Alpen, die mir Postkarten zeigen. Das Passagierschiff verschwimmt im Dunst. Angler in Ruderbooten. Ein Rheinschlepper scheucht mit Getute Tretboote, Ruderboote auseinander, fährt dicht an Markierungsstangen entlang.
Der Bodensee, den Oswald »podemsee« geschrieben hat: für ihn nur eine topographische Angabe? Eine Wasserfläche, die an die Stadt grenzte, wie Feldflächen, Wiesenflächen bei anderen Städten? Oder war hier eine Symbiose für ihn von Stadt und See, eine bewußt wahrgenommene Besonderheit?
Ich vergegenwärtige mir: diese Stadt war zu seiner Zeit von der Wasserfläche abgeschlossen; das sehe ich so auf Merians Stadtansicht, die ich in einer Ablichtung mitgenommen habe. Und in einem Stadtführer lese ich, daß man die Stadtbefestigung seewärts abgerissen hat, als Konstanz an das Eisenbahnnetz angeschlossen wurde; Bahntrasse, Schrankenübergänge zwischen Altstadt und Seeufer. Wenn Oswald Richtung See ging, hatte er eine Mauer vor sich. Wohl nur an der Landebrücke, am Verladequai vor dem Kaufhaus konnte man auf die Seefläche blicken – aber ging man damals zur Brücke, zum Quai, um auf die Wasserfläche zu schauen, bei Dunst oder Föhn?
Die Stadt selbst nun – wie weit bestehen noch Ähnlichkeiten, Entsprechungen zwischen dem Konstanz damals und dem Konstanz heute? Wieviel Identität in den Straßenrastern, in der Bausubstanz? Ich habe gelesen, diese Stadt sei im vorigen Krieg nicht bombardiert worden; sie liegt zu nah an der Schweiz, an Kreuzlingen, wurde nachts nicht verdunkelt, mußte aus der Luft demnach als Schweizer Region erscheinen. Aber wieviel wurde nach dem Krieg geändert, umgebaut, abgerissen?
Ich schlendre zum Münster zurück, das in Grundriß und Mauerwerk identisch ist mit dem Münster, in dem die Vollversammlungen des Konzils stattfanden. Aber ich gehe noch nicht hinein, stehe am Gitter vor dem Hauptportal, schaue in den Vorraum, sehe auf allen Mauervorsprüngen Nägel, durch Bleche geschlagen, spitz nach oben gerichtet, gegen Tauben: die sollen das Renovierte nicht wieder bekleckern. Auf jeder für Tauben nur eventuell benutzbaren Auswulstung von Steinornamenten, auf jedem noch so kleinen Sockel solch eine Nagelplatte. Die Tauben haben dennoch Sitzplätze gefunden – vor allem auf dem Kruzifix über dem Portal, dem »Konstanzer Herrgott«, überlebensgroß aus dem Jahre 1518: keine Abwehrnägel auf den Händen, den Armen, und so sitzen

Tauben auf den eingekrümmten Händen, den fast waagrecht gestreckten Armen, auf dem I.N.R.I.-Schild, und Hände, Arme, Schild bekleckert; Verkrustungen auf dem Wulstknoten, der das Lendentuch zusammenfaßt.
Auch jetzt gehe ich noch nicht ins Münster, suche mir erst mal ein Hotel, finde eins ganz in der Nähe, das Domhotel in der ehemaligen Stiftskirche St. Johann, erbaut 1266; man hat nach der Säkularisation Zwischenböden eingezogen, Räume abgeteilt. Der Vorraum, das Treppenhaus weit und kirchenkühl, bald aber wird die Treppe enger, mein Zimmer im dritten Stock, Einrichtung wie in einem alten Dorfgasthof, eine Flügeltür zur Terrassenfläche, Eternitplatten als Sichtblenden zwischen jedem Zimmerabschnitt. Ich setze mich auf den Biergartenstuhl, schaue hinüber und hinauf zum Münster. Wenn ich den Stuhl zur Eternitplattenwand rechts rücke, kann ich einen schmalen Ausschnitt des Münsterplatzes sehen, vor dem Hauptportal: dort unten, aus dieser Steinöffnung, waren 1417 mehrfach Kardinäle und Bischöfe herausgetreten, hatten jeweils dreimal in die Menge gerufen, Papst Benedikt oder seine Bevollmächtigten sollten sich melden, aber diese Aufrufe blieben vergeblich, und so wurden Steine, brennende Kerzen auf den Boden geworfen, der Papst wurde verflucht, die Herren gingen in das Münster zurück. Ich schaue auf eine nun leere Bühnenfläche, rücke den Biergartenstuhl wieder in die Sonne. Taubengurren. Viertelstundenschläge vom Münster, gleich darauf von der Stephanskirche. In der Gasse unten werden leere Weinflaschen verladen. Auf dem Münsterplatz fahren vereinzelt Autos, Mopeds. Schritte. Eine alte Frau, die sich im Nebenzimmer mit einer anderen alten Frau unterhält, kriegt einen Hustenanfall, dreht danach kurz den Wasserhahn auf. Die letzten Flaschen verladen, das Auto fährt ab. Taubengurren, Taubenflattern. Viertelstundenschläge. Mein Körper sättigt sich mit Sonnenwärme, Sonnenhitze, wird schlaff, das Bewußtsein schwappweich. Cognac, der zusätzliche Wärme erzeugt, im Magen, im Kopf. So muß sich schon eine sehr große Wolkenbank vorschieben, damit ich aufstehe. Die Kirchenkühle im Treppenhaus, im Vorraum, und durch die gestaute Wärme des Münsterplatzes gehe ich wieder in Kirchenkühle, stehe im Münster. Insgesamt 45 Plenarsitzungen hier. Wenn ich mir den Sitzungsraum vorzustellen versuche, muß ich sehr viel abschirmen, ausräumen, beispielsweise die Seitenkapellen, auch gab es damals noch nicht die Kanzel, auch nicht die Orgelbühne, nach einem Renaissance-Entwurf, auch nicht die Orgel. Bleibt eigentlich nur die Fläche des Langhauses zwischen den Säulen, die neun Meter hoch sind; zwischen diesen monolithischen Säulen waren

Bretterwände errichtet, an diesen Bretterwänden entlang Holzbänke, auf der obersten der drei Reihen saßen Kardinäle, Erzbischöfe, weltliche Fürsten, auf der mittleren Reihe Bischöfe und Äbte, auf der untersten Reihe Theologen, Gelehrte und auf der Fläche zwischen diesen Säulenreihen, Bankreihen die Schreiber, Konzilsbeamten. Debatten fanden hier kaum statt, meist Erklärungen, feierliche Proklamationen. Ob Oswald mal in diesem Säulen- und Bretterrechteck war, als Gast? Aber hätte er der lateinischen Verhandlungssprache folgen können? Hat er wenigstens mal, aus Neugier, in diesen Bretterbereich hineingeschaut, als keine Plenarsitzung stattfand: den Ort sehen, an dem wichtige Entscheidungen getroffen, verkündet wurden?
Ich verlasse den hohen, weiten, stillen, kühlen Raum, gehe zur Insel, auf der das Dominikanerkloster lag, später Kattunfabrik, nun Hotel: eine schmale Verbindungsbrücke, früher die »Predigerbrücke«. Ich schlendre auf dem Hotelgelände umher, bleibe stehen vor einem recht kleinen Nebengebäude; ein Schild, teilweise überwachsen, informiert mich darüber, daß hier die französische Delegation wohnte – ich nehme an, ein Teil der Delegation. Hier werden wichtige Verhandlungen stattgefunden haben, hier wurden Direktiven bestimmt für Ausschußsitzungen, und eins der Ergebnisse war, daß im Dominikanerkloster Jan Hus eingesperrt wurde. Gibt es in diesem Gebäude einen Raum, der als Gefängniszelle des Jan Hus ausgewiesen wird? Zumindest wird man die Kirche, den Kreuzgang besichtigen können, aber ich will in dieses Hotel nicht hineingehen; zu viele Autos mit versenkbaren Scheinwerfern auf dem Parkplatz. Ich verlasse die kleine Insel, gehe weiter an der Seegrenze der Altstadt, komme an den Rhein, erreiche, indem ich Eisenbahntrasse und vierspurige Straße unterquere, den Rheintorturm, steige in die Öffnung dieses Turms, schaue hinüber nach Petershausen; von dieser Öffnung aus führte damals die Holzbrücke über den Rhein, da rumpelten Karren hinüber und herüber, sonst Hufschlag, Schrittgeräusch. Und jetzt das Hinausströmen, Hereinströmen vierspurig, auf der Rheinbrücke seewärts.
Ich drehe Rhein und Petershausen den Rücken zu, schaue in die Rheingasse, die von diesem Tor stadteinwärts führte; ich kann freilich nicht direkt in diese Richtung gehen, muß wieder die Straße unterqueren, bin dann, nach einigen Schwenks, in der Gasse, die in ihrem Verlauf noch identisch sein wird mit der Rheingasse, in der Oswald geritten oder gegangen ist – wie oft? In dieser in ihrem Richtungsverlauf zweimal leicht abgeknickten Gasse gehe ich auf die ehemalige Stiftskirche St. Johann zu, schwenke nach

links ab und wieder nach rechts, überquere den Münsterplatz, gehe in die ehemalige Blattengasse, die heutige Wessenbergstraße, schaue in Seitengassen, notiere mir Namen, die auf Hauswände gemalt sind: Zum blauen Sattel, Zur Salzscheibe, Zum weißen Bär, Zum vorderen Kranich, komme in die ehemalige St. Paulsgasse, die heutige Hussenstraße, bleibe stehen vor dem Hus-Haus, eine Marmorgedenktafel, »gewidmet von seinen Landsleuten«. Wenn ich vor diesem Häuschen stehend nach links schaue, sehe ich das Schnetztor; hier war, soweit ich weiß, Papst Johannes in die Stadt eingezogen, mit seinem sehr großen Gefolge.
Ich beschaue mir das Tor von außen: war auch Oswald hier in die Stadt gezogen, Anfang 1415 und wieder April 1416, nach der Spanien- und Frankreichreise? Und verließ er 1417 die Stadt durch dieses Tor, in seinem Gepäck Blätter mit vielen seiner wichtigsten, besten Lieder?

76 Eine Stadt damals – sie hatte ein völlig anderes Namensraster, in einem Nürnberg wie in einem Konstanz, in einem Köln wie in einem Mainz. Vor mir die Rekonstruktion eines alten Stadtplans, ein Mainz zwar aus dem Jahre 1620, ein Mainz aber noch mit dem Umfang, dem Grundriß eines Mainz, wie es Oswald gesehen haben konnte, während einer seiner Reisen: auf dieser Karte lese ich das Namensraster einer Stadt seiner Zeit ab, Namen, die wohl kaum aufgemalt waren auf Schildern und Schildchen, die aber auf Befragen ausgesprochen wurden von Bewohnern: Bocksplatz und Bocksgasse, Ochsengasse und Stallgasse, Hämmelgasse, Metzgergasse, und es gab eine Sülzenbank und einen Schafplatz, eine Schweinsmiste, eine Säuschwemme: demnach viel ländliches Geräusch, viel ländlicher Geruch in einer spätmittelalterlichen Stadt.
Und weitere Namen: eine Hundsgasse und ein Grabenborngäßlein und eine Stocker-, Stöcker-, Stücker- oder Stickergasse und eine Langenasengasse und eine Brotgasse und eine Salzgasse und eine Gasse zum Vogelgesang und eine Nussel-, Nuschel-, Müssels- oder Misselsgasse und: Auf der faulen Grube und: Auf dem Fartzplan und ein Pfannkuchenplatz und eine Knopfs- oder Knapfsgasse.
Und die Häuser an diesen Plätzen, in diesen Straßen, Gassen hatten vielfach eigene Namen wie heute nur noch Wirtshäuser, und natürlich werden unter den folgenden Namen auch Namen von Wirtshäusern sein, aber nur zum geringeren Teil. Ich lese ab: ein

Lumpenbackhaus und ein Haus Zur mittleren Sommerwonne und ein Haus Zum roten Kolben, eines Zur grünen Schmiede, Zum schwarzen Raben, Zum weißen Löwen, Zum kleinen Stierlein, Zur Falkenkrone, und es gab ein Haus Zum Winterkasten, Zum Goldstein, Zum großen, roten Kopf, Zum kleinen, roten Kopf, Zum großen Schleifstein, Zum kleinen Schleifstein, und ein Haus Zur goldenen Luft, Zur oberen Sensenschmiede, Zum blauen Hecht, Zur hohen Scheuer, Zum blauen Afterring, Zum kleinen Afterringlein, Zur Schindel, Zum Schilling, Zum kleinen Besenstiel, Zum kleinen Entenpfuhl, Zur wilden, goldenen Gans, Zum kleinen Rindertanz, Zur eisernen Flasche, Zur Kerzenmacherin, Zur goldenden Lederhose, Zur goldenen Maus, ein Haus Guck-in-die-Hölle gab es auch in Mainz, vielleicht auch andernorts und eins Zum wilden Mann, Zur langen Stange, Zum großen Hammerschlag, Zur alten Senfmühle, Zum Totenbein, Zum Gaukelstein, Zum bunten Mantel, Zum kleinen Elefanten und ein Fladenbackhaus und eins Zur Hasenscharte, Zum großen Saulöffel, Zur kleinen Sackpfeife, Zum Siechenkorb, Zum alten Hinterrad, Zum kleinen Biberhut, Zum krummen Laubfrosch, Zum Salzkasten, Zum kleinen Mäusegebiß, Zur untersten Blume – und damit: Schlußpunkt.

77 Oswald nun als Stadtbewohner, für ungefähr ein Jahr. Es wird nicht sein erster längerer Stadtaufenthalt gewesen sein: wohl wochenlange, monatelange Aufenthalte in verschiedenen Städten des Inlands und Auslands.

Was man, zu einer Stadt kommend, als erstes sah, war meist der »Rabenstein«, demonstrativ an der Landstraße: zwei oder drei gemauerte Steinsäulen, miteinander verbunden durch Balken, an denen gewöhnlich ein Gehängter baumelte oder mehrere; man nahm sie nicht ab nach der Hinrichtung, sie blieben zur Abschrekkung hängen, bis sie verfault, vertrocknet waren; nur wenn hoher Besuch zur Stadt kam, wurden sie abgehängt, verscharrt. Köpfe, die auf Pfählen steckten, gewöhnlich über den Stadttoren, nahm man selbst zu feierlichen Empfängen nicht ab, die blieben oben, bis sie von selbst herabfielen. Man spießte sogar die Stücke von Gevierteilten auf, um Besuchern, vor allem Herumstreifenden zu zeigen: hier wird scharf gerichtet.

Innerhalb der Stadtmauern vor allem: Dreck. Erst mit Beginn des 15. Jahrhunderts begann man hier und dort zu pflastern, aber meist nur den Marktplatz, die eine oder andere Gasse, dann vielfach »Steinerne Gasse« genannt. In den gewöhnlich noch ungepflasterten, auch in der Konzilsstadt ungepflasterten Gassen die Gosse. Hier und dort hölzerne Übergänge oder kleine, aufgeschüttete Dämme, an den Häusern entlang. Bei Regen konnte man in den Gassen kaum noch gehen – Schlamm, Schlick. Wiederholt wird berichtet, daß Pferde bis über die Kniegelenke im Dreck einsanken, manchmal bis zum Bauch.

Daß nicht bloß Schlamm war, in dem man einsank, dies zeigen zeitgenössische Berichte. Sehr viele Stadtbewohner hielten Schweine, die sich in den Gassen suhlten. Die Behörden versuchten hier und dort, die Sauerei einzudämmen, indem sie eine Höchstzahl an Schweinen pro Haushalt ansetzten: in der großen und stolzen Reichsstadt Nürnberg waren es Anfang des 15. Jahrhunderts immerhin noch zehn Schweine pro Haushalt, in der Messestadt Frankfurt acht; in Breslau wurde erst mit Beginn des 16. Jahrhunderts verboten, Schweinekoben in den Gassen anzulegen, Schweine frei herumlaufen zu lassen.

In den Gassen tote Ratten, Katzen, Hunde; Innereien von geschlachteten Tieren; aus Fenstern wurden Fäkalien geschüttet. Es galt als erstaunliche Neuerung, als Ende des 15. Jahrhunderts von der Stadt Nürnberg ein Knecht angestellt wurde, der mit einer Bütte umherzog und die toten Ratten, Hühner, Hunde, Katzen aufsammelte, die er gleich vor dem nächsten Stadttor wieder auskippte. Wie viele Fliegen während der Sommermonate in diesen Städten?

Durch die Gassen zogen Hausierer und Korbmacher, Lumpensammler und Kesselflicker, Kaminfeger und Abdecker, Kuppler und Schweineschneider, Baderknechte, Kuchenverkäufer, Zahnbrecher. Und Landstreicher, Suppenfresser genannt, auch: Suppenlecker, Schmalzbettler, Faltenstreicher, Schlegelwerfer. Zahlreiche Bettler, die sich auf das Simulieren verschiedener Krankheiten spezialisiert hatten: Gelbsucht oder Epilepsie; andere verbanden sich die Augen mit blutigen Tüchern und klagten, sie seien von Räubern überfallen, geblendet worden.

Armut – sie prägte entschieden das Bild einer spätmittelalterlichen Stadt. Theoretisch galt Armut als christliche Tugend; aber dieses Leitbild hatte in der damaligen Gesellschaft wenig Auswirkungen. Nur die Reichen hatten etwas zu sagen in der Stadt, die Patrizier, die Aufsteiger unter den Bürgern. Sie wohnten in eigenen Vierteln, hatten eigene Kleidung; soziale Stufen sichtbar gemacht. Ein Geselle durfte nicht wie ein Meister gekleidet sein, ein Bürger nicht wie ein Patrizier; zahlreiche Gesetze, Durchführungsbestimmungen zur Kleiderordnung.

Abgrenzungen, Abstufungen überall; so wie sich die Metzger von den Gerbern distanzierten, distanzierten sich die Gerber wiederum von den Abdeckern. Und die zünftigen Berufe streng getrennt von den »unehrlichen«; zu denen gehörten die Henker, die Schinder, die Büttel, die Totengräber, die Turmhüter, die Bader, die Spielleute. Von Mitgliedern dieser meist unterprivilegierten Berufe wiederum abgesetzt die Personen mit sehr geringem oder gar keinem Einkommen – die Armen und Siechen, die Witwen und Waisen, die auf Almosen, Spenden, auf Suppengeld, Brotgeld, Spitalkost angewiesen waren.

Wie groß war die Schicht derer, die kaum das Existenzminimum verdienten – und weniger? Die Zahlen unterscheiden sich nach Städten und Jahren, aber einige Richtwerte lassen sich doch angeben, für Oswalds Zeit: zur sozialen Unterschicht gehörten etwa 25 bis 30 Prozent der Stadtbevölkerung; 4 bis 10 Prozent lebten in Kellerwohnungen. Die Vorstellung, dafür hätten wenigstens die Handwerker stattliche Häuser besessen, trifft insgesamt auch nicht zu: die Handwerkerfamilien wohnten oft eng und ärmlich zur Miete.

Einer der Hauptgründe: die reichen Händler (mit dem Handel, nicht mit der Herstellung wurden damals die großen Geschäfte gemacht!) steuerten vielfach die Produktionskapazitäten der Handwerksbetriebe durch Kontingentierungen – etwa der Tuchmenge, die jährlich hergestellt wurden; das war auch so in Konstanz. Weber, die 36 Tücher (eine Maßeinheit) im Jahr herstellen durften, waren recht gut dran; Weber, denen nur ein Kontingent von 4 Tüchern zugestanden und abgekauft wurde, konnten die Familie nur knapp ernähren. Die armen Leinweber wohnten in den Randgebieten von Konstanz, in Hütten.

Einen (meist nur kleinen) Teil ihrer Einkünfte stellten die Reichen den Armen zur Verfügung. In Köln beispielsweise wurden etwa zehn Prozent der Bevölkerung in Spitälern abgefüttert. Ein großes, auch gefährliches Potential! Die Spenden wurden vielfach nur gemacht, um die Armen ruhig zu halten: das »Werk des Friedens« sollte »fest und sicher bestehen«; so wurde das (schon) damals formuliert.

78 Zum Rosgartenmuseum: das Gebäude war ursprünglich Zunfthaus der Metzger, war, einige Jahrhunderte später, Trinkhalle, Kaserne, Kommißbrotbäckerei, Judenschule, Beschäftigungsanstalt für Frauen, Seifensiederdepot, und nun ist

es Museum. Hier interessiert mich nicht der Schlitten, den Louis Napoleon in Arenenberg benutzte, auch nicht der Fundkomplex aus der Höhle Keßlerloch bei Schaffhausen. Ich will hier vor allem das Stadtmodell sehen, das im vorigen Jahrhundert »in minuziöser Kleinarbeit« hergestellt wurde, ein Konstanz etwa des Jahres 1600, noch zum größten Teil identisch mit dem Konstanz der Konzilsjahre.
Dieses Stadtmodell (ringsum von Glasplatten geschützt, brusthoch) ist schätzungsweise zwei mal fünf Meter groß. Der komplette Mauerring, seewärts, rheinwärts, landwärts. Schnetztor, Augustinertor, Rheintor, Schottentor, Geltingertor. In ziemlich regelmäßigem Abstand Befestigungstürme: an der Nordwestecke der Ziegelturm, gleich neben dem Kaufhaus der Aberhakenturm, und so weiter. Das Münster noch ohne den (neugotischen) Dachaufsatz, stattdessen ein Holzaufbau, zwei kleine Kugeldächer rechts und links. Und die Johanneskirche noch mit Turm. Petershausen, durch die Rheinbrücke mit der Stadt verbunden, ist ebenfalls von einem Mauerring umschlossen: ein Kloster, wenige Häuser.
Ich steige zur kleinen Galerie hoch, sehe das Stadtmodell aus der Vogelperspektive des Merian. In einem dieser Häuschen wird Oswald gewohnt haben, in einigen dieser Häuschen hat er Lieder vorgetragen, in einem der Häuschen wohl auch sein Bordell, in einem der Häuschen sein Stammlokal. Fensterkreuze weiß auf schwarz gemalt, zu Tausenden – eine Totenstadt.
Ich gehe ein Stockwerk höher, in einen Saal mit alter Holzdecke, sehe mir, über Glasplatten gebeugt, Urkunden, Siegel, Münzen an aus der Zeit des Konzils, spaziere zum »Haus zur Katz«, in der Katzgasse, gleich am Münsterplatz: dieses Haus hat während des Konzils noch nicht gestanden, aber als Oswald 1431 wieder in Konstanz war, für ungefähr einen Monat, da war es gerade ein paar Jahre alt, und er nahm hier mit König Sigmund an einer Tanzveranstaltung teil.
In diesem Haus, einem Zunfthaus, ist heute das Stadtarchiv, und hier schaue ich mir die Faksimileausgabe der Chronik des Konstanzer Konzils von Ulrich Richental an, sehe auf den Zeichnungen beispielsweise Papst Johannes, dessen Reisewagen auf der Anreise umgekippt war, am Arlberg, er schaut vorn aus dem schrägliegenden Wagen heraus, unverrückt die Tiara auf seinem Kopf, die Hände zum Beten aneinandergelegt, zwei geistliche Herren hinter diesem Wagen beten ebenfalls, zwei Knechte vor dem Wagen werfen die Hände in die Luft, noch packt keiner zu. Und ich sehe ein Bild vom Einzug des Papstes in Konstanz, ein Baldachin

wird über ihn gehalten, er sitzt auf einem Pferd, segnet die Menge, und Münzen werden geworfen wie heute Bonbons bei Karnevalszügen. Und ein Reiter mit einem riesengroßen Papsthut, mehr als eine Pferdelänge im Durchmesser, bestimmt zwei Meter hoch, den hält der Reiter an mächtiger Stange wie einen übergroßen Regenschirm. Und Klerus im Münster, eine Sitzung. Und Marktszenen; auf einem Tisch wird ein Hirsch zerhackt, ein Käufer trägt einen Hasen weg, ein Hund unter dem Tisch nagt an einem Knochen; auf einem anderen Tisch ein Schweinskopf, ein Hund auch unter diesem Tisch und auf einem dritten Tisch Fische, gewiß aus dem Bodensee, einige Fische armlang, andere karpfendick, Fässer voller Fische, und Frösche und Schnecken werden ebenfalls verkauft. Und in gestrecktem Galopp der Papst bei seiner Flucht aus Konstanz. Und Hus auf dem Scheiterhaufen mit schwarzem Gewand und Papiermütze. Eine Karre, aus der zwei Männer mit Holzschaufeln seine Asche schippen, wohl ins Wasser. Und mehrfach Bilder von Belehnungen.

1417, während der Sommerpause der Sitzungen, nahm König Sigmund eine Reihe von Belehnungen vor, wie ich im Kommentarband dieser Chronikausgabe lese; besonders wichtig war die Belehnung des Burggrafen Friedrich von Hohenzollern mit der Mark Brandenburg. Dieser Festakt begann mit einem Umritt von Posaunenbläsern und Herzogsgefolge durch die Stadt, dann wurden König und Herzog aus ihren Herbergen geholt. Auf dem oberen Markt eine Tribüne, laut Richental mit goldenen Tüchern behängt, alles schien in Gold zu brennen. Pfeifer- und Bläserklänge zur Eröffnung des Festakts. Während der Lehnsverleihung trat Pfalzgraf Ludwig hinter den König, hob das königliche Schwert hoch, als wolle er es dem König in den Nacken rammen: das sollte die »jetzt wirksame göttliche Herrschaftsachse« symbolisieren. Kniend der Burggraf, er hatte sein Banner dem König übergeben, empfing es nun wieder aus seiner Hand. Musik zum Schluß. Mehrere solcher Belehnungsszenen in dieser Handschrift, und eine, die als weniger wichtig gilt, wird für mich außerordentlich wichtig, und zwar die Belehnung von Herzog Ludwig von Bayern, Pfalzgraf bei Rhein: der König auf dem Thron überreicht dem jungen Herzog ein Banner, das Fahnenlehen; unter dieser Szene eine Gruppe von fähnleintragenden Rittern, und hier entdecke ich ein bulliges Gesicht mit einem geschlossenen Auge. Sehe ich Gespenster?

Ich schaue vom Buch auf, blicke in den leeren Leseraum, Tische vor mir, Faszikel gestapelt, schaue wieder in das Buch: ein Mann mit dickem Hals, Doppelkinn, kräftiger Nase, betonter Unterlippe, einem geschlossenen Auge. Es ist das linke Auge, müßte eigentlich das rechte sein, dennoch: das kann nur Oswald sein! Konnte es Oswald gewesen sein? Ich lese den Kommentar zu diesem Bild auf fol. 76a: die Belehnung des Pfalzgrafen Ludwig III. fand am 11. Mai 1417 statt – zu dieser Zeit war Oswald in Konstanz! Daß er im Gefolge des Pfalzgrafen auftaucht, wird kein Zufall sein, die beiden Männer kannten sich offenbar recht gut, Ludwig wird Oswald später zu einer gemeinsamen Pilgerfahrt ins Heilige Land einladen, Oswald wird Ludwig in Heidelberg besuchen, wird für ihn ein Huldigungslied schreiben, das einzige.

Alles spricht dafür: dies ist Oswald von Wolkenstein, im Gefolge des Kurfürsten von der Pfalz. Eine bisher unbekannte Abbildung, ich bin sicher, ich hätte sonst längst einen Hinweis, eine Reproduktion gefunden.

Daß Oswald hier abgebildet ist, läßt Rückschlüsse zu: er war aufgefallen, war bekannt, und so wurde in das Gefolge des Pfalzgrafen der bullige, einäugige Mann hineingezeichnet, er gehörte dazu, das wußte man noch. Nur verwechselte der Zeichner das offene mit dem geschlossenen Auge. Das ist eine Möglichkeit. Die andere: dies ist eine von sieben Kopien des inzwischen verlorengegangenen Originals; vielleicht war Oswald ursprünglich mit dem rechts geschlossenen Auge dargestellt, und der Kopist dieser Handschrift hat sich vertan.

Ich sähe auf diesem Bild das geschlossene Auge natürlich lieber rechts, aber auch so habe ich wenig Zweifel, daß hier Oswald dargestellt ist; die Indizien sprechen dafür, die Physiognomie. So ist er mir plötzlich wieder präsent, in Konstanz, im gleichen Gebäude, in dem er fünfhundertfünfundvierzig Jahre vor mir war. Ich lasse dic Folioseite fotokopieren, will auf der Rückfahrt die Ablichtung Ulrich Müller und Hans-Dieter Mück zeigen. Während unter dem aufgeklappten, auf der Bildfläche liegenden großformatigen Buch das Licht aufgleißt, sehe ich das Bild bereits in der Biographie, als Gruppenbild und einmal das Gesicht herausfotografiert, vergrößert: Oswald und OSWALD.

79

Wie viele Lieder und: welche Lieder hat Oswald im Konstanzer Jahr geschrieben? In seiner chronologischen Anordnung kommt Werner Marold auf beinah vierzig Lieder, Walter Salmen setzt die Zahl sogar noch etwas höher an. Das hieße: Oswald hätte in diesem Konstanzer Jahr rund ein Drittel seines überlieferten Liedwerks geschrieben! Norbert Mayr erscheint diese

Zahl zu hoch, er bezweifelt sie, ohne Begründung. Sollte man Oswald das Außerordentliche nicht zutrauen dürfen: daß er in knapper Zeit viele gute, ja hervorragende Liedtexte geschrieben hat? Selbst, wenn Oswald in diesem Konstanzer Jahr keine vierzig, sondern ›nur‹ etwa dreißig Lieder geschrieben hätte oder ›bloß‹ zwei Dutzend – es wäre immer noch Anlaß genug zum Staunen, zur Bewunderung, denn wie groß ist das Spektrum dieser Lieder und wie hoch die Qualität und wie oft wird hier Neues gewagt!

Es läßt sich voraussetzen, daß es Oswald gut gegangen ist in Konstanz. Da war die Gesandtschaftsreise zur Iberischen Halbinsel gewesen, die Teilnahme an einem erfolgreichen militärischen Unternehmen – der erste Sieg, von dem er erzählen konnte! Und er war insgesamt dreimal von königlichen Damen ausgezeichnet worden – Ringe an den Ohren, Schmuckstücke im Bart! Und er war vom König höchstpersönlich nach Konstanz geschickt worden: nicht irgendein Reisender, der zurückkehrte, sondern ein Mann in einer Vertrauensstellung, darüber konnte er geheimnisvolle Andeutungen machen, damit konnte er offen renommieren.

Noch ein Faktor, der ihm ›Auftrieb‹ geben konnte: in Konstanz hatte er das wohl beste Publikum seines Lebens. Hunderte von Adligen, Geistlichen, Gelehrten in der Stadt, ein großer Teil aus den deutschsprachigen Gebieten, darunter Bekannte, auch Freunde aus Tirol, und diese Herrschaften waren gewiß nicht ausgelastet mit Sitzungen und Besprechungen, Aktenstudium gab es damals kaum, so blieb leere Zeit, pausenlos huren und saufen konnte man nicht, Turniere und Feste gab es auch nicht täglich, also war man dankbar für jedes Unterhaltungsangebot: Oswald, ein neues Lied!

Was ihn zusätzlich animieren konnte: neben Gauklern und Schaustellern war eine große Zahl von fahrenden Sängern, von Spielleuten in Konstanz, jeder wollte dort sein Glück versuchen, vor einem buntgemischten, internationalen Publikum. Dieses vielfältige Angebot hat Oswald vielleicht angestachelt: den Zuhörern zeigen, daß er mindestens so gut war wie diese Berufsmusiker!

Impulse von außen. Vielleicht war da auch eine Herausforderung, die von ihm selbst ausging: möglichst dichte Sprachklangkörper für seine Kompositionen herstellen! Konnte sein Publikum alle Feinheiten heraushören, alle metrischen Differenzierungen, alle Reimfinessen? Oswald hat seine Lieder nicht in Abschriften verteilt, und man zog sich nicht in möglichst ruhige Winkel oder Räume zurück, um sie ungestört zu lesen. Oswald trug diese Lieder öffentlich vor, und wir können sicher sein: dabei war sein

Publikum nicht mucksmäuschenstill, man drehte sich nicht um, vorwurfsvoll, sobald jemand hustete, da war ein recht hoher Geräuschpegel, und Bemerkungen, Zwischenrufe – so ging wohl manche Nuance verloren. Was Oswald schrieb, hätte dem Publikum vielleicht auch bei einem geringeren Verdichtungsgrad der Sprache gefallen, bei einer etwas lässigeren Behandlung von Metrum und Reim, da saßen ja nicht lauter eingefuchste Liederkenner, das waren Politiker, Weiberhelden, Jäger, Trinker, und bei denen zählte vielleicht besonders, wenn Oswald seine Lieder wirkungsvoll vortrug. Was Oswald leistete in einigen Texten, ging über das hinaus, was in diesen Vortragssituationen ankam. Also spielte vielleicht auch dies mit: Selbstrealisierung im Machen, und das gelungene Machen motivierte zu weiterem Machen.

80 Am liebsten würde ich in diesem Kapitel ein gutes Dutzend der Liedtexte vorlegen, die Oswald in Konstanz geschrieben hat, aller Wahrscheinlichkeit, allen Indizien nach: Liebeslieder, Trinklieder, geistliche Lieder, Reiselieder, mundartliche Liedtexte, Sprachcollagen . . . Aber ich werde die Auswahl wichtiger und charakteristischer Texte dieses Großen Konstanzer Jahres auf verschiedene Kapitel verteilen, so läßt sich das sehr weite Spektrum seiner Arbeiten besser verdeutlichen. Freilich werde ich auch jetzt die Liedtexte nicht im Detail kommentieren, ich will kein Oswald-Kompendium vorlegen, die wichtigsten philologischen Untersuchungs-Ergebnisse in Kurzform präsentierend – ich mache nur ein paar Anmerkungen, beispielsweise zu seiner Schreibmethode; dies, meine ich, gehört durchaus in die Biographie.
Einer der bedeutendsten Texte dieser Phase ist die große Lebensballade, Kl 18. Die ersten drei Strophen hatte ich bereits vorgestellt, nun aber der gesamte Liedtext: Rückblick und Ausblick eines Mannes von beinah vierzig. Mit vierzig war man nach damaligem Bewußtsein ein Mann zumindest an der Schwelle des Alters, und so war es kein Kokettieren, wenn Oswald dieses Lied als Altersklage schrieb, selbst, wenn er subjektiv alles andere als ein alternder Mann war – er erreichte ein für seine Zeit erstaunlich hohes Alter, vital bis zuletzt.
Dieser Liedtext ist spröde: Zeilen sind scheinbar ausgetauscht, Aussagen wie ineinandergekeilt, äußerst verknappt: »bis das mir starb mein vater zwar wol vierzehn jar nie ros erwarb«. Als wären die autobiographischen Angaben Versatzstücke, über die Oswald so verfügte, wie ihm das vom Sprachklang (Binnenreime!) oder

vom Metrum her richtig schien. Damit werden Gesetze der chronologischen Reihenfolge, der logischen Verbindung zweitrangig. Lassen sich daraus Schlüsse ziehen? Etwa, daß Oswald den Eindruck vermitteln wollte, sein Leben sei etwas Ungeordnetes gewesen, eine Reihung punktueller Ereignisse? Keine ›Entwicklungsgeschichte‹, in der alles seinen Stellenwert hat, Vergangenes aufnehmend, auf Zukünftiges vorausweisend, sondern bloß Fakten, die sich reihen, deren Reihung sich umstellen läßt, weil sowieso keine Zusammenhänge bestehen?

Es kam dazu, daß ich, an die zehn Jahre alt,
mir ansehn wollte, wie die Welt beschaffen ist.
In Not und Fremde, manchem heißen, kalten Land
hielt ich mich auf bei Christen, Heiden, Orthodoxen.
Drei Pfennig in dem Beutel und ein Stückchen Brot,
das nahm ich mit daheim, auf meinem Weg ins Elend.
Bei Fremden, Freunden ließ ich manchen Tropfen Blut,
ich glaubte mich zuweilen schon dem Tode nah.
Ich lief zu Fuß, als sei's zur Buße. Dann verstarb
mein Vater. Vierzehn Jahre, immer noch kein Pferd.
Nur eins mal halb gestohlen, halb geraubt – ein Falber.
Auf gleiche Weise wurd ichs leider wieder los!
War Laufbursch, war sogar mal Koch und Pferdeknecht,
und auch das Ruder zog ich, es war reichlich schwer,
bei Kreta und auch anderswo, und dann zurück.
So mancher Kittel war mein bestes Kleid.

Nach Preußen, Litauen. Und Tatarei, Türkei und Syrien;
nach Frankreich, Norditalien, Spanien. Mit zwei Königsheeren
(ich zog umher im Liebesdienst, doch zahlte selbst!)
mit Ruprecht, Sigmund: beide mit dem Adlerzeichen.
Französisch und arabisch, spanisch, katalanisch, deutsch,
lateinisch, slawisch, italienisch, russisch, griechisch –
zehn Sprachen habe ich benutzt, wenns nötig war.
Auch konnt ich fiedeln, trommeln, pauken, flöten.
Ich habe Inseln, Halbinseln und manches Land umfahren
auf Schiffen, deren Größe mich bei Sturm beschützte;
so bin ich auf den Meeren hin und hergesaust.
Das Schwarze Meer, es lehrte mich ein Faß umklammern,
als (großes Pech!) die Brigantine unterging.
Da war ich Kaufmann, kam davon mit heiler Haut,
ich und ein Russ; in dem Getose fuhr mein Kapital
samt Zins zum Meeresgrund; ich aber schwamm zur Küste.

Die Königin von Aragon war zart und schön;
ergeben kniete ich und reichte ihr den Bart,
mit weißen Händen band sie einen Ring hinein,
huldvoll und sprach: »Non mais plus disligaides.«
Die Ohrläppchen hat sie mir eigenhändig dann
durchbohrt, mit einer kleinen Messingnadel;
nach Landessitte hängte sie zwei Ringe dran.
Ich trug sie lang; man nennt sie dort »racaides«.
Sobald ich König Sigmund sah, ging ich zu ihm –
er riß den Mund auf, schlug ein Kreuz, als er mich sah
und rief mir zu: »Was zeigst du mir denn für ein Zeug?«
Und freundlich dann: »Tun dir die Ringe auch nicht weh?«
Die Damen, Herren schauten mich da an und lachten –
neun Diplomaten, Vollmachtträger, seinerzeit
in Perpignan; ihr Papst von Luna, namens Pedro,
als zehnter König Sigmund; auch die Frau von Prades.

Ich wollt mein Leben ändern, weil es sinnlos war;
zwei Jahre lang war ich ein halber Laienbruder.
Die Andacht machte da den Anfang, ganz gewiß,
doch kam die Liebe dann dazwischen, störte mich.
Ich zog sehr viel umher, war aus auf Ritterspiel;
ich diente einer Dame – den Namen nenn ich nicht.
Sie wollte mir auch nicht ein Quentchen Huld gewähren,
eh mich die Kutte nicht zum Narren machte.
Ich hatte hübsche Chancen, alles ging ganz leicht,
solange ich den Mantel mit Kapuze trug.
Davor, danach hat kaum ein Mädchen mir soviel gewährt,
da fanden meine Worte nicht so freundliches Gehör.
Und schnurstracks flog die Andacht gleich zum Schädel raus,
als ich die Kutte von mir warf, im Nebel draußen.
In Liebesdingen ist seither mein Stand recht schwer;
mir ist die Lust, die Freude halbwegs abgekühlt.

Erzählen, was ich alles litt, das ginge wohl zu weit!
Vor allem: hörig bin ich einer schönen Frau,
die hat mein Herz verwundt – war nah am bittren Tod!
Verursacht hat sie manchen Schweißausbruch;
sehr rot, ganz bleich war wechselweise mein Gesicht,
wenn ich der Schönen meine Aufwartung gemacht.
Vor Zittern, Seufzen war ich oft nicht mehr bei mir,
da schien es mir, als wär ich ausgebrannt.
Verzweifelt war ich fortgerannt, zweihundert Meilen weit

und mehr, und hab doch nirgends Trost gefunden.
Sie läßt mich stärker frieren als Regen, Schnee und Frost;
ich steh in Flammen, wenn die Liebessonne scheint.
Bin ich bei ihr, verlier ich Maße und Mitte.
Sie ist es, die mich, hilflos, in die Ferne treibt,
ins Unheil jagt – bis Gnade ihren Haß aufkündet.
Ach, hülf sie mir: aus Trübsal würde Glück!

Ich sah vierhundert Frauen, ohne einen Mann
auf Nios; die wohnten auf der kleinen Insel.
So Schönes hat kein Mensch im Saal auf einem Bild gesehn –
und doch: es reichte keine an die Frau heran,
die mir die allzu schwere Bürde aufgehuckt.
Ach Gott, wär ihr nur halbwegs meine Last bewußt,
viel leichter wäre mir zu Mut, bei allem Schmerz,
ich hätte Hoffnung, daß sie sich erbarmt.
Wenn in der Ferne ich oft meine Hände ringe,
wenn ich mit Schmerzen misse ihren Gruß,
wenn früh und spät ich keine Ruhe find im Schlaf,
so sind daran die zarten, weißen Arme schuld.
Verliebte Burschen, Mädchen, denkt an dieses Leid!
Mir ging's noch gut, als sie den Abschiedssegen gab.
So glaubt mir: wüßte ich, ich sehe sie nicht mehr,
mir würden meine Augen oft von Tränen naß.

Ich habe vierzig Jahre (minus zwei) gelebt
mit wüstem Treiben, Dichten, vielem Singen;
es wär jetzt an der Zeit, daß ich als Ehemann
aus einer Wiege Kinderschreien hörte.
Doch niemals werde ich die Frau vergessen können,
die mir den frohen Sinn fürs Leben gab.
Ich fand auf dieser Welt noch keine, die ihr gleicht.
Auch fürcht ich ziemlich das Gekeif von Ehefrauen.
Gericht und Rat – was ich dort sagte, schätzte mancher Weise,
dem ich gefiel, wenn ich ihm hübsche Lieder sang.
Ich Wolkenstein, ich führ ein Leben ohne Sinn,
mir liegt zu sehr daran, daß ich der Welt gefalle
und seh doch wohl: ich weiß nicht, wann ich sterben muß.
Und: daß mir dann nur gute Taten Wert verleihn.
Wär ich bloß dem Gebot des Herrn gefolgt –
ich bräucht die Höllenflammen kaum zu fürchten.

Im folgenden Lied (Kl 45) wird von einer Mai-Exkursion über den Bodensee erzählt, die 1416 oder 1417 stattfand. Die freie Reichsstadt Überlingen kommt hier sehr schlecht weg: die alte Gattung des Scheltlieds mit neuem Glanz, neuer Wucht. Eine erstaunliche Präzision der Beschreibung, aber auch hier: Stilisierung durch Übertreibung bis zur Karikatur, Stilisierung durch das Rollenspiel des erzählenden Sängers: als wären die Herren vom Wirt behandelt worden wie Bauerndeppen oder hessische Fuhrleute.
Bevor ich die Übersetzung vorlege, eine doppelte Danksagung: Bert Okken hat mir an schwierigen Stellen beim Übersetzen geholfen; für die alemannischen Textstellen, die Hans Moser in seinem Neustifter Vortrag nachwies, hat mir Günter Herburger schwäbische Versionen geschrieben. Und nun: der Überlingen-Song!

Wer sein Geld verplempern will
keine Hemmung dabei kennt,
frag sich durch nach Überlingen:
vierzehn Pilzlein kosten dort
fünfzehn Schilling
Konstanzer Währung.
Sechzehn Heller für ein Ei,
zweiunddreißig kosten zwei.
Fleisch ist mickrig, Kraut in Haufen,
klein die Schüssel, die reihum geht,
hungrig bleiben die Kumpane,
die draus löffeln.
Wassermus aus einer Pfanne,
Bratenstücke klein,
Wildbret, Fisch »sind aus«:
»Dösch ischt scho zviel für euch!
S'Maul zua und gloffe wird,
wer hockt, braucht nüatz zum Esse!
Jeder zahlt zwei Silbergroschen –
sowas wird hier nicht vergessen!
Itzt verschlupft, ihr Hesse!
Länger warte ich nicht mehr.
Macht schon eure Beutel auf.
Keine große Diskussion –
augenblicklich wird gezahlt.
(Lange Zahlfrist steht nur mir zu!)
Laßt die Mäuse springen!
Zahlt und blecht, nun los! Ich rat es,

helf sonst mit der
Kelle nach.«

Wein so süß wie Schlehensaft
rauht mir meine Kehle auf,
daß es den Gesang vergrätzt!
(Sehnsucht hab ich nach Traminer . . .)
Scharf sein Zubiß –
läßt mich nicht frohlocken,
gibt mir Schwung und gute Laune
wie das Sackgewicht dem Esel.
Seine Säure läßt mein Blut gerinnen,
macht mich schlapp, schlecht gelaunt.
Saurer Pansch-Wein
zieht das Maul mir kraus!
Reichlich Unterhaltung gibt es dort,
mitten auf dem Markt –
Tanz, Gesang und Saitenspiel:
»Haarig ist das Muschilein . . .«
Ich fahr nicht nach Überlingen,
um dort Schönes zu erleben –
stock den Pint zum
Prügel auf,
zeig es ihnen!
Sehr geschickt war dort der Wirt,
schied das Gold vom Beutelleder,
schon am Bett hat sichs gezeigt:
nahm zwölf Pfennige pro Feder!
Käm man mit nem Karren an,
Räder müßte er dort lassen!
Sing sein Loblied lieber nicht –
ist aus keinem edlen Holz,
alter Sudler der!

Schönstes blieb als Pfand zurück:
alte Weiber, Haufen Mist,
feiste Schweine, Kleie fressend,
viele Flöhe, wenig Spaß.
Diese Bauern –
kann sie nicht mehr riechen!
Schmerzhaft ist auch der Verlust:
eine Krause; Magd war sie.
Vor der Hütte hingen Brüste

schwarz und schlaff wie Fledermäuse.
Hat mit Kratzen und mit Zausen
schon so manchen arg verschreckt.
Zarte Füßlein, bretterbreit
in den ausgelatschten Schuhen.
Drüber Beinchen, zart geformt,
dick wie Buchenstämme.
Ärmchen, Händchen dicht behaart,
weiß wie Krähenschwarz.
Schläge gab sie reichlich gern;
hat mit Flüchen, wilden Schwüren
zugelangt.
Keine Spur von Perlenschimmer,
Spangenglanz
bei dem Tanz in Überlingen –
nichts von höfischem Dekor!
Lob auch nicht den Maienkranz,
der die Wangen rosig färbt.
Nur der Ofen blieb als Zuflucht –
Kindsgeschrei umgab ihn dicht,
hat mir Angst gemacht!

Beim folgenden Liedtext könnte man den Eindruck gewinnen, Oswald übertreibe ein bißchen; so bunt, so wild sei es in damaligen Gasthäusern wohl kaum zugegangen! Aber Berichte aus jener Zeit und aus den Jahrzehnten danach zeigen: es ging hoch her! Vor allem wurde wüst gefressen und gesoffen, und wer sich dabei vor allem hervortat, das waren die sogenannten Edelleute. Beispielsweise Delegierte eines Reichstags in Worms, die fraßen an einem Abend in einem Gasthaus »rohe Gänse mit Federn, Fleisch und anderem und tranken und verwüsteten 174 Maß Wein«. Man soff aber auch reichlich Bier. Die Biernamen hatten eine erheblich stärkere Stammwürze als heute: Kuhschwanz, Kälberzagel, Büffel, Flitscherling, Schlippschlapp, Batzmann, Gluckelzahn, Fertzer, Muckensenf, Reißkopf. Beliebt war diese Trinksitte: man stellte ein Leiterchen in den Bierpott und nötigte seinen Nächsten, bis zu einer bestimmten Sprosse hinunterzusaufen, aber hopphopp. Gäste, die hierbei nicht mitmachten oder mitkamen, wurden nicht selten bedroht, zuweilen sogar mit Dolchen, und mancher wurde angestochen. Bei entsprechender Wein- oder Bierlaune wurde auch schon mal eine Frau auf die nächste Bank gelegt. Oswald besingt im folgenden Lied (Kl 54) also durchaus Geläufiges, besingt es knapp, pointiert.

Auch dieser Text hat etliche Haken für den Übersetzer; glücklicherweise gibt es hierzu eine Untersuchung des Wortschatzes, von Okken und Cox. Übrigens zeigen sich in diesem Text einige Motive erotischer Klerikerdichtung – Okken hat mich darauf hingewiesen. Freilich, was später formelhaft wird, ist hier zum ersten Mal belegt.

Wir wollen uns vergnügen, lärmen, lachen,
und alle foppen, die uns nicht gefallen!
»Fräulein, hast du schon das rechte Ei gewählt?«
»Ach geht, ihr großen Helden,
freßt eure Eier selber, ungeschält!«
Frau Krug, wo bleibt der kühle Wein?
»Ja, schon dich«, sprach die Bauernmagd
ganz hinten auf der Bank,
»streck dich nur aus, mein Lieber, so ists recht,
dein altes Lied,
dein fester Griff,
dein schönes Hin und Her,
das macht mir großen Spaß.«
»Wie ists?« rief meine Dame,
»wer fiedelt mir die Liebesgeige?«
Und schon begann das laute Spiel.
Da sagte sie: »Ach, Schneckerl,
Heinz, kannst du nicht mehr?
Komm her, mein Jäckelino,
lieber amigo,
spiel du mir auf,
doch tu mir bloß nicht weh!
Ite, venite!«

Ein Trinklied jetzt: Kl 84. Oswald hat es mit größter Wahrscheinlichkeit in Konstanz geschrieben: alemannische Einsprengsel machen das sichtbar, hörbar. Er wird es in Konstanz auch gesungen haben, sicher mehrfach. Daß es erfolgreich war, zeigt sich daran, daß es außerhalb der beiden Liederhandschriften noch dreimal aufgezeichnet ist.

Erhebt euch, wir gehn schlafen!
He, Hausknecht, mach uns Licht!
Es ist jetzt an der Zeit,
sonst sehn wir nicht mehr klar!
Den letzten beißt der Hund.

Wenn Männer, Mönche, Pfaffen
zu unsern Weibern stiegen –
das gäbe böses Blut!

Na Prost, noch einen Schluck!
Da wird die Trennung leichter
von diesem schönen Wein.
Und lähmt er uns die Schinken –
der wird jetzt noch getrunken!
Herr Becher, laßt Euch grüßen!
Wenn wir zu Bette stolpern,
was macht das uns schon aus!

Ganz sachte jetzt zum Türli.
Paßt auf, daß wir nicht torkeln –
der Schritt kommt aus dem Takt.
Was kost ein Faß vom Naß?
Herr Wirt, nu sauft scho mit!
Wir werden doch nicht maulen,
wenn Ihr zuviel verschluckt
nach polnischer Manier.

Tragt sanft den Weinfürst her,
damit er uns nicht fällt
auf Gottes Erdenreich!
Ich singe gern sein Lob,
er macht uns freudevoll.
Los, einer führt den andern!
Rutsch auf dem Eis nicht aus.
Herr Wirt, hier schwankt es sehr!

Wir rollen jetzt zur Kammer.
Fragt bei der Hausmagd an:
ist jedes Bett gemacht?
Das Kraut hat sie versalzen,
den Brei auch gleich dazu –
darüber jetzt kein Wort!
Sie hat am Fett gespart –
dafür muß sie jetzt ran!

Das folgende Lied, Kl 76, gehört scheinbar zu einem damals beliebten Genre: ein Mitglied der herrschenden Klasse beschläft ein Bauernmädchen. Okken wies mich freilich darauf hin, daß der

Mann einen Bauernnamen trägt, »Jensel«. Das kann aber auch wieder eins der schlitzohrigen Rollenspiele Oswalds sein . . .

Schnitterin im kühlen Tau,
nackt die Füße, weiß und zart,
schuf mir Lust im Erlengrund
mit der Sichel, braun behaart,
als ich half, das Gatter heben,
vor die Öffnung rücken;
hab den Zapfen in der Kerbe
festgepflockt, damit das Kind
keine Angst hat,
daß die Gänslein ihm entwischen.

Als ich sie am Zaune sah,
wurde mir die Zeit sehr lang,
bis ich ihr denn das Problem
löste zwischen beiden Pfosten.
Hatt das Beilchen mir zuvor
rasch zur Arbeit hochgewichst,
nass und scharf gemacht. So stands.
Harken half ich ihr das Gras.
Zuck nicht, Schätzchen.
»Ha, gewiß nicht, lieber Hansl!«

Als ich abgemäht den Klee,
jeden Durchlaß zugerammt,
wünschte sie, daß ich nochmal
Futter rupf, im Gärtlein unten.
Rosen würde sie zum Dank
winden, binden mir als Kranz.
»Reg dich, streck dich hier im Flachs,
kraul ihn, daß er tüchtig wachs!«
Liebstes Gänslein,
herrlich ist dein Schnabelschlund!

Das landwirtschaftlich-sexuelle Doppelspiel ist hier exakt durchgeführt: Ende April, Anfang Mai ist das Winterfutter verbraucht, man sucht erstes Grünfutter, etwa in den Auen, den meist mit Erlen bestandenen Überschwemmungszonen von Bächen und Flüssen. Auch wird zu dieser Zeit der Austrieb des Stallviehs vorbereitet: Gatter, die im Winter ausgehängt und an den Zaun gelehnt waren, werden nun wieder eingehängt, dabei wird der Drehzapfen in eine Kerbe gesenkt; auch schließt man nun Durchgänge: drei, vier Stangen werden in ausgestemmte Löcher der Zaunpfähle geschoben. Und der junge Flachs beginnt zu wachsen – Okken vermutet, daß Oswald mit der Bitte des Mädchens um liebevolle Behandlung des Flachshaars auf Fruchtbarkeitsriten anspielt. Laut *Handwörterbuch des deutschen Aberglaubens* hoben Frauen in früheren Zeiten in Flachs- oder Leinfeldern die Röcke, zeigten dem Flachs auch den blanken Hintern: so hoch hinauf solle er wachsen. Auch wurde der Flachs in magischen Reimen beschworen, sich bis an die »Futt« zu strecken.

Der folgende Liedtext (Kl 21) hat große Resonanz gefunden, er läßt sich mehrfach in der Streuüberlieferung nachweisen, anonym freilich, etwa in den Neithart-Fuchs-Drucken. Ein sprachlich besonders dichter Text; in mindestens einem halben Dutzend Fassungen habe ich mich an ihn heranzuarbeiten versucht, wieder unterstützt von Okken; in einigen Formulierungen habe ich mich anregen lassen durch eine Prosa-Übersetzung von Eva und Hansjürgen Kiepe. Dennoch: nicht alles konnte restlos geklärt werden; ich bringe zwei, drei Formulierungen auf Widerruf.

Jede der drei groß angelegten Strophen mündet in eine Engführung. In der dritten Engführung kommt es zu einer Art Sprachexplosion – ich zitiere den Originaltext.

Da zissli müssli
füssli fissli
henne klüssli
kompt ins hüssli
werfen ain tüssli
sussa süssli
niena grüssli
wel wir sicher han
Clerli Metzli
Elli Ketzli
tünt ain setzli
richt eur letzli
vach das retzli
tula hetzli
trutza trätzli
der uns freud vergan

Oswald hat sich hier anregen lassen durch einen Kinder-Abzählvers, der auch sexuelle Bedeutung hat. Hier ist also beides zugleich: semantische Information (wenn auch nur fragmentarisch) und freie Klangbewegung. Und das zu Beginn des 15. Jahrhunderts!

Ihr alten Frauen, freut euch mit den jungen!
Was uns der kalte Winter abgetötet,
das will der Mai mit Feldgeschrei befruchten,
mit frischer Kraft: gibt allen Wurzeln Saft.
Den kalten Schnee will er nicht länger dulden.
Was sich verkrochen hat und eingemummelt,
das will er wecken, aus der Trübsal lösen:
Laub, Blumen, Blüten, Gräser, Würmchen, müde Tiere.
Ihr Vögel, schmiert die rauhe Kehle ein,
schwingt euch empor, singt hell!
Erneuert jetzt das Fell, ihr wilden Tiere,
wälzt euch mit Schwung in gelben Blumen!
Ihr Mädchen, freut euch, seid hübsch locker!
Und Bauer: streu die Saat für neues Mehl,
mit dem du backen kannst im Herbst.
Und Hang und Aue, Tal, Forst, Feld –
dort sprießt es schon in schöner Fülle.
Und alle Tiere, wild wie zahm,
sie haben Lust, sich zu befruchten:
(der Nachwuchs soll den Eltern gleichen).
Mein Roß schreit nach der Frühlingsweide,
das läßt den Esel lachen.
Tanzen, springen,
laufen, ringen,
fiedeln, singen,
Freude bringen,
lärmen, klingen,
Kuß erzwingen,
auf Liebe dringen
bei den schönen Mädchen.
Höchst erquicklich
und vergnüglich:
Blätter grünlich,
Blumen fröhlich,
Wangen lieblich,
Arme zärtlich,
Zungen zünglich –
da freut sich die Partnerin!

Und weil der Kuckuck nicht sehr schön in Quinten singt
und der Franzose im Diskant nach Hofmanier,
da hör ich lieber: »Kuckuck, rück an meine Seite!«
Das schätz ich mehr als Giustinianis Saitenspiel.
Und Hetzjagd, Beizen, Pirschen, Taubenschießen,
vor grünem Wald nach Pfifferlingen klauben
bei einem Mädchen, abgeschirmt von Büschen –
den Spaß, den preis ich mehr als höfisches Plaisir!
Dein Festzelt, Mai, gefällt mir sehr!
Ganz taufrisch ist da jedes Gras.
Und jedes Tier sucht seine Höhle auf,
dort soll der Nachwuchs sicher sein.
»Trink, sauf, du Spanier, Katalone!«
Gesang der Art, und: »Paga! Geld raus!« –
da ist der Drosselklang doch schöner!
In jenem Land, was ich dort sah,
das hat mir meine Haare grau gemacht,
dran sind die jungen Damen schuld:
die schöngeformten, weißen Beine
verstecken sie in roten Hosen,
und ihre hellen, klaren Augen
ummalen sie mit schwarzer Farbe!
Ach, die eine,
die ich meine,
lieb alleine,
süße Kleine,
Brüste, Beine:
so vereine
dich alleine
doch mit mir!
Wär verschwunden,
was gebunden,
fest gewunden –
würd gesunden
an den Wunden,
hätt's gefunden!
Und bestellte ihr Schuhe
in London, Paris!

Sehr schwungvoll wirbelt sie im Reihentanz,
die hohen Sprünge passen kaum zu einer Frau.
Auch schminkt sie sich gewöhnlich das Gesicht,
dazu trägt sie noch Ringe an den Ohren.

Mein langer Bart, der hat mir dort verdorben
so manchen Kuß von zarten, jungen Mädchen:
wenn zärtlich sie Besuch empfangen,
so reichen sie die Wangen statt der Hände!
Die roten Fingernägel machen mich ganz krank,
und wie sie eingekrümmt sind, viel zu lang!
Die Schleppe reicht ihr bis zum Boden.
Sie rührt sich nicht, wenn sie da sitzt.
Ich preise gern den Bettvorhang –
weit lieber als den Glockenschlag,
der mich von ihr verscheucht!
Ja Spanien, Preußen und Ägypten,
und Estland, Rußland, Dänemark,
und England, Frankreich und Navarra,
und Flandern, Pikardie, Brabant,
und Zypern und Byzanz, Neapel und Toskana,
das Rheinland – wer dies alles sah,
der sieht in dir die Krone aller Schönheit!
Und: Zieselmäuschen,
Fieselfäuschen,
kommt ins Häuschen,
Henneklàuschen,
leckre Mäuschen,
su-sa-säuschen:
gar kein Päuschen
wollen wir da machen!
Klärli, Mätzli,
Elli, Kätzli,
süße Frätzli –
zeigt das Vötzli,
steift das Schwänzli,
tu-la-hätzli!
Faules Säckli,
wer uns das nicht gönnt!

81 Es sind, kurz vor und kurz nach der Jahrhundertwende, erste Versuche gemacht worden, eine jeweils größere Zahl von Liedtexten Oswalds zu übersetzen. Auf verschiedene Weise läßt sich an diesen (und auch an späteren) Übersetzungen ablesen, warum sich Oswald als Dichter seiner Liedtexte in unserem Sprachraum noch nicht so recht durchgesetzt hat. Ich will nun

nicht die Übersetzungen von Eduard Passarge und seinen Nachfolgern rezensieren, ich könnte hier befangen sein, ich will nur auf drei Punkte hinweisen. Der erste: die Oswald-Philologie hatte damals noch nicht so viel dechiffriert, die Übersetzungen sind zum Teil falsch. Der zweite Punkt: das Sprachspektrum der Übersetzer (meist Gelehrte) war zu eng; regionalsprachliche Einfärbungen, zum Beispiel, wurden in allen bisher vorliegenden Übersetzungen ignoriert. Der dritte Punkt: (auch) Passarge versuchte, das metrische Schema und noch dazu das Reimschema (Endreime, Binnenreime, Schlagreime) im Neuhochdeutschen zu rekonstruieren, das hatte zuweilen groteske Folgen.

Was Oswald in der Sprache seiner Zeit artikulierte, muß in der Sprache unserer Zeit neu formuliert werden. Das heißt: der Übersetzer, der Oswalds (zuweilen sehr vertrackte, aufwendige) Reimschemata übernehmen will, muß in den meisten Fällen auch neue Reime suchen; diese Reime wirken zwangsläufig zurück auf Auswahl und Reihenfolge der Wörter des Liedtextes, und damit entsteht diese Gefahr: man baut das jeweilige Reimschema mit heutigem Sprachmaterial nach und weicht vom Wortsinn des Liedtextes ab.

Neuere Übersetzer ziehen nun diese Konsequenz: sie verzichten auf die Reproduktion der Form, geben nur den Inhalt wieder, in Prosa. So hat Burghart Wachinger in einem Auswahl-Bändchen dem Originaltext jeweils eine Prosa-Paraphrase gegenübergestellt. Auch Okken faßt die Ergebnisse seiner Wortschatz-Untersuchungen in Prosa-Übersetzungen zusammen. Ich hatte in der ersten Phase der Arbeit vor, diese Methode zu übernehmen, habe mich aber doch entschlossen, einen Schritt weiterzugehen.

Bei Prosa-Paraphrasen wird zwar der Inhalt der Liedtexte ablesbar, aber was für Oswald bezeichnend ist, geht verloren: der oft sehr hohe Grad an Sprachverdichtung. Die Zahl der Silben und Wörter ist in einer Prosa-Übersetzung oft erheblich größer als in den Vorlagen. So habe ich denn in den meisten Liedtexten (vor allem, wenn sie ein regelmäßiges Taktschema haben) die Zahl der Hebungen und Silben pro Zeile übernommen. Allerdings ist mir Oswalds fast stereotypes Auftakt-Schema nicht heilig gewesen: in einigen Fällen (wie beispielsweise im Schnitterin-Lied, Kl 73) habe ich den Auftakt fortgelassen.

Daß ich die Zahl der Silben pro Zeile einhielt, beim Verzicht auf die Auftakt-Silbe auch unterschritt, dies hatte Rückwirkungen auf den Text: er geriet durch die erzwungene Verdichtung in einen anderen Aggregatzustand. Aber, das muß hier gleich gesagt werden: damit ist noch nicht erreicht, was Oswald schuf! Nur verhältnis-

mäßig selten habe ich Texte, zumindest Refrains gereimt und so fehlt bei den meisten Übersetzungen, was formal für die Liedtexte bezeichnend ist: die Reimstruktur. Ein Kompromiß, ich gebe das ohne Schnörkel zu. Aber: die semantische Bedeutung der (zum Teil noch nie zuvor übersetzten) Liedtexte in unserer Sprache wiedergeben, die metrischen Muster beibehalten (soweit das möglich und sinnvoll ist), Klangqualitäten reproduzieren und auch noch die Reimschemata rekonstruieren – das erscheint mir in den meisten Fällen als Quadratur des Kreises.
Denn Oswald war ein unersättlicher Abschmecker und Feinschmecker von Reimen. Sicher, er geriet des öfteren in Reimzwang, das sieht und hört man den Texten an, aber was er an Klangpaarungen nur herausholen konnte aus der Sprache seiner Zeit, das brachte er ein in seine Liedtexte, gab sich dabei oft nicht zufrieden mit Endreimen, benutzte noch Binnenreime und Schlagreime!
In einem (späteren) Huldigungslied auf den Pfalzgrafen Ludwig zeigt Oswald, was er auf diesem Gebiet leisten kann: die Textstruktur als kostbar gesticktes Reimbrokat, in dekorative Falten gelegt, geschmückt mit erlesenen Preziositäten.

O phalzgraf Ludewig
bei Rein so vein dein steig
geit braite schraitte tugent gross
kainer dein genoss
Dir nicht geleichen mag
hör mich was ich dir sag
sich klärlich bärlich vindet das
nach adelicher mass
Die rürstu fürstu in stetem schilt
durch manhait weisshait warharfft milt
auch freuen dich die frauen permafoi
hort ich von deim getruen
gemaheln von Sophoi

Es ist schon schwierig genug, solch einen Text in knapper Form richtig zu übersetzen, dabei auch noch Entsprechungen zu schaffen im Klangbild (ich habe mich nicht davor gedrückt, werde später eine Übersetzung vorlegen), aber ich sehe (für mich) keine Möglichkeit, zusätzlich auch noch Endreime und Binnenreime zu reproduzieren, ohne den Inhalt erheblich zu verändern.
Nun geht es bei Oswald nicht allein um eine möglichst zutreffende Übersetzung von Texten: was er geschrieben hat, wird erst völlig

gegenwärtig, wenn es *gesungen, gehört* wird. So gibt es letztlich nur *eine* Möglichkeit, Oswalds Werk präsent zu machen: durch eine Aufnahme seines Gesamtwerks, eine Kassette mit Langspielplatten.

82 Und damit ist es an der Zeit, über Oswald von Wolkenstein als Komponist zu schreiben.

Ich habe mehrere musikwissenschaftliche Abhandlungen und Bücher zu diesem Thema gelesen. Dabei zeigte sich, daß er als Komponist sehr unterschiedlich bewertet wird. Für den einen Musikwissenschaftler ist Oswald der geniale Erfinder des »Individualliedes«, einem anderen Musikwissenschaftler »fällt es schwer, Wolkenstein weiterhin als selbständigen Komponisten anzusehen«.

Ich will nun nicht den Finger heben und sagen, wie großartig oder durchschnittlich mir die Musik des Oswald von Wolkenstein erscheint, es geht hier erst einmal um Grund-Informationen zu seinen Kompositionstechniken. Dabei will ich mich in diesem Kapitel vorerst beschränken auf die einstimmigen Lieder, die in seinem Œuvre überwiegen.

Josef Wendlers *Studien zur Melodiebildung bei Oswald von Wolkenstein* zeigen im genauen Detail, wie Oswald komponierte: er fügte Melodien aus »Bausteinen« zusammen. Diese »Bausteine sind in ihren Umrissen fest bestimmte, tonal und metrisch-rhythmisch selbständige Gestalten«. Aus ihnen werden neue Melodien kombiniert, wie »Bausätze«.

Bei diesem Zusammensetzen von »Bausteinen« können sich »besonders günstige Kombinationen« ergeben, die sich zu »immer wiederkehrenden Zeilentypen verfestigen«, also zu größeren Baueinheiten. Zusammensetzungen dieser Einheiten wiederum können sich zu »Melodiegerüsten« verfestigen. Freilich, aus den Melodien lassen sich einzelne »Bausteine« auch wieder herausnehmen und auswechseln gegen andere »Bausteine«: eine »Labilität der Melodik«, eine »Austauschbarkeit der einzelnen Formeln«.

Diese Kompositionstechnik ist für das späte Mittelalter typisch. Und auch dies: Melodien wurden mit mehreren, oft recht unterschiedlichen Texten kombiniert. Bruno Stäblein schreibt in seiner Abhandlung *Oswald von Wolkenstein, Schöpfer des Individualliedes* von »Tönen« oder »Weisen«, definiert sie als »neutrale Melodien«, die sich mit verschiedenartigen Texten verbinden lassen; hier habe die Musik »keinerlei interpretatorische Funktion«.

Wie sehr sich die Texte unterscheiden konnten, die Oswald auf eine Melodie maßschneiderte, das sollen die Eröffnungsstrophen zweier Lieder (Kl 30 und 31) zeigen, die ich später vollständig vorlegen werde. Zuerst der Beginn eines Reiseliedes.

An Plagen, die das Ausland bot,
da wurde mir nichts mehr zur Last
als eine Unterkunft mit vielen Kindern.
Ihr Schreien hat mich oft betäubt,
daß ich mein eignes Wort nicht mehr
verstehen konnte. Ganz speziell im Winter,
wenn ich den langen Tag nur fror,
mich müderitt – da machte sowas wenig Spaß!
Die größte Stube wurde mir zu eng!
In mancher Wiege lag ein Kind
dort mit Gebrüll, hat mir die Ohren vollgegellt!
Da hör ich lieber doch die Nachtigall.

Ein balladenhafter Song also. Und gleich die Eröffnungsstrophe des geistlichen Liedtextes, der – nach einer Anmerkung der Handschrift – zur gleichen Melodie gesungen wurde.

Der oben schwebt, der unten trägt,
der vorne, hinten, seitlich stützt,
der ewig lebt, der ohne Anfang ist,
der alt und jung, von Anbeginn
dreifältig einbeschlossen in ein Wort,
in Harmonie, in unauflöslicher Verflechtung,
der schmerzhaft starb, nie tot gewesen,
der keusch empfangen, ohne jeden Schmerz
geboren wurde, frisch und stark, von reiner Magd,
der viele Wunder hat vollbracht,
die Hölle aufgesprengt, den Teufel festgesetzt,
der allen Pflanzen Stengel, Saft und Dolden gab –

Läßt sich ein größerer Kontrast vorstellen? Dabei ist dies kein Sonderfall. So hat Oswald nach *einer* Melodie ein Weihnachtslied, ein Marienlied und ein Lied über einen sexuellen Erregungszustand geschrieben!
Im Weihnachtslied (Kl 35) wird gesungen, daß der Sohn der reinen Jungfrau geboren wird, und dieses Wunder habe den Teufel derart in Rage gebracht, daß er in Bethlehem, in der Gruft, eine Bresche in die Mauer schlug: »den Spalt hat ich gesehen«, betont der Sän-

ger. Und der Herr aller Königreiche wird gepriesen und die Jungfrau, die in einer ärmlichen Herberge ihr Kind gebar, und Ochs und Esel friedlich beisammen, das Kind in der Krippe, und er, Wolkenstein, bittet um Hilfe in der Todesstunde.
Auf die gleiche Liedmelodie hat Oswald ein Marienlob geschrieben, Kl 34. Ich lege eine Übersetzung des vollständigen Liedtextes vor.

Das Grau durchschimmert zart Azur,
luzide eingeschmolzen.
Beschau es, reine Kreatur,
auch du so schön erschaffen:
von der Erscheinung könnten wir, soweit ich seh,
nicht mal ein Füßlein nachgestalten –
derart ist sie vollkommen! Erhielte ich
von ihr ein freundlich Grüßlein,
so wöge alle Last ganz leicht,
ich würde von ihr frei, durch sie.
Nur Ehre, Lob kann man ihr singen,
weit mehr als allen schönen Frauen.

Der Tag strahlt jubilierend hell,
am Bach die Wiesen klingen,
dort singt so manche Vogelschar,
der schönen Frau zu dienen
arpeggierend, schön im Text, hoffnungspendend,
die hellen Stimmen dicht versträhnt.
Und Blumenblüte, Maienkranz und Sonnenglanz,
des Firmamentes hohe Kuppel –
die ganze Schönheit preist die Frau,
die keusch den Sohn gebar, zu unserm Heil.
Wo hätte eine Jungfrau je
mit Recht so hohes Lob verdient?

Und Wasser, Feuer, Erde, Wind,
und Glanz und Wirkungskraft der Edelsteine,
und alle Wunder, die man sieht –
es reicht doch nichts an sie heran,
die mich erlöst, mich täglich tröstet: ja, sie ist
die Höchste hier im Herzenskloster.
Ganz unversehrt ihr zarter Körper. Reine Frau,
laß wirken alle Ostermacht,
bewahre uns vor schlimmer Not!

Wenn sich mein Kopf einst senken wird
zu deinem schönen, roten Mund –
gedenke meiner, Liebes!

Und nun der dritte Text für die gleiche Liedmelodie: Kl 33.

Der Westen färbt sich dunkel ein,
da wacht gleich mein Verlangen auf,
weil sie mir fehlt; ich lieg allein
des Nachts, bin nackt und bloß.
Die liebevoll mit weißen Armen, hellen Händen
mich sonst so fest an sich gepreßt,
die ist so weit entfernt, daß ich, verstört, im Lied
den Schmerz nicht unterdrücken kann.
Vom Strecken knacken die Gelenke,
wenn ich nach meiner Liebsten ächze,
die mir allein die Lust erweckt,
den alten Adam hier.

Ich wende, wälze mich im Bett,
find in den Nächten keinen Schlaf,
ich habe starke Lustgesichte,
und nichts, was mir da hilft!
Wenn ich hier meinen Schatz an seinem Platz nicht finde,
sobald ich nach ihm greife,
so ist da, ach, bei mir gleich Feuer untem Dach:
als würd mich Frost verbrennen!
Sie braucht kein Seil, um mich zu fesseln,
zu quälen bis zum Morgen.
Ihr Mund weckt dauernd Lust in mir
und sehnsuchtsvolle Klage.

Auf diese Weise, liebe Grete,
vertreibe ich hier meine Nächte!
Dein schöner Leib hält mich gebannt,
das sing ich unverblümt.
Komm, bester Schatz, mir schnellt der Rammler hoch, voll Kraft,
das macht mich oftmals wach.
Du läßt mir keine Ruhe, Liebes – tu jetzt was,
damit das Bettlein kracht!
Die Lust erreicht den höchsten Punkt,
wenn ich vor Augen hab,
wie liebevoll die schöne Frau
zur Morgenstunde mich umarmt.

Reiselied und Preis Gottes, Weihnachtslied und Lustgesang – daß Oswald solche Gegensätze musikalisch vereinte, ist nicht die Lässigkeit, Gleichgültigkeit oder Verlegenheit eines spätmittelalterlichen Komponisten, dem nichts Besseres einfiel, als einen weltlichen Text auf die Melodie eines geistlichen Liedes zu schreiben oder umgekehrt, hier zeigt sich vielmehr Symptomatisches zum Verhältnis von Musik und Sprache. Das beweist ein anderes Beispiel: für die Kantaten, die unter dem Titel *Weihnachtsoratorium* zusammengefaßt sind, hat Johann Sebastian Bach vor allem die weltliche Kantate *Hercules auf dem Scheidewege* (BWV 213) ›ausgeplündert‹. Eine der bekanntesten Arien aus dem Weihnachtsoratorium beginnt mit dem Satz: »Bereite dich Zion/ mit zärtlichen Trieben,/ den Schönsten, den Liebsten/ bald bei dir zu sehn.« Die kompositorische Vorlage zu dieser Alt-Arie ist eine Arie des Hercules, die mit dem Satz beginnt: »Ich will dich nicht hören,/ ich will dich nicht wissen,/ verworfene Wollust,/ ich kenne dich nicht.« Bach hat einige Änderungen in der Instrumentation, in der Phrasierung vorgenommen, kleinere Modifikationen – aber beide Male das gleiche musikalische Material!

Noch krasser dieses Beispiel: das Sopran-Bass-Duett »Herr, dein Mitleid, dein Erbarmen . . .« Die Vorlage aus der Hercules-Kantate ist ebenfalls ein Duett, Tenor und Sopran, und hier lautet der Anfang so: »Ich küsse dich und du küßt mich . . .« Also ein Liebesduett und ein gemeinsames Ansingen Gottes – beides in der gleichen Komposition.

Die Beispiele zeigen (und viele ähnliche Beispiele könnten es bestätigen), daß Oswald keinesfalls nachlässig oder zynisch war, wenn er nach einer Melodie mal von seinem erigierten Glied, mal vom Heiligen Land sang: hier lassen sich eher Schlüsse ziehen auf die Musik im Allgemeinen als auf Oswalds Kompositionen im Besonderen.

Nun muß allerdings bei Oswald ein Punkt mitbedacht werden – und hier besteht ein erheblicher Unterschied etwa zur durchkomponierten Musik eines Johann Sebastian Bach: die gleiche Melodie konnte munter-rasch oder feierlich-getragen gesungen werden, je nachdem, ob sie mit einem weltlichen oder geistlichen Liedtext kombiniert war. In der damaligen Notationstechnik wurden nur die (relativen) Tonhöhen angegeben, nicht aber die Tempi. Zwar lassen Bestimmungen wie »allegro« oder »adagio« auch heute noch interpretatorische Freiheiten zu, aber der Spielraum ist hier recht eng geworden.

Zur Variabilität der Tempi kam in Oswalds Zeit noch dies: ein großer Spielraum in der Besetzung der Singstimme, fast völlige

Freiheit in der Besetzung der Begleitinstrumente – zumindest bei den einstimmigen Liedern. Denn hier ist nur die Gesangsmelodie notiert, und die kann, beispielsweise, von einem Tenor wie von einem Bassisten gesungen werden. Und keine Hinweise zur Begleitung. Der Sänger kann also unbegleitet singen, kann sich mit einem Instrument selbst begleiten, kann sich von mehreren Musikern begleiten lassen. Beispielsweise die große Lebensballade, Kl 18: hier kann der Sänger, wie auf einer frühen Plattenaufnahme, von einer Drehleier begleitet werden – dieses Instrument betont (für uns) das Balladenhafte. Der Sänger kann, wie auf einer späteren Plattenaufnahme, von Lira und Laute begleitet werden. Der Sänger könnte ebensogut von einer Knieharfe oder von einem Dudelsack begleitet werden, denkbar wäre auch Schlagwerk, dazu eine Flöte. Mit jedem Instrument ändert sich die Technik der Begleitung, und dies wiederum hat Rückwirkungen auf Artikulation und Phrasierung des Sängers.
So konnte das melodische Material im Charakter sehr stark verändert, konnte die Neutralität der Melodie überspielt werden. Verständlich, daß in Oswalds Œuvre (und nicht nur in seinem Werk) die Mehrzweckmelodien, oder, wie Stäblein es formuliert, die »Mustermelodien neutraler Grundhaltung« eine quantitativ große Rolle spielen. Diese Neutralität wurde wiederum gefördert durch das Komponieren mit »Bausteinen«, durch die musikalische Floskelsprache.
Soweit scheint alles klar. Bleibt nur die Frage: wie kommt es, daß bei solcher Puzzletechnik Kompositionen entstanden, die heute (nach vielhundertjährigem Winterschlaf) äußerst lebendig wirken? Darauf trainiert, nach Ableitungen, Einflüssen zu fragen, stellen sich viele Philologen und Musikwissenschaftler solche Fragen nicht. Aber es muß ja nun etwas geschehen sein, das zu einer qualitativen Veränderung des quantifizierbaren Materials führte. Ich will nur zwei Faktoren nennen, die hier berücksichtigt werden müssen: Spontaneität, Intensität. Selbst Oswald-Melodien, die einen großen Anteil Floskel-Material enthalten, können heute spontane, emotionale Wirkung auslösen, können nachwirken als ›Ohrwürmer‹.
In einigen Fällen nun hat Oswald auf dem Gebiet des einstimmigen Liedes Neues geschaffen, und dieses Novum wird von Bruno Stäblein als »Individuallied« bezeichnet. Das heißt, ich formuliere frei: Oswald hat Liedmelodien komponiert, die sich nicht ablösen lassen vom Text; hier hat er versucht, den Text musikalisch zu interpretieren. Diese charakterisierenden Kompositionen wurden, folgerichtig, nicht ein weiteres Mal betextet.

Mit dem »Individuallied« hat Oswald von Wolkenstein einen ersten Schritt getan zur Liedkunst späterer Jahrhunderte.

83 Oswald und seine Musik – das ist für mich nicht nur ein Exkurs, und sei es in mehreren Kapiteln, seine Musik hat mich während der Arbeit an diesem Buch fast ständig begleitet. Wiederholt habe ich mir Lieder und Liedsätze angehört, die auf den bisher vorliegenden (drei) Oswalds-LPs eingespielt sind. Ein Besuch von Heimrath und Korth in Düren, und nachts begannen sie Oswald-Lieder zu singen, begleiteten sich mit Altfiedel und Laute, mit Flöte und Trommeln. Sehr intensiv die Beschäftigung mit Oswalds Musik bei den Vorarbeiten zu einem workshop, den ich im Westdeutschen Rundfunk inauguriert hatte: einige Lieder aufnehmen, von denen noch keine Aufnahmen vorlagen; ausprobieren, welche Unterschiede entstehen, hörbar, wenn auf die gleiche Melodie ein geistlicher und ein weltlicher Text gesungen werden. Dazu schlug ich folgende Kombinationen vor: das Lied von der Winterreise nach Ungarn Kl 30 und das Preis- und Bittlied Kl 31; das Weihnachtslied Kl 35 und der Bettgesang Kl 33.
Es kann hier nicht detailliert über alle Phasen der Vorarbeiten berichtet werden – nur einige Erfahrungen und Wahrnehmungen.
Schon bei den ersten Arbeits-Besprechungen mit dem Sänger Wilfrid Jochims lernte ich, mit welchem Kunstverstand Oswald arbeitete, etwa in den musikalischen Akzentuierungen. Durch besonders hohe (und tiefe) Notenwerte wird die Aufmerksamkeit der Zuhörer intensiviert – und hier kann man bei Oswald sicher sein, daß er solche Akzente jeweils auf Schlüsselwörter legt.
Zum Beispiel das Lied, in dem nautisch so exakt die Reise ins Heilige Land beschrieben wird (Kl 17): hier verbindet Oswald in der ersten Strophe den höchsten Notenwert mit »ráten«, also Rat geben, in der zweiten Strophe wird dieser Akzent kombiniert mit »gíphel«, das Segel soll zur Spitze des Mastes hochgezogen werden; in der dritten Strophe wird die Akzentuierung verbunden mit einem wichtigen Hinweis zur Navigation.
Und die tiefste Note? Sie liegt in der ersten Strophe überraschenderweise noch einmal auf »ráten«: hüte dich vor der calamita, wenn ich dir raten darf . . . Ein bedeutungsvolles, warnendes Absenken der Stimme? In der zweiten Strophe wird diese Note kombiniert mit »ánker«, in der dritten Strophe mit »traut«.
Wie sehr Oswald mit musikalischen Akzenten interpretiert, zeigte sich bei Kl 33: in dieser ›Erektionsarie‹ singt Oswald in der letzten

Strophe, seine Lust (»freud«) erreiche den höchsten Punkt, wenn er sich ausmale, wie ihn seine Freundin zur Morgenstunde liebevoll umarme. Dieses »freud« wird mit der tiefsten Note der Strophe verbunden, und das signalisierte Oswalds Zuhörern: Lust in Anführungsstrichen. Möglicherweise hat Oswald diesen akustischen Tiefpunkt zusätzlich betont, indem er das Wort ironisch artikulierte; auch konnte er mimisch andeuten: schöne Freude das, einen Ständer haben und keine Frau . . .

Wiederholt bestätigt sich: Oswald hat nicht bloß Texte vertont, er hat als Dichter und Komponist synchron gearbeitet. Oder: bei schon vorliegenden Melodien hat er die Texte genau nach der musikalischen Struktur geschrieben.

Dazu weitere Beispiele aus diesem Lied. Es ist (wie die meisten) vorwiegend syllabisch: pro Silbe eine Note. An einer Stelle jeder Strophe kommen freilich zwei Noten auf eine Silbe; zuerst beim Klageruf »ach«: wenn er im Bett nach ihr greife und sie nicht finde, so sei gleich, ach, Feuer unterm Dach; die gleiche Akzentuierung bei »lang«: sie sei so lange schon weg, daß er in seinem Gesang die Klage nicht länger unterdrücken könne, und: seine Freundin lasse ihm keine Ruhe, »rü«.

Sehr bewußt hat Oswald auch Melismen eingesetzt. Wenn er nach seiner Liebsten seufze – hier wird das »beseuffte« in der zweiten Silbe auf fünf, in der dritten auf drei Noten gesungen; das gleiche Melisma bei »klage« am Ende der zweiten Strophe.

Dies einige der Beobachtungen, Erfahrungen der ersten Phase der Erarbeitung. Als nächstes war beispielsweise zu überlegen, wo Atempausen gesetzt werden sollten; Wilfrid Jochims hatte die Kompositionen nach den Handschriften transkribiert, trug auf seinen Notenblättern nun Atem-Zeichen ein. Dabei zeigte sich mehrfach: wo der Text Zäsuren anbietet, können sie von der Komposition aufgehoben werden durch größere agogische Bögen. Umgekehrt: wo sich in der musikalischen Agogik eine Pause anbietet, kann sie vom Text gleichsam verweigert werden, ein Sprachbogen, der sich nicht durchbrechen läßt – sinnliche Erfahrungen mit den Liedern.

In der dritten Phase die Zusammenarbeit des Sängers mit den beiden Instrumentalisten, mit Michael Schäffer, Laute, mit Tom Kannmacher, Drehleier, Scheitholz, Dudelsack. Daß er Dudelsack, genauer: Musette spielte, war mir besonders wichtig, denn es gab zuvor noch keine Aufnahme eines Oswald-Lieds mit einer Sackpfeife; wir hatten uns rasch darauf geeinigt, dieses Instrument bei Kl 33 einzusetzen.

Eine northumbrische small pipe: ein Gürtel umgeschnallt, an die-

sem Gürtel ein kleiner, etwa handflächengroßer Blasebalg, eine Lederschlaufe um den rechten Ellbogen, durch gleichmäßiges Andrücken wird der Winddruck erzeugt, der den von Samt überzogenen Ledersack mit Luft füllt – zwei, drei Armbewegungen, ein Fauchen, Schnappen, die ersten Klänge.
Oder die Drehleier, bei Plattenaufnahmen von Oswald-Liedern schon mehrfach verwendet: die rechte Hand dreht die Kurbel, auf der Achse eine Holzscheibe, etwa einen Zentimeter stark, an diesem Rad liegen Saiten an, die permanent in Schwingung versetzt werden können: der Bordun (zum Beispiel eine permanent durchklingende Baßquinte, über dem die Melodie gesungen wird). Mit Tasten lassen sich, zusätzlich zu diesem konstanten Grundklang, melodische Figurationen spielen: die Chanterelle. Außerdem läßt sich, so sehe und höre ich nun, dieses Instrument auch rhythmisch spielen, durch ruckhaftes Beschleunigen beim Drehen.
Bei den ersten Proben des Sängers und der Instrumentalisten verschiedene Detailfragen: soll von der Drehleier nur der Bordun gespielt werden, mit oder ohne Schnarrsaite, oder sollen Figurationen den Sänger begleiten? Soll im Refrain ein Tamburin geschlagen werden oder eine größere Trommel? Wie soll diese Trommel gestimmt werden, damit sie nicht klingt wie ein Instrument aus dem Orffschen Schulwerk? Soll in der ersten Strophe nur die Laute den Sänger begleiten, in der zweiten nur die Drehleier und in der dritten spielen beide Instrumente gemeinsam, oder soll in der ersten Strophe auch schon die Drehleier hörbar werden, durch einen zurückhaltend gespielten Bordun und in der zweiten Strophe begleitet die Laute mit Baßakkorden (in Bordun-Funktion) die Drehleier? Besonders spannend wurde es für mich, wenn die Musiker solch einen Vorschlag von mir ausprobierten – und akzeptierten. Allzu oft geschah das nicht, ich will hier nicht angeben, aber: hier war Kommunikation.
Zuweilen, bei den Proben, dann bei der Aufnahme gab es Momente, in denen ich ein bißchen stolz war: eine Idee, ein Impuls, nun die Realisierung. Einige der Lieder wurden hier nach mehr als einem halben Jahrtausend zum erstenmal wieder aufgeführt.

84 Es gibt ein Gemälde (in der ersten Handschrift, leider ist es stark abgeblättert und eingedunkelt), das Oswald im Vollbild zeigt. Hier, so wurde verschiedentlich erklärt, habe er sich als Spielmann portraitieren lassen: ein Strumpfhosenbein weiß, ein Strumpfhosenbein schwarz, das sei typisch für Spielleute. In Mül-

lers Arbeitszimmer in Stuttgart haben wir uns ausführlich eine Reproduktion dieses Gemäldes angesehen, auch die Reproduktion einer Rekonstruktion: sieht so ein Spielmann aus? Über der Strumpfhose (zu der er keine Schuhe trägt) ein halblanger Rock, pelzverbrämt, ein Gürtel, an dem ein Dolch hängt, von dem man freilich nur den Griff sieht, die linke Hand an diesen Gürtel gestützt, um den Hals die Ordenskette, auf dem Kopf eine Pelzmütze, in der rechten, erhobenen Hand ein Blatt mit einem Liedanfang. So steht er breitbeinig zwischen den Wappen derer von Villanders und derer von Wolkenstein, ein standesgemäß gekleideter Repräsentant seiner Klasse: ICH WOLKENSTEIN! Und die verschiedenfarbenen Strumpfhosenbeine? Müller fand in einer Kostümgeschichte, daß zweifarbige Hosenbeine damals in Mode waren.
Also kein Portrait eines Spielmanns! Aber Oswald hatte bestimmt mit Spielleuten zu tun, beispielsweise, wenn er sich (zusätzlich) begleiten ließ; Spielleute als Kollegen, Spielleute vielleicht auch als Konkurrenz – Anlaß genug, Spielleute in diesem Buch auftreten zu lassen.
Was ein Spielmann war, wie er im Mittelalter eingeschätzt wurde, dazu finde ich viel Material in Walter Salmens Habilitationsschrift *Der fahrende Musiker im europäischen Mittelalter*. Demnach hatten zu Oswalds Zeit und schon lange vorher die Spielleute einen vielfach schlechten Ruf, denn sie lebten außerhalb der ständischen Ordnung, die von den Herrschenden als gottgegebene Ordnung ausgelegt und gesetzlich geschützt wurde: die Spielleute wurden gleichgestellt mit fahrendem Volk, mit Korbmachern und Scherenschleifern, mit Hellsehern und Wahrsagern, mit Zauberern und Bärenführern, mit Vaganten und Artisten. Überall boten sie ihren musikalischen Service an, in Städten, Klöstern, Burgen, bei Hochzeiten und Beerdigungen, zum Tanz wie zum Liedvortrag, aber es gab fromme Herren, die mit Spielleuten nichts zu tun haben wollten: sie galten als unsauber (»Das gehört sich, daß der Spielmann Läuse hat, er hätte ja sonst kein Vieh.«) und als trunksüchtig (»Der Spielmann war des Weines voll«: eine Standardformel). Man gewährte ihnen kaum Rechtsschutz (Notzucht an weiblichen Musikern war straffrei), in manchen Orten wurde ihnen die Kommunion versagt – ihre Musik als Teufelswerk verschrien, die Spielleute als des Teufels Lockvögel, das höllische Pfeifen der Dudelsäcke und Flöten . . .
Freilich, mit solchen Auffassungen war die öffentliche Meinung nicht durchweg identisch, nicht einmal in den oberen sozialen Schichten. Es gab Äbte, die ließen Spielmänner im Refektorium auftreten, und Burgherren, die wiederholt Spielleute zu Gastspie-

len engagierten. Dabei wurde durchaus die ›Bierfiedelei‹ kaum oder schlecht ausgebildeter Spielmänner unterschieden von virtuosen Vorführungen voll ausgebildeter Musiker. Unterschieden wurde auch nach der sozialen Herkunft der Spielleute: verarmte Adlige, musizierende Kleinbürger, vergammelte Scholaren. So breit man auch dieses Spektrum ansetzt: Oswald gehört hier nicht herein, denn er fiedelte, trommelte, pfiff und sang nicht für Ehrenlohn, Ehrensold, Honorar, Gage, Gehalt oder Almosen (höchstens nahm er mal ein Geschenk an), er gab Gastspiele vor sozial Gleichgestellten oder Höherstehenden. Und dabei zog er sich wohl kaum Spielmannskleidung an!

Denn die sollte Werbewirkung haben, deshalb die oft plakative Aufteilung in leuchtende Farbflächen: eine Körperhälfte grün, die andere rot. Oder: linkes Bein und rechter Arm rot, rechtes Bein und linker Arm weiß. Oder: grüner Rock, gelbe Hose, rote Schuhe, roter Federschmuck. Manche Spielmänner hatten den Kopf kahlgeschoren, auch gab es Spielleute, die nackt auftraten. Meist aber war man buntscheckig gekleidet, etwa mit einem blätterartigen Umhang (wie Papageno in vielen Inszenierungen der Zauberflöte), oder man trug eine Narrenkappe mit großen Eselsohren.

Man spielte, was gewünscht wurde, sang laszive ebenso wie fromme Lieder. Durchweg musizierte man extempore, wechselte auch die Instrumente – ein Spielmann, der nur ein einziges Instrument beherrschte, war nicht attraktiv. So brachte man in einem Lederfutteral ein Streich- oder Zupfinstrument mit, hatte seine Flöte, seine Trommeln, spielte als Alleinunterhalter oder in Gruppen.

85 Musiker, soweit sie nicht bloß Musik-Beamte sind, probieren gern andere Instrumente aus, zumindest: Varianten des eigenen Instruments. Beispielsweise in Ensembles für alte Musik: statt der gewohnten Laute eine chitarra sarazenica spielen. Oder unter Jazzmusikern: das Sopransaxophon zur Abwechslung ersetzen durch eine afrikanische Oboe, Shenai Nagaswaram.

Ähnliches hat Oswald sprachlich gemacht: in einer fernen Variante der eigenen Sprache schreiben, im niederrheinischen Idiom. Der Begriff Mundart läßt sich hier, streng genommen, nicht anwenden: es gab Regionalsprachen, beispielsweise die bayerische oder niederrheinische, und es gab die langsame Entwicklung einer überregionalen deutschen Sprache, in der Literatur wie in der Verwaltung. Oswald schrieb, wissenschaftlich formuliert, in der

»mittelbairisch-wienerischen Herrensprache«. Er übernahm zuweilen auch Wörter aus der Volkssprache; damit wollte er aber nicht volkstümlich werden: wenn er ein Wort etwa aus der Kastelruther Gegend zitierte, so war das für ihn und seine Zuhörer eine kleine, rustikale Extravaganz.
In zwei Fällen aber nun hat Oswald bewußt seine Literatursprache verlassen und in der Literatursprache einer Region geschrieben, in der er nicht aufgewachsen war, nicht lebte. Das ist außergewöhnlich für seine Zeit: ein Tiroler, der rheinisch schreibt! Ein Sprung, aber ich nehme an, mit kurzem Anlauf. Vorstellbar ist folgende Situation: unter den vielen fahrenden Musikern, die nach Konstanz kamen, hörten Oswald und sein Kreis einen Sänger, der ganz selbstverständlich, weil er es nicht anders kannte, die Sprache seiner Region sang, niederrheinisch, und das wirkte auf Oswald als etwas Besonderes, fast schon Exotisches, das war wie eine Herausforderung: Wetten, das kann ich auch? Und er schrieb beispielsweise so etwas:

Grasselick lif war hef ick dick verloren
all dise lange sütten summertit
dat gy my komt tu vorn
so left min hert in grot jo lit

Eigentlich, so stand für mich längere Zeit fest, darf nur der Originaltext dieses Liedes zitiert werden. Wie aber soll man hier, als nicht-spezialisierter Philologe, herausschmecken, was für Oswald besonderes Sprachgewürz war? Wir haben nicht den Klang seiner Sprache im Ohr, mit der Oswald beispielsweise dieses Lied ansagte, und dann, als Kontrast, dieser völlig andere Sprachklang! Also doch eine Übersetzung?
Nach einer Prosa-Paraphrase von Okken habe ich einen Text geschrieben in der Mundart meiner Region: im Dürener Platt. Aber Düren liegt ein Stück weg von der Region, deren Sprachklang Oswald im Ohr hatte, seinen Zuhörern ins Ohr setzen wollte, und so habe ich Verbindung aufgenommen mit Ludwig Soumagne, der in der landkölnischen Mundart schreibt: diese Sprache ist in Schriftbild und Klang dem Niederdeutschen recht nah, wie es Oswald reproduzierte oder zu reproduzieren versuchte.
Ich besuchte Soumagne in Norf bei Neuß, gab ihm Textvorlagen und Prosaübersetzungen, wir sprachen schwierige Punkte durch. So hatte ich mir von Okken Wörter zeigen lassen, an denen erkennbar wird, daß Oswald aus Tirol stammt und nicht vom Niederrhein: Ungenauigkeiten, Patzer. So mußten in den neuen Text

ebenfalls ein paar Ungenauigkeiten, Patzer eingesetzt werden – diesmal bewußt produzierte!
Und damit die erste Strophe von Kl 90. Das Lied ist insgesamt drei Strophen lang, aber bei der zweiten und dritten Strophe lohnen sich die Mühen des aufwendigen Übersetzungsverfahrens kaum noch.

Leev Häär, wör ech ne Piljer,
wie ech vür Johre eene wor
dann piljerden ech no ming Schwestre
e Broderhätz von Haß net schwor.
Vüll Abenteuer un noch mieh
wüed ech verzälle
direk en et Ührche un dobee
mech leev anstelle.
Zwei Bälkches hätt ech bahl jenieht
op minge Ömhang wie ens draan
dronger wör ech jrad su aan
wie ne Klosterbroder
dä sin Schwestre leever söekden
wie de Mötter.

Der Text des zweiten Liedes (Kl 96) ist nach einem recht konventionellen Muster geschrieben – aber es ging Oswald ja primär um den für ihn neuen Sprachklang. Wie zum Beweis, daß er hier keineswegs volkstümlich werden wollte (auch nicht, stellvertretend, im Niederrheinischen) hat er zu diesem Text einen dreistimmigen Liedsatz komponiert

Hätzliebche fein, wo hann ech dech verlore
hee en der lange, söße Summerzick?
Lett mech dech fenge wier,
dat Freud wier en mieh Hätz entrick.

Glöcksieligkeet un koom ne Gronk zom Truure
du mahs, dat nicks wie Freud ech hann em Senn.
Nie well ech dech verberje
wie jäär dat ech di Ein un alles bön.

Du leevste Schatz, dat Schloß muß sin verbonge
wie ene Kaisersetz su joot un secher sin.
Hück hann die Freud ech fonge,
die trick mi Hätz no dech bloß hin.

Der Liedtext als reizvoll-fremdartiger Sprach-Klangkörper: dies hat Oswald noch konsequenter realisiert in seinen beiden polyglotten Liedtexten Kl 69 und 119. Wieder ein Originalzitat:

Do frayg amors
adiuva me
ma lot mein orss
na moy serce
rennt mit gedanck
frow puraty
Eck lopp ick slapp
vel quo vado
wesegg mein krap
ne dirs dobro
je gslaff ee franck
merschy voys gry

Oswald hat zu diesem Liedtext eine »exposicio« geliefert, eine Übersetzung, die ich wiederum übersetze, denn hier zeigt sich, daß diese Sprachzitate nicht einfach zusammengestoppelt, sondern sinnvoll geordnet sind, wenn auch wieder nach einem konventionellen Grundmuster.

Wenn du mich liebst,
so steh mir bei.
Mein Pferd, mein Roß,
sowie mein Herz:
ihr Ziel ist nur
bei dir, Madame.
Im Schlaf, im Lauf,
und wo ich geh:
mein armer Kopf
ist mir verdreht.
Ich bin versklavt,
ich war mal frei –
ich fleh um Gnad!

Ein kurzer Blick auf die Elemente, aus denen Oswald sein Sprachpuzzle zusammengesetzt hat – schriftliche Hinweise informieren den Leser seiner Handschriften, aus welcher Sprache sie jeweils stammen. So ist »frayg amors« als »frantzos« deklariert, und gemeint ist die wahre Liebe, vrai amours; »ma lot« ist ungarisch, »min orss« flämisch; »purati« ist als »welsch« deklariert, als italienisch, und das wird vom Romanisten Guntram Plangg in einer Untersuchung so transkribiert: »ppur' a ti«. Als letztes Beispiel noch: »merschi voys gry« ist »merci vous crie«. Es zeigt sich, daß Oswalds Text philologischer Analyse standhält; Plangg weist anerkennend darauf hin, daß sich »hinter dieser uns verspielt anmutenden Fertigkeit ein außergewöhnliches Können und viel Fleiß« verbirgt.

Wie dieses Sprachkunststück gemeint war, als Imponiergeste oder als Jux, das läßt sich aus dem Refrain schließen. Der lautet im Original so:

Tewtzsch welchisch mach
frantzoisch wach
ungrischen lach
brot windisch bach
flemming so krach
latein die sybend sprach

Die Übersetzung ist schwierig. Erstens das halbe Dutzend gleicher Reime, zweitens das knappe metrische Schema: aus »welschisch« muß das silbenreichere »italienisch« werden, und das erzwingt eine Erweiterung des metrischen Schemas:

Aus deutsch mach italienisch,
erweck es auf französisch,
laß es magyarisch lachen,
und treib es auf slowenisch,
laß es denn flämisch krachen;
Latein: die sieben Sprachen!

Bei ersten Übersetzungsversuchen hielt ich diesen Refrain für ein frühes Beispiel von Nonsense-Literatur, aber die Untersuchung von Plangg hat mich zurückgepfiffen. Plangg weist darauf hin, daß der Refrain so etwas wie ein Kommentar zum polyglotten Text ist: was man aus der deutschen Sprache, mit der deutschen Sprache alles machen, wie man es mit ihr treiben kann!

Alle Philologen, die auf diesen Text eingehen, nehmen an, daß Oswald dieses Lied in Konstanz geschrieben hat; man weist zur Begründung gern hin auf das »Sprachengemisch« der Konzilsstadt – das finde sein Echo in diesem Text.

Das Gleiche gilt für den folgenden Liedtext: Kl 119. Diesmal zitiere ich nicht mehr nach der wissenschaftlichen Ausgabe, hier würde für den Leser der Eindruck entstehen: alles verflust, verfilzt, versträhnt. Ich lege ein philologisch durchkämmtes Sprachgewölle vor, nach Plangg, und übersetze die mittelhochdeutschen Anteile.

Bog te primi, was führt dich her?
Grand' mair sia tu, sine cura!
Ich freue mich, quod video te!
Con bonamor jaz sem tvoj.
Tot' m'esperans' na te stroio,
denn du gibst Glanz cum gaudeo.
Opera mea halt ich auch,
ma dobri si sluzba bas cald.

Ob das metrisch stimmt? Ich weiß nicht. Auch diesem Text hat Oswald eine Übersetzung beigefügt, die ich nun übersetze.

Willkommen! Sag, was führt dich her?
Der Grund ist gleich – ich danke dir!
Ich freue mich, daß ich dich seh!
Mit meiner Liebe bin ich dein!
Mein Hoffen richtet sich auf dich,
denn du gibst Glanz und Lust dazu.
Was ich versprochen, halt ich auch,
in jeder Hinsicht dien ich dir.

Auch hier: ein konventionelles Grundmuster für diesen slawisch-provencalisch-lateinischen Flickerlteppich! Dennoch: Oswald erweist sich wieder als Dichter, der experimentiert; die Blütezeit polyglotter Gedichte kommt erst später, in der Renaissance, im Barock. Auch bei diesen Texten muß betont werden: Oswald macht seinem Publikum kein X für ein U vor, obwohl es recht leicht gewesen wäre, denn wer konnte bei einmaligem Hören schon feststellen, ob jedes Sprachdetail stimmte? Oswald hat sich einen Spaß gemacht, einen Sprachspaß – und hat gerade deshalb exakt gearbeitet.

86 Oswald in Konstanz – er hat nicht nur Außergewöhnliches, Außerordentliches geschrieben, da sind auch Texte, die wir zwar mit Interesse, kaum aber mit Enthusiasmus lesen. Für mich zählt der folgende Text (Kl 12) dazu. Ein Jonglierspiel, Balanceakt: die Anbetung der himmlischen Jungfrau ist sprachlich identisch mit der Anhimmelung einer Dame der höheren Gesellschaft.

In Frankreich und
León, in Aragón, Kastilien, England,
in Dänemark, in Schweden, Böhmen, Ungarn,
Apulien und Navarra,
Sizilien und Zypern,
Granada, Portugal, Ägypten –
die sechzehn Königreiche,
ich habe sie umfahren, sie besucht, bis ich
den einen Schatz fand, der den Wert bewahrt.
Der will mir Treue halten,
wenn ich ihm diene, unbeirrt,
und nur nach seinem Willen lebe.
Ich weiß ja: falls ich ihre Huld
verliere oder ihre Gnade,
so wird sie meine Schuld nicht ahnden,
wie es die andren Damen tun,
sie wird mir gnädig bleiben,
bis ich die Freundschaft schließlich überziehe.

Ein schönres Weib
hat noch kein Mensch gesehen; wer sie kennt,
der kann mit Recht nur sagen:
an ihr ist alles fehlerlos.
Ihr Antlitz leuchtet wie die Sonne,
und klar die hellen Augen, rot der Mund.
Wie könnte ich
bekümmert sein, seit ich doch weiß: überall
werd ich die Reine sehen,
vor mir, so schön bekrönt.
Die Zarte schenkt mir Freude, Glück;
und wär ich krank, sie würde mich rasch heilen.
Zufrieden wäre ich auch sehr,
wenn ich bei ihr erschmeicheln könnte,
daß sie mich in ihr Gärtlein läßt,
wo sie durch Rosen schreitet.
Und gäb sie mir den grünen Kranz
als Gunsterweis – ich würd vor Freude überschäumen!

Vier Königinnen,
gekrönt, die große Ehren mir erwiesen,
die ich doch wahrlich nicht verdiente,
dazu manch schöne Fürstin,
die mich zum Singen eingeladen –

auf einem Knie hab ich mich da bedankt.
Bedenk ich's recht,
so überragt sie meine Dame an Kultur,
geschaffen nach dem Musterbild des Adels.
Kein Mensch hat je so schönen Klang
aus einem Mund vernommen,
als wenn sie ihre Stimme lieblich hören ließ;
sie übertönt die musica
mit voller Resonanz,
in der Mensur apposita;
die vollen und die halben Noten
läßt sie in ihrer Kehle schwingen,
daß es im Herzen widerklingt.

Und wär Paris,
wär auch Venedig, Brügge, Tripolis, Damaskus
mit Perlen, Gold ganz übersät,
und mit Rubinen Genua,
mit Diamanten Barcelona,
mit Goldgeschmeide Montpellier –
so wäre sie
doch weitaus mehr als diese Schätze wert.
Schon oft hat sie mich aufgeheitert,
wenn ich ganz lustlos und verdüstert,
von tausend Maschen bin umfangen –
sie hilft mir aus der Tiefe wieder hoch.
Ganz ohne Makel, voller Demut,
von höchstem Anstand,
mit allen guten Eigenschaften,
so zeigt die schöne Jungfrau sich!
Der Kummer ficht mich nicht mehr an;
will sie mir wohl, so fürcht ich keine Drohung.

Ihr vielen Frauen,
es wär nun Zeit, daß ich mich von euch trenne;
ihr habt mir übel mitgespielt,
nach meinem Heil, da fragt ihr nicht.
Im Kavaliersdienst häng ich etwas nach,
seit weiße Haare sich im Bartbraun zeigen.
Ich hoffe nun:
die hell, zart, rein ist, lieblich schön,
wird sich als treu erweisen,
(wenn ich ihr keinen Ärger mache)

wird meinen Liebeskummer bald beenden.
Mit Recht beherrscht mich diese Liebe.
Und Kaiser, König, Herzog, Graf,
Gefolgsmann, wer du seist –
ich habe Grund zu jubeln,
zu tanzen mit der Herrin,
denn: ihre Treue hält sie mir,
wenn ich ihr recht ergeben diene.

Wie mag Oswald das Lied gesungen haben? Auch so, daß man nicht wußte, ob hier die Jungfrau Maria gepriesen wird oder beispielsweise Margarete von Schwangau, die er später heiraten wird?

87 Ein wichtiges Kapitel sind Oswalds mehrstimmige Kompositionen, oder, um mich vorsichtiger auszudrücken: die mehrstimmigen Kompositionen, die in seinen Liederhandschriften aufgezeichnet sind.
Wie groß die Distanz ist zwischen einstimmigem Lied und mehrstimmigem Liedsatz, zeigen schon die Voraussetzungen und Techniken der Aufführung. Auch bei polyphonen Kompositionen sind Besetzungen auswechselbar, aber die Wahlmöglichkeiten sind erheblich geringer. Etwa ein Satz für zwei Singstimmen, ein Instrument: hier konnte man nicht mehr den Zufall mitentscheiden lassen, welch ein Instrumentalist gerade zur Verfügung stand, ob ein Drehleier-, ein Dudelsack-, ein Schlagwerk-, ein Flöten-, ein Harfen- oder ein Psalteriumspieler, hier mußte man »das Instrument auswählen, das nach Charakter und Eignung der bereits geschriebenen Stimme am ehesten gerecht wird«. So Thomas Binkley, Leiter des Studios der frühen Musik. Und er betont: »Verschiedene Aufführungen eines polyphonen Stückes werden einander immer ähnlich sein, während die eines monophonen Stückes sehr unterschiedlich sein können.«
Das Entscheidende ist also: eine mehrstimmige Komposition muß im Ensemble so aufgeführt werden, wie der Komponist sie notiert hat; dieser Notwendigkeit muß sich alles unterordnen. Damit sind an die Musiker völlig andere Anforderungen gestellt als bei der improvisierenden Begleitung eines einstimmigen Liedes. Es gab unter Spielleuten, unter Menestrels nur einen verhältnismäßig kleinen Prozentsatz, der hierzu ausgebildet, hierin eingeübt war. Bei einem einstimmigen Lied konnten sich Spielleute in der Improvisation zusammenfinden; bei der Aufführung polyphoner

Musik mußten die Musiker aufeinander eingespielt sein. Eine der Voraussetzungen für die Entwicklung der Ars nova zu Beginn des 14. Jahrhunderts waren die Hofkapellen, die sich in Frankreich bildeten.
Nun wird hier nicht, das muß betont werden, (ab-)wertend unterschieden zwischen einer ›bloß‹ improvisierenden Liedbegleitung und dem Ensemblespiel bei mehrstimmigen Sätzen. Für den Musiker kann die improvisatorische Begleitung kreativer sein als die Teilnahme an der Aufführung einer durchnotierten Komposition. Niemand wird etwa einen Jazzpianisten danach beurteilen, wieweit er fähig ist, auch in einem Klaviertrio mitzuspielen, bei der Aufführung eines Werkes von Beethoven oder Brahms. Für einen Musiker, der in einer polyphonen Komposition mitspielte, bestanden schulmäßigere Voraussetzungen als für einen weithin improvisierenden Musiker.
Weil es hier nicht allein um eine musikalische Technik geht, sondern um musikalische Artikulationsformen, habe ich mir einige Langspielplatten mit polyphoner Musik des späten Mittelalters beschafft – ein Bereich der Musik, von dem ich kaum konkrete Vorstellungen besaß. Ich hörte mir mehrstimmige Chansons von Guillaume de Machaut an, der zu Beginn des vierzehnten Jahrhunderts geboren wurde, auf Reisen und Kriegszügen weit in der damaligen Welt herumkam, eine angesehene kirchenmusikalische Stellung erhielt und 1377 starb. Ich hörte »Ballaten« von Francesco Landini, der 1335 geboren wurde, als Sohn eines Malers, früh schon erblindete, nach einer Pockenerkrankung, verschiedene Instrumente erlernte, viele weltliche Kompositionen hinterließ. Ich hörte Musik von Johannes Ciconia, dessen Werke vor allem auf das erste Jahrzehnt des 15. Jahrhunderts datiert werden; er war so wichtig, daß man von einer »Epoche Ciconia« schreibt; in Konstanz, während des Konzils, wurden noch Kompositionen von ihm aufgeführt.
Beim Anhören dieser polyphonen Musik hatte ich den Eindruck: hochstilisierte Kunst für ein Publikum musikalischer highbrows. Und ich fragte mich: ist Oswald dagegen nicht ein Komponist, der auf breitere Wirkung hinarbeitete? »Das derb Rustikale begeisterte ihn mehr als das geziert Höfische«, schreibt Salmen. Und hat Oswald nicht selbst zu erkennen gegeben, in Kl 21, daß ihm »jöstlins saitenspil« zu artifiziell sei? Diesen »Jöstlin« hat schon Marold mit Leonardo Giustiniani identifiziert, der etwas jünger als Oswald war, möglicherweise auch in Konstanz gastiert hat. Maestro Giustiniani schrieb vor allem Liebesgedichte, Liebeslieder, und die machten ihn so bekannt, daß sein Name später zu ei-

ner Gattungsbezeichnung wurde: Giustiniane. (Zumindest) einen dieser Liebesliedtexte hat auch Ciconia vertont.
Dieser höfisch-feinen, hochstilisierten Musik also stellte Oswald ein volkstümliches »Ruck, ruck, ruck an meine grüne Seite . . .« gegenüber, betonte seine Vorliebe für solche Musik. Selbstaussage oder Stilisierung?
Ich muß zugeben, ich hatte mich längere Zeit an diese Version gewöhnt: Oswald vor allem als Komponist und Sänger von einstimmigen Liedern, deren Ausdrucksskala er zum Subjektiven erweiterte; daß er mehrstimmig komponierte, erschien mir weniger typisch. Zwar hatte ich einmal gelesen, in einer kurzen Abhandlung von Göllner, Oswald habe eine Komposition von Landini kontrafaziert, aber das hatte ich nur allgemein zur Kenntnis genommen. Erst jetzt, da ich Musik dieses Komponisten hörte, wurde diese Information virulent; ich mußte mich fragen, ob ich Oswald als Komponisten, als Musiker nicht allzu einseitig eingeschätzt hatte. Mehrfach hörte ich mir vor allem die Ballata »Questa fanciull'amor« an, die Oswald zweimal neu textiert hat (Kl 65 und 66), und es bestätigte sich der Eindruck: hoch-differenzierte Satzkunst für ein elitäres Publikum. Und solche Musik (an diesen Gedanken mußte ich mich wirklich erst gewöhnen), solche Musik hat Oswald übernommen, adaptiert. Vielleicht entdeckt man eines Tages, daß er noch eine zweite Komposition von Landini übernommen hat, oder eine von Ciconia oder von einem anderen italienischen oder niederländischen Meister polyphoner Satzkunst.
Das Komponieren mit mehreren Stimmen war damals im deutschen Bereich ganz neu. Zwar hatte, eine Generation vor Oswald, der sogenannte Mönch von Salzburg einige zweistimmige Liedsätze geschrieben, aber die waren recht simpel. Die erste wirklich intensive, auch extensive Beschäftigung mit polyphoner Satzkunst finden wir im deutschsprachigen Bereich bei Oswald von Wolkenstein. Verständlich, daß er sich die Techniken der Ars nova, der Musik des Trecento erst einmal durch Adaptationen erarbeiten mußte, also durch Kontrafakturen. Man hat in seinem Werk bisher zehn Kontrafakturen entdeckt, die Mehrzahl unter den polyphonen Liedsätzen. Es ist zu erwarten, daß weitere Vorlagen gefunden werden, speziell bei den mehrstimmigen Liedsätzen. Müssen wir nun Angst haben vor jeder neu aufgespürten Kontrafaktur, weil Oswald als Komponist, vor allem als Komponist mehrstimmiger Liedsätze damit an Bedeutung verlieren könnte?
Zuerst, grundsätzlich: eine Kontrafaktur war nicht so etwas wie ein Plagiat; das Kontrafazieren war im Mittelalter ein übliches, legitimes Verfahren unter Komponisten. Dennoch: war es ein be-

quemeres, letztlich ›unschöpferisches‹ Verfahren? Oswald hat mehrstimmige Sätze anderer Komponisten kaum einmal unverändert übernommen, sie ›bloß‹ neu textiert, er hat, beispielsweise, Landinis Ballata modifiziert, hat in einem anderen Fall (Kl 53) nur *eine* Stimme übernommen, eine zweite Stimme dazugeschrieben; das setzte Souveränität voraus.

Und so lasse ich mir von Kontrafaktur-Detektiven so rasch nicht bange machen: in Oswalds Handschriften sind drei Dutzend mehrstimmige Kompositionen aufgezeichnet – also wird er wohl selbständig polyphone Liedsätze komponiert haben! Ob er dabei die polyphone Satzkunst in irgendeiner Weise bereichert, erweitert hat (so, wie er das einstimmige Lied weiterentwickelte zum »Individuallied«), das kann ich nicht beurteilen, das wird sich generell erst sagen lassen, wenn Oswalds Polyphonie systematisch untersucht ist.

Dies aber läßt sich jetzt schon feststellen: Oswald hat sich (obwohl er offenbar nie eine systematische musikalische Ausbildung hatte, sondern weithin Autodidakt gewesen sein dürfte) als erster im deutschsprachigen Bereich konsequent mit der Polyphonie befaßt, vom zweistimmigen Kanon bis zum vierstimmigen Satz; er hat Vorlagen neu betextet, Kompositionen abgewandelt, hat mehrstimmige Liedsätze komponiert.

88 Oswald als Komponist und Oswald als Dichter: er zeigt außerordentliche Vielseitigkeit. Beinah gassenhauerhafte Lieder, hochartifizielle Liedsätze – und dazwischen eine Vielfalt von Formen!

Die »Verschiedenheit der musikalischen Stile in seinem Werk« erscheint Erika Timm »auffällig«, und sie meint in ihrem Neustifter Beitrag: »Wären alle seine Stücke anonym und textlos überliefert, niemand würde sie demselben Stil, geschweige denn demselben Komponisten zuschreiben.« Mag sein, aber finden wir in seinen Texten nicht eine ähnlich »auffällige Verschiedenheit der Stile«? Auch wenn sich an seinen Texten weit eher als an seinen Kompositionen zeigt, daß Oswald sie geschrieben hat – bezeichnend ist für ihn, daß das weite Spektrum sprachlicher Artikulation eine Entsprechung findet in einer Vielfalt musikalischer Ausdrucksformen.

Oswald gehört nicht zu den Autoren, die fixiert sind auf *ein* Thema, *einen* Themenkomplex; auch als Komponist war er offen, nahm verschiedenartige Einflüsse auf, realisierte unterschiedlichste Formen. Auch für ihn gilt, was Robert Craft über Igor Strawinsky schrieb: »Seine Aufnahmefähigkeit ist ein Teil seines Entwicklungsvermögens.«

89 Längere Zeit hatte ich nicht realisiert, wie sich polyphone Kompositionstechniken auf Texte auswirken, oder: welche Textstrukturen sie voraussetzen. Ich hatte mich dupieren lassen durch bisher übliche Editionstechniken, auch in wissenschaftlichen Ausgaben: wie in den Handschriften (in denen aber die musikalischen Notationen die Bauformen anzeigen!) werden die Textpartien der Gesangsstimmen zusammengestellt, ein ›Gedicht‹ für den Diskant, ein ›Gedicht‹ für den Ténor, also die führende Stimme. Wie sich das Textmaterial der Singstimmen zueinander verhält, wenn es gesungen wird (und nur dafür werden Liedsätze ja geschrieben), das deutete sich in den bisherigen Lese-Versionen nicht einmal an.

Erst an *einem* Beispiel, am Jagdlied Kl 52 (auf Seite 88), habe ich bisher gezeigt, wie mit dem Wechselspiel mehrerer Stimmen einer polyphonen Komposition ein Wechselspiel von Wörtern und Zeilen entsteht. Die folgenden Beispiele sollen noch deutlicher machen, wie die Struktur der Musik die Struktur der Texte bestimmt.

In allen Konsequenzen merkte ich das, als ich den Aufsatz von Siegfried Beyschlag *Zu den mehrstimmigen Liedern Oswalds von Wolkenstein* gelesen hatte. Bei zwei der folgenden drei Liedtexte bin ich Beyschlags Hinweisen gefolgt – Abweichungen nur in geringfügigen Details.

Zuerst Kl 48, ein Tagelied, aber in einer sehr eigenwilligen Textversion, die Oswald in Konstanz geschrieben haben könnte. Eine Kontrafaktur: die Kompositionsvorlage ist ein älteres französisches Rondeau, »Jour à jour la vie«.

Um die Bauform des Textes zu verdeutlichen, lege ich den Beginn in der Leseversion der wissenschaftlichen Ausgabe vor. Die Zuweisungen zu den Stimmen setze ich in Klammern voran.

(Bäuerin:)
Steh auf, Margrete! Liebes Gretl, reiß die Rübe raus!
Machs Feuer an, setz Fleisch auf, Kraut! Beeil dich was!
Nun los, du geiles Stück, die Schüssel abgespült!
Wer hält die Magd im Bett? Der Künzel-Knecht?
Mach dich schon dünn, du übler Tagedieb!

(Magd:)
Ach Frau, ich mag nicht. Ist doch viel zu früh.
Wann find ich sonst den Schlaf, den ich noch brauch?
Geh, hetzt nicht so! Man ist ja auch noch wer . . .
So bleib doch hier,
geliebter Kunzl-Spezi, hab dich gern.

Eine Anmerkung zur Übersetzung – und damit zu Oswalds Schreibmethode. Oswald hat ein paarmal regionalsprachliche, bayerische Wörter benutzt; Hans Moser hat mich in einem Brief auf sie hingewiesen, ich habe diese Hinweise bei der Übersetzung berücksichtigt, zumindest im ›Proporz‹ bayerischer Wortanteile. Auffällig ist weiter, wie sich Gretl zuweilen um eine gehobene Redeweise bemüht. So redet sie vom »edlen Kunzerl«, jedenfalls nach einer neueren Lesart durch Erika Timm; daß dieses Adjektiv, so betont Moser in seinem Brief, auf einen Knecht angewendet wurde, mußte in der ständischen Gesellschaft als kraß empfunden werden – mit solch einem Wort durften sich nur höhere Herrschaften dekorieren.
Das Gretl versucht auch mal, die Beziehung zum »Chünzel sünzel«, zum Kunzl-Spezi aufzuwerten, sagt: »phlicht trag ich zu dem Chünzelein«; dafür habe ich eine neuhochdeutsche Entsprechung gesucht, die ebenso gespreizt, geschwollen klingt: »Mein Liebestrachten gilt dem Künzelein«. Sprachliche Hilflosigkeit, die sich mit Leihformen aushilft (wie bei Ödön von Horváth).
Noch eine Notiz zur »Rübe«. Im Originaltext fordert die Bäuerin, gleich zu Anfang: »Zeuch die rüben auss!« Hier wird gewöhnlich übersetzt, Gretl soll Rüben ziehen, also wohl Futterrüben. Sonst ist zu Beginn nur von Hausarbeiten die Rede; mir kommt der Gang zu den Rüben deshalb recht unwahrscheinlich vor. Außerdem: der Umgang mit Rüben hatte im späten Mittelalter auch sexuelle Bedeutung. So lasse ich die Rübe(n), die rausgerissen werden soll(en), während die Magd und ihr Freund im Bett liegen, in der Einzahl stehen.
Und nun der Text (annäherungsweise) in der Form, in der Oswald ihn konzipiert, komponiert hat.

– Steh auf, Margrete! Liebes Gretl, reiß die Rübe raus!
– Ach Frau, ich mag nicht. Ist doch viel zu früh.
– Machs Feuer an, setz Fleisch auf, Kraut! Beeil dich was!
– Wann find ich dann den Schlaf, den ich noch brauch?
– Nun los, du geiles Stück – die Schüssel abgespült.
– Geh, hetzt nicht so! Man ist ja auch noch wer . . .

– Wer hält die Magd im Bett? Der Künzel-Knecht?
  Mach dich schon dünn, du übler Tagedieb!
– So bleib doch hier,
  geliebter Kunzl-Spezi! Hab dich gern.

– Los, Grete, lauf zum Stadel!
– Und wen gibts dann, ders mir besorgt
  so deftig, pfundig?
– Such im Heu die Nadel, nimm den Rechen mit.
  Gabel, Flegel, Sieb und Sichel findst du dort.
– Arbeit ist Schinderei . . .
– Nimm Hans mit und Kathrina. Der Kunz bleibt hier.
– Kathrina taugt nichts, Hansl hab ich satt!
– Halts Maul, du Luder, hör auf mit dem Geschrei!
– Mit diesem Schmatz schenk ich mich ganz
  dem edlen Kunzl aus dem Zillertal.

– Die Schande wächst, dein Ruf schrumpft ein.
– Gretl, sei nicht so geschert!
– Frau, Schimpfen nützt jetzt nichts.
– Spinn, kehr, verdien dirs Geld.
– Spinnen, kehren mag ich nicht!
– Zerfetz dir nicht dein Kleid vor Wut!
  Kein Fickfack nur, sonst wirst du Pack.
  Du Racker kriegst ein Sackerl,
  sobald du dich verehelichst.
– Mein Liebestrachten gilt dem Künzelein,
  denn mir gehört er ganz;
  er schenkt mir Lust, nach der ich brenne.

Nicht wahr, ein völlig anderer Text? Zwar kommen die Textbezüge im Nacheinander der Lesefassung deutlicher heraus als in der Gleichzeitigkeit des Gesangs der beiden Stimmen, aber: die Bauform des Liedes, das Oswald geschrieben, komponiert hat – hier ist sie! Entdeckerfieber, als für mich die alte Kompromiß-Textform zerbrach, die Teile zu völlig Neuem zusammenrückten. Noch höher das Entdeckerfieber beim folgenden Liedtext, Kl 72. Ich übersetze (wieder ein auftaktloses metrisches Schema wählend) den Text zuerst in der Fassung, in der er bisher gedruckt wurde.

Keiner kommt beim Lieben dran,
der da nichts zu bieten hat.
Man kann hingehn, wo man will,

ständig heißt's: »Blöder Kerl,
was erwartest du von mir?
Los, verdufte, aber Tempo!
Wer nichts hat, kriegt auch nichts!
Also pack dich und verschwinde!
Deine Wünsche stehn dir schlecht.«

Borgen will der Wirt uns nichts,
dieses ist mein größtes Leid.
Triezt mich ständig, Tag und Nacht,
will nur Geld. Schnöde Welt,
pfui! so ruf ich. Dräng mich nicht,
vollgefressner Wirt!
Ja, so keift und so kreischt
Wirtin, Knechte, Dirnen, Kinder –
Winter fickt mich in den Beutel!

Trinken wir gleich aus dem Flascherl,
lassen wir den Becher stehn,
ja, dann kreiselt uns der Kopf.
Schenk schon ein, lieber Hans,
volle Pulle! Ach, wie wohl
das doch unsrer Gurgel tut!
Nur herein diesen Wein!
Frisch gepichelt, durchgeflossen,
ab, zum Blasensturz!

Lieben sollte ich die Hausmagd,
doch die Wirtin protestierte –
mußte sie dann trotzdem bohren!
Hab gerammelt, hab gerammt
und den groben Klotz gespalten.
Ach, bin ich ein armer Hund.
Und schon flog hoch das Stroh,
unser Stadel hat geschwankt –
hei, war das ein Hochzeitsfest!

Der Leser wird den Eindruck haben: in jeder Strophe ein in sich folgerichtiger Textablauf, und insgesamt: ein freches ›Gedicht‹. Aber so, wie es hier steht, hat Oswald es nicht geschrieben. Geschrieben hat er eine »Fuga«, beziehungsweise einen Kanon, und zwar mit einem Hoquetus-Einschub. Gesungen wird der Kanon von zwei Männerstimmen; die erste Stimme hat drei Zeilen Vor-

sprung, dann setzt die zweite Stimme (im Text eingerückt) mit dem gleichen Text ein; nach kurzem Ruhepunkt ein echohafter, rascher ›Schlagabtausch‹ – der Hoquetus; danach wieder singen beide Stimmen synchron.
Nun also der Text im Kompositionsschema, wie es Beyschlag skizziert. Die hier störende Interpunktion lasse ich weg.

Keiner kommt beim Lieben dran
der da nichts zu bieten hat
Man kann hingehn wo man will
  Keiner kommt beim Lieben dran
ständig heißt's Blöder Kerl
  der da nichts zu bieten hat
was erwartest du von mir
  Man kann hingehn wo man will
Los verdufte aber Tempo
Wer nichts hat
  ständig heißt's
krieg auch nichts
  Blöder Kerl
also pack dich und verschwinde
  was erwartest du von mir
Deine Wünsche stehn dir schlecht

Borgen will der Wirt uns nichts
dieses ist mein größtes Leid
Triezt mich ständig Tag und Nacht
  Borgen will der Wirt uns nichts
will nur Geld Schnöde Welt
  dieses ist mein größtes Leid
pfui so ruf ich Dräng mich nicht
  Triezt mich ständig Tag und Nacht
vollgefressner Wirt
Ja so keift
  will nur Geld
und so kreischt
  Schnöde Welt
Wirtin Knechte Dirnen Kinder
  pfui so ruf ich Drängt mich nicht
Winter fickt mich in den Beutel

Trinken wir gleich aus dem Flascherl
lassen wir den Becher stehn,

ja dann kreiselt uns der Kopf
  Trinken wir gleich aus dem Flascherl
Schenk schon ein lieber Hans
  lassen wir den Becher stehn
volle Pulle Ach wie wohl
  ja dann kreiselt uns der Kopf
das doch unsrer Gurgel tut
Nur herein
  Schenk schon ein
diesen Wein
  lieber Hans
Frisch gepichelt durchgeflossen
  volle Pulle Ach wie wohl
ab zum Blasensturz

Lieben sollte ich die Hausmagd
doch die Wirtin protestierte
mußte sie dann trotzdem bohren
  Lieben sollte ich die Hausmagd
Hab gerammelt hab gerammt
  doch die Wirtin protestierte
und den groben Klotz gespalten
  mußte sie dann trotzdem bohren
Ach bin ich ein armer Hund
Und schon flog
  Hab gerammelt
hoch das Stroh
  hab gerammt
unser Stadel hat geschwankt
  und den groben Klotz gespalten
hei war das ein Hochzeitsfest

Als Hörer dieses Liedsatzes macht man folgende Erfahrung: die ersten drei Zeilen jeder Strophe sind klar verständlich; der rasche, rhythmische Wortwechsel der Hoquetus-Passage ist ebenfalls verständlich; sobald aber die beiden Sänger simultan verschiedene Texte singen, ist so gut wie nichts mehr zu verstehen. Und das wollte Oswald so.
Beim folgenden Liedtext (Kl 70) wird es für den Hörer noch schwieriger – der Leser ist im Vorteil. Wieder habe ich Okken für seine Hilfe zu danken: er zeigte mir, wie doppelsinnig, doppelzüngig Oswald hier formuliert; als Übersetzer mußte ich allerdings Entscheidungen treffen.

Herr Wirt, wir haben großen Durst!
Trag auf den Wein.
Trag auf den Wein.
Trag auf den Wein.
Herr Wirt, wir haben großen Durst!
Wir wünschen dir, mit Gott, das Beste.
Trag auf den Wein.
Bring her den Wein.
Trag auf den Wein.
Bring her den Wein.
Trag auf den Wein.
Bring her den Wein.
Herr Wirt, wir haben großen Durst!
Wir wünschen dir, mit Gott, das Beste.
Und gut verdienen sollst du auch!
Trag auf den Wein.
Bring her den Wein.
Nun schenk schon ein.
Trag auf den Wein.
Bring her den Wein.
Nun schenk schon ein.
Trag auf den Wein.
Bring her den Wein.
Nun schenk schon ein.

Willst du mein Liebchen werden, Gretl?
So sag es, sags.
So sag es, sags.
So sag es, sags.
Willst du mein Liebchen werden, Gretl?
Ja, wenn du mir ein Täschchen kaufst.
So sag es, sags.
Nur dann vielleicht.
So sag es, sags.
Nur dann vielleicht.
So sag es, sags.
Nur dann vielleicht.
Willst du mein Liebchen werden, Gretl?
Ja, wenn du mir ein Täschchen kaufst.
Und mir mein Häutchen nicht zerreißt.
So sag es, sags.
Nur dann vielleicht.
Stich es nur an.

        So sag es, sags.
    Nur dann vielleicht.
Stich es nur an.
        So sag es, sags.
    Nur dann vielleicht.
Stich es nur an.

He, Hansl, willst du mit mir tanzen?
So komm schon her.
So komm schon her.
So komm schon her.
    He, Hansl, willst du mit mir tanzen?
Böckisch wollen wir hier toben.
    So komm schon her.
Nun fall nicht, Hans.
    So komm schon her.
Nun fall nicht, Hans.
    So komm schon her.
Nun fall nicht, Hans.
        He, Hansl, willst du mit mir tanzen?
    Böckisch wollen wir hier toben.
Und schone mir die Kleiderschlitze.
        So komm schon her.
    Nun fall nicht, Hans.
So schieb mich sacht.
        So komm schon her.
    Nun fall nicht, Hans.
So schieb und schieb.
        So komm schon her.
    Nun fall nicht, Hans.
Schieb, Hansl, schieb!

Spielt auf, ihr Schneckerln, Heinzl, Friedl!
Frisch, froh und frech.
Frisch, froh und frech.
Frisch, froh und frech.
    Spielt auf, ihr Schneckerln, Heinzl, Friedl!
Paart euch, rührt euch, schlagt das Becken!
    Frisch, froh und frech.
Lucia, Hans.
    Frisch, froh und frech.
Kathrina, Franz.
    Frisch, froh und frech.

Maria, Sepp.
Spielt auf, ihr Schneckerln, Heinzl, Friedl!
Paart euch, rührt euch, schlagt das Becken!
Springt kälbernärrisch, rast im Veitstanz!
Frisch, froh und frech.
Lucia, Hans.
Hollodrioh.
Frisch, froh und frech.
Kathrina, Franz.
Hollodrioh.
Frisch, froh und frech.
Maria, Sepp.
Hollodrioh.

So geht der Tanz, so schäumt der Most!
Nun springt schön hoch!
Nun springt schön hoch!
Nun springt schön hoch!
So geht der Tanz, so schäumt der Most!
Schlagt tüchtig aus! Noch eine Runde!
Nun springt schön hoch!
Legt Hand an, los!
Nun springt schön hoch!
Legt Hand an, los!
Nun springt schön hoch!
Legt Hand an, los!
So geht der Tanz, so schäumt der Most!
Schlagt tüchtig aus! Noch eine Runde!
Klara, Anna, schluckt den Brocken!
Nun springt schön hoch!
Legt Hand an, los!
Jetzt drauf und dran!
Nun springt schön hoch!
Legt Hand an, los!
Jetzt drauf und dran!
Nun springt schön hoch!
Legt Hand an, los!
Jetzt drauf und dran!

Macht schnell, das Essen steht bereit.
Nun trödelt nicht!
Nun trödelt nicht!
Nun trödelt nicht!

        Macht schnell, das Essen steht bereit.
He, Konrad, hinterher, du Depp!
        Nun trödelt nicht!
Du faule Sau.
        Nun trödelt nicht!
Du faule Sau.
        Nun trödelt nicht!
Du faule Sau.
            Macht schnell, das Essen steht bereit.
        He, Konrad, hinterher, du Depp!
Wie ein Karpfen glotzt er da!
            Nun trödelt nicht!
        Du faule Sau.
Nun renn, Mann, renn!
            Nun trödelt nicht!
        Du faule Sau.
Nun renn, Mann, renn!
            Nun trödelt nicht.
        Du faule Sau.
Nun renn, Mann, renn!

Deutlich zu verstehen, das zeigt die Textform an, sind nur jeweils die ersten beiden Zeilen; sie werden einstimmig gesungen. Die dritte Zeile der ersten Stimme und die erste Zeile der zweiten Stimme werden gleichzeitig gesungen, und hier ist es auch bei einer Stereo-Aufnahme kaum möglich, den Text zu verstehen. Die Aufforderungen danach staffeln sich rasch und dicht, man versteht aber, wenigstens in den wichtigsten Wörtern, worum es geht. Dann wird es noch schwieriger: drei Stimmen singen gleichzeitig, jede eine andere Zeile, die in einen gemeinsamen Reimlaut mündet. Schließlich die noch dichter gestaffelten, ineinander verschobenen Rufe – hier sind eigentlich nur noch Reimklangfolgen zu hören.

Wir können Oswald also nicht, mit einem Teil seines Werks, pauschal unter die (oft noch sehr viel krasseren!) erotischen Autoren des späten Mittelalters einreihen: er hat einige Arbeiten in diesem Genre geschrieben, die einstimmig verständlich sind, aber gerade seine prononcierteren Texte wurden weithin als sinnlich-akustisches Klangmaterial eingesetzt für mehrstimmige Kompositionen. Diese Kompositionsmethode setzt ein spezifisches Sprachbewußtsein voraus: das folgende und letzte Beispiel zeigt das besonders deutlich.

Ein zeitgenössischer Forscher bezeichnete Kl 93 als »heillos schwierig«. Hier zeigt sich in potenzierter Form, was wir in Oswalds Werk vielfach finden: eine, wie Burghart Wachinger schreibt, »ungewöhnlich weitgehende Vernachlässigung aller syntaktisch konstruktiven Elemente (Endungen, Pronomina, Artikel, Wortstellung) zugunsten von Klangreiz und gedrängter Wortfülle«. Ein niederländischer Philologe, D. Otten, hat diesen Liedtext dennoch zu entschlüsseln versucht; ohne diese Untersuchung hätte ich mich an diesen Text gar nicht erst herangewagt; in einigen Punkten habe ich freilich eigene Deutungen riskiert.

Herz, brich! Räch! Schau:
aus Freude Schmerz!
Mich drängt, bezwingt
beständig diese Sinnenlust!
Ah, Rache, schrie ich denn mit Grimm.
Lieb, lös die Lust,
soweit noch zählt, was du mir sagst.

Mein Schatz: ein Wort,
die Lust ist tot!
Die Unglückslast
benenne ich dir ohne Schutz.
Und neue Milde spürt mein Herz.
Das Böse matt.
Mein Glück, lös rasch die Fessel!

Tod. Leid. Beend
die Not. Du reißt
mir Wunden auf.
Dies Klagen, nein, ich hörs nicht gern.
Die Buße, sie bringt keine Lust.
Man soll, mein Schatz,
Umarmung nicht beschwätzen.

Oswald hat für diesen Liedtext das übliche Material eines Liebeslieds seiner Zeit benutzt: Formeln für die Abhängigkeit des Mannes von der umworbenen Frau, sie allein kann ihn erlösen. Vom Sprachstand her könnte es ein recht frühes Lied sein. Auch in der Behandlung des Sprachmaterials? Oswald hat das tradierte Formelmaterial gleichsam eingekocht; mit diesem Sprachextrakt arbeitet er, und zwar in harten Fügungen; ein Chiffrentext, Kompressionstext.

Das zeigt sich selbst in der Kompromiß-Gedichtform der wissen-

schaftlichen Ausgabe, in der Prosa-Paraphrase von Otten. Aber der große Meister Oswald ist hier noch weitergegangen: was in den Stimmenauszügen hart gefügt erscheint, wird in der Bauform dieses Hoquetus auf eine noch viel erstaunlichere Weise koordiniert – Oswald dichtet (auch) hier als polyphoner Komponist. Was in unserer Zeit zuweilen als Forderung proklamiert, in Pseudo-Musikformen realisiert wird, das hat Oswald hier eingelöst, vor fünfeinhalb Jahrhunderten!
Im Kompositionsschema des Hoquetus hat der Text nach Otten folgende Bauform – und hier bringe ich den Originaltext, damit die rasche Echofolge von Reimklängen ablesbar wird.

Herz prich rich sich
herz prich sich
scherz dringt zwingt
schmerz hie
und pringt natürlich lieb in immer ach
ser und pringt natürlich lieb in immer ach
rach grimmiklichen schrei ei
rach ich grimmiklichen schrei
frei gesell kenn dein treu beden ken
frei gesell wenn dein treu bedenken

Im Wechselspiel von Musik und Sprache wird deutlich, welchen Materialcharakter Sprache für Oswald haben konnte. Hier vor allem wirkt er avantgardistisch, auch heute noch!

90 Schon mehrere Kapitel über Oswalds Dichtungen und Kompositionen und keine Informationen mehr über das Konzil, das weiterhin tagte. Hat Oswald während des Großen Konstanzer Jahres den politischen und kirchenpolitischen Vorgängen viel Aufmerksamkeit gewidmet? Oder dominierte viel eher die Arbeit an Texten und Kompositionen, die Zusammenarbeit mit Spielleuten, zur Einübung und Aufführung polyphoner Liedsätze? Dazu gesellige Vergnügungen?
Nun, da die politischen Faktoren wieder einzuwirken beginnen auf Oswalds Lebenslauf, müssen einige Informationen nachgeholt werden, die für Oswald und seinen Biographen verdrängt worden waren durch Dichtung und Musik.
Oswald war aus Paris zurückgekehrt, weil Herzog Friedrich aus der Konstanzer Haft entflohen war: was war danach geschehen?

Welche Konsequenzen entwickelten sich hier für Oswald?

Als man Anfang Mai 1416 in Tirol von der Flucht des Herzogs erfuhr, schlossen die aktiven Adelsfamilien in Brixen ein Bündnis zur Verteidigung des Landes gegen den Landesherrn. Tirol wurde in fünf Kreise aufgeteilt, für jeden Kreis wurde ein Hauptmann ernannt: der Bischof von Brixen, Peter von Spaur, Hans von Freundsberg, Ulrich von Starkenberg, Michael von Wolkenstein. Jeder dieser Hauptleute sollte alle Herren, Ritter, Knechte, Städte, Märkte und Gemeinden in seinem Bezirk auffordern, auf diesen Bund zu schwören. Auch Herzog Ernst schloß sich dem Bund an.

Und Friedrich? Er zog erst einmal incognito im Land umher, auf Nebenwegen. Darüber wurde Rührendes fabuliert: der vom Adel, noch dazu von seinem leiblichen Bruder verratene, verlassene Landesfürst, »Friedel mit der leeren Tasche«, der in dieser Stunde der Not die Liebe der einfachen Leute seines Landes erfährt . . . So wurde erzählt von einem Hof hoch im Ötztal, und wie dort der Herzog Unterschlupf fand bei redlichen Bauern; es wurde erzählt von braven Bauern auch bei Meran, die den weiterhin verkleideten Landesherrn bei sich aufnahmen, ihm halfen; es wurde erzählt von einem prächtigen Müller, der ihn gleichfalls beherbergte, und als eines Morgens die Müllerin das schöne Haar des Fremden kämmte, entdeckte sie an seinem Hals eine goldene Kette, offenbar eine Amtskette, denn sofort wußte sie: dies ist der Landesherr! Welch eine wunderschöne Ballade hätte sich im 19. Jahrhundert hierzu aushecken lassen: diese Müllerin als eine Müllerin wie aus dem Bilderbuch, jung, vollbrüstig, mit mehlhellen Armen, und der männlich schöne Landesfürst auf einem Hocker vor ihr, der Kamm stockt in seinem Haar, ein Ausruf, halb unterdrückt, der Landesfürst dreht sich um, schaut hinauf zur hochatmenden, großäugigen Müllersfrau und so weiter und so weiter . . .

Die Geschichten über seine Rückkehr sind weniger wichtig als die Tatsache, daß solche Geschichten erzählt, weitererzählt wurden; sie bestätigen eine Polarisierung: auf der einen Seite der Adel, die »Herren vom Pfauenschwanz«, protegiert vom Römischen König, auf der anderen Seite der Landesherr und die vorwiegend ländliche Bevölkerung, die in diesem Gegner des Adelsbundes ihren natürlichen Verbündeten sieht.

Friedrich trat immer offener auf, seine Truppe wuchs: in Tirol drohte Bürgerkrieg. Rasch wurde ein Landtag nach Meran einberufen, die feindlichen Brüder sollten miteinander versöhnt werden. Dieser Versuch blieb erfolglos, Mitte Juni die ersten Kämpfe. Fünf Wochen später jedoch wurde in Bozen Waffenstillstand ge-

schlossen. Pfalzgraf Ludwig und der Erzbischof von Salzburg als Vermittler; es gelang ihnen, die Brüder zusammenzubringen: der Ausgleich vom 4. Oktober. Die Versöhnung wurde am 1. Januar 1417 dokumentiert, in einem Teilungsvertrag: Herzog Friedrich erhielt Tirol zurück, Herzog Ernst durfte die Stadt Hall mit dem lukrativen Salzbergwerk behalten und noch einige Burgen, Ortschaften.
Oswald blieb während dieser kritischen Phase in Konstanz. Nur, weil er hier – als ein getreuer Oswald – auf die Rückkehr seines Königs wartete,der sich wieder einmal Zeit ließ?
Erst Januar 1417 traf Sigmund in Konstanz ein; ungefähr anderthalb Jahre war er unterwegs gewesen.

91 Der Schutzherr des Konzils hatte viel aufzuarbeiten. Zusätzlich entstanden neue Probleme – nicht zuletzt durch seine Vermittlungsreise nach Frankreich und England.
In Paris hatte er nur Schwierigkeiten gehabt; das war wohl auch der Hauptgrund, weshalb er sich in England mit dem König um so besser verständigte, ja sogar ein Bündnis mit ihm schloß. Damit hatte Sigmund seine Rolle als europäischer Schiedsmann aufgegeben, er galt nun als parteiisch, das wirkte sich in Konstanz rasch aus: die Vertreter der englischen Nation kooperierten enger mit den Vertretern der deutschen Nation, die Vertreter der französischen Nation schlossen sich zusammen mit den Vertretern der italienischen Nation, die bisher meist in Opposition zu König Sigmund gestanden hatte.
Bei solcher Polarisierung wurde es äußerst schwierig, die geplanten Reformen durchzuführen: neben der Beseitigung des Schismas war dies das wichtigste Ziel des Konzils. Sigmund proklamierte ein Drei-Punkte-Programm: erstens die endgültige formelle Absetzung von Papst Benedikt, zweitens die Durchführung der Reformen, drittens die Wahl eines neuen Papstes. Die Entschiedenheit, mit der Sigmund sprach und handelte, wurde ihm von der Opposition zum Vorwurf gemacht: er benehme sich, »als wäre er Herr und Meister des Konzils«; so Kardinal Fillastre. Und die Franzosen stellten die Grundsatzfrage, ob man erst die Reformen durchführen und danach den neuen Papst wählen solle, oder ob es nicht besser sei, zuerst den neuen Papst zu wählen, um dann gemeinsam mit ihm die Reformen durchzuführen. Hierüber wurde ausführlich und zum Teil sehr heftig diskutiert.
Äußerst mühsam wurde auch die Prozedur der endgültigen Ab-

setzung Benedikts. Der sollte nach Konstanz geladen werden, sollte dort zu den Punkten Stellung nehmen, die man ihm vorwarf, und das waren vor allem: hartnäckige Anstiftung und Förderung des Schismas, Häresie. Eine Delegation wurde nach Aragón geschickt, nach Peñiscola (zwischen Tarragona und Valencia), aber sie traute sich nicht in die Festungsresidenz des Gegenpapstes: eine Halbinsel, Mauern, auf der Spitze des flachen, bebauten Kegels großmächtig das Kastell. Die Vorladung wurde im Nachbarstädtchen angeschlagen: binnen hundert Tagen habe sich Papst Benedikt nach Konstanz zu begeben. Am letzten Tag dieser Frist wurde er vor dem Konstanzer Münster öffentlich aufgerufen, aber Papst Benedikt meldete sich nicht. Man stellte formell seine Abwesenheit fest. Erneute Vorladung. Kommissionssitzungen, Zeugenverhöre. Auch bei der nächsten Ausrufung: Benedikt war fern und sicher auf dem befestigten Felskegel geblieben, hatte nicht einmal Bevollmächtigte geschickt. Steine und brennende Kerzen wurden auf den Boden geworfen, vor dem Münster. Die Anklageschrift wuchs: von siebenundzwanzig auf einundachtzig Anklagepunkte.

92 König Sigmund wurde nun auch aktiv in der Unterstützung der Tiroler Adelsbündner. Am 1. März 1417 ernannte er drei Tiroler Adelsherren, die sich in der Zwischenzeit in der Opposition gegen Herzog Friedrich besonders hervorgetan hatten, zu seinen »Dienern«: Georg von Spaur, Wilhelm von Starkenberg, Michael von Wolkenstein. Und er sorgte dafür, daß das Konzil den Kirchenbann über den Herzog aussprach: die Bannbulle vom 3. März. Und Sigmund verkündete öffentlich, der Herzog, wegen vielfacher Frevel dem großen Kirchenbann verfallen, sei hiermit seiner Lehen verlustig; er forderte alle Lehnsträger des Herzogs auf, am 1. Mai die Lehen von ihm, dem König, zu empfangen.
Bereits am 27. Februar hatte er einen Teil der Tiroler Vorlande versetzt: für 3000 Gulden erhielt Graf Heinrich von Toggenburg die wegen der »Schandtaten« des Herzogs »verfallenen Herrschaften« Feldkirch, Rankweil, Sulz, Montfort. Auch wurde der Bregenzer Wald versetzt, das Dorf Dornbirn. Nun munterte Sigmund die Schweizer Nachbarn auf, sich weitere Gebiete in Tirol zu holen; die Stadt Konstanz lieh dem Toggenburger den großen Schupfer, eine Wurfmaschine, die Steinbrocken von zehn Zentnern schleudern konnte.

Michael von Wolkenstein sandte ein Schreiben an den König, in dem er ein strategisches Konzept skizzierte für den Kampf gegen Herzog Friedrich. Mit großem Fußvolk solle der König vom Engadin und über Feldkirch in Tirol einmarschieren; er selbst, Michael, werde den Truppen den Weg weisen. Über Innsbruck und Hall sollten die Herzöge von Bayern einmarschieren, sich bei Finstermünz mit den Truppen des Königs vereinen. Die Grafen von Görz sollten über Bruneck nach Brixen ziehen. Auch Mailand werde sich mit dem König verbünden. So sollte von allen vier Himmelsrichtungen her Tirol angegriffen werden.
Und Michael betonte, er und sein Bruder Oswald sowie Hans von Villanders würden den König entschieden unterstützen; Hilfe sei auch zu erwarten durch Peter von Spaur, Ulrich von Starkenberg, Bartholomäus und Sigmund von Gufidaun, Ulrich von Freundsberg.
Und Michael mahnte den König zur Eile; je rascher alles durchgeführt werde, desto größer die Aussicht auf Erfolg. Der König möge Oswald nach Tirol zurückschicken: Oswald solle den Reichsbann über den Herzog bekanntgeben, davon versprach sich Michael eine große Wirkung.
Im Namen des Königs diktierte Oswald am 14. März 1417 einen Brief an Michael; dieser Brief ist erhalten geblieben; ich übersetze ihn, beraten von Okken.
»Zuvor entbiete ich, als Euer Diener, meine freundlichen Empfehlungen.
Wisset, lieber Herr Bruder, Ihr sollt wissen, daß unserem Herrn, dem König, Euer Schreiben wohl gefallen hat, und er wird Eurer Dienste gnädig gedenken, wie auch aller, die ihn zu dieser Zeit unterstützen. Auch schicke ich Euch die schriftliche Instruktion unseres Herrn, des Königs, in der alle aufgezählt und gnädig akzeptiert sind, die Ihr seinerzeit in Eurem Brief unserem Herrn, dem König, aufgezählt habt. Und diese Instruktion sollt Ihr den bewußten Herren des Landes zeigen, und zwar so, daß das aufgedrückte Siegel nicht beschädigt wird.
Auch ist in diesem Schreiben eingeschlossen eine Abschrift, die sollte Ihr mit der Instruktion meines Herrn, des Königs, ebenfalls den Herren des Landes zu Ohren bringen. Weiter schicke ich Euch eine Kopie, die von Anfang bis Ende den gleichen Wortlaut hat wie der originale Acht- und Bannbrief. Und laßt Euch dies als Beglaubigung dienen, so daß Ihr und die anderen Diener meines Herrn an diesem Wortlaut nicht zweifeln sollt.
Mit anderen Worten: unser Herr, der König, will keinen ruhigen Schlaf finden, solange er das Land an der Etsch nicht besetzt hat,

und er trifft hier täglich seine Vorbereitungen, mit ganzer Kraft; er will zuverlässig am St. Georgstag mit großer Heeresmacht von vier Seiten her in das Land einziehen. Auch wird man die Reichsacht dann ins Land schicken.
Bewahrt die Instruktion und die Kopie, die ich Euch schicke, gut auf, damit Ihr sie nicht verliert. Ihr sollt keinen Zweifel haben, Ihr und alle, die meinem Herrn, dem König, wohlgesonnen sind: mein Herr wird sie in keiner Weise in Stich lassen. Folglich tut in jeder Hinsicht, was mein Herr diesbezüglich von euch allen erwartet.
Und redet mit Herrn Peter von Spaur wegen der beiden Burgen Visiaun und der Klause, er soll sie auf keinen Fall übergeben. Dafür wird ihm mein Herr ganz besonders dankbar sein und wird ihn ehren, wenn er in diesem Kampf leicht und ehrenvoll die Oberhand gewinnt, wie das in der Instruktion meines Herrn festgelegt ist, die er Euch hiermit geschickt hat.«
Trotz dieser feierlichen Versprechungen: die »Reichsexekution« fand nicht statt, Sigmund verlor den ersten Schwung. So konnte Oswald noch einige Monate in Konstanz bleiben – ein Glück für uns, die Leser seiner Liedtexte, die Hörer seiner Musik.
Aber im Herbst 1417 spitzte sich die Lage zu: es stand eine militärische Konfrontation bevor zwischen Adel und Herzog. Oswald mußte zurückkehren.

93 Würde ich Oswalds Leben in Abschnitte gliedern, so müßte hier ein neuer Teil anfangen. Oswalds Rückkehr nach Tirol war ein Neubeginn, in mehrfacher Hinsicht. Oswald wird Tirol noch mehrfach verlassen, aber die Reisen sind meist relativ kurz; was in seinem Lebenslauf wichtig, entscheidend ist, das geschieht nun hier in Tirol.
Wir verbringen einen Teil der Sommerferien 76 in Südtirol: bei Meran, oberhalb von Algund, haben wir eine Ferienwohnung gemietet, im Schloß Plars. Vor der Buchung hatte ich auf einer Karte gesehen, daß Schloß Plars sehr nah bei der Burg Forst liegt, in der Oswald etwa vier Jahre nach seiner Rückkehr eingesperrt wurde; diese Burg könnte, so hatte ich mir ausgerechnet, in Sichtweite von Schloß Plars liegen: auch dies hatte die Entscheidung beeinflußt.
Und in der Tat: von Schloß Plars aus kann ich den efeugrünen Turm der Burg Forst sehen, dicht neben der Brauerei Forst, von der meist eine Dampfwolke aufsteigt, die sich vor fichtengrünem

Hang in immer gleicher Höhe auflöst. Ortsteil, Brauerei und Burg Forst nur schätzungsweise zwei Kilometer Luftlinie entfernt, südöstlich. Und östlich Meran, in der Etschtal-Senke, vor dem Hafling, dem Ifling: in der entschieden kleineren Stadt am Fuße des Küchelbergs ist Oswald wiederholt gewesen, vor allem in späteren Jahren, als Mitglied des Landtags; in dieser Stadt ist er auch gestorben. Nordöstlich, vielleicht in drei Kilometer Luftlinie, die Burg Unterbrunn, die dem Kanzler und Bischof Ulrich Putsch gehörte, mit dem Oswald verfeindet war. Nach dem Zweiten Weltkrieg wohnte, für einige Jahre, Ezra Pound auf Unterbrunn.

94 Eine Bergtour an einem herbstklaren Tag im August: von der Leiteralm zum Hochgang, zweieinhalbtausend Meter, ein kleiner Sattel in der Texelgruppe. Wir setzen uns auf einen Felsbrocken, dem kaltblauen Bergsee die Rücken zudrehend: südwestlich der Schnee- und Eiskegel des Ortler, etwas näher der heilige Angelus, nach Osten hin baut sich die Ortlergruppe ab, wir schauen in das Etschtal, Alto Adige, südlich weitere Bergspitzen, Bergketten, südöstlich die Dolomiten, gezackt, gezahnt, und vorgelagert der Schlern – bei Oswald: »Saleren«. Man weiß nicht genau, woher der Name kommt, vielleicht aus dem Ladinischen, hier bieten sich die Formen Salara, Salera, Saljera an; dies alles bedeutet: Wasserlauf, und das könnte durchaus zum Schlern passen, der bekannt ist für die Vielzahl von Wasserläufen, Wasserfällen an seinen Flanken, in seinen Schluchten, der ganze Berg rausche, so heißt es, bei Regen: der »Wasserberg«. Das langgezogene Massiv mit dem beinah ebenen Rücken bricht nordwärts scharf ab; vorgelagert eine Felsspitze: früher die Teufelsspitze, der große Schlernzacken, heute die Santnerspitze. Von ihrem Sockel abwärts eine waldbewachsene Geröllschräge, und mittendrin die Burg Hauenstein, die man vom Hochgang aus freilich nicht sehen kann, aber ich weiß, wo sie ungefähr zu lokalisieren ist, hinter dem vorgelagerten Ritten. Links vom Schlern die Seiser Alm, von dort läßt sich, so weiß ich, der Schlern leicht besteigen, auf seinen grasbewachsenen Rücken wird seit Jahrhunderten Vieh getrieben; Botaniker rühmen die Vielfalt der dortigen Flora. Hinter der Seiseralm der Plattkofel, daneben der Langkofel, früher: Wolkenstein.
Der Schlern dominierend auf der Hochebene oder Bergstufe von Völs, Seis, Kastelruth: wir fahren dorthin, wiel ich diesmal (unter anderem) die Burg Aichach sehen will, die Leonhard gekauft hatte. Wir biegen ab von der Straße Völs-Seis, fahren auf einem

Sandweg hinunter nach St. Vigil, eine Kirche in einer Mulde, ein paar Häuser, der Sandweg steigt nach der Brücke wieder an, wir stellen neben einer Scheune den Wagen ab, gehen zu Fuß weiter. Links von uns eine Talsenke, tief unten der Schwarzgrießbach, vor uns die Talkerbe des Eisack, dahinter der Ritten mit Wiesen, Waldflächen, Häuserpunkten. Einzelne Häuser auch hier, und Heustadel, Obstbäume; ziemlich mickrige Äpfel, Birnen. Ein Kreuz, ein Votivbild für einen Bauern, der vor rund anderthalb Jahrhunderten von einem Birnbaum gefallen und wenige Tage später gestorben war: der fromme Wandersmann soll seiner im Gebet gedenken. Wir gehen weiter, blicken über die linke Schulter mehrfach zurück zum Schlern; an seinen zerklüfteten Steilwänden zeigen sich den Geologen Formationen von Korallenfelsen des Triasmeeres.
Bald vor uns, etwas unterhalb, die Burgruine Aichach: eine Mauer, ein Turm, mehr ist nicht zu sehen. Auch nicht, als wir Aichach erreichen. Vor der Ruine nun eine alte, riedgedeckte Scheune; zwei Kinder schaufeln Apfelmaische in eine Schubkarre, schieben sie abwechselnd in das Scheunendunkel; das Apfelaroma verdichtet durch Fäulnis und Gärung. Neben der Scheune ein neues Bauernhaus, zumindest frisch verputzt: »Pflegerhof«. An dieser Stelle wird also früher das Haus des Verwalters gestanden haben.
Zwischen Pflegerhof und Scheune zur Ruine; in einer Ecknische Gartenzwerge. Eine offenbar sorgfältig gebaute Mauer aus behauenen Steinen, das zeigt sich auch, als ich die Burgkulisse von hinten, von ›innen‹ sehe. Vorturm, Rundbogenfenster, Zinnen. Leonhard hatte 2000 Gulden gezahlt, als er diese Burg pfandweise kaufte, samt Ländereien.
An der Mauer eine Weinpergola, ein langer Holztisch darunter, zwei Holzbänke: ich setze mich. Sonnenwärme. Das Rauschen des Bachs. Fern ein Hund. Ein Schuß, irgendwo. Gelegentlich Vogelsignale. Fern ein Traktor.
Ich mache Fotos. Stecke eine Steinprobe in die Kameratasche: jemand fragen, ob das Porphyr ist. Neben der Toröffnung ein abgezäuntes Gärtchen, an der Innenmauer ein alter Küchenherd, ein Ofenrohr ein paar Meter hinauf, kleines Schutzdach: wird hier gelegentlich im Freien gekocht, wenn viele Gäste im Pflegerhof sind? Wieder vorbei an den Gartenzwergen, an der Scheune, an den beiden Kindern, die weiterhin Apfelmaische schaufeln. Sie schauen uns nach: offenbar nicht allzu viele Fremde hier.
Weiter nach St. Oswald; der Weg schwenkt ein nach Norden. Kein Seitenblick, Rückblick mehr zum Schlern, der wird von einer Wiesenkuppe verdeckt. Ein paar Bauernhöfe, ein Gasthof, die

kleine Oswald-Kirche. Keine asphaltierte Straße, auch hier nicht, ein heller, sandiger Weg. Bei uns hätte man längst schon eine Straße durch solch einen Weiler gezogen; zuviel Geld.
Stille in St. Oswald: kein Moped, kein Auto. Eine alte Frau stapelt Brennholz. Eine Katze an einem Teich, wohl hungrig auf Fisch. Am Gasthof eine Holzveranda, ein paar Tische, wir trinken Erfrischendes. Die einzigen Gäste. Wenn wir nicht reden, hören wir die Fliegen an den Scheiben. Zuweilen ein Arbeitsgeräusch aus dem Haus, das hellblau gestrichen ist und Blumenkästen hat vor jedem Fenster. Wir gehen weiter zur Kirche St. Oswald. Eine alte Kirche, in ihrer früheren Bauform wird auch Oswald gewesen sein, um zu seinem Namensheiligen, Schutzpatron zu beten: Heiliger Oswald, bitt für mich. An einem Fenster am Chor eine Inschrift, auf Glas gemalt: Gewidmet von Anton Wilhelm und Engelhart Grafen von Wolkenstein-Trostburg, 1900. Fortführung einer Familientradition: Bekenntnis zum hl. Oswald, wegen Oswald, in Gedenken an Oswald?
Oswald und Oswald der Jüngere, Oswald I, Oswald II: von Brixen nach Mühlbach, am Eingang ins Pustertal; von Mühlbach südwärts nach Rodeneck, schon aus größerer Entfernung sehen wir die Burganlage, weitgestreckt, auf dem südwestlichen Vorsprung des Rodenecker Felsens: Rodenegg bei Rodeneck. Mittagsstille im Dorf, selbst die Hunde scheinen zu schlafen. Ein Viertelstündchen stehen wir auf der Brücke über dem früheren Festungsgraben; sonnenheiße Holzplanken, sonnenheiße Holzbrüstung – wozu sich jetzt bewegen?
Pünktlich um drei wird eine kleine Türe im Tor geöffnet: das Mannsloch. Oswald wird auf der damaligen Burg Rodenegg höchstens zu Besuch gewesen sein, aber sein Sohn war Verwalter dieser Burg, jahrhundertelang gehörte sie seinen Nachkommen. Einer von ihnen hat schließlich auf dieser Burg den Roman *Sabina Jäger* geschrieben und ein Vierteljahrhundert später eine Biographie über Oswald. Ich habe einige Stichwörter zu Fragen über Arthur von Wolkenstein-Rodenegg notiert, will sie nach der Führung loswerden. Zuvor: die Stallungen; die vordere Bastei; Pechnase und Schwungrute; Fallgitter; der halbrunde Veitsturm; der alte Rodanker Turm: Herren von Rodank als Erbauer der Burg.
An eine Wand im oberen Schloßhof sind Wappen gemalt: die von Rodank, die Grafen von Görz-Tirol, die von Villanders, die Herzöge von Österreich, dann die Freiherren, die späteren Grafen von Wolkenstein: Rodenegg blieb im Besitz derer von Wolkenstein-Rodenegg bis 1849. Drei Zwischenfamilien, dann kaufte 1897 Graf Arthur die Burg zurück, zum Teil als Ruine, baute sie aus.

Noch immer Familienbesitz; die Frau mit Kopftuch und Kittel, die das Grüppchen führt, spricht von der »Herrschaft«.
Die Sakristei der Schloßkapelle. Eine Steintreppe: wir sind im alten Rodanker Wohnturm. Arthur hat ihn renovieren lassen. An die Wand gemalt ein riesiger Stammbaum: Linien, die zu Oswald führen, Oswald als Stammvater dieses Familienzweiges. Auf einer Holzempore Bilder von Schloßherren, gemalt auf schwarzem oder schwarz gewordenem Grund; Perücken, höfische Kleidung. Ein Andreas-Venerand von Wolkenstein oder ein Michael-Fortunat von Wolkenstein oder ein Josef-Maria-Bernardin von Wolkenstein oder ein Peregrin-Theodor von Wolkenstein.
Genaueres wüßte ich gerne über Arthur von Wolkenstein-Rodenegg oder: von Rodank, aber die Frau mit Kopftuch und Kittel erinnert sich nur daran, daß der alte Herr 1939 gestorben ist, und Baronin Call, die mir Auskunft geben könnte, macht einen Ausflug. Ankündigung der wenige Jahre zuvor entdeckten Iwein-Fresken, wir gehen über den Schloßhof. Ich sehe eine Frau die Außentreppe herunterkommen, blaues Leinenkleid, zwei Bücher, einen Schnellhefter unter dem Arm, spreche sie an. Und sie weiß Bescheid über Arthur: keinerlei Verwandtschaft mit denen von Rodank, nur sein Schriftstellername, es gibt noch ein Archiv im Haus, Buch-Manuskripte, ich könnte sie mir gern mal anschauen, nur vorher bitte ein paar Zeilen an die Baronin Call. Aber ich will kein Arthur-Forscher werden, meine Fragen sind rasch beantwortet. Und wir sprechen über Oswald, über die Veranstaltungen, die in Seis und auf der Trostburg »anläßlich der 600. Wiederkehr des Geburtsjahres Oswalds von Wolkenstein in feierlichem Rahmen« durchgeführt werden sollen, Vorträge, Lesungen, Konzerte und ein feierlicher Umzug, »abgestimmt auf Oswald von Wolkenstein« – Oswald in Pappmaché? Und eine Gedenkmünze, einmal in Gold, einmal in Silber, mit Oswald vorne drauf, und die österreichische Bundespost bringt eine Sondermarke heraus.
Bei diesem Gespräch erfahre ich, daß sie die Frau des Leonhard von Wolkenstein-Rodenegg ist, der in Innsbruck wohnt, ein Beamter, und sie haben einen Sohn, sie ruft: Ossi! Das schmale, blonde, blauäugige Kerlchen, das nun herankommt, heißt komplett Oswald von Wolkenstein-Rodenegg, ein direkter Nachkomme Oswalds. Ich bin perplex, hatte nie von einem kleinen Oswald von Wolkenstein gehört, da steht er nun.

95 »Nicht ohne Erstaunen sah man hinter den Särgen der Fürstin Rákóczy und ihres Sohnes Franz II. die so wohlbekannte, elegante, wetterharte Gestalt des Gentleman of the turf, Seiner Exzellenz des Grafen Oswald von Wolkenstein, früheren Obersthofmeisters des durchlauchtigsten Herrn Erzherzogs Friedrich, und von Mund zu Mund ging die Frage, wieso Seine Exzellenz zu dieser Bevorzugung komme.« Diese Frage nahm ein »Freund und Gutsnachbar« des wetterharten Grafen von Wolkenstein auf, der Reichsfreiherr Waldbott von Bassenheim: die genealogische Erörterung findet statt in einer Zeitschrift, die in Budapest erschien, Jahrgang 1908.

Genealogie interessiert mich nicht, aber einen kurzen Blick in Oswalds Familienzukunft sollten wir doch tun. Im 58. Teil des *Biographischen Lexikons des Kaiserthums Österreich* finde ich Material dazu; es scheint nicht immer verläßlich, aber diese kleine Exkursion will kein Beitrag sein zur Familienforschung, sie soll nur zeigen, daß sich in Oswalds Familie dreierlei fortsetzte: Bindung an die Kirche, politisches Engagement, militärische Aktivität.

Oswald von Wolkenstein, einer der Söhne unseres Oswald, war ebenfalls landespolitisch tätig, allerdings nicht gegen, sondern für seinen Landesherrn, den Erzherzog Sigmund, der den treuen Untertan und Gefolgsmann belehnte. Oswald der Jüngere zeugte unter anderen einen Georg, der Domherr zu Trient wurde, dann Bischof, und einen Michael, der zu den Günstlingen des Kaisers Maximilian gezählt wurde, das Goldene Vlies erhielt; bei einem seiner Kinder wurde der Kaiser Taufpate, legte in die Wiege eine Perlenschnur im Wert von 300 Gulden, das wurde stolz vermerkt in der Familienhistorie. Und ein Enkel dieses Ritters vom Goldenen Vlies war Christoph, Statthalter von Tirol, er führte das Erbland-Stallmeister- und Vorschneideramt der gefürsteten Grafschaft Tirol. Und Theodor von Wolkenstein-Rodenegg wurde Generalmajor der Kaiserlichen Armee, nahm 1793 an der Belagerung von Mainz teil, fand beim Sturm auf französische Befestigungen den Tod. Und Alexander Graf Wolkenstein-Rodenegg wurde 1844 königlich bayerischer Oberleutnant im Geniecorps, später Major im Geniestab, verfaßte ein *Mathematisches Hilfsbuch für Praktiker*; dieses Buch mit dem (hier abgekürzten) Titel wurde »entworfen zum besonderen Gebrauch für Zivil- und Militäringenieure, Artilleristen und Polytechniker«. Und Arthur Karl Leonhard von Wolkenstein, Oberst-Erbland-Vorschneider, k. k. Kämmerer, war Hauptmann im Tiroler Landesschützen-Bataillon (Ober-Inntal) Nr. 3 und Oberschützenmeister des k. k.

Landes-Hauptschießstandes Innsbruck, und in dieser Stellung machte er sich um Veranstaltung und Leitung des zweiten österreichischen Bundesschießens von 1885 verdient. Dieser Arthur von Wolkenstein zeugte unter anderen wiederum einen Arthur, der k. k. Leutnant in der Reserve des Tiroler Jäger-Regiments Kaiser Franz Joseph wurde, und identisch sein wird mit Arthur von Wolkenstein-Rodenegg, der den *Sabina*-Roman und die Oswald-Biographie geschrieben hat.

96 Hingelehnt in seinem Armstuhl sitze er wieder da, schreibt Graf Arthur in der Einleitung seines *Sabina*-Romans, sein Blick schweife hinaus auf die schneebedeckten Kuppen und Hügel des Wiener Waldes, vor ihm, am Schreibtisch, habe sich nichts geändert, alles stehe wie seit Jahren an seinem hergebrachten Platze, rechts die schöne Muschel, welche ihm seine Braut von der Adria mitgebracht habe, daneben ein Aschenbecher in Gestalt eines Stiefels, ein Geschenk seiner Schwester aus jungen Jahren, dort ein kleiner Porphyrklotz von der Ruine Hauenstein, daneben ein zweiter Briefbeschwerer, ein Sprengstück einer preußischen Granate, welche neben seinem Vetter geplatzt, als er Anno sechsundsechzig –

nein, ich kann über dieses Stichwort nicht hinweglesen: muß dahin zurückkehren: »dort ein kleiner Porphyrklotz von der Ruine Hauenstein«. Denn: einen Steinklotz der Ruine Hauenstein besitze ich ebenfalls: hell, mit kristallinen Einschüben, Einsprengseln, Einschmelzungen – ein Geschenk. Als ich es danksagend in der Hand wog, überlegte ich: dieser Stein hat vielleicht Schwingungen aufgenommen seiner Sprechstimme, Singstimme, und wenn man diesen Stein ans Ohr hielte und ein Wunder geschähe, so könnte man vielleicht etwas nachschwingen hören von Oswalds Stimme, oder auch, wenn man eine dünne, spitze, elastische Sonde ansetzt wie am Quarzsteinchen des Detektorradios, das ich mir nach dem Krieg gebaut hatte: Klänge herausgekitzelt, verstärkt und aufgesogen über Kopfhörer . . . Aber der Stein, der meist auf Manuskriptblättern liegt, auf dem Boden, und den ich nun aufhebe, beschaue – dieser Stein ist stumm.

97 Ende September 1417 ist Oswald wieder – dokumentarisch nachweisbar – in Tirol.

Ich nehme an, Oswald hat zuerst Michael besucht, auf der Trostburg oder auf Wolkenstein. Sicher hatte Michael einige Fragen an seinen Bruder zu stellen: warum hat der König den Feldzugsplan nicht ausgeführt, den er, Michael, vorgelegt hatte? Konnte Oswald dazu eine mündliche Botschaft des Königs überbringen?

Am 28. September schickte Sigmund einen Brief an Oswald; er kündigte ihm und damit seinen Freunden und Adelskollegen eine baldige militärische Aktion an: »Du sollst hier ganz sicher sein und ohne jeden Zweifel, daß Wir am Sonntag vor Simon und Judas in Feldkirch sein wollen. Stelle Dich darauf ein.« Der Einmarsch der Reichstruppen war demnach auf den 24. Oktober angesetzt.

Oswald wurde durch dieses Schreiben wohl kaum überrascht; vor seiner Rückkehr dürfte ihm König Sigmund eine baldige militärische Aktion zugesichert haben; Oswalds Rückkehr war vielleicht sogar unmittelbar motiviert durch den neuen Kriegsplan.

Seine Rolle als Verbindungsmann zwischen König und Adel wurde durch diesen Brief bestätigt. Oswald hat Freunde und Gesinnungsgenossen sicher umgehend informiert. Damit wurden alte Diskussionen wohl neu aktiviert: konnte man diesmal der Zusicherung des Königs trauen, nach der Enttäuschung einige Monate zuvor? Gewiß ist Oswald mehrfach danach befragt worden, und er wird wohl jedesmal den Satz zitiert haben: »Du sollst hier ganz sicher und ohne Zweifel sein.« Man hörte denn auch, in Ungarn träfen die Grafen von Cilli Kriegsvorbereitungen gegen Friedrich, auch habe der König die Zürcher zu einem Etsch-Feldzug aufgerufen.

In den *Regesta Imperii* zeigt sich, daß Sigmund am 28. September wegen des geplanten Feldzugs nicht allein an Oswald geschrieben hatte, es wurde eine Serie von Schreiben losgeschickt. Eins davon an die Stadt Frankfurt: er, Sigmund, stehe im Begriff, gegen Herzog Friedrich, der dem sogenannten Papst Johannes zur Flucht verholfen habe, einen Kriegszug zu unternehmen: er forderte die Stadt nachdrücklich auf, zum 24. Oktober fünfzig bewaffnete Reiter nach Feldkirch zu schicken. Gleiche Schreiben gingen, unter anderem, nach Kolmar, Mühlhausen, Straßburg, Freiburg.

Von diesen Kriegsvorbereitungen wußte man in Tirol nichts, und so bestanden Zweifel, ob der König es so ganz ernst meinte. Einer aber wollte nicht länger zögern: Heinrich von Schlandersberg. Entweder glaubte er, es sei dem König diesmal wirklich ernst, oder er wollte durch Eröffnung der Kampfhandlungen den König zwingen, seine Zusagen einzulösen.

Ausgangspunkt seiner Aktionen waren Burgen, die der Schlandersberger im Münstertal besaß, im damals westlichsten Winkel von Tirol – und von Westen her, über Feldkirch, wollte der König ja auch in Tirol einmarschieren.
In der *Geschichte Tirols* von Brandis wird nur hingewiesen auf »räuberische Ausfälle auf die Untertanen des Herzogs«. Demnach könnte der Schlandersberger Feldzug und Raubzug kombiniert haben; das war im damaligen Bewußtsein keineswegs eine ›unsaubere‹ Kriegsführung, dies war offiziell anerkannte Praxis der Fehde: den Gegner schädigen, wo und wie es nur geht. Verpönt war nur das Verwüsten von Feldern und Weingärten, das Abholzen von Obstbäumen. Sonst galt jede Art der Kampfführung als legal, auch Plündern, Brandschatzen, Mordbrennen.
Überhaupt dürfen wir die militärische Opposition des Tiroler Adels gegen Herzog Friedrich nicht mit heutigen Kategorien beurteilen, etwa als Rebellion einer Verschwörergruppe gegen den legitimen Landesherrn. Es gab damals noch nicht, was man heute als souveräne, legale Staatsmacht bezeichnen würde; die Macht war aufgeteilt. Wichtige Informationen hierzu finde ich im Buch: Otto Brunner, *Land und Herrschaft.* Demnach wiederholten sich im Mittelalter Situationen, in denen die »Staatsgewalt auf lange Fristen gar nicht funktionierte und so die lokalen Gewalten gezwungen waren, Politik, ›eigennützige und habgierige‹ Politik zu treiben, wollten sie ihre Existenz überhaupt bewahren.«
Es gab die legitime Macht des Landesherrn, es gab die legitime, wenn auch stark reduzierte Macht des Adels in Tirol. Der wollte dem energischen und zielstrebigen Landesfürsten nicht noch mehr Macht und Privilegien abgeben, so kam es zum offenen Kampf. Also Standesinteressen. Vielleicht aber verbanden sie sich mit einer politischen Konzeption: Bekämpfung des Regionalismus, Stärkung der Königsmacht (und damit wiederum der eigenen Macht). In anderen europäischen Ländern, das dürfte Oswald auf seinen Reisen erfahren haben, war der Prozeß der Zentralisierung schon recht weit gediehen, vor allem in Frankreich, auch in England: dort besaßen die Könige, in den Hauptstädten Paris und London, zentralistische Macht. Zumindest theoretisch konnte man also ein großes Ziel proklamieren: gemeinsam mit dem König die politisch notwenige Einheit des Reiches herstellen.
Friedrich rief auf zur militärischen Unterstützung seines Kampfes gegen den Schlandersberger, der das »Land gegen alles Recht« bekriege, zog mit der »Mannschaft des Burggrafenamtes« in das Münstertal, belagerte die Burg Rotund. Heinrich von Schlandersberg war vorgeprescht, ohne die volle und vor allem: koordinierte

Unterstützung seiner Adelskollegen zu finden; einen gemeinsamen Trupp aufzustellen und gegen den Herzog ins Feld zu führen, war dem Adel offenbar nicht gelungen – hatte man es überhaupt geplant? Offenbar bestand in den politischen Zielen keine Übereinstimmung unter den aktiven Adligen. Nach Noggler war es nur eine verhältnismäßig kleine Gruppe unter Oswald von Wolkenstein, die reichsunmittelbar werden wollte; andere Adlige wollten sich nicht vom Hause Habsburg lösen, wollten nur den allzu energischen, zielstrebigen Friedrich ersetzen durch seinen Bruder Ernst, der ihnen mehr Freiheiten, größere Privilegien gewähren sollte.

So zog kein Entsatzheer ins Münstertal. Der Herzog eroberte Rotund, ließ dann Galsaun belagern; nur zeitweise nahm er an dieser Belagerung teil, führte die Regierungsgeschäfte in Innsbruck weiter. Bis zum 22. März 1418 war auch Galsaun erobert, die Truppeneinheit marschierte durch das Etschtal nach Osten.

Es muß dem Herzog bekannt gewesen sein, welche Koordinationsrolle Oswald von Wolkenstein spielte; er wußte, daß Michael von Wolkenstein zu seinen entschiedensten Gegnern gehörte; er wird mit Recht auch Leonhard von Wolkenstein zu seinen Opponenten gezählt haben – so waren wohl als nächstes die Wolkensteiner dran. Sie schlossen sich zusammen und unterstützen die Verteidigung einer Burg, die als unerstürmbar galt: die Felsenburg Greifenstein, wenige Kilometer vor Bozen. Diese Burg gehörte Wilhelm von Starkenberg – ebenfalls einer der aktivsten Männer der Adelsgruppe.

Die Belagerung dieser Burg wird (nach Noggler) frühestens nach dem 25. Februar, vielleicht auch erst nach dem 22. März begonnen haben. Der Herzog selbst hat an der Belagerung wahrscheinlich nicht teilgenommen.

98 Über eine militärische Aktion der Gebrüder Wolkenstein bei Greifenstein hat Oswald eins seiner bekanntesten Lieder geschrieben: Kl 85. Ein Song, der in Text wie Melodie außerordentlich ist – der Dreivierteltakt eines raschen, energischen Marschliedes.

> »Pack zu!« rief der Michel von Wolkenstein,
> »Die hetzen wir!« rief Oswald von Wolkenstein,
> »Los, schnell!« rief Herr Leonhard von Wolkenstein,
> »Wir werden sie verjagen von Greifenstein sogleich!«

Da stob auf Gewirbel aus Funkenglut,
die Felsen hinunter, dort blühte es rot.
Rüstungen, Armbrüste, Helme dazu,
die ließen sie zurück: das pulverte uns auf!

Wurfmaschinen, Hütten, sowie ihre Zelte
wurden eingeäschert, am oberen Plateau.
Ich höre, wer Wind sät, erntet Sturm.
So wollen wir bezahlen, Herzog Friederich!

Scharmützel, Scharmetzel, hart auf hart –
das war dort am Raubenstein, unten im Ried.
Ein spannlanger Nagel wurd manchem reingehaun,
die Armbrüste schnellten die Pfeile ab.

Die Bauern von St. Georgen, die ganze Gemeinde,
brachen, im Meineid, beschworenen Dienst.
Auch kamen ›gute Freunde‹ herab vom Raubenstein.
»Gott grüß euch, ihr Nachbarn, Treue kennt ihr nicht!«

Ein Werfen, ein Schießen, ein Sturmangriff
begann unverzüglich: schlag Krach und schlag zu!
Nun rühr dich, Herr Edelmann, setz alles aufs Spiel!
Auch brannte manches Dach mitsamt den Mäusen ab.

Aus Bozen, vom Ritten und auch von Meran,
vom Hafling, aus Mölten, die zogen oben auf,
auch Särntner, Jenesier, rebellisches Volk:
die wollten uns kassieren – doch kamen wir davon!

Ich weise hin auf eine für Oswald höchst charakteristische Formulierung: die Bauern von St. Georgen »die hetten uns gesworen falsch unraine«. Hier wird von Oswald also behauptet, diese Bauern hätten den Untertaneneid gebrochen, als sie nun aufmarschierten. Wir werden bald sehen, daß der Status der Bauern in Tirol damals völlig anders war als in den umliegenden Ländern: sie waren nicht Untertanen der Grundherren, des Adels, sondern Untertanen des Landesherrn; *ihm* hatten sie Treue zu halten. Für ihn, den »Bauernherzog«, kämpften sie hier denn auch, gegen die »Herren vom Pfauenschwanz«; von Eidbruch kann überhaupt nicht die Rede sein!
Okken weist in einem Brief darauf hin, daß in der Bauernsatire gern unterstellt wurde, die Bauern würden »nur auf die Gelegen-

heit warten, die Untertanenpflicht zu verletzen«. Und er schlug vor, »falsch unraine« so zu übersetzen: »In meineidiger Absicht geschworen.« In einem zweiten Brief schrieb Okken zu diesem Punkt: »Anscheinend möchte Oswald, daß der Bauernstatus in Tirol genauso ist (oder wird) wie fast überall sonst in der ihm bekannten Welt. Oswald verfährt also wie der Propagandist, der die Welt so darstellt, wie sie sein sollte.«

99 Greifenstein – da stehen wir im Tal, an der Straße, staunen hinauf: ein Waldhang, recht steil, und aufgesetzt ein Felsklotz mit senkrechten Wänden und obendrauf Mauern: vierhundert, vierhundertfünfzig Meter über der Talsohle. Entschieden eindrucksvoller, als ich mir das nach Fotos und Beschreibungen vorgestellt habe.
Der Wagen an einem Weingut abgestellt; eine Frau gibt uns Auskunft: erster Anstieg auf einem Wirtschaftsweg, bald werden uns Markierungen weiterhelfen – Schnittpunkt mit dem Pfad herauf vom Ortskern Siebeneich. Ich nehme die Spiegelreflex mit. Und einen abgelichteten Aufsatz von Heinrich Graf Wolkenstein-Trostburg, *Das Greifensteinlied des Oswald von Wolkenstein:* der Liedtext, eine Karte der Umgebung von Greifenstein, eine Beschreibung der Kampfaktionen, wie Graf Heinrich sie sich vorstellte. ›Ortstermin Greifenstein‹: darauf habe ich schon lange gewartet, ein Markierungsblatt im Manuskriptpacken mit diesem Stichwort.
In weiten Wegschwingungen geht es hinauf zu einer Kirchenruine, dicht neben einem verlassenen Bauernhaus: St. Cosmas und Damian. Der Weg, der von hier aus weiterführt, muß der alte Burgweg sein: grobe, stellenweise zerstörte Pflasterung. Ein Weg für Mulis oder Esel – zu Fuß werden die Herren von Greifenstein, von Starkenberg, von Wolkenstein kaum hinaufgestiegen sein, das blieb wohl den Knechten überlassen, den Soldaten. Auf diesem Weg sicherlich die Versorgung der Burg: die kürzeste Verbindung zum Tal. Also wird man diesen Weg bei der Belagerung abgeriegelt haben, damit keiner der Belagerten, durch einen geheimen Ausschlupf die Burg verlassend, hier herunterstieg, um Proviant zu besorgen. War es bei der Belagerung, die Oswald miterlebte, daß man ein feistes Schwein über die Burgmauer schmiß, um den Belagerern zu zeigen oder vorzutäuschen, man sei bestens versorgt, könne die Belagerung noch sehr lang aushalten? Auf italienisch heißt Greifenstein: Castel del Porco.

Während des Aufstiegs sehen wir vorerst nichts von diesem »Sauschloß«; ringsum Wald. Es hat in der Nacht geregnet, Sonne scheint wieder, dämpfige Luft, schweißtreibend: ab und zu stellen wir uns unter einen tropfnassen Baum, schütteln ihn – Naturdusche. Weiter auf dem gepflasterten Weg, der uns endlich an den Felssockel führt. Wir müssen die Köpfe noch weiter zurücklegen, denn senkrecht steigt das Felsmassiv auf, und ganz oben, als könnte es jeden Moment abrutschen, das Mauerwerk. Wie hoch ist dieser Felsklotz? Kann ich schwer schätzen, aber hundert Meter werden es gewiß sein. Der Weg führt, weiterhin steil, südöstlich um den Felsklotz herum. Hier kämen nur Bergsteiger hoch, die alle paar Meter einen Haken ins Gestein schlagen. Schließlich erreichen wir den kleinen Erdsattel östlich der Burg; sie ist nun von Bäumen verdeckt. Gleich weiter auf dem Pfad, der dicht an der Felswand entlangführt, die hier zehn, zwanzig Meter hoch ist. Im Norden, Westen, Süden war die Burg also sturmsicher, im Osten war sie zumindest gut gesichert, die Felswand auch hier beinah senkrecht, man hätte schon sehr hohe Sturmleitern anlegen müssen. Der Pfad führt um den Felsblock herum, die Burgöffnung im Nordosten: nicht größer als eine Haustür und drei Meter über uns. Wir steigen das Mauerwerk hoch, stehen im Eingang der Burgruine Greifenstein. Damals war diese Türöffnung bestimmt noch ein, zwei Meter höher über der Bodenfläche, die Schutt abgeschrägt hat im Lauf der Zeit: so wird man auf einer Leiter heraufgestiegen sein, oder es wurde eine Rampe hinabgelassen, für die Reiter, und gleich wurde sie wieder hochgezogen. Erster Zweifel am Gefechtsbericht des Heinrich von Wolkenstein-Trostburg: er schreibt, das Gelände sei ideal geeignet gewesen, schwerste Rammböcke gegen das Tor zu führen. Ich habe im Titel eines Buchs das Wort »Rammbock« verwendet, hatte mich vorher darüber informiert, was ein Rammbock ist: ein etwa telegraphenmastlanger, massiger Baumstamm mit eisenarmiertem Kopf, viele Männer hatten ihn auf den Schultern liegen, rannten mit diesem Rammbock aufs Tor zu. Sie brauchten etliche Meter Anlauf, um den nötigen Schwung zu entwickeln: wo sollte hier diese Anlauffläche gewesen sein? Und das Tor nicht ebenerdig – also hätte man eine längere, nicht allzu steile Rampe aufschütten müssen. Erstes Ergebnis dieses Ortstermins: kein Rammbockeinsatz möglich bei Greifenstein.
Hohes Mauerwerk rechts und links, trichterförmig erweitert es sich: wir sind im Innenbereich der Burg, die entschieden größer ist, als ich mir das nach einer Rekonstruktionszeichnung vorgestellt habe. Bevor wir uns dieses Ruinenareal anschauen, wollen

wir zum höchsten Punkt: die Südostecke der Burg. Fast völlig senkrecht unter uns die Felswand, zerklüftet; der recht steile Waldhang; die Obstbaumflächen des Etschtals; die Festung Sigmundskron; Ausläufer von Bozen; westlich des Etschtals ein schräger Waldsockel, darauf eine lange, hellgraue Felswand, Grepa Laures, 1800 Meter, dominierend. Ich schaue nun nach Südosten, zum »oberen Feld«, »oberen Plateau«. Ja, so ähnlich habe ich mir das vorgestellt, nur habe ich nicht erwartet, daß es so nah liegt: ein schmaler Sattel zwischen dem Felsklotz hier und dem Naifer Bühel drüben, die Burg 737 Meter hoch, diese runde Kuppe 827 Meter, eine Weide an der Flanke, Kühe grasen mit Glockengebimmel, zwischen ihnen ein Pferd – dort drüben haben die Belagerer ihre Wurfgeschütze aufgebaut, die Bliden, man suchte hierzu stets einen höhergelegenen Punkt: das ist er. In dieser Richtung sicher auch die stärksten Mauern, die höchsten Verteidigungsanlagen der Burg, die meisten Soldaten. Kuhglockengebimmel, gelegentliches Pferdeschnauben, fast kann man in der Windstille das Grasrupfen der Kühe hören – hier dürfte manches Wortgefecht stattgefunden haben!

Genauere Inspektion des Burggeländes: das noch ziemlich hohe Mauerwerk des Hauptgebäudes. Diese Burg hatte keinen Burgfried, keinen Wohnturm: auf einer Rekonstruktionszeichnung ein langgestrecktes Gebäude, eine Zinnenmauer Richtung Etschtal, und in der dicken Ostmauer, lese ich, seien Schießscharten gewesen. Ich gehe auf dem Sockel dieser Mauer, sie ist gut einen Meter stark. Schaue hinab auf Raumgrundrisse. Gehe hinüber zur Westmauer, setze mich in eine Fensternische, auf eine Steinbank, schaue ins Etschtal. Gehe wieder zum höchsten Punkt dieser nach Süden schräg ansteigenden Kuppe, falte die Karte auseinander, lege sie, eingenordet, auf eine Felsplatte, versuche, mir Belagerung und Ausfall zu vergegenwärtigen.

Zuerst einmal, hier wird Heinrich von Wolkenstein-Trostburg recht haben, wurden sämtliche Bäume gefällt zwischen Burg und Hügel, auch alle Büsche abgehackt, niedergebrannt: keine Überraschungsangriffe! Und man wird Lebensmittel gelagert, Waffen präpariert haben. Vielleicht recht bald schon das Auftauchen der ersten Belagerungseinheit, dort drüben, wo jetzt die Kühe bimmeln, das Pferd schnaubt. Und es wurde bestimmt ein Sperriegel gelegt auf dem Weg hinab nach Siebeneich. Die Posten hier bauten sich Hütten, aus Steinen, aus Bäumen, denn solch eine Belagerung dauerte Monate; bei dieser Burg konnte es noch länger werden. Hütten, auch Zelte östlich der Burg, am Weg nach Glaning, hinter der Hügelkuppe. Waren es schon die eigentlichen Belagerer, die

Vorbereitungen zum Sturm auf die Burg trafen, oder kam hier erst so etwas wie eine Pioniereinheit?
Der Ausfall, da bin ich sicher, wurde durchgeführt zu einem Zeitpunkt, als der Trupp des Herzogs noch nicht die volle Kampfstärke erreicht hatte. Sonst hätten die Gebrüder Wolkenstein mit ihren paar Mann kaum Chancen gehabt, sie wären zurückgeschlagen oder eingeschlossen und aufgerieben worden.
Ein Ausfall von Belagerten aus einer Burg – hier assoziiert man Filmbilder: das Herausdrängen von berittenen Gewappneten aus einem plötzlich geöffneten Tor, Schreien, Trompeten, Wimpelwinken, Waffenblitzen, Losgaloppieren, ein Keil hineingetrieben in den Ring der Belagerer. Was hier bei Greifenstein geschah, war eher ein Stroßtruppunternehmen. Wir wissen, aus späteren Dokumenten, wie groß ungefähr die Besatzung von Greifenstein war: etwa zwanzig Mann. Selbst, wenn die Wolkensteiner zusätzlich Knechte und Soldaten mitgebracht hatten – mehr als insgesamt dreißig Kämpfer werden es kaum gewesen sein, denn zu viele Fresser konnte man in dieser Burg auf längere Zeit nicht durchbringen.
Die drei Wolkensteiner werden mit diesem Trupp die Burg im ersten Frühlicht des Wintertags oder vielleicht schon Vorfrühlingstags verlassen haben, leise, um unbemerkt über den Sattel zu kommen, um überraschend in das Feldlager einzudringen und möglichst viele Belagerer niederzumachen, dann den roten Hahn zu setzen auf Zelte und Hütten. Die nächste Aktion war die Zerstörung der Wurfmaschinen, der vielleicht schon vorbereiteten Sturmleitern. Und weiter ging es an diesem Winter- oder Vorfrühlingsmorgen auf dem Weg, auf dem die Belagerer die Geräte herangeschafft hatten, und von Glaning aus hinab in Richtung Rafenstein (696 Meter) und dann zur Flußebene unterhalb dieser Burg, mehr als 400 Meter tiefer.
Wir laufen nicht von Greifenstein nach Glaning, von dort bis beinah Bozen und wieder zurück nach Greifenstein, hinunter nach Siebeneich; wir teilen den ›Ortstermin Greifenstein‹ auf, fahren an einem anderen Tag nach Gries, einem Ortsteil von Bozen und von da hinauf nach Jenesien: dorther kam ein Teil der zusammengetrommelten Bauerntruppen.
Jenesien, 1087 Meter hoch, erreicht man von Bozen-Gries aus mit einer Seilbahn, aber während ich herumfahre, die Talstation suchend, entdecke ich einen kleinen, schon ziemlich verrosteten Richtungsweiser: JENESIEN, fahre sofort die Straße hoch und verstehe bald, weshalb das Schild so gar nicht offiziell wirkte: zwanzig, dreißig Prozent Steigung, die Straße nicht breiter als der Wa-

gen, nur wenig Ausweichbuchten; Terrassierungsmauern, Weinbergmauern. Manchmal möchte ich mich nach vorn beugen, damit die Vorderräder sich nicht abheben, bleibe aber zurückgelehnt, memoriere physikalische Gesetze.

Jenesien: eigentlich könnten wir von hier aus in Richtung Glaning wandern, auf Wanderweg 2, dann 5, oder wir gehen zum Plattner, 1050 Meter, beschauen von dort das Gelände, aber: ich weiß nicht, auf welchem Weg der Trupp gezogen war; die heutigen Forst- und Wirtschaftswege werden kaum noch identisch sein mit den damaligen Wegen oder Pfaden auf dieser Hochebene, vielleicht war man auch quer durchs Gelände gezogen, auf kürzestem Weg. Das Gesamtbild genügt mir in diesem Fall: welliges, meist von sanften Tälern gegliedertes, vorwiegend bewaldetes, auch heute noch gering besiedeltes Gelände, durch das man damals zu Fuß, auf Mulis oder Pferden, Richtung Bozen gezogen war, in einiger Entfernung vorbei an Rafenstein.

Diese Burgruine liegt auf der letzten Bergstufe über der Ebene von Bozen, über dem Eingang ins Sarntal. Hier auf dem Rafenstein (dem Wohnsitz des Marx Sittich von Wolkenstein) muß ich meine Vorstellungen am entschiedensten revidieren: ich hatte erwartet, nach dem Stichwort »Ried«, die Burg Rafenstein oder Raubenstein liege in der Ebene, aber gemeint ist von Oswald dies: das Gefecht fand statt im Ried unterhalb von Raubenstein. Ich schaue nochmal im abgelichteten Liedtext nach: »vorm Raubenstain inn dem ried.«

Das Ried: ich muß mir vergegenwärtigen, daß die größeren Flußtäler bis in neuere Zeit vorwiegend Überschwemmungsgebiete der Flüsse waren: Sümpfe, Auwälder. Reisende früherer Jahrhunderte berichten von »fauligen«, von »bösen Dämpfen«, von »verpesteten Sümpfen«, von fieberverzehrten Talbewohnern, und die Straßen, die Wege hatten früher nicht durch die Talsenken geführt, sondern meist an Hängen entlang, etwa in einer Höhe, wie sie bei Meran die Burg Tirol anzeigt und hier bei Bozen die Burg Rafenstein. Erst im 16., 17. und 18. Jahrhundert wurden die Täler trockengelegt, die Flüsse reguliert.

Im Ausschnitt der Flußebene vor Bozen wird man vom Raubenstein aus den Wolkensteiner-Trupp entdeckt haben, und sofort wurde die Burgbesatzung hinuntergeschickt. Zusätzlich wurden die Bauern der Umgebung zusammengetrommelt. Die Bauern von St. Georgen konnten als erste dort unten sein, dieses Dörfchen liegt noch unterhalb von Rafenstein, auf Bozen zu. Die Bauern von Jenesien konnten ebenfalls rasch zur Stelle sein. Von Mölten her wird es schon länger gedauert haben. Der Ritten und das

Sarntal: damit sind weite Regionen bezeichnet, aber Oswald wird wohl Bauern aus den näheren Bereichen von Ritten und Sarntal gemeint haben. Aber dann nennt er noch Meran und den Hafling: falls die militärische Aktion der Wolkensteiner an einem Tag durchgeführt wurde, konnte man aus Meran und vom Hafling her nicht rechtzeitig aufmarschiert sein. Oder waren Bauern aus Meran, vom Halfing bereits in der Nähe? Auch Bauern der anderen Dörfer? Wohl kaum: es gab keine Bauerngarnison. Und woher sollte man damals überhaupt wissen, daß Bauern auch aus Meran und vom Hafling aufmarschierten, »von oben heran«? Die Bauerntrupps trugen nicht große, auf weite Entfernung hin lesbare Schilder: MÖLTEN, MERAN, HAFLING. Ich nehme an, Oswald hat in seinen Liedtext spätere Informationen einbezogen.
Es wird ungefähr so gewesen sein: als man beim Sengen und Brennen, dann beim Gefecht mit Bauern aus dem nahen St. Georgen, mit der Mannschaft vom Raubenstein sah, daß auf halber Höhe ein weiterer Trupp heranzog, wußte man: nun ist es Zeit, daß wir uns absetzen, zurück nach Greifenstein, sonst werden wir abgeschnitten.

100 Der Herzog ließ nach diesem Scharmützel die Belagerung offenbar abbrechen. Ein Ergebnis der siegreichen Aktion der ›drei Musketiere‹? Das wird mitgespielt haben; entscheidend aber war die wieder einmal veränderte politische Lage: es bahnte sich eine Verständigung an zwischen Herzog und König. Sigmund hatte den Kampf der Schlandersberg, Starkenberg, Wolkenstein und Co. auch diesmal nur ideell, nicht aber militärisch unterstützt. Anfang April zeigte sich, daß der Herzog wieder Herr im eigenen Lande war – diese Tatsache mußte der König in seinem politischen Kalkül berücksichtigen.
Papst Martin, in Konstanz gewählt, trat auf als Vermittler zwischen Friedrich und Sigmund. Erste Verhandlungen in Mersburg, mit Delegierten des Königs: es ging Friedrich vor allem darum, den Aargau zurückzuerhalten, den der König der Schweiz zugeschanzt hatte, aber mit dieser Forderung kam er nicht durch, die Verhandlungen wurden abgebrochen. In Münsterlingen dann ein ›Gipfelgespräch‹ zwischen König und Herzog, man einigte sich in einem Vergleich: König Sigmund nehme Herzog Friedrich von Österreich, Graf zu Tirol, wieder in Gnaden auf, unter der Bedingung, daß er . . . Und nun folgten die Punkte, auf die es Sigmund ankam. So mußte Friedrich mehrere Burgen zurückgeben an den

Bischof von Trient, der zu Sigmunds Verbündeten zählte; einige weitere Burgen sollten in der Verfügung des Königs bleiben; auf Gebiete, die Sigmund dem Herzog abgenommen und an die Schweiz weitergegeben, sprich: verkauft hatte, mußte der Herzog auf immer Verzicht leisten, also auch auf den Aargau; zusätzlich mußte er König Sigmund 70000 Gulden zahlen, ein riesiger Betrag! Zwar erließ ihm der König bald darauf 20000 Gulden, aber der Betrag war immer noch hoch genug.

Interessant ist für uns hier eine Zusatzregelung: »Was der obengenannte Friedrich dem Heinrich von Schlandersberg, Oswald Wolkenstein und seinem Bruder von ihren Burgen, Dörfern, Leuten und Gütern abgenommen hat, soll er ihnen in der Gesamtheit zurückgeben; soweit er verschiedene ihrer Burgen erobert und niedergebrannt hat, soll er ihnen den Grund und Boden zurückgeben, damit sie wieder bauen können, falls sie es wünschen.«

Demnach waren in der vergangenen Phase die Schlandersberger und Wolkensteiner die Hauptgegner des Herzogs gewesen. Und: der Herzog hatte (auch) Besitzungen der Gebrüder Wolkenstein zerstören lassen, während sie Greifenstein verteidigten. Um eine Lappalie kann es sich bei dieser Schadensregulierung nicht gehandelt haben, sonst wäre dieser Punkt nicht in den ›Staatsvertrag‹ aufgenommen worden.

Weiter zeigt diese Regelung: König Sigmund vertrat auch jetzt noch Interessen der Herren Schlandersberg, Wolkenstein und so weiter. Wahrscheinlich hatte er sich Vorwürfe anhören müssen, weil die schriftlich zugesagte Unterstützung auch diesmal ausgeblieben war, und so wollte er zumindest dafür sorgen, daß die entstandenen Kriegsschäden bezahlt wurden.

Nach seinen (freilich noch nicht endgültigen!) Siegen in Tirol hatte Friedrich eine gute Ausgangsposition bei den Verhandlungen. Aber er mußte einen sehr hohen Preis dafür zahlen, daß er nicht länger in der Reichsacht und im Kirchenbann blieb.

Ein Festakt auf dem Marktplatz von Konstanz: in Anwesenheit von Vertretern der Reichsstände, zahlreicher Ritter, sehr vieler Zuschauer erhielt der Herzog vom König als Lehen seine Länder zurück, abzüglich der verlorenen Gebiete. Das war der letzte große Staatsakt des Konstanzer Konzils.

Einige Tage später, am 16. Mai, verließ Papst Martin die Konzilsstadt. Auch dies ein feierlicher Vorgang: König Sigmund führte sein Pferd, vier Reichsgrafen trugen einen Baldachin, Herzog Friedrich und Pfalzgraf Ludwig hielten die Enden der Satteldecke. Bei Gottlieben stieg der Papst auf ein Rheinschiff. Herzog Friedrich kehrte nach Tirol zurück.

101 Friede im Land, vorerst. Oswald wird in diesem Sommer seinen Hausstand gegründet haben; geheiratet hat er vielleicht schon vorher.
Ich habe bei verschiedenen Autoren gelesen, Oswald habe Margarete von Schwangau 1417 geheiratet; manche Autoren glauben es noch genauer zu wissen und schreiben: Sommer oder: Herbst 1417. Das sind Vermutungen; das Hochzeitsdatum konnte bisher nicht belegt werden.
Daß Oswald im Konstanzer Jahr geheiratet hat, ist freilich denkbar: von der Konzilstadt war es nicht allzuweit bis Schwangau, so konnte Oswald Margarete (wiederholt) besucht haben; vielleicht war Margarete mit männlichen Familienmitgliedern (sie hatte vier Brüder) auch mal nach Konstanz gekommen. Kurz, die Beziehungen konnten sich in dieser Zeit intensiviert haben, und so wurde in dieser Phase vielleicht auch der Ehevertrag ausgehandelt, die Mitgift in Höhe von 500 rheinischen Gulden festgelegt, und auf Schwangau fand die Hochzeit statt.
Ob Oswald in diesem Fall seine Frau nach Tirol mitgenommen hat? Ich kann es mir nicht vorstellen: er wußte, daß Bürgerkrieg drohte, also wird er Margarete in Schwangau gelassen haben, bis die Lage in Tirol geklärt war. Nun, im Sommer 1418, konnte er sie abholen, oder: einholen. Vielleicht fand die Hochzeit erst in diesem Sommer statt – das dürfte etwas wahrscheinlicher sein als eine Eheschließung 1417.

102 Oswald hat mit Margarete von Schwangau eine standesgemäße Wahl getroffen – doch war diese Ehe offenbar mehr als nur ein ›Zweckverband‹. Oswald hat eine Reihe von Liedern geschrieben, in denen er Margarete, seine Gretl, preist. Freilich gibt es (später) auch literarische Klagen über diese Frau, das Preislied überwiegt jedoch. Nun können wir weder aus Preisliedern noch aus Klageliedern Schlüsse ziehen auf die Beziehungen zwischen Oswald und Margarete, hier spielt zuviel literarische Konvention mit. Aber Oswald hat seine Frau auffallend oft besungen, rühmend – sollten das bloß literarische Pflichtübungen gewesen sein?
Wir wissen über Margarete sehr wenig. Was über sie bekannt ist, hat Hans Pörnbacher in einem Aufsatz zusammengetragen; er ist die Grundlage dieses Kapitels.
Hohenschwangau war zu Beginn des fünfzehnten Jahrhunderts ein reichsunmittelbares Herrschaftsgebiet, etwa vier Quadratmei-

len groß, das im Süden an Tirol grenzte, westlich an den Lech, nördlich und östlich an die »Hofmarken« der Klöster Steingaden, Rottenbuch, Ettal.
Einer der Vorfahren Margaretes war Hiltbold von Schwangau, zwischen 1220 und 1250 nachweisbar im Gefolge der Grafen von Tirol. Dieser Mann ist auf einer der Miniaturen der Manessischen Liederhandschrift abgebildet: auf seinem Helm ein großer, dunkler Schwan, auf dem knöchellangen Kittel über dem Panzerhemd ein großes Wappen mit Schwan, dazugemalt drei weitere große Schwäne, damit wirklich kein Zweifel mehr bestehen kann, woher dieser Herr kommt, von dem sonst nichts zu erkennen ist: sein Visier ist heruntergeklappt. An jeder Hand hält er ein Mädchen, ein Spielmann streicht die Fiedel: offenbar macht der Herr von Schwangau ein Tänzchen.
Eine alte, angesehene Familie in einem reichsunmittelbaren, reichsfreien Gebiet – das klingt eindrucksvoll. Aber wir müssen uns alles wegdenken, was der »Märchenkönig« Ludwig im neunzehnten Jahrhundert in Hohenschwangau architektonisch inszeniert hat: der Sitz derer von Schwangau war bescheiden. Pörnbacher zitiert einen Bericht aus dem Jahre 1523: demnach war Vorder-Schwangau ein dicker, gemauerter Turm und obendrauf ein Holzbau, darin zwei Stuben und drei Kammern – und wohl nur diese Räume konnten bewohnt werden. Hinter-Schwangau war ebenfalls ein Turm mit hölzernem Aufbau; ein tiefer Keller, zum Teil in Fels gehauen, mit Gefängnisverlies; oben drei Stuben, vier Kammern. Beide Gebäude, im Bericht der Kommissare als »Schlösser« bezeichnet, waren zum Zeitpunkt dieser Besichtigung schon nicht mehr bewohnbar: die Stiegen zerfallen, die »Ingebäude« baufällig, und Hinter-Schwangau mit schlechten Schindeln gedeckt. Es wird noch ein drittes Schloß Schwangau erwähnt, zwischen beiden Seen »auf einem niederen Schroffen«; das Gemäuer sei nur ganz dünn und innen alles aus Holz, aber »übel erbaut«; Dach und Stiegen fehlten bereits. Völlig zerfallen das vierte »Schloß«, Frauenstein – es sei überhaupt nichts mehr wert. Zwölf Jahre nach Erstellung dieses Berichts war die Familie von Schwangau ausgestorben.
Wenn auch zu Beginn des fünfzehnten Jahrhunderts die Dachschindeln noch gut, die Stiegen noch begehbar, die wenigen Räume noch bewohnbar waren, großartig war der Besitz gewiß nicht, auf dem Margarete aufgewachsen ist. Wahrscheinlich werden sich die Schwangauer nicht ganz freiwillig als Raubritter betätigt haben, wie das überliefert ist; die Zolleinnahmen reichten nicht aus. Ihr ›Arbeitsgebiet‹ dürfte vor allem die Ettaler Berg-

straße gewesen sein, die in der Nähe dieser kleinen Gebäude vorbeiführte. Berichtet wird auch von Auseinandersetzungen mit dem benachbarten Kloster Steingaden und dem Hochstift Augsburg. Streitigkeiten, Übergriffe – da fand Oswald in Schwangau ein durchaus vertrautes Milieu.
Und wie kam er überhaupt nach Schwangau? Es gab schon seit langem nachbarschaftliche Beziehungen zwischen Tirol und Schwangau; dazu direkte Bindungen zwischen den Wolkensteinern und Schwangauern. So lebte Oswalds Schwester Barbara seit etwa 1402 in der Nähe von Hohenschwangau, als Frau eines Heinrich von Freyburg. Und später heiratete Michael in zweiter Ehe eine von Schwangau, sein Sohn Berthold heiratete ebenfalls eine Schwangauerin, seine Tochter Beatrix einen Schwangauer.

103 Im sonst recht konventionellen Frühlings- und Liebeslied Kl 75 gibt es eine Passage, in der Oswald mächtig aus sich herausgeht, sprachlich. Anlaß, Stimulans dazu ist eine Grete. Nun war dieser Name damals sehr beliebt, wir haben bereits die Bauernmagd Grete kennengelernt, die mit dem Künzel aus dem Zillertal schläft; so ist durchaus möglich, daß die Grete der folgenden Zeilen nichts mit Margarete von Schwangau zu tun hat. Ausschließen läßt sich aber nicht, daß diese Liedzeilen ein Reflex sind auf intime Beziehungen zu Margarete – und so soll diese Strophe die Hommage à Grete eröffnen.

Begrün dich, Büschli!
Streck dich, Kräutli!
In das Bädli,
Ösli, Gretli!
Blumenblüte
macht uns frisch!
Baut ein Dach
aus Blättergrün. Metzli,
bring den Bottich,
jetzt wirds lustig.
Wasche, Maidli,
mir das Scheitli.
Reib mich, Knäbli,
hier ums Näbli.
Hilfst du mir,
pack ich wohl dein Schwänzli!

Bei diesem Geplansche und Gerangel im traditionellen Maienbad zeigt Oswald sprachlich einen entschiedenen Zugriff. Ganz anders geht es zu in Kl 68: ein formelles Liebeslied, in dem die Spielregeln der hohen Gesellschaft penibel eingehalten werden: Anbetung der Herrin, und es wird betont, von welch guter Herkunft sie ist, die Lady Grete, wie groß ihre Ehre, ihr Anstand, und alles, was sie tut, um dem guten Oswald das Leben zu verschönern, das ist und bleibt sehr tugendhaft. Nur an wenigen Stellen zeigt sich im konventionellen Textmuster etwas von Oswalds Originalität, Individualität, etwa, wenn er der hohen Schwäbin zuliebe einen schwäbischen Binnenreim benutzt. Sonst aber: Konvention, Konvention.

Mein Herz, es wird vor Freude jung,
es findet Trost, Erlösung bei der Liebsten;
hat liebevoll und tugendhaft
von aller Last mich frei gemacht,
vergab sich nichts dabei.
Ich grüße Tag und Stunde, Minute und Sekunde,
da ich es merkte und begriff:
mein Unglück ist wahrhaftig rasch
von mir genommen worden. Zuende
war nun mein Pein.

Mit Ehren, auserwähltes G,
erfreust »mi« sehr in meinem Herz!
Danach das edle R und E –
beglücken mich mit rotem Mund,
der immer heiter ist.
Am Ende dieses Wortes hat das T
die Bindung zwischen uns besiegelt.
Mein bester Schatz, mach dir das täglich klar;
ich will es gleichfalls tun
und geh davon nicht ab.

Vergiß im Namen deiner Frauenehre,
womit ich dich verletzt an Leib und Seele.
Ich schätz weit mehr als diese Welt
dein Ansehn, will ihm ständig dienen,
wie sichs gehört.
Gemeinsam hier auf dieser Erde bis zum Tod
und dann noch hunderttausend Jahre!
Die bösen Zungen finden bei uns keinen Grund
für kleinsten Spaß und Lohn.
Mein Schatz, das gebe Gott.

Und jetzt ein Liedtext (Kl 110), der ebenfalls auf Margarete bezogen ist: diesmal wird nicht Namensbuchstabe nach Namensbuchstabe, sondern Körperregion nach Körperregion gepriesen.

Ich hör, daß mancher allgemein
die Frau von Adel schätzt, gleichviel
aus welchem Land, aus welcher Stadt,
von welchem Schloß sie stammen mag.
So denk ich nicht! In manchem Land
war ich – mein Herz verlor ich nie.
Doch nun lockt mich ein roter Mund
aus Schwaben, lockt Gebärde, Wort
und insgesamt: Figur, Person.

Die stolze Schwäbin macht das wahr,
an der ich keinen Makel fand;
die schloß ich fester in mein Herz
als alle, die ich sonst noch kannte.
An Auge, Nase, Mund und Hals
ist sie sehr schön geformt. Die Haut
ist weiß und rot, ganz zart getönt.
Die Arme, Hände, Brüste – größte Lust!
Ganz straff und hell im Teint.

Die Taille schmal, der Hintern dick
und rund gewölbt, schön unterteilt,
die Schenkel voller heißer Glut,
die Waden schlank zur Fessel hin
und ihre Füßchen klein und schmal,
hübsch modelliert. Ihr Lebenswandel:
er gibt zu keinem Tadel Anlaß.
In Tun und Lassen rechtes Maß.
So hat sie mich in der Gewalt!

Oswald hat ein zweites Körper-Preislied geschrieben, das an eine Dame, eine Geliebte ohne Namen gerichtet ist: Kl 61. Es dürfte, dem Sprachstand nach, ungefähr aus der Zeit der eben vorgestellten Körper-Arie stammen. Wenn man voraussetzt, daß Oswald das Loblied auf die schöne Schwäbin in ihrer Anwesenheit gesungen hat und vor Freunden, so ist wenig wahrscheinlich, daß auch das folgende Lied der frisch angetrauten Frau gewidmet ist, in dem Fall hätte Margarete wohl mit Recht bemerkt, Oswald fange an, sich zu wiederholen. Dieser Liedtext soll zeigen, daß die scheinbar so konkrete Beschreibung der Schwangauerin auch literarisches Muster war; nach den Liedangaben läßt sich kein ›Phantombild‹ der Schwäbin entwerfen.

Viel Glück und Segen wünsch ich dir
zum Neuen Jahr, Geliebte!
Ich werde dir auch weiterhin
sehr treu ergeben dienen,
du wirst es schon bemerken!
Dein hübscher Mund, er ist dran schuld,
das Liebes-Paar der roten Wangen,
von hellen Äuglein überstrahlt,
die Öhrchen und sodann das Haar
gewellt, gedreht, gelockt, gekraust,
goldblond und flockenleicht.

Und Nase, Zähne, Kinn und Kehle!
Harmonisch gehts zum Hals hinab
zum Sitz der beiden festen Brüste;
das Tal dazwischen preise ich!
Ein rechtes Maß hat jedes Glied:
die Arme lang, die Hände schmal,
das Bäuchlein hell und glatt,
der Pelz vor allem ist famos!
Das Hinterteil ist wie gedrechselt,
hier ist sie drall bestückt.
Die Füße zierlich ausgeformt.

Die Schönheit ihres Körpers ist
vollendet. Gute Herkunft, Tugend,
Erziehung, Anstand, Adelsglanz –
dies zeigt beständig ihr Verhalten,
hier ist sie schlicht vollkommen!
In jeder Hinsicht ist sie gut.
Geliebte Freundin, denk an mich!
Der Deine bin ich ganz und gar:
drum laß dir, Liebste, abgewinnen,
worauf ich schon so lange warte –
das weckt Verlangen, Lustgefühl.

Trotz dieses Liedes an eine mögliche Nebenbuhlerin: Oswald war der Gedanke an eheliche Treue nicht unbekannt. Dies zeigt das folgende Dialoglied, Kl 77.

He, Gretchen, Grete, Gretelein,
du schöne Freundin und Geliebte,
bleib mir und deinem Ansehn treu.
»Das liegt an dir, mein Ösilein,
für immer will ich bei dir lernen,
was treue Ehebindung ist.«
Was jetzt dein roter Mund gesagt,
das werde ich nie mehr vergessen,
das wird im Herzen eingraviert.
»Mein Schatz, dasselbe wünsch ich mir.
Schwanken ist mir fremd.
Denk nur an mich, liebs Ösilein,
dein Gretchen wird dich dann erfreun.«

Die schönste Freude ist für mich,
wenn ich in deinen Armen liege –
der größte Glückspilz bin ich dann!
»Dabei werd ich nicht träge sein,
sehr rührig heize ich dir ein,
das ist mir wahrlich keine Last!«
Sehr gut, du mein Verbündeter,
das werde ich dir nicht vergessen;
ich liebe ja nur dich allein.
»Nichts Schlimmes brauchst du, Liebster,
von mir je zu befürchten.«
Dank sei dir, mein Gutes.
»Mein lieber Mann, mir ist so wohl,
wenn ich die Arme um dich lege.«

Dein Herz, das gibt mir höchste Freude,
dazu dein wunderschöner Körper,
wenn er sich zärtlich an mich schmiegt.
»Mein Freund, ich gurre vor Vergnügen,
dein einzig Weib, es ist voll Lust,
wenn deine Hand die Brüste drückt.«
Ach Frau, das gibt dem Affen Zucker,
das fährt mir süß in alle Glieder –
bewahr mir deine Liebesgunst!
»Du kannst mir ganz vertrauen,
Öslein, und für immer.«
Gretchen, bleibe auch dabei –
es soll sich zwischen uns nichts ändern;
nur so hält sich dies Glück.

Ich will hier keine Idylle entwerfen, aber ich nehme an, Oswald hat dieses Lied für den ›Hausgebrauch‹ geschrieben, hat es gemeinsam mit Margarete gesungen, vor Verwandten, Freunden. Es läßt sich kaum vorstellen, daß Oswald die Ösi-Abschnitte selbst vorgetragen, die zweite Stimme dagegen mit einer Spielmannsfrau oder einem Spielmann im Diskant (Altus) besetzt hat. Margarete dürfte in einem Internat für höhere Töchter gewesen sein, in einem Nonnenkloster. Und dort lernte man dies auf jeden Fall: Notenlesen, Singen.

Oswald und Margarete werden wohl auch den folgenden zweistimmigen Kanon (Kl 71) – ich übersetze zwei der drei Strophen – gemeinsam gesungen haben. Hier ist die verbale Verflechtung von Liebeserklärungen noch dichter. In bisherigen wissenschaftlichen Ausgaben, auch bei Klein, erschien der Text reichlich konfus. Irmgard Meiners hat in ihrem Aufsatz *Zu Oswalds von Wolkenstein Fuga* zum erstenmal einen überzeugenden Lesetext ediert.

In einer »Umkehrung des literarisch Hergebrachten« beginnt hier die Frau mit guten Wünschen für das Neue Jahr (1420?), wird mehrfach unterbrochen vom verbal ungeduldigen Mann, und zwar »schlagfertig in jeder syntaktischen Zäsur«.

Ob Oswald hier seine Beziehung zur »stolzen«, also selbstsicheren Schwäbin zu charakterisieren versucht hat?

Voll inniger Liebe wünsche ich dir –
– Dein Singen, dies Klingen, ich höre es gern . . .
zum neuen Jahr –
– Ich passe auf . . .
das Beste nur,
– Das lohn ich dir!
und was dein Herz noch mehr begehrt!
– Dein Wunsch, mein Liebes, werde wahr!
So seis, mein Schatz.
– Ein gutes Wort!
Es treffe zu!
– Ich hör auf dich!
So denk an mich, mein lieber Freund.
– Dann freue dich: es soll so sein.

– Dein Mund, meine Liebste, er macht mich froh.
Dein Körper, mein Mann, er macht mich wild.
– Ich bin ganz dein.
Das sag ich auch.

– So bleib es stets!
Ich bin bereit . . .
– Dein Anstand, er gefällt mir sehr.
Die Tugendfülle schätz ich hoch.
– Das macht mich froh.
Und mich dazu!
– Und stimmt das auch?
Ich sag es doch!
– Das hör ich gern, du liebe Gret!
Mein Os, ich tue, was du wünschst.

104 Oswald und Margarete von Wolkenstein – wo sollten sie nun wohnen? Er durfte keine Frau mitnehmen in das Pfründnerhaus im Klosterbereich. Und ein (wenn auch ansehnlicher) Bauernhof, ein (wenn auch repräsentatives) Stadthaus hätten seinem Stand nicht entsprochen. Oswald brauchte eine standesgemäße Behausung in der Nähe seiner wichtigsten Besitzungen. Und hier bot sich nur eins an: Hauenstein.
Auf diese Burg besaß Oswald freilich nur einen Drittel-Anspruch. Sollte er der Familie Jäger die zwei Drittel abkaufen? Mit der Burg war der Besitz mehrerer Bauernhöfe verbunden, die Burg allein ließ sich kaum verkaufen; Martin Jäger wäre auf solch einen Vorschlag nicht eingegangen. Was tun? Oswald löste das Problem mit einem Handstreich: er besetzte Hauenstein.
Das Datum dieser Aktion ist nicht bekannt. Wenn Oswald 1418 geheiratet hat, so wird er sie wohl auch in diesem Jahr durchgeführt haben, vielleicht schon im Frühsommer. Mit ein paar Mann wird er sich Einlaß verschafft haben, möglicherweise unter einem Vorwand, wird den Verwalter vor die Tür gesetzt, wird erklärt haben: Hier bleibe ich. Das konnte Martin Jäger im fernen Tisens nicht hinnehmen, für ihn konnte es nur *ein* Ziel geben: Oswald aus Hauenstein rauszuwerfen. Damit waren die oft dramatischen Vorgänge der nächsten Jahre vorprogrammiert.

105 Hauenstein – unter den Burgen, in denen Oswald lebte, ist sie am engsten mit seinem Namen verbunden; etwa ein Jahrzehnt dauerte der Streit um Hauenstein. Gleich bei der ersten Südtirol-Reise schaue ich mir diese Burgruine an.
Ich fahre von Seis in Richtung Ratzes, Bad Ratzes, halte an einem

Schnittpunkt von Waldwegen. Ein Wildbach. Ich schaue auf der regionalen Wanderkarte nach: der Frötschbach. Er fließt, unterhalb der Ruine Hauenstein, westwärts, mündet in den Schwarzgrießbach, und der mündet, unterhalb der Burgruine Aichach, in den Eisack.

Ich falte die Karte zusammen, laufe los. Fichtenwald. Ein Weg schräg hoch in die Richtung, in der die Burg liegen muß, im Hauensteiner Wald zwischen Seis und dem Sockel der Santnerspitze. In meinem Kopf ein Verspaar, es beginnt sich mechanisch zu wiederholen: Ich hör die Vögel groß und klein In meinem Wald um Hauenstein. Ich sage dieses Zeilenpaar halblaut vor mich hin, rasch gehend: Ich hör die Vögel groß und klein In meinem Wald um Hauenstein, komme nicht frei von diesem Zweizeiler: Ich hör die Vögel groß und klein IN MEINEM WALD UM HAUENSTEIN. Schon bestimmt dieser Satz meine Wahrnehmung: Ich horche auf Vögel, als könnte sich das durchschnittliche Vogelgeräusch eines Fichtenwaldes vom durchschnittlichen Vogelgeräusch dieses Fichtenwaldes unterscheiden.

Vom Weg führt ein Pfad ab; auf orangerotem Schild wird die Burg in der zweiten Landessprache der Autonomen Provinz Bozen als »castel vecchio« bezeichnet, als Alte Burg; dem Übersetzergremium war scheints nichts Besseres eingefallen.

Plötzlich, nach einer Pfadwendung: vor mir, über mir Gemäuer, auf einem Felsblock: HAUENSTEIN! Stehenbleiben, hochgucken: Hauenstein, tatsächlich HAUENSTEIN! Wie oft habe ich mittlerweile diesen Namen gelesen, in Texten Oswalds, in Arbeiten über Oswald, wie oft schon habe ich diesen Namen geschrieben, in Kapitelentwürfen – nun sehe ich HAUENSTEIN.

Der Pfad führt an den Felsklotz heran: ein »isolierter Dolomitblock«, wie ich gelesen habe, und diese Bezeichnung ist im Bewußtsein geblieben: isolierter Dolomitblock. Dieser isolierte Dolomitblock nun dicht vor mir, Realität, in die ich einen Meißel schlagen könnte: ISOLIERTER DOLOMITBLOCK. Der steigt senkrecht auf vor mir, über mir, und dieser senkrechte Fels setzt sich unmittelbar fort in Mauerwerk; verschiedene Fensteröffnungen auf dieser Südseite, ein Abtritt.

Ich gehe um den isolierten Dolomitblock herum, den Oswald als »kofel« bezeichnete. Ein Pfad, der eine steile Schräge hinaufführt, zickzack: dort muß schon zu seiner Zeit der Pfad gewesen sein, der zum Burgeingang führte. Ich steige noch nicht hinauf, will erst den Felsklotz, den Kofel umkreisen. Steinbrocken. Gebüsch. Mauerreste: vielleicht die Stallungen, seinerzeit.

Nach der Pfad-Rampe steigt der Fels wieder senkrecht auf, im

Schnitt zwölf Meter hoch. Talwärts, nördlich hängt der Fels sogar über, düster, feucht; auf dieser Seite war die Burg absolut sturmsicher. Richtung Osten steigt er wieder senkrecht auf.
Wie kam dieser Felsklotz hierher? Diese Frage hatten sich offenbar schon andere gestellt, früher, viel früher, sonst hätte sich nicht diese Fabel entwickelt: es war einmal ein kleiner See hier in der Nähe, ein inzwischen verschwundener See, und in sternklaren und mondhellen Nächten fuhr auf diesem See eine Wassernymphe umher in einem silberglänzenden Kahn. Nein, das ist zu grob gesagt: schwerelos glitt sie in ihrem silbrigen Kahn über die sternglimmende, mondlichtkühle Wasserfläche. So fiel sie einem Berggeist auf, einem Kobold, sicher oben am Schlern, am großen Zakken, und dieser Kobold wollte die schöne Nymphe besitzen, er zog sich ein prachtvolles Gewand an, stieg herunter, stellte sich ans Seeufer, umwarb die Nypmhe. Aber sie wies ihn ab. Da packte den Berggeist der Zorn, er tobte die Bergwaldschräge hinauf, entwurzelte zahlreiche Bäume, brachte Felsbrocken zum Rollen. Und auf den größten dieser Brocken bauten die Hauensteiner ihre Burg, Generationen von Hauensteinern bewohnten sie, bis schließlich die Wolkensteiner kamen.
Ich gehe weiter am Felskofel entlang, schaue hoch: diese Burg konnte nur von einer Seite her angegriffen werden, an der steilen Schräge westlich, an der schon damals der Pfad hinaufführte, vielleicht in den Fels geschlagen, aber nun ist dort viel Schutt herabgerutscht, inzwischen überwachsen. Ich steige hoch, ein Holzgeländer, drei Kehren, stehe vor der Maueröffnung: Eingang Hauenstein. Durch die Türöffnung gehend, bin ich gleich wieder im Freien, auf einer kleinen Rampe, mit einer Bank, Blick ins Tal, Richtung Seis und Kastelruth, zwischen Bäumen hindurch, Fichten. Die Wiesenhänge, die meist einzeln liegenden Häuser, kleine Feldscheunen und als Bildabschluß die Bergzüge auf der westlichen Seite des Eisacktals: der Ritten. Das registriere ich kurz, will mich erst einmal im Burgbereich umschauen, steige zum höchsten Punkt, zum Turm, von dem bloß noch zwei Mauern stehen, Südmauer, Westmauer. Kein Bergfried, so habe ich gelesen, der lag üblicherweise an der Hauptangriffsseite einer Burg; unterhalb dieses Turms gab es keine Angriffsmöglichkeit, also war dies ein Wohnturm, ein Palas. Mauerlöcher zeigen an, wo die Deckenbalken eingesetzt waren: drei Stockwerke. Die Balken längst verschwunden, verbrannt oder verfault, nur noch Holzreste in einigen Mauerlöchern. Und Nischen: was stand darin? Ganz oben ein Gewölbefenster.
Talwärts sind die Mauern erheblich niedriger, und recht groß die

Fenster: waren dort auch Wohnräume? Wurden sie in späterer Zeit angelegt? Ich steige in eine dieser Fensteröffnungen: der Hang auf der anderen Talseite, Wiesen, Waldflächen, Bauernhöfe. Nach Südosten verengt sich das Tal, hinter Ratzes. Und ringsumher Wald. Wenig Vogelgeräusch. Fern der Frötschbach. »Mir tost der Bach mit Hurlahei/ den Kopf entzwei.« Das Rauschen ist nicht stärker als der Geräuschpegel des fernen Verkehrs, in Seis, die Straße hinauf zur Seiser Alm. Nun wird im Winter, vor allem im Frühjahr das Wasser entschieden stärker und rascher geflossen sein zwischen den Steinbrocken – trotzdem frage ich mich, ob Oswald in seinem Lied nicht übertrieben hat. Nach seiner Darstellung hatte ich mir vorgestellt, der Bach laufe unmittelbar an der Burg vorbei, von Felsen herab. Aber der Bach ist einige hundert Meter entfernt, in der Talsohle.
Ich gehe langsam umher, ertappe mich dabei, wie ich diese Burg zu rekonstruieren versuche, Wände hochziehend, Decken einsetzend, Figuren in den Räumen verteilend – als ginge es darum, sich in einem Erzähltext auszumalen, wie Oswald gelebt, und womöglich: wie er in dieser Burg einige seiner Liedtexte ausgearbeitet hat. Ich ermahne mich dazu, nur Fakten zu registrieren, Informationen zu verifizieren: das Gemäuer des Wohnturms unten zwei Meter dick, oben einen Meter, nach oben hin werden die Fenster größer, nach Osten der Rest eines kleinen Balkons; grobes Bruchsteinmauerwerk mit viel Mörtel, in den kleine, scharfkantige Steinbrocken gemischt sind; kaum behauener Stein, für den Türsturz wurde meist Holz verwendet, eine billig gebaute Burg. Dementsprechend verfallen, manches auch abgetragen, vor allem im Jahre 1877: Steinbruch für Bauern der Umgebung. Verteidigungsanlagen vor allem nach Westen, sehr starkes Mauerwerk aus behauenem Stein, Schießscharten, aber diese Fortifikation wurde erst später gebaut, Ende des 15., Anfang des 16. Jahrhunderts. Zu Oswalds Zeit waren hier gewiß auch schon besonders starke Mauern, die Erbauer von Burgen dachten zugleich als Angreifer, und denen bot sich, einen schwachen Steinwurf weiter westlich, ein Fels an, auf den man Wurfgeräte stellen konnte: die Burg auf gleicher Höhe. Ich fotografiere sie von dort aus.
Und steige weiter hoch: der Hang beleuchtet von der Morgensonne dicht neben der Santnerspitze; Felsbrocken, kahl und überwachsen, sind plastisch hervorgehoben. Die Vögel im Wald um Hauenstein. Auch Pilze im Wald um Hauenstein. Mein beschleunigter Atem im Wald um Hauenstein. Auf gleicher Höhe, dann unterhalb: das helle Gemäuer der Burgruine auf dem Felsklotz.

106 Wie lebte man damals auf einer Burg? Ich lese beispielsweise dies: war nur einigermaßen Platz vorhanden, so wurden innerhalb der Ringmauer Ställe und Wirtschaftsgebäude zusammengepfercht, meist Holzbauten, mit Stroh und Schindeln gedeckt – sie sind spurlos verrottet. Das Wiehern von Pferden, das Brüllen von Kühen, das Schreien von Eseln, das Bellen von Hunden, das Gackern von Hühnern, das Kreischen von Pfauen, deren Fleisch als Delikatesse galt.
Im Wohnbereich war die Raumaufteilung meist so: die Herrenkammer, mit einer anschließenden kleinen Stube; die Ritterkammer mit Ritterstube; die Hauskapelle; Kammern für den Schreiber, den Hausverwalter, den Kellermeister; Räume für die Frau, für die Kinder. Die Burgherren, Grundherren jener Zeit hatten nicht mehr den Ehrgeiz und auch nicht mehr das Geld, neue Burgen zu bauen; selbst zur Erweiterung oder Verschönerung der von den Vorfahren erbauten Burgen war kein Geld da. So war die Inneneinrichtung bescheiden: Betten mit Strohsack, Federkissen, Decken; ein paar Truhen; Tische und Stühle.

107 Oswald, der die Burg Hauenstein besetzt, wohl mit Gewalt – da schreibt sich ein Wort fast von selbst: Raubritter. Er hat sich denn auch, nun geschützt durch diese Burg, zahlreiche Übergriffe geleistet auf fremdes Eigentum, vor allem von Martin Jäger, hat Bauern auf dessen Höfen gezwungen, ihm den Pachtzins zu zahlen, zu liefern. Fortführung der Mafia-Methoden also, die er (ein Jahrzehnt zuvor) gegen Bauern auf Besitzungen seines Bruders Michael angewendet hatte.
Als ›Besitzer‹ der Burg konnte Oswald nun auch, umgekehrt, seine Bauern besser gegen ähnliche Praktiken von Adelskollegen schützen: seine Methoden, Bauern auf fremden Besitzungen zu Zahlungen und Leistungen zu zwingen, waren damals beinah standesüblich. Wir werden später sehen, wie beispielsweise Anton von Thun gegen Pächter Oswalds vorging. In dieser society war der Besitz einer Burg durchaus notwendig!
Diese Burg war zugleich Statussymbol des Ritters, des »Herrn«: Hauenstein als standesgemäßer Wohnsitz, als Verwaltungszentrale für die verstreuten Höfe und Ländereien. Mit der Besetzung von Hauenstein hatte sich Oswald Vorteile errungen, freilich keine Vorrechte erworben.
Üblich war zu Oswalds Zeit dies: der adlige Besitzer von Bauernhöfen und Ländereien war Grundherr. Das heißt: die »Herr-

schaft« auf der Burg war für die Bauern zugleich Gerichtsbehörde, Polizeibehörde, Steuerbehörde, auch Sozialbehörde, insgesamt: Verwaltungsbehörde. Ich hatte es schon angedeutet: es gab damals noch nicht, oder nur ansatzweise, was wir heute Staatsgewalt nennen; Funktionen, Hoheitsrechte des heutigen Staates wurden wahrgenommen von Territorialherren, von Grundherren. Grundherrlichkeit, Grundobrigkeit war demnach: Herrschaft über Land und Leute.

Hier bestand nun freilich (im Prinzip) ein Verhältnis wechselseitiger Verpflichtungen. So war der Grundherr verantwortlich für »Schutz und Schirm« seiner »Grundholden«, war zu sozialen Leistungen verpflichtet. Wie man es freilich in der Praxis mit den Bauern hielt, zeigt ein damals beliebter Vergleich: Bauern seien wie Kopfweiden; je öfter man sie stutze, desto höher der Ertrag. Die Bauern wurden im damaligen Europa ausgepowert, unterdrückt. Auf einem alten Holzschnitt wird das so dargestellt: ein Bauer kriecht über ein Feld, zieht einen zweirädrigen Pflug hinter sich her, über ihm schwebte ein Stern mit Augen, Nase, Mund, mit Kometenschweif, und aus den Sternzacken heraus ein Arm, die Faust hält eine Keule.

In *einem* Land freilich waren die gesellschaftlichen Verhältnisse völlig anders: in Tirol. Hier hatten die Bauern, unterstützt von verschiedenen Landesherren, ihren rechtlichen und gesellschaftlichen Status entschieden verbessert. »Tiroler Luft macht frei«, hieß es, und die Bauern hatten sich in der Tat von der Macht der Grundherren befreit. In der Steiermark dagegen oder in Kärnten oder in der Vorderen Grafschaft Görz, in unmittelbarer Nachbarschaft also, war ein Bauer noch Untertan des Grundherrn.

Ich kann die Entwicklung des Sonderstatus von Tirol hier nicht detailliert darstellen, das würde ein allzu ausführlicher Exkurs. Weil aber die Frage nach dem Verhältnis zwischen Oswald und den Bauern auf seinen Besitzungen für uns wichtig ist, will ich wenigstens einen (und den wohl entscheidenden) Faktor nennen, der zur Emanzipation der Bauern führte: die Innenpolitik der Tiroler Landesherren. Sie waren seit langem schon die größten Grundbesitzer des Landes, hatten seit dem dreizehnten Jahrhundert darauf hingearbeitet, daß die Bauern ihre direkten Untertanen wurden. Die Herrschafts-Zwischeninstanz der Grundherren mußte dabei umgangen, weitgehend aufgehoben werden. Eine der Techniken dazu war die großzügige Vergabe von freien Erblehen durch die Landesherren – so wuchs ihre Hausmacht.

Die Landesherren von Tirol waren aus zwei Gründen daran interessiert, daß die Bauern ihre direkten Untertanen wurden. Der erste Grund war ökonomisch: etwa achtzig Prozent der Bevölkerung im damaligen Reich waren Bauern, ungefähr drei Viertel des gesamten Volkseinkommens kamen aus der Landwirtschaft. Neben den ihnen zustehenden Steuern wollten die Landesherren soweit wie möglich auch die Grundrenten einziehen.

Der zweite Grund: sie konnten die Bauern bei Kriegen einsetzen, sparten so allzu große Ausgaben für Söldnerheere. Ich hatte schon darauf hingewiesen, daß der Adel als Kriegerkaste so wichtig nicht mehr war, vor allem seit der Einführung von Feuerwaffen – sie konnten von einfachen Leuten zu Fuß abgeschossen werden; die Bauern von Tirol waren wehrfähig.

Und sie besaßen persönliche Freiheiten: durften ihren Wohnort selbst bestimmen, hatten das Recht freier Eheschließung (konnten also auch Frauen adliger Herkunft heiraten), hatten weiter das Recht freier Berufswahl für ihre Kinder, das Recht auf eigenen Besitz, das Recht zur Mitwirkung in der Rechtsfindung.

Sonst, außerhalb Tirols, war der Grundherr zugleich Gerichtsherr; wenn ein Bauer gegen seinen Grundherrn klagte, war dieser Grundherr auch Richter in dieser Sache. Hier hatte man in Tirol eine klare Trennung vollzogen: die Bauern konnten sich nach der neuen Landesordnung in solchen Fällen an das Landgericht wenden, eine landesfürstliche Institution. Der Landesherr schickte sogar Kommissionen durch das Land, die Beschwerden von Bauern über Grundbesitzer aufnahmen!

Schließlich: die Bauern gehörten zur »Landschaft«, also zur Organisation der Landstände, repräsentiert im Landtag. Allerdings waren die Bauern nicht im Proporz vertreten, der Adel war überrepräsentiert. Die Macht dieser Klasse war in Tirol jedoch eingeschränkt worden.

Wie weit nun die gesellschaftliche Realität den gesetzlichen Regelungen entsprach, kann ich nicht beurteilen. Vielleicht waren einige Rechte der Tiroler Bauern nur nominell, war der Einfluß im Landtag gering.

Dennoch: Oswald, das muß hier betont werden, war nicht Grundherr der Bauern auf seinen Gütern und Höfen, er war nur Grundbesitzer, der Güter und Höfe verpachtete, und zwar an Erbpächter, die fast Besitzerstatus hatten. Sie konnten die Güter und Höfe weitervererben, weitergeben, nur mußte die Grundrente gezahlt werden.

Freilich, in einigen Punkten unterschied sich das damalige Pachtverhältnis von einem heutigen Pachtvertrag. Zwei Punkte waren es, die dazu führten, daß es 1525 sogar in Tirol zum Bauernaufstand kam: der Gesindezwang und das Anfeilrecht. Der Gesindezwang bedeutete: Bauernkinder mußten eine Zeitlang beim Grundbesitzer dienen. Und das Anfeilrecht war ein Vorkaufsrecht der Grundbesitzer auf landwirtschaftliche Erzeugnisse der Pächter. Dieses Recht wurde genutzt: die Grundbesitzer boten landwirtschaftliche Erzeugnisse ihrer Pächter »feil«, kassierten die Handelsgewinne. Allerdings: der Lebensmittelmarkt war lokal begrenzt; Fernhandel mit landwirtschaftlichen Produkten war bei den damaligen Transportverhältnissen nicht möglich.

108 Oswald als (teil-legitimer) Burgherr; er ließ nun, wie es sich für einen Grundbesitzer mit Herrenhaus gehörte, ein Urbar-Buch anlegen. Ein Urbar ist, nach Zingerle, »herrschaftliches Gut, das einem anderen gegen gewisse Leistungen zur Bewirtschaftung überlassen ist«; das Urbar-Buch ist das »Verzeichnis der Urbargüter und deren Leistungen«. Dieses Verzeichnis von Besitzungen, Einkünften und vor allem von Schuldbeträgen ist datiert: anno dom. 1418.
Zu diesem Dokument habe ich in der bisherigen Wolkenstein-Sekundärliteratur keinen Hinweis gefunden – Anlaß zu einigen Überlegungen, die im nächsten Abschnitt folgen werden. Das Verzeichnis liegt im Wolkenstein-Archiv des Germanischen Nationalmuseums in Nürnberg. Auffällig das Format: zehn mal dreißig Zentimeter, wie eine große Fliegenklatsche. Der Umschlag aus Pergament; hier wurde eine alte Urkunde verwendet: die Innenseite des Umschlags ist dicht beschrieben. Die unbeschriebene Außenseite speckig abgegriffen. Auf der Rückseite ist eine Schnur befestigt, so konnte dieses Heft zugebunden werden. Dies alles zeigt, daß Oswald (oder sein Verwalter) das Verzeichnis häufig bei sich trug.
Im Schriftbild entspricht es kaum einem Urbar: keine Lettern auf Pergament, wie sonst üblich, sondern: verschiedene Schreiber haben hier (meist flüchtig-rasche) Eintragungen auf Papier gemacht; zahlreiche Zusätze, Änderungen. Erledigte Punkte sind durchgestrichen – aber wie! In offiziellen Urbaren wird beispielsweise der Name eines verkauften Hofes schön waagrecht durchgestrichen; häufig auch Rasuren: Abschabungen der Eintragungen vom Pergament. Hier aber wurde aus dem Handgelenk gestrichen, schräg, senkrecht, jeweils über mehrere Zeilen hinweg. Manche dieser Striche sind so hingefetzt, manche Eintragungen so hingehuscht, wie sich das ein Schreiber kaum leisten konnte: hat hier Oswald gelegentlich vielleicht selbst zum Gänsekiel gegriffen?

Dieses Heft enthält – als Urbar – nur die Einkünfte aus dem Gebiet von Rodeneck. Die Besitzungen, die darüber hinaus in der Teilungsurkunde von 1407 verzeichnet sind, werden hier nicht aufgezählt. Nun sind allerdings mehrere Seiten aus dem Heft herausgeschnitten – waren hier die weiteren Besitzungen und Einkünfte eingetragen?

Schauen wir uns einige der Pachteinnahmen aus der Rodenecker Region an. Hans auf der Leite: 1 Schilling, 1 Kitz, 2 Schinken, 10 Hühner, 40 Eier. Dietel vom Eck: 6 Pfund, 1 Kitz. Ein »Pfund« oder ein »Pfund Berner« – diese Währungseinheit muß kurz erläutert werden, wir finden sie in fast jeder Urbar-Aufzeichnung. Informationen (unter anderem) zur damaligen Währung bringt Otto Stolz in seiner *Geschichte des Zollwesens, Verkehrs und Handels in Tirol und Vorarlberg.*

Zuerst zur Namensform: in Meran wurde nach dem Münzfuß von Verona geprägt, und »Bern« ist die alte deutsche Sprachform dieser Stadt. Zwanzig »Berner« entsprachen einem Kreuzer, sechs Kreuzer einem Schilling, zwölf Kreuzer einem Pfund und zehn Pfund einer Mark.

Schwierig wird es nun freilich, wenn man umzurechnen versucht: etwa von der Mark in Gulden. Solche Umrechnungen werde ich noch mehrfach durchführen müssen, um abzuschätzen, wenigstens ungefähr, wieviel Oswald mit der Verpachtung seiner landwirtschaftlichen Besitzungen verdiente, wieviel Geld er umsetzte und vor allem: wieviel Geld ihm abgenommen wurde.

Ich habe – unterstützt von Mück – verschiedene Autoren konsultiert, zusätzlich zu Stolz, aber je mehr Informationen ich sammelte, desto undurchschaubarer wurde für mich der damalige Geldmarkt.

Erst einmal: es gab damals Goldwährung und Silberwährung. Aus Gold waren Gulden und Dukaten; kleinere Währungseinheiten waren aus Silber, also Heller und Pfennige, Kreuzer und Vierer, die Groschen. Das Pfund, die Mark waren Rechnungseinheiten, sie wurden nicht als Münzen geprägt. Der Wert der Goldmünzen war verhältnismäßig konstant während Oswalds Lebenszeit, bei den Silbermünzen aber gab es große Wertunterschiede, oft von Jahr zu Jahr. Schon deshalb kann ich hier keine Umrechnungstabelle vorlegen. Zwei Gründe für die Instabilität der Silberwährung: je mehr die Tiroler Silberbergwerke produzierten, desto geringer wurde in Tirol der Silberpreis. Und: sobald Münzen einer der vielen Prägestätten von Kaufleuten als Zahlungsmittel akzeptiert wurden, in großen Gebieten in Umlauf kamen, verschlechterte sich bei Nachprägungen ihre Quali-

tät. Es gab keine zentrale Kontrolle, vielfach wurden Münzstätten verpachtet – der Geldmarkt war zeitweise chaotisch.
Dennoch, wir brauchen hier ein paar Anhaltspunkte. Man rechnete damals vor allem mit Gulden und Dukaten – aber das ist hier kein Problem, denn Goldgulden und Golddukaten waren pari. (Ein Zitat aus dem Jahre 1404: »von eim gulden ein ducatus geheissin«.) Freilich, Gulden war nicht gleich Gulden, in Tirol waren österreichische, ungarische, böhmische und rheinische Gulden im Umlauf, und die wurden nicht immer pari gehandelt, wie wir bereits bei Oswalds Bestallung zum königlichen Rat gesehen haben. Zusätzlich waren in Tirol auch Münzen aus Florenz und Venedig im Umlauf (die Zechinen waren mit Golddukaten in etwa pari). Um die Lage noch komplizierter zu machen: es gab in Oswalds späteren Lebensjahren Gulden »an golde« und Gulden »an gelde« – und die wurden unterschiedlich bewertet! Ich werde in diesem Buch aber Gulden gleichsetzen mit Goldgulden.
Schwierig nun auch die Umrechnung von Mark in Gulden, und gerade hier bräuchten wir zuverlässige Schlüsselangaben. Oswald selbst bietet uns eine Umrechnungsmöglichkeit an: 6000 Gulden wird man später von ihm fordern, als Schadensersatz und Strafe für seine Übergriffe auf fremdes Eigentum, und in einem Lied, das ich noch vorstellen werde (Kl 53), stellt er klagend fest, man wolle 4000 Mark von ihm haben, plus Hauenstein. Also: eine Mark gleich anderthalb Gulden? Bei Brandis und Stolz finde ich einen anderen Umrechnungsmodus: eine Mark gleich zweieinhalb Gulden. In anderen Regionen des Reichs und vor allem: in anderen Jahrzehnten gibt es wiederum andere Umrechnungskurse, etwa: eine Mark zwei Gulden oder vier Gulden, aber das soll uns hier nicht weiter verwirren, die Lage auf dem Tiroler Geldmarkt ist kompliziert genug. Ich halte mich an den Umrechnungsschlüssel von Brandis und Stolz, lasse Oswalds Zahlenangabe auf sich beruhen, vielleicht hat er die sowieso schon riesige Schadensersatzforderung noch einmal kräftig aufgestockt, um beim Publikum die Resonanz für seine Klagen zu verstärken. Wenn auch mit Vorbehalt: ich werde eine Mark mit zweieinhalb Gulden gleichsetzen.
Diese Währungseinheiten nun in heutige Valuta umzurechnen, wäre sinnlos. Besser ist, ich gebe Vergleichswerte an, die auf die Kaufkraft eines Pfundes schließen lassen: für ein Pfund bekam man vier Spanferkel oder vier Gänse oder vier Kitze oder vier Kapaune. Oder drei Lämmer oder drei Kälber.
Und damit wieder zum Urbar-Text, zu den Pachteinnahmen im

Gebiet von Rodeneck. Entschieden mehr als ein Dietel vom Eck lieferte hier ein Heinrich Huber: 3 Mut Roggen, 2 Mut Gerste, 1 Mut Hafer, 6 Pfund Berner, 1 Schaf, 2 Schinken, 1 Kitz, 3 Hühner, 60 Eier. Auch hier wieder ein Hinweis zur Umrechnung: Getreidequantitäten wurden nicht nach Gewicht, sondern nach Hohlmaßen angegeben. So entspricht ein Mut 30 bis 40 Litern, je nach Region. Eine andere, damals noch gebräuchlichere Maßeinheit war das Star. Auch hier regionale Unterschiede; ich setze in der Umrechnung (aufrundend) 30 Liter ein.
Was Kunz Zimmermann, Hans von Untergassen und andere namentlich aufgeführte Bauern an Oswald zu liefern und zu zahlen hatten, das soll hier im Detail nicht weiter aufgezählt werden, ich summiere die Pacht-Einkünfte der zehn Bauern bei Rodeneck: etwa 35 Liter Weizen, rund 600 Liter Roggen, 550 Liter Gerste, 70 Liter Hafer, 13 Schinken, 5 Schafe, 13 Kitze, 20 Hühner, 1500 Eier, 43 Pfund Berner.
Interessant sind an diesem Heft weiter die Eintragungen der Außenstände. So heißt es gleich auf der ersten Seite, an fünfter Stelle, ich übersetze: »Die Hausmannin schuldet 25 Dukaten.« Hinzugefügt: »Und 24 Silber und 7 Kreuzer.« Ein ansehnlicher Betrag, dafür konnte man beispielsweise einen großen Teil des Hausrats kaufen, den man damals in höheren Kreisen besaß.
Nach dieser Eintragung zunächst meist Kleckerbeträge: mal ist ihm eine Messerschmiedin etwas schuldig, mal der Pfarrer von Hall (Weinschulden!). In der dritten Spalte dann: »Mein Herr, der Römische König schuldet meinen Jahreslohn und einen Zelter.« Der Jahreslohn: das sind die 300 ungarischen Dukaten, laut Bestallung von Konstanz. Das »zeltn pfärd« ist dort allerdings nicht genannt: dieses Repräsentationspferd war wohl mündlich ausgehandelt worden.
Interessant auch diese Eintragung: »Summa: das ist das Korn, das auf Hauenstein liegt«. Und das sind umgerechnet etwa 1260 Liter Weizen, 2600 Liter Roggen, 1260 Liter Gerste, 540 Liter Bohnen. Und noch einmal König Sigmund: er schuldet Oswald dreitausend Gulden. Diese Eintragung ist durchgestrichen, aber sechs Spalten weiter ist, von einem anderen Schreiber, der gleiche Betrag noch einmal verzeichnet: »Mein Herr, der Römische König, schuldet mir für alle meine Tätigkeiten bis auf den vergangenen St. Georgstag dreitausend Gulden. Im 1418. Jahr.«
Eine sehr hohe Summe! Außenstände »für alle meine Tätigkeiten« – also auch als »Diener«, als königlicher Rat? Denkbar, daß Sigmund hier bereits mit einem oder zwei Jahresgehältern im Rückstand war. Da wäre Oswald nicht der einzige gewesen, dem

Sigmund das Gehalt schuldig blieb. Die *Regesta Imperii* zeigen, daß Sigmund hier verschiedene Außenstände hatte. Da wird einmal versprochen, die Schulden bis zu einem neu angesetzten Termin zu zahlen, da wird in einem anderen Fall die Reichssteuer einer Stadt verpfändet, um einem Mitarbeiter drei ausstehende Jahresgehälter abzudecken – und so weiter.
Selbst, wenn Sigmund dem Tiroler Rat noch kein einziges Jahresgehalt gezahlt hätte – da bliebe ein großer Rest. Hier kann es sich wohl nur um Reisespesen für die Mission auf der Iberischen Halbinsel handeln. Oswald hatte wahrscheinlich vorstrecken müssen. Ob Sigmund diese Ausgabe jemals zurückgezahlt hat? Da bin ich skeptisch: seine fast chronisch schwache Liquidität, seine entsprechend schlechte Zahlungsmoral. Die so ehrenvolle diplomatische Mission war für Oswald möglicherweise ein großes finanzielles Verlustgeschäft.

109 Daß ich auch dieses wichtige, bisher unbekannte, zumindest nie erwähnte, geschweige denn untersuchte Dokument gesehen habe, dazu führte, ich muß es zugeben, nicht bloß eigene Initiative, dazu kam ein Anstoß von außen. Ich hatte zwar lange Zeit vorgehabt, im Nürnberger Germanischen Nationalmuseum das Wolkenstein-Archiv zu sichten, aber ich konnte mich nicht so recht dazu aufraffen. Denn ich hatte nicht allzuviel Übung im Lesen von spätmittelalterlichen Schreiberhandschriften mit der oft vertrackten Syntax, mit dem Spezial-Vokabular der Verwaltungs- und Rechtssprache der Gotik. Sollte ich die Arbeit an diesen Archivalien nicht also Experten überlassen? Immerhin hatte ich viele der Dokumente gesammelt, soweit sie veröffentlicht wurden in Einzeleditionen oder in Dokumentenanhängen von Spezialarbeiten – fast alle diese Publikationen aus der Zeit vor oder kurz nach der Jahrhundertwende. Außerdem hatte mir Erika Timm – dafür bin ich ihr sehr dankbar – eigene Transkriptionen einer Reihe bisher unveröffentlichter Dokumente gegeben; sie stellte mir frei, diese Transkriptionen als Grundlage von Übersetzungen zu benutzen; das habe ich auch in mehreren Fällen getan, werde jeweils darauf hinweisen.
Im Hinblick auf das Wolkenstein-Archiv jedoch: langes Zögern, faule Ausreden. Bis mich schließlich Hans-Dieter Mück nach Nürnberg lockte; ein vorher verabredetes Telefongespräch: es würde sich sehr lohnen! Ich fuhr los. Das erste, das ich mir von ihm zeigen ließ, war diese Schuldenliste, war die Eintragung der

Geldbeträge, die ihm die »hawsmanyn« schuldete. Wir arbeiteten dann, unabhängig voneinander, sämtliche Materialien des Wolkenstein-Archivs durch, machten uns gegenseitig auf besonders Interessantes aufmerksam.
Ich habe (hoffentlich) alle dortigen Dokumente gelesen oder zumindest angelesen, die von Oswald stammen oder die Oswald betreffen. Nach einigen Vorübungen an Ablichtungen und Reproduktionen hatte ich mich rasch eingelesen, erkannte bald schon an der Handschrift, woher die Briefe kamen: dies ist der Schreiber des Landeshauptmanns Ulrich von Matsch, dies der Kanzleischreiber des Hochstifts Brixen . . .
Erstaunlich die Menge der Materialien! Ich hatte mehrfach in der Oswald -Sekundärliteratur gelesen, es gebe etwa 200 Dokumente von und über Oswald. Allein die Zahl der Dokumente in Nürnberg ist erheblich größer!
Josef Schatz, der große Pionier der Oswald-Forschung, Herausgeber der wissenschaftlichen Ausgabe von 1904, ein bedeutender Philologe, und Anton Noggler, der erste wichtige Oswald-Historiker (auch wenn er nur Einzelbeiträge veröffentlichte), sie hatten in der Erforschung des Dokumentarmaterials wertvolle Arbeit geleistet. Arthur von Wolkenstein-Rodenegg konnte für seine Biographie den Nachlass von Noggler übernehmen und auswerten; im Anhang seines schmalen Buchs hat er ein Regesten-Verzeichnis veröffentlicht, das bisher so etwas wie ein Köchel-Verzeichnis der Wolkenstein-Forschung war: insgesamt 157 Nummern, einige freilich mehrfach besetzt. Weitere Dokumentenverweise im Buch selbst. Dazu die Dokumente, die man später fand – so kam man auf etwa 200. Wenn man die Nürnberger Dokumente durchzählt, kommt man auf etwa 4–500. Würde man das Archiv systematisch durcharbeiten, auch im zeitlichen Umfeld und ebenso die wichtigsten anderen Archive, in Brixen, in Neustift, auf der Churburg, so könnte man, schätze ich, auf etwa 6–700 Dokumente kommen. Warum habe ich immer nur von 200 gelesen?
Ganz einfach: weil man sich meist davor drückt, dieses Archiv zu sichten, hier zu arbeiten. Grotesk, wie wenig es genutzt wird! Ein großer Teil der Materialien, die dort in blauen Pappmappen liegen, ist nicht einmal auf Listen verzeichnet, ja, es sind nicht einmal bei jedem Faszikel die Stückzahlen angegeben – und dieser Zustand nach gut hundert Jahren (wenn auch nicht kontinuierlicher) wissenschaftlicher Beschäftigung mit Oswald!
Entschieden wichtiger als diese Rückschlüsse auf den Stand der Wissenschaft war für mich freilich, was ich hier über Oswald selbst lernte. Wenn man die Stöße von Briefen und Urkunden vor

sich hat, in Mappen auf der weiten Tischplatte, dann wird sichtbar, welche Rolle Oswald zumindest in der Landespolitik gespielt hat. Und was Überlieferung bedeutet: ungefähr ein halbes Jahrtausend lang wurden diese Materialien von der Familie aufbewahrt, und Materialien seines Sohnes Oswald, Materialien dessen Sohnes Oswald und so weiter.
Aufregend der Umgang mit den Dokumenten! Ich bin kein Fetischist, aber mehrfach wurde mir bewußt: den Brief, den ich jetzt in der Hand halte, den hat Oswald gesiegelt, den hat er, wenn er an ihn gerichtet war, entweder selbst gelesen oder er hat ihn sich angesehen, nachdem der Schreiber, der Sekretär ihn vorgelesen hatte (das war damals üblich). Fast alle Dokumente auf Papier; zuweilen Wasserzeichen, meist braunschwarze Tinte; die Briefe durchweg im Querformat, ungefähr DIN A 4; die Blätter wurden mehrfach zusammengefaltet, mußten in die Tasche des Boten passen. Außen keine Ortsanschrift, nur der Name, mit Titeln und Rängen: An den edlen und festen Herrn Oswald von Wolkenstein, Ritter. Hinzugefügt vielleicht noch: meinen Diener und Rat, oder: meinen besonders lieben Freund, oder: meinen Gemahl. Nur selten waren die Siegel so aufgesetzt, daß sie beim Öffnen des Briefs zerbrachen; es wurde Wert darauf gelegt, daß die Siegel erhalten blieben. So drückte man gewöhnlich ein kleines Stück Papier auf das Siegel, damit es beim Transport nicht beschädigt wurde. Der Siegellack war bei Adligen meist dunkelgrün, so auch bei Oswald. Sein Emblem: die angeschnittenen, stilisierten Wolkensäcke.
Die Briefe an ihn liegen meist im Original vor, auch einige Briefe von ihm. Sonst sind es bei seinen Schreiben meist Konzepte oder Abschriften für das Haus-Archiv. Gelegentlich Dossiers: zu wichtigen Vorgängen (meist Rechtsstreitigkeiten) wurden von einem Schreiber auf größeren, zuweilen aneinandergehefteten Blättern mehrere Briefe und Dokumenten kopiert.
Pergamenturkunden sind recht selten: selbst königliche Briefe wurden auf Papier geschrieben. Nur bei Bestallungen, Verträgen, zum Teil auch bei Geleitbriefen wurde Pergament benutzt. Unten ein Schlitz eingeschnitten, an einem Pergamentstreifen hing das Siegel – leider sind sie vielfach abgeschnitten.

110 Mein frewntleich dinst. Wist lieber herr hawbtman, als ir mich auff den hewtigen tag von meiner swester Martha wegen fur geladen hab, vnd doch nicht in dachtig pin, daz ich vormals ye geladen worden sey, wann ich pey land nicht gewesen

sey; dar zw so ist der ganczen lantschafft wol wissenleich, wie mein sach ain zeit gestald gewesen ist, dar inn manichleich wol versten mag, ob mir die selbig zeit, vnd ich meins genadigen herren von Osterreich etc. vngenad gewesen pin, ain recht fuegleich ze suchen wer gewesen oder nicht, oder ob man mich die selbig zeit pilleich fur geladen hiet. Wie aber dar vm, hat mein obgenante swester ichcz zw mir ze sprechen, da wil ich ir geren aines rechten gehorsam sein an allen den steten, da ich es pilleich tuen sol nach dem lanczrechten und als ain rechter geporner goczhaus man zw Brixen.

Nicht nur die Sprache der Liedtexte als Fremdsprache, weithin, auch die Sprache der Briefe, Verträge, Bekanntmachungen: eine sehr formelhafte Sprache, die Oswald übernahm, ohne sie weiterzuentwickeln. Auch diese Sprache muß, wenigstens in *einem* Textabschnitt, gegenwärtig sein in diesem Buch. Hier ist es der Text eines Briefes, in dem sich Oswald am 6. November 1418 dafür entschuldigte, daß er der wiederholten Vorladung wegen seiner Schwester Martha nicht Folge leisten konnte, er habe sich im Ausland aufgehalten, werde nun aber seiner Verpflichtung nachkommen, gemäß dem Landesrecht und als ein geborener Gotteshausmann zu Brixen. Kein schwieriger Text, auch ist hier das Einlesen bereits technisch erleichtert: Kürzel, damals im Schriftverkehr recht häufig, sind aufgelöst, Satzzeichen gesetzt. In dieser Form ist der Brief wiedergegeben in der *Zeitschrift des Ferdinandeums* 27 von 1883. Zum Vergleich nun ein unredigierter Text: die Kürzel zeige ich durch Apostrophe an.

Hochwirdig' fürst mein vnd'tanig dinst beuor nach solhm gebott vnd zu schr' / d'ch ewr genad vnd and' anwält czwischn mein vnd der rittn'ain fride / geschaffn ist word' den ich also an mein'tail trewlichn bisher gehaltn / han vnd noch hinfür auf dy czeit ewrs geschäfftz g'n haltn wil treulichn vnd / angeuärde als man dan ain erbergn frid haltn sol darauff mich vil red anstosst von des nams weg' dar Inn ich eins sichern gelaits notdurff / tig bin, darub so bitt ich ewr fürstliche genad vnd rüff ew an als aine' obristn / anwalt ewr genad well mir ain freys sichers gelaytt nach notdurfft zuschr' / vn' gebn damit ich in dem fridn dieczeit desst' pas versorigt sey wann ich mich nicht / schuldig wais oder ich well mich an alln stettn mit gelimphn vn' ern darub / wol v'antw'ttn wen daz cze schuldn chumbt

111 Oswald wird in diesem Jahr mit seinen Brüdern und weiteren Mitgliedern des Adelsbundes über die politische Entwicklung gesprochen haben. Wurde ihm dabei (wieder?) vorgeworfen, ›sein‹ König habe sich erneut als unzuverlässig, unglaubwürdig erwiesen, und nun sogar die Einigung mit dem Landesfürsten, wie es denn eigentlich in Zukunft weitergehen solle? Hat man Oswald aufgefordert, sobald wie möglich Kontakt mit dem König aufzunehmen, persönlich, und ihn zu fragen, was er in Zukunft für den Tiroler Adel zu tun gedenke? Oder hat Oswald von sich aus den Vorschlag gemacht, zum König nach Ungarn zu reisen?

Wann brach er auf? Wir können voraussetzen, daß Oswald in den Wochen nach dem 16. November noch nicht aufbrach, erst einmal den neuen Verhandlungstermin mit seiner Schwester Martha abwartete, diese Angelegenheit mußte endlich bereinigt werden. Ich schätze, Oswald ist Anfang des Jahres 1419 losgeritten.

Weil er sowieso durch Innsbruck kam, hat er bei dieser Gelegenheit einen Abstecher nach Zirl gemacht, zu Parzival von Weineck auf der Burg Fragenstein. Parzifal war mit Magdalena, einer Schwester Margaretes verheiratet, er hatte für die Zahlung der Mitgift gebürgt, durch eine Verpfändung, nun wurde die vertragliche Garantie für die Mitgift modifiziert.

Das Dokument ist teilweise beschädigt, aber erst im letzten Textdrittel, in dem Zeugen aufgeführt werden, auch für Oswald, der seine Petschaft nicht dabei hatte; der entscheidende Textabschnitt ist erhalten geblieben. Ich übersetze ihn nach der Transkription von Muffat. Zum ersten zeigt dieses Dokument, daß die Schwangauer sehr knapp bei Kasse waren. Zum anderen, wie ausgetüftelt solche Verträge auch unter Verwandten waren, wie argwöhnisch hier jede Möglichkeit des Betrugs bedacht wurde, wie sehr man sich voreinander absicherte.

»Ich, Oswald von Wolkenstein, erkläre für mich und meine Erben und gebe mit dieser Urkunde allen bekannt, die sie lesen werden oder vorgelesen bekommen: Mein lieber Schwiegervater, Ulrich von Schwangau und sein Bruder Bartholomäus haben mir als Mitgift für Margarete, meine Ehefrau, fünfhundert rheinische Gulden versprochen; zur Absicherung dieses Versprechens hat mir mein lieber Schwager Parzival von Weineck eine Anweisung gegeben: er hat mir sein Eigengut zu Bozen verpfändet, das nun von Jakob Stäbel bewirtschaftet wird, nach Inhalt und Wortlaut der Urkunde, die ich diesbezüglich innehabe. Ich, obengenannter Oswald von Wolkenstein, gelobe und verspreche: Sobald mein lieber Schwiegervater Ulrich von Schwangau und Konrad, Markhart,

Bartholomäus, alle vier Gebrüder von Schwangau, sowie der edle Herr Ulrich von Ahalfingen, Wilhelm von Törringen, Wieland Schwelcher und Parzival von Weineck gemeinschaftlich einen Schuldschein ausstellen, nach dem sie mir oder meinen Erben die besagten fünfhundert rheinischen Gulden auszahlen und aushändigen werden (100 Gulden am kommenden St. Martinstag, gewissenhaft acht Tage vorher oder nachher, und weiter in den folgenden vier Jahren am St. Martinstag 100 rheinische Gulden, zahlbar wie die besagte erste Rate, so daß die 500 rheinischen Gulden im Laufe von fünf Jahren vollständig ausgezahlt werden, ohne jede Schmälerung und ohne jeglichen Mißbrauch), sobald mir der besagte Schuldschein in diesem Sinne ausgestellt und ausgehändigt wird, werden ich oder meine Erben dem genannten Parzival oder dessen Erben den Pfandbrief über das obengenannte Gut zu Bozen wieder aushändigen und übergeben, und zwar unverzüglich, ohne jeden Widerspruch.«

Ich nehme an, Oswald ist bald nach Abschluß dieses neuen Vertrags weitergeritten. Über die Fortsetzung der Reise wissen wir wenig, zu wenig. Angenehm war die Reise bestimmt nicht: mindestens 600 Kilometer, also drei bis vier Wochen Reisezeit, und das im Winter. Oswald traf den König in Pressburg. Am 1. April wurde ihm von der königlichen Kanzlei ein Geleitbrief für die Rückreise ausgestellt.

Was weiter dokumentiert ist: am 5. Mai verlieh in Blindenburg Herzog Przemko von Troppau »dem edlen Oswald von Wolkenstein, unserem lieben, getreuen Freund, das Wappen den Kohlkorb«. So heißt es in der Verleihungsurkunde. Oswald durfte in sein Wappen jetzt also auch einen kleinen Kohlkorb aus Holzgeflecht aufnehmen, und zwar zwischen den standesüblichen Büffelhörnern mit Pfauenspiegeln.

Aber nun wird Oswald wohl kaum nach Ungarn geritten sein, in Schnee und Kälte, um mit einem Kohlkorb-Emblem zurückzukehren: was hatte er beim König erreicht?

Zunächst: Oswald war nach wie vor königlicher Rat, erhielt dafür das Jahresgehalt von dreihundert ungarischen Gulden. Dieser Betrag war nicht als Rente ausgesetzt. Oswald mußte sich, von Zeit zu Zeit, dem König zur Verfügung stellen. Ich nehme an, nur bei persönlicher Anwesenheit wurde ihm das Geld durch die königliche Kasse ausgezahlt.

Sodann: Oswald wird den König in einer Unterredung wohl gefragt haben, weshalb zum zweitenmal die schriftlich zugesicherte Truppenunterstützung ausgeblieben war und wie es, nach der öffentlichen Versöhnung mit Herzog Friedrich, in Zukunft mit der

Koordination und Kooperation aussehen werde. Falls Oswald, seine Brüder und Freunde vom König einigermaßen ernstzunehmende Zusicherungen erwartet hatten, so wurden sie diesmal von vornherein enttäuscht: Sigmund hatte zu dieser Zeit ganz andere Probleme als die Verbesserung des gesellschaftlichen Status des Tiroler Adels. Vor allem war da die immer brisantere Lage in Böhmen – würde er dieses Reichsland an die Hussiten verlieren?
Möglicherweise hat nicht der König seinem Tiroler Rat Hilfeleistung zugesichert, sondern umgekehrt: Oswald mußte dem König seine persönliche Unterstützung zusagen für den Fall eines Krieges mit den Hussiten.

112 November 1419 ist Oswald wieder nachweisbar in Tirol, und zwar in einer Urkunde, die eine fromme Stiftung bezeugt; mit Datum vom 20. November widmete er Mieteinnahmen aus seinem Haus in der Nähe des Brixener Friedhofs der Margaretenkapelle in Neustift: jährlich sollte für fünf Pfund Berner (ein üblicher Betrag) Öl zur Beleuchtung der Kapelle gekauft werden; der Mesner, der auch für die Beleuchtung zuständig war, sollte ein sechstes Pfund erhalten.
Wollte sich Oswald den Herren von Neustift damit wieder in Erinnerung bringen, nach längeren Abwesenheiten? Oder wurde von einem Pfründner erwartet, daß er sich gelegentlich durch eine Spende, eine Stiftung erkenntlich zeigte? Oder hatte diese Stiftung familiäre Gründe? Die heilige Margarete war Namenspatronin und Schutzheilige seiner Frau. Eine längst überfällige Stiftung also, die er nun nachholte, oder gab es einen besonderen Anlaß? Die Stiftung als Dank für die Schutzpatronin oder als Bitte und Verpflichtung?
Daß Oswald im November in einer Tiroler Urkunde auftaucht, bedeutet nicht, daß er erst im Spätherbst zurückkehrte; wahrscheinlich war er bereits im Sommer 1419 auf Hauenstein. Er wird sich nun wohl wieder um seine Besitzungen gekümmert haben.

113 Hat Oswald einmal seine persönliche Einstellung gegenüber Bauern artikuliert? Direkte Aufschlüsse könnten Briefe oder Tagebuchaufzeichnungen bringen, aber diese Äußerungsformen waren damals noch nicht entwickelt – private persönliche Tagebücher gab es kaum, Briefe waren meist Geschäfts-

briefe. Immerhin aber hat Oswald ein Lied geschrieben (Kl 82), in dem eine Dame und ein Bauer einen Dialog führen, einen Wechselgesang; aus diesem Text lassen sich vielleicht ein paar Schlüsse ziehen.

»Grüß Gott. Und: schönen, guten Morgen,
Ihr sehr geehrte Kaiserin!
Mir taucht just der Gedanke auf:
Ihr seid ein Fräulein, derart schön,
daß jeder hier Euch kennen muß.«
»In diesem Punkte bin ich sicher.
Und wißt: ich bin verliebt
in einen Burschen, schön und stark.
Sein Wohnsitz, der ist ›Unter Kraa‹ –
so heißt der Hof bei Kastelruth.«
»Schau, schau. Da weiß ich schon was mehr!
Da hat er ja Verpflichtungen . . .
Der junge Mann, so gut bestückt,
er soll sich was beeilen,
daß Ihr ihm nicht entwischt.«
»Kein Weg, er würde mir zu lang,
ich wäre selbst bis Wien gereist,
um diesen hübschen jungen Mann
vom Liebeskummer zu befreien;
er soll da nichts zu klagen haben.
  Frisch und fröhlich, frei,
  juhu, juchhe, juchhei,
  narrisch, närrisch, Nackedei,
  lustlich, lüstlich, Rangelei,
  holterpolter, Knall auf Fall,
  Rumpeln, Bumsen überall –
  ja, mein Schmerz ist gleich vorbei,
  sehe ich sein Konterfei!«

»Ohweh, ohwei! Mein schönes Goldstück,
wie toll könnt Ihr doch sprechen!
Ein Schreck durchrieselt mich,
dös haut mi direkt um,
wenn ich Euch derart tönen höre!«
»Mein guter Bauer, wer mich liebt,
dem macht mein Sprechen keine Angst.
Auch nicht ein Tröpfchen Gift
braut sich in meinem Herz zusammen.

Du mußt da gar nicht zittern.«
»Ja, numerdum in numini!
Pardon, das war mir rausgerutscht . . .
Ich hätte da ein feistes Rind,
ich geb es Euch, wann Ihr mi liabt
und geigt dem Burschi heim.«
»Herr Landwirt, nein, das wird nicht gehn;
ich bin hier durch Vertrag gebunden.
Dafür erquickt mich denn mein Schatz,
mein Freund, mein Bübchen, schön gelockt,
wenn es die Mähne kämmt.
  Frisch und fröhlich, frei,
  juhu, juchhe, juchhei,
  narrisch, närrisch, Nackedei,
  lustlich, lüstlich, Rangelei,
  holterpolter, Knall auf Fall,
  Rumpeln, Bumsen überall –
  ja, mein Schmerz ist gleich vorbei,
  sehe ich sein Konterfei!«

»Ja, do schau her! Du Heilger Geist,
Sankt Hedwig und Sankt Jennewein!
Was seid Ihr denn so arg fexiert
auf diesen ausgefickten Kerl?
Wenn ich bloß wüßte, wie er heißt!«
»Der Allerliebste ist er mir,
ich geb ihn keinem preis.
Und niemand bringt ihn von mir ab.
Ich möcht ihm dienen, ganz nach Lust,
mit meinem roten Mund . . .
Und jetzt paßt auf, Herr Agronom!
Ich höre mir nicht länger an,
wie Ihr da grob verfälscht,
was ich Euch so parliere
mit eleganten Worten.
Los, Holz gehackt – und schwitz dabei!
Heiz ein mit Reisigbündeln!
Das Korn drisch Tag und Nacht!
Erspar mir dein Gebrabbel!
Nun reute, mähe, pflüge!
  Frisch und fröhlich, frei,
  juhu, juchhe, juchhei,
  narrisch, närrisch, Nackedei,

lustlich, lüstlich, Rangelei,
holterpolter, Knall auf Fall,
Rumpeln, Bumsen überall –
ja, mein Schmerz ist gleich vorbei,
sehe ich sein Konterfei!«

So arrogant auch der Schluß ist – vorher vermittelt der Text einigen Spaß. Vor allem im Refrain: eine Sprachklang-Ejakulation! Im Originaltext:

Frisch frei fro frölich
ju jutz jölich
gail gol gölich gogeleichen
hurtig tum tümbrisch
Knaws bumm bümbrisch
tentsch krumb rümblisch rogeleichen . . .

Hier erhält der Text eine Eigenbewegung, klanggesteuert, die Leser, Hörer, Interpret fortführt von der ernsthaften Erörterung einer soziologischen Situation.
Wenn uns der Text dennoch helfen soll, Oswalds Einstellung zu ›seinen‹ Bauern zu erkennen, müssen wir die Form in Material zurückverwandeln, und das ist nur begrenzt möglich. Zwar wird der Vorgang lokalisiert durch den Namen des Hofs, auf dem der junge Mann wohnt, ein Hof im Bereich von Hauenstein, zugleich aber wird hier distanziert durch literarische Stilisierung.
Denn: der Bauer, der über seine Verhältnisse hinaus redet und dabei immer wieder auf seine vier Buchstaben fällt, war damals eine literarische Standardfigur. Bezeichnendes Beispiel: der versuchte Aufschwung ins Lateinische. »In nomine domini, amen«, will der Bauer sagen, aber hörbar wird eine groteske Verballhornung. Ein literarisches Klischee auch hier – so liest man bei Oswalds Zeitgenossen Wittenwiler (im *Ring*) ein entsprechendes »numer dumen amen«. »Wenn eine Mücke ein Hühnerei legen will, ist es ihr Tod« – dieses Sprichwort wurde gern von Adligen auf Bauern angewendet.
Wir dürfen also (auch) diesen Liedtext nicht direkt beim Wort nehmen, dürfen hier nicht naiv eine Selbstdarstellung Oswalds im Verhältnis zu ›seinen‹ Bauern herauspräparieren – zuviel hat das literarische Muster mitformuliert! Aber: daß Oswald dieses Bauernschwankmuster verwendet, es für seine Zwecke umgewandelt hat, diese Tatsache zeigt wiederum eine soziale Situation an: daß der Adel die relativ gute Lage der Bauern in Tirol nicht akzeptieren

wollte, daß man versuchte, durch Spott und Hohn zu kompensieren. In diesem Text ließ er eine Standesperson so sprechen, selbstherrlich-grundherrlich, wie man es sich in der Realität kaum noch leisten konnte. Zumindest nicht bei den eigenen Pächtern . . .

114 Einer der Verträge, die Oswald mit den Pächtern seiner landwirtschaftlichen Güter geschlossen hat, ist erhalten geblieben. Ich habe ihn mit Okkens Hilfe übersetzt und lege ihn ungekürzt vor, damit ablesbar wird: nicht ein Grundherr von Wolkenstein diktiert hier einem Untertan Bedingungen, sondern es wird ein Vertrag geschlossen zwischen zwei rechts- und geschäftsfähigen Partnern.
»Ich, Oswald von Wolkenstein, erkläre mit dieser Urkunde öffentlich als Verpflichtung für mich und alle meine Erben und tue jedermann kund, daß ich recht- und ordnungsgemäß die Nutzungsrechte des Hofs mit Namen Siessler, gelegen in der Villanderer Pfarre, in der Sektion St. Jakob zu Barbian, dem voll berechtigten Mitglied der Bauerngemeinde, Erhard dem Sighart, verliehen und eingeräumt habe, sowie allen seinen Erben oder wem auch immer er die obengenannten Nutzungsrechte zuweist oder verleiht.
Dies geschieht unter folgenden Bestimmungen und Bedingungen: der Obengenannte soll eine Raute Land roden binnen fünf Jahren, und sie soll in diesen fünf Jahren als Weingarten ausgebaut sein, soweit ihm das Grundstück ausgewiesen ist bis hin zum Feld des Hofers und bis zum ständig eingezäunten Grundstück, das sich vom Burgacker abwärts erstreckt und das ebenfalls zum obengenannten Hof des Siessler gehört.
Um ihn darin zu unterstützen, habe ich ihm ein Stück Weingarten verpachtet, das mir, dem obengenannten Oswald, bisher die Hälfte des Weinertrages eingebracht hat und das unterhalb des Hofgebäudes zum Siessler liegt. Auch habe ich ihm sonstige Unterstützung angedeihen lassen, unter der Bedingung, daß er mir, dem obengenannten Oswald von Wolkenstein und allen meinen Erben, oder wem ich den Besitz des obengenannten Hofes einräume oder rechtsgültig übertrage, nach Bestimmung der vorliegenden Urkunde an Dienstleistung und Zins an einem alljährlich wiederkehrenden Jahrestermin die Hälfte des Weinertrages und zusätzlich sechs Yhren [etwa 480 Liter] Zinswein geben soll, und zwar aus der ersten Pressung, bevor die Torggl angesetzt wird. Weiter soll er auch den obengenannten Weinanteil und -zins ablie-

fern von all den Weingärten, auf denen jetzt angebaut wird oder auf denen angebaut werden soll.
Aus dieser Zinspflicht ausgenommen ist das geplante Stück Weingarten. In Bezug darauf ist mir, dem obengenannten Oswald von Wolkenstein, ebensowenig wie irgendeinem meiner Erben der obengenannte Erhard und irgendeiner seiner Erben oder sonst jemand, der dieses Grundstück als Acker oder als Weingarten nutzt, künftig irgend etwas schuldig.
Darüber hinaus mag der obengenannte Erhard und alle seine Erben mit den oben aufgeführten Nutzungsrechten, wie beschrieben, tun und lassen, wie es ein anerkannter Landwirt mit seinen Nutzungsrechten tun und lassen darf, gemäß dem Recht der Bauerngemeinde und des Landes.
Zur Bekundung dessen, daß dies der Wahrheit entspricht, gebe ich, Oswald von Wolkenstein, ihm diese Urkunde, gesiegelt mit meinem eigenen anhängenden Siegel. Als Zeugen treten auf die gerichtsfähigen Männer Heinrich Kampedeller, Bartholomäus Österreicher, Peter Schreiber, Bürger zu Brixen, dazu viele andere gerichtsfähige Personen. Dieser Vertrag ist geschlossen im Jahre 1417 nach Christi Geburt, am 28. Dezember.«

115 Oswald als Besitzer und Verpächter von Weingärten, Weingütern – der Siessler-Hof war nicht seine einzige Weindomäne! Wir können voraussetzen: ein Teil des Zinsweins war zum Eigenverbrauch bestimmt.
Weiter läßt sich voraussetzen: dieser Besitzer von Weingütern, dieser Weintrinker (in Liedtexten preist er vor allem den Malvasier und den Traminer) war auch Weinkenner. Damit wiederum können wir voraussetzen, daß Oswald, interessiert an einer möglichst guten (und damit entsprechend einträglichen) Qualität des Weines, das ABC des Weinbaus gekannt hat, vom Abrebeln, dem Abkämmen der Weintrauben, bis Zumm, der hölzernen Tragebütte. Er hatte dafür Wörter seiner Zeit und seiner Region, aber diese historischen Wörter werde ich nicht übernehmen, ich bringe nur einige Wörter aus der heutigen Weinbauernsprache Tirols; Oswald soll ja für *uns* als Weinbauer und Weinhändler, als Weintrinker und Weinkenner präsent werden.
Wortdurstig ziehe ich das Buch eines Mannes heran, der Weinbauer, zugleich Philologe war: Franz Tumler, *Herkunft und Terminologie des Weinbaues im Etsch- und Eisacktale.* Ich lese, daß es schon in der Römerzeit die für diese Region typische Baumzie-

hung gab, und so wurden gewiß auch zu Oswalds Zeit »Pergeln« angelegt, die Gerüsthölzer, Laubengänge: Pergolen. Die erste Arbeit im Jahr der Weinbauern ist das Aufstellen und Befestigen dieser Pergeln, mundartlich »stoaßen«. Und dem »stoaßen« folgt das »firmen«, der Rebschnitt, dabei wird beachtet, daß die Reben nicht zu viele Ruten laufen lassen, bei fruchtbarem Boden könne man, lese ich, zwei Ruten mit je acht Augen lassen, wichtig aber sei das Verjüngen der Reben; Schöße am alten Holz nenne man »Morditschen«, und »Wölfe« seien Schöße am abgestorbenen Stamm. Und es finde das Aufbinden der Reben an die aus Eichenholz oder Kastanienholz gefertigten »Pergeln« statt; man dürfe die Rebe beim Biegen nicht brechen, die schwellenden Augen nicht beschädigen. Und es folge das Hauen; wenigstens dreimal im Jahr solle der Boden gelockert werden: wenn die Rebe zu treiben beginne, zur Zeit der Blüte, kurz vor der Reife. Zu dieser Zeit auch das »Abschweben«, das »Wegschneiden der am Wurzelstock der Rebe seitwärts wachsenden Schweb- oder Tauwurzeln«.
Ich will hier nicht lückenlos das Weinjahr in Wortfolgen umsetzen, nur dies noch zum Abschluß: wenn sich an der Oberfläche des Weins Schimmelpilz bildet, so »kunt« der Wein, und wenn er einen Essigstich hat, so »zickt« er, und hat er Faßgeruch, so »töbelt« er, und hat er Hefegeschmack, so »peggelt« er, und wahrscheinlich hat Oswald ein saures Gesicht gemacht, wenn er erfuhr, sah oder roch, daß ein Faß oder Fuder Wein gekunt oder gezickt, getöbelt oder gepeggelt hat.

116 Oswald als Weingutbesitzer, als Verpächter von Bauernhöfen und als Landwirt mit eigenem Betrieb: zur Burg Hauenstein gehörten auch Ställe, einige Kühe und Ochsen. So mußte er mehr als nur theoretische Kenntnisse der Agronomie besitzen.
Beispielsweise, wenn dieser »Hörndlbauer« für sich eine Kuh kaufte, so mußte er sie begutachten. Dabei wird er weniger auf ein schönes Fell geachtet haben als auf Euter und Striche, auf große Milchadern und tiefen Bauch. Und weil er gelegentlich Bauernhöfe verkaufte und andere, für ihn günstiger gelegene Höfe erwarb, mußte er Bodenqualitäten einschätzen können. Etwa bei einem Viehhof: feuchte, moosige Wiesen, »Faulwiesen«? Zu viele Kälberblumen, Disteln, zuviel roter Hennrich? Entscheidend für die Erträge seiner Viehhöfe war die Futterquote.
Besonders schwierig war damals die Winterfütterung – bis ins 18.

Jahrhundert wiederholten sich Berichte, nach denen das Stallvieh im Frühjahr so matt war, daß es sich kaum auf den Beinen halten könnte. Dauerte ein Winter länger als gewöhnlich, so wurde die Situation bedrohlich: wenn das Winterfutter (trotz allen Streckens) aufgefressen war, mußte man das Vieh austreiben, selbst, wenn es draußen kaum etwas zu fressen fand, nur Knospen an Büschen. In solch einem Jahr gingen die Einkünfte auch eines Oswalds von Wolkenstein zurück; nach einem Gesetz aus dem Jahre 1406 entschied in Härtefällen eine Kommission, um welchen Prozentsatz der vertraglich vereinbarte Grundzins der Pächter ermäßigt wurde.

Was sich auf die Einnahmen des »Hörndlbauern« Oswald gleichfalls negativ auswirken konnte, waren die bis ins 18. Jahrhundert sehr häufigen Viehseuchen: von der Maul- und Klauenseuche bis zur Rinderpest.

117 Wenn Oswald ICH WOLKENSTEIN sagte oder dachte, war das spontan und selbstverständlich ein »Ich Wolkenstein, der Dichter, Komponist, Sänger«? Oder beschäftige ich mich hier mit einem Dichter und Musiker, der sich gar nicht primär als Dichter und Musiker verstand? Konnte im Standesbewußtsein eines von Wolkenstein das Dichten, Komponieren, Singen mehr sein als nur eine ›noble Passion‹? In Konstanz hatte Oswald mit einer unvergleichlichen Intensität und Extensität gedichtet und komponiert, er war dort sehr viel häufiger als sonst mit seinen Liedern aufgetreten: das hatte gewiß Rückwirkungen auf sein Bewußtsein, auf sein Selbstverständnis. Aber vor Konstanz und danach?

Diese Frage muß ich mir mit Entschiedenheit stellen, denn Gewohnheit hat in meinem Bewußtsein längst schon diesen Oswald von Wolkenstein fixiert: den Dichterkomponisten, der auch auf anderen Gebieten tätig war. Für ihn selbst sah es wahrscheinlich anders aus: Oswald als Politiker, Ritter, Landbesitzer, Landwirt, der auch dichtete, komponierte, sang.

118 Hier ist es an der Zeit, genauer in Oswalds Geschäftsbücher zu schauen. Mich interessiert die ökonomische Basis seiner nebenberuflichen Tätigkeiten als Dichter, Komponist, Sänger. Außerdem: könnten in seiner wirtschaftlichen Lage Mo-

Oswald von Wolkenstein, Ritter: das repräsentative Portrait (mit allen Orden) in der Innsbrucker Liederhandschrift

Die Burgruine Wolkenstein und das Langental, auf einer Zeichnung von 1837

Die Trostburg; im Vordergrund der Eisack.
Eine Zeichnung von 1825

Oswalds Region zwischen Schlern, Eisack und Ritten.
Ausschnitt einer Karte von 1611

Oswalds Landesherr, Herzog Friedrich IV.
von Österreich (»Friedel mit der leeren Tasche«)

Oswald als Kreuzritter auf dem Marmor-Gedenkstein von Brixen, aus dem Jahre 1408

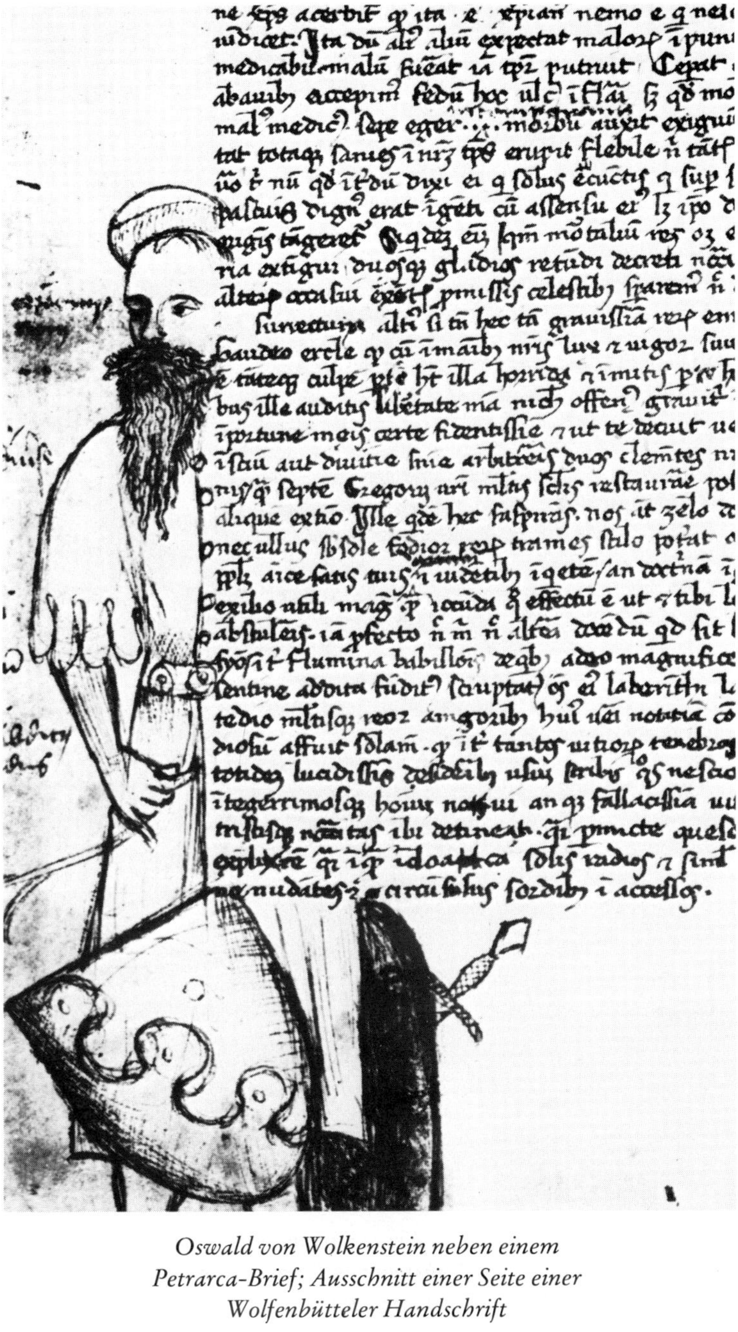

Oswald von Wolkenstein neben einem Petrarca-Brief; Ausschnitt einer Seite einer Wolfenbütteler Handschrift

Sigmund, König von Ungarn, König des Heiligen Römischen Reiches Deutscher Nation

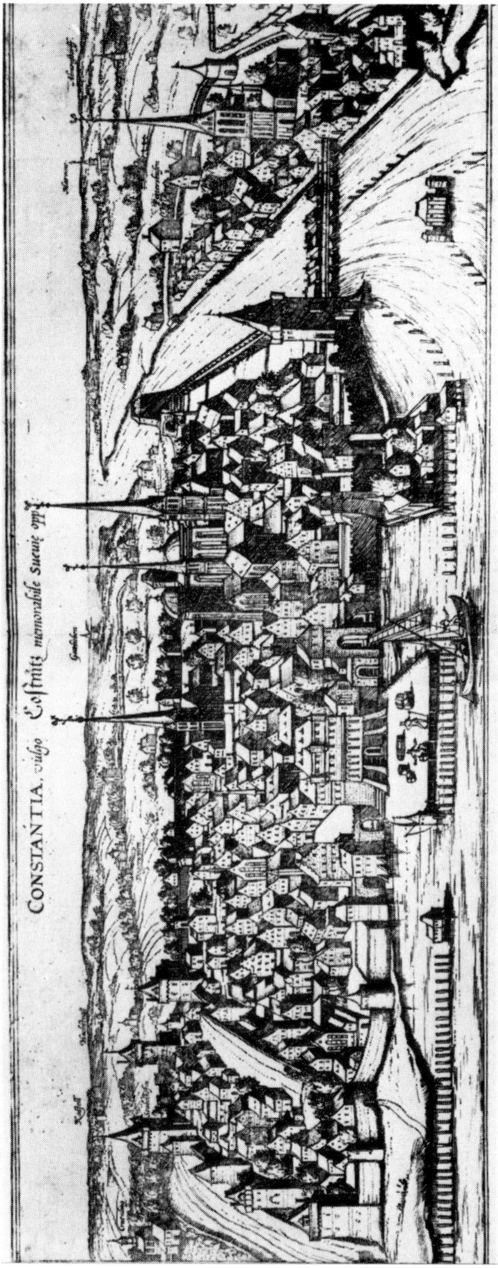

Die Stadt Konstanz, auf einem Holzschnitt von 1570

Die Belehnung des Pfalzgrafen Ludwig durch König Sigmund, Mai 1417 in Konstanz

Bildausschnitt: Reiter des Gefolges, unter ihnen Oswald von Wolkenstein, zweiter von rechts

Burg Hauenstein, gezeichnet im 19. Jahrhundert, ohne Santnerspitze und Schlern

Umschlagzeichnung des ›Hauptgeschäftsbuchs‹, das Oswald um 1427 anlegen ließ

Pfalzgraf Ludwig III. (»Der Bärtige«)

Bischof Ulrich II. von Brixen (Ulrich Putsch)
auf seinem Grabstein

Die Burg Greifenstein über dem Etschtal, von Osten gesehen

tivationen liegen für seine zahlreichen Übergriffe auf fremdes Eigentum?
Das Urbar-Buch von 1427: ich werde es später beschreiben. Hier ziehe ich schon mal Informationen heraus, die wir in dieser Phase der Biographie brauchen. Ich gehe davon aus, daß sich die Pachteinnahmen gar nicht oder nur geringfügig änderten, trotz Silberentwertung, schwankender Preise für Lebensmittel.
Um diese Annahme zu überprüfen, schaue ich zuerst nach, ob sich etwas an den Abmachungen mit dem Pächter des Siessler-Hofs geändert hat: nein. Und wie ist es bei den Pächtern im Gebiet von Rodeneck? Hans von Untergassen, zum Beispiel, liefert wie im Jahre 18 und sicher auch weiterhin: ein Mut Weizen, drei Mut Roggen, fünf Star Gerste, fünf Star Hafer, sechs Pfund Berner, einen Hammel, vier Schinken, ein Kitz, ein Lamm, sechs Hühner, hundertzwanzig Eier – einer der größten Pächter dieses Gebiets. Dagegen ist nur ein Klacks, was Dietel aus dem Anger oder Kunz Zimmermann abliefern und auszahlen. Auch sonst bringen die Höfe in dieser Region nur wenig ein. Fünf Höfe, der eine wie der andere: ein Schaf, ein Kitz, ein Lamm, zwei Star Futter.
Und wie sieht es aus mit Oswalds Pachteinnahmen bei den Höfen im Gebiet von Kastelruth? Der Schwaighof Runsal bringt pro Jahr sechs Zentner Käse und dazu, offenbar durch Unterpacht, fünf Pfund Berner und drei Pfund »Holzgeld« – Brennholz im Wert von drei Pfund. Der Hof Kalkadin liefert vier Star Roggen, vier Star Bohnen, vier Star Gerste. Dann der Mutzenhof: vier Pfund in bar, sechs Star Weizen, ein Mut Roggen, zwei Star Bohnen, zehn Star Gerste, ein Kitz, vier Hühner, sechzig Eier, drei Pfund Holzgeld. Einer der größten, für Oswald ergiebigsten Höfe! Auch hier, wie bei Rodeneck, mehrere Höfe, die kaum etwas abwerfen. Der Hof »Zum Karbony« beispielsweise: zwölf Pfund und ein Paar Schuhe. Der »Brotkorb zu Seis«: fünf Pfund, sonst nichts. Der Hof zu Gruns: zwölf Pfund Berner, ein Kitz, dreißig Eier. Der Hof Valteins, den ein »Kammerdiener« gepachtet hat: dreizehn Pfund, ein Kitz, dreißig Eier.
Ergiebiger scheinen die Weingüter. Der Österreicher-Hof bringt pro Jahr sieben Yhren Klausener Maß. Jeder größere Ort hatte eigene Maßeinheiten, aber allzusehr wird sich dieses Maß von der Durchschnittszahl 70 bis 80 wohl kaum entfernt haben, also lieferte dieser Hof etwa 500 Liter im Jahr. Der Hof Walpun: vier Yhren, also etwa 300 Liter.
Nun ins Grödnertal, nach Lajen. Dort bringen zwei Höfe nur jeweils fünf Pfund pro Jahr, ein dritter acht Pfund, ein vierter zwei Pfund. Reichere Einkünfte allerdings beim Hof »Zum Sabadyn«:

achtzehn Pfund, zwei Schinken, Schmalz für sechs Kreuzer, ein Lamm, ein Kitz, dreißig Eier, dazu drei Pfund Pacht für eine Wiese.
Wenn ich die Einkünfte durchschnittlicher Höfe sehe, so habe ich den Eindruck: viel ist es nicht, das Oswald hier einzieht. Ich sehe damit bestätigt, was ich mehrfach gelesen habe: die Grundrente in Tirol war gering, verglichen mit angrenzenden, umliegenden Ländern.
Andererseits, wenn ich das Urbar durchblättere, original in Nürnberg, auf Ablichtungen zu Hause, so summieren sich die vielen Einzelangaben, und ich sehe, im Zeitraffer der Lieferwochen, Gruppen nach Hauenstein ziehen, Bauern, Bäuerinnen, Bauernkinder, Knechte, Mägde, die Hühner, Eier tragen, Lämmer, Hammel, Kitze treiben, und auf Eseln, Mulis, Pferden, auf Karren Säcke voll Getreide oder Bohnen, Fässer voll Wein . . .
Zum großen Teil waren diese Lieferungen zum Eigenverzehr bestimmt: Oswalds große, immer größere Familie und wieviel Personal war auf Hauenstein mit zu versorgen, vom Büchsenmeister bis zum Stallknecht?
Was man nicht verbrauchte oder lagerte, das wurde verkauft. Ich nehme an, vor allem in Brixen, zum Teil vielleicht auch in Neustift, soweit die Augustiner nicht autark waren. Die Einnahmen aus dem Verkauf der Naturalabgaben dürften insgesamt recht gering gewesen sein. Und der Verkauf der landwirtschaftlichen Produkte, für die er das Vorkaufsrecht, das Anfeilrecht hatte? Ich deutete schon an: der Lebensmittelmarkt war regional begrenzt, große Umsätze konnte Oswald damals kaum machen. Und er hatte viel Konkurrenz in der Umgebung: die anderen Herren wollten ebenfalls Geld verdienen, das sie dringend brauchten.
Waren diese Einkünfte nun insgesamt knapp, ausreichend oder üppig? Eine der Detailuntersuchungen, die ich mir wünsche, wäre die eines Wirtschaftshistorikers über Oswalds Pachteinnahmen: nur zahlreiche Vergleiche könnten hier zu genauen Ergebnissen führen. Weil solch eine Arbeit nicht vorliegt, kann ich hier nicht abbrechen – versuchsweise setze ich dieses Kapitel fort.
Was auf Hauenstein vorwiegend abgeliefert wurde, war Getreide. Wenn Oswald Teile dieser Deputate verkaufte, konnte das viel einbringen? Bei Zingerle wieder einige »Wertansätze«: ein Star Gerste zehn Kreuzer, ein Star Roggen neun Kreuzer, ein Star Weizen fünfzehn Kreuzer. Eine Yhre Wein zwei Pfund. Das war bestimmt nicht der teure italienische Importwein, sondern Landwein. Demnach: ein Fuder Landwein etwa sechzehn Pfund.
Ließen sich bei diesen Preisen hohe Umsätze, große Gewinne ma-

chen? Ich kann jetzt nicht, Posten für Posten, zusammenrechnen, was Oswald im Jahr als Gesamtpacht eingezogen hat. Das ist wahrscheinlich auch gar nicht nötig: auf dem leeren Pergamentvorblatt des Urbars fand ich einen Zusatz von späterer Schreiberhand, der bisher nicht beachtet worden ist, vielleicht, weil er so unscheinbar wirkt: winzige Buchstaben und Zahlen, mehrere Kürzel. Die zweite Zeile entzifferte ich zuerst: demnach »bringt der Wein 55 Mark«, und zwar für das Jahr 46. Also ein Jahr nach Oswalds Tod – die Erben ließen ausrechnen, was der Besitz insgesamt einbrachte. In der ersten Zeile steht, für das gleiche Jahr, die »Gülte«, also die gesamte Pachteinnahme betrage 72 Mark. Weil sich diese Einnahmen nicht geändert haben, schließe ich: Oswalds Jahreseinkünfte lagen bei etwa 130 Mark. Umgerechnet in rheinische Gulden, die in Tirol weithin akzeptierte Währung: rund 350 Gulden.

Welche Kaufkraft hatte dieser Betrag? Ein gutes Pferd kostete zwischen vierzehn und zwanzig Gulden. Ein paar Betten mit Laken und Decken an die fünfzig Gulden. Diese Hinweise finde ich bei Zingerle, und ebenso: für ein paar einfache, gebrauchte Überkleider und Kopftücher einer Frau, für einen Mantel und eine Truhe aus Zypressenholz wurden in einer Nachlaßberechnung 110 Gulden angesetzt. Der Neuwert war also noch höher.

Hier bestätigt sich schon in wenigen Details: Einrichtungsgegenstände und Kleidungsstücke waren damals sehr teuer; eigentlich nur Bürger, beispielsweise Kaufleute, konnten sich Luxus leisten, kaum noch Adlige. Und Oswald, wir werden es noch im Detail sehen, besaß nicht die geringsten Luxusartikel.

Wie hoch damals die Lebenshaltungskosten waren, zeigt deutlich auch die St. Oswald-Stiftung. Ihr hatte Oswald seinerzeit die Einkünfte von achtzehn (!) Höfen gewidmet. Dazu die von einem Wiesengut. Zusätzlich eine kleine Bargeldstiftung von Oswalds Mutter Katharina. Und acht Jahre vor seinem Tod stockte Oswald die Stiftung noch auf: alle zwei Jahre wurde ein Eisenbarren von 14 Pfund Gewicht aus der Eisengrube von Buchenstein geliefert, zum Verkauf zugunsten der Stiftung. Dabei waren die Bauernhöfe, die nur für diese Stiftung produzierten, keineswegs klein. Zu ihnen gehörte beispielsweise der Fizid-Hof (fünf Pfund Berner, ein Mut Weizen, zwei Mut Roggen, ein Mut Gerste, zwei Schinken, ein Kitz, zwei Hühner, fünfzig Eier, drei Pfund Holzgeld; Obst) oder das Gut Nußbaum (fünf Pfund, sechs Star Weizen, sechs Star Gerste, zwölf Star Roggen, zwei Schinken, ein Kitz, ein Lamm, zwei Hühner, fünfzig Eier) – zentrale Besitzungen im Bereich von Hauenstein, nicht irgendwelche Klitschen in Lajen, zum

Beispiel. Wenn nur für die Besoldung von zwei Kaplänen, für die Pflege und Erhaltung der Oswald-Kapelle und der Pfarrhäuser soviel Aufwand nötig war – wieviel mag Oswald für Familie und Personal gebraucht haben?
Die Einkünfte sicherten selbstverständlich die Selbstversorgung der Familie samt Personal, erlaubten einige Anschaffungen, aber offenbar nur die allernötigsten.

119 Oswald hat ein Dialog-Lied geschrieben, in dem ein Adliger und ein reicher Bürger einen Disput führen: Kl 25. Es gab zahlreiche Streitlieder, Disputgedichte, etwa zwischen Leib und Seele, zwischen Lerche und Nachtigall, zwischen Ritter und Pfaffe, zwischen Herbst und Frühling, zwischen Liebe und Welt. Zu diesem Muster hat Oswald ein sehr beliebtes Thema, ja das dominierende Thema solcher Auseinandersetzungen übernommen: wer bei Frauen mehr Erfolg oder Aussicht auf Erfolg hat.

Ein Edelmann, ein Bürger,
die wollten disputieren,
als Schiedsmann nahmen sie
ne alte Kupplerin.
Wer von den beiden mehr
die Mädchen animiert –
das war der Punkt des Streits!
Der Junker sprach zuerst:
»Ich bin ein frischer Jüngling,
gelockt und blond mein Haar,
mein Kranz darauf ist grün,
trag ihn das ganze Jahr.
Sehr schön ist mein Gesang,
ich rufe froh: Juchhei!
Muß ich da nicht den Mädchen
weit mehr als du gefallen?«
»Ich bin ein kluger Bürger,
im Lebensstil dezent,
mit leisen, süßen Worten
erring ich manchen Sieg.
Hab einen schweren Sack,
der ist mit Geld gefüllt,
daran laß ich sie naschen,

das haben Frauen gern.
Da fragt die alte Kuh,
geradheraus und knapp.«
»Ich sag bei meiner Ehre,
der Bürger, der hat recht.
Ich habe lang verkuppelt
in Brixen und Umgebung,
manch Fäßlein ausgesüffelt,
ich weiß, wie's funktioniert.«

»Ich will nicht viel brillieren,
auch nicht in puncto Geld,
du alte Hurenvettel –
ich hab ja Hofkultur!
Das steigert meine Chancen.
Ich bin oft ganz erschlagen
vom Reiten und vom Tanzen
auf mancher grünen Wiese.«
»Beim Werben zeig Verstand –
so lautet mein Prinzip.
Im Sattel sitz ich mäßig,
steh umso besser da
an Gut wie an Statur
als Sie – Sie Springinsfeld!
Empfehle mich den Damen
durch Gaben, die was kosten.«
»Die Dame von Niveau –
auf sowas gibt sie nichts!
Weit eher ist ihr wichtig:
mit Spannung anzusehn,
wie ich in kühnem Sprung
den Graben überwinde.
Sie wird mich wohl erhören,
wenn ich mein Brieflein schick.«
»Da muß ich aber lachen!«
so sprach die Schiedsmännin,
»Was soll man hier bloß denken?
Nur Liebe bringt nichts ein!
Ich war mal reingefallen
auf einen feinen Junker –
da sprang für mich nichts raus
als Trinkgeld, reichlich klein!«

»Herr Junker, jetzt wirds brenzlig;
zwei Runden sind verloren,
verspielt Ihr auch die dritte,
so haltet Euch an die!
Im Schleichschritt fang ich Mädchen,
die Ihr im Lauf nicht kriegt!
Ihr seid kein Konkurrent,
Ihr seid mir zu naiv!«
»Der Teufel soll mich holen –
wie sehr bin ich da Christ!
Der Pfarrer ist mein Zeuge,
der für die Seele sorgt.
Auch zahlt es sich weit mehr
bei jungen Damen aus,
daß ich den Speer einlege
zu ritterlichem Stoß.«
»Turniere, Lanzenstechen,
das ist mir völlig fremd.
Ich hab nen dicken Sack,
in den stoß ich die Hand,
und Edelsteine, Geld,
das hole ich dort raus
und gebe das den Damen –
das spricht sie eher an!«
»Das stimmt«, sprach nun die Alte,
»bloß so kriegt man das hin.
Nur Silber oder Gold
erschafft die wahre Liebe.
Viel eher wär mir recht,
daß ich gevierteilt werde,
eh ich vermitteln täte,
wenn es den Junker juckt!«

»Daß ich verloren habe,
du altes, mieses Stück,
das nehme ich dir krumm!
Ich hau dir in die Fresse,
daß du ein Dutzend Zähne
sehr unschön von dir gibst!
Der Teufel soll dich holen –
hier hast du deinen Lohn!«
»Ich Bürger zieh den Riemen
von meinem dicken Sack –

so nimm, mein schönes Liebchen:
fünf Pfund als Schmerzensgeld!
Kauf Hühner, Eier, Würste,
und dazu edlen Wein;
und hast du dann noch Durst,
so komm nochmal zu mir.«
»Der Lohn ist schwer verdient!
Nun fehlen mir die Zähne –
den Junker treff der Blitz,
weil er sie mir genommen.
Jetzt muß ich ganz verkümmern,
kauft Ihr nicht eine Kuh,
damit ich sie dann melke,
zum Mus am frühen Morgen.«
»Ich kauf dir reichlich Kühe,
und was du sonst noch brauchst,
weil ich den Junker-Gauner
intelligent besiegte!
Kennst du ein hübsches Dirnchen
dort oben an der Ecke,
so mach sie mir gefügig,
dann kriegst du Wein und Wecken.«

Der Streit hat sich gelegt,
das Urteil sprecht nun selbst!
Wer alte Weiber schützt,
der zieht Gesindel an.
Die Vetteln und die Enten
gehören in den See –
das ist wohl völlig klar!
Kein Viehzeug schnattert mehr!

Die hier miteinander streiten, sind Klischeefiguren: der lustige Ritter und der biedere Bürger. Oswald schreibt »hofman« und »burger«; dieser »hofman« ist aber nicht einfach ein »Hofmann« oder »Höfling«, er ist Adliger, ist Ritter, und zwar ein »durch das höfische Leben gebildeter Ritter«: so definiert ihn Hans Wellmann in einer kleinen Studie über diesen »Ständestreit«. Dieser durch das höfische Leben gebildete Ritter ist in diesem Text freilich ein ziemlicher Luftikus – umso realistischer erscheint der Bürger.
Noch entschiedener durchbricht Oswald das literarische Muster gegen Schluß: nicht der Adlige gewinnt diesen Wettstreit, wie das

Oswalds adlige Zuhörer bestimmt erwarteten, Sieger bleibt der Bürger. Kein Wunder, werden sich Oswalds Zuhörer gesagt haben: nicht die gewohnten Hofdamen entscheiden in diesem »Liebesstreit«, sondern eine alte Kupplerin, eine Figur außerhalb der ständischen Ordnung.
Oswald sieht zwar, daß die nichtadligen Schichten immer größere ökonomische und damit gesellschaftliche Bedeutung gewinnen, aber damit kann er nicht einverstanden sein, und so wendet er sich zum Schluß direkt an sein Publikum, verurteilt das Weibsbild, das hier entschieden hat, sagt damit: Eigentlich hätte, bei gerechter Beurteilung, der Ritter siegen müssen. Insofern ist, von der Schlußwendung her, auch dieser Text restaurativ. In der Darstellung selbst werden die klaren Konturen der Konfrontation freilich aufgelöst. Dem fast schon spinnert wirkenden Ritter fällt nach seiner Niederlage nichts Besseres ein, als der alten Frau mehrere Zähne auszuschlagen. Damit hat er bei ihr wie beim Bürger ausgespielt – als wäre er überhaupt nicht mehr vorhanden, kommen sie nun geschäftlich zur Sache: Rindfleisch gegen Mädchenfleisch.

120 Zu berichten ist nun: Oswald zog Naturalabgaben und Zinszahlungen von Pächtern des Martin Jäger ein; mit der Besetzung von Hauenstein übernahm er mehr und mehr die Rolle des Besitzers der zugehörigen Ländereien.
Martin Jäger wohnte in Tisens bei Meran, also – nach damaligem Maßstab – zwei bis drei Tagesreisen entfernt. Das machte Oswald die ›Arbeit‹ gewiß leichter – die Bauern konnten sich nicht unmittelbar an den Verpächter wenden, hilfesuchend.
Trotz der großen Entfernung – es wird nicht genügt haben, wenn Oswald den Pächtern des Martin Jäger erklärte oder ausrichten ließ: Von nun an werden mir, Wolkenstein, der Getreidezins, Weinzins, Hühnerzins, Eierzins abgeliefert, wird mir das Bargeld ausgezahlt – Oswald muß Gewalt zumindest angedroht haben.
Vielleicht hat er zuerst ein paar Knechte zu solch einem Pächter geschickt und die kündeten an: falls man nicht ab sofort zahle und liefere, würde ein Getreidefeld abbrennen oder eine Scheune, vielleicht sogar das Haus. Wenn dies nicht den gewünschten Eindruck machte, wurden Prügel angedroht oder: man werde im Verlies von Hauenstein eingesperrt. Wer jetzt noch nicht nachgab, gegen den wurde Gewalt angewendet, im Auftrag Oswalds, vielleicht sogar in seiner Gegenwart. So oder ähnlich muß es abgelaufen sein: Mafia-Methoden.

Möglicherweise konnten Jäger und seine Pächter nun aber für einige Zeit aufatmen: keine weiteren Übergriffe, keine Verschärfungen, denn sehr wahrscheinlich verließ Oswald nun Tirol, für einige Monate.

121 Eberhard Windecke, Beamter und erster Biograph des Königs Sigmund, berichtet, daß ein Wolkensteiner zur Besatzung der Burg Vyshehrad gehörte, die im Oktober 1420 von den Hussiten belagert und am 1. November von ihnen besetzt wurde. Windecke nennt noch einen Namen: Schlandersberg.
Ob der Schlandersberger nun Heinrich von Schlandersberg und der Wolkensteiner Oswald von Wolkenstein war, wissen wir nicht. Es könnte ebensogut Michael gewesen sein. Und wenn es weder Oswald noch Michael waren, die Vyshehrad verteidigen halfen? So war es ein anderes Mitglied des Wolkenstein-Clan.
Offen aber bleibt die Möglichkeit, daß es Oswald war: keine Urkunde bindet ihn für diesen Zeitraum an Tirol.

122 Worum ging es überhaupt bei den »Kreuzzügen« und »Reichskriegen« gegen Böhmen?
Der tschechische Autor Josef Macek sieht in der hussitischen Bewegung den entschiedensten Ausdruck einer gesamt-europäischen Situation – überall soziale Spannungen, Unruhen, Aufstände: Kämpfe gegen die Feudalherren in Florenz wie in Flandern; in Frankreich 1358 der Bauernaufstand der »Jacquerie«; in England 1381 der Bauernaufstand unter Ball und Tyler; Zunftaufstände im deutschen Reich. Dieser Kampf wurde am härtesten in Böhmen geführt.
Die ersten Impulse gingen von der bürgerlichen Opposition aus: tschechische Bürger, tschechische Handwerker waren in kommunalen Gremien, vor allem in den Stadträten so gut wie gar nicht vertreten, dort herrschten Patrizier, und die waren vorwiegend Deutsche. So kam zu sozialen und politischen Spannungen ein Nationalitätenkonflikt.
Die Kritik der bürgerlichen Opposition wurde von den armen Schichten der Bevölkerung aufgenommen und verstärkt; die mittellosen Arbeiter in den Städten, die mit Abgaben übermäßig belasteten Bauern stellten immer entschiedener die Forderungen: weg mit den Patriziern, weg mit dem Hochadel, weg mit den Prälaten!

Die Patrizier bauten ihre Machtpositionen aus auf Kosten der Unterprivilegierten. Die adligen Grundherren forderten ständig höhere Zinsen und Abgaben. Die Kirche ließ sich jede Amtshandlung bezahlen: die Taufe, die Trauung, die Beerdigung, das Segnen von Eiern und Salz, die Fürbitte bei Heiligen; im Bewußtsein der Bevölkerung war die Kirche eine mächtige Maschinerie zum Eintreiben von Geldern, die irgendwo verpraßt wurden. Und man hörte immer wieder, daß kirchliche Ämter an Meistbietende verschachert wurden, daß Pfarrer soffen und hurten – die Kirche war verächtlich geworden, war verhaßt. So wurde es den hussitischen Volkspredigern leicht, Resonanz zu finden mit ihren tschechischen Predigten gegen die lateinische Kirche. Sie war der reichste Feudalherr im Lande, der größte Grundbesitzer – und die Hussiten forderten die vollkommene Armut der Kirche, die Säkularisierung kirchlichen Besitzes.
Die Angst in Europa vor den Hussiten wurde besonders geschürt durch die große Resonanz unter den Armen auf die Forderungen hussitischer Volksprediger, der Mensch solle dem Menschen nicht mehr hörig sein, kein Fronzins mehr, keine Abgaben mehr! Und es hieß drohend, die prunkvollen Burgen würden einstürzen, die Herren würden wie Stroh am Kaminfeuer verbrennen; sobald die Regierung in den Händen des Volkes sei, blühe der Glaube, wachse die Gerechtigkeit.
In der Stadt Tabor wurde die neue Gesellschaftsform bereits verwirklicht: kein persönliches Eigentum, keine Unterdrückung mehr. Auf dem Ringplatz an der Kirche standen, wie auch in anderen Städten, Bottiche, und jeder, der Mitglied der neuen Gemeinschaft der Gleichen werden wollte, warf seinen mitgebrachten Besitz hinein; das Volk wählte Verwalter, die den gemeinsamen Besitz gleichmäßig verteilten. Das war Revolution, aber im Rückblick, in der Rückwendung zum Urchristentum: ein »Paradies der apostolischen Armut und Gleichheit«.
Und dann kam Jan Ziska nach Tabor, im Frühjahr 1420, der einäugige Rebellenführer, ein erfahrener Krieger. Er wurde zu einem der vier Feldhauptleute der Taboriten gewählt, wurde bald der führende Kopf der hussitischen militanten Bewegung. Erste Gefechte mit Truppen des Hochadels, erste Siege. Eroberungen von Festungen. Danach nicht die üblichen Plünderungen: aller Besitz der Adligen wurde vernichtet. Auch Schmuck, auch Münzen, auch Kleinodien wurden ins Feuer geworfen, denn: man wollte nicht für Besitz kämpfen, man wollte die Zeichen von Reichtum, damit von Unterdrückung vernichten. Ich nehme an, der europäische Adel wurde vor allem durch solche Vorgänge beunruhigt.

Alarmierend dann der ›Fall‹ von Prag. Nach einer wahrhaft zündenden Predigt von Zelivsky war seine große Zuhörerschaft durch die Stadt gezogen, hatte blutig abgerechnet mit verschiedenen Pfarrern, hatte Pfarrer aus der Stadt vertrieben. Was in Prag geschah, sollte nicht auf Prag beschränkt bleiben: »So möge sich von Prag aus in die ganze Welt das Wort des Herrn im Fluge verbreiten.« Hussitische Flugblätter tauchten 1420 sogar in der Pikardie auf. Immer größer die Angst der kirchlichen Repräsentanten, daß »die Laien nach Hussitenart über uns herfallen und uns niedermachen werden, vermeinend, auf diese Weise ein gottgefälliges Werk zu tun.«

So kam es bald zum ersten »Kreuzzug« gegen Prag. Dort bestanden in der hussitischen Opposition starke Unterschiede, damit Gegensätze: das tschechische Bürgertum wollte Reformen, die Armen in Stadt und Land forderten mehr. Dennoch sprachen sie nicht von Revolution: Bewußtsein und Sprache aller Volksschichten waren von der Kirche geprägt, die das Bildungsmonopol besaß; der soziale Kampf wurde als religiöser Kampf geführt. Die bürgerliche Opposition dabei als »führende Kraft«, die arme Bevölkerung als »treibende Kraft«.

Außerhalb Böhmens waren sie alle gleich, die Bürger wie die Armen – gefährliche Hussiten allesamt! Als Abgesandte der Prager Bürgerschaft zu König Sigmund kamen, wollte er keine Differenzierung, er forderte kategorisch: die Prager sollen bedingungslos kapitulieren. Darauf konnten die Bürger nicht eingehen, sie wollten ihre neu errungene Macht nicht abgeben, weder an Sigmund noch an die Armen.

Sigmund war nach der Weigerung der Prager Bürger noch stärker entschlossen, gegen die »tschechischen Ketzer« vorzugehen. Papst Martin rief Anfang 1420, wohl auf seine Initiative hin, zum Kreuzzug gegen Böhmen auf. Wer daran teilnehme, dem würden alle Sünden vergeben. Und: er könne alle Beute behalten. Starke Lockmittel. So wurde es für Sigmund nicht allzu schwer, ein großes Heer aufzustellen: rund 100000 Mann, lese ich bei Macek, meist Deutsche, aber auch ungarische Kontingente und italienische, spanische, französische Söldner. Dieses Heer belagerte im Sommer 1420 die »rebellische« Stadt Prag. In dieser Situation gab es für die oppositionellen Bürger und die revolutionär gestimmten Armen nur noch *einen* Gegner: die Deutschen vor der Stadt. Am 14. Juli schlug Ziska einen Teil des »Kreuzfahrer«-Heeres am Vitkov-Berg. Bald danach zog es ab; die erste Niederlage.

123 Wohl in dieser Zeit, kurz vor dem zweiten »Kreuzzug« dieses Jahres, schrieb Oswald sein Spott-, Hohn-, Schimpf- und Kampflied gegen die Hussiten. Ein beinah obligatorischer Beitrag: gegen die Hussiten wurde seinerzeit fleißig gedichtet.
Norbert Mayr hat sich in seiner Dissertation ausführlich mit der Frage der Datierung dieses Liedes beschäftigt. Vor allem Oswalds Hinweis auf eine Pest, ein großes Sterben führte ihn zum Schluß, dieses Lied sei 1420 geschrieben und gesungen worden. Im Detail will ich diese Begründung nicht ausführen – der Leser soll nur wissen, daß hier nicht bloß ›nach Gefühl‹ entschieden wird.
Weil ich nur zwei Strophen von neun übersetze, einige ergänzende Anmerkungen zum gesamten Lied. Geschrieben wurde es nach einer Niederlage, die im Text auch eingestanden wird, aber man hat noch nicht den Mut, die Hoffnung verloren, wie einige Jahre später, als das große Schlottern begann, wenn man die Hussiten nur schon hörte, mit ihrem Getrommel, ihrem düster-wilden Gesang, ihrem Feldgeschrei. Eine Situation also, in der ein Liedermacher noch die Hoffnung haben konnte, durch seinen Aufruf etwas erreichen, zumindest fördern zu können.
Unseren Vorstellungen von einem Kampflied entspricht der Text kaum: uns ist vor allem die allegorische Verschlüsselung fremd, aber die war im Mittelalter beim politischen Lied weithin üblich. Freilich ist die Verschlüsselung (auch) hier recht simpel: die Hussiten sind die Gänse. Dabei nutzte man die slawische Klangform des Namens Hus: er selbst hatte sich zuweilen als Gans bezeichnet, weil die Sprache das anbot, und das griffen seine Feinde gern auf; als er verbrannt wurde, da wurde eben die Gans gebraten. Doch aus der einen Gans wurden viele Gänse, erst Gänslein, dann ausgewachsene Gänse in Scharen, und diese Gänsescharen sollen nun vernichtet werden. Dabei bleibt Oswald im Vogelbild: auf der eigenen Seite nur edle Jagd- und Greifvögel. Hier hat Oswald nichts Neues erfunden, bezeichnend ist nur die Insistenz, mit der er von Habichten, Sperbern, Zwergfalken, Wanderfalken schreibt, auch vom wertvollen, isländischen »Blaufuß«, einer besonders edlen Jagdfalkenart. Diese ganze Vogelschar unter der Leitung des »großen Adlers«, also des Reichsadlers, des Königs: so sollen sie sich auf die Gänse hinabstürzen, »daß ihnen die Rükken krachen«. Zur Begründung und Animation werden einige jener Punkte genannt, die man den Hussiten stereotyp vorwarf. Für Oswald ist bezeichnend, mit welcher Entschiedenheit er betont, »ein jeder Vogel in der Welt« müsse sich in die gegebene »Ordnung« einfügen; weil die bäuerlichen Gänse sich an die Spielregeln

der Herrschenden nicht gehalten haben, sollen sie liquidiert werden.
Aus diesem Lied (Kl 27) nun also zwei Strophen: hier schreibt Oswald Klartext.

Ja Hus, zu Haß werd alles Leid,
und Luzifer, auf den Pilatus hört,
umhege dich. Geöffnet ist sein Haus,
wenn du aus fremden, fernen Ländern kommst.
Und wenn dich friert, er heizt dir ein
in einem Bett, das keiner mehr verläßt.
So manches Freundchen, reich und arm,
das wirst du finden auf dem Weg dorthin,
wenn du dem Wyclif nicht entsagst –
des Lehre wird dir Haß einbringen.

Ihr guten Christen, laß euch mahnen:
mit Andacht fleht den Himmelsfürsten an,
damit er seinen Zorn besänftigt,
der sich in Sühnezeichen offenbart
in Frankreich, England, Katalonien,
der Lombardei, zentral in Böhmen
mit Pest und Totschlag, Großem Sterben
und mit der Ketzerei im Glauben.
Maria, schütze uns mit deinem Sohn –
ich, Wolkenstein, ich bitt darum.

Allzu leicht könnte geschrieben werden: Oswald unterstützte die Reaktion ideologisch, sogar durch die Teilnahme an einem Feldzug, er war also ein militanter Konservativer.
Kein Zweifel: Oswald identifizierte sich, zumindest nach außen hin, völlig mit dem Bewußtsein seines Standes, seiner Klasse. Er wird 1438 eine Reimpaar-Rede (Kl 112) schreiben, in der er unter anderem sein Gesellschaftsbild skizziert: Gott selbst hat »Klerus, Adel, Dienstbarkeit« erschaffen und jedem Stand spezifische Aufgaben übertragen.

Dem Klerus ist es zugewiesen,
daß er da betet, Tag und Nacht,
um Gottes Kraft für beide Stände.
Der Ritterschaft obliegt der Kampf
für beide vorgenannten Stände.
Der Dienstbarkeit ist auferlegt,
daß sie ihr Tagewerk vollbringt
für unsre Nahrung und für sich.

Die jahrhundertealte Ständelehre – ohne jede Einschränkung, ohne jede Korrektur! Hier wird das Bürgertum nicht einmal zur Kenntnis genommen; daß die Bürger mehr und mehr politische und ökonomische Macht gewannen, war für Oswald nicht vorgesehen, war gegen die (vom Adel entworfene, Gott zugeschriebene) Ordnung. In einer Ständepredigt (Kl 113), die er ebenfalls im hohen Alter schreibt, wird das Bürgertum immerhin erwähnt, jedoch auf eine Stufe gestellt mit dem Bauerntum. Und die Bauern sind keine rechtsfähigen, landständischen Vertragspartner, sie gehören zur Dienstbarkeit.

Wie sich Oswald in Kl 112 über Bauern äußert, ist für uns heute empörend. Etwa, wenn er ihnen jede Legitimation abstreitet, sich an der Rechtsprechung zu beteiligen.

> Ein Bauer ohne Bücherkenntnis,
> der dumm ist wie ein Ochs,
> was soll der mehr vom Recht verstehn
> als weitgereiste Edelmänner,
> als ausgebildete Juristen?
> Wo kriegt er denn sein Wissen her?

Oswald ignoriert die gesellschaftliche Realität des Landes Tirol, reproduziert damalige, im Reich und in Europa übliche Vorstellungen: die Geistlichen sollen beten, die Ritter kämpfen, die Bauern und Bürger arbeiten.

Oswald, in seiner Textproduktion progressiv, eine Einmann-Avantgarde, der in seiner Zeit niemand folgte, auch nicht in den Jahrzehnten, Jahrhunderten danach – war er gesellschaftlich restaurativ, ja reaktionär?

Es gibt einige Untersuchungen über das politisch rückständige Bewußtsein mancher künstlerisch fortschrittlichen Schriftsteller, Bildenden Künstler, Komponisten. Beispielsweise Arnold Schönberg: eine revolutionäre Weiterentwicklung der musikalischen Artikulationsmöglichkeiten und politisch eine oft erschrekkende (kleinbürgerliche) Nähe zur politischen Rechten.

In diesem Punkt liegt es nah, allzu nah, Bewußtseinsformen über ein halbes Jahrtausend zurückzuprojizieren. Aber ein Schönberg beispielsweise konnte sich intensiv und extensiv über Alternativ-Systeme informieren, über den Sozialismus, konnte abwägen, entscheiden. In Oswalds Zeit hingegen gab es keine Alternativ-Systeme, man war eingebunden in das Standesdenken, das erst Jahrhunderte später abgebaut werden konnte.

So zeigen bürgerliche Dichter (Meistersinger) der Generationen

nach Oswald den Bauern gegenüber eine ganz ähnliche Überheblichkeit – wieviele Bauernschelten, Bauernsatiren allein bei Hans Sachs! Und in den Jahrhunderten danach.
Oswalds Gesellschaftsbewußtsein (soweit es das überhaupt gab!) war geprägt von einer Zeit, in der kritische Analyse des eigenen sozialen Standorts auch nicht ansatzweise denkbar war. Es gab Predigten gegen Auswüchse des Reichtums, gab später auch Predigten gegen die schlechte Behandlung von Bauern, aber die Ständelehre wurde noch lange nicht in Frage gestellt.
Oswald und die Hussiten: dies war kein Kampf gegen soziale Emanzipation. Das hätte vorausgesetzt: Oswald analysierte die Verbindung von sozialen Antrieben und religiöser Argumentation, erkannte die revolutionären Impulse der Hussiten, beschloß, diese für seine Klasse gefährliche Entwicklung bekämpfen zu helfen. Auf solche Gedanken wäre man damals überhaupt nicht gekommen! Auch die beiden Strophen dieses Hussitenliedes zeigen: es dominierten religiöse Vorstellungen. Die Hussiten erhoben sich gegen die göttliche Ordnung der Schöpfung, in ihrem Namen mußten diese Ketzer bekämpft werden. In den Hussiten sehen *wir*, rückblickend, soziale Revolutionäre, sie selbst aber, das muß noch einmal betont werden, waren sich dieser mitwirkenden Antriebe kaum bewußt, sie wollten das Urchristentum verwirklichen.

124 Wiederholt Feldzüge, an denen Oswald teilnahm; wie mag er in einer Rüstung ausgesehen haben? Wie auf dem Gedenkstein von Brixen?
Üblich war im Römischen Reich diese Ausrüstung – ich fange oben an: ein Helm, auf jeden Fall. Hier gab es verschiedene Formen und Namen. Das Visier wurde entweder um seitliche Bolzen gedreht oder mit einem Scharnier hoch- und runtergeklappt: das Klappvisier. Dies vor allem war damals in Gebrauch. Also: Oswald wahrscheinlich mit einem Scharnier vor der Stirn, keinen Bolzen über den Schläfen. Zum festen Bestand der Ausrüstung gehörte auch die Brustplatte, sie wurde mit gekreuzten Riemen festgezurrt; der Rückenschutz vielfach aus kleinen, stoffüberzogenen Eisenplatten. Die Arme fast völlig eingefaßt von Ober- und Unterarmröhren, muschelförmigen Armkacheln, alles verzurrt mit Bändern. Die Schultergelenke durch »Schwebescheiben« abgedeckt. Ein Schurz aus Kettengeflecht. Panzerhandschuhe. Beinschutz. So war man ziemlich gut geschützt, aber es gab noch genü-

gend Lücken, in die geschlagen, gestochen, geschossen werden konnte.
Und die Waffen, mit denen Oswald ausgerüstet war, mit denen er kämpfte, die er vielleicht zu spüren bekam? Das war vor allem das Schwert. Bis in Oswalds Zeit war recht beliebt das Krummschwert, einseitig geschliffen; der Griff meist mit einem Parierbügel geschützt. Die Blankwaffe, das Hiebschwert, das lange Kriegsschwert. Weil man mit einem Schwert bei Harnischplatten kaum noch durchkam, wurde als harnischknackende Waffe vor allem der Streitkolben eingesetzt und der Streithammer; der Streitkolben vielfach mit einem gefächerten Metallkopf; am langstieligen Streithammer ein »Rabenschnabel«, zum Aufhacken. Der Wurfspieß und die Lanze. Die Hellebarde als Hieb- und Stichwaffe: so mußte man hieb- und stichfest gewappnet sein. Als Schußwaffen bereits Büchsen; die Ritter aber benutzten meist noch Bogen und Armbrust. Die Bogen etwa anderhalb Meter lang, sie gaben den fast einen Meter langen Pfeilen eine oft sehr große Durchschlagskraft. Die Armbrust hatte den Vorteil, daß man sie auch längere Zeit gespannt vor sich hertragen konnte – einem Bogenschützen hätten da bald die Arme gezittert. Die Sehne der schußbereiten Armbrust rastete in einer Einkerbung eines drehbaren Zylinders ein, der Nuß. Zum Spannen der Sehne hatte man vielfach am Gürtel einen Haken, hier wurde die Sehne eingehängt, man setzte einen Fuß in den Bogen der Armbrust, trat ihn nach unten, bis zum Einrasten. Größere Armbrustwaffen wurden mit Flaschenzugwinden gespannt – das vergrößerte die Durchschlagskraft der Bolzen.
Weil Oswald auch an Belagerungen teilgenommen hat, ein Hinweis auf übliche Belagerungstechniken bei Burgen und Städten. Die Belagerten wurden vor allem mit Steinschleudern beschossen, den Bliden: bis zu acht Meter hohe Holzkonstruktionen mit einem bis zu achtzehn Meter langen Schleuderarm, Schleuderhebel, der wie eine Wippe auf eine Achse gesetzt war, freilich nicht in der Mitte: am kurzen Hebelarm ein Gewicht, das wurde gelöst, sauste nach unten, riß den langen Hebel hoch, an seinem Ende eine Art Löffelmulde, in der ein Steinbrocken lag, der in die Stadt geschleudert wurde oder gegen Befestigungsanlagen. Schoß man in die Burg oder in die Stadt, so schleuderte man auch Brandsätze, Bienenkörbe, Tierkadaver und Scheiße.
Für den Sturm, den Hauptsturm, bauten die Belagerer meist einen Belagerungsturm – etwa zehn mal zehn Meter im Grundriß und so hoch wie die Mauerkrone, der Wehrgang. An der geplanten Angriffsstelle mußte man erst einmal den Graben zuschütten; dazu

wurden Schutzdächer an die Mauer herangeschoben, und fuhrenweise schaffte man Erde, Steine, Holz heran zum Auffüllen. War das gelungen, so wurde der Belagerungsturm herangerückt, dabei mußte etwa ein halbes Tausend Soldaten zupacken. Auf diesen Turm wurde mit allen verfügbaren Waffen geschossen. Erreichte man mit dem Turm die Stadtmauer, so wurde oben eine Fall- oder Sturmbrücke hinübergeklappt, und es kam zum Kampf Mann gegen Mann.

125 Vyshehrad, die »Hohe Burg«, lag damals außerhalb der Stadt Prag auf der Felskuppe direkt an der Moldau. Eine strategisch bedeutsame Position: hier konnte der Schiffsverkehr kontrolliert, notfalls blockiert werden, auch verlief östlich der Burg eine wichtige Straße.

Einige tausend Soldaten und Ritter des Reichsheeres hielten die weitläufige Burganlage besetzt, verteidigten sie gegen die Prager Hussiten, die sie am 15. September einschlossen. Von Norden her begannen sie die Burg unter Beschuß zu nehmen, durch zwei große Schleudern, die bei einer Kapelle aufgestellt wurden, etwa 300 Meter von der Burg entfernt; zusätzlich eine Kanone. Auf diese Kanone, diese Bliden fixierte sich einige Zeit die Aufmerksamkeit der Belagerten, denn der Beschuß war wirkungsvoll. Die beiden Schleudern konnten dann freilich zerstört werden.

Die Prager zogen Verstärkungen heran. Von St. Pankraz her, etwa 500 Meter südlich der Burg, an der Hauptstraße, hoben sie einen langen Graben aus, nordwärts, sowie einen zweiten Graben hinüber zur Moldau; durch diese ständig besetzten Gräben wurde jede Versorgung auf dem Landweg abgeschnitten. Ein Ausfall aus der Burg, etwa 200 Tote unter den Hussiten, der Belagerungsring aber blieb geschlossen. Die Verluste müssen in der ersten Phase der Belagerung sehr hoch gewesen sein: insgesamt etwa anderthalbtausend Tote, auf beiden Seiten.

Anfang Oktober wurde der Proviant knapp in Vyshehrad. Windecke berichtet nun, der Schlandersberger und der Wolkensteiner hätten Boten zu König Sigmund geschickt – er war zu dieser Zeit bei der Grenze nach Mähren. Sigmund hörte sich Bericht und Klage an, versprach Hilfsaktionen. Hugo Toman (dessen Darstellung ich hier folge – ein Bekannter hat mir den tschechischen Text übersetzt) stellt sarkastisch fest, Sigmund habe, wie üblich, viel versprochen und wenig gehalten. Immerhin versuchte er, über die Moldau Nachschub zur Burg zu schicken; in einem Nebenfluß

wurden Schiffe beladen. Die Hussiten erfuhren das und sperrten die Moldau mit Eisenketten ab, südlich des Burgfelsens. Die Burg war nun völlig isoliert. Die Verteidiger begannen, Pferde zu schlachten. Wachsende Mutlosigkeit. Die ersten Hungertoten.
Von Sigmund erwartete man offenbar keine ernsthafte Hilfe mehr, Unterhandlungen mit den Pragern: falls bis zum 1. November, neun Uhr morgens, die Burg durch König Sigmund nicht versorgt, nicht befreit würde, sollte sie kampflos übergeben werden. Dafür wurde freier Abzug zugesichert und Einhaltung eines Waffenstillstands bis zu diesem Termin. Warten. Hungern. Pferdeschlachten.
Sobald Verstärkung aus Mähren eingetroffen war, marschierte Sigmund Richtung Vyshehrad. Zur Prager Burg, die noch von königlichen Truppen besetzt war, schickte er einen Boten, der über den Angriffstermin informieren und einen gleichzeitigen Angriff von Nordwesten her fordern sollte. Dieser Bote wurde abgefangen, befragt, die Hussiten konnten ihre Verteidigungsmaßnahmen dem Angriffsplan anpassen.
Am 1. November, Allerheiligen, erschien Sigmund mit annähernd 20000 Mann südlich der Burg. Erste Verteidigungsanlagen der Hussiten am taktisch wichtigen Punkt St. Pankraz, an der Hauptstraße. Sigmund ritt auf einen Hügel, gab von dort aus zur etwa 1500 Meter entfernten Burg ein Zeichen mit dem Schwert: der Entsatz-Angriff sollte mit einem Ausfall aus der Burg koordiniert werden. Aber der König war etwas zu spät gekommen, die vereinbarte Frist war abgelaufen, man mochte den Vertrag mit den Pragern nicht brechen. Einige deutsche Ritter wollten unbedingt kämpfen, aber der Kommandant ließ Tore und Pforten streng bewachen.
Als sich auf Vyshehrad nichts rührte, gab es Dispute: sollte man jetzt noch angreifen? Die Hussiten hatten sich gut verschanzt auf den Hügeln. Sigmund befahl den Angriff. Schon jetzt zeigten die Hussiten die Taktik, die sich in den nächsten Jahren bewähren sollte: sie ließen die Angreifer nah herankommen, eröffneten schlagartig ein Abwehrfeuer aus allen Büchsen, mit allen Armbrüsten, nutzten die Verwirrung, die Entmutigung durch die hohen Verluste, brachen hervor aus den Gräben, schlugen die schwerfälligen Gewappneten mit Streitkolben zusammen; Flucht setzte ein, bald eine Massenflucht. Sigmund hatte noch nicht einmal alle Einheiten in den Kampf schicken können, er versuchte auch nicht, die Auflösung, die einsetzende Flucht aufzuhalten, schaute sich vom Hügel aus (weinend, wie es heißt) die Katastrophe an, setzte sich ab.

Am gleichen Tag wurde den Prager Hussiten die Burg übergeben. Vertragsgemäß wurde den Belagerten freier Abzug gewährt, die Hussiten sollen ihnen sogar Wagen zur Verfügung gestellt haben, zum Abtransport der Verwundeten und Kranken. Falls auch Oswald zu denen gehörte, die nun geschlagen dem Heer nachzogen – war bei ihm die Erinnerung an Vyshehrad für alle Zukunft verbunden mit dem Nachgeschmack von Pferdefleisch?

126 Vielleicht hatte sich Martin Jäger gewünscht, die Hussiten würden Oswald massakrieren. Oder er würde an der Pest krepieren. Aber er kehrte zurück und Jäger wußte: nun geht es wieder los.
Oswald für einige Monate außer Landes – wäre das nicht eine Chance gewesen für Martin Jäger? Wird er nicht darauf gewartet haben, die Burg Hauenstein wieder in seinen Besitz zu bringen? Mit der gleichen Methode, mit der Oswald sie ihm abgenommen hatte?
Martin Jäger, so vermute ich, wird sich nicht getraut haben. Beinah in Sichtweite (Tisens und Greifenstein liegen in ungefähr gleicher Höhe, am West- und am Osthang des Etschtals, nur etwa zwölf Kilometer voneinander entfernt) hatten die Wolkensteiner den erfolgreichen Ausfall aus der belagerten Burg unternommen, hatten Belagerungsgeräte, Unterkünfte des herzoglichen Trupps zerstört, niedergebrannt, vielleicht hatte man in Tisens den Feuerschein gesehen. Dieses Unternehmen mußte einen Martin Jäger zur Vorsicht mahnen im Umgang mit den Wolkensteinern.
Denn: besetzte er Hauenstein, warf Oswalds Frau, Verwalter, Personal hinaus, so konnte, ja mußte er mit einer Aktion von Michael und Leonhard rechnen; daß dann die Fetzen flogen, war mit Sicherheit zu erwarten.
Ob Martin Jäger wenigstens versucht hat, bei den Pächtern seine Rechte wieder geltend zu machen? Oswald wird ihnen vor der Abreise empfohlen haben, mit allem Nachdruck, gefälligst auch während seiner Abwesenheit nach Hauenstein zu liefern, andernfalls . . . Wer seine Drohungen nicht ernst genommen hatte, den wird er nach seiner Rückkehr vorgeladen oder aufgesucht haben, mit Begleitung.
Oswald hat in Böhmen gewiß keine Beute gemacht. Und bestimmt hat er die Kosten für die Reise, für die Teilnahme am Feldzug selbst tragen müssen. Vielleicht ging er nun nach der Devise vor: Der Jäger kommt für alles auf!

Martin Jäger führte eine Verlustliste, sie ist erhalten geblieben. Er gab ihr die Überschrift: »Dies sind die Güter, die mir Oswald der Wolkensteiner ohne Recht, mit Gewalt genommen hat.« Diese Liste zeigt im Detail, wie Oswald seine Einkünfte aufbesserte. Die Hofnamen, die Jäger jeweils angibt, spare ich (meist) aus – sie wären nur dem Heimatkundler nützlich.
Widerrechtlich und gewaltsam zog Oswald ein: 18 Pfund Geldrente jährlich von einem Bauernhof oder den Gegenwert in Käse; 6 Pfund Geldrente jährlich von einem anderen Hof, dazu als Mühlzins 6 Hühner. Einem Bauern bei Lanatz wurde vom Wolkensteiner ein neues Haus abgenommen, auch wurde widerrechtlich ein Weg über sein Pachtgebiet angelegt, der Bauer wurde schließlich vertrieben. Einkünfte aus einem Gut, das »zu Hauenstein, unterhalb der Burg liegt«: 5 Pfund jährlich, 1 Kitz, 30 Eier, 2 Hühner. Martin Jäger merkt an, daß der Wolkensteiner ihm diese Einkünfte »ohne Recht abgenommen hat, solange er die Burg innehat und bewohnt«. Weiter: Einkünfte von 5 Pfund jährlich aus einem verpachteten »Gütlein« und nochmal 5 Pfund aus einem Hof, »der auch bei Hauenstein liegt«, dazu als Zinsabgaben: 3 Star Roggen, 4 Star Gerste, 1 Kitz und 30 Eier – Oswald als Eierdieb! Ein Bauer bei Kastelruth wurde vom Wolkensteiner ebenfalls beraubt: 10 Star Gerste im Jahr. Und Hänsel Mesner zu Kastelruth mußte Jäger pro Jahr zwei Hühner liefern – selbst dieser geringe Zins war Oswald einen Übergriff wert; Oswald von Wolkenstein als Hühnerdieb. Ein weiteres Opfer: »Die Frau, die gelegentlich Brot buk, mit Namen Schwärzlin, sie zinst pro Jahr 4 Hühner von einem Hof mit zugehörigem Acker.« Auch die Hühner eines Schusters mit Namen Schmätzer zog Oswald zwangsweise ein: 6 Stück im Jahr. Weiter: ein Star Hafer von zwei kleinen Gütern. Und Erben des Mutzenbauern, wohnhaft in einem Turmhaus bei Lanatz, mußten Oswald jährlich 12 Hühner geben. Von einem Weinhof im Tal unterhalb von Kastelruth zog er die Hälfte der Weinproduktion ein, in drei Jahren waren es nach Jägers Berechnung 6 1/2 Fuder, Klausener Maß.
Dann zählt Jäger auf, was ihm Oswald an Einkünften von Besitzungen im Gebiet Völs abnahm. Wein auch hier, und zwar 9 Yhren jährlich, also 600 bis 700 Liter. Von einem weiteren Weinhof zog Oswald in drei Jahren 29 Yhren ein, also etwa 2000 Liter. Von diesem Hof auch noch 12 Pfund jährlich und vom gleichen Pächter, der zusätzlich einen anderen Hof bewirtschaftete, 3 Star Weizen, 4 Star Roggen, 6 Hühner. Und eine Yhre Wein jährlich von einem anderen Bauern. Und 8 Groschen im Jahr vom Mayer in Obervöls. Und 6 Groschen als Zins für eine Wiese. Und vom Huber in

Niedervöls 1 Star Roggen, 1 Star Gerste, 1 Star Hafer, 1 Star Hirse und 30 Groschen noch dazu. Von einem anderen Bauern 1 Star Weizen, 2 Star Roggen, 2 Star Gerste und 5 Pfund in bar. Von einem weiteren Bauern 3 Star Weizen und Roggen und Gerste und 3 Groschen. Von einem nächsten Bauern 6 Star Weizen jährlich, 6 Star Roggen, 6 Star Gerste und 6 Groschen. Als Zins für eine Wiese nochmal 1 Pfund Berner. An Grundrenten von weiteren Höfen: 8 Pfund, 8 Pfund, 6 Pfund, 4 Pfund, 8 Pfund, 4 Pfund und 3 1/2 Yhren Wein, 2 Star Weizen, 2 Star Roggen, 2 Star Gerste . . .
Die Burg Hauenstein wird von Martin Jäger auf der Verlustliste nicht genannt – das wirkt erstaunlich, ist aber verständlich, denn: Einkünfte brachte die Burg nicht, im Gegenteil, sie kostete Geld. Und es ging Jäger allein um die Pachteinnahmen aus landwirtschaftlichen Besitzungen, die seine Frau, geborene Hauenstein, in die Ehe eingebracht hatte.

127 Oswald als Mafioso. Und als Dichter, Komponist, Musiker: das setzt ein differenziertes Bewußtsein voraus, eine hohe Reflexionsstufe, zumindest in diesem Sektor seiner Tätigkeit, seiner Selbstverwirklichung. Lassen sich hier Rückschlüsse ziehen auf ein Bewußtsein, das auch im gesellschaftlichen Verhalten stärker differenzierte als bei Standesgenossen?
Oswald hat, schätzungsweise Mitte dieser zwanziger Jahre, ein Beichtlied geschrieben, Kl 39 – kann es uns weiterhelfen?

Ich klag Euch, Priester, meine Sünd und Schuld
in Stellvertretung des Allmächtigen.
Ich sage offen, klar, voll Scham und Furcht,
die Augen von Zerknirschung naß:
ich hab den Vorsatz, willentlich nie mehr
zu sündigen, wo immer es auch sei.
Mit Demut und aus freiem Willen, Herr,
bekenne ich mich schuldig in der Beichte:
ich hege Zweifel an dem Glauben,
ich fluche oft bei Gottes Namen,
und meinen Eltern, die ich ehren sollte,
hab ich das Leben schwer gemacht.

In Rauben, Stehlen, Töten bin ich groß,
will Leben, Ehre und Besitz von anderen,

beachte nie die Fast- und Feiertage,
falsch Zeugnis geben fällt mir leicht.
Im Spielen, Raffen bin ich unersättlich,
bin untreu, falsch, benutze Zauberei,
Verrat begehe ich und lege Feuer.
Voll Hoffahrt ist mein Leben.
Die Habgier läßt mir selten Ruh,
und Spott, Zorn, Unzucht sind mir wohlbekannt,
und Prassen, Saufen, früh und spät.
Bin eselsträge, hundescharf.

Zur Sünde treibe ich, verleite ich,
begehe Sünden, schaff Gelegenheiten,
verhindre nicht die Sündentaten,
ich nehme teil, verschweige sie.
Die Nackten hab ich ignoriert,
den Armen Durst und Hunger nicht gestillt.
Wer krank, gefangen, sterbend, heimatlos –
ich habe ihm Erbarmen nie gezeigt!
Vergossen habe ich unschuldig Blut,
den Bauern bürd ich große Lasten auf.
Auch treibe ich die Sodomie.
Verdienten Lohn entrichte ich nur halb.

Erkenntnis, Weisheit, Wissen Gottes,
sein Rat und seine Stärke, seine Inbrunst,
und Gottesfurcht, das Denken über Gott
und Gottes Liebe, Güte: alles ist mir fremd.
Den Priester höhne ich und brech die Ehe,
gedenke nicht der Taufe und der Firmung,
das Sakrament empfange ich unwürdig,
verachte Ölung, Buße, Beichte.
Ertrage keine Armut, tue Böses,
vergeude so die Lebenszeit.
Bin ohne Mitleid, hasse drum voll Zorn
die göttliche Gerechtigkeit, die gnädig ist.

Mein Sehen, Hören brauche ich zur Sünde,
mein Schmecken, Riechen zum Genuß,
mißbrauch Berühren, Gehen, Denken,
dem Herrn erweis ich nicht Tribut.
Der Himmel, Erde einst erschuf,
und was sich darin eingerichtet,

der gab mir, Wolkenstein, den Rat,
ich sollt ein Beispiel geben in der Beichte
in meinem Lied für viele dort am Hof,
und manchen Menschen, die, verwirrt,
die Richtung ganz verloren haben,
so wie in Böhmen die Hussiten.

Die letzte Strophe habe ich nicht mehr übersetzt – zuviel Sakramentsymbolik, zuviele heilige Ziffern; dies ist für unsere Frage nicht mehr wichtig. Ein Liedtext, den ich nicht aus Lust übersetzt habe, sondern weil es halt sein mußte, für diese Phase der Biographie; hier stellt sich die Frage, ob es bei Oswald so etwas wie Schuldbewußtsein gab.

Hier wird in der Tat Schuld bekannt: ein vollständiger Katalog aller nur denkbaren Sünden – oder ist hier versehentlich etwas ausgelassen worden? Fast mit Stolz schlägt sich hier jemand an eine durch und durch sündige Brust. Weiter kann man es in dieser Hinsicht kaum bringen, auch hier steht Oswald groß da: Ich, Wolkenstein, Sünder von Format!

Oswald bietet sich hier beinah exhibitionistisch der Betrachtung an – sehen wir ihn jetzt deutlicher? George Fenwick Jones hat eine kleine Untersuchung über dieses Lied und die Beichtlied-Tradition geschrieben. Diese Arbeit verhindert falsche, allzu direkte Rückschlüsse.

Zuerst einmal macht dieser Aufsatz bewußt: dies ist keine Beichte, die jemand, überwältigt von Sündenbewußtsein, für sich schreibt, diese Beichte hat einen didaktischen Zweck, sie soll dem Publikum zeigen: So wirds gemacht!

Ich will nicht Sündenpunkt für Sündenpunkt erörtern, will nur auf das »Rauben und Stehlen« eingehen: erweist sich Oswald hier nicht als durchaus schuldbewußt? Können wir demnach schließen, er hätte mit schlechtem Gewissen die Bauern anderer Verpächter gezwungen, ihm den Pachtzins zu zahlen, zu liefern?

Daß die Mächtigen bestimmen, was Recht, was Unrecht ist, das hat sich in früheren Jahrhunderten entschieden deutlicher gezeigt; heute werden diese Fakten von einem immer feiner ausgearbeiteten juristischen Gespinst verhüllt. Recht war damals weithin Faustrecht, für den Adel. Die Übernahme fremden Eigentums wurde, so lerne ich durch Jones, nach folgender Faustregel beurteilt: wer stiehlt, nimmt einem anderen etwas weg, ohne daß er es bemerkt, ohne daß er sich wehren kann, und dieses Verhalten ist eines aufrechten Mannes nicht würdig, entspricht nicht seinem Ehrenkodex; also muß man fremdes Eigentum direkt wegnehmen, mit Gewalt, denn so hat der Besitzer wenigstens die Chance, sich zu wehren – und dafür eventuell totgemacht zu werden.

Dies – leicht pointiert – zur Ideologie des Standes, dem Oswald angehörte. Es läßt sich also voraussetzen, daß Oswald keine Schuldgefühle hatte, als er Hauenstein besetzte und keine Reuegefühle, solange er die Burg bewohnte: er hatte diesen Übergriff ganz offen durchgeführt! Ebenso direkt zwang er verschiedene Bauern, den Zins an ihn zu zahlen und nicht an ihren Zinsherrn – Androhung und Anwendung von Gewalt als Alibi. So war vor der Welt, deren Wertmaßstäbe immer noch vom Adel gesetzt wurden, alles in Ordnung.

Nur gab es die Forderung und teilweise doch anderen Maßstäbe der Kirche: sie stellte diese Selbstverständlichkeiten in Frage. Oswald nimmt also das Rauben in seine Sündenregisterarie auf. Wir müssen uns allerdings fragen, ob sich Oswald hier mit dem kirchlich vorgeschriebenen Sündenbewußtsein identifizierte oder ob er diesen Punkt nur genannt hat, weil er im damaligen Beichtschema aufgeführt war: es sollte ja eine vorbildliche Beichte werden, fiktiv vor einem Priester, faktisch vor einem Publikum, und diese vorbildliche Beichte setzte voraus: Vollständigkeit. Also auch das Spielen, natürlich um Geld, um Besitz. Also auch die Völlerei. Also auch die Sodomie. Aber hier müssen wir nicht unbedingt den Schluß ziehen, daß Oswald in den Stall ging, wenn Margarete nicht wollte.

Oswald blickt hier in den Spiegel, prüfend, zugleich aber schaut er in den damals üblichen Beichtspiegel.

128 Martin Jäger zog, wohl im Herbst 1421, einen Schlußstrich unter die Verlustliste und addierte. In Bargeld: über 13 Mark. Dafür konnte man damals, umgerechnet, etwa zehn Kühe kaufen oder einen kleineren Bauernhof mit Ländereien. Dann: etwa 450 Liter Weizen, 600 Liter Roggen, 675 Liter Gerste. Oswald wird diesen Zinsweizen, Zinsroggen, diese Zinsgerste zum größeren Teil verkauft haben.

Der Hauptposten allerdings waren in Jägers Schlußabrechnung 14 Fuder Wein. Wieviele Liter enthielt ein Fuder? In der Landesordnung von 1525 wurde das Fuder mit acht Bozener Yhren gleichgesetzt; ich nehme an, hier wurde Gewohnheitsrecht fixiert. Im Bozener Bereich enthielt eine Yhre (lateinisch urna) 70 bis 80 Liter; ähnlich war es wohl auch im Raum von Brixen. Ein Fuder Wein, das waren demnach etwa 600 Liter, vielleicht etwas mehr. Insge-

samt also hat Oswald dem Martin Jäger rund 9000 Liter abgezapft.
Nach Feststellung dieses Ergebnisses wird Jäger zum Schluß gekommen sein: Nun reicht es! Alles, was er bisher versucht hatte, um den Wolkensteiner vor Gericht zu bringen, war gescheitert, sämtliche Briefe, Petitionen umsonst, er mußte jetzt eine andere, entschiedenere Methode wählen, um an sein Recht zu kommen.
Und Martin Jäger suchte Helfer. Ihre Namen sind dokumentiert: Frey und Neithart. Im Schuldnerverzeichnis von 1418 habe ich den Namen Hans Frey zweimal gefunden, einmal als Bürge, einmal als Schuldner. Ist dieser Hans Frey identisch mit dem Frey, der am Überfall auf Oswald beteiligt war? Dann hatte Oswald bestimmt auch Schulden bei ihm, zumindest zu diesem Zeitpunkt, oder es hatte sonstwie Probleme zwischen ihnen gegeben.
Für Neithart bietet sich ebenfalls eine Identifizierungsmöglichkeit an. Im September 1417 hatte Michael von Wolkenstein an den Landesherrn, der sich zu dieser Zeit in Bozen aufhielt, eine Anfrage gerichtet, die zugleich ein Protest gewesen sein dürfte: warum Neithart sich heimlich in seinem Gerichtsbezirk (Michael als Landrichter) aufhalte, was er dort vorhabe?! Der Landesfürst antwortete Michael und damit auch Oswald in einem kleinen Schreiben: Neithart halte sich mit zwei anderen Männern (in seinem Auftrag) dort auf, das habe jedoch nichts mit ihm und seinem Bruder Oswald zu tun, Neithart unternehme nichts, was den beiden schaden könne. Und der Herzog verlangte, daß »du und dein Bruder ihn an Leib und Gut schützt«. Dafür wolle er versprechen, daß Neithart den Brüdern keinerlei Schwierigkeiten mache. Michael möge ihm schriftlich mitteilen, wie er und sein Bruder Oswald sich in dieser Sache zu verhalten gedächten.
Anton Noggler vermutet: die Brüder waren bei Neithart verschuldet. Das scheint mir plausibel; wenn man damals Krach miteinander hatte, dann meist wegen Geld. Das muß in diesem Fall ein hoher Betrag gewesen sein, die Brüder wurden offensichtlich nervös, füchteten den Neithart. Daß dieser Mann Beauftragter des Landesherrn war, wirkte auf sie gewiß nicht beruhigend – für Martin Jäger war es später wiederum günstig, mit einem Mann gemeinsame Sache zu machen, der das Vertrauen des Herzogs besaß: Absicherung.
Mit diesen beiden Männern und einigen Knechten führte Martin Jäger die Aktion durch. Nun deutet Oswald in einigen Liedstellen an: er sei durch die Freundin, Geliebte in die Falle gelockt worden, und zwar habe sie ihm zu erkennen gegeben, sie wolle mit ihm eine Wallfahrt machen – und das hieß damals, bei einem Verhältnis:

eine kleine Reise machen, ganz unter sich. Oswald ritt – nach seiner Darstellung – zum verabredeten Ort, aber hier wartete diese Frau nicht allein auf ihn: er wurde überwältigt, verschleppt, eingesperrt.
Dokumentarisch belegt ist freilich nur die Aktion der Jäger, Frey, Neithart samt Knechten gegen Oswald und einige Knechte; eine Beteiligung der Hausmann ist (bisher) nicht nachweisbar.
Ich nehme an, Oswald hat diesen Vorgang erheblich stilisiert. Denkbar ist dies: es hatte sich eine Interessengemeinschaft von Gläubigern und Geschädigten gebildet, unter ihnen Anna Hausmann; Oswald hatte offenbar auch sie beraubt. Vielleicht war es so dazu gekommen: die Hausmann hatte bei ihm Schulden, möglicherweise konnte sie den recht ansehnlichen Betrag nicht zurückzahlen, daraufhin holte sich Oswald den Gegenwert bei Bauern auf Besitzungen der jungen Frau; als er hier erst einmal einen Anfang gemacht hatte, setzte er das in gewohnter Weise fort . . . Möglicherweise war sie also damit einverstanden, daß ihn Jäger, Frey und Neithart gefangennahmen. Das letzte Dokument, das Oswald im Jahre 1421 als freien Mann ausweist, ist auf den 14. September datiert. Das erste Dokument, das seine Gefangenschaft in der Burg Forst belegt, stammt vom 20. November. Mehr als zwei Monate Spielraum also. So ist denkbar: gegen Ende September wurde Oswald gefangengenommen und Martin Jäger ließ ihn zuerst in die eigene Burg bringen.

129 Die Spur, die nach Prissian führt, ist nur eine Zeile, eigentlich nur eine Silbe breit.
Unter sieben Liedern, die alle auf *eine* Melodie geschrieben sind und die meist um Erfahrungen aus dieser Gefangenschaft kreisen, Klagelieder, Entsagungslieder, in dieser Serie gibt es einen Liedtext (»Hör, Christenheit!«), in dem Oswald Gottesliebe predigt, Abkehr von der sündigen, trügerischen Welt, Verzicht auf Fleisch und Wein, und man solle auf Stroh liegen. Die letzte Zeile dieses Liedes Kl 4 ist entscheidend zur Spurensicherung: »des lig ich Wolkenstein inn der fall«. Die direkteste Übersetzung wäre: »Darum stecke ich, Wolkenstein, in der Falle«. Gemeint sein kann zugleich: »Darum stecke ich, Wolkenstein, ›in der Fall‹.« Werner Marold hat nachgewiesen, daß »in der Vall« die damalige Bezeichnung war für die Fahlburg zu Tisens, Fraktion Prissian. In einem Dokument heißt es: »Jaeger in der Vall«. In einer Regeste, also einem Dokumentenhinweis mit kurzer Inhaltsangabe, wird ge-

schrieben von »Barbara Jägerin« und dem »Thurm auf Tisens zu Prissian, genannt Die Vall«. Diese Burg muß demnach Barbara Jäger gehört haben.
Damit dürfte der Wohnsitz der Familie Jäger, zumindest einer der Wohnsitze, lokalisiert sein: Tisens, Ortsteil Prissian, Fahlburg. Für Marold »unterliegt es wohl keinem Zweifel«, daß Oswald in diesem Lied den Jägerschen Wohnsitz meinte.

130 Ich fahre mit Gisela von Plars über die Etsch nach Lana, Richtung Gampenpass; recht bald schon biegt eine Straße ab nach Tisens und Prissian auf dem Zwischensockel des Tisenser Mittelgebirges, ein paar hundert Meter über dem Etschtal.
Wir parken in der Nähe der Kirche. Nur noch Reste der Bausubstanz der Kirche, in der Ulrich Putsch als Pfarrer amtiert hatte: Vom romanischen Bau stehe noch der Turm mit vertieften Feldern und Rundbogenfriesen, lese ich, und aus dem 17. Jahrhundert der achteckige Aufbau mit Kuppelhaube.
Auf dem Friedhof, der die Kirche umgibt, beschauen wir uns Grabsteine, meist marmorweiß, mit Goldbeschriftung, mit Medaillonfotos der Verstorbenen, braunviolett. Erstaunlich viele Wirte, überwiegend aber Bauern mit ihren Frauen – jeder für sich in seinem Medaillon. Die Frauen haben meist großflächige Gesichter, von Backenknochen betont; jedes Jahr werden diese Frauen ein Kind geboren haben, ein Dutzend wohl insgesamt, im Durchschnitt, und Arbeit, Arbeit, Arbeit, sonntags eine saubere Schürze, die gleiche Arbeit. Die oft schnurrbärtigen Männer werden auch kaum anderes gekannt haben als Arbeit, Arbeit, Arbeit; einige von ihnen sehen freilich aus, als hätte es, von Zeit zu Zeit, wüste Ausbruchsversuche gegeben, durch Suff, Prügelei.
Ziemlich gegen Schluß dieses Rundgangs wird plötzlich Oswald präsent: auf einem der Medaillonfotos der Gassbauer, 1956 verstorben, massiger, runder Schädel, das Fleisch unter dem Kinn weich auslappend, das rechte Auge geschlossen. Er ist etwas älter, wabbeliger als Oswald, den das Portraitgemälde zeigt, dennoch: wie aus Oswalds Gesicht geschnitten. Ein Zufall, aber frappierend. Im Dorf nachfragen, wann der Gassbauer sein rechtes Auge verloren hat? Womöglich als Kind? Oder im Ersten Weltkrieg, bei Kämpfen in den Dolomiten? Ich fotografiere die Fotografie, über das Grabrechteck vorgebeugt, will das Bild vorzeigen können, unter Freunden, Bekannten: so hätte, fotografiert, der alte Wolkenstein aussehen können . . .

Spaziergang durch den Ort und hinaus in Richtung Prissian, an Apfelbäumen vorbei, die so dicht und schwer tragen wie in der Flußebene: Äste heruntergebogen wie Angelruten beim Hechtbiß.
Prissian: ein, zwei Kilometer südlich von Tisens. Auf einer Holztafel mit dem bunt gemalten Panorama des Dorfs und seiner Umgebung sehe ich vier Burgen und Schlösser: südöstlich Schloß Katzenzungen und westlich Zwingenstein, südlich die Werburg, in der Mitte des Dorfs die Fahlburg. Diese Fahlburg ist ein Hotel, und das ist zu. Die schmutzige Hofmauer, das verschlossene Einfahrtstor. Von einem Seitenweg aus sehen wir einen Turm, der ein alter Turm sein könnte. Ich habe keine Lust, zu klingeln, wir schlendern noch etwas umher in Prissian. Ein Balkon an einem Gasthof, Eisengeländer, zum Teil grün durchrankt; hier wird gegessen. In einer Schule übt ein Posaunist: zuweilen klingt es wie zeitgenössische Musik, von Berio oder Globokar, aber rasch bricht er wieder ab, wiederholt Etudenfiguren. In einem Hof wird ein Auto geputzt, Blasmusik aus einem Transistor auf einer Treppenstufe. Wir gehen mitten auf der Dorfstraße, Kopfsteinpflaster. Kein Glamour eines Touristendorfs: einige Häuser sind verfallen. Der Posaunist macht Mittagspause. Das Auto ist geputzt, der Transistor wird ins Haus getragen. Geschirr- und Besteckklappern der recht schweigsamen Esser auf dem Gasthofbalkon. Ein Glockenschlag. Und wieder Stille in Prissian, Mittagsstille.

131 In der Fahlburg wollte Martin Jäger den Gefangenen wohl zwingen, möglichst rasch seinen Verzicht zu erklären auf Hauenstein und rechtsverbindlich eine Ausgleichszahlung für die zwangsweise eingezogenen Pachtzinsen zuzusichern. Dabei war freilich Nachdruck notwendig; Oswald berichtet mehrfach, er sei gefoltert worden.
Können wir aus Oswalds Liedtexten Rückschlüsse ziehen auf die Foltermethoden? Oswalds Hinweise sind nicht sehr exakt, aber das ist kaum verwunderlich: wohl jedem seiner Zuhörer waren (durch eigene Aktivitäten, durch passive Erfahrungen, zumindest durch Berichte) die damaligen Foltermethoden bekannt; hier genügten Stichworte.
Oswald wurde mit Eisenringen (und Seilen) gefesselt: ein Eisenring um den Hals, Eisenringe an den Gelenken, und zusätzlich waren die Daumen umschlossen: hier konnte es sich nur um Daumenzwingen handeln, und dies hatte mit der strengen, damals übli-

chen Fesselung nichts zu tun, dies war bereits eine Foltermethode. Sarkastisch berichtet dann Oswald in einem der Lieder: »des ward ich hübschlich aufgedrät / mit füssen an die stange«. Und Geld plus Hauenstein wurde von ihm gefordert »do mich der smerz / macht kerren an dem strange«. Er hat also vor Schmerzen geschrien, als er am Seil hochgezogen wurde, Füße an der Stange.
Doon, Okken, Cox haben einen kleinen Beitrag publiziert zur Frage: *Wurde Oswald von Wolkenstein gefoltert?* Und hier wird das »Aufziehen« so beschrieben: »Dem Opfer werden die Handgelenke auf dem Rücken zusammengebunden und die Füße der gespreizten Beine an einer Stange befestigt. Dann wird das Opfer an den Fesseln der zusammengebundenen Handgelenke hochgezogen, bis es frei über dem Fußboden schwebt; die Arme, die sich rückwärts ohne Gewalt nicht über die Schultern heben lassen, werden unter dem Eigengewicht des Mißhandelten und durch Nachhilfe des Folterknechts ausgerenkt.« Und zwar so: »über die Stange, welche die Beine gespreizt hält, kann ein Hebel gelegt werden, den der Folterknecht mit einem Fuß herabdrückt, um sein Opfer zu recken.«
Man wird Oswald in der Fahlburg also »aufgezogen« haben – vielleicht aber begnügte man sich damit, trat die Stange nicht nach unten, renkte ihm die Arme nicht völlig aus.
Weiter berichtet Oswald, daß die Frau ihm »mit ainer boien michel swer / die schienbain freuntlich hin und her / hiess reiben ane sitten«. Hier könnte ein Fußblock gemeint sein; ein Fußblock bestand vielfach aus zwei miteinander starr verbundenen Eisen- oder Schraubstiefeln.
»Entwurff der Anlegung der Schraubstiefeln«: Abbildungen dazu, aus dem 17. oder 18. Jahrhundert, sehe ich im kleinen Burgmuseum in Salzburg, in einer Ausstellung zu früherer »Rechtspflege«. Diese Schraubstiefel faßten nicht die Füße ein, sie schlossen sich um die Unterschenkel: etwa 25 Zentimeter lange, ungefähr zwölf Zentimeter breite Eisenplatten, eingewölbt, und in diesen Einwölbungen »stumpfige Knöpfe«, laut Bilderläuterung, also Eisennoppen. Zwei dieser miteinander verbundenen Platten wurden unter den Waden, zwei auf den Schienbeinen angelegt, wurden miteinander verschraubt: damit waren zugleich die Beine gefesselt, parallel gehalten.
»Entwurff der Anlegung der Schraubstiefeln«: das Opfer auf einem Stuhl mit Rückenlehne – hier ein älterer Mann mit bloßem Oberkörper, halblanger Hose. Hinter der Stuhllehne ein Knecht, er soll die kreuzweise auf der Brust verschränkten Arme des Opfers festhalten. Vor dem Stuhl ein »Schemerl«. Hier sollen, laut da-

maligem Erläuterungstext, die Fersen des Opfers aufliegen. Ein zweiter Knecht hält die Füße fest – sie könnten trotz der Eisenstiefel hochgerissen werden.
Detaillierte Angaben zur »Anlegung der Schraubstiefel«: die sollen bis zu einem »Mannszoll« an die Kniescheiben heranreichen; werden sie höher angelegt, so werden lateinisch benannte Muskeln und Sehnen beschädigt, es wird eine »Steifigkeit« erzeugt, ein bleibender Schade. Zwischen Wadenplatten und Schienbeinplatten etwa zwei Fingerbreit Abstand; der kann verkürzt werden durch den Scharfrichter, der eine Schraubspindel dreht.
Unklar ist hier, was Oswald meint, wenn er berichtet, man habe ihn nun durch Reiben maltraitiert. Hier war keine Reibung, nur Druck möglich – bis die Schienbeine brachen. Oswald weist in einem anderen Lied auch darauf hin, man habe ihm die Schienbeine brechen wollen. Wieso aber nun Folterung durch Reibung? Denkbar scheint mir: die Platten wurden so angelegt, daß sie die Unterschenkel umschlossen, dann wurden mit Hammerschlägen gegen die Verbindungsstangen die Platten nach oben und unten getrieben, so daß die Eisennoppen die Haut auf den Schienbeinen und an den Waden auffetzten. Danach erst wurde die Schraubspindel fester angezogen, so fest, daß Oswald einige Zeit nach der Folterung eine Krücke benutzen mußte.

132 Vorausgesetzt, man hat Oswald tatsächlich gefoltert, hat auf diese Weise aber kein Zugeständnis erzwingen können: als man dies einsah, wird man ihn zur Burg Forst gebracht haben; Martin Jäger war ihr Verwalter.
Natürlich mußte er vorsichtig sein: er wartete mit der Überführung des Gefangenen einen Zeitpunkt ab, an dem der Burgherr, Ulrich von Starkenberg, verreist und seine Frau in Meran war. Jäger wird gewußt haben, daß er trotzdem recht bald Schwierigkeiten bekommen würde, hatte sie wohl auch einkalkuliert: nachdem alle anderen Mittel versagt hatten, wollte er auf diese Weise erzwingen, daß Oswald endlich vor ein Gericht gestellt und verurteilt wurde.

133 An einem Sonntagnachmittag fahren wir zur Burg Forst: sie ist ebenfalls ein Hotel, scheint ebenfalls geschlossen, nur ein Gartencafé ist geöffnet, aber wir wollen in die Burg hinein. Eine alte Frau, die zufällig aus dem ein wenig geöffneten Tor herausschaut, jemand erwartet, aber nicht uns, sie läßt uns herein. Ein Innenhof, der bestimmt schon oft als »lauschig« bezeichnet wurde; Renaissance-Hofgalerie, Brunnenplätschern, Forellen in einem Glasbassin, Topfpflanzengrün, Rankengrün; Burghotelromantik.

Ein Barraum, leer, halbdunkel; es geht einige Stufen hinunter zu einer Oswald-Taverne, das steht so in der Türöffnung, und in dieser Taverne, nachdem das Licht angeknipst ist, sehen wir an die Wand gemalt einen Oswald, der aussieht wie ein bleicher, magerer Pirat, auf dem Fresko an die Wand gefesselt mit einer Kette und mit einem eisernen Halsband, die genau der Kette und dem eisernen Halsband entsprechen, die man zur Demonstration an der Wand befestigt hat, an der Oswald, laut Inschrift, angekettet gewesen sein soll. Auch, wenn man die Kette anpacken, das sichtbare, fühlbare Eisenhalsband vergleichen kann mit dem gemalten Eisenhalsband: diese Verdoppelung der Fiktion erzeugt noch nicht Realität.

Wir gehen durch die Türöffnung neben dem bleichen Piraten, steigen ein paar Stufen hinunter in einen runden Raum, in dem Tische und Stühle stehen, Erweiterung des Restaurants, der Taverne, und dies hier, so erklärt die Frau, war das Verlies, in das man Oswald geworfen hatte, wortwörtlich geworfen; schon als Kind habe sie in dieser Burg gelebt, der Boden dieses Verlieses sei ursprünglich mehrere Meter tiefer gewesen, sie könne sich noch daran erinnern; mittlerweile sei er angehoben worden. Und sie knipst das Licht aus in der Taverne nebenan, knipst es aus in diesem runden Raum: kein Fenster, nur ein Luftschlitz in Kreuzform, durch dieses Schlitzkreuz habe Oswald hinausgesungen...

Auch nach mehreren Sekunden: das Licht durch den Luftschlitz reicht nicht aus, um den Raum aufzuhellen. So können wir uns vorstellen, wie zappendüster es war, als Oswald in diesem Loch hockte, einige Meter tiefer, ein wahrscheinlich pißfeuchtes, sikkerwasserfeuchtes, strohfauliges, scheißestinkendes Loch. Aber das sind nachträgliche Assoziationen: während ich in diesem Raum stehe, ein Moment Kerkerstille, Kerkerdüster, denke ich eher an eine Opernszene mit Oswald als an Oswald selbst: Arie des Florestan von Wolkenstein. Die alte Frau knipst das Licht an, wir stehen wieder in einem leeren Restaurant.

134 Sobald Michael (und damit auch Leonhard) erfuhr, daß Oswald auf Forst eingekerkert war, protestierte er beim Besitzer dieser Burg. Daß man Oswald vorher auf Prissian eingesperrt und gefoltert hatte, werden die Brüder kaum gewußt haben, das hatte Jäger bestimmt geheimgehalten, aus Angst vor den wilden Wolkensteinern. ›Offiziell‹ begann Oswalds Haft erst auf der Burg Forst. Martin Jäger hatte den Gefangenen vielleicht auch deshalb auf die Burg seines Dienstherrn bringen lassen, weil er hier sicherer war vor Rache-Aktionen der Wolkensteiner: die Burg eines Freundes würden sie ja wohl nicht gleich anstekken . . .

Die Brüder Wolkenstein konnten auf der fernen Trostburg, im fernen Aichach auch nicht wissen, daß der Hausherr in Wien, seine Frau in Meran war. So wird es ihnen kaum in den Kopf gegangen sein, daß Oswald ausgerechnet in der Burg eines Mannes eingesperrt war, mit dem (und mit dessen Bruder Ulrich) sie besonders eng kooperierten, politisch und auch militärisch (Greifenstein!); vielleicht bestanden sogar freundschaftliche Beziehungen zwischen den drei Wolkensteinern und den beiden Starkenbergern. Umso entschiedener forderte nun Michael eine Aufklärung dieses Vorgangs.

Und es blieb nicht bei seinem zornigen Brief – Leonhard nahm Rache. Am 20. November, am Tag dieses Protestschreibens, kidnappte er mit mehreren bewaffneten Knechten Heinrich Millauer (Propst von Neustift und Kanzler des Landesherzogs), als er zu einem Rechtstag nach Bozen ritt: wahrscheinlich hat ihm Leonhard gleich unterhalb seiner Burg im Eisacktal aufgelauert. Der Propst wurde in Aichach eingesperrt.

Damit war Leonhards Wut noch nicht verraucht, er kam jetzt erst richtig in Schwung: auf dem Pferd des Propstes ritt er in das Nachbardorf Völs, wohl wieder begleitet von seinem Trupp, drang in das Pfarrhaus ein. Über seine Völser Aktion berichtet Herzog Friedrich in einem Brief: »Er hat da den Pfarrer gefangen, Sackmann in seinem Haus gemacht und alles auf Aichach geführt.« Sackmann machen: so nannte man damals das Plündern. Offenbar hat Leonhard dabei auch den Pfarrer mit eingesackt.

Diese Aktionen reichten Leonhard noch immer nicht, er lauerte Ulrich Putsch auf, dem Erzpriester von Tirol, ebenfalls Kanzler des Landesherrn. Putsch war an diesem Tage krank, wie Erzherzog Friedrich in seinem Brief berichtet, er verschob die Reise. Was den Herzog besonders ärgerte, war, daß Leonhard seine Aktionen ohne Ankündigung oder Vorwarnung unternommen hatte, und dies als sein »Diener«, sein Gefolgsmann! Aber Leonhard war

derart in Rage, daß er nicht erst offiziell die Fehde erklären konnte.
Weil Michael (und damit Leonhard) wüste Vorwürfe erhob gegen die Starkenberger, mußte Ursula von Starkenberg rasch handeln, konnte nicht erst die Rückkehr ihres Mannes abwarten: sie schickte von Meran zwei Vertraute zur Burg. Ludwig Sparrenberger und Jakob Murrenteiner nahmen einige Bürger mit; in einer so unklaren, brisanten Situation war es wohl besser, man trat als Gruppe auf.
Was ihr die beiden Vertrauten nach der Rückkehr berichteten, faßte Ursula von Starkenberg (vermutlich unterstützt von einem Juristen) in einem Schreiben zusammen, das sie an das Ratskollegium des Landesfürsten schickte; ich übersetze den kompletten Brief.
»Betr.: Bericht an meinen gnädigen Herrrn, bezüglich des Wolkensteiners und des Jägers.
Ihr sollt wissen, was Ihr meinem gnädigen Herrn zu berichten habt: Martin Jäger hat den Oswald Wolkensteiner gefangen und auf unsere Burg Forst gebracht und hält ihn dort weiterhin fest, gemeinsam mit den Knechten, die ihm den Wolkensteiner überliefert haben. Ich habe in dieser Angelegenheit Ludwig Sparrenberger und Jakob Murrenteiner zu dem Jäger geschickt und habe durch sie untersuchen lassen: als er den Wolkensteiner gefangen und auf unsere Burg gebracht hat, hatte er dazu die Erlaubnis durch meinen Mann oder dessen Bruder? Darauf gab er zur Antwort, er habe dies ohne Auftrag, Einverständnis und Wissen meines Mannes, dessen Bruders und meiner selbst getan; wenn dafür Rechenschaft verlangt würde, so wolle er in dieser Angelegenheit tun, was sich für einen Ehrenmann gebühre. Darauf haben die Obengenannten erklärt, er solle den Wolkensteiner aus der Burg führen und außerdem alle diejenigen, die mit ihm dorthin gekommen seien; ich gestatte es nicht, daß er auf der Burg gefangen und zu Zahlungen gezwungen werde; er werde ja wohl selbst einsehen, daß dies gegen meine gnädige Herrschaft etc., gegen Land und Leute und gegen den genannten Wolkensteiner gerichtet sei, sowie gegen alle seine Brüder und gegen seinen Anhang; dadurch könnte uns eine große und empfindliche Schädigung durch Wort und Tat entstehen.
Darauf rechtfertigte sich der obengenannte Jäger so: der erwähnte Oswald Wolkensteiner habe seiner Frau die Burg Hauenstein, die sie vom Vater geerbt hatte, mitsamt den Lehens- und Rechtstiteln widerrechtlich abgenommen, habe ihm auch viele seiner eigenen Güter entwertet und seine Bauern zinspflichtig gemacht. Er habe

sich zu wiederholten Malen bei meinem Herrn, Herzog Friedrich und bei allen Bischöfen, die seither in Brixen waren, beklagt, aber es konnte weder ihm noch seiner Frau Abhilfe zuteil werden. Weil der Wolkensteiner sich seines Besitzes bemächtigt habe, habe er sich seiner Person bemächtigt, und er halte ihn fest und werde ihn auch weiterhin festhalten und wolle mit ihm verfahren wie mit einem Gefangenen seiner selbst und seiner Mithelfer, sei es in der Burg oder außerhalb.

Darauf antworteten die Obengenannten, was es denn mit uns zu tun habe, daß der Neithart und seine Partner ihn auf unseren Burgen gefangenhalten und zu Zahlungen zwingen? Sie wüßten doch, daß der gefangene Wolkensteiner nicht allein stünde. Darüber hinaus verlangten der Sparrenberger und der Murrenteiner vom Jäger, daß er von der Verwaltung des Hauses zurücktrete und ein Inventar all dessen anfertige, was er darin zurücklasse, oder er solle es abschließen. Ich würde daraufhin die Burg in eigene Verwaltung nehmen und mit unseren Leuten besetzen und innehalten, bis seine Angelegenheit mit meiner Herrschaft und dem genannten Wolkensteiner und seinem Anhang gerichtlich geregelt sei; erst danach könne er das Haus wieder in seine Verwaltung nehmen und behalten bis zur Rückkehr meines Mannes oder meines Schwagers; die wüßten die Angelegenheit dann schon mit ihm zu klären. Nach viel Rede und Gegenrede antwortete der Jäger, er wünsche in dieser Sache eine Bedenkfrist von acht Tagen, er würde mir dann eine Antwort geben.

Bei all diesen bisher genannten und folgenden Verhandlungen waren anwesend die gerichtsfähigen und rechtskundigen Leute Heinrich vom Turm, Ambrosius Spetzger, Albrecht Gottlieb, Heinrich Zischk, allesamt Bürger von Meran, und Konrad Kellner, seinerzeit Richter auf Schenna.

Als die Verhandlungen so weit gediehen waren, gingen sie allesamt zum Wolkensteiner. Und als sie zu ihm kamen, da wollte er den Sparrenberger und Murrenteiner allein sprechen und erklärte: er habe gehört, daß sie dem Jäger und seinen Helfern nicht gestatten wollten, daß er in dieser Burg gefangengehalten und zu Zahlungen gezwungen werde, und er bat sie, mich und alle, die sich in dieser Sache verwendeten, zu bitten, daß ich ihn nicht aus der Burg holen ließe, denn erst jetzt sei er zu anständigen Menschen gekommen, und er habe Anlaß zur Sorge, daß es ihm an Leben und Besitz gehe, falls er weiter weggebracht werde; er sei nicht in einer Ehrensache gefangen, sondern allein in einer Besitzfrage, und es wäre ihm am liebsten, wenn in unseren Burgen in dieser Sache verhandelt würde. Sollte er aber weiter weggebracht und von den

Burgen weggeführt werden, so würde uns das mehr ins Gerede bringen, als wenn er dabliebe und gefangengehalten würde; und wenn er je wieder freikommen sollte, so würde er darüber Klage führen, daß ihm von uns Unbill widerfahren sei.
Darauf antworteten sie, sie wüßten sehr wohl: wenn mein Mann und mein Schwager über seine Gefangenschaft informiert würden, so würde ihnen das ehrlich leid tun, denn ihrer beider Vorfahren und sie selbst seien so sehr in Güte und Freundschaft miteinander verbunden, daß es ihnen nicht recht sei, wenn er auf unseren Burgen gefangengehalten und zu Zahlungen gezwungen würde. Ganz besonders Herr Michael habe sich in dieser Sache hart und grob geäußert, und er nehme uns diese Angelegenheit sehr übel. Dazu antwortete der Wolkensteiner, er wisse sehr wohl, daß ihnen das an die Ehre ginge und daß sie in dieser Sache keine Mitwisser seien und folglich keine Schuld trügen. Aber er wisse wohl, daß ihn seine Brüder mit scharfen Worten allein nicht befreien und ihn mit ihrem Besitz auch nicht auslösen könnten; er wollte aber sein eigenes Gut zum Lösepfand machen. Und er verlangte daraufhin vom Jäger, er solle ihm einen gerichtlichen Termin setzen.
Darauf wurde ihm der Rat gegeben, er solle an meinen gnädigen Herrn schreiben und ihn bitten, daß er mir schreibe. Und er solle in dieser Sache auch seinen Brüdern, den Herren Michael und Leonhard schreiben, daß sie mir schrieben und mich bäten, ihn gefangenzuhalten. Wenn das geschähe, so sei es mir leichter, in dieser Angelegenheit tätig zu werden. Damit war er einverstanden.«
Durch dieses Protokoll wird, indirekt, die Annahme bestätigt, daß Oswald in der Fahlburg gefoltert worden ist und nicht in der Burg Forst: jetzt erst sei er zu anständigen Leuten gekommen . . . In der Burg des Freundes konnte er sich in der Tat sicherer fühlen, hier würde man dem Verwalter Jäger auf die Finger schauen; Frau Ursula hatte sich ja als sehr resolut erwiesen. Aber sie war auch vorsichtig: um jeden Irrtum auszuschließen, wünschte sie schriftliche Bevollmächtigung dafür, daß Oswald, seinem eigenen Willen entsprechend, vorerst auf Forst blieb. Was er fürchtete, war wohl weniger ein Rücktransport zur Fahlburg, eine Fortsetzung der Folterungen, er hatte offenbar die Sorge, Jäger würde ihn dem Landesfürsten ausliefern. Konnte Friedrich bei dieser Gelegenheit Rache an ihm nehmen? Oswald sah nur eine Möglichkeit in dieser Lage: in Forst bleiben und mit dafür sorgen, daß möglichst bald ein Rechtstag angesetzt wurde.

135 Was Oswald befürchtet hatte, traf ein: im Dezember 1421 schaltete sich der Landesfürst ein. Er ließ Martin Jäger und den Nebenklägern folgende Rechtsgarantie zustellen: »Wir, Friedrich von Gottes Gnaden Herzog zu Österreich, zu Steir, zu Kärnten und zu Krain, Graf zu Tirol etc., erklären hiermit: Martin Jäger (in Wahrung seiner eigenen Interessen und als Rechtsvertreter seiner Ehefrau), die Hausmann, der Neithart und der Frey haben Oswald von Wolkenstein gefangen und in ihren Gewahrsam genommen. Nun ist aber mit Wissen und Willen der Brüder, Verwandten und Anhänger des genannten Oswald ein Verhandlungstermin anberaumt worden. Dies schließt ein, daß Wir ihnen einen Geleitbrief hin zum Gerichtsort und von dort zurück bis zu ihrer sicheren Behausung aushändigen lassen, wie es die Urkunden, die dazu ausgefertigt wurden, detailliert beinhalten. So verbürgen Wir auch den Obengenannten, dem Jäger, seiner Ehefrau, der Hausmann, dem Neithart und dem Frey und all denen, die mit dieser Sache zu tun haben, samt allen, die sie zur Gerichtssitzung mitbringen, Unser gutes Sicherheitsversprechen und das freie Geleit: dies gilt vom Ausstellungsdatum dieser Urkunde bis zum Tag der Gerichtssitzung.«

Mit dieser Regelung war die Partei Jäger/ Hausmann/ Frey/ Neithart sicher einverstanden; nachdem alle Einwirkungsversuche in der Fahlburg ergebnislos geblieben waren, konnten sie jetzt nur noch auf den Landesherrn hoffen.

Die Höhe der finanziellen Forderungen Martin Jägers ist hier noch nicht dokumentiert, sie wird aber recht bald schon festgestanden haben: 6000 Gulden.

Sechstausend Gulden – ein eminent hoher Betrag! Ein paar Ziffern sollen das verdeutlichen. Ein wichtiger Einnahme-Posten im Haushalt der Grafschaft Tirol waren Zollgebühren. Die wichtigste Zollstation war seit jeher Lueg am Brenner. Hier wurden 1415 rund 720 Mark Berner eingezogen, also 1800 Gulden. Zwanzig Jahre später sind es 1260 Mark, demnach 3150 Gulden. Im Jahre 1432 wird die landesfürstliche Kammer aus den sieben Hauptzollstätten des Landes insgesamt 2700 Mark ziehen, also 6850 Gulden – etwas mehr als diese Schuldforderung! Die Zolleinnahmen machten im Durchschnitt ein Achtel bis ein Siebtel der gesamten Einnahmen des Landes Tirol aus. Sie lagen rund gerechnet bei 70000 Gulden. Ein relativ hoher Betrag, dank der Bergwerksabgaben, vor allem der Silbergruben. Was von Oswald gefordert wurde, entsprach also etwa einem Zehntel des Landeshaushalts!

Wäre der Schuldbetrag, die Schadensersatzforderung von 6000 Gulden berechtigt gewesen, so hätte Oswald ganze Landstriche ausplündern müssen! Natürlich, Jäger wird mehr gefordert haben, als er im Detail addiert hatte, jedes Ei verbuchend – wie hoch war eigentlich seine reale Schuldforderung, in bar?

Diese Umrechnung will ich hier nachholen, sie ist wichtig. Rekapitulieren wir: etwas über 13 Mark in bar. Dann 13 Star Weizen; pro Star fünfzehn Kreuzer, macht knapp 200 Kreuzer, also knapp 17 Pfund. Runden wir auf: 20 Pfund, also 2 Mark. Weiter: 20 Star Roggen; das Star neun Kreuzer, macht, aufgerundet ebenfalls etwa 20 Pfund, also 2 Mark. Ein ungefähr gleicher Betrag bei der Gerste. Nun der Wein: das Fuder etwa 24 Pfund Berner, bei 14 Fudern kommen wir aufgerundet auf 350 Pfund, also 35 Mark. Runde ich beim Addieren dieser Beträge noch einmal auf, so komme ich auf etwa 60 Mark, umgerechnet 150 Gulden. Selbst, wenn man hier noch einmal aufrundet, auf 200 Gulden, so erreicht man erst ein Dreißigstel der realen Schuldforderung. Wie kam es zu dieser Potenzierung?

Beim Streit mit Oswalds Vater hatte sich gezeigt, daß Martin Jäger in seinen Forderungen nicht ängstlich war. Aber daß er sechstausend Gulden verlangte, erscheint mir kaum vorstellbar. Solch einen Betrag konnte nur der Landesherr fordern, ein Souverän. Er verhielt sich hier wie ein geschickter Rechtsanwalt, der einen möglichst hohen Streitwert ansetzt, um den Fall interessant zu machen. Zugleich sehe ich hier eine Imponiergebärde des Habsburgers, der einem Untertan mal zeigen wollte, zu welchen Donnerschlägen er in der Lage ist. Lange genug hatte er keinerlei Initiative entwickelt in dieser Sache, trotz aller Briefe, Mahnungen, Petitionen – nun wollte er vielleicht ausgleichen, auftrumpfend. Auch konnte dies mitwirken: der Herzog wollte sich mit dieser Summe einen Vorwand verschaffen für harte Maßnahmen gegen den Wolkensteiner: Seht, der ist nicht nur politisch aufsässig, der ist auch ein Verbrecher großen Stils. Kriminalisierung politischer Opposition.

Jäger mag, im ersten Reflex, dieser Forderung begeistert zugestimmt haben: Rache für den mittlerweile jahrzehntelangen Ärger durch Vater und Sohn Wolkenstein! Aber Jäger konnte auch rechnen, und so wird ihm schnell klar geworden sein, daß diese Forderung illusorisch war; er kannte die Pachtsätze, die Lebensmittelpreise, er wußte, daß Oswalds gesamter Besitz nur einen Teil dieser Summe wert war – vorausgesetzt, man konnte den Streubesitz unter günstigen Konditionen verkaufen. So wird Martin Jäger gleich geahnt haben, daß der Herzog ihm den Fall aus der Hand genommen hatte: aus der Schuldforderung war eine Waffe geworden, mit der Herzog Friedrich eine renitente Adelsfamilie zur Rai-

son bringen, zur Loyalität zwingen wollte. Wenn Oswald beim Fälligkeitstermin solch eine Summe nicht selbst aufbringen konnte, mußte (nach damaligem Kodex) die nächste Verwandtschaft helfen: damit wären auch Michael, Leonhard und vielleicht noch ein paar andere Verwandte mittellos geworden.
Martin Jäger wird gewußt haben, jetzt schon, daß mit einem baldigen Abschluß des Rechtsstreits nun nicht mehr zu rechnen war.

136 Auch wenn Oswald sich skeptisch geäußert hatte über seine Brüder: Michael protestierte nicht nur und Leonhard lief nicht nur Amok, sie nahmen Verhandlungen auf mit dem Herzog. Dabei diente Propst Millauer als Faustpfand. Zwar hatte inzwischen Bischof Berchtold von Brixen Leonhard mit dem Kirchenbann belegt, aber das war für die beiden Wolkensteiner vorerst kein Anlaß, den Propst freizugeben. Michael, der als der Ältere die Verhandlungen führte, erklärte, der Propst werde freigelassen, sobald Oswald freigegeben sei. Außerdem bot er dem Herzog an, er wolle für ihn Fürsprache einlegen beim König, der über sein Verhalten sehr erzürnt sei. Dieser Hinweis auf Beziehungen zum König war eine Herausforderung und zugleich eine Drohung: falls Friedrich sich nicht als konzessionsbereit erwies, konnte man den königlichen Zorn ebensogut auch schüren...
Herzog Friedrich scheint Konzessionsbereitschaft vorgetäuscht zu haben, denn der Propst wurde von den Brüdern freigegeben; Oswald aber blieb in Haft.
Der Landesherr, als oberste Rechtsinstanz, setzte einen Rechtstag an auf den 8. März 1422, teilte dies rechtzeitig, am 31. Januar, Martin Jäger und den Nebenklägern mit: »Wir, Friedrich, von Gottes Gnaden Herzog zu Österreich, zu Steir, zu Kärnten und zu Krain, Graf zu Tirol etc., vermitteln Unseren Getreuen, Martin Jäger, seiner Ehefrau, der Hausmann, dem Frey, dem Neithart Unser Wohlwollen und alle guten Wünsche. Ihr habt Oswald von Wolkenstein in Haft genommen. Indessen ist er mit Wissen und Willen seiner selbst und seiner nächsten Anhänger in Unsere Verfügungsgewalt übergeben worden, kraft einer Vereinbarung, nach der er sich wegen der Forderungen, die ihr ihm gegenüber zu haben meint, vor Uns und Unseren Räten zur gerichtlichen Schlichtung bereit erklärt. Wir sollen ihn festhalten, bis er euch gegenüber erfüllt hat, was von euren Forderungen gerichtlich bestätigt wurde. Wir setzen hiermit einen Rechtstag an auf den nächstfolgenden Sonntag Reminiscere in der Fastenzeit und fordern euch nach-

drücklich auf, an diesem genannten Tage zu Uns hierher oder dorthin, wo Wir zu diesem Zeitpunkt im Lande sein werden, zu Uns und Unseren Räten zu kommen. Wir werden euch dann gegenüberstellen und anhören und jeder Partei das zusprechen, was ihr rechtmäßig gebührt. Versäumt diesen Termin nicht. Wir haben dem genannten Wolkensteiner die gleiche Anweisung erteilt.«

Auf diesem Rechtstag wurde freilich keine Einigung erzielt. Dennoch wurde Oswald zehn Tage später freigelassen, bis zum nächsten Rechtstag am 24. August. In dieser Zwischenzeit sollte Oswald wohl versuchen, eine Einigung mit Martin und Barbara Jäger, Anna Hausmann, Frey und Neithart vorzubereiten.

Der Herzog hatte vor dieser Entlassung freilich eine Kaution von Oswalds Anhang gefordert, und zwar in Höhe der Forderung: sechstausend Gulden! Trotz dieser enormen Höhe – die Bürgschaft wurde übernommen, vor allem von Michael und einem Verwandten, Hans von Villanders. Ich übersetze die Bürschafts-Urkunde nach einer Ablichtung, die ich im Nürnberger Archiv machen ließ.

»Ich, Michael von Wolkenstein, ich, Hans von Freundsberg, ich, Hans von Villanders und ich, Hans Velseck, geben mit dieser Urkunde öffentlich die Erklärung ab: Seine Durchlaucht, der hochgeborene Fürst Herzog Friedrich, Herzog von Österreich, etc., unser gnädiger, lieber Herr, hat Oswald von Wolkenstein von Martin Jäger und seinem Anhang, die ihn gefangengenommen hatten, selbst übernommen, um eine rechtliche Entscheidung herbeizuführen nach Ausweis der Urkunden, die hierüber in vollem Wortlaut und Umfang ausgestellt worden sind. Auf unsere wiederholten Bitten hin hat dieser unser gnädiger Herr für den erwähnten Oswald einen Rechtstag angesetzt auf den nächsten St. Bartholomäustag. Wir haben dem erwähnten, unserem gnädigen Herren Herzog Friedrich gelobt und versprochen, in vollem Frieden und kraft dieser Urkunde, daß wir den obengenannten Oswald zwischen jetzt und dem genannten Bartholomäustag auf der Burg Tirol als Gefangenen zu seinen Händen wieder ausliefern werden; wir werden das dem Burggrafen von Tirol oder seinem Stellvertreter acht Tage vorher ankündigen, ohne Täuschungsabsicht. Tun wir das nicht und stellen wir den obengenannten Oswald nicht in der oben festgelegten Weise, so sind wir alle vier gleichermaßen dem obengenannten unserem gnädigen Herrn sechstausend Dukaten schuldig, innerhalb der nächsten drei Monate, um seinen Schaden zu begleichen. Bezahlen wir dies innerhalb der bezeichneten Frist allerdings nicht, so kann und soll er sich an uns und an unserem gesamten Besitz schadlos halten; die Vollstrekkung kann auf dem Rechtsweg oder unter Ausschluß des Rechtswegs erfolgen, ganz nach seinem Belieben und Gefallen, ohne daß wir dagegen Einspruch erheben und Rechtsmittel einlegen können.«

Diese Urkunde ist datiert auf den 18. März 1422. Am gleichen Tag wurden zwei weitere Urkunden ausgestellt. So verpflichteten sich die Herren Michael von Wolkenstein, Hans von Villanders und Hans Velseck, alle drei auch im Namen der Herren Bartholomäus von Gufidaun und Leonhard von Wolkenstein, dafür zu sorgen, daß alles gesetzlich einwandfrei geregelt werde, dies solle mit gebührendem Nachdruck geschehen.

Die dritte Urkunde wurde vom Landesherrn ausgestellt. Ich übersetze sie, weil sie ganz klar festlegt, was nach Oswalds »Gestellung« mit der Bürgschaft geschehen sollte – hier wird es später erhebliche Probleme geben!

»Wir, Friedrich von Gottes Gnaden Herzog von Österreich etc., verkünden hiermit: Wir geben nunmehr Oswald von Wolkenstein frei. Unsere lieben Getreuen Michael von Wolkenstein, Hans von Freundsberg, Hans von Villanders und Hans Velseck haben für ihn gebürgt und haben sich verpflichtet, daß sie diesen Oswald am nächstkünftigen St. Bartholomäustag wieder stellen werden, und zwar Unserem Burggrafen auf der Burg Tirol oder dem, der sonst zu dieser Zeit in Unserem Auftrag die Verwaltung führt. Wenn die obengenannten Bürgen den obenerwähnten Oswald innerhalb der festgesetzten Frist zurückbringen und stellen wollen, so sollen sie das acht Tage vorher dem Burggrafen oder seinem Stellvertreter auf Tirol mitteilen, unter Berufung auf diese Urkunde. Man soll ihn dann unverzüglich an Uns ausliefern. Sobald er sich wieder in Unserer Gewalt befindet, werden die obengenannten Bürgen von der Bürgschaftsleistung in Höhe von sechstausend Dukaten freigestellt, und zwar gänzlich. Der Bürgschaftsbrief, den Wir in Höhe dieses Betrags erhalten haben, wird ihnen daraufhin wieder ausgehändigt. Auch werden Uns die Bürgen dann dieses Dokument zurückgeben, ohne Täuschungsversuch.«

Alle drei Urkunden wurden besiegelt, Oswald war wieder frei, nach mehreren Monaten Haft. Eine Woche später, am 25. März, mußte er (sicher nach harten Vorverhandlungen, die wohl gleich auf der Rückreise begannen, dann wahrscheinlich auf der Trostburg weitergeführt wurden) mit den beiden Hauptbürgen einen Vertrag schließen: sie forderten Sicherheiten für ihr Bürgschaftsversprechen. Das bisher unveröffentlichte Dokument übersetze ich (diesmal von Okken unterstützt) nach der Transkription von Erika Timm.

»Ich, Oswald von Wolkenstein, erkläre öffentlich in dieser Urkunde für mich und meine Erben: die Ritter, mein lieber Bruder, Herr Michael von Wolkenstein und Hans von Villanders haben mich von Seiner Durchlaucht, dem hochwohlgeborenen Fürsten Herzog Friedrich von Österreich etc., meinem gnädigen Herrn, durch eine Kaution in Höhe von sechstausend Gulden befreit, laut Urkunde, die sie darüber ausgestellt haben; auch haben andere mitgebürgt. Dafür habe ich ihnen versprochen und zugesagt all meinen Besitz, den ich jetzt habe und künftig hinzuerwerbe, es sei zu Lehen oder als Eigentum; Schlösser und Burgen davon nicht ausgenommen. Ich habe ihnen dies als rechtmäßiges Pfand ausgehändigt aus meiner und meiner Erben Verfügungsmacht mit der Zusicherung, daß sie wegen der genannten Bürgschaft für mich keinerlei Schaden erleiden sollen. Im Schadensfall genügt schlechthin ihre Erklärung, ohne Eid und sonstiges Beweismittel, und sie können sich für den Schaden gänzlich an den obengenannten Besitz halten; auch dürfen sie dieses Gut solange besitzen, bis sie, diesbezüglich, in einem Klageverfahren unterliegen, eingeleitet von mir und von meinen Erben und von sonst jemand, der mit meiner Vollmacht handelt.«

Um diese (und spätere) Vorgänge richtig zu verstehen, habe ich einen Juristen befragt; was ich mir zuvor nur vage vorstellen konnte, das wurde mir nun mit allen Konsequenzen klar: Oswald hatte mit diesem Vertrag den beiden Hauptbürgen seinen »Besitz eingeräumt«. Diese »Besitzeinräumung«, so der juristische Fachausdruck, bedeutete: Michael von Wolkenstein und Hans von Villanders hatten nun das Recht, aus diesem Besitz sämtliche Einkünfte zu »ziehen«. Das heißt wiederum: Oswald standen, nach Vertragsabschluß, keinerlei Einkünfte aus seinen Besitzungen mehr zu, weder in bar, noch in Naturalien. Hatte er noch ein paar Geldrücklagen, eine ›eiserne Reserve‹? Sie wurde ihm auch bald abgenommen . . .

Mit diesem Vertrag hatte Oswald nicht nur seine ökonomische Existenzgrundlage verloren, er handelte sich hier für die Zukunft ungeheuren Ärger ein: eine Geschichte wie von Balzac.

Die schlimme Lage, die finsteren Zukunftsaussichten übten auf Oswald offenbar keine lähmende Wirkung aus, auch stimulierten sie keine hektische Aktivität – er schrieb oder vollendete erst einmal Lieder über Haftzeit und Folterungen.

137 Das Konstanzer Jahr war so etwas wie eine Explosion gewesen: in dieser verhältnismäßig kurzen Zeit hatte Oswald einen großen Teil seines Werks geschrieben. Nun eine zweite ›Explosion‹, oder soll ich sagen: eine Implosion? In Konstanz hatte ihn auch die äußere Situation stimuliert zu einer sehr vielfältigen Produktion; bei diesem zweiten Produktionsschub war sein Artikulationsspektrum vergleichsweise schmal; eine schmerzhafte Erfahrung wurde wiederholt beschrieben. Ich will hier nicht bloß ein, zwei charakteristische Beispiele dieser Phase bringen, sondern mehrere Texte, damit wir lesend miterleben, wie Oswald den einen, wunden Punkt umkreist.
Der nun folgende Liedtext (Kl 1) steht am Anfang seiner beiden Sammelhandschriften – wohl auch, weil er mit der ersten Zeile das Stichwort dazu bringt. Auf dem Notenblatt, das Oswald auf dem Vollbild der ersten Handschrift hochhält, ist der Beginn dieses Liedes »Ain anefangk« erkennbar.

Als Anfang dies:
auf Dauer keine Gottesfurcht,
Gewissen schwach und Sünden ohne Zahl –
was hier Gelehrte auch erdenken,
mit viel Verstand, doch ohne Gott,
das böse Ende können sie nicht von uns wenden!
Drum bin ich krank
an meiner Seele, habe Angst vor meinem Tod
und bitt dich, heilge Jungfrau Katharina,
verwende dich für mich
beim Sohn Mariens,
daß er mir seinen Schutz bewahre.
Ich dank dem Herrn, dem Preis gebührt,
daß er sich darin zeigt:
mit der ich mich versündigt habe,
durch die läßt er mich büßen.
Daraus mag jeder schließen:
es gibt auf Dauer Glück nicht ohne Leid.

Die schöne Frau –
ich hab ihr sehr viel Zeit gewidmet,
wohl dreizehn Jahre und noch mehr,
war ihr stets treu gesonnen,
war ihr zu willen, wie sie's wünschte,
kein Mensch auf Erden war mir lieber.
Gebirge, Wald und Feld

hab ich in manchem Land durchritten
und mich doch nicht von ihr entfernt.
Ich habe viel durch sie gelitten,
mein Haß, der wurde sanft.
Ihr roter Mund, er hat mich ganz verstört.
Sie war der Anlaß, daß ich wiederholt bedachte,
was viele Liebende erleiden mußten.
Mit Lust hat sie so manche Nacht
sich nackt mit mir vereint.
Es tut mir weh, wenn ich dran denk –
an Armen, Beinen bin ich hart gefesselt!

Nur Liebe wars,
wenn wir uns kaum ein Leid ersparten,
die Liebe löste es nicht auf:
ich liege hier ja äußerst fest
von ihrem Liebesband gefesselt!
Nun schwankt mein Leben auf der Kippe.
Mit Haut und Haar
hat mich der Herr durch sie zu Fall gebracht.
Weil allzu schwer die Sünde wog,
da sank ich auf der Waage ab.
Sie läßt mich büßen, schmerzhaft leiden –
nur halbwegs reicht hier meine Sprache aus.
Ich liege vor ihr, streng gefesselt
mit Eisen und mit Seilen;
sie hat mich allzu schlimm behandelt,
das nahm mir meine Lebensfreude.
Oh Herr, im Richten zeigst du oft Geduld –
die Zeit ist reif, daß du mich sühnen läßt!

Kein kluger Mann
darf sagen, ist er bei Verstand,
daß er den Weg nicht gehen wird,
der für die Zukunft ihm bestimmt.
Die Zeit bringt Unglück wie das Glück;
was vorbestimmt ist, wurde nie umgangen.
Des Sünders Weg
ist oft auf abenteuerliche Weise
verstellt mit raffinierten Fallen.
Kein Meister kann so was erfinden,
nur Gott, der jedem seinen Anteil
zuwiegt mit seiner heilgen Hand.

Voll Eifersucht ist er auf Männer, Frauen
und alle Kreatur:
er will die größte Liebe haben
in seiner höchsten Würde.
Wer das versäumt, versündigt sich:
Er läßt ihn frei, bis ihn die Falle schnappt.

Die Liebe ist
ein hohes Kapital, legt man sie richtig an;
die Liebe überwindet alles,
die Liebe zwingt auch Gott, den Herrn,
daß er dem Sünder aus Bedrängnis hilft,
ihm Aussicht gibt auf Heil.
Ach Liebe, höchstes Gut,
wie hast du, lieblos, mich geblendet,
daß ich mit Liebe dem nicht dankte,
der seinen Tod erlitten hat
für mich und manchen kalten Sünder.
So lieg ich hier nun in der Glut der großen Angst.
Hätt ich nur halbwegs, wie es sich gebührt,
bei Gott die Liebe angelegt,
die ich, voll Zärtlichkeit, der Frau geschenkt,
die mich so hart behandelt –
ich ginge sündenfrei dahin!
Oh, Liebe dieser Welt, wie schwer sind deine Fesseln!

Mich reut erst recht,
daß ich, derartig frevelnd, den erzürnte,
der mir so lange Frist gegeben,
daß ich mir abstoß meine Hörner
der allzu großen Missetat.
Fünf Eisenfallen wurden mir gestellt:
nach Seinem Willen
fiel ich in zwei hinein mit beiden Füßen,
in eine mit dem linken Arm,
die Daumen mußten büßen,
ein Stahlring meinen Hals umschloß,
da warens fünf, wie ich zuvor gesagt.
So hielt mich meine Liebste eng
umschlungen, mit allzu hartem Druck.
Ah, brrrr, wie kalt war die Umarmung!
Begattung ohne Liebe!
Wie sehr ich ihr mein Leid auch klagte –
erbarmungslos hat sie mir Trost verweigert.

Mein Herz wird schwach
in mir, es bricht vor Sorge, Furcht,
wenn ich den bittren Tod bedenke,
bei Tag, bei Nacht, am Morgen –
ach, wie beklemmend ist die Angst!
Ich weiß ja nicht, wohin die arme Seele fährt.
Oh Sohn Mariens,
steh mir, dem Wolkensteiner, bei in der Bedrängnis,
sei gnädig meinem Tod.
Hilf allen, die mich töten,
daß sie gleich hier den Frevel büßen,
den sie an mir so hart begangen haben.
Bei meinem schweren Tod
beschwöre ich, mit Nachdruck,
daß ich der Frau stets loyal
gesonnen war, mit ganzem Herz.
Wenn ich aus dieser Welt nun scheide,
so bitt ich Gott, er mög es sie nicht büßen lassen.

Im Lied Kl 59 werden Gefangennahme und Folterung in einer Art Ballade, fast in einem ›Bänkellied‹ besungen: eine völlig andere Tonlage!
Der Übersetzung dieses Liedtextes liegt wieder eine Wortschatzuntersuchung von Okken zugrunde.

Macht mir Kummer graues Haar,
werde ich durch Schaden klug,
danke ich das den Manschetten,
angelegt von meiner Liebsten.
Nur für sie hab ich getragen
einst ein Kettchen, golden, fein,
unterm Ärmel, gut verschlossen –
offenbar hat sie's vergessen . . .
Seit in deutlichem Kontrast
nun ein Eisen, breit: drei Finger,
schmerzhaft fest dank ihrer Liebe
diese Stelle eingenommen,
sie mich auch noch dadurch triezt,
daß sie's mit nem andern treibt,
der mir reichlich Ärger brachte –
kommt mir gleich die Suppe hoch!

Eilte zu ihr, voll Vertrauen
(meine Liebe war so groß!),
hab so manchen harten Stoß
bei dem Gang zu ihr erhalten!
Hatt die ›Wallfahrt‹ falsch verstanden,
hieß es doch: sie wolle reisen . . .
Den Verzicht auf solche Tour
nähm kein Heiliger ihr krumm!
Diese Sache sah ich so:
meinem Heile dient die Reise . . .
Wär es himmelwärts gegangen,
würde ich für sie dort beten,
weil sie äußerst liebevoll
höllisch grob mit Eisenstiefeln
teils durch Reiben, teils durch Druck
mir das Schienbein maltraitierte.

Schön, auch sowas wird geschluckt!
Wohlgetan, was Liebe tut . . .
Gutes Kind kriegts hintendrauf!
Leidenschaft mich eng umschlang –
hab gespürt, wie scharf sie ist!
Kluge Liebe schaut aufs Geld:
wurde ganz schön hochgezurrt,
beide Füße an der Stange.
Viertausend Mark verlangte sie und
Hauenstein, das war ihr Preis!
Habs gespürt, als mich der Schmerz
aufschrein ließ am Seil!
Sie fauchte mir ihr Katzenlied,
ich pfiff die Mäuselitanei.
Fünf Eisen haben mich umfaßt,
sehr fest: dies war ihr Wunsch.

Was macht Oswald uns hier vor? Eine Frau, sogar eine (frühere) Geliebte, forderte von ihm Hauenstein und 4000 Mark? Falls das übernommene Umrechnungs-Schema stimmt, wären das weitaus mehr als 6000 Gulden gewesen! Wenn hier jemand Hauenstein zurückverlangen und dazu eine hohe Geldforderung stellen konnte, so war das Martin Jäger, gemeinsam mit Herzog Friedrich! Aber eine Frau? Soll das die Hausmann sein? Wieviel Fiktives wird hier mit Realität vermischt?
Vielleicht war es so: als er im Keller der Fahlburg saß, wurde ihm

nicht nur von Jäger, Frey und Neithart zugesetzt, und zwar hart, es zeigte sich auch die Hausmann, wiederholte ihre Forderungen. Damit war für Oswald wohl alles klar: sie hilft ihm (trotz früherer Liebe?) nicht aus seiner Notlage, also hat sie alles so gewollt, ist an allem schuld. Und Oswald machte aus realen Vorgängen ein schaurig-schönes Melodram.

Sehr wahrscheinlich hat er (später) diese Lieder über Kidnapping, Haft und Folter einem engen Kreis vorgetragen, Familienmitgliedern, Freunden – und die kannten die Fakten! Und so hätte sie eine wahrheitsgetreue Wiedergabe der Tatsachen kaum sonderlich unterhalten; der Witz lag in der Verquickung von Fakten und Fiktionen. Zu dieser Umformung hat Oswald ein altes literarisches Muster benutzt, wie sich am Schluß dieses Kapitels zeigen wird: der Mann, der seiner Geliebten hörig ist, als »Minnesklave«, und er wird von ihr ins Unglück gestürzt.

Dieses literarische Muster benutzte Oswald konsequent noch jahrelang: er flunkerte mit System. So wird er 1424 König Sigmund in einem Lied sagen lassen, an seinem Unglück sei nur eine Frau schuld. 1427 wird Oswald noch einmal behaupten, eine Frau, und zwar die Hausmann, habe alles Unglück über ihn gebracht. Dabei wußte König Sigmund ebensogut wie Oswalds Zuhörer, daß eine Verflechtung von zivilrechtlichen und landespolitischen Vorgängen der Grund war für Oswalds zweifellos große Schwierigkeiten. Aber wie lassen sich solche komplexen Vorgänge unterhaltsam gestalten? Oswald löste das Problem, indem er rabiat vereinfachte, rigoros veränderte; daß eine Frau zur Gläubigergruppe, zur Aktionsgemeinschaft gehörte, war für ihn Motivation genug, sie zur Hauptfigur zu machen, die ihn fesseln und foltern ließ. Jeder Zuhörer wußte, daß so etwas Männersache war, daß Oswald sich hier also etwas ganz Tolles ausgedacht hatte, etwas mit haut goût.

Und nun wieder ein geistlich-meditativer Text: Kl 2. Oswald beginnt mit üblichen Formeln des Gotteslobs, läßt die Darstellung seiner Erfahrungen folgen, versucht schließlich, beides in einer Synthese zusammenzufassen. Heuchelt Oswald in diesem Meditations- und Klagelied? Ich glaube durchaus, daß ihn das Kidnapping, die Gefangenschaft, die sehr wahrscheinlich harte Behandlung geschockt haben – der wiederholte Hinweis auf die Folterung könnte fast auf ein Trauma schließen lassen. Aber auch in diesem Liedtext: Fakten und Stilisierungen.

> Erwach, du Menschentier!
> Benutzt doch den Verstand, ihr Frauen und ihr Männer!
> Bist du so tief gesunken

in deinen Sündenpfuhl,
daß du nicht Furcht hast vor dem Zorn des Herrn,
der dir den Leib, die Seele lieh?
Lauf, such ihn rasch,
solange du noch siehst – es dunkelt bald.
Wenn einer dich erlösen kann,
es muß durch Ihn geschehn.
Die Hölle brach Er auf, die keine Kälte kennt,
und Seine Macht durchdringt die ganze Welt
auch Sonne, Mond und Firmament.
Den Blümchen auf der Heide
verleiht er Farbe, hellen Glanz.
So manche Schönheit der Natur
bezeugt sein Dasein – auch für den,
der sonst an Gott nicht glauben will.

Wer hält den Himmel
und die Erde, Meere und Gebirge?
Wer bringt den Donner, Schnee und Sturm?
Allein das Firmament –
es ist Beweis für Gottes Kind,
das Mann und Vater seiner Mutter ist.
In Tiefenfinsternis
beschützt er Fische, läßt sie nicht ertrinken.
Er hält die Vögel in der Luft,
damit sie nicht herunterstürzen.
Den Berg, das Tal, den Wald verschönert er
mit Schmuck, den so kein Mensch erdenkt!
Wer nährt das Würmchen in der Erde,
den Raben jung und zart,
verlassen von den Eltern,
die seine weißen Federn fürchten?
All dies bewirkt nur Gottes Kraft!
Ja, Seine Macht ist ohne Anfang, ohne Ende.

Der alles Wesen,
der Mensch und Vieh und Wild gestaltet,
daß eins dem anderen nicht gleicht,
der sei mir gnädig, jetzt und hier,
und weise dieser Frau den Weg zur Buße,
in deren Auftrag man mir noch die Beine bricht!
Rücksichtslos
liegt sie mir ständig in den Ohren,

erpreßt mich, will mein ganzes Geld.
Ich höre da nicht hin –
und wenn sie wie ein Zeisig sänge!
Ja, mein Vermögen hat sie leicht.
Doch spreche ich von Liebesworten,
die sie mir einst gesagt,
und daß sie diesen Eisenblock
von meinen Füßen nehme,
(die Fesseln mag sie sonst geschlossen lassen . . .)
damit vertreibe ich sie bloß, sehr weit!

Erkenn daran,
du Sinnenliebe: rasch verblüht dein Glanz.
Wär ich einst hundert Meilen fort gewesen,
sie hätte mich auch dann erreicht –
sie war mein ganzes Leben!
Nun fügt sie mir das Gröbste zu.
Die starken Beine,
die spannt sie härter ein als einem Gaul;
ich kann auf ihnen nicht mehr stehn.
Mit Hinterlist
hat sie mich zum Gefangenen gemacht;
vertrauensselig nahm ich ihre ›Wallfahrt‹ ernst.
Den Daumen, Arm, dazu den Hals
hat sie mir fest umschmiedet.
Ach, Frau, wie ätzend ist dein Saft!
Sie macht den Körper schwach:
jetzt kriege ich, was ich verdiene!
Nun helf mir Gott, der mir das zugedacht.

Wieder ein Wechsel der Perspektive, der Tonlage: ein Fastnachtslied, Kl 60. Es gibt eine sehr gute Platteneinspielung dieses »Individualliedes«: ein Bariton singt es ohne jede Instrumentalbegleitung.

Es geht jetzt bald auf Fasching zu,
da wollen wir schön lustig sein!
So rückt zusammen, Paar um Paar,
wie Turteltäubchen, liebevoll.
Ich habe mich sehr hübsch liiert –
mit meiner Krücke!
Die hat mein Liebchen mir verschafft –
zur Ruckelei!

Ich zieh die Krücke dicht heran,
ich schmiege sie ins Achselloch,
ich presse sie voll Leidenschaft –
da muß sie quietschen!
So kurz vor Fasching könnt es mir
kaum besser gehn!
He, hör schon auf zu quängeln!

Nun, da die wilden Vögel schon
gepaart sind, voller Zärtlichkeit,
was sollen da die jungen Leute
noch fackeln (wo der Mai doch naht!)
beim Küssen, Kosen schöner Mädchen?
Nun komm, sei lieb!
Ihr jungen Körper, findet euch
beim Liebesspiel!
Ich zieh die Krücke dicht heran,
ich schmiege sie ins Achselloch,
ich presse sie voll Leidenschaft –
da muß sie quietschen!
So kurz vor Fasching könnt es mir
kaum besser gehn!
He, hör schon auf zu quängeln!

Der Fasching und die Maienzeit,
sie dudeln gern aus einem Sack.
Was sich im Jahr verborgen hielt,
das kommt nun an das Tageslicht.
Doch meine Dame hielt zurück
mit ihrem Streich
bis hin zum Herbst. Verdammte Fahrt –
ich hinke jetzt!
Ich zieh die Krücke dicht heran,
ich schmiege sie ins Achselloch,
ich presse sie voll Leidenschaft –
da muß sie quietschen!
So kurz vor Fasching könnt es mir
kaum besser gehn!
He, hör schon auf zu quängeln!

Zuletzt wieder ein Beispiel aus der Serie von sieben Liedern, die Oswald auf *eine* Melodie geschrieben hat: Kl 3. Ein Klagelied über die Bosheit der Frau. Oswald hat hier ein literarisches Modell

benutzt, das schon lange vor ihm beliebt war, bis in unsere Zeit en vogue blieb: cherchez la femme. Oswald zeigt einen Stammbaum dieses Musters auf, trägt sich zuletzt selbst ein.
Auch wenn hier viel literarisches Formelmaterial ist, bis in die Zusammenstellung der Beispiele: Oswald artikuliert, reflektiert auch in diesem Text eine traumatische Erfahrung.

Wenn ich bedenke,
so nachdenk, kritisch, intensiv, den ganzen Tag,
wie sich Geschöpfe unterscheiden
im Guten wie im Bösen,
so seh ich ein Geschöpf doch so beschaffen,
daß es nicht schlimmer, auch nicht besser werden kann.
Ich hatte mir gedacht,
die Schlangenart, von der Johannes schreibt,
die sei die schlimmste Ausgeburt,
die sich auf Erden regt,
doch schlimmer ist die Frau, die aus der Art geschlagen –
die schöne, böse Frau als Plage!
Die Leoparden zähmt man, wilde Löwen,
den Büffel spannt man ins Geschirr,
doch eine Frau, die ihren Anstand aufgibt,
der könnte man die Haut abziehn,
die ließe sich dadurch nicht zähmen,
ihr schlimmes Gift bleibt wirksam.

Wird sie gefeiert,
kann ihren Hochmut keiner überbieten,
wird sie geschmäht, so tobt ihr Zorn
wie wilde Meeresflut.
Wird sie auch arm an Würde oder an Besitz,
so bleibt sie doch an Bosheit reich.
Ein Weib hat einst
das Paradies entweiht – und Adam war gezeichnet!
Methusalem, der starke Simson:
geschwächt, geblendet von
den Weibern; David, Salomo:
von Frauen mutwillig betrogen.
Der große Denker Aristoteles:
ein Weib bestieg ihn wie ein Pferd;
all seine Weisheit half da nichts,
sie ritt auf ihm, im Damensitz.
Und König Alexander, mächtig stolz,
ihn fällte eine Frau. Auch Absolon, den schönen.

Die schöne, böse Frau
ist ein recht hübscher Strick, ein Stich ins Herz,
Betrug, sobald man ihr den Rücken zeigt
und Lust, die täuscht, nur Schmerzen bringt!
So wurde denn Elias fortgejagt
und Joseph tief im Kerker festgeschmiedet.
Ein heilger Mann,
der Täufer St. Johann: geköpft
aus Weiberrachsucht – Gott behüte uns davor!
Und schließlich der von Wolkenstein:
genarrt, gefangen durch ein schlaues Weib –
er mußte danach hinken, manchen Schritt . . .
Ich rate deshalb jung und alt:
entzieht euch der Verblendung böser Frauen!
Bedenkt doch, wie sie wirklich sind –
ihr Stachel ist sehr giftig!
Verschreibt euch lieber Mädchen, die gefällig sind –
die preis ich mehr als sämtliche Rubine!

138 Daß der Zweck der Musik in der Erhebung vom Gemeinen zur ewigen Harmonie liege? Daß sie reinigenden Charakter habe, indem sie die Seele des Hörers anrege, in sich die Harmonie zu erwecken, die zur Liebe Gottes führe? Daß sie Bild der göttlichen Weisheit sei, die sich im Kosmos offenbare, und damit die Herrlichkeit des Himmels ahnen lasse, der von der Harmonie der Sphären erfüllt sei? Sätze, geschrieben schon vor Oswalds Zeit, vermittelt bis in seine Zeit: hat er solche Sätze in sein Bewußtsein aufgenommen? Oder: daß die Menschenmusik im Körper und in der Seele ertöne, sowie in der Verknüpfung beider? Daß sie in den Säften des Menschenleibs ertöne? Daß die Körpermusik auch in den Tätigkeiten ertöne und die Seelenmusik in den Tugenden? Sind ihm solche Sätze zu Ohren gekommen? Ist ihm so etwas vorgehalten worden – einmal, mehrfach? Oder ist ihm eher dies vermittelt worden: die Musik errege die menschlichen Affekte, bringe verschiedene Stimmungen hervor, mahne zum Ausharren in der Mühsal, tröste durch den melodischen Klang der Stimme die bei der Arbeit Ermüdeten, verscheuche Kopfschmerz und Trübsal, vertreibe üble Laune und Schlaffheit? Hatte er sich solche Sätze über Musik zu eigen gemacht? Oder waren ganz andere Sätze in seinem Bewußtsein, Sätze, die beispielsweise auch die folgenden Aussagen über Musik in Frage stellten:

daß die Musik dem Gehör schmeichle, den Geist aufrichte, Betrübte und Ängstliche erfreue, Verzweifelte stütze, Zornige beruhige, sogar Räuber entwaffne, böse Geister in die Flucht schlage?

139 In der Darstellung von Gefangenschaft und Folterung zeigt Oswald eine enorme Spannweite zwischen balladeskem Song und geistlich-meditativem Klagelied. Das geistlich-meditative Lied ist bei Oswald nun freilich kein homogener Artikulations-Bereich, auch hier ist das Spektrum weit.
Erinnern wir uns: die geistlichen und die frommen Lieder des Oswald von Wolkenstein waren von kirchlich-liturgischen Funktionen abgelöst. Der Grad dieser Ablösung differiert: die geistlichen Lieder in Oswalds Werk unterscheiden sich jeweils durch einen hohen Anteil an objektiven oder an subjektiven Inhalten und Formulierungen. Zwei Beispiel-Strophen sollen diese Gegenpositionen markieren, ein Liedtext soll dann zeigen, wie Oswald in einer fast aberwitzigen Pointe allgemeines Gotteslob und private Bitte vereinigt . . .
Zuerst das damals häufig angestimmte Lob Gottes, das Preislied seiner Schöpfung; hier äußert sich der Autor als Mitglied einer Gruppe, dient einer höheren Aufgabe, hält sich selbst weitgehend aus dem Text heraus.

Du schwacher Mensch, bereu hier innig deine Sünden!
Oh heilger Geist, vermittle uns des Vaters Lehre,
laß mich, ein wenig, von der Macht und Würde zeigen,
in meinem Lied von Gott, dem hier nichts gleicht.
Neun Engelschöre preisen Gott beständig,
ihn preisen Sonne, Mond und Sternenglanz,
ihn preist der Himmel, der das Erdenrund umschließt:
was auf ihm lebt, verherrlicht Seinen Namen.
Der Berg, das Tal, der Fisch im Wasser, Vogelsang,
und was da kriecht und läuft – so glaubt mir, was ich sage –
und Laub, Gras, Felder, wilde Wasser, Nacht und Tag,
sie ehren, loben Gott, vor dem der Teufel weicht.

Dies ist die Eröffnungsstrophe des Liedes Kl 8. Und nun die dritte Strophe des Liedes Kl 9: O welt, o welt.

> Was hilfts mir nun, daß ich in fremde Länder reiste,
> in manches Königreich, das ich so kennenlernte,

was hilft mein Dichten und mein Singen
vor mancher schönen Königin?
Was hilft mir Kenntnis der Kulturen fremder Länder,
seit ich nun hilflos wurde wie ein Kind
und mich bedrückende Gedanken
zu Klageliedern zwingen?
Was hilft mir Silber oder Gold,
seit ich mir selbst
nicht mehr so recht gefallen mag?
Daß mich die Welt mit ihrem Schein so sehr betrogen hat!
Ach großer Gott, kraft deiner heilgen Trinität
komm mir zu Hilfe, fang mich auf
mit meinem Schmerz und Leid.

Ein subjektiver Ansatz: nicht Gottes Schöpfung wird besungen, sondern eins von Gottes Geschöpfen singt über sich selbst. Daß sich eine subjektive, ja private Beziehung zwischen einer Person (namens Oswald von Wolkenstein) und dem Herrn der Schöpfung artikulierte, war damals etwas Neues, und die Kirche zeigte sich nicht bereit, dieses Neue aufzunehmen: einer der Gründe, weshalb kein eigenständiger geistlicher Liedtext Oswalds in einer Klosterhandschrift aufgezeichnet ist.
Wie unorthodox Oswald als Dichter geistlicher Texte war, bestätigt das folgende Beispiel, Kl 31. Es dürfte zwischen 1422 und 1426 geschrieben worden sein. Hier wird ein Vorschlag gemacht: Ich singe Dir, Gott (mit Deiner Hilfe!) ein Preislied, hilf Du mir dafür gegen meine persönlichen Feinde.
Das formal Außerordentliche an diesem Text: er ist letztlich ein einziger Satz, der nicht einmal von den Strophen-Enden unterbrochen wird. Oswald holt sehr weit aus, eine Sprachbewegung von kosmischer Weite, und landet, in einer für uns überraschenden Pointe, bei sich selbst: eine auf die Spitze gestellte Pyramide.

Der oben schwebt, der unten trägt,
der vorne, hinten, seitlich stützt,
der ewig lebt, der ohne Anfang ist,
der alt und jung, von Anbeginn
dreifältig einbeschlossen in ein Wort,
in Harmonie, in unauflöslicher Verflechtung,
der schmerzhaft starb, nie tot gewesen,
der keusch empfangen, ohne jeden Schmerz
geboren wurde, frisch und stark, von einer Magd,
der viele Wunder hat vollbracht,

die Hölle aufgesprengt, den Teufel festgesetzt,
der allen Pflanzen Stengel, Saft und Dolden gab,

dem alle Herzen offen sind,
ob bös, verderbt, schwach, sündig, gut,
dem kein Gedanke bleibt verborgen,
dem Tun und Lassen unterstehn,
die Himmelssterne, Sonne, Mond
und Erde, Mensch und Tier, die Wasserläufe,
der Ursprung allen Wissens ist
der ganzen Schöpfung jederzeit
ein schönes Äußeres verleiht,
dem alle Tiere, zahm und wild,
hier dankbar sind, weil er die Saat gesetzt
zur Nahrung, reichlich, köstlich, körnerklein,

der Himmel, Erde festgefügt
den Grund schuf, ohne Fundament,
der Wasser fließen läßt in fernen Strömen –
von seinen Wundern wär noch mehr
zu singen, tausendfach und überall,
mit reichem Klang, doch fehlt mir hier die Kunst:
der mir die lichte Seele gab,
Leib, Ehr und Gut, Vernunft und Christentum,
der helfe mir, daß ich ihm derart danke,
daß er, zum Lohn, mich vor den Feinden schützt,
hier ringsumher, damit sie mich nicht schlagen.
Oh keusche Frau, so hilf mit deinem Wort.

140 Ja, Oswald brauchte Schutz und Hilfe, vor allem gegen Hans von Villanders, der für ihn mitgebürgt hatte. Die Kautionssumme wurde erst fällig, wenn Oswald nicht pünktlich zum Rechtstag auf der Burg Tirol erschien; solange er den Vertrag einhielt, stand die Forderung von 6000 Gulden nur auf dem Papier. Aber Hans von Villanders war entschlossen, aus dieser Bürgschaft Geld zu machen. So mußte Oswald schon wenige Wochen nach der befristeten Entlassung einen hohen Geldbetrag bei ihm hinterlegen und weitere Sicherheiten leisten. Am 17. April 1422 stellte ihm der Verwandte eine Quittung aus: »Ich, Hans von Villanders, erkläre öffentlich mit dieser Urkunde, daß mir mein lieber Verwandter und Schwager Oswald von Wolkenstein zweitausend

Dukaten zur Aufbewahrung übergeben hat und einen Pfandbrief über Neuhaus in Höhe von sechshundert Mark, sowie drei Schuldbriefe der Starkenberger über eine Summe von insgesamt zweihundertsechzig Mark, so daß ich für die Bürgschaft oder das Bürgschaftsversprechen gegenüber dem durchlauchtigen, hochgeborenen Fürsten Friedrich von Österreich etc., meinem gnädigen Herrn, keinerlei Schaden erleiden werde; wird die Kaution fällig, so kann ich mich an den obengenannten Besitz halten, sowie, ohne jede Einschränkung, an seine sämtlichen Besitzungen. Dies habe ich, ohne Arglist, bei Ausstellung dieser Urkunde mit meiner eigenen aufgedrückten Petschaft besiegelt.«

Und Oswald mußte noch eine Nachzahlung leisten! »Ich bitte Dich«, hieß es in einem späteren Briefchen, »daß Du meiner Frau zweihundert Dukaten übergibst und sie mir leihst«, er müsse das Geld seinem Bruder geben. Was hatte Oswald mit den Familienschulden dieses Verwandten zu tun? Trotz der Schlußbitte, ihn nicht im Stich zu lassen – dies war kein Hilferuf unter Familienmitgliedern in einer Notsituation, sondern: Oswald wurde ein Messer an die Kehle gesetzt!

Daß er die enorme Summe von 2000 Dukaten und zusätzlich einen Pfandbrief, drei Schuldbriefe und nochmal 200 Dukaten auslieferte, dies muß eine Vorgeschichte haben! Wenn ich umrechne und addiere, so hat Oswald mehr als zwei Drittel der gesamten Kautionssumme in bar und in Papieren bei Hans von Villanders deponieren müssen. Wahrscheinlich hat ihm Hans von Villanders ohne Schnörkel erklärt: Mein lieber Oswald, deine Bauerngüter und so weiter sind im Leben keine sechstausend Gulden wert, ich brauche deshalb zusätzliche Sicherheiten, deponiere bei mir also deine Schuldscheine und so weiter, außerdem wünsche ich eine Bar-Hinterlegung in Höhe von 2000 Dukaten, sonst sehe ich mich nicht in der Lage, meine Bürgschaft weiterhin aufrecht zu erhalten, und dann sieht es finster aus für dich, ein anderer wird kaum für mich einspringen . . .

Zweitausend Dukaten: sicher mußte Oswald diesen Betrag als Darlehen aufnehmen – und dieses Geld kostete Geld! Für Hans von Villanders hingegen war es ein zinsloses Darlehen, das ihm pro Jahr etwa 200 Dukaten an Zinsen einbringen konnte.

Oswalds Lage war ausweglos: von diesem Verwandten ausgeplündert, konnte er weniger als zuvor die überzogenen Forderungen akzeptieren, die durch Friedrich gestellt wurden.

141 Oswald wird die Frist von beinah einem halben Jahr erhalten haben, um in Verhandlungen mit der Partei Jäger/ Frey/ Neithart/ Hausmann vorzusorgen, daß man sich auf dem Rechtstag einigen konnte. Entweder hatte Oswald dies gar nicht erst versucht, oder es war ihm mißlungen.
Unabhängig von Erfolg oder Mißerfolg solcher Vorgespräche mußte Oswald am 24. August auf der Burg Tirol sein; acht Tage vorher sollte dies von seinen Bürgen angekündigt werden, verbindlich. Aber daran hielt man sich nicht: Oswald war am 24. August noch zu Hause und in den nächsten Tagen ebenfalls.
Aber seine Bürgen – mußten die nicht dafür sorgen, notfalls mit Nachdruck, daß Oswald sich dem Burggrafen von Tirol stellte? Sie waren vertraglich dazu verpflichtet. Hans von Villanders, so läßt sich vorstellen, wird kaum gedrängelt haben: er wollte nicht wieder herausgeben, was er Oswald abgenommen hatte, und wenn die Kaution fällig wurde, so wollte er sich, das hatte er dokumentiert, zusätzlich an Oswalds Besitz schadlos halten. Er war der einzige der vier Bürgen, so vermute ich, der keinen Eigenbesitz zu riskieren hatte. Bei Michael dürfte es anders gewesen sein, der setzte Besitz aufs Spiel. Vorstellbar ist aber, daß er – wie Oswald – Sturheit gezeigt hat: ein Wolkensteiner erscheint nicht unterwürfig pünktlich beim Stellvertreter des Herrn Landesfürsten, mit dem man dauernd Ärger hat.
Am 30. August, eine knappe Woche nach Ablauf der Frist, war Oswald noch in Brixen, fungierte hier als Schiedsmann in einem Rechtsstreit zwischen dem Hochstift Brixen und einem Pächter, es ging um ein Wasserrecht. Sollte der Termin ein Alibi sein: Ich mußte in Brixen bleiben, eine Rechtsangelegenheit, in der mich der Bischof berufen hat . . .?
Ja, Berchtold hat Oswald persönlich berufen – der gleiche Bischof, der den Kirchenbann über Leonhard ausgesprochen hatte, und dieser Kirchenbann wird erst Jahre später aufgehoben. Mußten zu dieser Zeit also nicht Spannungen bestehen zwischen dem Bischof und den Brüdern Wolkenstein? Und nun dieser Auftrag? Der Bischof wußte doch wohl, daß Oswald zu dieser Zeit bereits auf Tirol sein mußte – trotzdem übertrug er Oswald diese Schlichtung?
Nach diesem Termin wurde die Situation ernst. Für den Ablauf der nächsten Zeit gibt es drei Versionen. Die erste: Oswald ritt (begleitet von einem oder von allen vier Bürgen) zur Burg Tirol, stellte sich mit einer Verspätung von acht bis zehn Tagen dem Burggrafen oder dessen Stellvertreter und wurde eingesperrt. Zweite Version: Herzog Friedrich ließ den überfälligen Oswald

aufgreifen und nach Innsbruck schaffen, dort einsperren. Dritte und neueste Version: Oswald stellte sich nicht, wurde auch nicht aufgegriffen, er floh nach Ungarn.
Anton Schwob hat diese These entwickelt. Wir haben sie in Briefen diskutiert, aber ich kann mich ihr nicht anschließen.
Daß Oswald den Termin überschritt, war herausfordernd und riskant genug. Ich nehme an, er ließ es bei dieser Demonstration von Selbstbewußtsein, Standesbewußtsein. Aber eine Flucht ins Ausland? Wie lange sollte er in Ungarn bleiben? Irgendwann einmal mußte er zurückkehren, eventuell gezwungen durch Repressalien des Herzogs gegen seine Familie, und dann wäre er bestimmt festgenommen worden. Der Herzog hätte schon aus innenpolitischen Gründen solch eine Herausforderung nicht hinnehmen können; einige weiterhin rebellische Mitglieder des Adels warteten nur auf ein Zeichen von Schwäche . . .
Selbstverständlich hätte der Herzog nach Bekanntwerden der Flucht sofort die Kaution eingefordert; sie ist aber nie gezahlt worden. Auch liegen keine Schreiben vor an Michael von Wolkenstein oder Hans von Villanders, in denen ultimativ die Zahlung der 6000 Gulden gefordert wurde. Dieser Zahlungsbefehl wäre rechtlich einwandfrei und innenpolitisch notwendig gewesen. Das wußte Oswald. Auch, daß er und seine Brüder damit für alle Zukunft ruiniert worden wären.
Und wenn Oswald sich über all diese Bedenken hinwegsetzte, naiv oder dreist? Hätte er wirklich vorgehabt, nach Ungarn zu fliehen, er wäre rechtzeitig aufgebrochen. Er wird wohl nicht so töricht oder so stur gewesen sein, mit der Flucht bis zu einem Zeitpunkt zu warten, an dem der Herzog Gegenmaßnahmen einleiten konnte!
Am wahrscheinlichsten ist dies: Oswald hat sich mit gebührender Verspätung auf Tirol gestellt: Unterwerfung mit der Gebärde der Herausforderung. Und er wurde, auf Anordnung des Herzogs, sofort eingesperrt.
Am 5. September schickte Michael ein Protestschreiben an den Landesfürsten, beschwerte sich über die Inhaftierung seines Bruders, erklärte Friedrich die Fehde: »Deswegen will ich Euer Feind sein und mit Euren Feinden im Bündnis bleiben.«
Diesen Brief dürfte Michael sofort diktiert haben, als er hörte, sein Bruder sei nun wieder (für längere Zeit?) eingesperrt worden. Leider ist dieser Brief verschollen; immerhin ist eine (kurze) Inhaltsangabe überliefert.
Dieser Protest- und Fehdebrief (eine sehr massive Reaktion!) wurde wohl vor allem dadurch ausgelöst, daß Herzog Friedrich

Oswald einbehielt und zugleich die Bürgschafts-Urkunde. Bei großzügiger Interpretation könnte man sagen: Oswald hat zwar den Rechtstag versäumt, aufgrund nachweislicher Verpflichtungen, hat sich aber letzten Endes doch auf der Burg Tirol gestellt, der Herzog kann deshalb keinen ernsthaften Anspruch auf die Kautionssumme erheben, muß also das Dokument herausgeben, das sich einzig auf den 24. August bezog.
Offenbar war hier der Hauptstreitpunkt der nächsten Zeit. Es läßt sich voraussetzen, daß Michael sofort den König informiert hat; schließlich gehörte auch er zum Gefolge Sigmunds.
Bereits am 6. November (Preßburg liegt immerhin noch etwa zwei Tagesreisen östlich von Wien) gab der König eine schriftliche Erklärung ab: nach Urteil der Herzöge Albrecht und Ernst von Österreich sei Friedrichs Anspruch auf 6000 Dukaten nicht gerechtfertigt, er müsse Oswald und seinen Bürgen die Urkunde über die Bürgschaft zurückgeben. Und am 18. November schickte der König ein Schreiben an Michael und Leonhard. Er wies sie auf frühere Ungerechtigkeiten, Übergriffe, Untaten des Herzogs hin; nur »mit Macht« habe man ihn dazu bringen können, dem abzuschwören. Nun aber sei von verschiedener Seite, vor allem durch Ulrich von Starkenberg und Oswald von Wolkenstein, »Unseren lieben Gefolgsmann« nachdrücklich Klage darüber erhoben worden, daß der Herzog sie im Besitz schmälere, gegen Gott und alles Recht und besonders, »daß er den genannten Oswald gefangengenommen habe und zu Zahlungen zwingen wolle, obwohl keine Schuld vorliegt«. Dies könne er in keiner Weise billigen, er gedenke es auch nicht hinzunehmen. Er bat die Brüder, ja verlangte von ihnen, sie sollten die beiden vor Unrecht schützen, ihnen hilfreich zur Seite stehen; dafür wäre er ihnen zu besonderem Dank verpflichtet.
Drei Tage später, am 21. November wurde in der königlichen Kanzlei ein Schutz- und Geleitbrief für Oswald ausgestellt, gültig für alle Länder des Römischen Reiches Deutscher Nation. Diese Urkunde mußte Oswald übermittelt werden, man brauchte einen Geleitbrief bei Antritt einer Reise. Läßt sich hier schließen, daß Sigmund eine baldige Entlassung Oswalds erwartete, ja voraussetzte?
Am 6. Dezember gab der König noch einmal eine Erklärung ab, die sich weithin mit seiner Erklärung vom 6. November deckt. »Wir, Sigmund, von Gottes Gnaden Römischer König, allzeit Mehrer des Reiches und König von Ungarn, Böhmen, Dalmatien, Kroatien etc., geben mit dieser Urkunde allen bekannt, die sie sehen oder sie vorgelesen bekommen: Unser Diener und lieber und

treuer Oswald von Wolkenstein ist grundlos in die Haft Unseres lieben Freundes und Fürsten Friedrich von Österreich gekommen. Für sein rechtzeitiges Erscheinen vor Gericht mußte sein Anhang eine Bürgschaft leisten in Höhe von 6000 Gulden; diese sechstausend Gulden glaubt der oben genannte Friedrich von Oswalds Bürgen nun fordern zu dürfen. Ein solcher Anspruch besteht aber weder nach Unserer Meinung noch nach dem Vertrag, den der obengenannte Oswald mit seinen Bürgen geschlossen hat. Zu diesem Befund sind Wir und die Unsrigen in Übereinstimmung mit bisherigen Rechtsgepflogenheiten gekommen; diesem Gutachten haben beigestimmt der hochgeborene Herzog Ernst, Unser lieber Schwager, und Unser Schwiegersohn, Herzog Albrecht, sowie ihre beiden Räte, ebenso Wir selbst und Unsere Räte. Wir sind zu der Erkenntnis gekommen, daß Friedrichs Verweigerung herrührt von den Auseinandersetzungen und dem Streit, der sich seinerzeit zwischen Uns und dem obengenannten Friedrich abgespielt hat, und in dem der obengenannte Wolkensteiner Unser Helfer und Diener gewesen ist. Nun ist allerdings Friedrichs Groll Uns gegenüber vollständig beigelegt worden, gemäß den Urkunden, Eiden und Gelöbnissen, die Wir von seiten Friedrichs erhalten haben. Kraft dieser Urkunde untersagen Wir, daß Friedrich oder irgendeiner in seinem Auftrag zukünftig an den Wolkensteiner oder an seine Bürgen, wie sie auch heißen mögen, irgendwelche Forderungen oder Ansprüche wegen jener Sache stellt; Friedrich soll ihm und seinen Bürgen alle Urkunden betreffs der Gefangenschaft und der Geldleistungen unverzüglich übergeben und aushändigen, ohne jedes Wenn und Aber. Geschieht das nicht, so kann sich der obengenannte Oswald zukünftig als der Unsrige nach Ausweis der Dokumente und Artikel verhalten, die Wir von Friedrich diesbezüglich innehaben. Wir gebieten jedermann – er heiße, wie er wolle –, daß man ihn in dieser Sache nicht behindere, sondern ihm vielmehr Hilfe leiste, weil Wir das so wünschen; dies gilt so lange, bis ihm Genugtuung widerfahren ist. Das ist Unsere ganz entscheidende Meinung und Unser Befehl.«

Einige Punkte sind hier unklar. Zum Beispiel: wieso sollte der Herzog den Bürgschaftsbrief an Oswald und die Bürgen zurückgeben? Das setzte voraus, daß Oswald in Reichweite des Herzogs war, gut. Aber: Oswald selbst hatte keinen Anspruch auf den Bürgschaftsbrief, nur die Bürgen. Hier war man im fernen Ungarn wohl nicht genau informiert.

Unklar ist weiter: wieso hier mit solcher Entschiedenheit gesagt wird, der Herzog fordere die Zahlung der Kaution – ein Mißverständnis? Oder wurde hier eine Androhung des Herzogs (wegen

der ja nun herausfordernd großen Verspätung) beim Wort genommen? Hätte der Herzog ernsthaft auf Zahlung der Kaution bestanden, er hätte sie auch eingezogen. Aber, wie gesagt, die Kaution wurde nie eingezogen.
Erstaunlich wirkt in diesem Brief die Motivation, die der Affaire unterstellt wird; von Martin Jäger und dessen Forderungen kein Wort. Es ging doch nicht um diesen alten politischen Streit, sondern um die immer neuen Übergriffe des Oswald von Wolkenstein. Hatten die Wolkensteiner den König hier einseitig informiert? Sehr gut denkbar, denn wirkungsvoller war für die Adelsbündner die Polit-Version. Aber auch dies könnte mitspielen: der König glaubte, mit solch einer Darstellung die stärkste politische Wirkung erreichen zu können.
Sieht man einmal von juristischen Details ab, so stimmt diese Darstellung der Vorgänge letztlich aber doch. Denn: die Forderungen des Martin Jäger hatten den Herzog weitaus weniger interessiert als die Möglichkeit, mit dieser neuen, wahrhaft vernichtenden Waffe Rache zu üben für vergangene Opposition und nun Unterwerfung, Gehorsam zu erzwingen.
Entscheidend ist, daß der König zweimal mit Nachdruck protestiert hatte, daß er damit seinerseits den Fall Wolkenstein zum Politikum gemacht hatte. Denn letztlich wurde dem Herzog hier vorgeworfen, er habe einen Friedensvertrag gebrochen. Welche Konsequenzen konnte das haben? Erneuerung der Reichsfehde? Daß dies keine bloß theoretische Möglichkeit war, zeigte sich schon recht bald.
Ich nehme an, Oswald ist im Lauf des Dezember aus der Haft entlassen worden.

142 Wieder einmal eine politische Krise zwischen König Sigmund und Herzog Friedrich. Einer der Gründe war der Fall Wolkenstein. Der andere die ungerechte Behandlung der Brüder Starkenberg.
Die Starkenberger, wir sahen es bereits mehrfach, gehörten neben den Schlandersbergern und Wolkensteinern zu den härtesten, zähesten Gegnern des Herzogs, und der versuchte ab 1420, die Starkenberger wirtschaftlich zu schwächen, verlangte die Auslieferung der Herrschaft Ehrenberg und des Gerichtes Schlanders, die den Starkenbergern verpfändet waren. Die Starkenberger weigerten sich, Friedrich bestand auf seinen Forderungen, die Starkenberger drohten mit bewaffnetem Widerstand und wendeten sich

1423 an König Sigmund. Dies war eine Flucht nach vorn, denn der Herzog warf den Gebrüdern Starkenberg gerade dies vor: daß sie in Verbindung standen mit dem König. Ulrich von Starkenberg: »Auch wies er mich darauf hin, daß ich und mein Bruder des allerhöchsten Herrn, des Römischen Königs Diener seien, seitdem unser Herr, Herzog Friedrich, von Konstanz an die Etsch zurückgekehrt war, und ebenfalls, daß unsere Häuser unserem Herrn, dem Römischen König, offengestanden haben sollen, als er auf sie ziehen wollte, und daß ich ihn weiterhin unserem Herrn, dem Römischen König gegenüber verleumdet haben soll.«

Vorsorglich ließ der König im Januar die Erklärung der Reichsacht gegen Herzog Friedrich ausfertigen; der Herzog erfuhr davon durch eine gezielte Indiskretion. Offenbar reagierte Friedrich nicht mit der gewünschten Zerknirschung: weitere Eskalation. Sigmund bereitete einen Reichskrieg gegen Tirol vor, zumindest nominell: das Land am Inn und an der Etsch sollte als verfallenes Lehen eingezogen werden.

Sigmund wandte sich am 12. Januar 23 an den Herzog Philippo Maria Visconti und bat ihn – nach Altmanns Inhaltsangabe in den *Regesta Imperii* – »um Hilfe gegen den Reichsfeind Herz. Friedrich v. Österreich u. um Aufnahme seiner Bevollmächtigten Ulrich u. Wilhelm v. Starkenberg u. Oswald Wolkenstein in des Herz. Schlössern, damit diese v. dort aus gegen Herz. Friedrich vorgehen können.«

Ob Sigmund das ganz ernst genommen hat? Der König von Mailand war, erstens, verschwägert mit Herzog Friedrich. Er war, zweitens, nicht gerade einer der treuesten Gefolgsleute des Königs, deshalb ja auch Sigmunds erfolgloser Feldzug in die Lombardei. Bei Visconti war Sigmund an der falschen Adresse – oder hatte er Visconti Anteile an den eroberten Gebieten zugesichert? Dies zumindest hätte er anbieten müssen, kaum aber anbieten können. Es kam auch nicht zu einem Einmarsch Mailänder Truppen unter der landeskundigen Führung der Brüder Starkenberg und des Oswald von Wolkenstein.

Im Juli wurde die Lage erneut brisant: der König bereitete noch einmal den Reichskrieg gegen Herzog Friedrich vor; Graf Johannes von Lupfen erhielt Vollmacht, für diesen Kampf Heinrich von Sargan in Dienst zu nehmen und Friedrich von Toggenburg. Am nächsten Tag, am 17. Juli 1423, rief Sigmund diese Herren und den gesamten Adel zu den Waffen gegen Herzog Friedrich, der König und Reich ungehorsam sei; Hauptmarschall von Pappenheim wurde mit der Leitung der militärischen Aktion betreut: das Reichsbanner gegen den Reichsfeind führen . . .

Am nächsten Tag, dem 18. Juli, bildete sich in Tirol erneut ein militanter Adelsbund – diese Gründung hing nicht unmittelbar zusammen mit dem Kampfaufruf des Königs in Ungarn, denn diese Nachricht brauchte erst ein paar Wochen, ehe sie in Tirol eintraf, aber es war mit den Wolkensteinern und Starkenbergern wohl abgesprochen, daß es Mitte Juli endgültig losgehen werde. Die Kampforganisation konstituierte sich als Bund der Herren, Ritter, Knechte, Städte, Märkte, Gerichte und Täler der Grafschaft Tirol, der Landschaft an der Etsch und im Inntal und der drei Bistümer Trient, Brixen und Chur – eine Adelsvereinigung mit demokratischer Schminke. Welche Stadt, welcher Marktflecken war daran interessiert, die Adelsinteressen verteidigen zu helfen?
Worum es zumindest den führenden Köpfen bei diesem Kampf ging, darüber konnte es bald keinen Zweifel mehr geben – Hauptleute der Starkenberger wurden bei Greifenstein festgenommen und befragt, ihre Aussagen sind in einem Protokoll zusammengefaßt; hier die wichtigsten Punkte.
»Item: man wird den Starkenbergern den gesamten Besitz wiedergeben.
Item: alle Pfandgüter, die Ritter und Knechte im Lande Tirol von der Landesherrschaft übernehmen, werden von der Königskrone als Pfand übernommen, in der gleichen Weise, wie sie (bisher) von der Landesherrschaft übernommen wurden.
Item: Ulrich von Ems hat dem Starkenberger 1000 Dukaten geliehen. Diese 1000 Dukaten hat der Toggenburger angenommen, und er wird damit die Soldaten hereinbringen, und zwar 1400 Mann [aus dem Gebiet] des Toggenburgers und der Schwyzer.
Item: Was die Mitglieder des Bundes in ihren Besitz bringen, soll der Königskrone unterstellt werden, das ganze Land also.
Item: Alle Lehen, die von der Landesherrschaft ausgehen, werden zukünftig von der Königskrone empfangen und als Lehen von ihr abhängig sein.«
Der entschiedene Versuch also, den Landesfürsten auszuschalten und reichsunmittelbar zu werden!

143 Noch einmal Greifenstein: Herzog Friedrich ließ die Burg ab 1423 wieder belagern. Die Vorfälle, die der Belagerung vorangingen, sind dokumentiert; sie charakterisieren einen der Kampfgenossen der Wolkensteiner.
Zusätzlich zur Burgbesatzung hatte Wilhelm von Starkenberg die seinerzeit gefürchteten Mordbrenner und Räuber Jacomel senior

und junior engagiert; der Burgherr wollte durch die Aktionen der Jacomels offenbar soviel Schrecken verbreiten, daß sich die Bauern bei einer Belagerung tunlichst zurückhielten.
In einem kleinen Aufsatz von Luis Oberrauch finde ich einige Materialien hierzu. Demnach rühmte sich vor allem Jacomel junior seiner Mordtaten; er warf die Leichen in das »Moos«, also in die Sümpfe des Etschtals. Dem Starkenberger gefiel das, er gab, ich übersetze: »dem Jacomel Auftrag, anzugreifen, soviel er Lust hatte, bei Tag und bei Nacht, mit Gewalttaten und anderen Verbrechen.« Daraufhin quittierte Burghauptmann Ortner seinen Dienst: »Wollt Ihr Krieg führen, so führt einen ehrlichen Krieg. Ihr bekriegt nicht Hirten, sondern einen Fürsten.« Die Stelle des Burghauptmanns wurde neu besetzt, mit einem Schiltberger, und der wird sich kaum über Aktionen von Jacomel junior beschwert haben. Unter seinem Kommando kam es auf Greifenstein zu einem Mord an einem Gesandten der Stadt Bozen, dem reichen Bürger Nikolaus Hochgeschorn. Als man ihm den »blauen Mantel« herunterreißen und die Sporen abschnallen wollte, flehte er um sein Leben, bot 400 Gulden an, er wollte das Geld am nächsten Tag bei St. Cosmas übergeben, der Wallfahrtskirche unterhalb von Greifenstein. Das Angebot half dem reichen Bürger nichts, er wurde umgebracht.
Dieser Raubmord führte offenbar dazu, daß die geplante Belagerung von Greifenstein forciert wurde: ein herzoglicher Trupp besetzte wieder das »obere Feld«, zog einen Sperriegel zwischen Greifenstein und Siebeneich, auf halber Hanghöhe. Der herzogliche Büchsenmacher Christoph wurde zur Beschießung von Greifenstein abkommandiert. Er ließ aus Venedig Salpeter und Schwefel kommen, ließ Büchsen gießen: die Belagerung lief also nur langsam an; es werden Wochen, Monate vergangen sein, ehe die ersten Brandsätze in die Burg geschossen wurden.

144 Zu berichten ist von einem Kompromiß, den Oswald zu dieser Zeit erkämpft hat, vor allem gegenüber dem erpresserischen, geldsaugenden Verwandten Hans: Oswald schloß mit den beiden Hauptbürgen einen neuen Vertrag. Auch hier ein bisher unveröffentlichtes Dokument.
»Ich, Oswald von Wolkenstein, erkäre öffentlich mit dieser Urkunde für mich und alle meine Erben: der Ritter, Herr Michael von Wolkenstein, mein lieber Bruder, und Hans von Villanders, mein lieber Verwandter, haben eine Bürgschaft für mich über-

nommen und ich habe ihnen wegen dieses Bürgschaftsversprechens eine Anweisung auf meinen Besitz gegeben, laut Urkunden, die sie diesbezüglich von mir besitzen. Dafür haben sie mir aus besonderem Freundesdienst zugestanden, die Einkünfte aus diesem Besitz einzuziehen, unter der Bedingung, daß ich ihnen ebenfalls das Einziehen zu ihrer Versorgung gestatte, und daß ihnen der Prozeß gegen mich und meinen Anhang künftig keinen Schaden bringen soll.«

Das Ausstellungsdatum: 5. Oktober 1423. Was bedeutete diese Abmachung? Im ersten Vertrag (mit beiden Partnern kurz nach seiner Freilassung geschlossen), hatte Oswald ihnen noch die volle Verfügung über seinen Besitz einräumen müssen, somit das Recht, sämtliche Einkünfte aus seinen Besitzungen zu ziehen. Nun hat es Oswald (nach erst anderthalb Jahren!) erreicht, daß er wenigstens teilweise das Verfügungsrecht über seinen Besitz zurückerhielt. Es gibt hier zwei Möglichkeiten: man hat die Einkünfte aufgeteilt, oder man hat abwechselnd Einkünfte gezogen. Ich nehme an, Michael wird vor diesem 5. Oktober den hartnäckigen Verwandten ebenfalls bearbeitet haben; Oswald mußte wenigstens ein Minimum an Einkünften haben, wäre sonst auf eine dauernde Unterstützung seiner Brüder angewiesen gewesen.

Auch nach diesem Teilerfolg – Oswald zwang Pächter des Martin Jäger, ihm den Pachtzins zu zahlen, zu liefern. Am 20. Oktober dieses Jahres beschwerte sich Jäger beim Landesfürsten.

»Durchlaucht, hochgeborener Fürst, Herzog Friedrich, Herzog von Österreich, von Steir, Kärnten und Krain, Graf von Tirol etc., gnädiger Herr! Ich, Martin Jäger, entbiete Euren Fürstlichen Gnaden als meinem gnädigen Herrn meine willigen, untertänigen Dienste.

Oswald von Wolkenstein hat sich in meiner Haft befunden wegen etlicher Forderungen, die ich als Rechtsvertreter meiner Frau an ihn zu stellen habe; dieser Oswald hat gemeinsam mit seinen Brüdern und seinem weiteren Anhang mit Euren Gnaden eine Abmachung getroffen: in Eurer Haft hat er sich verpflichtet, die Sache gerichtlich entscheiden zu lassen, den Gerichtsbeschluß auszuführen und zu erfüllen. Nun haben mir Eure Gnaden versprochen, diesen Oswald nicht aus Eurer Haft zu entlassen, ehe der Prozeß zwischen ihm und mir beendet ist; so weisen es die Urkunden aus, die ich von Euren Gnaden diesbezüglich innehabe.

Entgegen dem Wortlaut dieser Dokumente ist mir noch nicht Genüge geleistet worden; ich habe darüber hinaus schwere Schäden erlitten und erleide sie täglich weiterhin. Obendrein bin ich weder meines Lebens noch meines Gutes sicher.

Edler Fürst und gnädiger Herr! Ich wende mich hilfesuchend an Eure Gnaden und erinnere Euch an die gesiegelten Urkunden, die ich von Euren Gnaden in dieser Sache erhalten habe; Eure fürstliche Gnaden mögen sich in dieser Angelegenheit vornehmen, mögen anweisen, regeln, verordnen, daß mir Erfüllung und Genugtuung zuteil werde, nach Wortlaut und Ausweis Eurer Urkunden. Ich weiß nicht, an wen ich mich wegen dieser Schädigungen sonst wenden sollte, außer allein an Eure Gnaden. Und so bitte ich Eure Fürstliche Gnaden, Euer Gnaden mögen es nicht ungnädig aufnehmen oder mir übel vermerken; mich zwingt die Notlage zu dieser Bitte; ich würde diese Sache gern endgültig hinter mich bringen. Ich habe Euren Gnaden gegenüber volles Vertrauen darin, daß diese Sache nicht länger hinausgezögert wird, sondern daß von Euren Gnaden gehalten wird, was verbrieft und versiegelt ist.«

145 Wie die ausladende Bezeichnung zeigt, hatten die Adelsbündner die Vorstellung, sie würden im Kampf gegen den Herzog breite Unterstützung finden. Dieser Star wurde den Herrschaften gestochen: der Herzog konnte sich auch jetzt auf seine Bauern und Bürger verlassen.

Militärisch erfolgreich, berief er einen Landtag ein nach Meran, erklärte hier am 30. November in einer Rede, daß etliche in seinem Land einen Bund geschlossen hätten, gegen ihn und die Landschaft, wissentlich und willentlich, dadurch sei ihm und den Seinen und dem ganzen Land großer Schaden entstanden. Und er betonte, der Bund sei ein Verbrechen, sei gegen geschriebenes und gesetztes Recht, der Bund solle sich auflösen, der Bundesbrief dürfe niemand mehr binden.

Über diesen Antrag sollten die 72 Räte diskutieren und entscheiden. Neben Hans von Villanders spielte hier eine wichtige Rolle der Bischof von Brixen. Nach dem Vortrag des Herzogs erklärte er, diese Angelegenheit sei zu wichtig, als daß er sich ohne vorhergehende Beratung äußern könne. Er zog sich mit zwanzig Abgeordneten zurück, ließ bei Wiedereröffnung der Plenarsitzung erklären: nach reiflicher Überlegung habe er erkannt, daß dieser Bund – vor allem, weil er ohne Wissen und Willen des Landesfürsten geschlossen worden war – ein Verbrechen und gegen alle geschriebenen und gesetzten Rechte gewesen sei, er solle deshalb nicht weiter bestehen, der Bundesbrief müsse herausgegeben werden. Eine Bedingung stellte der Bischof allerdings: der Herzog

müsse die Freiheiten der Landschaft (d. h. der Repräsentation der Landstände) bestätigen. Also ein politisches Geschäft. Der Herzog war zu dieser Erklärung bereit, der Landtag nahm seinen Antrag an.
Damit waren die militanten Adligen isoliert. König Sigmund hatte seine Zusage, ihre Aktionen durch Truppen zu unterstützen, auch diesmal nicht gehalten.
Am 17. Dezember gaben gut zwei Dutzend Adlige eine feierliche Erklärung ab: Versöhnung mit dem Herzog. Als erste sind in dieser Kapitulationsurkunde genannt: Ulrich von Matsch der Ältere, Ulrich von Matsch der Jüngere. Ich habe mich bei Schwob erkundigt, er schrieb: »Ulrich von Matsch d. Ä. war als Hauptmann an der Etsch tatsächlich so etwas wie oberster Landesrichter, zugleich oberster militärischer Befehlshaber und zu Zeiten der Abwesenheit des Landesfürsten dessen Statthalter.« Der gleiche Mann also an der Spitze der militärischen Opposition gegen den Landesfürsten! Als nächster wird genannt: Michael von Wolkenstein von der Trostburg. Anschließend ein Mann, dessen Namen wir auch noch öfter lesen werden: Kaspar von Gufidaun. Danach Heinrich von Schlandersberg, Konrad von Schlandersberg. Und Hans und Jörg von Spaur. Eckhart, aber nicht Hans von Villanders. Johann von Annenberg. Leonhard von Wolkenstein. Jakob, Sigmund und Viktor Trautson. Unter den weiteren Namen will ich noch einen hervorheben: Parzival von Weineck, Oswalds Schwager.
Diese Herren bekennen, daß sie ein Bündnis miteinander geschlossen haben gegen den durchlauchtigen, hochwohlgeborenen Fürsten Herzog Friedrich, ihren gnädigen Herren, und es werden Kampfhandlungen erwähnt, »vor Greiffenstein«, im Vinschgau und Inntal, »mit brannt mit angriffen« durch die Adelsbündner. Nun aber kündigen sie ihren Bund auf, das Vergehen wird eingestanden, es sei hier gerichtet und geschlichtet worden. Man werde sich wieder so verhalten, wie man durch Freibrief und Eid dazu verpflichtet sei. Die vertragsübliche Erklärung, man habe keine bösen Hintergedanken.
Am Schluß wird festgestellt, von dieser Erklärung seien »ausgenommen« Ulrich und Wilhelm von Starkenberg: auf Greifenstein hat man noch nicht kapituliert – das wird noch lange dauern! Nicht einmal erwähnt ist in dieser Erklärung Oswald von Wolkenstein: der wird als allerletzter in Tirol den Kampf aufgeben.

146 Die Jahre nach der Rückkehr aus Konstanz waren für Oswald teilweise turbulent gewesen; in diesem Jahr 1424 aber wurde es anscheinend etwas ruhiger.
Oswald wird sich ausführlicher um seine Besitzungen gekümmert haben: besuchte er Pächter, ließ er Pächter nach Hauenstein kommen? Hat Oswald auch Pächter des Martin Jäger aufgesucht, in Begleitung von Knechten, zitierte er diese Pächter nach Hauenstein? Ein Jahr später wird ihm der Herzog fortgesetzte Gewaltakte gegen Martin Jäger vorwerfen, und das muß bedeuten: gegen seine Pächter.
Bis zu Oswalds Lebensende zeigt sich: Vorhaltungen, Ermahnungen nützen bei ihm nichts; noch in hohem Alter wird er mit rabiaten Mitteln seine Einnahmen zu steigern versuchen. Wir haben also keinen Anlaß, uns im Oswald dieses Jahres einen sanft gewordenen Grundbesitzer vorzustellen: wenn er zusätzlich Gelder, Naturalien brauchte, nahm er sie den Bauern des Martin Jäger ab. Dessen Schuldforderung lag ja fest, höher konnte sie kaum werden; vielleicht hat sich Oswald vorgenommen, den Raubgewinn dieser Schuldforderung ein wenig mehr anzugleichen.
Und sein Verhältnis zum Herzog? Hierzu finde ich einen erstaunlichen Hinweis: Karfreitag 1424 berief Herzog Friedrich seine »lieben Getreuen Michael und Oswald von Wolkenstein« zum kommenden Landtag in Bozen. Oswald als lieber Getreuer – obwohl man sich offiziell noch nicht versöhnt hatte? Burgfriede, Waffenstillstand? Oder war das nur eine übliche, nichtssagende Formulierung, bei Einladungen zum Landtag so selbstverständlich wie heute ein »Sehr geehrte Herren«? Dennoch, daß Oswald zum Landtag eingeladen und nicht vorgeladen wurde, scheint mir erstaunlich. Eine Versöhnungsgeste?

147 In diesem Jahr wird Oswald wenigstens eins seiner beiden Kalenderlieder geschrieben haben; vielleicht hatte er das erste bereits 1422 verfaßt.
Ich hatte Oswalds Kalenderlieder schon früh gelesen, mich aber überhaupt nicht für sie interessiert: hier wurde, so schien mir, nur Namensstroh gedroschen. Dann schickte mir Ulrich Müller einen Band, der in einer seiner wissenschaftlichen Reihen neu erschienen war: die Dissertation *Die Kalendergeschichte und der Neumondkalender des Oswald von Wolkenstein*, von Wolfgang Kersken. Ich hatte erst nach etlichem Zögern begonnen, diese Untersuchung zu lesen – das Thema schien mir allzu speziell.

Aber als ich mich in diesen äußerst spröden, seitenlang aus Tabellen bestehenden Text eingelesen hatte, zeigten sich (wieder einmal) neue Aspekte des Oswald von Wolkenstein.
Bevor ich einige wichtige Punkte dieser Analyse hervorhebe, will ich jeweils einen kurzen Ausschnitt aus Kalenderliedern Kl 28 und 67 vorstellen, beginne mit dem 1. September.

St. Gilgen schänkt uns frischen Most. St. Magnus,
Regina und Maria, Corbinian, Jacinthus.
Der kleine Protus sang zur Kreuzerhöhung.
Euphemia, Lambertus, so erhört mich doch!
Matthäus und Mauritius und Rupert,
Vigilius und Cosmas, Wenzeslaus und Michael, Hieronymus.
Remigius, kennst du Franziskus
mit dem faulen Käse?

Die gleiche Septemberphase nun im zweiten, späteren Kalenderlied.

Und im September schänkt St. Gilgen frischen Most.
St. Magnus, gib Maria doch davon zu kosten!
Das wundervolle Fest der Kreuzerhöhung.
Euphemia, Lambertus, gebt uns Schutz.
Matthäus und Mauritius, erbarmt euch meiner Seele.
Vigilius und Cosmas, Wenzeslaus und Michael,
Hieronymus, Remigius. So spring denn, Franz,
mit deiner Kutte auf zum Tanz!

Ich habe hier Textphasen ausgewählt mit verhältnismäßig geringer Namensdichte. Sonst sind die Namen meist enger gereiht, stärker komprimiert. Denn dies ist das Organisationsprinzip eines Kalenderliedes: jedem Tag entspricht eine Einheit – ein Wort, ein Satz oder ein Vers. Hier hat sich Oswald für Worteinheiten entschieden: einunddreißig Wörter für den Januar, achtundzwanzig für den Februar und so weiter. Oswald hat dabei aus metrischen Gründen mehrfach die Heiligennamen auf Silbenkürze komprimiert. Auch dies hatte Tradition: Kalendertexte, in denen jedem Tag eine Silbe entsprach. So wurde Agatha auf Ag reduziert, aus Dorothea wurde Dor und Math stand für Mathias. Andererseits gab es Ausschmückungen, Umschreibungen. Dennoch mußte jeder Heiligenname auf den Namenstag fallen: Oswald hier als Bastler und Tüftler. Auch wenn er das Kalenderschema nicht selbst aufgestellt hat – es blieben genügend technische Schwierigkeiten:

der jeweilige Sättigungsgrad mit Heiligennamen war zu beachten, die Einordnung dieser Informationen in das metrische Schema, und reimen mußten sich die Merkverse auch.
Und noch etwas: das erste dieser Kalenderlieder war mit einem Neumondkalender gekoppelt! In der Handschrift sind Wort für Wort untereinandergesetzt, neben jedem Tageswort oder Tagesheiligen drei Zahlen und ein Buchstabe. Die Buchstaben als Chiffren für die Wochentage, die drei Zahlenkolonnen sind (laut Kommentar der Handschrift) ausgewiesen als: Goldene Zahl, Stunde, Minute. Ich kann dieses mathematisch-astronomische System hier nicht erläutern, will nur andeuten: mit Hilfe der Goldenen Zahl 19 ließ sich in 19-Jahres-Zyklen jeweils auf die Minute genau das Erscheinen des Neumondes berechnen; damit wiederum konnten auf Jahrzehnte hinaus die beweglichen kirchlichen Feiertage vorausbestimmt werden. In der Gebrauchsanweisung des angegliederten Neumondkalenders heißt es in der Handschrift: »Wenn ihr wissen wollt, wann Fastnacht ist, so . . . « und es folgen Angaben über die Berechnung. Nun ging es natürlich nicht bloß um die (fiebernde) Vorausberechnung der Fastnacht oder die (fromme) Erwartung des Pfingstfestes, dieses Kalendersystem wurde beispielsweise benutzt zum Datieren von Briefen, zum Entschlüsseln des Termins, an dem ein Vertrag geschlossen wurde; damals gab man nicht einfach die Tageszahl an. Wie der Zusatzkalender funktionierte, dafür gibt Kersken ein Beispiel: »Im Jahre mit der Goldenen Zahl 2 (= 1426) tritt am Erhartstag (= 8. Januar) der Neumond ein um 11.32 h, der Wochenbuchstabe ist A, der Sonntagsbuchstabe f, der Erhartstag fällt 1426 also auf einen Dienstag.« So lassen sich mit diesem Kalenderlied und den begleitenden Zahlenreihen zwischen Januar 1421 und Januar 1478 verschiedenste Daten vorausberechnen, und zwar nach Wiener Ortszeit.
Kersken weist darauf hin, »daß Kalender dieser Art sehr neu und sehr aktuell waren; immerhin stammen die frühesten von Ende 1420!« Diese »Weltneuheit«, an der Wiener Universität entwickelt vom Mathematiker Johannes de Gamundia, wurde von Oswald also sehr rasch aufgegriffen! Das läßt wieder schließen auf seine Wachheit, sein Interesse an Neuem – sogar auf diesem Gebiet. Ich sehe ihn nun als jemand, der (nach einer Vorlage) eine kalendarisch-astronomische Wortmaschinerie zur Zahlentabelle konstruiert.
Anlaß zum Staunen. Das wird noch entschieden größer, wenn man beobachtet, wie Oswald in den Kalenderliedern Assoziationsmöglichkeiten von Wortklängen genutzt hat. So lautet eine

Dezember-Zeile: »Cant fröleich sola barbara.« Damit sind hier (ich folge dem Kommentar von Kersken) drei Heiligennamen aufgezählt. Zuerst eine Abkürzung für die heilige Kandida, Apostelschülerin, weiblicher Märtyrer. Als zweites das Adjektiv »fröhlich«. Drittens, für den dritten Dezember: Sola, Priester und Einsiedler bei Solnhofen. Viertens, für den vierten Dezember: Barbara aus Nikodemia, jungfräulicher Märtyrer, sie gehört zu den vierzehn Nothelfern.
Mit diesen Namen und diesem Adjektiv hat Oswald nun ein erstaunliches Kunststück vollbracht! Fangen wir wieder an beim ersten Dezember: »cant«. Dies ist, so weist Kersken nach, mit der Abkürzung für Kandida zugleich der endungslose lateinische Imperativ »canta«, singe! Kombiniert mit dem zweiten Wort: Singe fröhlich! Und nun: Sola. Dieser Name wird aufgelöst in zwei Silben, so und la, und die wiederum entsprechen zwei der damaligen Notenangaben: sol und la. Damit verwandelt sich die Liste in zweiter Ebene in den Aufforderungssatz: »Singe fröhlich ›sol, la‹, Barbara!« Werden hier nicht schon Techniken von James Joyce vorausgenommen?

148 Des grossen herren wunder/ nymant volsingen mag/ doch wil ich ains wesunder/ vast legen an den tag/ wie sich der mensch formiret/in der planeten purt/von den er wirt getziret/geswechet und naturt/Zwelf zaichen clar durch gette/die volgen auch darczw/mit siben der planeten/tägleichn spat und fru/ sich maisterleich' sencken/tieff in dez menschen prutt/darnach ez sich muzz lenken/mit leib sin und gemüt. Die andere Sprache, das andere Bewußtsein: wieder einmal muß Distanz deutlich, damit bewußt gemacht werden. Oswald von Wolkenstein, der zuweilen fast modern wirkt, gelegentlich sogar avantgardistisch (vor allem in den polyphonen Sprachstrukturen), dieser Wolkenstein war ein Mann des beginnenden 15. Jahrhunderts, in dem man, beispielsweise, unterschied zwischen einer lunaren und einer sublunaren Welt, und man war weithin der Überzeugung, die sublunare Welt sei abhängig von den Bewegungen der Planeten, Gestirne; der Mensch, aus Elementen zusammengesetzt, unterliege wie alle anderen Phänomene der sublunaren Welt diesem astralen Einfluß; aus den Charakteristika der Gestirne seien ihre Beziehungen zu bestimmten Säften und Organen des Körpers abzuleiten. Ich werde den Text seines Planetliedes (Kl 22) nicht übersetzen, auch nicht kommentieren, er soll für uns Sprachfos-

sil, Bewußtseinsfossil bleiben. Jovis der tugent krone/ vber all tugend frisch/ der schütz hilft im dez schone/ darczw der edl visch/ feucht haiss zw fride schissen/ sich schamen pozzer weiss/ hoffleich an allez v'drissen/ grozz prust ain runt person/ eng pra dun lebs an fassen/ lang tzend dikk wagen gedon/ mistrawig wankler sinne/ tzw reiten gir von stat/ genaiget tzw der minne/ hugleich tzw aller tatt.

149 Wahrscheinlich 1424 ließ Oswald seine erste Ausgabe gesammelter Lieder und Liedsätze anlegen. Der Zeitpunkt ist einerseits verwunderlich, andererseits verständlich. Oswalds wirtschaftliche Situation war miserabel – und ausgerechnet nun die hohen Kosten für eine Pergamenthandschrift in repräsentativer Aufmachung! Andererseits: Oswald wußte nicht, was ihm die Zukunft brachte und vor allem: nahm – so war es höchste Zeit, die Arbeiten zusammenzutragen.
Angefertigt wurde die Handschrift gewiß nicht auf Hauenstein – dazu waren Experten nötig. Und die gab es beispielsweise in der Schreibstube des Klosters Neustift – höchstwahrscheinlich, so nimmt Erika Timm an, wurde dort die Handschrift hergestellt; Textschreiber, Notenschreiber, Initialenmaler unter einem Dach. Es ist oft erörtert worden, ob und wieweit Oswald die Herstellung der Handschrift(en) beaufsichtigt hat: war er hier gleichgültig, großzügig oder gewissenhaft?
Pauschal läßt sich, zumindest für diese erste Handschrift, sagen: Oswald hat keine ständige, geschweige denn systematische Kontrolle durchgeführt – dann wäre die Zahl der Schreibfehler, Lesefehler, ja Verständnisfehler erheblich kleiner! Oswald hat, nach der überzeugenden Darstellung von Erika Timm, im Skriptorium Einzelblätter vorgelegt, die er für sich und mitwirkende Musiker benutzte. Bei der Zusammenstellung dieser Lieder und Liedsätze zeigt sich keine Konzeption, weder thematisch, noch formal, noch chronologisch (leider!). Einziges Anordnungsprinzip: Liedtexte, die zu *einer* Melodie geschrieben wurden, sind in Gruppen zusammengefaßt; so mußten nicht mehrfach dieselben Noten abgeschrieben werden.
Die Handschrift liegt in Wien. Ich habe sie nicht gesehen, kenne sie nur in einer fotomechanischen Reproduktion, die Müller als Privatdruck veröffentlichte. Während ich an diesem Buch schreibe, wird eine farbige Faksimile-Ausgabe hergestellt, eingeleitet von Francesco Delbono. Die Handschrift ist vor allem für die Mu-

sikwissenschaft wichtig, die sich bisher nur recht wenig für Oswald interessiert hat; die musikalische Notation (mensuriert) ist hier vielfach exakter als in der späteren Innsbrucker Handschrift (B).
Einige Angaben, wie ich sie im Vorwort der Schwarzweiß-Reproduktion finde: das Format 37 mal 27, insgesamt 61 Pergamentblätter; der Ledereinband, rissig und wurmstichig, stammt aus dem 15. Jahrhundert; die Texte sind mit brauner und schwarzer Tinte geschrieben, die Notenlinien und technischen Anmerkungen mit roter Tinte, die Initialen sind meist blau und rot; auf Blatt 38 das Inhaltsverzeichnis für die ersten 42 Lieder – es ist datiert auf 1425. Die Handschrift enthält insgesamt 108 Lieder; mehrere von ihnen sind in Nachträgen aufgezeichnet, unter ihnen auch ältere Texte. Die letzte dieser Eintragungen von (ungefähr) 1441 – zu diesem Zeitpunkt war die zweite Liederhandschrift längst schon fertig. Und das ist interessant: für Oswald war die erste Handschrift demnach keineswegs überholt, als er die zweite anfertigen ließ.

150 Wie teuer solch eine Handschrift war, dazu kann ich keine Angaben machen – Abrechnungen, Belege sind nicht überliefert. Walter Krieg hat ein Kapitel über »Handschriften-Preise im 14. und 15. Jahrhundert und die Bücher-Preise der Inkunabelzeit« geschrieben, aber hier finde ich wenig, das mir weiterhilft: bei den wirren Währungsverhältnissen jener Zeit sind Umrechnungen äußerst schwierig; sinnvoller wären Angaben über den Gegenwert in Naturalien. Die bringt Krieg aber nur für einen Inkunabel-Druck von 1482: für den konnte man, umgerechnet, 95 Kilo Rindfleisch oder 84 Kilo Schweinefleisch (ohne Knochen) kaufen oder 3 geschlachtete Kälber oder 8 geschlachtete Schafe oder 14 Lämmer oder 25 Kilo Schafwolle oder 60 Kilo Schmalz oder 63 Kilo Nüsse oder 20 geschlachtete Spanferkel oder 2500 Eier oder 300 Salzheringe – und so weiter. Das ist nun freilich mehr als ein halbes Jahrhundert später, ist zudem der Gegenwert eines Drucks. Auch wenn diese frühen Drucke teuer waren – Handschriften waren, als Unikate, noch teurer, und so läßt sich voraussetzen, daß man zu Oswalds Zeit für den Preis einer Handschrift erheblich mehr Kälber oder Schafe kaufen konnte, Wolle, Schmalz, Nüsse, Gänse, Eier oder Heringe, daß man, umgekehrt, ein erhebliches Quantum an Naturalabgaben verkaufen mußte, um solch eine Handschrift bezahlen zu können.

151 Das Austüfteln eines Kalenderliedtextes, vielleicht auch die Arbeit an einem neuen Lied, die Verwaltung des Besitzes, die Mehrung der Einkünfte auf Kosten anderer, das Anlegen der Sammelhandschrift – und wie war die politische Lage, wie sahen hier Oswalds Aktivitäten aus?

Weiterhin die Belagerung von Greifenstein, aber insgesamt scheint dieses Jahr 1424 innenpolitisch ruhig gewesen zu sein. Im Spätherbst dieses Jahres begann sich eine neue politische Entwicklung anzudeuten, zumindest für die gut Informierten, und zu denen dürften die Wolkensteiner gehört haben; über Freunde, zumindest Sympathisanten am Innsbrucker Hof werden sie wohl erfahren haben, daß – durch Briefe oder Delegierte – Vorbesprechungen stattfanden zwischen König Sigmund und Herzog Friedrich, daß eine neue Versöhnung vorbereitet wurde.

Die Initiative dazu ging vom König aus. Wolkenstein-Rodenegg nennt einen der Gründe: das gespannte Verhältnis zwischen dem König und dem neuen Kurfürsten-Bund (»Binger Kurverein«): Pfalzgraf Ludwig war einer der entschiedensten Vorkämpfer dieser Opposition gegen den König. Bei solch einem Machtkampf konnte sich Sigmund nicht auch noch eine Reichsfehde mit Herzog Friedrich leisten.

Zweiter Grund: Sigmund brauchte (auch) Friedrichs Unterstützung beim Kampf gegen die Hussiten, die bisher stets siegreich gewesen waren und auf Streifzügen, Raubzügen, Feldzügen tief in das Reichsgebiet eindrangen.

In einer politischen Allianz zwischen König und Herzog konnte Oswald nur eine Gefahr sehen, politisch und persönlich. Politisch: der König hatte sich bisher zwar nur durch Proklamationen, nicht durch Aktionen für den Adelsbund eingesetzt, aber immerhin: er hatte Partei ergriffen, hatte dem Tiroler Adel einen wenigstens ideellen Rückhalt gegeben. Wenn nun die Konfrontation zwischen König und Herzog aufgehoben wurde, so war der Adel isoliert, zumindest für die nächste Zeit.

Und in persönlicher Hinsicht: auch hier hatte die Hilfe des Königs meist nur in schriftlichen Bekundungen bestanden, kaum in direkter Unterstützung – aber sollte nun auch dies wegfallen? Es gab hier für Oswald nur zwei Möglichkeiten: daß sich König und Herzog gemeinsam von ihm abwandten, aus politischem Kalkül, oder: daß er nun auch beim neuen Verbündeten des Königs um Schutz, um Protektion, zumindest um Wohlwollen bat.

Oswald diktierte, wohl Mitte November oder im letzten Monatsdrittel, einen Brief an den König. Dieses Schreiben ist nicht erhalten, wurde bisher wenigstens nicht wieder aufgespürt, aber aus der

Antwort des Königs läßt sich ablesen, was Oswald vorgetragen hat: der König möge bei Friedrich Fürbitte für ihn einlegen. Also hatte Oswald nur über seine persönliche Situation geschrieben, nicht über die Zukunft des Adelsbundes. Das hätte eventuell gefährlich werden können: wenn König und Herzog wieder einmal Arm in Arm gingen, wie seinerzeit in Italien, konnte vielleicht auch solch ein Schreiben zur Sprache kommen. So beschränkte sich Oswald auf die persönliche Bitte. Dabei hat er vielleicht so kalkuliert: Friedrich wird bei dieser Verhandlung Konzessionen machen müssen, warum dann nicht auch eine Konzession ihm gegenüber? Ein gnädig-lässiges Abwinken: den Fall Wolkenstein werde ich jetzt beilegen, gütlich, das soll kein Faktor sein, der die neue politische Allianz belastet?

Am 15. Dezember 24 wurde in der königlichen Residenz in Buda ein kurzes Schreiben des Königs an Oswald ausgefertigt und abgeschickt. »Edler und lieber Gefolgsmann! Deinen Brief, den Du Uns jetzt geschickt hast, haben Wir zur Kenntnis genommen. Du bittest darum, daß Wir an Dich denken sollen, wenn Uns der hochgeborene Friedrich, Herzog von Österreich, aufsuchen wird. Du weißt sehr gut, daß Wir Dir, soweit es in Unserer Macht stand, stets gnädig und geneigt gewesen sind. Das wollen Wir auch jetzt gern tun, wenn Wir Uns mit dem obengenannten Herzog Friedrich treffen. Jedoch sorge dafür, daß Uns bezüglich dieser Angelegenheit jemand noch einmal vorträgt, was Wir für Dich tun können. Wir wollen Uns dann als gnädig erweisen.«

Ein huldvoll herablassendes Schreiben. Angesichts der Blockbildung am Oberrhein und der Hussitengefahr war dem König der Fall Wolkenstein verständlicherweise nicht sehr wichtig, so etwas wurde bei einer Verhandlung höchstens am Schluß erörtert, unter dem Punkt ›Verschiedenes‹, vorausgesetzt, man erhielt rechtzeitig noch einmal eine schriftliche Vorlage oder wurde mündlich daran erinnert.

Dieser Brief wird bis Mitte Januar auf Hauenstein eingetroffen sein. Oswald dürfte zu diesem Zeitpunkt gewußt haben, daß das ›Gipfelgespräch‹ schon Mitte Februar auf Hornstein stattfinden sollte. Wen sollte er schicken, um den König an seine Zusagen zu erinnern?

Aber ging es nur um seinen Rechtsfall? Ich nehme an, in dieser Zeit werden Besprechungen mit seinen Brüdern und Freunden stattgefunden haben – auf ihre Initiative hin? Vorstellbar, daß die Brüder und auch Freunde Oswald gedrängt haben, selbst nach Ungarn zu reiten, um das Schlimmste zu verhindern. Daß Oswald auch aus politischen Gründen nach Ungarn ritt, schließe ich aus einem

Hinweis von Kl 55, das ich im nächsten Kapitel vorstellen werde: demnach versuchte er, gemeinsam mit einem Ebser beim König vorzusprechen. Noggler er hat diesen Mann mit Wilhelm Ebser aus Kufstein identifiziert, der beim Streit zwischen den Brüdern Starkenberg und dem Landesherrn die Partei der Starkenberger vertrat, wohl als Rechtsbeistand. So wird ihn Oswald schon vor dem Aufenthalt in Preßburg gekannt haben – wahrscheinlich waren sie gemeinsam losgeritten.
Es ging wohl sofort nach Hornstein. Sigmunds Anwesenheit auf dieser Burg ist für das Jahr 1425 zum ersten Mal am 14. Februar nachweisbar. Und an diesem Tag wurde Oswald ein Schutz- und Geleitbrief für einen Rechtstag in Wien ausgestellt: dort solle am 15. April die Streitigkeit mit Herzog Friedrich zum Austrag kommen. Oswald war also ganz knapp vor dem Herzog auf Hornstein eingetroffen – vielleicht auch war der Herzog bereits dort, denn drei Tage später fand schon die offizielle Versöhnung statt!
Daß der König einen Rechtstag ansetzte, war schon viel. Hat Oswald versucht, noch mehr zu erreichen, nun politisch? Wollte er im letzten Moment einen Keil treiben zwischen die versöhnungsbereiten Kontrahenten? Was er in dieser Lage auch gegen den Herzog vorbringen konnte – es blieb wirkungslos, die Versöhnung fand statt, am 17. Februar.
Friedrich erhielt nun Orte und Ländereien zurück, die Sigmund Ende Februar 1417 in Konstanz als »verfallene Herrschaften« eingezogen und verpfändet hatte: Feldkirch, Breisach, die Vogtei von Diessenhofen, die »Molli Truchsess« zustand, auch Stein, auch Freiburg. Weiter wurden Friedrich einige Pfandbeträge garantiert, mal 50, mal 60 Gulden, mal 41 Mark in Silber. Aus vielen Posten setzte sich so der Gesamtpreis für Friedrichs zukünftige Loyalität und Kooperation zusammen.
Eigentlich hätte Oswald jetzt nur noch zurückreiten können, mit dem Schutz- und Geleitbrief für den Rechtstag nach Ostern. Aber in Kl 55 berichtet er, wie er in Pressburg versuchte, (noch einmal) eine Audienz beim König zu erhalten. Nach den Regesten ist Sigmund zum ersten Mal wieder für den 22. Februar in Preßburg nachzuweisen, und am 28. Februar in Tirnau. Oswald wird also am 22. Februar oder unmittelbar danach versucht haben, mit dem König zu sprechen.
Aus dem Liedtext läßt sich – mit Vorsicht freilich – schließen, daß ihm die Audienz verweigert wurde, zumindest aber: daß er lange antichambrieren mußte, dann versuchte, mit einem Trick an den König heranzukommen.
Daß Oswald dem König in dieser Lage eher lästig als willkommen

war, läßt sich vorstellen: in der Rechtssache konnte und wollte er nicht mehr für Oswald tun, und politisch war eine Entscheidung gefallen, die sich vorerst nicht mehr revidieren ließ. So mag das Gespräch denn recht knapp und eher beiläufig gewesen sein. Oswald muß gleich danach zurückgekehrt sein, denn im März ist er bereits wieder nachweisbar in Tirol.

152 Zwei Liedtexte nun, die während oder kurz nach dieser Reise geschrieben wurden. Zum ersten Text liegt wieder eine Wortschatzuntersuchung von Okken vor.

Womit mein Schatz mich je beglückt –
ich habe daran arg gewürgt!
So manches Eisenstück mit Rost
servierte sie als Liebesmahl.
Hier kommt die Sprache nicht mehr mit.
Mich ließ das Glück doch sehr im Stich
seitdem sie mich, oh große Qual,
voll Liebe aufzog, Füße an der Stange.
Dazu kam andere Tortur,
mit der die Liebe mich gepackt.
Falls sie dafür ein Danklied wünscht,
da wird sie noch ein Weilchen warten müssen!
  Nur wegen ihr
  da leide ich
  in Ungarn hier
  an Flöhen scharenweise:
  die zwicken mich
  und zwacken mich
  und zippen mich
  und zoppen mich –
  zur Buße wird die Reise!

In Preßburg vor dem Ofenloch,
da hielt ich mit dem Ebser Rat.
Ja schüren, heizen konnt ich noch –
hab so den König rausgejagt!
Ich machte auf mich aufmerksam.
Er sagte mir: »An deinem Leid
ist die nur schuld, die dich verließ,
weil deine Geldpotenz ihr nicht mehr reichte.«

Ich gab zur Antwort, ganz naiv:
»Hätt ich nen schweren Sack gehabt,
verstehn Sie, Hoheit, was ich meine,
es wär bei ihr gelaufen, wie geschmiert!«
  Nur wegen ihr
  da leide ich
  in Ungarn hier
  an Flöhen scharenweise:
  die zwicken mich
  und zwacken mich
  und zippen mich
  und zoppen mich –
  zur Buße wird die Reise!

Ich hoffe, der Prozeß steht gut –
gäb Herzog Friedrich nur mal nach!
Falls er den Streit noch weiterführt,
so endet dieser Spaß sehr schlimm.
Sechstausend Gulden fordert er –
ja, welche Liebe hält das aus?
Hätt ich die Trennung akzeptiert,
ich müßte mich auf dieser Bank nicht wälzen,
in Ungarn hier, in langer Nacht,
wo man als Kissen Sättel nimmt.
Deshalb – beim Lieben denkt daran:
euch soll die Freundin glücklich machen!
  Nur wegen ihr
  da leide ich
  in Ungarn hier
  an Flöhen scharenweise:
  die zwicken mich
  und zwacken mich
  und zippen mich
  und zoppen mich –
  zur Buße wird die Reise!

»In Preßburg vor dem Ofenloch«: ist hier ein allgemeines ›Einheizen‹ gemeint, oder hat diese Anekdote einen realen Kern? Möglich wäre dies: ein Ofen, der vom Vorzimmer her geheizt wurde, und nach (allzu) langem Antichambrieren wurde tüchtig geschürt, der König hielt es nach einiger Zeit vor Hitze nicht mehr aus in seinem Arbeitszimmer und kam – wohl fluchend – heraus. Nach diesem Lied (Kl 55) nun ein Reiselied (Kl 30), dessen erste

Strophe ich bereits vorgestellt habe. Auch bei diesem Text: Oswald wollte kein gereimtes Reisetagebuch vorlegen, er wollte ein Lied verfassen, das ihm beim Schreiben und Singen, das seiner Clique beim Zuhören Spaß machte. Erschreckend für uns die Ratschläge zur Kindererziehung. Reflexionen zur Erziehung gab es in seiner Zeit aber so gut wie überhaupt nicht, sie setzten erst später ein, mit dem Humanismus. Oswald formulierte hier wohl Methoden, nach denen er selbst erzogen worden war und nach denen er auf Hauenstein seine Kinder zurechtstauchte.

An Plagen, die das Ausland bot,
da wurde mir nichts mehr zur Last
als eine Unterkunft mit vielen Kindern.
Ihr Schreien hat mich oft betäubt,
daß ich mein eignes Wort nicht mehr
verstehen konnte. Ganz speziell im Winter,
wenn ich den langen Tag nur fror,
mich müderitt – da machte sowas wenig Spaß!
Die größte Stube wurde mir zu eng!
In mancher Wiege lag ein Kind
dort mit Gebrüll, hat mir die Ohren vollgegellt!
Da hör ich lieber doch die Nachtigall . . .

Die Schreierei, dies Hurlahei!
Da lob ich mir den sanften Mai,
besonders, wenn sich zwei in Liebe finden.
Mir wirds zuviel, wenn so ein Kind
mir lästig wird mit dem Gebrüll
und mich beim Singen irritiert, verwirrt
mit mancher schlimmen Dissonanz,
und falsettierend, nichts von schöner Harmonie!
Was da erklang, das hat mich arg verdrossen!
Mal schweigen, nein, das ist zuviel.
Sind widerspenstig wie so manche böse Katz.
Mit meiner Pratze kriegen sies zu spüren!

In Preßburg, Ungarn, war ein Kind,
das machte manches Haar mir grau,
nur zweieinhalb wars, ließ mich kaum mal schlafen,
die ganze Nacht gings durch.
Auch Flöhe hielten mich auf Trab –
was ich erwischte, hussa!, mußte büßen.
Das Kind schrie oft: »Ich habe Durst!«

Sofort trug man ihm Wein auf, Bier, als seis ein Fürst,
und Fisch, Huhn, Wurst – grad, was sein Herz begehrte.
Und trotzdem gab es selten Ruh.
Ich hab so manches Mal es in die Haut gezwickt,
ganz heimlich, fest – das änderte den Klang.

Ich staune sehr, daß mancher Mann
mit seinem Kind nicht fertig wird,
nur alles hingehn läßt, ganz ohne Schläge:
da zeigt sich wahrlich kein Verstand,
das ist ein Gehen wie auf Eis,
so macht man sich am Nachwuchs nicht verdient.
Ihr Mütter, habt ihr nie gelesen,
was altbekannt ist: »Wer sein Kind liebt, schlägt es auch«?
Den Herrn im Himmel macht ihr nur zum Spott,
wenn ihr sie frei gewähren laßt,
das macht euch auf die Dauer doch nur Ärger, Last,
das wird sich rächen, hat nur schlimme Folgen.

153 Zwischen 1422 und 1425 hat Oswald ein großes Klagelied geschrieben über die Falschheit dieser Welt, über die Eitelkeit menschlichen Treibens, auch seines eigenen. Bei diesem Text (Kl 11) habe ich, wie auch bei einigen anderen Liedern dieser Phase, Assoziationen an eine spätere literarische Epoche: an Dichtungen des Barock, speziell des Andreas Gryphius. Assoziationen – hier bestehen keine direkten Beziehungen, der Schlesier kann den Tiroler nicht gekannt haben, Wolkensteins Werk war längst vergessen, dennoch gibt es erstaunliche Entsprechungen, nicht nur im gemeinsamen Gebrauch mittelalterlicher rhetorischer Formeln, auch in der Intensität, mit der sie ihre Vergänglichkeitsarien anstimmen, die Klagen über die Eitelkeit alles Irdischen: vanitas, memento mori.

Du schlechte Welt –
wie lange mich auch Leib und Gut mit dir verbinden,
ich sehe nur, daß du ganz nichtig bist
in Worten, Taten und Verhalten.
Du bist so unbeständig,
daß ich dich vorn und hinten nicht versteh!
Mit Lug und Trug
kannst du allein entgelten;

mit Mühe, Mühsal, großer Last,
mit Winkelzügen, Tücke
machst du den Weg zur Hölle kurz.
Darüber klagt, ihr eitlen Frauen, Männer!
Wir streben täglich, Tag und Nacht,
nach Ehre und Besitz –
erreichen wir, was wir gewünscht,
so haben wir zuletzt nicht mehr
als magre Speise, dünnes Kleid –
und was an guten Taten oben für uns spricht.

So mancher sagt,
er wäre mir für immer fest verbunden,
er diene mir mit Leib und Gut,
das würde sich nicht ändern . . .
Doch käme ich als armer Mann zu ihm,
da wünschte er, ich wäre, wo der Pfeffer wächst!
Zu Adams Kindern
darf man nicht viel Vertrauen haben,
nur einem soll man dienen: Gott.
Die Welt besteht aus Dreck.
Drum wende dich mit Grauen ab
und hoff auf den, der Hilfe bringen kann.
Manch guter Mann, er tut mir leid,
und ich mir selber auch,
weil man doch nicht erkennt,
daß wie ein Rauch vergeht,
was man so angestrengt der Welt zu Diensten tut.
Wo ist der Lohn, wenn's heißt: Dies ist der Tod?

Kein ärmres Tier
hab ich gefunden unter allen Kreaturen,
als eines, das den Fürsten dient.
Mit Haut und Haar verkauft man sich
an seinen Herrn für kleinen Lohn –
das tät ein Esel nicht, und wär er frei!
Reit, schlag und stich,
stiehl, raub und brenn und schone nicht die Menschen,
nimm Roß und Wagen, Huhn und Hahn,
zeig keine Rücksicht mehr –
du weißt, dein Herr hat Spaß an dir,
wenn er dich sieht bei solchem Treiben.
Ja, lauf ihm nach und wart auf ihn,

(vor allem: ist er Fürst!)
schau ständig nach ihm aus, umdiene ihn,
damit er dich bemerkt;
und falls er huldvoll mal ein Wörtlein sagt,
so nimm es als Geschenk des Himmels!

Ihr Vögelchen
und auch ihr andren Tiere, wild und zahm,
ihr kennt die rechte Liebe:
ein jedes sucht sich seinesgleichen,
ein jedes Männchen hat sein Weibchen,
wenn Not ist, helft ihr gegenseitig.
Doch meine Freunde –
sie würden zusehn, wie ich krumm werd, lahm,
eh mich mal einer unterstützte!
Und könnte man mich damit retten,
Gesundheit geben, Schmerzen nehmen –
ich würde eher wie der Schnee vergehn!
Die Liebe, die ein Mensch dem anderen erweist,
sie hätte keinen Wert,
gäb es nicht Aussicht auf Geschenke
und Hoffnung auf Besitz.
Dem eignen Kind wär ich zuviel,
wenn es auf Dauer keinen Nutzen von mir hätte.

Und könnte ich
mir ganz nach Lust, recht wie es mir gefällt,
das Leben selbst gestalten,
mit allem Philosophenwissen –
ich könnte es nicht richtig planen,
da ginge mir auf Dauer alles schief.
Was hilft denn meine Gier
nach viel Besitz, gesellschaftlichem Rang,
was hilft mir Silber oder Gold,
was hilft die Frauenliebe,
wenn Weltlust rasch entwertet wird,
und ich doch weiß, daß ich bald sterben muß.
Mach nur Turniere, lauf, tanz, spring
auf einem großen Platz,
sorg nur für Kurzweil, Hofplaisir,
mach Sprünge wie die Katz –
wenn dann der Spaß vorüber ist,
geh nochmal hin: da ist die Stätte öd.

Mich wundert sehr,
daß wir so fest auf diese Erde bauen
und sehen doch, wie es vergeht.
Wo sind denn meine Freunde und Kumpane?
Wo meine Eltern und die Ahnen?
Wo sind wir alle denn nach mehr als hundert Jahren?
Mich wundert außerdem,
daß ich nie loskam von der Frau,
die mich so lang betrogen hat
und mir nur Unglück brachte;
mich hat mein eitler Sinn verblendet,
ich sah nicht, daß sie mir gefährlich war.
Wir bauen uns den größten Tand
an Häusern, schönen Burgen –
dabei reicht schlichtes Mauerwerk,
das wird uns überdauern.
Hört, Brüder, Schwestern, arm und reich:
baut nur auf den, der euch auf ewig schützt.

Ist das nicht eine alte Leier: daß sich jemand einsichtig äußert und uneinsichtig verhält? Daß einer moralische Erwägungen anstellt und unmoralische Handlungen ausführt? Nähme man den Oswald dieses Liedes beim Wort, er müßte ein ganz anderer Oswald sein: einer, der sein rücksichtsloses, oft brutales Besitzstreben aufgibt, weil er die Eitelkeit, den Wahn durchschaut – einer, der weise wird. Oswalds Verhalten läßt aber nicht darauf schließen. Hat er also literarisch geheuchelt? Oder gab es bei ihm zumindest Ansätze zu solchen Einsichten?
Vor die Frage nach dem Verhältnis zwischen literarischer Äußerung und biographischer Realität stellt uns auch die folgende Altersklage: Kl 5. Oswald hat diesen Liedtext ebenfalls zwischen der ersten Gefangenschaft und diesem Jahr 1425 geschrieben: beide Klagelieder sind im Inhaltsverzeichnis aufgeführt, mit dem 1425 die bisherige Arbeit an der ersten Sammelhandschrift zusammengefaßt wurde.

Ich sehe, höre,
daß mancher klagt, wenn er Besitz verliert;
ich freilich traure meiner Jugend nach,
daß ich die Leichtigkeit verlor,
mit der ich früher so dahingelebt,
und die mir nicht geschadet hat, in dieser Welt.
Geschwächt und krank

verkünden Kopf und Rücken, Beine, Hände, Füße nun das Alter.
Was ich vertan hab, ohne Not,
Herr Leib, den Übermut laßt Ihr nun büßen
mit fahlen Farben, roten Augen,
mit Runzeln, Grau – gemessen sind jetzt Eure Sprünge.
Mir werden schwer Gemüt und Hirn, die Zunge und der Schritt.
Mein Gang ist vorgebeugt.
Das Zittern schwächt mir alle Glieder.
»Ohweh!« heißt nun mein Lied,
das stimm ich an bei Tag und Nacht.
Und brüchig ist schon mein Tenor.

Ein krauses, helles Haar
hat früher meinen Kopf bedeckt, in dichten Locken –
das wird nun scheckig, grau und schwarz,
durchsetzt von kahlen Stellen.
Was an mir rot war, wird nun blau –
das hat schon meine Freundin abgestoßen.
Mißfarben, stumpf
sind meine Zähne, taugen nicht zum Kauen;
würd ich die ganze Welt besitzen,
ich könnte sie nicht mehr erneuern,
noch mir die Lässigkeit erkaufen –
allein im Wunschtraum will mir das gelingen.
Beim Raufen, Tanzen, Rennen,
da bin ich arg behindert.
Und kein Gesang, nur Husten in der Kehle;
der Atem wird mir knapp.
Nach kühler Erde sehn ich mich,
seit ich so schwach bin, so verächtlich.

Ja, junger Mann,
lern dies heraus: bau nicht auf deine Schönheit,
auf Wuchs und Stärke. Richte dich empor
mit geistlichen Gesängen.
Wie du jetzt bist, so bin ich einst gewesen.
Besuch mich mal – dich wird die gute Tat nicht reun.
Dies täte not:
ein Leben, das Gott wohlgefällig ist,
mit Fasten, Beten, Kirchbesuch;
auf Knien müßte ich um Gnade bitten.
Doch halte ich das nicht recht durch,
seit Alter mir den Körper schwächte.

Ich sehe immer vier statt einen,
ich höre wie durch Steingemäuer,
die Kinder lachen mich schon aus,
die hübschen Mädchen ebenfalls.
Die Unvernunft hat mir das eingebracht.
Ihr Mädchen, jungen Männer: verspielt nicht Gottes Gnade!

Oswald war nun Mitte bis Ende vierzig: bei der damals sehr niedrigen Lebenserwartung ein recht alter Mann – höchste Zeit, auch einmal eine Altersklage anzustimmen?
Der amerikanische Literaturwissenschaftler G. F. Jones hat einen Aufsatz über dieses Lied geschrieben, und er stellt fest: was Oswald hier an Alterserscheinungen nennt, stammt aus der literarischen Tradition. Jones führt zum Beleg eine Revue von Alterserscheinungen vor, wie sie im Mittelalter immer wieder genannt wurden: das Augenlicht wird schwach, man hört schlecht, die Haare fallen aus, das Gesicht wird bleich, die Zähne werden brüchig, fallen aus, die Haut wird trocken, der Atem stinkt, die Brust sinkt ein, Lachen schlägt um in Husten, die Knie sind weich, Gelenke und Fesseln schwellen an. Und stereotyp heißt es, lateinisch wie deutsch: Wie ihr jetzt seid, so waren wir; wie wir jetzt sind, so werdet ihr.
Das sind literarische Kataloge. Sind hier nicht zugleich auch Kataloge von Alterserscheinungen, die sich wiederholen? Oswald nennt denn auch Punkte, für die Jones keine Textparallelen gefunden hat. Wie er auch zugeben muß, daß sich dieser Text von den sonst üblichen allegorischen Altersbeschreibungen unterscheidet durch eine betont subjektive Position und Perspektive. Deshalb sollte sich die Suche nach literarischen Mustern und Entsprechungen nicht allzu selbständig machen. Aber wiederum: wir können in diesem Lied auch kein realistisches Selbstportrait eines alternden Mannes sehen.
Beispielsweise: wenn Oswald schreibt, er sehe immer vier statt einen – ist das eine spezifische Erkrankung des alternden Auges, oder spielt hier die rhetorische Figur des »eins für vier« mit, wie Okken im Gespräch meinte?
Ich habe einen Augenarzt befragt. Er wies hin auf das Doppelsehen: eine (Kern-)Trübung der Linse führt zu Brechungen, damit zu Verdopplungen von Konturen; ein Vervierfachen von Konturen gibt es freilich nicht. Oswalds Angabe läßt also keine konkreten Schlüsse zu auf eine medizinisch benennbare Erkrankung des Auges, hier kann wohl nur gemeint sein: die Seh- oder Trennschärfe des linken Auges ließ nach.

Bei der Darstellung des geschlossenen Auges, so meinte übrigens der Augenarzt, könnte der Maler aufgeschönt haben, denn das Auge muß bei einer Verletzung ausgelaufen, dann ausgetrocknet sein. Das heißt: über dem weggeschrumpften Auge sank das Oberlid ein – auf dem Gemälde aber ist es ausgewölbt, als wäre unter dem Lid noch ein Augapfel.
Möglich ist freilich auch: es war nur ein Familienhistörchen, daß Oswalds Auge in der Kindheit ausgeschossen wurde, ein späterer Erklärungsversuch, ebenso unbegründet wie die Fabel, er habe sein rechtes Auge beim Kampf um Greifenstein verloren – es konnte sich vielmehr um eine angeborene einseitige Lidlähmung (Ptosis) handeln. Dann würde die Darstellung des Malers wieder stimmen: das Lid ausgewölbt über dem (freilich funktionslosen) Augapfel.
Noch eine Beobachtung: der Maler zeigt, daß rechts das Unterlid leicht vorhängt, Bindegewebe wird rötlich sichtbar: so konnte verhältnismäßig viel Tränensekret ausgeflossen sein. Auch gab es gelegentlich wohl kleinere Entzündungen.
Ich berichte hier nun gleich von weiteren Beobachtungen, weiteren Ergebnissen von Gesprächen mit Ärzten – ich habe insgesamt vier Ärzte befragt: den Augenarzt, eine Werksärztin, die es vor allem mit äußeren Verletzungen zu tun hat, einen Internisten und einen Pathologen. Der Ärztin legte ich ein plakatgroßes blowup einer Farbfotografie des Portraitgemäldes vor – Mück hat es mir beschafft. Sehr deutlich nun die Narbe an der Unterlippe links: eine Schnitt- oder Stichverletzung, wahrscheinlich durch eine Klingenspitze, die von unten in die Lippe gestoßen wurde, einen Hautlappen ablöste. Weil nicht genäht, auch kein Preßverband angelegt wurde, ist dieser Hautlappen locker aufliegend wieder angeheilt, wulstig angewachsen.
In dieser eindrucksvollen Gesichts-Landschaft zeigt sich eine weitere Narbe, als Kreissegment über der Oberlippe. Durch eine Hieb- oder Stichwaffe kann diese wie gezirkelte Narbe nicht entstanden sein, nur durch einen scharfrandigen, runden Gegenstand. Also wohl durch ein Gefäß – ein Trinkgefäß? Ein irdener Krug oder Becher kann es nicht gewesen sein, dessen Rand ist zu dick. Ein Glas auch nicht – die Glasränder waren damals ebenfalls recht dick, auch hätte das Glas wahrscheinlich gesplittert, und das würde man der Narbe ansehen. So war es wohl ein Zinnbecher, der Oswald beim Anheben oder Ansetzen hart gegen das Gesicht geschlagen wurde, und so schnitt sich der recht scharfe Rand des Bechers in das Fleisch ein. Eine Wirtshausschlägerei?
Wieder zu den Befunden des Augenarztes – es zeigt sich, daß Os-

wald seine physiologische Situation nicht allzu detailliert beschreibt, trotz der vielen Hinweise – überwiegt also die Stilisierung? Oswalds Zuhörer waren der Antwort näher: bestätigten Stimmführung und Stimmklang die Hinfälligkeit?
Oswald weist hin auf einen Qualitätsverlust seiner Singstimme, schreibt vom »tenor« – damit ist die melodieführende Stimme gemeint. Ich habe den Wortakzent auf die zweite Silbe verlagert, habe damit seine (wahrscheinliche) Stimmlage benannt. Ob ténor oder Tenór – wurde die Stimme des Mittvierzigers brüchig? »Meine Singstimme ist mit Runzeln gut überdeckt« – so lautet Oswalds Aussage, wörtlich übersetzt. Eine unkonventionelle, sehr plastische Beschreibung: die Stimme nicht mehr glatt, geschmeidig, es hat sich auf ihr so etwas wie Craquelée gebildet (Haarrisse in einer Glasur oder in der Farbfläche eines Ölgemäldes). Musiker sagen in solch einem Fall: die Stimme wird brüchig. Das hat Oswald so exakt beschrieben, daß ich mir nicht vorstellen kann, dies sei wieder ein literarisches Klischee.
Bei heutigen Konzertsängern (und hier bei Tenören früher als bei Bassisten!) rechnet man mit einem Leistungsabfall etwa ab Mitte vierzig: zunehmende Verknöcherung (Ossifikation) der bis dahin weichen Kehlkopfknorpel, die Bänder zwischen den Knorpeln sind nicht mehr so elastisch, die sehr diffizile Muskulatur des Organs ist nicht mehr so flexibel – die Singstimme verliert an Qualität, vor allem in den Höhen. Hat Oswald das gemeint?
Michael Korth hat mich in einem Gespräch darauf hingewiesen, daß alte Tenöre etwa auf Kreta, in der Bretagne, in Asien bis ins hohe Alter ihre Stimmqualität bewahren, auch in den Höhen; sie singen mit »Naturstimme«. Freilich: ihre Intonation ist vielfach nasaler. Bei heutigen Konzert- und Opernsängern ist die Stimmtechnik völlig anders, sind die Anforderungen an die Stimmorgane sehr gestiegen, dadurch wird der Verschleiß beschleunigt: früher sang man vor kleinem Publikum, heute müssen die Singstimmen Konzertsäle und Opernhäuser ausfüllen. Wir können also von den Erfahrungen heutiger Konzert- und Opernsänger keine direkten Rückschlüsse ziehen.
Andererseits: der Verlust an Qualität bei der Singstimme ist ein normaler physiologischer Vorgang, und so war es wohl kaum Stilisierung, wenn Oswald sang, seine Singstimme werde brüchig. Als erfahrener Sänger hatte er freilich Techniken, das (so bald) nicht hörbar werden zu lassen. Beispielsweise konnte er die Schlüssel tiefer ansetzen, und er sang baritonaler; der (bei Oswald erstaunlich große) Tonumfang blieb damit gleich, nur vermied er allzu riskante Tonhöhen. Falls Oswald die Transpositionsschlüs-

sel nicht senkte, hatte er eine andere Möglichkeit: er sang hohe Partien nicht mehr mit Brust-, sondern mit Kopfstimme. Auf einer Opernbühne oder einem Konzertpodium trägt eine Kopfstimme nicht genügend, bei den damals kleineren Räumen, auch Sälen aber genügte Kopfstimme durchaus.
Wenn Oswald sang, seine Stimme werde brüchig, so konnte er das durchaus hörbar werden lassen, ohne zu karikieren, er konnte das aber auch übersingen, durch Transposition oder Registerwechsel. Es läßt sich also voraussetzen, daß der Sänger Oswald von Wolkenstein auch in dieser Zeit und in den folgenden Jahren Beifall fand.

154 Am 31. März 1425, zwei Wochen vor dem neuen Rechtstag in Wien, schickte Martin Jäger einen Brief an den Landesfürsten. Okken hat mir beim Übersetzen des schwierigen Schreibens geholfen.
»Durchlaucht, hochgeborener Fürst, mein gnädiger, lieber Herr, ich entbiete Euch wie stets meine untertänigen und dienstwilligen Grüße.
Gnädiger Herr! Ich habe erfahren, daß Eure Fürstlichen Gnaden eine Gerichtssitzung abhalten werden mit Oswald Wolkensteiner. Aus diesem Anlaß erhebe vor Euren Fürstlichen Gnaden Klage: dieser Oswald und seine Brüder haben mir und meiner Frau unsere Besitzungen und Einkünfte (aus Lehens- und Dienstverhältnissen) mit Gewalt und ohne Recht weggenommen, früher und auch weiterhin. Wir haben uns in dieser Angelegenheit mehrfach an Eure Gnaden, Eure Hauptleute und Eure Burggrafen gewandt und uns beschwert. Eure Fürstlichen Gnaden und Eure Hauptleute haben ihnen wiederholt und nachdrücklich die Anweisung erteilt, uns unseren Besitz wieder zur Verfügung zu stellen und auszuliefern; hätten sie ihrerseits Forderungen an uns zu stellen, so sollten sie die vor Gericht bringen. Diese Eure Forderungen und die Eurer Hauptleute sind bisher aber nicht beachtet worden, werden auch weiterhin nicht beachtet, so daß mir gegenüber weder auf gütlichem noch auf gerichtlichem Wege Genüge geschehen ist. Je öfter wir uns vor Euren Fürstlichen Gnaden beklagten, desto rücksichtsloser wurde ihr Verhalten [...] So habe ich denn dafür gesorgt, daß der Oswald mit Gottes Hilfe in meine Hände fiel. Aber dann haben ihn mir Eure Fürstliche Gnaden aus der Hand genommen, wie es die Urkunden ausweisen, die ich von Euren Gnaden besitze; sie besagen, daß Ihr ihn aus Eurer

Fürstlichen Haft nicht freigeben würdet, ehe mir in allen Forderungen, die wir ihm gegenüber stellen, Genüge geschehen ist. Nun haben ihn Eure Fürstliche Gnaden freigelassen, aber uns ist nichts wiedergegeben worden. Vielmehr haben sie, was wir noch übrig hatten (Eigen- und Lehensgut, Dienstverhältnisse) ganz und gar weggenommen und wir sind übler dran als zuvor.
Gnädiger Herr! Ich wäre gern selbst zu Euren Fürstlichen Gnaden geritten, denn die Notwendigkeit dazu ist dringlich; die Gewalt und all das Schlimme, das sie mir angetan haben und weiterhin antun, kann ich Euren Gnaden schlechterdings nicht beschreiben! Weil sie mich derart mittellos gemacht haben und weil ich von ihrer Seite aus an Leib und Leben nicht sicher bin, bitte ich Euer Fürstliche Gnaden: laßt mich Euren Fürstlichen Gnaden anempfohlen sein, gedenkt der Notlage und Bedrängnis, in der ich mich befinde. Ihr seid mir Eure Hilfe schuldig (wie überhaupt Euren Untertanen, gemäß den Versprechen, die Eure Gnaden vor Landen und Leuten gegeben haben), und so habe ich volles Vertrauen zu Euren Gnaden und erwarte, daß mir mein und meiner Frau Besitz zurückgegeben wird, den sie mir mit Gewalt und ohne Recht genommen und vorenthalten haben. Und falls etwas geschehen ist, weswegen die Wolkensteiner etwaige Forderungen an mich zu stellen haben, so will ich mit ihnen vor Euren Fürstlichen Gnaden vor Gericht gehen oder wo auch immer ich dazu nach dem Landesrecht verpflichtet bin.
Gnädiger Herr! Hättet Ihr mir den Oswald Wolkensteiner überlassen, so wäre ich von ihm und seinen Brüdern wohl mit einer anderen Regelung auseinandergegangen, die mir den großen, verderblichen Schaden erspart hätte, den ich seither habe hinnehmen müssen.«
Jäger wollte also noch einmal Dampf machen, denn nun mußte endlich das Urteil gefällt werden! Mehr als drei Jahre waren schon wieder seit dem ersten gescheiterten Rechtstag vergangen!
Oswald hatte zwar aus Ungarn den Schutz- und Geleitbrief für die Reise nach Wien mitgebracht, aber er ließ ihn verfallen. Nach der Versöhnung von Hornburg fühlte er sich wohl nicht mehr ausreichend protegiert. Wie hatte Friedrich auf Sigmunds Plädoyer für Oswald reagiert? Hatte er zu erkennen gegeben, daß er keine Verbindung sehe zwischen der politischen Allianz und diesem lokalen Rechtsfall?
Martin Jäger wird über Oswalds Ausbleiben vielleicht – erst einmal – frohlockt haben: durch dieses Verhalten konnte sich sein Kontrahent nur schaden! Zugleich wird Jäger enttäuscht gewesen sein: mehr als ein halbes Jahrhundert dauerte nun schon der Streit

mit Vater und Sohn Wolkenstein – wie lange würde das jetzt noch so weitergehen?

155 Im Mai 1425 siegelte Oswald einen Verkaufsvertrag eines Bauern zu Gais im Taufierertal: zu dieser Zeit wohnte er demnach in der Burg Neuhaus oberhalb von Gais. Oswald war Pfleger, also Verwalter dieser Burg und der zugehörigen Ländereien – war dies ein Routinebesuch? Oder hing der Aufenthalt damit zusammen, daß er nicht in Wien erschienen war? Mußte er mit der Möglichkeit rechnen, daß ihn der Herzog im ersten Zorn festnehmen ließ? Wie oft konnte sich der Herzog einen solchen Affront noch bieten lassen? Daß dies für ihn mehr war als ein Kavaliersdelikt, zeigte sich zwei Jahre später, als sich Oswald, konsequent bis zur Sturheit, wieder einmal vor einem Gerichtstermin drückte, zum Bodensee floh – da ließ ihn der Herzog verfolgen, verhaften, zurückführen, einsperren.
Die Burg Neuhaus lag damals im Ausland, in der Vorderen Grafschaft Görz. Ein regional und politisch eigentümliches Gebilde: die Görzer Grafen sprachen von ihren »Landen, Herrschaften und Gebieten«. Eins der Hauptgebiete begann an der Mühlbacher Klause, wenige Kilometer östlich von Neustift, und umfaßte das Pustertal. In diesem Gebiet Brixener Enklaven, vor allem die Stadt Bruneck, in der zuweilen der Bischof von Brixen residierte. Die Görzer Grafen hatten weiter Besitzungen in Oberkärnten, in der Umgebung von Lienz (der Hauptstadt der Vorderen Grafschaft Görz), dazu Streubesitz in Unterkärnten und bei Friaul.
Repräsentiert wurden diese Territorien zu Oswalds Zeit durch Graf Heinrich von Görz. In einem Aufsatz über *Die Grundlinien der Außenpolitik Herzog Friedrichs* schreibt Hans Kramer, Graf Heinrich sei »keineswegs eine bedeutende Persönlichkeit« gewesen. Und: »Er war zum Lavieren oder zum Anschluß an die jeweils am stärksten scheinende Macht gezwungen.« Bis 1424 schloß er sich vor allem König Sigmund an; mit ihm war er auch verschwägert. Als Herzog Friedrich in Konstanz im Gefängnis saß, unterstützte Heinrich dessen Bruder Ernst, der die Macht in Tirol übernehmen wollte, unterstützt von den Adelsbündlern. Auch kooperierten die Görzer mit den angesehenen und mächtigen Grafen von Cilli, deren Hauptinteresse es war, reichsunmittelbar zu werden. Oswald war hier also durchaus in der richtigen Umgebung! Heinrich von Görz machte Oswald einige Jahre später zu seinem »Rat und Diener«.

Weil an der Mühlbacher Klause das Territorium und die Macht von Herzog Friedrich endete, war Neuhaus für Oswald in dieser Situation ein Refugium, fast ein Exil. Er wohnte hier nicht nur als Verwalter, er besaß auch einen Pfandbrief über Neuhaus, hatte ihn bei Hans von Villanders deponieren müssen.

In der Schuldnerliste von 1418 war auch ein Hans von Görz aufgeführt. Erst schuldete er Oswald 6 Dukaten, dann 24 Dukaten, dann über 1 000 Gulden. Graf Hans Meinhart (identisch mit diesem Hans von Görz?) mußte sein gesamtes Silbergeschirr versetzen. Man war im Hause Görz also nicht immer liquid, mußte schließlich sogar die Burg verpfänden. Bei einem Betrag von immerhin 600 Mark, also etwa 1 500 Gulden, wird Oswald die kleine Burg samt Ländereien übernommen haben, er konnte hier Einkünfte ziehen, bis er das Pfandobjekt an den Verpfänder zurückgeben mußte – das Einlöserecht. Bis dahin konnte und kann man (Pfandrecht ist germanisches Recht geblieben) einen Pfandbrief an Dritte abtreten. Oswald war durch Hans von Villanders dazu gezwungen worden. Eigentlich hätte der Verwandte nun auch den Neuhauser Besitz übernehmen können, pfandweise, aber Hans von Villanders hatte sowieso schon Wohnsitze in der Grafschaft Görz, und ihm ging es vor allem um Geld.

Es gibt nun einen Brief, leider unadressiert und undatiert, in dem Oswald sich dagegen wehrt, das Pfandobjekt Neuhaus wieder zurückzugeben. Dieser Brief kann nur an einen Grafen von Görz gerichtet sein.

Waren die Besitzer nun wieder liquid, wollten deshalb die Burg einlösen? Oder gab es hier politische Motive: man wollte keine Schwierigkeiten kriegen mit dem recht mächtigen Nachbarn Friedrich? Konnte er es den Görzern nicht verübeln, daß sie dem Rechtsbrecher Asyl gewährten? Wenn Oswald pfandweise die Burg Neuhaus besaß, so konnten sie ihn nicht einfach hinauswerfen. In solch einem Fall mußte man den Pfandbrief zurückkaufen. Und dagegen wehrte sich Oswald.

»Hochwohlgeboren! Mit untertänigem, willigem Dienst stehe ich Euer Gnaden allzeit zur Verfügung.

Bezüglich der Einlösung von Neuhaus haben sich Euer Gnaden kürzlich in schriftlicher Form auf etwas unklare Weise geäußert, in der Öffentlichkeit jedoch verlautet, daß Euer Fürstliche Gnaden mit Entschiedenheit die Einlösung wünschen.

Nun ist meine Lage so, daß ich derzeit mit Leben und Besitz nicht mehr sicher bin vor meinem Herrn von Österreich; auch ist mein Geleitbrief mit dem vergangenen St. Georgstag [April] erloschen. Ich bitte Euer Fürstliche Gnaden, mir von der Urkunde, die Euer

Gnaden von mir noch in Besitz haben, möglichst rasch eine Abschrift schicken zu lassen, aus der hervorgeht, ob ich nach dem Wortlaut des Dokumentes zur Rückgabe des Pfandes zu diesem Zeitpunkt überhaupt noch verpflichtet bin. Ich werde mich in diesem Fall danach zu richten wissen, um mein Leben und meinen Besitz so in Sicherheit zu bringen, daß mir nichts Abträgliches widerfährt. Sollten Euer Fürstliche Gnaden mich hier im Stich lassen und sollte durch meinen Herrn von Österreich ein Übergriff auf mein Leben und meinen Besitz erfolgen, so hätte ich das von Euren Fürstlichen Gnaden nicht verdient, und darum, gnädiger Herr, verhaltet Euch mir gegenüber so, wie es meinem Vertrauen und meinen Verdiensten gegenüber Euer Gnaden entspricht.«
Eine Einlösung setzte voraus, daß Oswald überhaupt erst wieder über den Brief verfügte. Hätte er Hans von Villanders gebeten, ihm diese Urkunde auszuhändigen, so hätte der wohl sofort den Gegenwert in bar verlangt, als Sicherheitsleistung. Auf diese Weise hätte Oswald die Pfandsumme verloren – und Neuhaus, das Refugium, das er gerade in dieser Zeit brauchte. Also suchte er nach einer juristischen Möglichkeit, die Einlösung zu verhindern: gab es eine Frist, nach der er nicht mehr verpflichtet war, das Pfand zurückzugeben? Selbst, wenn diese Chance nur gering war – er wollte zumindest Zeit gewinnen.

156 Die Burg Neuhaus, so habe ich gelesen, ist um 1914 restauriert, ja umgebaut worden: die Burg, zu der ich hinaufgehe, ist also kaum noch identisch in ihrer Bausubstanz mit der Burg, in der Oswald zeitweise gewohnt hat.
Ihre Lage zeigt Ähnlichkeiten mit der von Schöneck: Wiesen und reichlich Fichtenwald, auf gleicher Höhe und noch höher hinauf. Ein dominierender Turm, mit Dach. Rot und weiß gestrichene Fensterläden; Querstangen halten sie offen, kein Fallwind, Steigwind soll sie zuschlagen. Ein Erker mit Butzenscheiben. Keine Wehrmauern mehr, nur noch Umfassungsmauern, Terrassierungsmauern. Ein rot gestrichenes Holztor, es ist geschlossen. Keine Tafel mit Hinweisen. In einem alten Bauernhaus nebenan eine Schenke: ein tonnenartig gemauerter Ofen im Schankraum, Stühle auf den Tischen. Ich erfahre, daß die Burg Privatbesitz ist, keine Besichtigungen. Ich gehe wieder hinaus, in den Biergarten, die Stühle schräg an die Tische gelehnt. Nachsaison, Ende September.
Am Biergarten eine kleine Kirche. Über dem Eingang zwei Terra-

kotta-Putten, wahrscheinlich aus der Barockzeit, ihre Gesichter verwittert. Die beiden halten eine Schrifttafel: Buchstaben abgeblättert, verwischt. Ich stelle mich ans Geländer neben der Kirche: die Talsohle etwa hundert Meter tiefer. Wiesen- und Waldhänge gegenüber, die Berge sind verhängt: Hochnebel. Gelegentliche Wolkenlöcher zeigen an, daß die Umgebung imposanter ist als bei Schöneck: Felsgrau oberhalb der Vegetationsgrenze.
Ein älterer Mann ist heraufgestiegen, bleibt am Holzgeländer stehen. Im Schloß wohne eine berühmte Sängerin, sagt er, Schweizerin, mit italienischem Namen, aber den hat er vergessen. Gemeinsam schauen wir zum kleinen Fluß hinunter, überlegen. Ich schlage vor: Lisa della Casa. Ja, die könnte es sein, ja, das müßte ihr Name sein, ja, dies wäre bestimmt die Schloßherrin! Eine Sängerin in der Burg, in der auch Oswald gesungen hat? Ich horche hinauf: keine Koloraturen.
Zum Fluß hinabschauen, hinüber zu den Fichtenhängen der anderen Talseite: das Felsgrau über dem Fichtendunkelgrün wird nur ausschnittweise freigegeben vom Hochnebel. Die für diese Umgebung kennzeichnenden Bergkonturen, wie Oswald sie gesehen hat, ich sehe sie nicht. Die Burg, die er gesehen hat, wenn er von dort unten heraufritt, ist stark verändert. Dennoch: Neuhaus, das ist jetzt mehr für mich als ein Burgzeichen auf einer Landkarte, mehr als ein sich wiederholender Name.

157 In der Burg Neuhaus wird Oswald das folgende Lied geschrieben und gesungen haben: Kl 102. Man datiert es meist auf das Jahr 1427, aber ich finde es wahrscheinlicher, daß Oswald es in dieser Neuhauser Phase verfaßt hat: die zeitliche Distanz zur ›Wallfahrt‹ mit der Hausmann war noch nicht allzu groß, für ihn und seine Zuhörer. Außerdem, wenn Oswald dieses Lied beispielsweise im Mai schrieb, wird diese Frau noch gelebt haben: ich nehme an, diese spöttische, höhnische Version war der noch lebenden Hausmann gewidmet.

So mancher freut sich übers Jahr
schon auf den Glanz des hellen Mai;
das war denn auch bei mir der Fall.
Hört, wie es mir erging!
Ich sah da eine alte Frau –
die hat mir Schlimmes eingebrockt!
Erfüllte sich mein Wunsch nur halb,

sie wäre steif in einem Knie.
Frau Ruppig hieß das Stück.
Das hat mein Rücken arg gespürt,
als sie zum Liebchen mich gebracht,
und jede Flucht verhindert ward –
sehr ruppig sprang man mit mir um!
Ich wußte nicht, wie mir geschah.
Statt Turtelei und Liebesspiel
da wurde mir die Haut gewalkt
von vieren, die der Teufel ritt;
nur Gott weiß, wie ichs überstand!
Mich ärgert sehr, daß ich bei der
so häufig Kunde war!

Ich ritt an ihrem Haus vorbei,
mit einem Finger winkte sie –
ich wollt gleich wissen: was ist los?
Die Neugier, die war allzu groß!
Ganz freundlich fing sie an wie folgt:
»Hans Maler, hör, was ich dir sag:
das Dörle hat dich nicht bloß gern,
sie ist auch scharf auf dich!«
Mein Herz, es schnellte hoch,
das hörte ich nur allzu gern!
Ich sagte ihr: »Wär es nur wahr,
da wär ich mächtig stolz auf mich!
Daß ich noch immer Hahn im Korb,
das macht mich wirklich froh.«
Der Handel war nicht ganz reell.
Das wurde mir erst richtig klar,
als es dann knüppelhageldick
auf mich hereinbrach, Schlag um Schlag.
Bestimmt: so schlimm ergings mir nie
auf einer solchen Tour!

Ich brach den Ehekrieg vom Zaun –
dabei gings bloß um einen Tag!
Ich sah hier selber nicht recht klar –
nur weg von hier, so war mein Wunsch!
St. Lorenzen, das war mein Ziel,
es stand für mich längst fest!
Die ›Wallfahrt‹ brachte wenig Heil,
zum Reinfall wurde sie!

Wie ich schon angedeutet hab:
sehr freundlich war dort der Empfang,
man führte mich ins Kämmerlein,
es ging da alles wie geschmiert –
mir schwoll sogleich der Kamm
und frische Triebe schlugen aus.
Man legte mich denn zu der ›Braut‹;
das Bett, die Kissen, Laken weiß,
das alles war sehr hübsch gemacht –
die große Stunde stand bevor!
Doch traten dann vier Ungarn auf –
zur Hölle mit der Brut!

Es hieß: »Nun amüsiert Euch schön!«
So hat die Sau mich animiert –
und machte gleich die Türe auf,
ließ alle vier herein.
»Vigy' az anyádat«, hieß ihr Gruß,
ihr Deutsch, das war mir fremd.
Und schon brach über mich herein
ein Wasserfall von Eichenholz.
Die Liebe wurde so belohnt
mit Schlägen – Fesseln noch dazu!
Daß jedermann die Beulen sah,
verhindern konnt ich's nicht!
Der mich am schlimmsten maltraitiert,
das war ein Kerl aus Ungarland.
Nen Knebel her für diesen Kerl –
gepreßt in seinen Gaumenraum,
damit er nicht mehr sprechen kann!
Der Galgen, stünde er bereit,
es wäre ein Gewinn fürs Land,
wenn er die viere trüg.

Ich sprach zu ihnen honigsüß,
das war jedoch nur vorgetäuscht.
Ich war in der Gewalt der vier –
doch war das nicht so schlimm;
sie wollten mir an den Besitz –
das ging mir denn zuweit!
Jedoch verhielt ich mich noch so,
wie diese Herren es gewünscht,
bis man mich endlich laufen ließ –

an blauen Stellen gabs genug!
Ich kehrte nach Bruneck zurück,
direkt zu meiner Ehefrau –
sie starrte mich da an,
als wärn ihr blaue Augen neu!
Und hat das Bad mir noch verschönt
durch Schimpfen, manchen Fluch!
Ich bat sie denn, voll Herzlichkeit,
daß sie nichts weitersagt.
Drauf sie: »Das geht schon lange so
und doch hört es nicht auf!«

Wer alten Weibern sehr vertraut,
teilt mit dem Teufel Tisch und Bett;
das hat sich auch an mir gezeigt,
sowie in manchem andren Fall.
Wenn man sie mal mit Zangen zwackt
und dann ins Wasser wirft –
das wäre doch ein schönes Fest,
das brächte allen Ehre ein!
Denn Zauberei und Kuppelei
das ist für die ihr täglich Brot.
So manche wird ja sowieso
mit Feuerglut gequält –
mir scheint es darum angebracht,
daß man auch so mit der verfährt.
Sie kriegen ja den Hals nicht voll,
sie treiben es nur allzu bunt;
ich selber bin hier ein Beweis.
Ja, stecht ihr doch die Augen aus,
dazu den Helfern, diesem Pack!
Das wäre mir ein Herzenswunsch.

In seinen *Notizen zur Familie Wolkenstein* äußert Karl Gruber die Vermutung, Hans Maler könnte identisch sein mit Hans von Bruneck, einem Freskenmaler, der Oswalds Zeitgenosse war. Auch sein Leidensgenosse? Haben sich hier in der Darstellung zwei Fälle überlagert?
Eine kurze Anmerkung noch zu den vier Ungarn, die in diesem Liedtext auftauchen. Sie werden von Oswald-Forschern gern in Anführungsstriche gesetzt: Ungarn im Pustertal . . .? Ich nehme an: Ungarn nannte man damals Personen, die in Sprache und Verhalten verdächtig wirkten. Eine heutige Entsprechung wären bei-

spielsweise die »Ithaker«. Hätte Oswald sein Lied im heutigen Rheinland geschrieben, er hätte vielleicht das Wort »Pimock« eingesetzt: der hörbar und sichtbar Ortsfremde, Landfremde.
Und die Sprache dieser vier Pimocks-Ithaker-Ungarn? »Wiegga vaniadat« heißt es im Originaltext; Guntram Plangg hat hier die ungarische Aufforderung herausgelesen: Hol dich der Teufel! Das würde sehr gut in diesen Songtext passen, und so habe ich die heutige ungarische Form eingesetzt.

158 Etwa Mitte des Jahres 1425 ist Anna Hausmann gestorben, schätzungsweise fünfunddreißig Jahre alt. Arthur von Wolkenstein-Rodenegg, als erfahrener Trivialromanautor, formuliert dieses Ereignis in seiner Oswald-Biographie so: »Mit dem Tode dieser Frau sank jenes dämonische Weib ins Grab, welches für Oswalds Schicksal so unheilvoll geworden.«
Die Hausmann ist zum Phantom der Oswald-Sekundärliteratur geworden, zur großen femme fatale verschiedener Oswald-Romane. Je zahlreicher die Fiktionen, desto unwirklicher wurde sie; so ist man fast perplex, wenn diese Frau in Dokumenten auftaucht.
Beispielsweise in einem Brief des Landesfürsten vom 25. Juli dieses Jahres: betont knapp werden hier Oswalds Vergehen der letzten Zeit summiert.
»Getreuer Wolkensteiner. Was Du Uns jetzt geschrieben hast, haben Wir genau zur Kenntnis genommen. Dir dürfte bekannt sein, daß Wir im Auftrag und auf Geheiß des allerdurchlauchtigsten Fürsten, unseres gnädigen Herrn, des Römischen etc. Königs, und des hochgeborenen Fürsten, Unseres lieben Verwandten Herzog Albrecht etc. zum Sonntag Quasimodogeniti einen Rechtstag in Wien anberaumt haben, wegen Dir und den Starkenbergern. Wir haben Dir einen Schutz- und Geleitbrief ausgestellt und bei Unseren obengenannten Verwandten hinterlegt. Wir haben die Abmachungen gehalten und Unsererseits nicht gebrochen. Ja, Wir haben sogar, auf Bitte Unserer Verwandten, das Stillhalteabkommen nochmals bis heute verlängert und Uns zu anderen Verhandlungsterminen bereiterklärt. Inzwischen aber sind durch die genannten Starkenberger und durch Dich verschiedene Übergriffe Uns gegenüber erfolgt und erfolgen noch täglich. Ganz besonders enthältst Du Martin Jäger und anderen der Unsrigen das Ihre vor und schädigst sie ohne jedes Recht. Und das Gut, das Wir von der Hausmann erlöst haben, und das Unser Erbe ist, hast Du

in Besitz genommen; auch anderes, was Wir beanspruchen, behältst Du für Dich. Über all das haben Wir bisher geschwiegen. Jedermann kann hier erkennen, ob Du Dich Uns gegenüber so anständig verhältst, wie Wir Uns Dir gegenüber verhalten haben.«
Im Nürnberger Wolkenstein-Archiv liegt das (bisher unveröffentlichte) Konzept eines Briefs, in dem Oswald die Vorwürfe und Anklagen seines Landesherrn zu entkräften, zu widerlegen versucht: seine Ausreden sind teils simpel (Ich habe von nichts gewußt . . .), teils windig (Wenn man mir rechtzeitig etwas gesagt hätte, hätte ich selbstverständlich . . .). Ich konnte eine Transkription von Erika Timm benutzen; Okken half auch hier wieder beim Übersetzen.
»Durchlaucht, hochgeborener Fürst. Untertänig und willig stehe ich Euren Fürstlichen Gnaden stets zu Diensten. Was mir Eure Fürstliche Gnaden kürzlich geschrieben haben, das habe ich sehr wohl zur Kenntnis genommen.
Ich lege Euren Fürstlichen Gnaden in diesem Brief eine Kopie vor, aus der hervorgeht, auf welche Weise der allerdurchlauchtigste Herr und Fürst, mein gnädiger Herr, der Römische König etc. mit Euren Gnaden einen Schlichtungstermin angesetzt haben. Auch bin ich gut darüber informiert, wann er fällig wird. Zudem bin ich darüber mündlich von Seinen Königlichen Gnaden unterrichtet worden. Mir war weder früher noch ist mir heute eine neue Termin-Setzung bezüglich des Stillhalteabkommens oder eines Rechtstages bekannt; meines Wissens hat sich nichts geändert gegenüber dem, was die Kopie ausweist. Ich gehe auch heute davon aus, daß es Eure Fürstliche Gnaden bei all dem belassen wollen.
Bezüglich des Martin Jäger: hier ist der gesamten Landschaft wohl bekannt, daß ich von Euren Fürstlichen Gnaden zum nächstmöglichen Termin eine Verhandlung vor dem Landtag in Meran erbeten habe, zu der ich auch heute noch gern erscheinen will.
Weiter schreiben mir Eure Fürstliche Gnaden, ich hätte mir die Güter angeeignet, die Ihr als Erbbesitz von der Hausmann eingelöst habt. Dazu teile ich Euren Fürstlichen Gnaden mit, daß mir gegenüber weder durch Eure Gnaden noch durch andere je ein Anspruch darauf erhoben worden ist, weder mündlich noch schriftlich, nachdem ich das Gut zu Lebzeiten der Hausmann in meinen Besitz gebracht hatte, mit dem Recht, das man sich einem erklärten Feind gegenüber nehmen darf – aber ich will in diesem Punkt nicht unnötig ausführlich werden.
Da aber nun gemäß dem Wortlaut Eures Schreibens ein Anspruch darauf erhoben wird, so will ich es Euren Fürstlichen Gnaden bereitwillig abtreten; ich wäre dazu längst bereit gewesen, wenn mir

Eure Fürstliche Gnaden zu erkennen gegeben hätten, daß ich es abgeben soll.
Weiter entnehme ich Eurem Schreiben, daß ich vor kurzem, namentlich aber nach der Verständigung, die zwischen meinem allerdurchlauchtigsten gnädigen Herrn, dem Römischen König etc. und Euren Fürstlichen Gnaden zustandegekommen ist, gegen Eure Fürstliche Gnaden gehandelt habe. Davon ist mir nichts bekannt. Ich will meine Schuldlosigkeit unter Beweis stellen, gemäß dem Privileg, das die gesamte Landschaft von Euren Fürstlichen Gnaden und allen Fürsten in Tirol innehat und bitte Euer Fürstliche Gnaden, in mir künftig den Euren zu sehen.«

159 In diesem Jahr hat Oswald ein Lied geschrieben über sechs beinah tödliche Gefahren: Kl 23. Zwei Jahre später wird er die Liste um eine siebte Lebensgefahr ergänzen, die Inhaftierung durch den Landesfürsten. Ich bringe das Register der ersten Fassung, lasse den geistlichen ›Vorspann‹ und ›Nachgesang‹ weg.
Oswald singt am Schluß dieses Liedausschnitts wieder einmal von einer Geliebten, die ihm Unheil brachte; zwar ist sie offensichtlich tot, mittlerweile, aber in schmerzhaften Nachwirkungen ihrer Aktivitäten ist sie durchaus noch lebendig für ihn.

Die Wahrheit will ich sagen,
beginne mit Fall eins.
Es war ein Lanzenstechen
zu Pferd, ich stieß daneben,
und eine Türe, neunzig breit
und gut einsachzig hoch,
durchsauste ich mit Schwung –
und ging nicht dabei drauf!
Wohl vierundzwanzig Stufen,
die fiel ich mit Gepolter
tief in den Kellergrund;
mein Roß brach sich den Hals.
Ich dacht, ich würd versaufen
in einem Faß voll Wein,
doch lud ich dann stattdessen
zum Trunk die Freunde ein.
Und wieder, Wochen später,
hat mich der Herr beschützt:

ich hatte einen Schiffbruch
auf wilder, hoher See,
umarmte rasch ein Faß,
das voll Malvasier war,
das brachte mich zur Küste –
beinah hätt ich verzagt!
Nach dieser Reise dann
sah mein Empfang so aus:
ich wurde festgenommen,
man nahm mir alles ab.
Mein Schädel hat gedröhnt,
er wurde wund von Schlägen;
auch bohrte man in mich
ein Schwert – die halbe Klinge!
Auch schwimmen wollt ich lernen
in einem tiefen See;
ich schoß zum Grund hinab
und blieb dort unsichtbar
für mehr als eine Stunde:
ich kam aus großer Hitze!
Tief unten jagte ich die Fische
mit meiner Nasenspitze.
Gefangen, abgeführt
wurd ich mal wie ein Dieb,
mit Seilen fest verschnürt.
Mein Liebchen war das schuld;
es hat mir ja bisher
nur Schmerzen zugefügt;
ach, wär sie wirklich tot!
Noch bringt sie nur Gefahr!
Ich kriegte das zu spüren,
als ich nach Ungarn ritt:
ich kam durch ihre ›Liebe‹
so richtig in die Traufe –
sehr große Nieder-Schläge!
Man bläute mir Magyarisch ein.
Ich ging da beinah drauf,
am Hals stand mir das Wasser!
Und dann der ›Wasserfall‹
von großen Eichenprügeln:
ich bin hineingeplumpst,
der Spaß wurd mir zuviel!
Ich wett um jeden Stein,

zum Edelstein geschliffen:
von hundert überlebts nur einer,
ist er so dumm wie ich.

Eine Moritat, eine geistliche: Oh Mensch, sei dessen eingedenk, daß du unablässig in Todesnähe lebst . . . Wie Oswald die verschiedenen Todesgefahren darstellt, das entspricht freilich kaum der Ernsthaftigkeit eines geistlichen Liedes, das ist zum großen Teil Slapstick. Und doch: jede dieser Slapstick-Episoden hat einen Kern an biographischer Realität. Vorsichtiger formuliert: kann einen Kern an biographischer Realität haben.

160 In der zweiten Jahreshälfte 1425 könnte Oswald in der Rheinpfalz gewesen sein, in Heidelberg, bei Kurfürst Ludwig. Eine keineswegs neue These, schon Wolkenstein-Rodenegg hat sie aufgestellt, und Norbert Mayr scheint diese Möglichkeit zumindest denkbar. Ich will sie durchspielen.
Oswalds innere Kompaßnadel zeigte zum Bodensee, nach Schwaben, an den Oberrhein – aber diese Vorliebe allein war noch keine ausreichende Motivation für solch eine Reise. Wäre Oswald ein fahrender Musiker gewesen, so wäre die Erklärung leicht – auf einer Tournee gastierte er unter anderem auf dem Burgschloß Heidelberg. Aber dieser standesbewußte Adlige brauchte andere Motivationen – waren sie politisch?
Vielleicht kommt man einer (möglichen) Antwort näher, wenn man sich fragt, welche Rolle der Pfalzgraf im Reich spielte. Damit wird zugleich eine Person vorgestellt, die in dieser Biographie schon ein paarmal genannt wurde, von der noch mehrfach zu berichten sein wird.
Ludwig war der älteste Sohn von König Ruprecht, an dessen erbärmlichem Italienfeldzug Junker Oswald teilgenommen hatte. Geboren war Ludwig 1376, er war also fast gleichaltrig mit Oswald. Vierunddreißigjährig hatte er die Regierung der pfälzischen Kurlande übernommen. Die Mißerfolge seines Vaters machten ihm offenbar wenig Lust, für das Königsamt zu kandidieren, aber er wollte doch mitbestimmen, wer Nachfolger seines Vaters wurde, besaß als Kurfürst alle Voraussetzungen dazu. Und er setzte auf Sigmund, damals König von Ungarn, wurde zum Königsmacher: mit Entschiedenheit und Tricks schaffte er es, daß Sigmund zum neuen König des Heiligen Römischen Reiches Deutscher Nation gewählt wurde.

Sigmund hatte allen Grund, dem Pfalzgrafen dankbar zu sein; die Beziehungen der beiden Männer waren in den nächsten Jahren sehr gut. Als Sigmund 1414 nach Italien zog, ernannte er Ludwig zu seinem Stellvertreter. Und als Ludwig mit großem Gefolge nach Konstanz kam, zum Konzil, da ritt ihm der König entgegen, ebenfalls mit großem Gefolge, empfing ihn vor der Stadt. Ludwig, der gute Beziehungen zu Papst Gregor hatte, überredete ›seinen‹ Papst, freiwillig zurückzutreten; das wurde gebührend gefeiert in Konstanz: Ludwig als Förderer des Friedenswerkes. Als der König zur Iberischen Halbinsel ritt, um den renitenten Benedikt abzusetzen, hatte er zuvor Ludwig zum Statthalter, Verweser, Protektor des Konzils ernannt. Damit war Ludwig polizeiliches Oberhaupt in Konstanz, mußte beispielsweise unter persönlichem Einsatz eine Schlägerei zwischen französischen, englischen und spanischen Klerikern im Franziskanerkloster beenden helfen. Aber Ludwig vertrat den König auch auf Sitzungen; um den Verhandlungen der Geistlichen folgen zu können, büffelte er Latein. Bei Plenarsitzungen nahm er den Platz des Königs ein, das weckte offenbar Wunschvorstellungen: nicht nur stellvertretend auf dem Thron sitzen . . .

Aber es war nicht solcher Ehrgeiz, der zum offenen Streit mit dem König führte, sondern dessen Finanzgebaren. Ludwig, in erster Ehe mit einer Engländerin verheiratet, hatte durch einen Beamten einen noch ausstehenden Teil der Mitgift, einen Betrag von 4000 Kronen, in England eintreiben lassen. König Sigmund, ständig in Geldschwierigkeiten, hatte Ludwig gebeten, ihm diese Summe als Darlehen zu geben. Nun in Konstanz, nach der Rückkehr des Königs von der diplomatischen Reise, wollte Ludwig das Geld wiederhaben, aber Sigmund behielt es. Als Ludwig ihm energische Vorhaltungen machte, erklärte der König: wenn man zusammenrechne, was Ludwig sich mittlerweile an Reichsgut angeeignet habe, so seien sie quitt. Hier mochte Sigmund recht haben, doch war die Sache für Ludwig damit nicht erledigt. Auch daß der König den Pfalzgrafen feierlich belehnte, konnte die Spannungen nicht neutralisieren. Nach der Belehnung (an der Oswald teilgenommen hatte) verließ Ludwig die Konzilsstadt, offenbar noch immer wütend.

Durch diesen Streit wurde die folgende Entwicklung zwar nicht bestimmt, aber doch gefördert: Ludwig formierte (Januar 24) den rheinischen Kurfürstenbund, nach dem Gründungsort »Binger Kurverein« genannt. Dieser Machtblock widersetzte sich, unter seiner Führung, entschieden und hartnäckig den Souveränitätsansprüchen des Königs. Wollte Ludwig mit Hilfe dieser Hausmacht

doch einmal König werden? Die Distanz zu Sigmund wuchs, damit die Spannungen. Ludwig immer entschiedener, immer selbstbewußter.
Ein Besuch im Jahre 24, auch noch im Jahre 25 hätte Oswald zu einem der mächtigsten Männer des Reiches geführt. Sigmund hielt sich seit Jahren nur noch in Ungarn auf, im Reich ging alles drunter und drüber, jeder Regionalherr trieb seine Hauspolitik, entsprechend zahlreich waren Fehden, Kleinkriege – ein chaotischer Zustand, der einem entschiedenen Mann wie Ludwig alle Chancen geboten hätte für das Königsamt.
Oswald und seine Freunde waren von Sigmund in den vergangenen Jahren eigentlich nur enttäuscht worden: Versprechen, denen keine Taten folgten. Oswalds Ungarnreise im Vorjahr als Zäsur: die Adelsfronde konnte von jetzt an nicht mehr mit einer Unterstützung durch den König rechnen, zumindest nicht durch König Sigmund. Suchte man nun, über Oswald, nach einem politischen Neuansatz? Man wußte in Tirol, welch ein Machtblock sich am Rhein gebildet hatte, gegen König Sigmund, der sich aus Ungarn offenbar nicht mehr heraustraute – war in dieser Situation undenkbar, daß man ihn abwählte, wie seinerzeit Wenzel? Hätten die Tiroler Adligen auf einen König Ludwig gesetzt, mit der Erwartung, in ihm einen entschlossenen Förderer ihrer Politik zu finden?

161 Herzog Friedrich versuchte Ende 1425 in neuem Anlauf, den Landfrieden wiederherzustellen, ging militärisch vor gegen einige Adlige, die sich weiterhin aufsässig zeigten – trotz der Loyalitätserklärung vom Dezember 1423.
Der Kampf wurde vor allem um Greifenstein geführt. War diese Burg mittlerweile Symbol geworden für den Widerstand gegen Herzog Friedrich? Auch Ende des Jahres 25 hatte die Mannschaft noch nicht kapituliert: demnach blieben Beschießungen ebenso wirkungslos wie Sturmangriffe, die Burg konnte nur ausgehungert werden, aber man hatte auf Greifenstein offenbar sehr viel Proviant gelagert. Hauptmann Ortner, der einige Jahre zuvor den Befehl niedergelegt hatte, er war inzwischen wieder Kommandant.
Ich nehme an, es ist nicht ununterbrochen gekämpft worden – wahrscheinlich geschah wochen- oder monatelang gar nichts. Nun aber, Ende 25, wurde Friedrich wieder aktiv, wollte die Opposition endgültig niederschlagen, gab entsprechende Erklärungen ab, als Drohungen an ›bestimmte Adressen‹ – und die Adres-

saten horchten auf. Im Januar unterwarf sich Michael von Wolkenstein formell, wurde am 28. Januar wieder als Diener und Rat des Herzogs anerkannt. Das machte gewiß Eindruck auf Oswald; auch er zeigte nun Friedensbereitschaft, wenn auch nur indirekt. War hier Einsicht oder nur die Angst, der Herzog könnte nun wirklich einmal mit aller Härte durchgreifen?
Anton Noggler hat in einem Aufsatz über *Die Starkenbergische Streitschrift* Oswalds Friedensbemühungen dokumentiert, nach einem Dossier, das die Starkenberger anlegen ließen.
Oswald wandte sich nicht direkt an seinen Landesherrn, obwohl er sich während des Vermittlungsversuchs in dessen Nähe aufhielt: auf der Burg Fragenstein (bei Zirl), dem Sitz seines Schwagers Parzival von Weineck. Der Burgherr, so setze ich voraus, war mit Oswalds Initiative einverstanden. Durch einen Boten schickte Oswald am 11. Februar ein Schreiben an den Bischof von Brixen, der sich zu dieser Zeit am Hof des Herzogs zu Innsbruck aufhielt.
»Hochwürdiger Fürst! Willig und untertänig stehe ich Euer Gnaden stets zu Diensten.
Ich habe im Lande erzählen hören, daß Seine Durchlaucht, der hochgeborene Fürst, Herzog Friedrich, Herzog von Österreich etc., mein gnädiger Herr, vor einiger Zeit dem Landtag erklärt habe, er wolle den Streitfall unterbreiten, der sich aus der Feindschaft entwickelte, als es zu einer Konfrontation Seiner Gnaden mit den Starkenbergern gekommen war. Falls es Seine Fürstliche Gnaden nicht verschmähen oder ablehnen, so würde ich mich, mit Seinem Einverständnis, in dieser Angelegenheit gern in voller Loyalität einsetzen, als sein untertäniger, abhängiger Landesbewohner, um Friede und Ruhe zu schaffen für seine Lande und Leute. Ich hoffe, ich kann meinen Einfluß auf den Starkenberger und auch auf seine Helfer so geltend machen, wie es zum Besten vor allem meines Herrn und auch der Landschaft sein dürfte. Falls Euer Gnaden damit einverstanden sind, könnte ich diese Angelegenheit durchaus meinem gnädigen Herrn von Österreich vortragen. Falls Seine Gnaden darüber verhandeln lassen wollen, so würde ich mich gern zu Seinen Gnaden begeben. Bitte teilt mir durch diesen Boten umgehend mit, was Ihr in dieser Angelegenheit erfahren habt.«
Dieses Schreiben läßt Rückschlüsse zu auf Oswalds politische Situation: keine direkte Verbindung mehr mit dem Herzog, keine Teilnahme an Sitzungen des Landtags – sonst hätte er die Erklärung des Herzogs ja direkt gehört. Oswald wendete sich an den Bischof in der Hoffnung, es könnte sich ein direktes Gespräch mit dem Herzog ergeben, bot hierzu eine Vorleistung an. Um seine ei-

gene Unterwerfung ging es hier nicht, konnte es in seiner vertrackten Situation auch nicht gehen, aber er wollte auf diese Weise wohl dokumentieren, daß er grundsätzlich friedenswillig war.
Noch am gleichen Tag antwortete der Bischof. »Edler und lieber Gefolgsmann. Wir haben zur Kenntnis genommen, was Ihr Uns geschrieben habt und haben die Angelegenheit sofort Unserem Herrn von Österreich etc. vorgetragen. Er teilte Uns mit, er habe auf Bitten Unserer und auch Seiner Räte einen Schlichtungstermin angesetzt, den er nicht verschieben wolle. Damit Ihr diesbezüglich informiert seid, sende ich Euch in der Anlage dieses Briefes eine Abschrift; unter Bezug auf sie könnt Ihr mit dem von Starkenberg verhandeln oder tut sonst, was Ihr Förderliches in dieser Sache erreichen könnt, damit die Angelegenheit zu einem guten Ende kommt. Dabei wollen Wir Euch gern mit ganzer Kraft helfen.«
Kein Wort davon, daß der Herzog an einer Besprechung mit Oswald interessiert sei. Der Vermittlungsversuch wurde zwar akzeptiert, Oswald wurden Unterlagen zur Verfügung gestellt, sonst aber zeigte der Herzog Zurückhaltung. Wahrscheinlich war Friedrich in diesem Fall auf Oswalds Vermittlung angewiesen: nur er wußte, wie man an die Starkenberger, zumindest, wie man an Wilhelm herankam. Noch am gleichen Tag, am 11. Februar, schrieb Oswald an Jörg von Tor, einen Freund der Starkenberger: drei Vermittler also zwischen dem Herzog und den rebellischen Starkenbergern! Aus Oswalds Schreiben übersetze ich etwa die Hälfte.
»Ich bitte Dich als Freund, den Vorgang und die Willenskundgebung, wie sie hiermit schriftlich vorliegen, Wilhelm von Starkenberg zu unterbreiten und Dich darüber mit ihm und seinen Herren und seinem Anhang zu besprechen und zu beraten. Übermittle mir bitte in einer schriftlichen Antwort durch diesen meinen Boten, wie Ihr in dieser Angelegenheit denkt, und wie Ihr Euch verhalten werdet. Das will ich dann wieder dem Rat meines gnädigen Herrn von Österreich vortragen oder wahrscheinlich sogar ihm selber. Ich will alles, soweit es in meinen Kräften liegt, tun, um die Sache zu einem guten Abschluß zu bringen. Es scheint mir überdies ratsam, daß Wilhelm von Starkenberg und Du in der nächsten Zeit zusammenkommt, sei es in München, sei es auf Hornstein oder anderswo; dies für den Fall, daß ich, aufgrund der Antwort, die Ihr mir auf dieses Schreiben geben werdet, selber komme oder einen Boten schicke; ich müßte Euch dann in erreichbarer Nähe finden. Ich rechne damit, daß in dieser Sache wahrscheinlich weitere Verhandlungen und Aktionen nötig sein werden, damit es überhaupt zu einer Verständigung und Einigung kommt; ich will

dazu alles tun, was in meiner Kraft und in meinem Vermögen liegt. Wenn Du es wünschst, so kannst Du diesen meinen Diener Ulrich so lange bei Dir behalten, bis Du mir Deine und Wilhelm von Starkenbergs Willensäußerung schriftlich übermitteln kannst. Beeile Dich, so gut es geht, denn alle Räte und die Landschaft sind sehr bereit, an einer Friedensregelung mitzuwirken.«

Dieser Brief erreichte Wilhelm von Starkenberg; er schickte am 28. Februar ein Schreiben an Oswald. Er habe sich seinen Brief angehört, habe auch die Anlagen zur Kenntnis genommen; nach dem Rat seiner Herren und Freunde scheine es ihm aber nicht richtig, den angesetzten Schlichtungstermin wahrzunehmen. Der Starkenberger schlug aber sogleich einen anderen, etwas späteren Termin vor, den 7. April. Und betonte, ihm liege sehr an einer Versöhnung mit dem Herzog; er bat um freies und sicheres Geleit für die Anreise zum Rechtstag sowie für die Rückreise. Abschließend heißt es in seinem Brief: »Lieber Freund, ich bitte Dich, die Sache unverzüglich meinem Herrn, Herzog Friedrich von Österreich etc., vorzutragen und Dich mit Unterstützung der obengenannten Fürsten, Herren, Ritter, Knechte und gerichtsfähigen Personen diesbezüglich einzusetzen und keinerlei Mühe zu scheuen, damit die Zwistigkeiten und Streitereien beendet werden und ich und mein Bruder, falls er noch lebt, sowie seine Kinder wieder die Gnade meines Herrn von Österreich genießen können, und er uns wieder ein gnädiger Herr und Fürst wird. In dieser Sache bin ich bereit, mich zukünftig als loyaler Untertan und als abhängiger Untergebener um Seine Fürstliche Gnaden mit Leib und Gut nachdrücklich verdient zu machen.«

Der Kontakt mit dem Bruder war in dieser Zeit offenbar abgerissen. Ich schließe daraus, daß es wirklich nur technische Gründe waren, wenn Wilhelm um Aufschub bat. Oswalds Vermittlungsversuch schien (vorerst) erfolgreich; zumindest einer der beiden Starkenberger zeigte Friedensbereitschaft. Das wird sich rasch herumgesprochen haben unter den wenigen Adligen, die noch immer nicht die Opposition gegen Herzog Friedrich aufgegeben hatten.

Am 3. April folgte Leonhard dem Beispiel seines Bruders Michael, auch er wurde rehabilitiert. Der Pfarrer von Kastelruth sorgte nun sogleich dafür, daß Leonhard, der zu dieser Zeit krank war, vom Kirchenbann des Bischofs von Brixen befreit wurde.

162 Margarete übertrug im April dieses Jahres Oswald ihren Anteil am väterlichen Erbe.

Wie es zu dieser Übertragung kam, weiß ich nicht. Normalerweise wurde einer Tochter eine Versorgungsurkunde ausgestellt oder die Mitgift ausgezahlt; Grundbesitz wurde nur an männliche Nachfolger vererbt. Muffat schließt deshalb aus, daß Margarete einen Anteil am Besitz erbte, denn: ihr Vater und seine drei Brüder waren im »ungeteilten Besitz der Herrschaft«. Wäre der Besitz aufgeteilt worden, hätte Ulrich von Schwangau seinen Anteil auf seine vier Söhne übertragen, testamentarisch. Wie aber kam nun eine Tochter an einen (offenbar großen) Teil des Lehnsbesitzes? Muffat stellt grundsätzlich fest, so etwas sei nur durch Verpfändung möglich gewesen. Warum solch eine Verpfändung? Hatten der Schwiegervater und seine Brüder den revidierten Ehevertrag nicht einhalten können, zu geringe Liquidität im Hause Schwangau, und für die ausgehandelten 500 rheinischen Gulden wurde Oswald deshalb – über Margarete – ein Teil des Schwangauer Besitzes übertragen?

Ich stelle die bisher unveröffentlichte Überschreibungs-Urkunde vor; einmal, weil sie eine der wenigen Urkunden von Oswalds Frau ist; zum anderen, weil sie am Schluß eine höchst irritierende Pointe bringt.

Den Anfang raffe ich – zuviele Rechtsformeln, die für uns nicht wichtig sind. »Ich, Margarete von Wolkenstein, geborene Schwangau, gebe für mich und meine Erben mit vorliegender Urkunde öffentlich allen bekannt, denen sie vorgelesen wird oder die sie sehen, daß ich – im vollen Besitz meiner Gesundheit und meiner geistigen Fähigkeiten – aus eigenem Antrieb alle meine Rechte, Forderungen und Ansprüche, die ich von meinem lieben verstorbenen Vater Ulrich von Schwangau geerbt habe und die ich noch zukünftig erhalten mag, seien es Häuser, Burgen, herrschaftliche Güter, Eigenbesitzungen, Lehen, Zölle, Wildbann, Fischwaid, Leute und Güter, mobiler und immobiler Besitz, Barschaften, daß ich all dies dem Ritter, meinem lieben Gemahl Oswald von Wolkenstein vermacht habe, damit er sie zu Lebzeiten nutznieße, wie es zu seinem Lebensunterhalt notwendig ist.« Ein Widerruf sei ausgeschlossen. Es folgen Bestimmungen für den Fall, daß Oswald vor ihr stirbt und für ihren eigenen Todesfall – von Juristen formulierte Textpassagen.

Und nun die Überraschung! Am Schluß des Dokumentes heißt es: »Auf mein fleißiges Bitten hin« wurde die Urkunde versiegelt »mit den anhängenden Siegeln des Ritters Hans von Villanders und danach des Ritters Heinrich von Lichtenstein.«

Daß Margarete ausgerechnet Hans von Villanders darum bat (zusammen mit einem anderen Verwandten), eine Aufgabe zu übernehmen, die heute Notaren zusteht, das will mir nicht in den Kopf. Wollte man diesem Vampir etwa zeigen, daß man, bittesehr, durchaus noch Reserven hatte? Zu erwarten wäre eher, daß man ihm die Überschreibung verschwieg, damit er nicht gleich neue Forderungen ausheckte. Margarete wird kaum gegen den Willen ihres Mannes gehandelt haben, dem sie ja helfen wollte. Und es gab genügend andere Adlige, die in diesem Fall siegeln konnten – in Bruneck beispielsweise die Gufidauner. Warum nun Hans von Villanders?

163 Im Sommer des Jahres 1426 wurde Oswald von Pfalzgraf Ludwig aufgefordert, an seiner Pilgerreise ins Heilige Land teilzunehmen.
Auch diese Einladung hatte ich einbezogen in die Überlegungen zur Datierung von Oswalds Rheinpfalz-Reise. Ich setzte dabei voraus: der Kurfürst hätte Oswald wohl kaum zur gemeinsamen Pilgerreise eingeladen, wenn sie sich seit Konstanz nicht mehr gesehen hätten.
Nun, im Sommer 1426, war Ludwig nicht mehr der mächtige Mann: König Sigmund hatte den Gegenspieler ausmanövriert. Spannungen am Oberrhein, Kriegsgefahr. In dieser für ihn äußerst unerfreulichen, politisch gefährlichen Situation verkündete Ludwig, zur allgemeinen Überraschung, seinen Reiseplan.
Oswald, ebenfalls in prekärer politischer und persönlicher Situation, sagte höflich ab. Sein Brief an Ludwig ist im Konzept erhalten.
»Durchlaucht, hochwohlgeborener Fürst! Untertänig und willig stehe ich Euren Fürstlichen Gnaden stets zu Diensten.
Eure Fürstliche Gnaden haben mir durch den Eberhard Euren Auftrag übermitteln lassen, mich unverzüglich zu Euren Gnaden zu begeben. Nun ist mir dieser Auftrag leider viel zu spät bekannt geworden, so daß ich Eure Gnaden an diesem Tag nicht mehr erreichen konnte, obwohl ich Euren Gnaden bereitwillig gefolgt wäre, ganz nach Eurem Wunsch und Beliebem. Ich konnte dem aber auch nicht nachkommen wegen des Tals und der Region der Heiden; sie sind meine offenen Feinde. Ich hatte die Befürchtung, Eure Fürstliche Gnaden hätten in meiner Gesellschaft dort in Bedrängnis geraten können, wenn die mich mit Euren Gnaden hätten reiten sehen. Deshalb, gnädiger Herr, wollt Ihr bitte über diesen

unerfreulichen Umstand hinwegsehen. Denn ich bin allzeit willig, Euren Gnaden zu dienen, und dies insbesondere, sobald Euer Gnaden, so Gott will, glücklich und gesund zurückkehren. Wünschen dann Euer Gnaden, daß ich Eurer Fürstlichkeit bis in Euer Herrschaftsgebiet nachfolge, oder sollten mich Eure Fürstliche Gnaden sonstwie brauchen, so bin ich dazu jederzeit bereit, wie es sich für einen untertänigen Diener gehört. Gegeben zu Neuhaus, am 19. August 1426. Und helfe mir der allmächtige Gott und das Heilige Grab, in dem Gott selber gelegen hat, daß Eure Fürstliche Gnaden fröhlich und glücklich und gesund wieder heimkehren. Dieser Wunsch, Euer Gnaden, ist ganz ehrlich gemeint.

Gnädiger Fürst! Eure Fürstliche Gnaden mögen sich im Heiligen Land, wo Gott Eure Gesundheit erhalten möge, ordentlich vorsehen, daß Euer Gnaden nicht auffallen und angezeigt werden. Dem Sultan und seinen Befehlshabern ist in ganz Syrien nicht zu trauen; sie werden sich bei einem Fürsten, der nicht mehr incognito ist, weder an die Immunität noch an einen Geleitbrief halten.

Könntet Ihr eine eigene, gut gebaute Galeere nehmen, so scheint mir das ratsamer, als auf einem Kaufmannsschiff zu reisen. Auch wäre es standesgemäßer und sicherer und komfortabler und auch gesünder auf der ganzen Reise. Weiter sollten Eure Gnaden sich nicht dazu überreden lassen, zum Jordan oder nach Jericho zu reisen, denn dort liegen viele gaunerische Heiden auf der Lauer, die Christen zu überfallen und zu ermorden. Mit denen halten es heimlich die Dolmetscher und die Begleiter. Nach Bethlehem freilich ist der Weg sicherer. Aber wenn Ihr die Heiligen Stätten zu Jerusalem besuchen werdet, so sollten Eure Gnaden sich ebenfalls vorsehen und ganz besonders im Tal zu Josaphat, in dem Unsere Liebe Frau begraben ist.

Oswald von Wolkenstein.«

164 Der Winter 1426/27 war für Oswald offenbar deprimierend. Alle anderen Mitglieder der Adelsgruppe hatten sich inzwischen mit dem Herzog versöhnt, versöhnen müssen, Oswald war der letzte, der Friedrich noch nicht Urfehde, also Beendigung des Fehdezustandes geschworen hatte – das Politische war mit dem Juristischen allzu sehr verfilzt.

Oswald war nun isoliert, politisch, vielleicht auch gesellschaftlich: manchem, der sich erneut mit dem Landesherrn arrangiert hatte,

mochte ein Umgang mit ihm für die nächste Zeit nicht opportun erscheinen.
Die Lage mies, die Aussichten düster, dazu noch Winter – in dieser Situation dichtete Oswald einen seiner bedeutendsten Liedtexte: Kl 44.

Nordafrika, Arabien,
Armenien und Persien,
die Krim und dann nach Syrien,
Byzanz, ins Türkenreich,
Georgien –
die Sprünge sind vorbei!
Durch Preußen, Rußland, Estland,
nach Litaun, Livland und zur Nehrung,
nach Schweden, Dänemark, Brabant,
und Flandern, Frankreich, England,
ins Schottenland –
so hoch gehts nicht mehr raus!
Durch Aragón, Kastilien,
Granada und Navarra,
von Portugal bis nach León,
zum Cabo Finisterre,
Marseille und die Provence –
in Ratzes vor dem Schlern,
da sitz ich fest, im Ehestand,
da mehre ich mein Mißvergnügen
höchst verdrossen,
auf einem Felsklotz, rund und steil,
von dichtem Wald umschlossen.
Ich seh hier zahllos, Tag um Tag:
nur Berge, riesig, Täler tief,
und Felsen, Stauden, Schneestangen.
Und noch etwas bedrückt mich hier:
mir hat das Schreien kleiner Kinder
die Ohren oft betäubt,
nun durchbohrt.

Was mir an Ehrung ward zuteil
durch Fürsten, »manig« Königin
und was ich so an Schönem sah,
das büß ich ab in diesem Bau.
Mein Unheil hier –
es zieht sich lange hin!

Ich bräuchte sehr viel Mutterwitz:
muß täglich sorgen für das Brot!
Dazu werd ich noch oft bedroht.
Kein schönes Mädchen tröstet mich!
Die früher auf mich hörten,
sie lassen mich im Stich.
Wohin ich schau: es stößt der Blick
auf Schlacke teuren Schmucks.
Kein feiner Umgang mehr, stattdes:
nur Kälber, Geißen, Böcke, Rinder
und Bauerndeppen, häßlich, schwarz,
im Winter ganz verrotzt.
Macht froh wie Pansch-Wein, Wanzenbiß . . .
In der Beklemmung hau ich oft
die Kinder in die Ecken.
Da kommt die Mutter angewetzt,
beginnt sogleich zu zetern.
Gäb sie mir eines mit der Faust,
ich müßt auch das erdulden!
Sie schreit: »Die Kinder hast du ja
ganz fladenflach geschlagen!«
Vor ihrem Zorne graust mir sehr,
ich spür ihn wahrlich oft genug,
scharf, mit Scheiten!

An Unterhaltung fehlt es nicht:
viel Eselschreien, Pfauenkreischen –
davon hab ich die Nase voll!
Mir tost der Bach mit Hurlahei
den Kopf entzwei –
er ist schon völlig wund!
So schlepp ich meine Last . . .
Nur Sorgen täglich, schlimme Nachricht,
davon wird Hauenstein nicht leer!
Ja, könnt ich's ändern – ohne Folgen!
Wer mir hilft –
auf ewig sagte ich ihm Dank.
Mein Landesfürst ist auf mich bös,
weil kleine Geister mich beneiden,
mein Dienst ist ihm nun unerwünscht:
das ärgert mich und schadet mir.
Mich hat ja sonst – auf Ehrenwort! –
kein Fürstensproß geschädigt

an Leib und Ehre, Ruf, Besitz
in dieser Fürstenpfründe
voll Ertrag!
Mein Freundeskreis ist gegen mich
ganz ohne Grund; das macht mich grau.
Drum bitte ich hier jedermann,
soweit er gut, vernünftig ist,
dazu die vielen hohen Fürsten,
die sich so gerne preisen lassen,
daß sie mich armen Wolkenstein
von Wölfen nicht zerreißen lassen,
hilflos ausgesetzt.

Dieser Liedtext hatte mich bei der ersten Lektüre von Oswald-Texten am stärksten beeindruckt, nach diesem Text hatte ich mir eine erste, skizzenhafte Vorstellung von Oswald gemacht, dieser Text als Impuls, mich genauer über Oswald von Wolkenstein zu informieren und, irgendwann einmal, über ihn zu schreiben. Bewunderung auch heute noch für diesen Text, aber ich lese ihn jetzt etwas anders: ich sehe in ihm keine unmittelbare, damit ›unverfälschte‹ Selbstdarstellung mehr – so etwas gibt es überhaupt nicht, jede Selbstdarstellung bricht sich im Medium der Sprache ihrer Zeit, wird mitgeprägt von ihren Bewußtseins- und Darstellungsformen. So zeigen sich, zumindest ansatzweise, auch in diesem Liedtext literarische Muster: das Böse Weib, die »dörperlichen« Bauern – Müller und auch Okken weisen auf diese und weitere Muster hin. Aber: solche Muster machen nicht den Text, konstituieren ihn nicht, sie spielen höchstens herein. In diesem S.O.S. aus Hauenstein geht Oswald entschieden über literarische Artikulationen seiner Zeit hinaus.
Allein schon ein Wort wie »sneestangen« – das hatte mich beim ersten Lesen überrascht, beeindruckt, diese Schneestangen waren seither in meiner Erinnerung steckengeblieben: Felsen, Stauden, Schneestangen sieht er, sieht sie täglich: Felsen, Stauden, Schneestangen – kein Muster prägt diese Beobachtung, diese Benennung vor, hier werden literarisch neue Grenzmarken gesetzt.

165 Hätte nicht wenigstens *ein* schreibender Zeitgenosse den großen Meister auf Burg Hauenstein besuchen können, und dieser Besuch womöglich ausgedehnt zu einem mehrtägigen Aufenthalt, somit ausreichend Gelegenheit für Beobachtungen und Notizen? Beispielsweise: wollte Oswald nur immer weg, über alle Berge, oder gab es auch Wochen, Monate, in denen er (beinah) zufrieden war auf Hauenstein? Und wenn da nicht Frustration war, die umschlug in Aggression – wie verhielt er sich seiner Frau gegenüber, von der ich mir auch gern ein genaueres Bild machen würde? Wie gegenüber seinen Kindern? Wie gegenüber Koch oder Köchin, den Knechten?

Und weitere Beobachtungen, Aufzeichnungen: Oswald mal auf einer Jagd begleitet, hinüber zum Raschötz, hinauf zur Seiser Alm oder zum Schlern . . . Oder Besucher bei Oswald: einer der Brüder, ein geistlicher Herr aus Neustift . . . Oder Oswald sang etwas vor und Notizen des Besuchers darüber, wie er sang, auf welchem Instrument er spielte . . .

Ich weiß, solche Aufzeichnungen gab es damals noch nicht; man begann Reiseberichte, Autobiographien zu schreiben, jedoch: über einen Dichterkomponisten zu berichten, wäre keinem seiner Zeitgenossen in den Sinn gekommen. Das zeigt uns, daß man einen Dichter, einen Komponisten längst nicht so wichtig nahm wie etwa zu Beginn des 19. Jahrhunderts, als man beispielsweise nach Weimar zu Goethe, nach Wien zu Beethoven pilgerte.

Aber ich wüßte zu gern, wie Oswald ›in natura‹ gewirkt hat, möchte hier nicht bloß angewiesen sein auf Selbstdarstellungen, auf Schlußfolgerungen aus Dokumenten. Zum Beispiel: konnte man über manche (politische, gesellschaftliche) Fragen überhaupt nicht mit ihm reden – aggressive Reaktionen, verbale Attacken? Oder gab es nur einige knotige Verhärtungen in seinem Bewußtsein, sonst aber war er nicht verbohrt, dogmatisch – war eher naiv?

166 Am 27. November 1426 gab Wilhelm von Starkenberg offiziell den Kampf auf gegen den Herzog – ein gutes halbes Jahr nach Oswalds Vermittlungsversuch! Die dreijährige Belagerung der Burg Greifenstein war beendet.

Das Waffenstillstands-Abkommen, das zwischen dem Landeshauptmann und dem Burgkommandanten geschlossen wurde, zeigt, wie vorsichtig man noch war. So wurde festgelegt, daß der Waffenstillstand Tag und Nacht gelte, daß von diesem Vertrag ausgenommen seien die Brüder von Starkenberg, Jörg von Tor und andere Helfer – mit ihnen mußte sich der Herzog direkt einigen. Vereinbart wurde auch, daß sich Burghauptmann Ortner und seine Männer während der festgesetzten Frist ungefährdet innerhalb und außerhalb des Landes aufhalten und bewegen könnten, nur dürften sie dem Herzog keinen Schaden zufügen. Und an Details wurde beispielsweise ausgehandelt, daß Hans Ortner und seine Männer während des Waffenstillstandes Nahrungsmittel und anderen Bedarf ungefährdet einkaufen könnten, für eigenes Geld; wer ihnen etwas verkaufe, dem werde durch den Herzog weder gegenwärtig noch zukünftig ein Vorwurf daraus gemacht.

Drei Tage nach dem Starkenberger gaben auch die Brüder von Spaur den Widerstand auf, unterwarfen sich dem Landesfürsten. Der wollte nun auch endlich den Fall Oswald von Wolkenstein abschließen. Am 22. Februar 27 schickte er ihm eine Vorladung zum nächsten Landtag in Bozen, am 16. März. Auch dieses Schreiben liegt im Nürnberger Wolkenstein-Archiv.

»Lieber Gefolgsmann. Wir erteilen hiermit allen Unseren Rittern und Knechten der allgemeinen Landschaft die schriftliche Anweisung, sich zum kommenden Sonntag Reminiscere in Bozen einzufinden, wohin Wir Uns selbst begeben oder einen bevollmächtigten Rat schicken werden. Es geht um verschiedene Vorgänge und Mißstände, die Unsere Lande und Leute erheblich belasten. Wir legen Dir auf das dringlichste nah, Dich zum genannten Termin ebenfalls dorthin zu begeben und dabei mitzuhelfen, jenen Mißständen ein Ende zu setzen, sowie eine Regelung zu treffen, mit der Wir und Unsere Lande und Leute Friede und Ruhe erlangen. Unterlasse es nicht! Dies ist Unser Wille.«

Ungefähr gleichzeitig mit dieser Vorladung wird auf Hauenstein die Nachricht eingetroffen sein, daß Parzival von Weineck dem Herzog die Burg Fragenstein (samt Ländereien) verkaufen und Urfehde schwören mußte. Damit verlor Oswalds Schwager ein Statussymbol und eine Aktionsbasis. Wahrscheinlich hatte es den Landesfürsten besonders gestört, daß die Burg dieses Opponenten nur etwa eine Reitstunde vor dem westlichen Stadttor von Innsbruck lag: ein günstiger Beobachtungsposten, ein Widerstandsnest in unmittelbarer Nähe. So gern Friedrich Eigentum kassierte (»Friedel mit der leeren Tasche« war ein reicher Mann!), hier werden auch taktische Überlegungen mitgespielt haben. Die Kaufsumme: 4000 Gulden. Der Gegenwert oder nur eine Entschädigung?

Oswald war nun der allerletzte, der dem Herzog noch nicht Urfehde geschworen hatte. Die Schlüsselrolle, die er in den vergangenen zehn Jahren gespielt hatte, war der »Landschaft« bekannt – würde Friedrich in seinem Fall eine exemplarische Unterwerfung fordern, vor den Vertretern des Landes, vor Adligen, Bürgern und Bauern? Oswald sah wohl nur dies auf sich zukommen: politische Unterwerfung und wirtschaftlichen Ruin.
Er floh Richtung Bodensee. Ritt er den kürzesten Weg, über den Brenner? Dies war wohl zu riskant – der Herzog hatte schon zweimal erlebt, daß Oswald sich einem Gerichtstermin entzog, hatte also vielleicht befohlen, diesen Mann festzunehmen, sobald er sich nördlich von Neustift zeigte. Möglicherweise hat Oswald Tirol deshalb auf einem Umweg verlassen, etwa über Bozen, Meran, vorbei an der Burg Forst, durch den Vinschgau, über den Reschenpaß.
Bei Wasserburg am Bodensee wurde er festgenommen, wurde Richtung Innsbruck eskortiert und in der Burg Vellenberg eingesperrt, dem damaligen Landesgefängnis.

167 Götzens, Ortsteil Vellenberg: eine Hügelkuppe, ein ausgebauter Turmstumpf, ein Dach aufgesetzt. Die Burg Vellenberg muß zwei Türme gehabt haben – ist der zweite Turm spurlos verschwunden? Aber wo hätte auf dieser Graskuppe ein zweiter Turm stehen können?
An die Haustüre klopfen. Drinnen rührt sich etwas, aber geöffnet wird nicht. Auf der Kuppe umherschlendern, über das Inntal hinweg zur Nordkette schauen, vor der Segelflugzeuge kreisen, Drachenflieger schweben; am Sockel dieser Bergkette, etwa auf gleicher Höhe: Zirl, die Burg Fragenstein. Wo aber sind hier die Reste von Vellenberg?
Am Nordrand des Hügels eine halb eingefallene Kuppel. Ein Pfad, der hinunterführt. Hohes, graues Gemäuer. Ein Kellereingang: steil, keine Stufen, nur Geröll und Sand. Etwas oberhalb zwei Räume: Fensternischen nach Norden, kein Kamin – hier muß es im Winter sehr kalt gewesen sein. Hinuntersteigen, dicht am Gemäuer entlanggehen: Vellenberg als Mauermasse, hineingeschoben in einen Hügel. Am Ostende des Ruinenkomplexes die Hügelflanke hochklettern, Äste packend: wieder, nun von der anderen Seite her, die beiden Räume mit den Fensternischen nordwärts. War Oswald hier eingesperrt? Oder in einem der Kellerräume mit Luftschlitz?

Nachträgliche Information macht solche Frage überflüssig: die beiden Türme, die Substruktionsmauern, die gewölbten Kellerräume – fast alles stammt aus dem 16. Jahrhundert.

168 Vellenberg: Gegenwart des Vergangenen in einer Strophe eines Liedes (Kl 7), das Oswald bezeichnenderweise auf die Melodie der meditativen Klagelieder nach der Haft in Prissian geschrieben hat: erneut Aussichtslosigkeit.

Ein Angstring
hat mich fest umschlossen;
die große Angst, sie bläht das Herz mir auf;
nur Furcht und Angst hab ich erfahren;
die Angst durchhallt den ganzen Kopf;
die schwere Angst raubt mir den Schlaf.
Vier Mauern, stark,
umfassen mich; mein Elend ist nun eingekerkert.
Oh lange Nacht, verfluchter Tag –
die Zeit bringt nur Verdruß!
Viel schlimme Nachricht höre ich,
doch fällt mir jede Hilfe schwer.
Ich fühle mich in der Bedrängnis
nur wenig schuldig vor der Welt,
jedoch vor Gott, der seinerzeit
mich, Wolkenstein, erschuf;
er sei mir Hilfe, Schutz.
Oh Vellenberg, du machst mir jede Freude kalt.

169 Nach einigen Wochen in Vellenberg, offenbar unter verschärften Haftbedingungen, wurde Oswald nach Innsbruck überführt. Der Herzog ließ Martin Jäger und Heinrich Hausmann kommen; am 1. Mai 1427 wurde der Rechtsstreit beendet.

Fünf Urkunden wurden an diesem Tag besiegelt, alle sind erhalten. Die ersten drei betreffen den zivilrechtlichen Fall. Hier das wichtigste dieser drei Dokumente.

»Ich, Oswald von Wolkenstein, erkläre und gebe öffentlich mit dieser Urkunde bekannt: ich war kürzlich reisefertig, um außer Landes zu reiten; da aber mehrere Leute des Landes, namentlich

Martin Jäger und die Gebrüder Heinrich und Hans Hausmann wegen ihrer und ihres Bruders Kindes, des verstorbenen Georg Hausmann, Ansprüche hatten auf Einnahmen und Besitzungen, weshalb bereits Vorladungen vorlagen und unerledigte Prozesse zwischen uns anhängig waren, haben sich diese Kläger an Durchlaucht den Fürsten, den Herzog Friedrich, Herzog zu Österreich, meinen gnädigen Herrn, gewendet und ihn gebeten, mich im Lande zurückzuhalten, bis ihnen von meiner Seite aus völlige Genugtuung widerfahren sei, und daß ihnen das Recht nicht verweigert würde – er sei ihnen das als Landesfürst schuldig.

Dies hat denn auch mein gnädiger Herr von Österreich getan, und ich bin nach seiner Anweisung wieder zu seinen Gnaden zurückgeritten, um mich ordnungsgemäß den Prozeßgegnern zu stellen. So habe ich mich, mit gebührendem Beistand des Ritters Herrn Michael von Wolkenstein, meines lieben Bruders und mit meinem sonstigen Anhang dem Gericht gestellt, und es wurde beschlossen und verkündet, was im Folgenden aufgeführt wird.

So habe ich erstens für alle Einnahmen und Güter, wie sie benannt und der Lage nach bezeichnet sind, die ich dem obengenannten Martin Jäger ohne Recht vorenthalten und für längere Zeit in Besitz gehalten habe, und für die Einkünfte, die ich davon in dieser Zeit eingezogen habe und für alle Schäden, die dieser Jäger an diesen Besitzungen und durch diesen Besitzentzug erlitten hat und für all die Rechte, die er auf die obengenannten Güter beanspruchte und die er bisher auf keine Weise durchsetzen konnte – dafür habe ich ihm fünfhundert Golddukaten Entschädigung gezahlt.

Ich soll in Zukunft diejenigen Güter behalten, gemäß dem Wortlaut der Urkunden, die wir gesondert miteinander ausgetauscht haben. Ich soll und werde auch den vorgenannten Herren Hausmann ihren Weinhof im Gericht Prösels, Grotthof genannt, dessen Besitz ich ihnen ohne Recht entzogen habe, unverzüglich zurückgeben und hier zukünftig keinerlei Ansprüche mehr erheben, gemäß dem Wortlaut der Verzichterklärung, die ich diesbezüglich ausgestellt habe. Weiter soll jede Feindschaft, Feindseligkeit und Schädigung zwischen den vorgenannten Jäger und Herren Hausmann und mir und dem beiderseitigen Anhang insgesamt, soweit man auf beiden Seiten an diesen Vorgängen beteiligt war, vom heutigen Tag an definitiv unterbleiben.«

In der zweiten Urkunde bestätigte Martin Jäger, er habe 500 Dukaten von Oswald erhalten für die Einkünfte, die ihm Oswald wider-

rechtlich entzogen hatte. In der dritten Urkunde bestätigten Martin Jäger und Heinrich Hausmann dem Herzog, daß er seinem Versprechen gemäß den Rechtsstreit bendet habe; er habe ihnen gegenüber somit keine weiteren Verpflichtungen.
Oswald war also schuldig gesprochen und verurteilt worden. Das Strafmaß war reichlich. Wurde mit diesen 500 Dukaten auch Hauenstein bezahlt? Oswald durfte von nun an, laut separater Abmachung, die Burg Hauenstein behalten.
Im politischen Prozeß nun war die Strafe drakonisch. Daß Veit und Konrad von Wolkenstein gleich nach Oswalds Verhaftung zum Herzog geritten, vor ihm Fürsprache eingelegt hatten für Oswald, daß sich auch weitere Herren für ihn einsetzten, beispielsweise Konrad von Kraig, der spätere Hofmeister des Herzogs, Johann Greiseneck, seit zwei Jahren Kämmerer des Herzogs oder Heinrich Seldenhorn, herzoglicher Rat und Hofrichter zu Brixen – dies alles war ohne Erfolg geblieben.
Im vierten Dokument mußte Oswald versprechen, an einem Feldzug gegen die Hussiten teilzunehmen. Damit wollte sich Herzog Friedrich wohl ein kleines Alibi verschaffen: ihm war schon mehrfach vorgeworfen worden, daß er sich im Kampf gegen die Hussiten passiv verhalte; er fühlte sich in Tirol nicht unmittelbar bedroht, noch nicht, also drückte er sich. So hieß es nun: Oswald voran!
Die fünfte Urkunde schließlich war der Kern des Vertragswerks, die Urfehde.
An der Zahl und am Rang der aufgeführten Zeugen wird erkennbar, daß hier so etwas wie ein Staatsakt stattfand. Es ›zeichneten‹ Hugo von Montfort, zeitweiliger Hofmeister des Herzogs, Graf Eberhard von Kirchberg, ein Rat König Sigmunds, Hans von Hornstein, Wilhelm von Knörigen – die drei letzteren aus Schwaben. Aus der Schweiz: Ulrich Fülhy und Johann Truchsess von Diessenhofen, genannt »Molli«. Aus Tirol Sigmund von Schlandersberg und Hildebrand von Schrofenstein. Und schließlich: Oswald, Veit und Konrad von Wolkenstein.
Dieses Dokument lege ich nun vor, gekürzt um eine Formel-Passage; bei der Übersetzung hat mir (wieder) sehr entschieden Lambertus Okken geholfen.
»Ich, Oswald von Wolkenstein, erkläre und verkünde mit dieser Urkunde: wegen verschiedener Vorgänge, die sich bis zum heutigen Tage ereigneten, habe ich mir die Ungnade der Durchlaucht, des hochgeborenen Fürsten, Herzog Friedrich, Herzog von Österreich etc. zugezogen; ich hatte diesbezüglich seine Gnade weder gesucht noch bewahrt. Dennoch hat mir mein gnädiger

Herr von Österreich aufgrund zahlreicher und dringlicher Bitten seiner Räte und meiner Herren, Anhänger und Gönner seine Verzeihung gewährt, hat mich und alle jene, die wegen mir in diese Angelegenheiten verwickelt waren, in seine Huld und Gnade aufgenommen. Für die gewährte Gnade von Rechtswegen dankbar, habe ich versprochen und gelobt und verspreche und gelobe auch weiterhin, ganz bewußt bei meinem Ehrenwort und bei dem Eid, den ich diesbezüglich persönlich vor Gott und den Heiligen geschworen habe, und zwar freiwillig, sowie kraft dieser Urkunde, daß ich mich für die Gnade, die mir mein obengenannter Herr so gnädig erwiesen hat, um diesen meinen gnädigen Herrn mit standesgemäßen Leistungen verdient machen werde, gemäß dem Wortlaut der Urkunde, die mein gnädiger Herr diesbezüglich von mir erhalten hat.
Ich soll und werde, solange ich lebe, keinen Kontakt suchen zu anderen Fürsten, Herren oder Gemeinden, werde ihnen auch nicht meine Dienste zusagen noch irgendein Bündnis mit ihnen schließen, ohne Wissen und Willen meines hier genannten gnädigen Herrn von Österreich. Vielmehr soll und werde ich ihm und seinen Verwandten, die ebenfalls meine gnädigen Herren sind, und all ihren Erben willig und dienstbar, getreu, gehorsam und behilflich sein. [. . .]
Falls aber ich, der genannte Wolkensteiner, oder ein anderer in meinem Dienst, dieses Versprechen in seiner Gesamtheit oder zu einem Teil irgendwie übertreten sollte, und dies würde bekannt, und falls ich den Eid, den ich geschworen habe, vergessen oder verharmlosen oder verniedlichen sollte – wovor Gott sei! – so soll und werde ich als ein pflichtvergessener und ehrloser Mann gelten allerorts und vor aller Welt und vor allen Gerichten, geistlich oder weltlich. In diesem Fall kann mein gnädiger Herr von Österreich oder derjenige, dem er das schriftlich aufträgt, mit mir als einem solchen obenbezeichneten Mann verfahren, mit oder ohne Anwendung des Rechts, allein nach seiner Willkür, vor der mich kein Rechtsmittel in Schutz nehmen wird, das irgendwer irgendwie ersinnen oder vortragen kann. Vielmehr verzichte ich hiermit auf alle Hilfe, auf alles Wohlwollen, auf jeden Rechtsschutz und auf alle Privilegien ausnahmslos aller Fürsten, Herren, Landschaften und sonstiger Rechtspersonen.
Insbesondere sollen vorbenannte Vereinbarung und Schlichtung bezüglich der Bürgschaft und der Kaution, die einige Mitglieder meines Anhangs meinem obengenannten gnädigen Herrn von Österreich um meinetwillen geleistet haben, diesem meinem Herrn zur Abwendung jedes Schadens zur Verfügung stehen;

diese Bestimmung darf nicht durch Arglist entkräftet werden. Zum Zeugnis dessen habe ich mein Siegel an diese Urkunde gehängt.«
Oswald wurde also verboten, was er jahrelang praktiziert hatte: mit Fürsten außerhalb Tirols zu kooperieren, vor allem mit dem König; Oswald wurde zu ungeteilter Loyalität gezwungen.
Entscheidendes Druckmittel war die Bürgschaft. Nach dem formellen Abschluß der Fehde hatte Friedrich kein Recht mehr, diese Urkunde zu behalten, er hätte sie spätestens jetzt den Bürgen aushändigen müssen. Aber er behielt sie – nun so etwas wie eine Schuldverschreibung! Dabei zog er nicht einmal den Betrag ab, den Oswald an Martin Jäger ausgezahlt hatte, Friedrich blieb bei der vollen Summe. Eine wahrhaft willkürliche Entscheidung! Oswald mußte sie akzeptieren.
So hatte Herzog Friedrich Oswald von Wolkenstein und seine Familie weiter in der Hand: sollte er aufmucken, konnte der Herzog die Einziehung der 6000 Gulden anordnen.
Erst zwanzig Jahre nach Oswalds Tod, 1465, wurde der Familie Wolkenstein vom Nachfolger Friedrichs, von Herzog Sigmund (dem »Münzreichen«) die Urkunde zurückgegeben; 5000 Gulden wurden Oswalds Kindern erlassen, 1000 Gulden ließ sich Herzog Sigmund auszahlen. Auch hier: er hatte kein Recht dazu, aber die Macht!

170 Eine drakonische Maßnahme – aber sie machte Oswald nicht stumm und gehorsam. Er wird einige Jahre später wieder aktiv als »Diener« des Königs, hat weiterhin Kontakte mit fremden Fürsten und Mächten.
Daß er nicht kleinlaut wurde, sich nun ängstlich jede öffentliche Äußerung und Handlung überlegte, zeigte sich bereits wenige Tage nach der Urfehde: Oswald erreichte, daß Herzog Friedrich einen Verwandten freigab, befristet, der seit mehr als acht Jahren im Gefängnis saß, Aldriget von Castelbarco.
Die Inhaftierung hatte wohl politische Gründe: die Castelbarcos, reichsunmittelbare Fürsten im Süden dieses Landes, erkannten (selbstverständlich) den Machtanspruch von Herzog Friedrich nicht an, trieben eine Pendelpolitik zwischen Trient, Venedig, Mailand, Tirol. Eigentlich hätte Friedrich kein Recht gehabt, einen reichsunmittelbaren Fürsten einzusperren, das hätte nur dem König zugestanden – hat Oswald auf diesen Punkt hingewiesen und damit die Entlassung dieses Mannes gefördert?

Wir wissen nur: Oswald hat am 9. Mai offiziell die Bürgschaft für den Castelbarco übernommen. »Ich, Oswald von Wolkenstein, erkläre und gebe öffentlich bekannt mit dieser Urkunde: der Ritter, Herr Aldriget von Castelbarco, mein Blutsverwandter, ist zeitweise im Gefängnis der Durchlaucht, des Fürsten Herzog Friedrich, Herzogs von Österreich etc., meines gnädigen Herrn gewesen. Dieser mein gnädiger Herr hat mir in einem besonderen Gnadenakt den Genannten übergeben, unter der Bedingung, daß ich, falls dieser Herr Aldriget sich mit meinem Herrn oder seinen Erben zwischen heute und dem nächsten St. Michelstag nicht vergleicht, ich ihm oder seinen Erben diesen Herrn Aldriget wieder zurückbringen oder persönlich übergeben werde, wenn dieser mein gnädiger Herr oder seine Erben das von mir verlangen, schriftlich oder mündlich. Dieses Versprechen gebe ich ohne Arglist, bei meiner Ehre, an Eides Statt und kraft dieser Urkunde.«
Daß ausgerechnet Oswald die Bürgschaft über diesen Verwandten übernehmen konnte, finde ich erstaunlich: Oswald als Bewährungshelfer!

171 Über die Vorgänge zwischen März und Mai 1427 hat Oswald ein langes, balladeskes Lied geschrieben, Kl 26. Auch hier vermischen sich biographische Realitäten und literarische Muster. So wird die Flucht verschwiegen; Oswald behauptet, er sei aufgebrochen, um nicht zu »verliegen«. Dies war ein Standardwort der hochmittelalterlichen »aventiure«-Literatur: der Ritter, der im bequemen, häuslichen Leben die Impulse zu Kampf und Selbstbewährung nicht verlieren will, deshalb das Abenteuer sucht. So wurde Oswalds Zuhörern allein schon durch dieses Wort deutlich gemacht: hier wird stilisiert.

Zwecks Abenteuern wollte ich
durch Täler, über Berge, um nicht zu »verliegen«.
Zuerst zum Rhein, nach Heidelberg . . .
Auf England hatt ich gleichfalls große Lust,
Und Schottland, Irland . . . Übers Meer
nach Portugal auf großen Segelschiffen . . .
Ein Kleinod hatt ich mir gewünscht:
den höchsten Orden wollte ich erhalten
von einer edlen Königin
und ihn dann fest bewahren.

Von Lissabon nach Afrika,
nach Ceuta, das ich besiegen half . . .
(So mancher Maure, stolz und frei,
er mußte den Besitz sehr rasch verlassen!)
Granada hätt ich gern besucht,
wo König Jussuf mich bereits empfangen . . .
War ritterlich schon ausstaffiert:
vor meinen Knappen wär ich gern dort eingezogen . . .
Stattdessen – mußte ich am Tisch
mit einem Stubenheizer thronen!

Man hat mir ja schon manches Mal
recht übel mitgespielt – es kam noch schlimmer!
Ich ward auf meinem Pferd
sehr kunstvoll an den Sporen festgezurrt.
Die Technik war mir unbekannt,
zu meinem Nachteil lernte ich sie kennen.
So hab ich Gott mein Leid geklagt.
Warum hab ich auch Hauenstein verlassen!
Ich hatte Angst vorm Weg nach Wasserburg,
als sich die Nacht bestirnte.

In Vellenberg im Kerkerloch –
zwei Fesseln für die Füße, eisenschwer!
Ich schwieg und machte nichts daher,
doch fiel mir mancher schlimme Vorfall ein.
Würd mir die Ritterschaft zuteil –
mit solchen ›Sporen‹ könnt ich Eindruck schinden!
Mein Frohsinn, meine Heiterkeit,
das schlug hier um in trauriges Gestöhne.
Was ich so manchem nun gewünscht –
ich habs nicht ausgesprochen!

So lag ich viele Tage lang –
nicht mal der König macht die Angst mir wett:
ich wußte nicht, wann mein Genick
gebrochen wird, obwohl ich schuldlos bin.
Und oben, unten, ringsumher
war ich von Wächtern streng bewacht!
»He, Peter Merkel, marsch, ans Tor!
Der ist gerissen, darf uns nicht entwischen!«
Wie schlau ich sei, das hat der Fürst
da ständig ausposaunt.

Zum Hof von Innsbruck kam ich dann,
war eskortiert, als gings zum Krieg nach Preußen!
Nach unten war ich auf dem Pferd
dezent gefesselt, daß es niemand sah . . .
So ritt ich armer Hund dahin
und hab doch nicht des Kaisers Schatz gestohlen!
Das Sonnenlicht entzog man mir,
und Tanzen gab es nicht, drei Wochen lang;
was ich auf Knien abgerutscht,
das sparte ich an Sohlen.

Ein alter Schwabe namens Blank,
der saß mir allzudicht auf meiner Pelle!
Mein Gott, wie grauenhaft der stank!
Der hat mir meine Lage kaum verschönert.
Am Bein ein offenes Geschwür,
der Atem kam ihm faulig aus dem Maul,
dazu hat er die Luft versaut
von hinten raus, am Arsch, ganz unerträglich!
Ersöffe dieser Kerl im Rhein,
es wäre mir nur recht!

Der Peter Heizer und sein Weib,
der Blank, ein Schreiber (jeden Tag besoffen!) –
in der Gesellschaft kams mir hoch,
wenn wir das Brot gemeinsam tunken mußten.
Es wurd gerülpst, es wurd gefurzt:
ein Arschfagott, das dort den Grundton gab;
ein Büchsenrohr mit zuviel Pulver,
das dann beim Zünden auseinanderkracht.
Mit vollem Schwung schiß da herum
ein jeder, hemmungslos.

Verfinstert war mein heitrer Sinn,
schon die Erinnrung brachte mich zum Schwitzen:
wie ich vor kurzem noch als Gast
am Ehrenplatz bei Pfalzgraf Ludwig saß . . .
Der Falke glich dem Bauernvieh!
Der König Sigmund hat mich ganz vergessen;
ich war doch auch bei ihm zu Gast
und half das Kraut aus seiner Schüssel essen!
So bin ich denn von hohem First
sehr tief hinabgestürzt.

Noch einer war in diesem Loch:
der Kopp. Den hätt ich gerne stillgemacht!
Der schnarchte wie ein Russenbär,
sobald ihn der Traminer flachgelegt.
So lauten Schlaf hört ich noch nie!
Ich mußte beide Ohren fest verstopfen.
Den Kopf, den nahm das derart mit,
daß er mir beinah in die Brüche ging.
Wär ich ein Weib – um keinen Preis
würd ich mit dem da schlafen.

Der Herr von Kraig, der Greiseneck,
und »Molli« Truchsess taten viel für mich,
der Salzmair, Nidecke,
auch Seldenhorn, und Grafen, Fremde, Freunde.
Mit großem Nachdruck baten sie
den wohlgebornen und erlauchten Fürsten,
er möge mir doch gnädig sein,
nur ja im ersten Zorn nichts übereilen.
Er sagte: »Männer solchen Schlags,
die wachsen hier nicht auf den Bäumen!«

Was er gesagt, gefiel mir sehr;
Versöhnung mit dem Schirmherrn meiner Freundin.
Vor Jahren ließ sie mich beschlagen
mit starken Eisen unten an den Beinen.
Was sie an ›Liebe‹ mir geschenkt,
das kriegen meine Kinder noch zu spüren!
Und wenn ich mal im Grabe lieg –
sie werden noch die Hände ringen müssen,
weil ich einmal Bekanntschaft schloß
mit dieser Hausmann . . .

So sprach der Fürst, befreit vom Zorn,
zu seinen Räten, voller Freundlichkeit:
»Wie lange bleibt er noch in Haft?
Könnt ihr den Fall nicht mal erledigen?
Was hilft es mir, daß er dort schmort?
Ich könnt die Zeit ganz gut mit ihm vertreiben:
wir würden singen ›fa, sol, la‹
und höfisch dichten über schöne Frauen.
Die Urfehd': liegt sie nicht bereit,
so laßt sie schleunigst schreiben!«

Den Kanzler rief man gleich herbei,
sehr rasch hat er mich aus der Haft befreit,
mit Brief und Siegel wars perfekt.
Ich sag dem Herzog lebenslänglich Dank.
Der Marschall sprach: »Nun komm herein,
mein Herr hat deine Lieder sehr vermißt.«
Ich trat vor ihn, er lachte froh –
da wurden viele Tränen denn vergossen!
Und mancher meinte: »Ohne deine Flucht
wär dieser Ärger nicht gewesen.«

In aller Freundschaft bat ich ihn
um Gnade dann für einen Freund von Adel;
acht Jahre und ein halbes hatte er
im Kerker dieses edlen Fürsten zugebracht.
Der sagte: »Nimm ihn mit nach Haus,
sieh zu, daß ihn sein Anhang unterstützt.«
So kam ich heim nach Hauenstein.
Ich werde diesen Fürsten nie mehr schmähen –
er schenkte mir sehr viel Vertrauen,
so wahr der Herr mir helfe!

Der große, unsichtbare Gott,
der sich in seinem Sohn so herrlich zeigte,
er gab auf Dauer mich nicht frei:
so hab ich manches Spiel verloren . . .
Den Übermut, der in mir brannte,
Er hat ihn, ohne Wasser, oft gelöscht.
Ich wollte dies, Er wollte das –
bei diesem Streit hat Er mich überwunden.
Die Strafe für die Liebe war verdient:
sie kostet mich jetzt manche Mark.

In der ersten Liederhandschrift hat Oswald einen Nachsatz schreiben lassen: »Ultimus versus est verissimus. Per Oswaldum Wolckenstainer.« Ich übersetze: »Der letzte Vers ist nur allzu wahr. Gez. Oswald von Wolkenstein.«

172 Wahrscheinlich noch in diesem Jahr ließ Oswald sein neues Urbar-Buch anlegen. Er war nun, rechtlich unanfechtbar, Besitzer der Burg Hauenstein, und so wollte der Burgherr seine weit verstreuten Besitzungen zusammenfassen, wenigstens in einem Büchlein.

Er hatte seit der Anlegung des vorherigen Urbars einiges verkauft und gekauft. Hatte nun auch mit Martin Jäger Besitzungen arrondiert. Besaß inzwischen wohl auch wieder volles Verfügungsrecht über seinen Grund und Boden. Michael hatte ihm die Nutzungsrechte bald schon zurückgegeben, urkundlich. Und Hans von Villanders?

Nach dem Teilsieg von 1423 wird es Oswald spätestens bis zu diesem Zeitpunkt durchgesetzt haben, daß er die vollen Einkünfte ziehen konnte aus den Bauerngütern, die er diesem Verwandten verpfändet hatte. Möglicherweise war Hans von Villanders auch nicht sehr an diesen Bauerngütern interessiert; das Einziehen von großen Geldbeträgen war weitaus einfacher und ergiebiger.

Eine Konsolidierung wenigstens im Immobilienbesitz. Und so wurde das Verzeichnis der Güter und Einnahmen nicht mehr auf Papier geschrieben, wie in der Teilungsliste von 1407, im Teil-Urbar von 1418, die Besitzungen wurden feierlich auf Pergament eingetragen, mit Stück für Stück sorgsam ausgeführten Buchstaben zwischen dünn vorgezogenen Zeilenlinien, mit rot ausgeschriebenen Ortsnamen von Gemeinden, in denen Güter lagen. Die Bedeutung, die Oswald diesem Urbar gab, zeigt sich schon am Umschlag: dominierend auf dem hellen Pergament die schwarz aufgetragenen Embleme eines Ritters, der Visierhelm mit großen Büffelhörnern und kleinen Pfauenspiegeln, zusätzlich Schnörkelschmuck.

Über dem Büffelhornhelm eine Inschrift: »Es schiede gar nicht«, darunter, kleiner: »von«, dann sehr groß, von unten nach oben, genau vertikal: OSWALD VON WOLKENSTEIN, RITTER. Die Inschrift wird bedeuten, daß dieses Buch und damit dieser Besitz sich nicht von Oswald trennen soll – im Namen des Herrn, der in jedem Urbar genannt wird, hier gleich zweimal: zu Beginn der Aufzeichnungen und auf der Heftrückseite.

Dieses Hauptbuch wird eröffnet mit der Kapitelüberschrift »Castelruth«. Es folgen die Hofnamen, die wir bereits kennen: Schoberstein, Kalkadin, Mutzenhof und so weiter. Nächstes Kapitel: Tisens, damit ist das Dörfchen gemeint, das wie Tagusens an der Nordwestkante des Hochplateaus von Kastelruth-Seis liegt. Tagusens denn auch als drittes Kapitel: zweieinhalb Seiten allein hier. Es folgen die »Zinsen auf Rodeneck«: vier Seiten. Dann: Villan-

ders. Lajen im Grödnertal. Eine Seite »Weingelder«. Danach von einem anderen Schreiber eingetragen, in nicht mehr so feierlich-steifen Buchstaben: Besitzungen und Einkünfte unter dem Stichwort Völs; zwei Seiten. Eine leere Seite. Danach der Wundsegen, den wir schon kennen.
Gesammelte Besitzungen, aufgezeichnet in einer repräsentativen Ausgabe. Hat Oswald mit Besitzerstolz in diesem Urbar geblättert? Machte er in diesem Sommer einen Rundritt auf seine Besitzungen: Begehungen, Besprechungen? War da, wenigstens für kurze Frist, so etwas wie Zufriedenheit? Und er ließ sich ein wenig feiern, vielleicht auch zu seinem fünfzigsten Geburtstag, der in diesem Jahr stattgefunden haben wird? Oder feierte er nur seinen Namenstag, vielleicht mit einem Ritt hinüber nach Aichach und von dort nach St. Oswald, und in der Kapelle betete Oswald zum heiligen Oswald? Und wieder zurück nach Aichach, auf diesem Weg der Blick zum Schlernmassiv mit vorgelagertem Schlernzakken, und darunter, nur noch in kleinem Segment zu sehen, die Waldschräge des Hauensteiner Forstes, und er sah diesen Waldabschnitt mit dem (stolzen) Bewußtsein: das gehört noch zu »meinem Wald um Hauenstein«?

173 Hauenstein: wir sollten einmal hineinschauen in diese Burg: wie war sie eingerichtet?
Im Jahr nach Oswalds Tod wurde sein beweglicher Besitz (damals »fahrendes Gut« genannt) inventarisiert; das Verzeichnis ist erhalten geblieben.
Ich gehe davon aus, daß sich bis zur Inventarisierung der Besitzstand nicht wesentlich geändert hat – ja, die Zahl der Einrichtungsgegenstände, der Geräte auf Hauenstein dürfte 1427 eher noch geringer gewesen sein als 1445; in den zwei Jahrzehnten wird das eine oder andere hinzugekommen sein.
Als erster Posten der Liste: ein rotes Seidenpolster, vier rote Seidenkissen. Dann drei kleine Kissen, ein »Kölner« Polster: mit Kölner Leinwand bezogene Polster und Kissen. Weiter: ein türkisches Messer mit Beschlägen (auf dem Griff). Zwei Silberschalen; zwei Orientteppiche. Also Luxus im Hause des Oswald von Wolkenstein?
Schauen wir weiter: zehn große und kleine Betten. Vater, Mutter, mehrere Kinder, Besucher? In großen Betten schliefen normalerweise zwei Personen – demnach waren dies die Betten für die Familie des Hausherrn und die höheren Ränge des Personals; die an-

deren schliefen auf Strohsäcken. Elf Schafsfelldecken, eine Lammfelldecke. Ein neues Tischtuch, drei gesäumte Handtücher und fünf aus Werg. Vier Paar feine Leinenlaken, sechs Paar grobe, eine dicke, zwei dünne Bettdecken. Nicht viel, wenn man sich vorstellt, wie saukalt es in einer Burg im Winter war.

Nun zur Küche: neun metallene Töpfe, ein Eisenrost, ein Dreifuß, ein Bratspieß, noch ein Rost, sechs Pfannen, »gute und schlechte«, ein Mörser, vier große Kessel, ein kleiner, vier Haferln, drei gute Becken, ein schlechtes. Und drei neue Kannen. Ein großer, flaschenähnlicher Behälter aus Zinn, zwei große Holzgefäße.

Die Waffenkammer, damals meist Harnischkammer genannt. Sechs Brustpanzer. Sechs Hundskappen: Helme mit spitz vorspringendem Visier, das einer Hundeschnauze glich. Vier Harnisch-Schurze, zwei Panzer-Kragen. Eine Mailänder Harnisch-Brustplatte, wohl für den Hausherrn, denn aus Mailand wurden meist die guten und teuren Rüstungsstücke importiert. Zwei Vorderpanzer, ein Rückenpanzer, ein Schulterharnisch: der bedeckte die Schulter und den halben Oberarm, war festgehakt am Eisenkragen, bestand aus Eisenlamellen. Weiter: zwei Streitäxte, ein Beinschutz, zwei kleine Helme, vierzehn Paar Armröhren, ein englischer Helm, zwei kleine Schulterharnische, zwei Ellbogenschützer. Weiter ein Helm mit einem Visier, sieben Helme mit Nackenschutz. Fünf Eisenhüte, fünf Eisenhauben. Sechs Paar Metallhandschuhe. Fünf Lederschilde, zwei ungarische Schilde, nochmal zwei Schilde, fünf Bärenspieße. Ein türkischer Helm, zwei türkische Schuhe (Lamellenschuhe?), zwei Kampfhosen, fischbeinverstärkt, nochmal zwei Kampfschuhe. Ein türkischer und ein ungarischer Streitkolben, zwei türkische Sporen, eine türkische Kampfjoppe (mit eingenähten Eisenplättchen?). Acht hellebardenähnliche Waffen und dreißig Armbrüste. Dazu: eine Winde, mehrere Haken, mit denen die Sehnen gespannt wurden. Eine Waffenkammer also für die gesamte Burgbesatzung, für einen Trupp.

Die größeren Waffen: zehn neue Handbüchsen, also verhältnismäßig leichte Büchsen, die von einem Mann getragen werden konnten. Neun alte Handbüchsen. Dann zwei Schirmbüchsen: nach Zingerle waren dies Geschütze »mit einem (aufziehbaren) Holzschirm zur Deckung für die Bedienungsmannschaft«. Oswald, natürlich Oswald als der wohl einzige Dichter und Komponist (zumindest) unseres Sprachbereichs, der Kanonen besaß!

Weiter: sieben Geschütze, aus denen Steinkugeln abgeschossen wurden: Steinbüchsen. Eine eiserne Steinbüchse »mit einem Haken«: der Haken unter dem Rohr wurde vor einem Mauersockel eingehakt, so wurde beim Abschuß der Rückstoß abgefangen. Insgesamt: eine beachtliche Feuerkraft auf Hauenstein! Ich habe zum Vergleich in andere Burginventare hineingeschaut: Hauenstein lag über dem Schnitt. Ich habe auch den Eindruck: Oswalds Ausrüstung, zumindest an Feuerwaffen (Kanonen mit Schutzschirmen!), entsprach dem damals neuesten Stand der Entwicklung.

Weiteres Inventar: zwölf Kalbfelle, drei Lammfelle, ein Hirschfell, drei Stück Leder. Einmal Schusterwerkzeug, fünf Lederlappen. Sieben Eisenstangen. Schieres Fleisch von zwei Ochsen. Vierzehn Schweinsviertel. Zehn Fettlaibe. 41 Pfund Talg, 400 Talgkerzen. Drei Kisten Mehl und zwanzig Star Salz. Zwei Zentner Käse.

Dann ein »rörnabiger«: »röre« war damals die Brunnenröhre, und »nabiger« ein Bohrer: also ein Brunnenloch- oder Brunnenrohrbohrer. Vier Zimmermannshaken. Zimmermannswerkzeug. Lange Seile (das meiste wurde auf eine Burg hochgezogen, nicht hochgetragen). Lederstricke, Maurerwerkzeug, Schmiedeausrüstung. Ein Fäßchen mit Pfeilen, tausend eiserne Pfeilspitzen. Ein Bottich mit Schwefel, ein Ledersack mit Salpeter. Elf Wurfkegel: Wurfgeschosse in konischer Form. Zweieinviertel Bleiplatten (zum Gießen von Bleikugeln).

Schließlich: 26 Star Weizen, fünf Fässer mit altem Wein, zwei Fässer Essig. Große Weintrichter. Und, sehr aufschlußreich: sechs Kühe. Hier der Beweis dafür, daß zu Hauenstein ein kleinerer landwirtschaftlicher Betrieb gehörte.

Um beurteilen zu können, ob Oswalds »fahrendes Gut« für seinen Stand und seine Zeit ärmlich, durchschnittlich oder luxuriös war, ziehe ich eine andere Inventarliste heran, und zwar eines Verwandten, des Veit von Wolkenstein, der 1442 starb; Oswald wurde sein Testamentvollstrecker und Nachlaßverwalter (gab dabei Anlaß zu Klagen, Beschwerden . . .)

Ich werde jetzt nicht Topf um Topf, Bettdecke um Bettdecke gegeneinander aufrechnen, gehe gleich über zu den Barschaften, Kleinodien, Schmuckstücken der »Herrenkammer«: 184 rheinische Gulden, 20 Dukaten, 5 Mark. Ein silberner Orden des Königs von Zypern, eine Spange mit dem Schwert von Zypern – Veit reiste mit Oswalds Bruder Leonhard 1436 ins Heilige Land. An Schmuckstücken, unter anderem: ein goldener Armreif mit einem Türkis; eine Spange mit zwei Edelsteinen und fünf Perlen; eine große goldene Spange mit vier Edelsteinen und einer weißen Löwin; eine Brosche mit einem Bäumchen in Email; eine Spange mit

einem Hündchen; ein goldener Ring mit einem Saphir; zwei goldene Ringe mit Amethysten; ein Ring mit einem Wassersaphir; ein Ring mit einem kleinen Smaragd – und so weiter!
Vorausgesetzt, das Inventar von Hauenstein ist komplett, es wurde vorher nichts beiseitegeschafft, so zeigen schon diese Posten: Oswald besaß nur das Nötigste an Einrichtungsgegenständen und ein paar Mitbringsel aus dem Nahen Osten, das eine und andere Kissen. Oswald soll nicht zum armen Schlucker stilisiert werden, aber reich geworden war er offensichtlich nicht.

174 Neues aus Brixen: am 4. November 1427 wurde Ulrich Putsch zum Bischof gewählt – ein Mann, auf den Oswald in Feindschaft fixiert war.
Ulrich Putsch stammte aus einer schwäbischen Bürgerfamilie, wurde wohl in der Diözese Augsburg zum Priester geweiht, zog, wie manche anderen Schwaben, nach Tirol, dort sollte es besonders üppige Pfründen geben. Putsch wurde zuerst Pfarrer von Tisens, wird dort Kontakt mit der Familie Jäger aufgenommen haben. Für Oswald wohl der erste Minuspunkt in der Bewertung des Ulrich Putsch.
Der zweite: die enge Kooperation zwischen Herzog Friedrich und Pfarrer Putsch. Der Landesfürst hatte seinem Schützling offenbar als nächstes die Pfarre von Tirol-Meran vermittelt, eine reich dotierte, sehr angesehene Stelle: fünf Pfarrer von Tirol wurden im Lauf der Jahrhunderte Bischöfe von Chur, drei von Brixen – also ein Sprungbrett. Ab 1416 war Putsch auch noch Erzpriester im Vinschgau.
Und er war Kanzler des Landesfürsten. Mit Entschiedenheit unterstützte er den Kampf seines Herrn gegen die Adelsgruppe; weiterer Minuspunkt. Als Friedrich in Konstanz eingesperrt wurde, reiste Putsch dem König bis Perpignan nach, um Fürsprache einzulegen für seinen Herrn, aber Sigmund ließ Putsch nicht vor. Als Friedrich nach seiner Flucht aus dem Gefängnis, nach seinem Fußmarsch durch Ötztal und Schnalsertal in Meran eintraf, sich dort rasch wieder etablierte, war eine seiner ersten Handlungen, seinem Kanzler ein Weingut zu überschreiben, bei Meran. Drei Jahre später, 1419, ernannte er Putsch zum Inspektor der Bergwerke Tirols: Vollmachten für Organisation und Kontrolle des Abbaus von »Edelsteinen, Gold, Silber, Kupfer, Blei, Eisen und was sonst an Erz in den Bergen gefunden werden mag«. Zwei Jahre später kaufte Putsch die Burg Unterbrunn.

Es gibt einige Lokalsagen über diese Burg, die mir in diesem Zusammenhang bezeichnend scheinen. Ein Hirtenmädchen sieht, beim Kühehüten, eine goldene Schlange von Unterbrunn herabkriechen, das Mädchen folgt ihr, furchtlos, die Schlange kriecht in die übliche Felsspalte, das Mädchen folgt ihr weiterhin, furchtlos, eine goldene Tür öffnet sich, das Mädchen betritt einen weiten Saal mit silbernen und goldenen Wänden, auf dem Boden Perlen und Edelsteine; das Mädchen nimmt im Kopftuch, in den Taschen und Händen soviel mit, wie es schleppen kann, kehrt nach Hause zurück, ist nun steinreich. Oder: donnernd öffnet sich eine Mauer der Burg Unterbrunn, ein Strom von Goldmünzen bricht heraus, versiegt aber, sobald sich ein Fremder umdreht, der sich gerade jetzt nicht umdrehen darf. Oder: im Innenhof von Unterbrunn ist ein goldenes Kalb vergraben, Männer aus der Umgebung legen es frei, aber nun tauchen aus der Finsternis zwei große, unheimliche Männer auf, erheben drohend die Finger – das genügt, die Schatzgräber fliehen, das goldene Kalb wird nie mehr gesehn. Schließlich: Unterbrunn soll auf einem Tempel stehen mit einem Smaragdtor und sieben Smaragdsäulen und neun Goldgruben, von einer unterirdischen Goldquelle gespeist, unablässig.

175 Vom Dorf Tirol aus gehen wir hinüber, hinunter zur Burg Unterbrunn, früher Vorburg des Schlosses Tirol, das höher liegt auf bröckeligem Hügel. Die jetzige Burg Unterbrunn läßt nichts mehr erkennen von der Burg Unterbrunn, die Ulrich Putsch besessen hat: lange Zeit war sie unbewohnt, wurde als Steinbruch benutzt, bis zu Beginn unseres Jahrhunderts ein Industrieller hier eine Burg aufbaute, die damaliger Ritterromantik entsprach: Zinnen, Erker, Efeu, im Hof ein Plätscherbrunnen, den man auch im Arbeitszimmer von Ezra Pound hört: ein großer Tisch in der Mitte für Studenten, Dozenten, die hier nun arbeiten können, ein kleinerer Tisch seitlich, mit einer Plastikfolie überzogen: unter ihr zwei Schreibmaschinen, Druckklischees mit chinesischen Schriftzeichen, Handwerkszeug, das Pound benutzt hat. Vom Südfenster aus sehen wir die Burg Forst, efeugrün, sehen Schloß Plars mit den beiden Zypressen dicht neben unserem Erkerzimmer, in dem ich dann, mit Blick auf Unterbrunn, Notizen mache über den Besuch auf Unterbrunn.
Der zweite Besuch: auf einer Truhe im Turmzimmer hatte ich ein Glossar der Tiroler Bauerngeräte entdeckt, herausgegeben vom Landwirtschaftsmuseum, das in dieser Burg eingerichtet wurde:

könnte mir dieses Glossar Sprache vermitteln, die eine für Oswald selbstverständliche Sprache war? Die junge Frau, die uns am Vortag in das Arbeitszimmer geführt hatte, bedauert: dieses letzte Exemplar ist nicht mehr verkäuflich, aber ich kann im Arbeitszimmer exzerpieren. Kurzes Gespräch mit einem Studenten: Pound habe hier kaum noch gearbeitet, war fast blind, höchstens noch Textkorrekturen. Die von ihm beschrifteten Aktenordner in einem Regal sind leer: das Archiv in Yale, auch die Bibliothek.
Ich setze mich an den Arbeitstisch, blättere im umfangreichen Glossar. Brunnenplätschern. Die phonetisch wiedergegebenen Fachbezeichnungen, die ich hier vor mir sehe, unterscheiden sich von den Fachbezeichnungen, die Oswald im Kopf hatte, aber es könnte doch Entsprechungen geben, gemeinsame Wortstämme: grans, die Schlittenkufe, grant, eine Truhe für Getreide, grospank, eine Gras- und Heuschneidemaschine, gramml, die Flachsbreche, grams, Kufe des Hornschlittens. Ich exzerpiere, mehr als Stichproben sollen es nicht sein, ich kann Oswalds agronomisches Fachbewußtsein nicht rekonstruieren. Harpfe, ein »Gerät zum Umrühren der Milch im Käsekessel«; tungschlittn, »ein Schlitten zum Misttransport«; köschtnrigglar, »eine Vorrichtung, gebratene Kastanien von den Schalen freizumachen«; knospmachr, »gekrümmte Schneide zum Herstellen von Holzsohlen«. Heutige Tiroler Bezeichnungen für Gegenstände, die meist auch schon zu Oswalds Zeit benutzt wurden, für die er Wörter seiner Zeit verwendete: eine »alte Maßeinheit für Käse, Schmalz, Unschlitt, Getreide, Flachs; Holzeimer mit Schnabel zum Maischeschöpfen; Besen zum Auswischen des Backofens; kupferne Siebpfanne zum Seihen von Tierfett; Gestell zum Festhalten von Pferden, wenn sie beschlagen werden; Messer zum Schindelklieben; Schüssel aus Zirbelholz zum Abkneten der frischen Butter; verstellbares Vorscheit für ungleich starke Zugtiere; Gerät zum Abklemmen der Hoden, Kastration von Widdern; Hexenabwehrmesser gegen die Windsbraut.«
Es wird dämmrig im Zimmer. Ich lege das Glossar zurück auf die Truhe, schaue durch das Rundbogenfenster des Turmraums, »Rittersaal« genannt: die Stadt Meran, Lichtketten, Lichtmuster. Grünschwarz Burg Forst. Lichter in Schloß Plars. Das Brunnenplätschern. Grans und grant, gramml und grams.

176 Als im September 1427 in Brixen Bischof Berchtold gestorben war, kandidierte der Kanzler, Bergwerksinspektor und Erzpriester Ulrich Putsch; Herzog Friedrich protegierte ihn dabei. Nach einer bereits älteren Tradition hatte der Kanzler des Landesfürsten vorrangigen Anspruch auf dieses geistlich-weltliche Amt: der Bischof von Brixen zugleich als Reichsfürst.
Es bildete sich Opposition gegen diesen Kandidaten – wahrscheinlich wegen der engen Kooperation dieses Erzpriesters mit dem Landesherrn. Gehörte Oswald zu den Opponenten? Er war wohl grundsätzlich gegen diesen Mann, erst recht gegen den Mann in diesem Amt in Brixen, in so unmittelbarer Nähe. Freilich: sollte Oswald, wenige Monate nach der Urfehde, schon wieder mitgemischt haben, kirchenpolitisch?
Die Gegenseite, mit oder ohne Oswald, war jedenfalls sehr aktiv, konnte die Wahl dieses Mannes aber nicht verhindern. Ulrich akzeptierte und beschwor die Wahlkapitulation – ihr wird bald eine große Bedeutung zukommen. Heinrich Seldenhorn, Schloßhauptmann auf Bruneck, ein Mann, der mit Oswald offenbar in enger Verbindung stand, setzte die Artikel auf. Den ›Sockel‹ dieser Abmachungen kenne ich freilich nicht; nach Artikel 3 dieser Verpflichtung mußte der neue Bischof auch die Artikel beschwören, die bereits seine Vorgänger unter Eid akzeptiert hatten. Wahrscheinlich ging es hier um die Rechte des Domkapitels, um Privilegien der Gemeinden und Gerichte der Diözese. Von den insgesamt acht Punkten dieser Wahlverpflichtung will ich nur zwei noch hervorheben. Punkt 4: der Bischof solle kein gültiges Testament machen, auch nicht über kirchliches Vermögen, ohne vorher alle Schulden bezahlt zu haben. Punkt 7: der Bischof dürfe keinen Prälaten, Domherrn oder Kleriker der Stadt Brixen und der Diözese ohne Wissen des Domkapitels einkerkern. Absicherungen gegen Willkür also – und Willkür wurde Ulrich Putsch denn auch bald vorgeworfen, vor allem von Oswald.
Putsch leistete seinen Eid auf diese Artikel, wurde gewählt. Nun mußte er akkreditiert werden, zuerst vom Erzbischof in Salzburg. Bei Sinnacher lese ich, Eberhard IV. habe erst in diesem Jahr das Amt übernommen – der neue Mann war unsicher, vorsichtig, wendete sich an Papst Martin, bat ihn demütig, Ulrich Putsch als geistlichen Hirten der Diözese Brixen anzuerkennen. Eberhard wußte offenbar, daß hier Widerstände zu überwinden waren, bat mehrere Kardinäle, sich beim Papst für den neuen Bischof einzusetzen.
Ulrich Putsch führte ein Tagebuch über seine Amtszeit in Brixen,

und hier berichtet er nun: »Im Jahr des Herrn 1428, am 19. Tag des Monats Januar, bin ich vom Apostolischen Stuhl in meinem Amt bestätigt worden, dies aber nur gegen erhebliche Widerstände, weil mir meine Neider alle möglichen Hindernisse in den Weg legten; als ihnen gar nichts mehr einfiel, ließen sie dem Herrn Papst Martin V. hinterbringen, ich leide an einer Krankheit, nämlich der Epilepsie; das trifft aber nicht zu.«
Sobald die Bestätigungs-Bulle eingetroffen war, zog Putsch in die bischöfliche Burg von Brixen. Ein Bischof, der seine Residenz bezieht: Glanz kirchlicher Macht? Putsch berichtet in seinem Tagebuch: »Ich fand die Residenz – Wein und Korn ausgenommen – von Geld und Kleinodien glattweg ausgeplündert.« Allein bei den Beamten sei der verstorbene Bischof mit rund 1000 Dukaten im Zahlungsrückstand gewesen. Zusätzlich habe er etwa 2000 Dukaten aufwenden müssen, aus seiner Privatschatulle, mit Gottes Hilfe. »Auch habe ich an Hausgerät, Betten und Einrichtungsgegenständen acht vollbeladene Wagen mit mir hierhergebracht.« Und er zählt auf: Geschmeide, Tafelgeschirr, goldene und silberne Trinkbecher, aber auch geistliches Gerät: ein Pax tecum aus reinem Gold »mit eingeschlossenem Partikel vom Hl. Kreuz«. Weiter brachte er an Reliquien mit: einen Dorn aus Christi Dornenkrone »und etwas von der Milch der seligsten Jungfrau«. Aber auch Messbücher, Teppiche, eine kostbare Bibel, etwa hundert Bücher – in der Bischofsburg gab es nur ein halbes Dutzend zerfledderte Bücher; ein heruntergewirtschafteter Betrieb!
Bischof Ulrich wird in seinem Tagebuch wiederholt berichten, wie er diese Residenz ausbauen ließ: der Burghof gepflastert, ein steinerner Brunnen angelegt, ein Pförtnerhäuschen und eine Kanzlei gebaut, ein eingestürztes Dach ersetzt, Türme errichtet ... Und er ließ Fischteiche und Weinberge anlegen, ließ Straßen pflastern, ließ andere Burgen seiner Diözese renovieren, ausbauen, erweitern. Der erfahrene Verwaltungsmann entwickelte ebenfalls Initiativen.
Ulrich und Oswald – hier hatten sich zwei zähe Kampfpartner gefunden. Äußerlich haben sie sich sehr unterschieden: der Grabstein, den Ulrich zu seinen Lebzeiten herstellen ließ, und der heute im gleichen Hof steht wie Oswalds Gedenkstein, zeigt einen Mann mit schmalem Gesicht, tief eingekerbten Falten, spitzem Kinn, betonter Nase. Sein Nachfolger schrieb später vom »putschischen Kopf«, meinte damit gewiß: Querschädel.
Von der christlichen Maxime des demütigen Hinnehmens hielt Ulrich Putsch gar nichts. Er berichtet in seinem Tagebuch von zwei Vorfällen, die ihn charakterisieren.

So hatten Fischer des Grafen von Görz den (Fluß-)Fischern von Bruneck (der Brixener Enklave in der Vorderen Grafschaft Görz) Netze abgenommen. »Ich hatte das kaum gehört, da schickte ich meine Diener mit dem Befehl los, wo immer sie Fischer des Grafen anträfen, sollten sie ihnen auf der Stelle Hände und Füße abhacken. Als der Graf das erfuhr, gab er die Netze gleich wieder heraus und erklärte, ich hätte wie jeder andere Bischof von Brixen das Recht, hier zu fischen, er wolle mich nicht mehr daran hindern. Bisher hat er Wort gehalten; ich hoffe, er wird es auch in Zukunft halten.«

Der zweite Vorfall: »Zu Bruneck wurde der sehr berüchtigte Mörder und Straßenräuber Peter Zimmermann gefaßt. Die Landrichter des Grafen von Görz verlangten unter schweren Drohungen, ich sollte ihnen denselben ausliefern; dazu war ich aber nicht bereit. Ich schickte deshalb an die hundert Berittene und tausend zu Fuß los, und so wurde der Verbrecher – denen zum Trotz – am Montag nach dem Weißen Sonntag auf das Rad geflochten.«

Dies zur Charakterisierung des im übrigen als fromm geltenden Bischofs Ulrich II. von Brixen.

Im ersten Amtsjahr gab es offenbar noch keine Auseinandersetzungen zwischen Oswald von Wolkenstein und dem neuen Bischof – zu dieser Zeit hatte Oswald ganz andere Probleme!

177 Schon recht bald nach der Rückkehr von Innsbruck wird Oswald Hans von Villanders aufgefordert haben, die hinterlegten Bargelder, die Schuldbriefe, den Pfandbrief auszuhändigen, und zwar unverzüglich. Seit nun mehr als vier Jahren behielt dieser Verwandte die Gelder und Papiere! Dabei bestand, wenigstens zu dieser Zeit, kein Anlaß zur Befürchtung, der Herzog werde von Oswald die 6000 Gulden verlangen.

Oswalds Rückforderung ist nicht dokumentiert, auch nicht die Antwort des Schwagers: vielleicht fand eine mündliche Auseinandersetzung statt. Auf die Antwort des Hans von Villanders lassen sich Rückschlüsse ziehen aus den bald folgenden Vorgängen: er weigerte sich rigoros, auch nur einen Gulden herauszugeben.

An den Herzog konnte sich Oswald in dieser Notlage kaum wenden: damit wäre die heikle Bürgschafts-Schuldverschreibung noch einmal zur Sprache gebracht worden: besser, daran wurde nicht gerührt. So geschah Paradoxes: indem Herzog Friedrich den Bürgschaftsbrief in eine Art Schuldverschreibung umwandelte, um Oswald zur Loyalität zu zwingen, zwang er ihn, den Vertrag vom 1. Mai 27 in einem entscheidenden Punkt zu brechen: Oswald mußte sich, um an sein Recht zu kommen, an eine Rechtsinstitution außerhalb Tirols wenden, ohne Wissen und Willen des Herzogs. Um also die 2000, ja 2200 Gulden und die Papiere zurückzubekommen, mußte Oswald riskieren, daß die Loyalitäts-Garantie über 6000 Gulden fällig wurde. Oswald wagte den hohen Einsatz: er faßte den abenteuerlichen Entschluß, Kontakt aufzunehmen mit der Feme.

178 Den raffgierigen Verwandten durch die Geheimorganisation der Feme in die Knie zwingen – diese Vorstellung wird Oswald Auftrieb gegeben haben in dieser bedrückenden Situation. Es läßt sich vorstellen: er hat sich die Hände gerieben, als er auf diesen Einfall kam. Kein Wunder, wenn er gleich in der ersten Zeile seines Liedberichtes über die Reise nach Westfalen schreibt, er sei gut gelaunt gewesen, beim Aufbruch.
Kl 41 soll uns die Reise vorausweisend skizzieren: der erste Liedtext übrigens (so stellte schon Mayr fest), der ziemlich exakt die Reiseroute nennt – kein Zertrümmern mehr der chronologischen und logischen Ordnung. Obwohl Oswald den Reiseverlauf angibt – das eigentliche Reiseziel verschweigt er: die Kontaktnahme mit der Feme. Hier gibt es nur zwei geheimnisvolle Andeutungen . . .

Von Wolkenstein brach ich nach Köln auf, gut gelaunt,
und kam nach Salzburg; mein Gastwirt, der hieß Braun.
Er hatte eine schöne, tugendsame Frau,
fröhlich, doch mit Anstand, höfisch ihr Benehmen.
Sehr freundlich war sie mir gesonnen, nichts
vergab sie sich dabei. Der Schönen meinen Dank!
Aus ganzem Herzen wünsche ich ihr viele gute Jahre;
der Herr in seiner Güte schenke ihr das Heil.
Von meiner Ankunft hörte, bestens informiert,
der Bischof dort, Hochwürden Eberhard.
Der lud mich ein; gleich fuhr ich zu ihm hin.
An seiner Tafel haben wir uns müdgegessen.
Wohin ich kam: viel Spaß und hübsche Lustbarkeiten,
die wurden mir geboten, nicht zu knapp,
bei dem und jenem. Ich pflichte ganz dem Ritter bei,
der viel gesehn hat von der Schönheit dieser Welt.

Ich reiste bald darauf nach München; mein Geleit
war frei. Mein Dank der edlen Ritterschaft,
die mich dort einlud zu den schönen, edlen Damen.
Wie üblich haben wir gesungen, uns vergnügt.
In feiner Art hat man mir manchen Wein spendiert
in Augsburg, Ulm – dafür will ich mich gern bedanken.
In Ulm sah ich beim Tanz zu: schön der Reigen
kultivierter Mädchen; höfisch ihr Vergnügen!
Ein Edelmann, der holte seine Ehefrau
zu uns heran: »Nun heiße freundlich ihn willkommen!«
Sie gab zurück: »Das höre ich nun gar nicht gern!
Mir will der Tippelbruder nicht gefallen.«
So mußte ich denn büßen, daß ein Auge fehlt.
Wer nur auf die Erscheinung sieht, dem fehlt Verstand.
Schon oft erregte meine schlichte Kleidung Anstoß.
Mein Mantel sprach: »Warum mußt du auch immer reisen?«

Ich ritt nach Heidelberg zu meinem reichen Herrn.
Fünf Kurfürsten, die fand ich dort, in allen Würden,
drei Bischöfe von hohem Ruf, aus Köln, Mainz, Trier,
den Pfalzgrafen bei Rhein, Markgraf von Brandenburg.
Und hoch am Hang, dort ging ich in das Schloß
von Herzog Ludwig; der überragt die andren Fürsten
an Trefflichkeit und Generosität. Man ließ mich vor –
er hat mich gütigst ins Gespräch gezogen.
Bald mußte ich denn singen, manches Lied vortragen.
Vergnügt ging ich dann in sein Zimmer,
ich durfte darin schlafen; solchen Lohn
und solche Ehre hat keiner meiner Freunde je erlebt.
Ich wurde wie ein Geck bekleidet mit Mantel, Jacke
aus Fuchs und Marder. Die Reisekleidung warf ich fort.
Die schönsten Hüte landeten auf meinem Kopf.
Ich schwor ihm, daß ich seinen Rat für mich behalte.

Auf meinem Pferd und auf dem Schiff nach Köln,
von dort nach Aachen nahm ich einen Rumpelkarren,
im Zickzack fuhr er über Stock und Stein;
ich fühlte mich ganz jämmerlich zerstoßen.
Mein Herr zu Köln und der von Berg, zwei gute Fürsten,
die haben mir sehr gnädig ihre Gunst erwiesen.
Was ich dort wünschte, wurde mir gewährt;
in meiner Sache wurd ich gütig unterstützt.
Ich sage nicht, worin ich danach eingeweiht . . .

Am Rhein hab ich den guten Wein probiert. Zurück
von Fürstenberg nach Heidelberg, zum Bärtigen,
zum Herzog, Pfalzgraf, kurfürstlich im Rang.
Für Reisekosten und Verpflegung kam er völlig auf;
wohin ich kam: ich hatte frei mit Knecht und Pferd.
Nun bin ich hier und weiß schon, wie ichs deichsle,
daß ich das Ziel erreich im Schoße meiner Frau.

Ende 1427 oder Anfang 1428 war Oswald zu dieser Reise aufgebrochen. Sie begann nicht von Hauenstein, nicht von Neuhaus, sondern von Wolkenstein aus: demnach hielt sich Oswald, zumindest gelegentlich, in diesem Felsnest auf. Hier hatte er wohl noch einmal alles überdacht, hatte vielleicht mit Michael, dem Burgbesitzer, über seinen Plan gesprochen – alles klar nun, erleichternd klar, in guter Laune brach er auf.
Die gute Laune hielt offenbar an auf dieser Reise, alles verlief nach Wunsch. Er wurde besonders freundlich behandelt im Hause Braun in Salzburg. Wer war dieser Herr Braun? Oswald nennt ihn einen »wiert«. Aber damit war nicht gesagt, daß Oswald in einem Wirtshaus Braun unterkam, in dem sich die Wirtin sehr entgegenkommend verhielt – »wiert« war damals der Gastgeber allgemein. Um Genaueres zu erfahren, schrieb ich an das Salzburger Landesarchiv und erhielt vom Stadtarchiv die Auskunft, es sei »mit ziemlicher Wahrscheinlichkeit anzunehmen«, daß »Hanns Prawn« der »wiert« gewesen sei. Dieser Hans Braun besaß Stadtämter, war am Handel mit Venedig beteiligt. Oswald hatte also Kontakt zu einem Vertreter des reichen Bürgertums.
Dann die Einladung beim Erzbischof, immerhin, und bei ihm wurde geprаßt.
Weiterreise nach München. Oswald ist es wichtig, zu betonen, daß die dortigen Vergnügungen (ebenso wie in Augsburg, Ulm) hoch kultiviert waren: vornehme Damen, intelligente Fräulein, höfisches Benehmen.
Dann Heidelberg! Glaubt man Oswalds Liedaussage, so ging es dort äußerst fidel zu: ein allgemeines Hoch. Hat er hier Realitäten ignoriert oder retuschiert?
Ludwig und Oswald werden sich, trotz all der hohen Besucher, auch mal zu einem Gespräch unter vier Augen zurückgezogen haben: der Liedtext deutet es an. Bei dieser Gelegenheit wird Oswald nach der Pilgerfahrt gefragt haben, zu der ihn der Kurfürst eingeladen hatte. Ludwig hatte sich im Heiligen Land, oder, wie man damals sagte: in Syrien infiziert, eine Augenkrankheit: er sah immer schlechter, wurde später blind. Auch soll er von dieser Reise

eine schmerzhafte Fußgicht mitgebracht haben – zumindest war sie nun schlimmer geworden. Anfang 1428 waren die Kurfürsten und Bischöfe in Heidelberg zusammengekommen, weil Ludwig in dieser Zeit nicht reisen konnte; Beratungen über die politische Lage. Auch hier war Ludwigs Situation deprimierend: er hatte seine früher so starke politische Position nach der Pilgerreise nicht zurückerobern können – Sigmund hatte sich weiterhin als stärker, geschickter erwiesen.
Die beiden Männer haben vielleicht nur kurz über die Pilgerreise und womöglich überhaupt nicht über die politische Situation der rheinischen Pfalz gesprochen; *ein* Punkt jedoch wurde bestimmt ausführlich erörtert: Oswalds Absicht, den Verwandten vor der Feme anzuklagen. Ludwig war hier der richtige Gesprächspartner, er war Freischöffe. Er ließ sich wohl über den Rechtsstreit berichten, wird bestätigt haben, daß es in diesem Fall nützlich sei, Unterstützung bei der Feme zu suchen. Das war nur möglich, wenn Oswald Mitglied der Feme wurde, Freischöffe, und dazu brauchte er zwei Empfehlungen. Wahrscheinlich hat ihn Ludwig an die beiden Herren zu Köln und Jülich verwiesen – sie nahmen wichtige Positionen ein in der Feme.
Und es wurde gefeiert. Oswald wohl in bester Laune: er war wieder einmal in der Südwestregion des Reichs, hatte hilfreiche Hinweise erhalten, hatte ein äußerst prominentes Publikum – da wird er mächtig aus sich herausgegangen sein, beim Liedersingen. Vielleicht, zur Erheiterung der Herrschaften, die Hans-Maler-Ballade? Vielleicht das Lied über die Winterreise nach Ungarn und die Kinderplage in Herbergen? Vielleicht, zu Ehren des Hausherrn, ›in neuer Einstudierung‹ das Lied mit den exakten nautischen Angaben zur Seereise ins Heilige Land? Und zum krönenden Abschluß eine erste Fassung des Huldigungsliedes auf Ludwig, in dem er auch die zweite Gemahlin des Pfalzgrafen mit einbezog, Mathilde, die Tochter des Grafen Amadeus von Savoyen?
Der Erfolg jedenfalls muß ›rauschend‹ gewesen sein: Oswald wurde geehrt, beschenkt. Daß er mit dem Kurfürsten von der Pfalz in einem Zimmer schlafen durfte, war in der Tat eine besondere Auszeichnung – einem fahrenden Berufssänger wäre so etwas bestimmt nicht angeboten worden! Selbst unter Adligen war das ein besonderer Gunsterweis.

179 Oswald hat ein Freßlied geschrieben, ein »gefräß«, hat es möglicherweise auch am kurpfälzischen Hof gesungen – leider ist es in seinen Sammelhandschriften nicht aufgezeichnet, wurde auch in der Streuüberlieferung noch nicht nachgewiesen. Damit wir nicht ganz leer ausgehen, will ich auftischen, was es damals in der oberen Gesellschaftsschicht bei festlichen Anlässen zu essen gab.
Voraus, allgemein: man aß ausführlich und reichlich, die Speisen waren meist fett – und scharf gewürzt. Fisch wechselte ab mit Fleisch und Geflügel: Reiher, Krammetsvögel, Gemsen und Eber, Forellen und Hechte, Eichhörnchen in Kräutersoße.
Ein großes Menü hatte beispielsweise folgende Reihenfolge: Kuttelfleck, mit Safran gewürzt; gesottene Fische: Rutten, Äschen, Forellen; danach Hühner, Krähen, Lammfleisch vom Spieß; als vierter Gang: Kraut in der Schüssel, obendrauf Speck, ein Kranz von Hauswürsten; anschließend gekochtes Gemsfleisch mit kleingeschnittenen Äpfeln und Zwiebeln; dann Rindfleisch und Hühner in fetter Suppe; danach eine Fleischsuppe mit Gerste; als Nachspeise milder Käse, frische Nüsse, süße Birnen.
Oder: das Menü begann mit fettem Kapaun und jungem Huhn. Es schloß sich ein Fischgang an. Dann Brathühner mit Lammrücken. Verlorene Eier, in Butter gebacken, mit süßem Apfelmus serviert. Eine Fischsuppe und anschließend Gepfeffertes mit Gemsfleisch. Zarte Backwaren, mit Zucker bestreut. Dann Kraut mit Speck. Und wieder: süßes Mus. Danach: Fleisch von gemästeten, einjährigen Schöpsen in eigenem Saft. Anschließend Käse, Birnen, Äpfel, Pfirsiche.
Und reichlich Wein dazu.

180 Nur ein einziges Huldigungslied hat Oswald auf eine Person des öffentlichen Lebens geschrieben: auf Pfalzgraf Ludwig. Oder, um vorsichtiger zu sein: nur dieses eine Preislied ist überliefert. Kl 86 ist zugleich ein Loblied auf Heidelberg, auf die Kurpfalz – dennoch bleibt erstaunlich, daß Oswald solch ein Preislied geschrieben hat; so etwas war sonst lohnabhängigen Hausdichtern vorbehalten.

Oh Pfalzgraf Ludewig
bei Rhein – dein Preis
tönt weit, verbreitet sich,
denn keiner deinesgleichen,

er reicht an dich heran.
Vernimm, was ich dir sage!
Ganz offenkundig, offenbar
ist jedermann dein hoher Stand,
du zeigst, beweist in jeder Weise,
wie tapfer, klug und generös du bist.
Auch freun dich, par ma foi, die Frauen –
so hörte ich von deiner treuen
Trauten aus Savoyen.

Ich preis dich, Heidelberg
dort droben auf dem Hügel,
weil dort die hübschen Mädchen
das Brot, die Müschen mümmeln –
sie übertreiben nichts im Übermut.
Man rühmt sie überall:
das »Gretsche«, »Käthsche«, »Katharinsche«
und Agnes oder »Agnessche« –
sie zeichnet Jugend aus und Tugend;
in Handel, Wandel sind sie makellos.
Ich lob den guten Gott mit aller Kraft
dafür, daß er erschaffen hat
die schönen, scheuen »Kindersche«.

Der Neckar hats mir angetan,
der munter runterfließt
zum Rhein. Und auch der Main, die Nah'
bei Bingen. Neckarau jedoch:
dort wird man übers Ohr gehaun,
dort angelt, hangelt man nach Geld!
Sehr schön hab ich mich eingewöhnt
in Mannheim, Bacherach.
Mit Freundlichkeit, in Freundschaft
hat mich »der Bärtige« verwöhnt;
er hat mich hübsch in schweren Fuchs gehüllt
und mich mit Marderpelz ermuntert –
ich spielte nicht umsonst!

Eine Klangfeier für Ludwig. Die erste Strophe hatte ich bereits im Original zitiert, um Oswalds Virtuosität (und auch einige seiner Manierismen) im Reimen zu zeigen. Auf Reime habe ich auch bei dieser Nachdichtung verzichtet, habe aber versucht, Klangfolgen zu entwickeln, die denen des Originaltextes entsprechen.

Hat Oswald in diesem Lied gemogelt? Wir wissen: dieser Pfalzgraf war längst nicht mehr die glanzvolle Erscheinung, die hier gepriesen wird. Das Spiel um die große Macht war verloren, gesundheitlich ging es ihm schlecht – hier wäre eher ein Klagelied als eine Jubelarie zu erwarten. Wurden Schwung und Lust vorgetäuscht? Lassen sich so die unüberhörbaren Textanstrengungen erklären? Vielleicht aber wußte Oswald wirklich nicht genau Bescheid über Ludwigs persönliche Situation, über die politische Lage der rheinischen Pfalz, und er ließ sich blenden von der erlauchten Versammlung im Heidelberger Schloß.

181 Fortsetzung der Reise: zu Pferd, dann per Schiff nach Köln. Details über diesen Reiseabschnitt hat uns Oswald nicht berichtet, aber ich möchte noch einmal vergegenwärtigen, was Reisen damals bedeutete, ziehe deshalb einen Bericht von Thomas Coryate heran, der 1608 eine Rundreise durch Europa gemacht hat, zu Fuß, zu Pferd, im Wagen, per Schiff. In seinem Bericht über die Schiffsreise auf dem Rhein finde ich Details, die sich übernehmen ließen: die nur sehr langsamen Veränderungen früherer Jahrhunderte.
Vor der Rheinfahrt war der Engländer auch in Heidelberg gewesen, war von Süden her zu dieser Stadt gewandert, durch Waldgebiete, die so weit und menschenleer waren, daß man fürchten mußte, sich zu verlaufen: Wege, keine Hauptroute. In der näheren Umgebung von Heidelberg registrierte Coryate großen Reichtum an Wild und Vieh, sah sogar Reiherkolonien. Staunend betrat er die Stadt, die schon damals gepriesen wurde.
Ab Mainz die Fahrt auf dem Rhein, mit Segeln, mit Rudern. Rheinaufwärts wurden die Schiffe vielfach von Pferden gezogen. Ab Bingen begann der Engländer zu staunen: »steile und felsige Berge« mit »ungezählten Türmen, Burgen und Festungen«! Oswald wird hier kaum gestaunt haben, wohnhaft unter einem Berg von mehr als 2400 Metern Höhe, gewöhnt an den Anblick von Burgen auf Felsklötzen, auf Felsspitzen, an Felswänden. Eine Besonderheit war freilich auch für ihn die Kaub, mitten im Fluß, etwas Besonderes auch die Stromschnellen zwischen Oberwesel und Sankt Goar. Wahrscheinlich wurde auch auf seinem Schiff von den Wirbeln und Strudeln dieses Flußabschnitts erzählt; bei Sturm wagte kein Schiffer, diese Zone zu passieren – man konnte hinabgeschlungen werden vom großen Strudelschlund!
Eine Zwischenlandung in Sankt Goar. Zu diesem Städtchen er-

zählt der Engländer: gleich hinter dem Stadttor hing an einer Kette ein großer, eiserner Kragen, den hob man jedem Besucher, der zum erstenmal nach St. Goar kam, über den Kopf, und man wurde erst wieder davon befreit, wenn man eine Kanne Wein spendiert hatte, die von den Umstehenden geleert wurde, auf das Wohl des Reisenden. Gab es das schon zu Oswalds Zeit? Schlimme Assoziationen, wenn ihm dieser Eisenring übergelegt wurde?
Weiter nach Lahnstein. Und Koblenz, überragt von der starken, als uneinnehmbar geltenden Festung. Übernachtung in Oberwinter; man erzählte sich Geschichten, meist lustige; um drei Uhr morgens ging es weiter. Vor allem im letzten Reiseabschnitt fiel Coryate auf: am Rhein standen die Galgen und Räder so dicht, wie nirgendwo sonst auf seiner Rundreise. Es gab hier auch besonders viele Räubertrupps; sie plünderten die Reisenden auf den Straßen nicht bloß aus, sie schnitten ihnen meist auch die Gurgeln durch. Und schnell setzten sie sich ab in die nahen Wälder. Wurden Räuber gefaßt, so hängte man sie oder flocht sie aufs Rad: mannsgroße Räder mit eisernen Kuppen und Spitzen, und die zerbrachen die gestreckten Arme und Beine, zuletzt wurde der Rumpf zerstört. Diese kaputtgemachten Körper ließ man erst mal an den Rädern; Leichen, Skelette als Abschreckung. Impressionen einer Rheinfahrt.
Und die führte nun nach Köln; diese Stadt bewunderten alle Reisenden, vor allem, wenn sie per Schiff kamen. Die hohen und starken Stadtmauern bis unmittelbar an den Rhein, die außerordentlich große Zahl an Kirchtürmen: gab es in Köln wirklich so viele Kirchen wie Tage im Jahr? Das wurde erzählt, der Engländer wollte das nicht so recht glauben, aber unvergleichlich groß war die Zahl der Kirchen schon, kein Zweifel. Und staunenswert die Größe der Plätze, beispielsweise des Heumarkts. Und der unfertige Dom: daß dieser Kirchbau nicht vollendet war, beklagte der englische Reisende sehr.

182 In Köln suchte Oswald den Erzbischof Dietrich von Moers auf. Beim ersten »Reichskrieg« oder »Kreuzzug« gegen die Hussiten, 1421, hatte er sich besonders hervorgetan, das war von König Sigmund honoriert worden: er hatte ihm die Vollmacht erteilt, alle Freigrafen der Feme in Westfalen versammeln und ihre Handlungen, ihr Verhalten überprüfen zu können; wer seiner Ladung nicht folgte, galt als meineidig und fiel in die Ungnade von König und Reich. Im Namen des Königs, der ebenfalls

Mitglied der Feme war, konnte Dietrich auch Belehnungen vornehmen mit Freigrafschaften: der Erzbischof als Statthalter über alle »heimlichen Gerichte«.
Möglicherweise legte ihm Oswald eine Legitimation oder Empfehlung von Pfalzgraf Ludwig vor. Und wenn er zu den Verteidigern von Vyshehrad gehört hatte, so wies er wohl darauf hin, daß er anno 1421 ebenfalls dabeigewesen war; auch der Kampf gegen die Hussiten, die Verteidigung des Christentums gehörte (zumindest theoretisch) zum Programm der Feme.
Erzbischof Dietrich wird bereit gewesen sein, für diesen Mann zu bürgen. Oswald mietete einen Wagen, Richtung Aachen, sprach vor bei Herzog Adolf von Jülich und Berg, Stuhlherr einiger Freigerichte: der wird wohl die zweite Bürgschaft übernommen haben. Die beiden Bürgen mußten unter Eid bestätigen, daß der Antragsteller »echt und frei« sei, daß man von keiner Missetat wisse, die ihn unwürdig mache – da war es für Oswald ja günstig, daß Tirol so weit von Westfalen entfernt lag . . .
Führten ihn diese beiden Männer persönlich vor einen Freistuhl oder ließen sie sich durch Bevollmächtigte vertreten? Von Köln aus wandte man sich vorzugsweise an den Freistuhl Neustadt, im Bergischen. Vielleicht war Oswald mit den Bürgen oder ihren Stellvertretern auch zu einem anderen Freistuhl geritten.
Oswalds Vereidigung fand nicht zu nächtlicher Stunde statt, auch nicht in einem der finsteren Gewölbe, vor denen sich das 19. Jahrhundert so angenehm gruselte, die Freistühle tagten meist morgens bis mittags, und zwar unter freiem Himmel. Sie wurden nach den Ortschaften benannt, trugen aber vielfach Zusatznamen, die den Sitzungsort genauer bezeichneten: auf dem Grashof, unter der Linde, unter der großen Eiche, unter der breiten Eiche, zur eisernen Buche, an der Steinbrücke, vor dem Klüppelberg, unter den vierzehn Eichen . . .
Vor solch einen Freistuhl also wurde Oswald geführt. Er legte zwei Finger der rechten Hand auf Schwert und Strick, sprach den Schöffeneid: gelobte, die Feme geheimzuhalten, gelobte, vor den Freistuhl alles in die heimliche Acht zu bringen, wovon er selbst wußte oder durch zuverlässige Personen erfuhr, gelobte, bei der Hinrichtung eines Verfemten mitzuwirken, beschwor das bei Torf und Zweig, bei Stock und Stein. Danach wurden dem neuen Schöffen heimliche Lose und Zeichen zugeteilt.

183 Zuerst, so nehme ich an, hatte Oswald eindrucksvoll Ungenaues gehört über eine Rechtsmethode, mit der man auch den stärksten Kontrahenten aufs Kreuz legen kann. In Heidelberg, Köln, Aachen hatte er Genaueres erfahren. Nun, als Freischöffe, war er »wissend«. Was müssen wir wissen von dem, was er jetzt wußte?

Wie diese besondere Art der Rechtsprechung funktionierte und auf welchen Voraussetzungen, darüber informiert das Buch *Die Veme* von Theodor Lindner: der Grundstein der Feme-Forschung.

Femegerichte waren oder erklärten sich für zuständig in Fällen von Diebstahl, Verrat, Kirchenschändung, Notzucht, Raub, Mord, und zwar dann, wenn der zuständige Richter den Kläger abwies: Rechtsverweigerung. Außerdem war die Feme zuständig oder erklärte sich für zuständig bei der »Handtat«: ertappten Mitglieder der Feme einen Dieb, Kirchenschänder oder Räuber auf frischer Tat, so hängten sie ihn am nächsten Baum auf: Standrecht. Erhängen beispielsweise für einen Diebstahl: hier war die Feme nicht strenger als die offizielle Rechtsprechung des Mittelalters. »Den Dieb soll man hängen«, lautete ein allgemein anerkannter Rechtsgrundsatz. Auch wer Felddiebstahl beging, Holz stahl, wurde gehängt. Ein Reisender durfte unterwegs für sein Pferd nur soviel Hafer schneiden, wie er mit einem Fuß im Steigbügel, mit dem anderen Fuß auf dem Boden erreichen konnte – schnitt er mehr und wurde dabei erwischt, so verurteilte man ihn zum Tode. Die mittelalterliche Rechtsprechung kannte verschiedene Todesarten, für die Feme gab es nur eine: Hängen. Der Hanfstrick, die Weidengerte als Symbole der Fememacht. Drei Freischöffen mußten die Hinrichtung gemeinsam vollziehen. Ein Grundsatz, der wohl private Racheaktionen verhindern sollte; zugleich eine technische Notwendigkeit, denn ohne Gegenwehr ließ sich kaum ein Dieb am nächsten Baum aufhängen.

Jeder Freischöffe also ein potentieller Henker, und davon liefen in Westfalen mindestens 10000 herum. Das ständige Drohen mit Strick und Weidenrute blieb allerdings wirkungslos: Lindner weist darauf hin, daß in der Blütezeit der Feme die öffentliche Sicherheit in Westfalen geringer war als je zuvor.

Das lag auch daran: die wenigsten Todesurteile wurden vollstreckt. Je weiter der Verurteilte von Westfalen entfernt wohnte, desto sicherer war er. Südlich des Main, südlich der Donau, erst recht südlich des Inn – wo waren hier die Freischöffen, die ein Todesurteil ausführen konnten, vor allem: ausführen wollten?

Wie man den Drohungen Nachdruck verleihen sollte, dies wurde

für die Feme schließlich zur Überlebensfrage. Im Lauf der späteren Jahrzehnte und Jahrhunderte wurden die Femegerichte mehr und mehr zu bloßen Rügegerichten.
Die Todesstrafe konnte bei finanziellen Rechtsstreitigkeiten allerdings nicht angewendet werden. Hier lagen im Prinzip Grenzfälle vor; die Feme sollte ja vor allem bei Kapitalverbrechen zuständig sein, also Blutgerichtsbarkeit üben. Es waren aber vorwiegend Geld- und Besitzfragen, mit denen sich die Freistühle befaßten – und mit denen sie reich wurden, durch hohe Gebühren: die Methode des ›kurzen Prozesses‹ war meist außerordentlich langwierig und kostspielig.
Die Freistühle fühlten sich bei Eigentumsfragen zur Rechtsprechung legitimiert, sobald Rechtsverweigerung vorlag. Bei zivilrechtlichen Fällen ließ sich Rechtsverweigerung allerdings nur selten nachweisen – um so öfter wurde Rechtsverweigerung konstruiert, fingiert. Lindner schreibt von Rechtsanmaßung.
Was konnte Oswald von einem Feme-Prozeß gegen Hans von Villanders erwarten? Bei Rechtsstreitigkeiten um Geld und Gut sprach ein Freistuhl einem anklagenden Freischöffen meist das Recht zu, sich am Angeklagten schadlos zu halten, und zwar bis zur Höhe des eingeklagten Betrages. Bei dieser Eintreibung durfte man auch »Gut und Leute« des Prozeßgegners »belasten«, mit frei gewählten Methoden, konnte sie also legal berauben, mit Helfern. Und wenn der Verurteilte sich mit Nachdruck dagegen wehrte, von seiner Burg aus, mit bewaffneten Knechten? In solch einem Fall konnte die Feme nicht weiterhelfen – Ruhr und Wupper waren weit entfernt von Eisack und Etsch.

184 Auf der Rückreise hat Oswald noch einmal den Pfalzgrafen besucht. Der wird ihm jetzt das Dokument vorgelegt haben, das er Oswald vor dem Schöffenschwur nicht zeigen durfte: ein Frage- und Antwortkatalog zur Rechtspraxis der Feme. Gestellt hatte die Fragen König Ruprecht, und zwar 1408; die schriftlich formulierten Fragen hatte sein Hofschreiber Johann Kirchen (ebenfalls Mitglied der Feme) vier original-westfälischen Freischöffen vorgelegt, die zu dieser Zeit im Heidelberger Rebstockhaus logierten. Einer von ihnen war Landadliger, ein anderer Knappe, sie kamen aus Volmarstein oder aus der Gegend von Unna. Die vier formulierten schriftliche Antworten auf diese Fragen, erteilten auch mündliche Auskünfte, und der Sekretär stellte aus Fragen und Antworten ein Protokoll zusammen. Lindner, der

es ediert und kommentiert hat, betont, es handle sich hier nicht um ein »offizielles Rechtsbuch«, sondern um eine »gewissermaßen private Aufzeichnung«. König Ruprecht hatte sie seinem Sohn Ludwig vererbt, und der zeigte sie nun Oswald, ließ ihm wohl eine Abschrift anfertigen, Oswald nahm sie mit nach Tirol.
Ein kleines Heft, das aus fünf in der Mitte gefalteten Blättern besteht. Auf der Rückseite ein Siegel aus dunkelgrünem Wachs, freilich nicht mit dem Wolkenstein-Wappen. Einige Reste von Hanffäden unter dem Siegel zeigen, nach Lindner, daß dieses Protokoll mit einer Schnur verschlossen worden war: geheime Verschlußsache. Auf der Rückseite zusätzlich der Vermerk, dieses Dokument dürfe nur von Freischöffen gelesen werden. Später wurde hinzugefügt: »Man soll es verbrennen, wenn ich sterbe.« Hat das Oswald selbst geschrieben?
Dieses Protokoll ist nicht verbrannt worden, es wurde im Wolkenstein-Rodenegger Familienarchiv aufbewahrt. In Verbindung mit diesen »Ruprechtschen Fragen« taucht der Name Oswald von Wolkenstein auch in der Rechtsgeschichte auf, in Untersuchungen zum Femewesen.
Auf der ersten Seite eine Federprobe des Schreibers, quer über das Blatt: »Heidelberg«. Auf der Rückseite ist die Jahreszahl der Abschrift vermerkt: 1428. Wenn das nicht Indizien sind . . .
Schauen wir in das Protokoll hinein. Die erste questio lautete, im damaligen Deutsch, welche Rechte der Römische König in der Feme habe. Die Experten erklärten dazu in ihrer responsio, jeder Freigraf müsse durch den Römischen König belehnt werden; »der Römische König sei der oberste Herr und Richter aller Freistühle und Freigrafen«.
Das ist aufschlußreich – für die Feme und für die damalige Stellung des Königs. Jahrhunderte zuvor war Recht stets im Namen des Königs gesprochen worden, dann schrumpfte die königliche Autorität, die Macht der Territorialherren wuchs; Verfall der Königsmacht und Verfall der königlichen Gerichtshoheit waren eins. In einer Zeit nun, in der öffentliche Ordnung und Sicherheit sehr gering waren, wünschte man sich (vor allem in Westfalen) eine durchgreifende Rechtsprechung, so, wie es sie früher einmal gegeben hatte, gegeben haben sollte, als die Könige noch in voller Autorität herrschten; gegen den Autoritätsverlust der Monarchie, gegen die territoriale Zersplitterung wurde das alte, gemeinsame Königsrecht gesetzt.
Sigmund, der die Königsmacht wiederherstellen wollte, sah auch in der Feme ein Mittel, seine Autorität zu stärken: er wurde Schirmherr der Feme. Im Jahrzehnt 1430–40 erreichte sie den Hö-

hepunkt ihrer Macht, ihrer Ausdehnung. Da wurden von Westfalen aus Ladungen in alle Gebiete des Reichs geschickt, südlich bis in die Schweiz und auch nach Tirol. Und Tausende kamen nach Westfalen, um Freischöffen zu werden – das war eine Zeitlang fast Mode.

185 Hatte die Feme überhaupt Einfluß, Wirkung, Macht in Tirol? In Nürnberg gab es, wenn auch erst später, eine ganze Reihe von Femeprozessen, fast immer ging es dabei um Geld. Aber von Nürnberg bis Brixen war es noch weit – war die Feme jenseits des Brenner mehr als ein Gerücht?
Viel Material habe ich dazu nicht gefunden. Es gibt einen Aufsatz von P. Justinian Ladurner, veröffentlicht 1869, *Das Hereinragen des Fehmgerichtes in Tirol.* Hier finde ich aufschlußreiche Details. Zum Beispiel, daß Kaspar von Gufidaun, Hauptmann zu Bruneck, Freischöffe war; mit ihm stand Oswald in Kontakt, vor allem in seinen späteren Rechtskämpfen mit der Gemeinde Am Ritten. Und ein Landrichter zu Gries, ein Verwalter auf Hoch-Eppan, ein Bürger aus Bozen, sie waren ebenfalls Freischöffen. In einer Urkunde, in der sie sich nannten, stellten sie bezeichnenderweise fest, sie seien »ohne Willen und Wissen« ihres gnädigen Herrn, des Herzogs Friedrich von Österreich als Freischöffen aktiv geworden. Verständlicherweise, denn Friedrich mußte die Feme (»Reichsgerichtsbarkeit«) ablehnen, weil sie sein Hoheitsrecht als Landesherr umging oder unterlief: er durfte nicht zulassen, daß Rechtsprechung exportiert, Rechtsvollzug importiert wurde.
Um so erstaunlicher: auch Ehrwürden Bischof Ulrich II. von Brixen war Freischöffe! Die Verhältnisse werden immer vertrackter! Wußte Friedrich davon, oder half er, diesen peinlichen Punkt vertuschen?
Interessante Hinweise also, aber die entscheidende Information finde ich hier nicht: wie tief »ragte« die Feme in Tirol »hinein«? Ich nehme an, eine direkt bedrohliche Macht war sie hier nicht. Es gab Freischöffen, ja, unter Adligen und Bürgern, auch im Klerus, aber zahlreich werden die Mitglieder des heimlichen Gerichts kaum gewesen sein.
Selbst, wenn Oswald von der Feme das Recht zugesprochen wurde, dem verurteilten Schwager abzunehmen, was ihm nicht zustand – Oswald hatte nur wenig aktive Unterstützung zu erwarten bei der Zwangsvollstreckung.

Zusätzlich noch diese Schwierigkeit: Hans von Villanders hielt sich viel im Ausland auf, in der Vorderen Grafschaft Görz, als Verwalter und Richter im Dienst der Görzer Grafen; einer seiner Sitze war die Burg Heinfels bei Sillian, ein wichtiger militärischer Stützpunkt der Görzer – wie sollte man da an Hans von Villanders herankommen?

186 Der Rechtsstreit zwischen Oswald von Wolkenstein und Hans von Villanders: ein schwieriges Kapitel. Im Nürnberger Archiv liegt ein Faszikel dazu vor mit ungefähr vierzig Dokumenten, die meisten noch nicht veröffentlicht, nicht einmal in Regesten aufgeführt. Ich nehme an, bei systematischer Suche ließen sich noch mehr Materialien finden. Hoffentlich werden sie einmal von einem Rechtshistoriker ausgewertet. Zwar habe ich einige Untersuchungen über die Feme gelesen, habe veröffentlichte und unveröffentlichte Dokumente ausgewertet, doch in manchen Punkten sehe ich nicht ganz klar.
Offenlassen muß ich bereits, ob sich Oswald nach seiner Rückkehr erst einmal Zeit gelassen hat, ehe er gegen Hans von Villanders vorging: hat er in der zweiten Jahreshälfte 28 oder erst zu Beginn des Jahres 29 einen Bevollmächtigten nach Westfalen geschickt?
Eins steht auf jeden Fall fest: diese erste Aktion blieb ohne Erfolg; Hans von Villanders reagierte nicht auf die schriftliche Mahnung aus Westfalen. Entstanden für Oswald damit erste Zweifel an der Wirksamkeit der Feme? Im Frühjahr 29 fand eine Briefkampagne statt: Schreiben, in denen Hans von Villanders die Fehde erklärt wurde, mal mit zwei, mal mit vier, mal mit mehr als zwanzig ›Unterschriften‹ – das muß organisiert worden sein!
Als Beispiel ein bisher unbeachteter Brief der drei Brüder von Schwangau. Sie verzichten auf die üblichen Ergebenheitsfloskeln des Briefbeginns, es heißt betont knapp: »Wisse, Hans von Villanders . . .« Als erstes wird festgestellt, daß ihm die drei aus Schwaben schon einmal geschrieben hatten »wegen unseres Schwagers Oswald von Wolkenstein«, und »daß wir in dieser Angelegenheit keine Antwort von Dir erhalten haben«. Weiter heißt es, Oswald habe sich mit Nachdruck über ihn beklagt, »weil Du ihm seine Briefe und sein Geld vorenthältst, gegen Gott und alles Recht, die er Dir treuhänderisch übergeben hat.« Dadurch sei ihm und »unserer Schwester und ihren Kindern erheblicher Nachteil und Schade entstanden und entsteht täglich weiterhin«. Und nun

die Fehde-Erklärung: »Darum wollen wir Deine Feinde sein und alle, die wir sonst noch dazu bringen können, bis er und unsere Schwester und ihre Kinder Genugtuung durch Dich erhalten.« Der Brief ist besiegelt durch Heinrich, Hans und Thomas von Schwangau, »alle drei Brüder«: es folgen 18 weitere Namen – wohl Bürger der näheren Umgebung.

Ob dieser Brief Hans von Villanders beeindruckt hat? Wahrscheinlich war ihm gleichgültig, wie man in der Schwangauer Gegend über ihn dachte – er würde kaum jemals dorthin kommen, damit in Gefahr geraten. Mochten sie im schwäbischen Ausland also drohen und toben . . .

Oswald wandte sich nach dieser erfolglosen Brief-Kampagne im September erneut an die Feme. Zwei Regestenhinweise bei Wolkenstein-Rodenegg zeigen mir, daß die Sache in der Zwischenzeit nicht geruht hat. So schrieb am 4. April der Freistuhl von Arnsberg an einen namentlich nicht genannten »hochgeborenen Fürsten« wegen einer Klage Oswalds von Wolkenstein. Und am 29. August schickte König Sigmund aus Wien ein Schreiben an einen Freigrafen des heimlichen Gerichts, kündete Oswald von Wolkenstein an, forderte den Adressaten auf, Oswald behilflich und förderlich zu sein. Die Fäden waren also gezogen.

Zur (erneuten) Anklageerhebung reiste Oswald nicht selbst nach Westfalen. War es ihm zu riskant, weil er damit direkt gegen die Abmachung der Urfehde verstoßen hätte? Oder erschien es ihm überflüssig, war ihm die lange Reise zu unbequem? Hier die Vollmacht, die er seinem Stellvertreter ausstellen ließ (durch einen Schreiber, der Mitglied der Feme sein mußte).

»Ich, Oswald von Wolkenstein, Freischöffe, des allerdurchlauchtigsten Römischen Königs vereidigter Diener, entbiete allen Freigrafen der Freistühle des Femegerichts, die Gott und dem Heiligen Reich einen Schwur geleistet haben, und denen diese Urkunde gezeigt wird, meine freundlichen Grüße.

Ich habe Eitel Volmar, diesem meinem Diener, den Auftrag erteilt, etwas an meiner Stelle am Freistuhl vorzutragen, das vor allem den Grafen Hans Meinhart von Görz, den Bischof von Brixen und Hans von Villanders betrifft. Zu welchem Freigrafen dieser mein obengenannter Diener kommt, man kann ihn in dieser Sache als meinen Stellvertreter betrachten, als wenn ich selbst an seiner Stelle stünde. Und ich verlange in dieser Sache eine gebührende gerichtliche Behandlung.

Ihr sollt wissen, daß mir der obengenannte Herr von Görz nicht gehalten hat, was er mir mit Brief und Siegel versprach. Eine Abschrift wird Euch vorgetragen werden. Hans von Villanders hat

mir nachgesagt, ich hätte mein Ehrenwort gebrochen in einer Angelegenheit, worüber den beiden vom Freigrafen zu Arnsberg einst etwas Schriftliches zugegangen ist, und zwar: sie sollen sich wegen dieser Bezichtigung binnen sechs Wochen mit mir vergleichen. Das ist aber nicht geschehen, zu meinem Schaden.
Mein Diener ist in der genannten Angelegenheit unterrichtet, und Ihr werdet die Sache vorgetragen bekommen, wer auch immer der Freigraf ist, vor den der Kläger gelangt. Ich wünsche in dieser Sache eine gerichtliche Verhandlung.
Versiegelt mit meinem eigenen aufgedrückten Siegel. Gegeben zu Brixen, am 5. September 1429.«
Diese Vollmacht enthält zwei erstaunliche Informationen: daß Oswald zugleich auch Bischof Ulrich und einen der Görzer Grafen verklagt hatte. Zum erstenmal? Oder war mit dem »hochgeborenen Fürsten« des Schreibens vom 5. April auch schon Graf Meinhart von Görz gemeint?
Hier ist einer der Punkte, an denen ich nicht klar sehe. Weshalb klagte Oswald diesen Grafen an? Hans von Villanders war, wie schon erwähnt, Verwalter und Richter in der Vorderen Grafschaft Görz – welcher der Görzer Grafen war sein Dienstherr? In einer Urkunde vom 8. Juli 1426 lese ich in der Eröffnungszeile: »Ich, Hans von Villanders, derzeit Lehensrichter des hochgeborenen Fürsten, meines gnädigen Herrn, Graf Heinrich, Graf zu Görz und Tirol«. Mir hätte entschieden besser gepaßt, wenn er Lehensrichter des Grafen Hans Meinhart gewesen wäre, so ließe sich eine Beziehung zwischen zwei Gegnern Oswalds dokumentieren. Daß Hans von Villanders ausgerechnet für den Görzer Grafen arbeitete, der Oswald protegierte, macht die Sache noch undurchsichtiger.
Und der Bischof von Brixen? Welche Rolle spielte denn er hier? Es mußte schon Gravierendes vorliegen, wenn Oswald sogar den Bischof anklagte – so etwas war alles andere als selbstverständlich! Gewiß hatte Oswald hierzu noch einmal den Ruprechtschen Katalog konsultiert, speziell die 18. Frage. Die lautete: »Wenn einer geweiht ist, kann man ihn dann nicht vorladen und verfemen?« Die Antwort des Expertengremiums aus Westfalen: »Wer geweiht ist, so gering auch sein Rang sei, der gehört vor seinen Vorgesetzten; man soll ihn, bei einem Vergehen, seinem Bischof überantworten.« Knifflige Frage: wem soll man einen Bischof überantworten?
Als Oswald erfuhr, der neue Bischof sei ebenfalls Freischöffe, war dies für ihn die Lösung des Problems, nun konnte er ihn vor der Feme verklagen, Freischöffen unter sich. Das Verfahren lief in sol-

chen Fällen meist so: der angeklagte Freischöffe legte vor einem Freistuhl seine Version dar, erklärte sich für unschuldig, leistete seinen Eid darauf, gemeinsam mit drei Eideshelfern; der anklagende Freischöffe überbot ihn mit sieben Eideshelfern; der angeklagte Freischöffe »antwortete« mit vierzehn Schwurhänden; der anklagende Freischöffe bot einundzwanzig Eideshelfer auf – höher ging es nicht. Dieses Spiel nannte sich das Übersieben. Worauf ließ Oswald sich hier mal wieder ein?! Offenbar hat er seine Nebenklagen wieder zurückgezogen, denn nach dem Dokument vom 5. September finde ich den Görzer Grafen und den Brixener Bischof nicht mehr erwähnt.

Am 3. Oktober wurde an Hans von Villanders ein Mahnbrief vom Freistuhl zu Volmarstein abgeschickt – neben Arnsberg einer der bekanntesten, offenbar am häufigsten konsultierten Freistühle.

»Sehr geehrter Herr. Bei mir ist, am Freistuhl vor der Burg zu Volmarstein, vor dem öffentlichen Femegericht, ein bevollmächtigter Kläger namens Eitel Volmar gewesen, der Klage erhob im Auftrag des wohlgeborenen Herrn Oswald von Wolkenstein. Diese Klage stellt Euren guten Leumund und Eure Ehre in Frage. Ihr sollt dem obengenannten Herrn Oswald gegenüber getan haben, was ihn an Leib und Ehre trifft. Und zwar geht es um die Briefe und sein Geld, die er Euch in gutem Glauben anvertraut hat und die Ihr ihm gegen Gott, Ehre und Recht vorenthaltet.

In dieser Sache ist Euch zuvor schon einmal ein Mahnbrief geschrieben und zugestellt worden. Ihr habt darauf weder eine schriftliche noch eine mündliche Antwort erteilt. Dies ist ungebührlich. Darum erfüllt nun binnen vierzehn Tagen dem obengenannten Herrn Oswald gegenüber, wozu Ihr durch Ehre und Recht verpflichtet seid. Geschieht dies aber nicht und klärt Ihr diese Angelegenheit nicht und kommt obengenannter Oswald von Wolkenstein oder der obengenannte Eitel Volmar wieder hierher und fordert, daß ein Richtspruch über Euch gefällt wird, so bin ich verpflichtet, aufgrund der Anklage ein Urteil zu fällen, wie es dem Rechtsgebrauch entspricht: ich kann dies, gebunden an meinen Eid, nicht unterlassen. Richtet Euch danach so gut es geht.

Wir warnen Euch mit diesem Brief: laßt es nicht soweit kommen, sonst wird mit der ganzen Härte des Gesetzes geurteilt.

Wie Ihr Euch in dieser Angelegenheit zu verhalten gedenkt, darüber verlange ich eine schriftliche Auskunft, und zwar durch den Boten und Überbringer dieses Briefes. Ich werde mir dann entsprechende weitere Schritte vorbehalten. Gott sei mit Euch.«

Offenbar ist Hans von Villanders bei seiner Taktik geblieben: überhaupt nicht antworten. Am 27. November wurde das nächste

Schreiben an ihn geschickt, diesmal vom Freigericht im Baumgarten zu Arnsberg. Nun ist der Wortlaut entschieden westfälisch! »Hans von Flanders« wird darüber informiert, daß bereits zum zweitenmal ein Kläger vorstellig geworden ist; der Angeklagte soll sich zum schriftlich mitgeteilten Termin im Baumgarten von Arnsberg einfinden; der Name des Klägers ist Oswald von Wolkenstein; der Angeklagte soll den Gerichtstermin nicht versäumen; die Klage geht an Leben und Ehre.
Wieso wurde Hans von Villanders nun aus Arnsberg angeschrieben – und das zum zweitenmal? Das vorherige Schreiben war doch aus Volmarstein gekommen!
Dieses zweite Schreiben konnte noch keine Reaktion sein auf das Schweigen des Hans von Villanders zum Schreiben vom 3. Oktober. Man brauchte damals knapp vier Wochen für die Reise von Westfalen ins südliche Tirol, dort kam der Mahnbrief also erst Anfang November an; dann zwei Wochen Bedenkzeit, sicherheitshalber vielleicht um eine weitere Woche verlängert: Ende November; wieder die Rückreise eines Boten nach Westfalen: Ende Dezember. Zu dieser Zeit erst konnte man sich auf den Brief vom 5. Oktober beziehen. Die Schreiben aus Volmarstein und aus Arnsberg können demnach keinen direkten Zusammenhang haben, zeitlich nicht und auch grundsätzlich nicht: Freistühle waren Konkurrenzunternehmen. Oswald hat also Hans von Villanders gleich vor zwei Freistühlen, und zwar vor den beiden bekanntesten, verklagt!
Hans von Villanders hatte dennoch wenig Grund, beunruhigt zu sein. Denn in dieser Zeit kam Oswald eine ganz andere Geschichte dazwischen – eine aberwitzige Verknotung, wieder einmal!

187 Oswald war im Oktober dieses Jahres beteiligt, und zwar entschieden, an einer Aktion gegen Bischof Ulrich von Brixen. Dieser energische Mann hatte die Rechte des Domkapitels nicht respektiert, hatte wohl selbstherrlich Entscheidungen getroffen, die diesem Gremium zustanden. Worum es im Detail ging, konnte noch nicht geklärt werden; über den Ablauf der Ereignisse aber sind wir informiert. Bischof Ulrich selbst hat in seinem Tagebuch ausführlich (wenn auch subjektiv) berichtet; Peter Beier hat mir den Text übersetzt; ich kam mit dem stellenweise krausen Latein nicht zurecht.
»Es folgt hier der Streitfall zwischen mir und den Domherren, und zwar wie sie mich gemeinsam mit einigen Amtsleuten, die ihnen

Helfershelferdienste leisteten, gefangensetzten und ohne verständliche Ursache zur Abfassung unrechtmäßiger Schriftsätze zwangen, wobei alles andere als die reine Wahrheit zum Vorschein kam.
Es ist festzuhalten, daß an einem Tag im Oktober das ganze Domkapitel zur Burg kam, um von mir einen Rat zu erbitten in einer Angelegenheit, die ihnen als Vorwand diente. Ich erteilte ihnen gutgläubig meinen Rat, so daß sie wohl zufriedengestellt waren. Danach habe ich ihnen gesagt: ›Meine Brüder, ich hege den Verdacht, daß ihr irgendeinen Anlaß zum Streit mit mir sucht. Wenn das so ist, sagt es mir, und ich bin jederzeit bereit, mich mit euch in Freundschaft zu verständigen.‹
Sie gaben sich darüber hoch erfreut, dankten mir sehr und sagten: ›Ihr sprecht freundlich. Es wäre in der Tat nötig, daß wir mit Euch eine Unterredung hätten.‹
Darauf antwortete ich ihnen: ›Setzt mir einen Termin. Ich komme zu euch und will alles tun, was ich aus Billigkeitsgründen zu tun verpflichtet bin.‹ So trennten wir uns freundschaftlich.«
Aber das war erst der Beginn des Streits, bei dem Oswald schließlich handgreiflich wurde gegen den Bischof. Was hatte er eigentlich zu tun mit den Auseinandersetzungen zwischen Domkapitel und Bischof? Er war kein Mitglied dieses Leitungsgremiums, er war »geborener Gotteshausmann«, zu dieser Zeit freilich ohne Amtsfunktionen im Hochstift. Wahrscheinlich bestanden persönliche Beziehungen zwischen Oswald, dem Dompropst und Magister Seldenhorn.
Wo war hier also die Motivation? Oswald als Verteidiger verbriefter Rechte: auch ein Bischof darf sich nicht über Zuständigkeiten eines Gremiums hinwegsetzen – selbst, wenn es vorwiegend aus (studierten) Bürgern besteht? Oder ging es weniger um Prinzipielles als um Privates? Sah Oswald hier eine Gelegenheit, gegen Bischof Ulrich vorzugehen, und zwar direkt, ohne Umweg über die Feme in Westfalen? Zur Fortsetzung des Berichts nun wieder Ulrich Putsch: »Weiter ist festzuhalten, daß die Domherren mich am sechsten Festtag vor Allerheiligen [28. 10. 1429] bitten ließen, zur Kapitelversammlung zu kommen, die sie im Hospital hielten. Als ich dort ankam, legten sie mir ein Dokument vor, in dem einige Artikel enthalten waren, die ich seinerzeit abfassen mußte und die zu ändern sie mich baten. Nachdem ich sie durchgelesen hatte, antwortete ich: ›Liebe Brüder, diese Abänderung ist diskriminierend und entspricht weder eurer noch meiner Würde. Wenn wir uns hier gegenseitig verklagen, so könnten daraus üble Konsequenzen entstehen. Ihr solltet jetzt eines tun: Eure Meinung in ei-

nem Abänderungsvorschlag niederschreiben, der weder ehrenrührig ist noch verdächtig wirkt. Was immer ich dann mit Gott und der Ehre vermag und was immer ich tun oder lassen muß, ich werde es tun.‹

So sprachen mir alle einmütig ihren Dank aus und versicherten mir, einen anderen Abänderungsvorschlag zu verfassen.

Inzwischen aber (als ich mir bereits sicher war, daß ich von diesen Leuten nichts Gutes erwarten durfte), hatten sie den Dompropst Andreas Kobrill, den Oswald von Wolkenstein und den Magister Heinrich Seldenhorn zum herzoglichen Hof geschickt. Diese Herren warfen mir mannigfache Verbrechen vor, und zwar mit derartigem Nachdruck, daß der Herzog ihnen seine Zustimmung gab, mich gefangen zu nehmen und entweder dem Papst oder dem Erzbischof von Salzburg vorzuführen. Dazu händigte er ihnen auch ausreichende Bevollmächtigungen aus. Und so bildeten diese drei mit zweiunddreißig Amtsleuten ein Komplott, und kamen am Sonntag vor Allerheiligen nach Sterzing. Dort trafen sie Vorbereitungen, wie sie mich in die Hände der Sünder überlieferten.«

Peter Beier weist mich darauf hin, daß Putsch hier eine Formulierung aus der Passionsgeschichte zitiert, ohne Anführungsstriche: so wird hoch-stilisiert! Die Fakten aber werden nicht genannt. Sie müssen gravierend gewesen sein, sonst hätte der Herzog gewiß nicht die Genehmigung erteilt, seinen Kanzler und Protegé zu verhaften und einer anderen Rechtsinstanz vorzuführen! Allein schon, daß Oswald von Wolkenstein zu den Wortführern der Oppositionsgruppe gehörte, muß Friedrich gewarnt haben . . .

Putsch hat bezeichnenderweise eine zweite Version dieser Unterredung diktiert, hat sie aber wieder streichen lassen: »Inzwischen waren der Dompropst, Oswald von Wolkenstein und Magister Heinrich Seldenhorn nach Innsbruck gekommen und tischten dem Herrn Friedrich, Herzog von Österreich, lang und breit Lügen gegen mich und meine Person auf. Dabei führten sie derartig Klage und informierten den Herzog durch Lug und Trug, daß dieser ihnen erlaubte, mich entweder gefangen zu setzen oder zur Abfassung unerlaubter Verfügungen zu erpressen. Aber trotz geringer Befugnisse taten sie mehr, als ihnen grundsätzlich zustand. Sie beachteten nämlich nicht, daß der Dompropst mir, als seinem Bischof, durch Eid verpflichtet war und daß Oswald mein Vasall war, der gute Verträge besaß.«

Am 30. Oktober kam es zum Zusammenstoß. »Genau an diesem Tag schickte ich Kaspar von Gufidaun und Heinrich Müller zu den erwähnten Amtsleuten, weil man mich aufgefordert hatte, mich zu rechtfertigen und weil ich meine Bereitschaft zu einem ge-

richtlichen Verfahren vor dem Papst, vor dem König, vor dem Salzburger Herrn oder vor einem geheimen Gericht unter Beweis stellen wollte. Dies aber lehnten sie rundweg ab mit der Begründung, daß sie mich viel lieber selbst vernommen hätten.
So standen nun die Dinge; ich hatte keine weitere Sorge oder Angst, schon gar nicht fürchtete ich die Domherren, weil ich in der Vergangenheit mit einigen von ihnen gespeist hatte und sie auch mit mir.
Die Domherren und die erwähnten Amtsleute versammelten sich im Hospital und schickten zu mir einen Domherrn namens von Freiberg mit der Anfrage, ob ich zu ihnen kommen wolle oder ob sie zu mir kommen sollten, weil sie mir von seiten des Herzogs einiges mitzuteilen hätten. So veranlaßte ich sie, zu mir zu kommen, weil ich ihnen guten Malvasier vorsetzen wollte. Und so kamen sie alle, in einer Gruppe. Und der Magister Heinrich Seldenhorn ging (wie weiland Judas) allein (abgesehen von einem Begleiter) voraus und schlug an die Türe, die nach Sitte und Herkommen sowieso nicht verschlossen war. Er machte Drohgesten zu den anderen, die noch nicht herangekommen waren, sondern noch weiter hinten standen; auf seine Anweisung hin eilten sie herbei, zuerst die Amtsleute und nach ihnen die Domherren. Die Amtsleute betraten sofort den Flur, während die Domherren vor der Tür blieben. Da es an mir war zu reden, hieß ich sie willkommen und nahm sie freundlich auf. Sie dankten, und einige streckten mir sogar die Hände entgegen. Sogleich ließ ich Malvasier holen und führte sie mit mir nach oben in mein Gemach. Als sie aber mein Gemach betraten und ich ihnen Konfekt bringen wollte und dabei in die Nähe der Tür geriet, versetzte mir Oswald von Wolkenstein einen gewaltigen Schlag, indem er mich von hinten mit der Faust stieß und sagte: ›Hiergeblieben! Dein Blättchen hat sich gewendet!‹ Ich antwortete: ›Was tust Du? Ich glaube, Du bist nicht ganz bei Trost!‹ Darauf er: ›Setz dich sofort hin, sonst passiert was!‹ Da setzte ich mich hin. Dann zeigten sie mir einen Abänderungsvorschlag, in dem geschrieben stand, welche Forderungen das Kapitel an mich stellte – und das überstieg nun wirklich alles Maß! Dann übergaben sie mir im Auftrag des Herzogs ein beglaubigtes Schreiben, das ihre Forderungen enthielt und mich zur genauen Erfüllung der Auflagen verpflichtete. Als ich nun sah, daß ich nichts anderes tun konnte, als mich ihrem Willen zu fügen, setzte ich mich hin und verfaßte zwei Schreiben, ein Dokument für die Domherren und ein anderes für die Amtsleute. Ich durfte nicht einmal von ihnen etwas zu essen oder zu trinken erbitten, bevor die Schreiben eigenhändig von mir fertiggestellt und gesiegelt wa-

ren.« Diese Kapitulations-Urkunde ist überliefert; aufschlußreich, daß Oswald hier an erster Stelle der Aktionsgruppe genannt wird. Ich übersetze zwei Ausschnitte.
»Wir, Ulrich, von Gottes Gnaden Bischof zu Brixen, erklären hiermit: die renommierten und reputierten Edelleute Oswald von Wolkenstein, Jakob Trautson, Heinrich Seldenhorn, Leonhard Stösser, Hans Erber und Ulrich Raderer haben im Auftrag Seiner Durchlaucht, des hochgeborenen Fürsten Herzog Friedrich, Herzog zu Österreich etc., Unseres gnädigen Herrn, mit Uns unterhandelt: ihm sei von verschiedener Seite über Verfehlungen und Übertretungen Unsererseits berichtet worden, insbesondere dies: was Wir in verschiedenen wichtigen Paragraphen und Artikeln bei Unserer Wahl Unserem Kapitel hier zu Brixen beschwören mußten, das haben wir nicht gehalten.«
Worum es bei diesem Streit ging, läßt sich erschließen aus folgendem Gelöbnis. »Erstens: was wir dem Kapitel geschworen haben, werden Wir loyal und vorbehaltlos einhalten und ausführen; den Städten und Landgemeinden werden Wir ihre Privilegien, ihre geschriebenen und ungeschriebenen Rechte lassen, wie Wir ihnen das versprochen und beurkundet haben: ganz besonders aber geloben und versprechen Wir – worauf sie großen Wert legen – daß Wir von jetzt an stets bei Unseren eigenen Rechtsstreitigkeiten und denen Unseres Bistums (sei es gegenüber Geistlichen oder Laien, Adligen oder Nichtadligen, Reichen und Armen, Männern und Frauen) nur verfahren und handeln gemäß den verbindlichen Empfehlungen der ehrsamen Herren –«
Und es folgen drei Amtspersonen: der Dompropst, die Magister Gebhard und Seldenhorn. Ulrich Putsch über die drei Herren in seinem Tagebuch: »Keiner von ihnen war richtig im Kopf. Einer mondsüchtig, der andere rasend, der dritte ein wortbrüchiger, treuloser Betrüger.« Später wird er Seldenhorn auch als »gerissenen Verräter und Straßenräuber« bezeichnen. Diesen drei sollte er sich von jetzt an unterordnen.
Während er »mit eigener Hand« diesen Text schrieb, hatten, so berichtet er in seinem Tagebuch weiter, »die Amtsleute die Burg eilig verlassen und suchten einen Adligen namens Johannes von Annenberg. Den fanden sie auch und hängten ihn mit einem Strick auf. Sie kehrten mit Ungestüm zurück und nahmen alle Hausschlüssel an sich. Der Dompropst nahm mir mit besonderer Frechheit die Schlüssel meines Gemachs ab und verschloß mit einem Strick eigenhändig die hintere Türe, indem er zusätzlich noch eiserne und hölzerne Querriegel vorlegte. Während der ganzen Nacht bewachten mich die Domherren und Amtsleute in voller

Rüstung und mit Langschwertern bewaffnet. Auch am Tage zogen sie sich nicht von mir zurück, sondern Domherren und Amtsleute samt ihrer wohlbewaffneten Mannschaft bewachten mich pausenlos. Am dritten Tag zwangen sie mein ganzes Personal, ihnen den Treueid zu leisten und mir den Gehorsam zu versagen. Gleichermaßen zwangen sie mich, an die Burghauptleute zu schreiben, sie sollten nach Kenntnisnahme meines Briefes ohne jede Begleitung zu mir kommen. Drei von ihnen, der von Bruneck, der von Rasen und der von Säben kamen auch wirklich. Diese mußte ich aus ihrem Eid entlassen. Sie leisteten dem Kapitel den Treueid und mußten versichern, mich ohne schriftliche Erlaubnis in keine ihrer Burgen einzulassen. Die übrigen Hauptleute kamen nicht.

Und so schüchterten sie mich mit vielen verschiedenen Quälereien zehn Tage und Nächte lang derart ein, daß ich meines Lebens nicht mehr sicher war.

Dennoch weiß ich eigentlich nicht warum, weil sie mir niemals Einzelheiten über das, was ich getan haben sollte, mitteilten, sondern mir nur allgemein Vorwürfe über viele Übeltaten machten.«

Man merkt diesem Tagebuch deutlich an, daß Ulrich Putsch sich nicht selbst belasten wollte: eine gewiß einseitige Darstellung, aber doch aufschlußreich und interessant genug, um hier (nur geringfügig gekürzt) vorgelegt zu werden. Der lateinische Text dieses Tagebuchs ist übrigens von Victor Schaller veröffentlicht worden, in seinem Aufsatz über Putsch und sein Tagebuch: eine Arbeit, der ich viele Informationen verdanke.

Für Oswald hatten diese Vorgänge Konsequenzen: sie verhakten sich mit den gleichzeitig laufenden Feme-Aktionen. Denn einer der Männer, die Johannes von Annenberg ermordeten, war Eitel Volmar, Oswalds »Diener« und Bevollmächtigter vor der Feme, kurz zuvor aus Westfalen zurückgekehrt; Volmar wurde recht bald schon vor der Feme angeklagt.

Hauptschuldiger an diesem Mord war Jakob Trautson; für ihn war Hans von Annenberg nicht irgendein Höfling, der im allgemeinen Durcheinander aufgehängt wurde, die beiden Männer kannten sich, gehörten zu den Adligen, die sechs Jahre zuvor Herzog Friedrich ihre Loyalität erklärt hatten. Um so erstaunlicher die Tat: hier wurde wohl eine private Rechnung beglichen.

Nach diesen Vorfällen zitierte der Herzog Domkapitel und Bischof nach Innsbruck, auf den 16. November. Bei diesem Schlichtungstermin stellte das Domkapitel klipp und klar die Forderung, Bischof Ulrich solle zurücktreten, sich auf die Lamprechtsburg bei Bruneck zurückziehen, mit einer Jahrespension von 400 Dukaten. Darauf wollte Putsch nicht eingehen: er war immerhin bereit, die Verwaltung des Hochstifts dem Domkapitel zu überlassen, stellte aber die Bedingung, daß er sein Amt in Brixen behalte. Dies akzeptierten die Herren des Domkapitels nicht, sie waren nur zu gewissen Zugeständnissen bereit: einmal im Jahr vor dem Herzog oder einem Stellvertreter die Rechnungslegung durchzuführen, das Recht der Lehensvergabe dem Bischof zu überlassen, seine Schulden zu bezahlen.

In dieser Zeit schaltete sich König Sigmund ein – hat Oswald dahintergesteckt? Sigmund forderte jedenfalls die Verurteilung des Bischofs. Am 20. November ein neuer Verhandlungstermin. Der Schiedsspruch des Herzogs lautete: Bischof Ulrich wird unter Vormundschaft gestellt. Daß es zu diesem Urteil kam, läßt erkennen, wie stark die ›pressure group‹ unter Oswald war und wie belastend die Vorwürfe.

Ulrich gab sich freilich nicht geschlagen. Er ließ in einem Aide-mémoire seine Forderungen zusammenstellen; hier – zusammengefaßt – die wichtigsten Punkte. »Erstens forderte er den Sitz zu Brixen, weil dort der rechtmäßige Bischofsstuhl ist; er kann es nicht mit seiner Ehre vereinbaren, anderswo seinen Amtssitz zu haben. Zudem verlangt er an Bargeld 1500 Dukaten, damit er von den Chorherren unabhängig sei und sie von ihm. Weiter verlangt er 1000 Star Roggen, 1000 Hafer, 3000 Käse, 24 Fuder vom besten Wein und 20 Fuder Heu.«

Die Auseinandersetzungen zogen sich hin bis zum Januar 1430. König Sigmund, inzwischen wohl von anderer Seite informiert, setzte sich jetzt für den Bischof ein. Herzog Friedrich wurde von beiden Parteien als Schiedsrichter für die nächste Verhandlung anerkannt. Vor dem Schlichtungstermin gab Ulrich am 2. Januar die schriftliche Erklärung ab, Herzog Friedrich sei nicht daran schuld, daß er vom Domkapitel gefangengenommen worden sei, vielmehr habe ihm der Herzog die Freiheit verschafft. Dies wurde am nächsten Tag in einem Briefbericht der Aktionsgruppe bestätigt, beglaubigt durch Oswald von Wolkenstein, Heinrich Seldenhorn und andere.

Am 24. Januar der Schiedsspruch des Herzogs: Bischof Ulrich erhielt seine Rechte und Würden zurück. Und es wurde eine Erklärung folgenden Inhalts besiegelt: alle Feindschaft solle ein Ende haben, keine Partei der anderen wegen des Vergangenen etwas nachtragen; der Bischof solle – wie seine Vorgänger – ungehindert das Amt ausüben, jedoch unter Beachtung der Gelöbnisse und Erklärungen, die er bei der Wahl und Amtsbestätigung dem Kapitel, den Städten und Gerichten gegeben habe; beide Seiten sollten bei

ihren Privilegien und Freiheiten bleiben; gerate man wegen irgendeiner Sache wieder in Streit und könne sich nicht einigen, so solle man sich an Herzog Friedrich als den Vogt, Herrn und Landesfürsten wenden.
Bischof Ulrich kehrte nach Brixen zurück, in die Bischofsburg. Oswald hatte die Partie verloren.

188 Krach mit dem Bischof von Brixen – dazu gab es wenige Jahre nach Oswalds Tod eine Parallele: hier zeigt sich Familienübliches und Standestypisches. Diesmal hieß der Bischof Nikolaus von Kues; Kontrahent des damals schon bekannten Theologen war Maria von Wolkenstein, Oswalds streitbare Tochter.
Hermann Hallauer hat einen Aufsatz über diesen Streit geschrieben: *Nikolaus von Kues und das Brixener Klarissenkloster* – Grundlage dieses Berichts über die Auseinandersetzungen zwischen dem Cusaner und der Wolkenstein-Tochter. Ich habe die Dokumente übersetzt.
Im April 1452 wurde Nikolaus von Kues Bischof in Brixen. Er begann sofort mit Visitationen der Klöster seiner Diözese, mit Reformen; hier war vieles lax geworden, besonders im Klarissen-Konvikt. Was Cusanus, in Übereinstimmung mit anderen Reformern seiner Zeit, vor allem forderte, war: Observanz, also erneute Befolgung der alten Klosterregeln; Einhaltung der Klausur – hier war man besonders großzügig geworden, korrespondierte, empfing Besuche; Gehorsam gegenüber den Oberen – als wichtiger Zusatz: ohne Unterschied der Herkunft; Pflege des Chorgebets, Leben in Demut. Einer der Leitbegriffe des Cusanus: vita contemplativa. Das setzte voraus: Verzicht auf Besitz, auf Reichtum. Ein Kloster sollte nicht mehr direkt Gelder und Lieferungen einziehen, dies sollte über den zuständigen Bischof abgewickelt werden. Einer der Zündpunkte des Streits!
Als der neue Bischof zum erstenmal das Klarissen-Konvikt visitierte, stellte er fest, daß sich zwei Gruppen gebildet hatten, die sich zankten, stritten, bekämpften. Auf der einen Seite die Äbtissin Agnes Rasner mit ihrem Anhang, auf der anderen Seite Maria von Wolkenstein, die Anführerin der Oppositionsgruppe. Sie hatte vorerst nur ein Ziel: die Rasner muß weg. Nikolaus von Kues in einem Brief, der protokollierend die wichtigsten Ergebnisse seiner Visitation zusammenfaßt: »Auch hat keinen geringen Eindruck auf Uns gemacht, was Schwester Maria von Wolkenstein,

die Wir in vieler Hinsicht sehr achten, eidesstattlich ausgesagt hat: daß die Rasner diesem Amt nicht gewachsen sei.« Maria setzte sich durch, die Äbtissin wurde abgesetzt, eine neue Äbtissin wurde gewählt, Barbara Schwäbin. Hallauer vermutet: Maria hat sich Hoffnungen auf dieses Amt gemacht, war nun enttäuscht, ging deshalb gleich wieder in Opposition, gegen die neue Äbtissin. Cusanus: »Entgegen ihrer Zusage ist besagte Maria dieser Äbtissin (der sie loyalen Gehorsam gelobt hatte) und auch Uns gegenüber ungehorsam geworden. Auch nimmt sie Uns gegenüber kein Blatt vor den Mund. Und schon gar nicht ist sie sparsam mit Drohungen.« Der Bischof forderte vom Konvikt: »Wir wünschen von Euch, daß Ihr Schwester Maria klarmacht, sie solle die Gelöbnisse einhalten und gehorsam sein, wie es die Klosterregel gebietet; dazu hat sie sich selbst verpflichtet. Und wenn sie das in diesem Kloster nicht tun will, soll sie das woanders tun – freilich nur mit Genehmigung, gemäß der Klosterregel. Außerdem soll sie ihre Drohungen unterlassen, denn sie gehören sich nicht für eine Schwester, die sich Gott ergeben hat.«
Diese Aufforderungen, Ermahnungen nützten gar nichts. Maria von Wolkenstein eröffnete mit drei anderen Nonnen den Kampf gegen die neue Äbtissin, es kam sogar zu Handgreiflichkeiten: schlug auch Oswalds Tochter zu? Das Nonnenquartett opponierte zugleich immer entschiedener gegen die Reformversuche des Bischofs. Maria in einem Brief an ihren Bruder Oswald: »Auch teile ich dir mit, daß es mir, dank Gottes Gnade, gesundheitlich gut geht. Aber sonst geht es mir und allen Frauen nicht gut; schuld daran ist der Kardinalbischof von Brixen. Mein herzenslieber Bruder: ich und alle Klosterfrauen beklagen sich bei Dir über die ungerecht massive Macht, die der Bischof uns gegenüber ausübt. Er will Getreidelieferungen und Geldrenten nicht weiter dem Kloster zukommen lassen und erklärt, dies sei ein bischöfliches Kloster. Und er hat uns das Fleisch auf der Schlachtbank verboten. Und sooft er predigt, kritisiert er uns heftig.«
Hier zeigt sich, daß mehr stattfand als nur Nonnengezänk, persönliche Auseinandersetzung – bei diesem Streit spielten soziale Spannungen mit, entscheidend: auf der einen Seite der Bischof bürgerlicher Herkunft (er wurde in einer Chronik der Klarissen bezeichnet als »Nicolaus von Cusa bey Trier gebirtig eines schneiders sohn«) auf der anderen Seite Maria von Wolkenstein und zwei adlige Mitkämpferinnen. Maria an ihren Bruder Friedrich: »Auch hat der Bischof erklärt, er gebe weder etwas auf die Wolkensteiner noch auf andere Landherren. Und wenn man ihm auch nur

einen Bauern angreift, werde unser Kloster das erste sein, das er seinerseits angreifen werde. Mein herzenslieber Bruder: im Namen aller anderen Frauen führe ich darüber Beschwerde. Laß es dir zu Herzen gehen. Und ich bitte dich bei deiner Bruderliebe sehr nachdrücklich, und alle Frauen schließen sich dieser Bitte an, daß du hierherkommst mit unserem sonstigen Anhang, wie es dir unser lieber Bruder Oswald ausrichten wird.«
Die Gebrüder Wolkenstein ließen ihre Schwester nicht im Stich. Sie gaben ihr taktische Ratschläge, die sie auch befolgte. Und Friedrich schrieb etwas später einen knappen Drohbrief an den Bischof, aus Waidbruck. Noch Jahre später wollten Oswald Junior und Leo nicht nach Brixen, weil sie des Bischofs »erklärte Feinde« waren.
Bischof Cusanus hatte sich für den schweren Kampf mit den Klarissen unter Führung der Schwester Maria sogar Unterstützung in Rom geholt: er brachte, nach einer Besprechung mit dem Heiligen Vater, eine Bulle mit, die ihm freie Hand gab in der Durchführung der notwendigen Reformen. Und Cusanus berief einen Bevollmächtigten zur Durchführung dieser Reformen, einen »Guardian«, den Franziskaner Albert Büchelbach. Er hatte in Nürnberg bereits erfolgreich ein Klarissenkloster reformiert, danach in Bamberg, Amberg, Neustadt, Berg und Eger, war also Experte. In Brixen aber stieß er auf ungewohnt harten Widerstand – Maria hatte ihren Anhang im Kloster inzwischen vergrößert. Der »lange Mönch aus Nürnberg«, wie Maria ihn nannte, wollte schließlich die vier Rädelsführerinnen vor die Klostertür setzen. Aber sie folgten seiner Anweisung nicht: sie würden sich von ihren Schwestern nicht trennen lassen, erklärte Maria.
Es wurde immer dramatischer. Maria berichtete an Leo, Oswald und Friedrich: »Dann, am Montag, verlangte der Guardian, wir sollten alle an die Stufen treten und stellte uns die Frage, ob wir jetzt gehorsam sein wollten. Da haben wir uns alle an Eure Antwort gehalten und sagten weder Ja noch Nein. Indessen drangen Knechte des Bischofs ein, und wir waren in der Kirche nicht mehr sicher, und sie kamen herein über Balkons und durch Türen, mit Schwertern und Armbrüsten, als ginge es gegen Verbrecher, und sie brachen die Zellentüren auf, und ein junger Kerl stieß eine dahin, die andere dorthin, und ich war als erste an den Glocken, aber sie hatten die Glocken blockiert, so daß wir sie nicht mehr läuten konnten. Danach verlangten sie, daß eine nach der anderen aus der Kirche herauskomme, und sie wollten nicht zulassen, daß wir beieinander blieben, und sie trennten uns gewaltsam von den lieben Schwestern und führten sie zum Tor hinaus in das Bruder-

kloster. Das hat er getan, um sie zum Gehorsam zu zwingen. Aber auch jetzt wollen sie sich nicht von uns trennen.«
Bald aber brach der Widerstand zusammen. Das Kloster erhielt eine neue Äbtissin. Den vier Rädelsführerinnen wurde angedroht, man werde über sie in Rom Bericht erstatten; dies machte selbst auf Maria von Wolkenstein Eindruck – sie unterwarf sich, unter Protest. Ganz besonders ärgerte sie, daß sie alles verkaufen sollte, »Wiesen und Äcker und was wir besitzen«. Und es störte sie sehr, daß nun Ernst gemacht wurde mit der Klausur. »Wisse auch«, schrieb sie ihrem Bruder Leo, »daß sie hinten und vorn alles zumauern und sogar die Löcher verrammeln, von denen wir nie etwas gewußt haben, und das Dach, das du ja kennst, das wollen sie auch dichtmachen.« Briefe konnten nur noch wie Kassiber hinausgeschmuggelt werden. Diese Art von Klosterleben gefiel Maria überhaupt nicht, sie stritt sich weiter mit dem Bischof herum, und einige Jahre später zog sie in das Meraner Konvent, dort war die Lebensart nobler. Hier starb Maria von Wolkenstein 1478 als Äbtissin.

189 Oswald nach seiner Niederlage: wieder ein Winter des Mißvergnügens. Mit Bischof Ulrich hatte er sich noch nicht wieder versöhnt, das sollte noch Jahre dauern. Und der Landesfürst dachte nach der fehlgeschlagenen Aktion gegen seinen Kanzler und Vertrauten bestimmt nicht freundlicher über den ständig renitenten Oswald von Wolkenstein. Blieb jetzt nur noch politische, ja sogar kirchenpolitische Abstinenz? Und Oswald beschränkte sich auf die Verwaltung seines Besitzes, ritt gelegentlich zur Trostburg, zur Burg Wolkenstein, zur Burg Neuhaus, zum Landtag in Bozen oder Meran – aber sonst: keine großen Änderungen, keine Aufschwünge mehr?
Oswald war unzufrieden, mit allem, einschließlich Familie. Das zeigte sich beim folgenden Liedtext (Kl 104) in der letzten Strophe: Oswald wiederholt Klagen des Hauenstein-Lieds, das er drei Jahre zuvor geschrieben hatte, wiederholt sie in ähnlichen Formulierungen. Trotzdem: der Liedtext ist nicht bloß Reprise, Remake, in den ersten drei Strophen artikuliert sich Oswald auf neue Weise. Hendrik C. van der Jagt, ein Schüler Okkens, hat eine Wortschatzuntersuchung zu diesem Liedtext publiziert.

Von Kummer bin ich wie betäubt,
seit nun der Bauer Winterklaub

sich wieder eingenistet hat
in seinem alten Wohnsitz.
Der liegt so nah vor meiner Tür,
und ständig schnüffelt er mir nach,
das raubt mir vollends alle Lust –
er ist so plump, so tückisch . . .
Viel Kälte, Reif und tiefer Schnee,
der Bach mit Eis bedeckt –
das kommt her vom »Bösaier«-Hof,
den Namen preis ich nicht,
denn: gute Frucht aus bösem Ei
hat noch kein Vogel ausgebrütet.
Das Gras, die Blumen, grüner Klee,
sie sind nun ganz verschwunden,
die Vögel, die sind fortgeflogen,
den Bäumen ist das Laub entrissen,
der Sonne nahm das Wintertreiben
bei Hauenstein den Glanz.

Der Bauer hier bedrängt mich sehr,
nach Brixen trau ich mich nicht hin,
ich hab ihn nämlich sehr erzürnt,
den kleinen Herrn Anonymus –
nur einen sanften Rippenstoß
hab ich dem ›großen Held‹ verpaßt.
Dem gäb ich gerne ein Geschenk,
der diesen Mißstand dort behebt!
Dies stünde eher Riesen zu:
daß man in ein verrufnes Haus
zu seiner Nutte geht, wie er,
und alle jene Gassen fegt
mit seinem Mantel. Gabriel,
dir faul deshalb so manches ab!
Ich wäre äußerst überrascht
(als würde Straßburg mir geschenkt!)
wenn mal mit einem Feuerbesen
sie alle würden fortgefegt,
die offen Hurerei betreiben
in wüster Ausgelassenheit.

Ich dachte, mein Prozeß läuft gut,
doch fehlte leider Redlichkeit –
das zeigte mir bald ein Gerücht,

das da aus üblem Mief entstand.
Hier schien mir Schweigen angebracht!
Für alle Hilfe dank ich Gott.
Man hätte mich gern eingesperrt
und fest den Riegel zugestoßen!
»Noli me tangere!«
Stell mir kein Beinchen, Purzel, Ulli!
Was man gerecht nicht schlichten kann,
das kommt vor jenes Richterstühlchen,
wo man auf neue Weise schlau
das alte Recht verdreht.
Das ginge über meine Kraft,
nähm ich den Fall alleine auf!
Ja, hätte ich noch mehr an Mumm,
ich stünde dem gern bei,
der diesen Richterstuhl dort packt
und tief ins Meer versenkt!

Ach Köln und Wien und Mainz, Paris,
und Konstanz, Nürnberg, Avignon –
was ich an Schönem je erlebt,
das bleibt mir hier sehr fern!
Denn statt im Flachland hause ich
zu oft hier auf dem hohen Berg;
mit einer Frau von Schwangau
steck ich hier unter einem Dach.
Dazu noch eine Kinderschar,
die raubt mir beinah den Verstand,
denn ständig muß ich überlegen,
wie ich sie hier beschützen soll,
damit die Wölfe ihnen nicht
das Brot wegreißen und den Wein.
Und einer Mühe folgt die nächste,
sobald man sich um alles kümmert.
Und doch: der Herr von Österreich,
er helfe mir, im Namen Gottes.
Auf Dauer richtet, schlichtet viel
der Tod, macht Krummes grad.

Evident, daß mit »Purzel« und »Ulli« der Bischof von Brixen gemeint ist. Wer aber ist Bauer Winterklaub? Er ist einerseits so etwas wie ein Vorfahre des »Kohlenklau«; in den ersten Fassungen der Übersetzung hatte ich ihn denn auch »Winterklau« genannt:

alles rafft er zusammen, steckt es in einen Sack – Gräser, Blätter, Singvögel. Ich habe aus dem »Winterklau« schließlich wieder »Winterklaub« gemacht, denn hier wird ein Name genannt: der Besitzer des Winterklaubhofs. Und diesen Winterklaubhof gibt es heute noch, bei Seis, unter gleichem Namen!
Ein kleiner, gedrungener, alter Bauernhof mit Schindeldach und seitlich ausbuchtendem Backofen. Selbstverständlich ist dies nicht das Bauernhaus, das Oswald gesehen hat, das war bestimmt kleiner, aber dieser Winterklaubhof steht an der Stelle des damaligen Winterklaubhofs. Also noch immer die gleiche Blickperspektive: westlich, am Berghang Hauenstein, hellgrau im Fichtendunkelgrün. Und von dieser Burg aus sieht man ostwärts den kleinen, gedrungenen, schindelgedeckten Winterklaubhof.
Nach Dejori war der jeweilige Besitzer dieses Hofs verpflichtet, Tätigkeiten für das Hochgericht Brixen zu übernehmen; so konnte Bischof Ulrich dem damaligen Winterklaubbauern auch den Auftrag erteilt haben, Herrn von Wolkenstein im Auge zu behalten.
Der Winterklaub-Bauer wohnte vom Frühjahr bis zum Herbst im Bösaier-Hof (Passeierhof) oder in der Mühle, die zum Winterklaubhof gehörte. Wenn Oswald von der Burg aus sah, daß der Bauer den Winterklaubhof bezog, kündete sich damit für ihn ein neuer Winter an.
Den folgenden Liedtext (Kl 81) wird Oswald in der gleichen Situation geschrieben haben – ein Text, der nicht die Qualität des Winterliedes erreicht, den ich trotzdem vorstellen möchte: hier fällt die (für Oswald typische) Disparatheit der Elemente besonders stark auf; mit der zweiten Strophe wird eigentlich ein neues Lied angestimmt.
Für diesen wie auch für den übernächsten Text liegen Wortschatzuntersuchungen von Okken vor. Bei der Übersetzung habe ich in den Strophen jeweils auf den Auftakt verzichtet.

»Schluck es runter, Freund, nimms leicht.
Gib nichts auf Beleidigungen!
Krummen Sachen halt dich fern.
Steck zurück, wo etwas stockt.«
Schrieb Heinz Mosmaier, mit Schwung.
»Wer den Richter zeitig schmiert,
mit dem Pfarrer sich gut stellt,
scheint mir wahrlich nicht beschränkt;
hat er dabei auch Erfolg –
schätz ich ihn als klugen Mann!«

Wer Nesseln pflanzt und Lilien kappt,
dem schießt der Garten bald ins Kraut;
wer seine Tauben nicht beschützt
vor Raben, Geiern, die stets kreisen,
wird nicht mehren, was ihm nützt.

Ohne Absicht sagt ich dies.
Doch: von Frauen sing ich nun!
Hab die guten nie gescholten,
bloß die trägen, die dem Ruf
nicht so recht entsprechen wollten!
Wer da heimlich sündigt, darf
Buße tun für sich, im Stillen.
Denkt daran, ihr schönen Frauen:
euren Ruf gebt niemals preis,
eure Liebschaft bleib geheim!
Wer Nesseln pflanzt und Lilien kappt,
dem schießt der Garten bald ins Kraut;
wer seine Tauben nicht beschützt
vor Raben, Geiern, die stets kreisen,
wird nicht mehren, was ihm nützt.

Bin genannt »Die Nachtigall«,
rühme denn auch hübsche Mädchen,
preise kunstvoll, hell im Klang
eine Frau, so schön und zart.
Ehre schützt sie löwenstark.
Herzlich ist mein Dank an Gott,
weil er schön die Frau erschuf!
Mehr als Gold erglänzt ihr Ruhm –
ihre Ehre, ihren Ruf
darf sie freilich nicht verspielen!
Wer Nesseln pflanzt und Lilien kappt,
dem schießt der Garten bald ins Kraut;
wer seine Tauben nicht beschützt
vor Raben, Geiern, die stets kreisen,
wird nicht mehren, was ihm nützt.

Ein paar Zeilen zum Heinz Mosmaier. Es gibt dokumentarische Belege für mehrere Mosmaiers der Umgebung, aber gemeint ist sicher Heinrich Mosmaier, Bürger von Brixen, Beamter des Domkapitels. Ein Mann also, mit dem Oswald dienstlichen, wohl auch privaten Kontakt hatte; er gibt Oswald in dieser verfahrenen Lage

einige Tips – sie sind freilich ähnlich windig wie Oswalds Ratschläge an die Damen.
Beim nächsten Lied (Kl 116) ist die Datierung schwieriger: Oswald hätte es auch zwei oder drei Jahre früher schreiben können. Aber es hat so eindeutig den ›sound‹ der beiden anderen Lieder, daß ich mich Müllers Vorschlag anschließe, es in diesem Kontext einzuordnen.

Ich blase keine Trübsal mehr,
seit nun der Schnee zu taun beginnt
am Flack und auf der Seiser Alm:
der Mosmaier hat mirs erzählt.
Die Erde fängt nun an zu dampfen,
die Wasserläufe schwellen an
von Kastelruth hinab zum Eisack –
das macht mir gute Laune!
Ich hör die Vögel groß und klein
in meinem Wald um Hauenstein
den Klang melodisch modulieren;
sie singen sehr genau nach Noten,
vom c hinauf bis an das a
und wieder abwärts dann zum f
mit schönen, hellen Stimmen:
da freut euch drüber, gute Leute!
  Was geht dies Lied den Plätscher an?
  Mein Singen werd ich doch nicht lassen!
  Wem es mißfällt, der hör nicht hin,
  der ist und bleibt mir wurst.
  Wenn schlechte Leute mich nicht mögen,
  so halte ich mich an die Guten –
  obwohl ja heuer falsche Münze
  recht hoch bewertet wird.

Mein großer Kummer war verflogen,
als ich die erste Nachtigall
hab singen hören hinterm Pflug
im Matzl-Feld dort drüben.
Vier Paare hab ich da gesehn,
im Reigen lieblich aufgereiht,
die rissen Spuren in den Boden –
der Mutzenbauer spielte auf!
Wer sich im Winter eingemummt
und vor der bösen Welt verdrückt,

der freue sich der grünen Zeit,
die uns der Mai nun bringen wird!
Ihr armen Tiere, räumt die Höhlen,
geht, sucht euch frische Weiden!
Der Hang, das Tal, die Aue: grün!
Bestimmt gefällt euch das!
  Was geht dies Lied den Plätscher an?
  Mein Singen werd ich doch nicht lassen!
  Wem es mißfällt, der hör nicht hin,
  der ist und bleibt mir wurst.
  Wenn schlechte Leute mich nicht mögen,
  so halte ich mich an die Guten –
  obwohl ja heuer falsche Münze
  recht hoch bewertet wird.

Auf, auf, ihr Guten und seid froh!
Wer Ehre hat, der wünscht uns Glück!
Was schändlich ist, das ändert auch
kein Deuteln, keine Rechtsverdrehung.
Es wird seit altersher gesagt:
das Rechte tun, das zahlt sich aus,
denn alles kommt mal an den Tag.
Herr Christus in der höchsten Pfarre,
der ist ganz sicher auf der Hut:
wer ihn betrügen will,
der muß schon früh aufstehn!
Ein Weilchen wartet er, doch dann
verpaßt er eine Firmungs-Watsche:
die treibt die böse Absicht aus,
da gibts nichts mehr zu lachen!
  Was geht dies Lied den Plätscher an?
  Mein Singen werd ich doch nicht lassen!
  Wem es mißfällt, der hör nicht hin,
  der ist und bleibt mir wurst.
  Wenn schlechte Leute mich nicht mögen,
  so halte ich mich an die Guten –
  obwohl ja heuer falsche Münze
  recht hoch bewertet wird.

Bezeichnend das Bild, das Oswald sich vom Herrn Christus macht: jemand, der wie Oswald rangeht, zuschlägt – eine Projektion!
Auch bei diesem Text: alle topographischen Angaben sind verifi-

zierbar, alle Namen nachweisbar, mit einiger Sicherheit. Der Mutzenhof liegt östlich von Hauenstein – der Name steht in Oswalds Urbaren. Und der Plätscher, der Oswald beinah das Singen vermiest hätte? Er könnte identisch sein mit Hans Plätscher, der in dieser Gegend als Parteigänger des Herzogs galt. Der Mosmaier auch dieses Lieds wird identisch sein mit Heinrich Mosmaier aus Brixen; der könnte von einem Bauern gehört haben, daß es auch mehrere hundert Meter höher, auf der Seiser Alm, zu tauen begann: sicheres Zeichen dafür, daß nun wirklich Frühling wurde!

190 Ich bin schon derart fixiert, daß mir, zum Beispiel, ein Zeitungsartikel nur deshalb wichtig ist, weil er aus dieser Region berichtet. Aus dem Sportteil der *Süddeutschen Zeitung* riß ich mir, in 6000 Meter Flughöhe, sorgsam einen Artikel heraus, in dem berichtet wurde vom *Skilanglauf in Kastelruth*.
Die Veranstaltung fand statt im schneearmen Winter 1975/76: wie ein übergroßes löchriges Leintuch, so las ich, sahen die Schneefelder am Fuße des Puflatsch oberhalb von Kastelruth aus: hartgefrorener Schnee mit vielen blanken Stellen – Föhntage zum Jahreswechsel. Dennoch hätten die Teilnehmer eine feste Spur gefunden, wenn auch die steilen Anstiege und jähen Abfahrten nicht nach dem Geschmack aller gewesen seien. So habe der Thüringer Gerhard Grimmer mit viel zu glatt gewachsten Skiern bei den Aufstiegen seine enorme Kraft vergeuden und chancenlos sein Rennen beenden müssen. Auch ein Georg Zipsel habe enttäuscht. Und mit zu stumpf gewachsten Skiern habe sich der 40 Jahre alte Senior Walter Demel nur mühsam über die Strecke gekämpft. Der großgewachsene Gert-Dietmar Klause jedoch, mit langem, rhythmischem Gleichschritt an finnische Läufer vergangener Zeiten erinnernd, habe auf den drei Runden der zehn Kilometer langen Strecke eine Lehrbuch-Vorstellung geboten.
Weder der großgewachsene Klause noch der enttäuschende Zipsel, weder Grimmer mit den zu glatt gewachsten, noch Senior Demel mit den zu stumpf gewachsten Skiern werden je in ihrem Leben von einem Oswald von Wolkenstein gehört haben, und so war Kastelruth für sie nicht das Kastelruth, das Oswald in seinem Frühlingslied nannte, sondern der Austragungsort des dritten, zum inoffiziellen Weltpokal-Wettbewerb zählenden Rennens der Saison 1975/76.

191 Die Ermordung des Johann von Annenberg bei der Aktion gegen Bischof Ulrich hatte Konsequenzen nicht nur für Oswald, sondern auch für Michael: als Verwandter und Freund des Ermordeten machte er Jakob Trautson als dem Hauptschuldigen Vorwürfe, Trautson ließ ihn warnen, drohte, es kam bald zum Countdown.

Michael soll selbst darüber berichten – seine Aussagen sind zusammengefaßt in einem Gerichtsprotokoll. Zwei Verwandte des Getöteten wollten ihn vor der Feme verklagen; Herzog Friedrich erfuhr davon; um zu verhindern, daß auf diese Weise sein Hoheitsrecht umgangen wurde, beauftragte er Bischof Ulrich von Brixen, einen Rechtstag anzusetzen; der Fall sollte also der Feme entzogen werden – und wurde einem Mitglied der Feme übertragen! Die Gerichtssitzung fand am 17. September 1430 in Sterzing statt. Aus der Gerichtsurkunde nun ein größerer Auszug.

»Sigmund und Viktor Trautson traten vor und erhoben Anklage: Herr Michael von Wolkenstein habe ihren Verwandten Jakob Trautson erschlagen und vom Leben zum Tode befördert; sie wüßten nicht, aus welchem Grund er dies getan habe.

Darauf entgegnete Herr Michael, er leugne diesen Totschlag nicht ab; Jakob Trautson habe ihm gegenüber jedoch so viel Feindseligkeit gezeigt, daß er dies aus Selbstachtung nicht länger habe hinnehmen können; außerdem habe er ihm seinen lieben Verwandten und Freund Hans von Annenberg erhängt; weiterhin habe er auch ihm selbst nach Leib und Leben getrachtet, so daß er nicht mehr wußte, wo er sich vor ihm in Sicherheit bringen sollte; er sei auch von vielen angesehenen Personen gewarnt worden: er solle auf der Hut sein, sonst werde es ihm ergehen, wie es dem Annenberger ergangen sei, oder es werde sonst etwas mit ihm passieren, das ihm nicht lieb sei.

Und er legte eidesstattliche Erklärungen vor, nach denen Jakob Trautson auf dem Ritten erklärt hatte: Herr Michael hat allen Grund, vor mir auf der Hut zu sein!

Auch legte er Urkunden gerichtsfähiger Personen vor, in denen sie bezeugten, Jakob Trautson und Vigilius von Thun hätten ihnen einen höflichen Brief geschrieben: Herr Michael habe in Gegenwart unserer gnädigen Herren von Österreich sehr harte Worte fallen lassen, so daß sie nicht gewußt hätten, ob sie an Leib und Leben vor ihm sicher wären. Darauf habe er, Herr Michael, durch ihre Boten ausrichten lassen: Sie brauchen mir nicht so höflich zu schreiben, das ist der reinste Hohn, sie haben mir meinen Feind aufgehängt und mich wollen sie gleichfalls hängen, wozu da diese Ergebenheitsfloskeln! Sie müssen mich

freilich erst mal töten; lebendig werden sie mich nicht hängen! Sie haben Grund, sich vor mir zu hüten – und ich mich vor ihnen! [. . .]
Er, Herr Michael, wäre dann im Auftrag unseres gnädigen Herrn von Österreich nach Trient geritten. Er sei gewarnt worden: Jakob Trautson und andere würden sich auf Salurn treffen, sie hätten vor, ihn dort anzugreifen, ihn aufzuhängen oder zu erstechen. Als er nun unterhalb von Salurn ankam und auf dem Steig oberhalb des Sees ritt, hatte Jakob Trautson oben auf dem Weg bereits Stellung bezogen, um zu verhindern, daß Herr Michael, schneller reitend, diese Angriffshöhe einnehme – der Trautson hätte ihm im Tal nichts anhaben können! Als er nun nach oben kam, hätte der Trautson bereits das blanke Schwert in den Händen gehabt, und sie seien auf beiden Seiten zum Angriff übergegangen. Dabei habe Gott Herrn Michael geholfen, daß er und seine Knechte den Trautson getötet und einen Knecht verwundet hätten.«
Im Gerichtsprotokoll wird vermerkt, daß es nun Auseinandersetzungen gab, ein offenbar erregtes Hin und Her. Schließlich wurde Michaels Tat als Notwehr ausgelegt: »redlicher Totschlag«. Nach der Urteilsverkündung wurden beide Parteien gebeten, im Namen des Herzogs, den Streit gütlich beizulegen, schließlich seien sie Verwandte. Nach einigen Diskussionen erklärte sich Michael zur Sühne bereit. Das hieß: er trat hervor und bat die Mitglieder der Familie Trautson demütig um Verzeihung. Und ließ für Jakob Trautson eine Seelenmesse, acht stille Messen lesen von insgesamt zehn Priestern. Michael und seine drei Knechte standen währenddes an der Bahre mit brennenden Kerzen.
Michael stiftete für den Ermordeten ein ewiges Licht in der Frauenkirche zu Sterzing. Und mußte geloben, mit zwei der Knechte eine Wallfahrt nach Rom zu machen; dem dritten wurde eine Wallfahrt nach Aachen auferlegt. Außerdem mußte sich Michael bereit erklären, der Familie Trautson in eigener Person zu dienen, sobald es gewünscht wurde. Erst mit Erfüllung dieser Auflagen galt der Totschlag als gesühnt.

192 Oswald und die Feme: mit dem Jahr 1430 können wir hinter dieses Kapitel einen Schlußpunkt setzen. Zwar wurde Oswald noch einmal, von allerhöchster Stelle aus, mit der Feme in Verbindung gebracht, aber das förderte nicht seine eigene Sache: in einem Schreiben kündete König Sigmund einem Freigra-

fen den gestrengen Oswald von Wolkenstein an, er habe Dinge zu überbringen, die das heimliche Gericht beträfen, man solle ihn in jeder Hinsicht unterstützen, würde ihn, den König dadurch zu besonderer Dankbarkeit verpflichten – Oswald als königlicher Bote in Sachen Feme.

Aber am 3. Mai war Eitel Volmar vom Freistuhl Villigst vorgeladen worden, aufgrund der Anklage des Parzival von Annenberg. Volmar wurde (gemeinsam mit Heinrich Seldenhorn und anderen) verfemt; das hieß: niemand mehr durfte mit ihm Umgang haben – daran hatte sich auch Oswald zu halten!

Ich nehme an, dieser Fall hat seine Berechnungen, Erwartungen, Hoffnungen zumindest gestört: Oswald als Freischöffe, der einen Freischöffen zum Stellvertreter ernannt hatte, der an einem Mord beteiligt war – dies wird sich bis zu den Freistühlen herumgesprochen haben, an die er sich seinerzeit gewandt hatte.

Unabhängig davon hatte sich längst gezeigt, daß bei Hans von Villanders durch Mahnbriefe und Vorladungen der Feme nichts zu erreichen war: er gab Oswald keinen Gulden zurück!

193 Als würde für den Erzähler alles nach Wunsch arrangiert, kündet sich nun eine Wende an, ein neuer Aufschwung für Oswald! König Sigmund als Retter aus der Misere.

August 1430 reiste er aus Ungarn ins Reich: acht Jahre lang war er dort nicht gewesen! Höchste Zeit also, endlich mal wieder die Reichsstände einzuberufen.

Bei einem ersten Besuch in Nürnberg, wohl zu Vorbereitungen des Reichstags, ließ Sigmund am 20. September einen Geleitbrief für Oswald ausstellen. Der wird sofort nach Erhalt dieses Reisepapiers aufgebrochen sein – bereits Mitte Oktober wurden »Oswald Wolkenstein von der Etsch« Reisespesen erstattet.

Oswald hat Sigmund auf der Reise zum Bodensee begleitet, über Ulm nach Überlingen. Dort traf der König mit seinem Gefolge am 21. November ein. Und am 25. November sollte die Eröffnung des Reichstags sein! Dennoch ließ sich der König Zeit, viel Zeit: einen guten Monat blieb man in Überlingen, dann ging es nach Konstanz, dort wurde Weihnachten gefeiert, man blieb auch hier wieder einen Monat, während die versammelten Herrschaften in Nürnberg (unter ihnen der eigentlich reiseunfähige Pfalzgraf Ludwig) immer ungeduldiger wurden. Es wird berichtet von Festen, von Tanzveranstaltungen, beispielsweise im neuerbauten Zunfthaus »Zur Katz«.

194 Oswald schrieb in Konstanz ein Jubellied: Kl 98. Konstanz als Erinnerung an den bisherigen Höhepunkt seines Lebens, Konstanz zugleich als höchst erfreuliche Gegenwart!

Oh wunderschönes Paradies,
allein in Konstanz find ich dich!
Ich höre, sehe, lese viel –
doch du erfreust mich weitaus mehr!
Hier drinnen, draußen, überall,
in Münsterlingen, anderswo,
hört man von dir das Beste nur.
Da ist denn keiner mißgestimmt!
  Viel Augenweide
  in buntem Kleide
  mit Geschmeide –
  in Konstanz prangen
  die Mündlein rot;
  vergeß die Not,
  bin hübsch bedroht
  von sanften Wangen.

In Körperhaltung, Lebensart,
beim Sprechen, Gehen – makellos
erscheint mir manche Schöne dort.
St. Peter ist dafür mein Zeuge!
Lobsingen werde ich ihm stets
mit tiefer Andacht im Gebet –
er ist für mich ein Ehrenmann.
Wer anders denkt, dem nehm ichs krumm.
  Viel Augenweide
  in buntem Kleide
  mit Geschmeide –
  in Konstanz prangen
  die Mündlein rot;
  vergeß die Not,
  bin hübsch bedroht
  von sanften Wangen.

Die Frauen zart und engelhaft,
so schimmernd schön und licht im Glanz,
die haben völlig mich betört
beim Tanz im Haus »Zur Katz«.
Vergessen kann ich sie wohl nie –

so hübsch bei jeder die Figur!
In Ehren Freude, Spiel und Spaß –
zu Konstanz gibts davon genug!
  Viel Augenweide
  in buntem Kleide
  mit Geschmeide –
  in Konstanz prangen
  die Mündlein rot;
  vergeß die Not,
  bin hübsch bedroht
  von sanften Wangen.

Beim »Paradies« zeigt sich wieder eine der für Oswald typischen Doppelbelichtungen: das Paradies als siebter Himmel und zugleich als Vorort von Konstanz.

195 König Sigmund war nicht bloß in Überlingen und Konstanz geblieben, um ausführlich zu tanzen oder weil ihm vielleicht die Gegend gefiel, auch im Winter, er verhandelte mit Vertretern der Adelsorganisation St. Jörgenschild und mit Delegierten des Schwäbischen Städtebundes. Hermann Mau nennt in seiner Untersuchung *Die Rittergesellschaften mit St. Jörgenschild in Schwaben* das Verhandlungsziel des Königs: er wollte in Schwaben einen Zusammenschluß des Ritterbundes und des Städtebundes erreichen, als Modell, als Präzedenzfall, wollte danach in den anderen Reichsgebieten diese verfeindeten Reichsstände versöhnen. Das Heilige Römische Reich Deutscher Nation war eine Ansammlung der Herrschaftsgebiete von sieben Kurfürsten, dreiunddreißig deutschen und dreiunddreißig ausländischen Fürsten, fünfzig Bistümern, sechsundsiebzig Abteien, fünfundachtzig Reichsstädten – verständlich, daß wiederholt eine Reichsreform gefordert wurde, die Einführung einer einheitlichen Reichssteuer, eines Reichsheeres, eines Reichsgerichts, einer Reichsregierung, womöglich mit festem Sitz.
Für Sigmund gab es in dieser Situation zwei dringliche Anlässe, noch einmal das eigentlich Unmögliche zu versuchen. Erstens wurde es höchste Zeit, den Landfrieden wiederherzustellen – überall Fehden, Regionalkriege, dazu eine bedrohliche Zunahme von Räuberbanden. Zweitens mußte er nach mehreren militärischen Niederlagen in Böhmen ein großes, schlagkräftiges Reichsheer gegen die Hussiten aufstellen.

In Ulm hatte sich aber bereits gezeigt, daß nicht alle Reichsstädte beim Einigungsversuch mitzogen: der Adel forderte, die Reichsstädte sollten nicht länger die bäuerlichen Untertanen abwerben. Hier, außerhalb Tirols, gab es ja noch die alte Grundobrigkeit, hier waren die Bauern noch »Grundholden«, und für diese unfreien, zinspflichtigen, frondienstpflichtigen Bauern wirkte die Bürgerfreiheit der Reichsstädte verlockend: Bauern, die in Städte oder in Bannmeilen von Städten zogen, wurden sogenannte Pfahlbürger, erhielten bürgerliche Freiheiten: »Stadtluft macht frei«. Mit der Zahl der Neubürger wuchs die Macht der Städte, wurde die ökonomische Situation des Adels (noch) schwieriger: weniger Bauern, die für sie arbeiteten, ihnen Naturalien lieferten, Grundrente zahlten.

Die Haltung der Städte des Schwäbischen Bundes zur Frage der Pfahlbürger war unterschiedlich. Vor allem die Reichsstädte, die noch wachsen wollten, leisteten Widerstand. Größere Reichsstädte wie Ulm, die mit Neubürgern bereits saturiert waren, erwiesen sich als konzessionsbereit. Weil die Satzung des Städtebundes nur einstimmige Beschlüsse vorsah, genügte das Veto einiger kleiner Reichsstädte (etwa Rothenburgs), um die Einigung zu blockieren.

So blieben Sigmunds Verhandlungen erfolglos. Einziges Ergebnis des langen Aufenthalts in Ulm, Überlingen, Konstanz: er schloß sich enger mit dem Adel zusammen, besonders mit dem St. Jörgenschild, dem neun Zehntel des schwäbischen Adels angehörten, aber auch nicht-schwäbische Mitglieder. Offiziell in einer Mitgliederliste geführt ist Michael von Wolkenstein. Oswald ließ sich in einem Verzeichnis (bisher) nicht nachweisen, dürfte aber ebenfalls dieser Standesorganisation angehört haben: die Ziele des Ritterbundes waren auch seine Ziele; außerdem stammte seine Frau aus dem schwäbischen Hochadel.

In den Reichsstädten der Umgebung hörte man Beunruhigendes über immer bessere Beziehungen zwischen König und Reichsadel: mehrere Mitglieder des St. Jörgenschilds als Berater und Mitarbeiter des Königs! Trotz der Gefahr einer Machtverschiebung: die kleineren Städte wollten dem Adel zuliebe ihren Größenzuwachs nicht stoppen.

Ende Januar erschien König Sigmund auf dem Reichstag und brachte hier, am 25. März 1431, ein Gesetz durch, das Oswalds Standesgenossen nur recht sein konnte, mit dem Oswald sich denn auch öffentlich identifizierte: das Gesetz über Bürger- und Pfahlbürger-Aufnahme. Mau nennt es ein »Gesetz zum Schutz des Reichsadels«.

König Sigmund erklärt einleitend, er sei dazu verpflichtet, eine Ordnung zu schaffen und Gesetze zu geben, durch die der innere Frieden des Landes gewährleistet sei und Spannungen, Gegensätze, Feindschaften vermieden würden. Es wird berichtet, es habe wegen der Pfahlbürger »schon vor langer Zeit große Zwietracht« gegeben, deshalb habe bereits der Römische Kaiser Karl, »Unser lieber Herr und Vater« um des Friedens und der Gerechtigkeit willen verboten, Pfahlbürger aufzunehmen. Aus dessen Gesetz wird ausführlich zitiert: etliche Bürger und Untertanen versuchten, so heißt es hier, »das Joch naturgegebener Untertänigkeit abzuwerfen« – dazu gehört, daß sich Bauern den Grundherren entziehen und Stadtbürger werden. Sigmund berichtet dann, was er »in diesem Land zu Schwaben« an diesbezüglichen Klagen gehört habe, trotz der Gesetze seines Vaters und des Königs Heinrich, und erneuert in diesem (mehrere Druckseiten langen) Gesetz ihr Verbot, Pfahlbürger aufzunehmen und zu behalten; Pfahlbürgern, die vor Inkrafttreten dieses Gesetzes aufgenommen worden seien, müßten »ihre Bürgerrechte genommen werden«. Nach etlichen Zusatzregelungen werden Geldstrafen angesetzt. Schließlich werden die Zeugen dieses (von Marquard Brisacher ausgefertigten und von Kaspar Schlick gezeichneten) Gesetzes aufgezählt: der Erzbischof von Mainz, Erzbischof Dietrich von Köln, Markgraf Friedrich von Brandenburg, Herzog Adolf von Jülich-Berg (damit, neben dem Kölner Erzbischof, ein weiterer Repräsentant der Feme!), Markgraf Wilhelm von Rötteln, Hugo von Montfort, Hans von Lupfen und so weiter, und schließlich: Hauptmarschall von Pappenheim, Michael und Oswald von Wolkenstein.

196 Im Sommer 1431, nun wieder zu Hause, wurde Oswald durch Hans von Villanders finanziell noch einmal zur Ader gelassen. Hatte dieser Vampir von Villanders vorausgesetzt, Oswald werde von dieser Reise Geld mitbringen?

König Sigmund war auch in dieser Zeit kaum liquide gewesen, hatte sich von der Stadt Nürnberg Geld ausleihen müssen, vor dem Ritt zum Bodensee: »Wir haben dem obengenannten unserem gnädigen Herrn, dem Römischen etc. König Sigmund aufgrund seiner großen, flehentlichen Bitte, die er mehrfach dem Rat gegenüber geäußert hat, in bar 9000 Gulden Landeswährung geliehen; darüber haben wir von seinen königlichen Gnaden einen Schuldbrief mit dem Siegel seiner Majestät; er liegt in der großen Truhe bei den anderen Schuldbriefen.«

In dieser (am 13. September 1430) dokumentierten Notlage waren von Sigmund keine üppigen Reisespesen zu erwarten. Für die Anreise von Tirol nach Nürnberg waren »Oswald Wolkenstein von der Etsch« 12 Schilling, 8 Heller gezahlt worden – von der Stadt Nürnberg! Nach der Schwabenreise erhielten »die zwei Wolkensteiner aus Tirol« 1 Pfund, 8 Schilling, 4 Heller. Falls sich Michael und Oswald während der monatelangen Reise selbst versorgen mußten, waren damit nicht einmal die Grundkosten gedeckt. Ob Oswald wenigstens das Jahresgehalt als königlicher »Diener« erhalten hatte? Oder hatte die königliche Kammer um Stundung gebeten?

Hans von Villanders jedenfalls stellte nach Oswalds Rückkehr eine massive Forderung: er verlangte 600 Mark in bar für den Pfandbrief über Neuhaus.

Wie konnte Hans von Villanders die Einlösung verlangen? Oswald hatte ihm Burg und Ländereien Neuhaus keineswegs verpfändet, dazu hätte der Verwandte die Pfandsumme zahlen müssen, der Pfandbrief über Neuhaus war ihm nur hinterlegt worden. Eine »Rückgewährspflicht« bestand also nur gegenüber dem Verpfänder, in Görz. Dennoch, Hans von Villanders forderte Bargeld für den Pfandbrief.

Ich übersetze das bisher noch nicht veröffentlichte Dokument der neuen Niederlage Oswalds. »Ich teile mit: Ich, Hans von Villanders, hatte von meinem lieben Verwandten Oswald von Wolkenstein einen Pfandbrief in Verwahrung genommen über einen Betrag von 600 Mark Berner Meraner Münzen für das Pfandobjekt Neuhaus. Ich erhielt diesen Brief aufgrund der Bürgschaft, die ich gegenüber dem hochgeborenen Fürsten Herzog Friedrich, Herzog von Österreich etc., meinem gnädigen Herrn, leistete. Ich erkläre hiermit, daß mir die 600 Mark übermittelt und ausgezahlt worden sind; daraufhin habe ich den Pfandbrief zurückgegeben.«

Diese Bestätigung ist ausgestellt »am Freitag vor St. Oswald«, also am 3. August. Zu dieser Zeit war Oswald wahrscheinlich schon nicht mehr in Tirol, er nahm teil am neuen Feldzug gegen die Hussiten. Diese Terminüberschneidung stört freilich nicht: Oswald wird kurz vor seiner Abreise die geforderte Summe gezahlt haben, und der Verwandte stellte, nach ihrer Übermittlung, in Lienz die Quittung aus.

Ich frage mich, wie Hans von Villanders es geschafft hat, die Zahlung dieser Summe zu erzwingen, die (ungefähr) vier Jahreseinkommen des Grundbesitzers Oswald von Wolkenstein entsprach.

Vielleicht war es so: der Besitzer der Burg Neuhaus wollte das Pfand einlösen; dazu brauchte Oswald den Pfandbrief, forderte

ihn von Hans zurück; der erklärte: Solange sich der Pfandbrief in meiner Hand befindet, habe ich rechtlich den vollen Anspruch auf das Pfandobjekt Neuhaus; falls du den Pfandbrief zurückhaben willst, mußt du ihn einlösen, und zwar in Höhe der Pfandsumme. So mußte Oswald den Pfandbrief zurückkaufen, für den der Verwandte keine einzige Mark ausgelegt hatte.
Hier war Oswald an einen Gauner großen Stils geraten! Hans von Villanders hatte nun, umgerechnet, etwa 3700 Gulden eingezogen.
Oswald war übrigens nicht das einzige Opfer dieses Geldvampirs: auch dem Bischof Ulrich hatte er hohe Summen abgenommen. Putsch berichtete 1432 in seinem Tagebuch: »Hans von Villanders trieb mich so weit, daß wir unsere Rechtshändel vor neun adlige Schiedsrichter brachten. Da erhielt ich nun mit vollem Recht einen Pfandbrief über 500 Mark zurück, den Hans in Händen hatte. Auch mußte er seine Forderung von 600 Dukaten aufgeben, die er von mir verlangte; ebenso über 30 Mark und weitere Beträge. Der Schiedsspruch war also völlig positiv für mich und gegen ihn.«

197 Am 12. August schickte, im Auftrag des Königs, der Kanzler Kaspar Schlick von Nürnberg einen Mahnbrief an Herzog Friedrich: »Freund und Fürst, Wir haben Dir früher schon wiederholt und kürzlich noch einmal geschrieben, haben Dir auch durch Deine Räte, die bei Uns waren, diesen Wunsch übermitteln lassen, daß Du Unseren lieben Gefolgsmann Oswald von Wolkenstein gnädig behandelst und ihm – Uns zuliebe – seine Urkunde zurückgibst. Dies ist bisher nicht geschehen, obwohl Wir stets darauf vertraut haben, Du würdest Dich Unserem Willen gemäß verhalten. Wir wünschen nun, und bitten Dich sehr nachdrücklich darum, daß Du Uns zuliebe dem obenerwähnten Oswald die Urkunde zurückgibst, und zwar unverzüglich. Wir werden Uns in wichtigeren Belangen dankbar erweisen, wenn Du Uns in dieser Angelegenheit freundlicherweise soviel Entgegenkommen zeigen würdest, daß Wir deswegen nicht noch einmal schreiben müssen. Damit würdest Du Uns einen besonderen Gefallen tun.«
Auch dieses Schreiben blieb wirkungslos.

198 Oswald nahm nun (aller Wahrscheinlichkeit nach) am fünften »Kreuzzug« gegen die Hussiten teil.
Die Hussiten hatten bisher, das wußte Oswald sehr gut, in allen »Reichskriegen« gesiegt. Ihren zweiten Sieg hatte er bei Vyshehrad wohl miterlebt. Im nächsten »Reichskrieg«, 1422, zog sich das Heer zurück, bevor es überhaupt zu einer Schlacht mit den Hussiten kam: schlechte Vorbereitung, mangelhafter Nachschub, eine Epidemie. 1426 die Schlacht bei Aussig: Lustlosigkeit, Disziplinlosigkeit unter den Soldaten, Arroganz und Dummheit bei der Führung; von einem halb so großen Hussitenheer wurde das Reichsheer geschlagen, bis ins Erzgebirge verfolgt; wie Garben auf dem Feld, berichtete ein Augenzeuge, lagen die Toten. 1427, bei der Belagerung von Mies, wurde das Reichsheer schon unruhig, als es hieß, die Hussiten rückten mit einem Entsatzheer heran; als von Kundschaftern der Anmarsch der Hussiten gemeldet wurde, begannen erste Absetzbewegungen, die rasch in Massenflucht übergingen – noch bevor der Kampf begann. 1429 drangen die Hussiten in das Reichsgebiet ein, in Sachsen, Süddeutschland: Plauen wurde erobert und zerstört, ebenso Hof, die Hussiten marschierten und kämpften in fünf Heeresgruppen, vernichteten Hunderte von Dörfern, Dutzende kleinerer Städte, verwüsteten ganze Landstriche, die Einwohner bedrohter Dörfer flohen in die Wälder, ein sehr strenger Winter, immer zahlreicher die Erfrorenen, Verhungerten, und unaufhaltsam der Vormarsch der Hussiten, Eichstätt und Kulmbach wurden erobert und zerstört, Bamberg war in Gefahr, die Einwohner flohen, Zurückbleibende plünderten die Kirchen, die Klöster, aber bevor die Hussiten diese Plünderer ausplündern, den Rest rauben und vernichten konnten, bot ihnen die Reichsstadt Bamberg einen lokalen Waffenstillstand an, gegen Zahlung von 12000 Gulden; 2000 Gulden sofort, Rest in Raten. Darauf einigte man sich, die Zahlungstermine wurden festgelegt und wo das Geld in Böhmen abzuliefern sei. In Nürnberg baute man indes hastig die Verteidigungsanlagen aus, versuchte die Bürger zu mobilisieren – umsonst.
Ein Stadtbewohner berichtet, alles Volk sei derart verängstigt und verzagt gewesen, als wäre die Stadt bereits erobert – und noch war kein Hussit vor Nürnberg zu sehen! Das kaufte sich auch frei, ebenfalls für 12000 Gulden. Die Hussiten kassierten und zogen sich zurück.
Nun, zu Beginn des Jahres 1431, ging es auf dem Reichstag zu Nürnberg in erster Linie um die Aufstellung eines Heeres – die Pfahlbürgerfrage stand keineswegs im Mittelpunkt der Beratungen. Trotz der unmittelbaren Bedrohung zwei Jahre zuvor, woll-

ten die Fürsten und Städte nur so wenig wie möglich beitragen zur Aufstellung des neuen Reichsheeres. Ludwig von Hessen beispielsweise, der eigentlich das größte Kontingent stellen sollte, ließ sich in Nürnberg entschuldigen. Und die Stadt selbst, die sich vor zwei Jahren noch von der Zerstörung losgekauft hatte? Nürnberg erhob zwar zusätzlich zum üblichen »Hussengeld« eine besondere Vermögenssteuer, aber was diese größte und mächtigste Handelsstadt des Reiches bereitstellen wollte, war nur ein Trüppchen: 134 Reiter, 150 Fußsoldaten. Das machte auf die anderen Reichsstädte nicht gerade einen mitreißenden Eindruck: entsprechend gering auch ihre Truppenkontingente. Straßburg, recht weit von Böhmen entfernt, stellte ganze 60 Mann.

199 Vier Punkte lassen darauf schließen, daß Oswald an diesem Feldzug teilgenommen hat.
Erstens: Sigmund hatte Oswald in Nürnberg in den Drachenorden aufgenommen. Die Ordensmedaille: ein Lindwurm, der unter einem Kreuz hängt; das Ende seines Schweifs ist dreimal um den Hals geschlungen, aus dem offenen Maul hängt spitz eine Zunge.
Diese ›societas draconica‹ war keine Organisation wie die alten Rittergesellschaften mit ihren Großmeistern und Kapitularversammlungen: zu dieser Gesellschaft gehörten Ritter, aber auch Geistliche, sogar Frauen. Die verbindende Devise war der Kampf gegen die »im Verborgenen wütenden falschen Christen«, die Feinde der katholischen Religion, also in erster Linie die Hussiten. Auch sollten die Träger des Drachenordens den Frieden im Königreich fördern, Gutes tun für die Armen, Witwen und Waisen unterstützen.
Oswald war offenbar in die Erste Klasse dieses Ordens aufgenommen worden, der nur etwa zwei Dutzend Erwählte angehörten. Eberhard Windecke, der zeitgenössische Biograph Sigmunds, betonte: wem der König diesen Orden verlieh, »dem hatte er seine besondere Liebe erwiesen«.
Zweiter Punkt: Oswald hatte vier Jahre zuvor mit der Urfehde folgende Verpflichtung übernommen: »Ich soll und werde für diesen meinen gnädigen Herrn oder (im Falle seines Ablebens) für seine Verwandten oder Erben persönlich an einem Feldzug gegen die Hussiten teilnehmen oder wohin sie mich sonst schicken mögen. Falls ich aus zwingenden Gründen diese Auflage persönlich nicht erfüllen kann, soll und werde ich einen meiner Verwandten als Stellvertreter entsenden.«

Dritter Punkt: an diesem Krieg nahm, nach Mayr, die gesamte Gesellschaft vom St. Jörgenschild teil. Ich setze voraus, daß Oswald – vor allem nach der neuen Schwabenreise – eng mit dieser Gesellschaft liiert war, ihr wahrscheinlich als Mitglied angehörte.
Vierter Punkt: außerhalb seiner beiden Werkausgaben wird in einer Regensburger Handschrift der Anfang eines Liedes zitiert, das sich auf die Massenflucht von Taus bezieht; es wird in der Überschrift Oswald von Wolkenstein zugewiesen.

Gott muß für uns fechten,
solln die Hussiten weichen;
mit Herren, Rittern, Knechten
läßt sich da nichts erreichen.

200 König Sigmund ernannte Kurfürst Friedrich von Brandenburg zum Befehlshaber des Reichsheeres. Er selbst hatte zwar einmal erklärt, er werde an diesem »Kreuzzug« persönlich teilnehmen, aber nun hatte er sich bei einem Sturz verletzt, offenbar am Fuß und bedauerte.
Aktivität, Initiative vor allem durch den Kardinallegaten Julian Cesarini: er mahnte, munterte auf, schloß sich dem Heer an, das sich vor der böhmischen Grenze sammelte. Es war viel kleiner als erwartet, dennoch, so erklärte er, mit einiger Entschiedenheit könne der Kriegszug gewagt werden; kehre das Heer unverrichteter Dinge zurück, sei es um den christlichen Glauben in diesen Ländern geschehen.
Den ganzen Juni blieb das Reichsheer an der Grenze des Böhmerwalds liegen; jenseits des Waldes die Hussiten. Weil sie weit und breit alles kahlgefressen hatten und weil Verhandlungen ergebnislos blieben, zogen sie sich zurück. Dadurch ermutigt, brach das Reichsheer auf, marschierte durch den Böhmerwald Richtung Tachau. Über die Größe dieses Heeres gibt es unterschiedliche Angaben: zwischen 40000 und 200000. Bezold schätzt, daß es 100000 waren – Reiter, Fußkämpfer und Troß zusammengerechnet.
Ein österreichisches Heer, das längere Zeit an der Grenze von Mähren gelegen hatte, marschierte nun ebenfalls los; allerdings vereinigten sich die beiden Heere nicht, die Österreicher führten einen Sonderkrieg in Mähren.
Obwohl man in Nürnberg beschlossen hatte, sich diesmal nicht mehr mit Belagerungen aufzuhalten, blieb das Haupttheer eine

Woche lang vor Tachau – die Umgebung wurde geplündert, verwüstet. Am 8. August zog man weiter, in drei Marschsäulen; wohin man auch kam, die Bevölkerung wurde niedergemetzelt. »Sie hatten sich vorgenommen, die böhmische Nation auszurotten«, heißt es in einem böhmischen Bericht. Keine Strategie, nur: Verheeren, Vernichten, Liquidieren. Beginnende Auflösung der Disziplin.
Wieder blieb das Heer vor einer befestigten Stadt liegen: Taus. Kurfürst Friedrich plante freilich keinen Angriff, er richtete sich auf Verteidigung und Rückzug ein. So ließ er Gepäck- und Proviantwagen hinter der Gefechtslinie aufstellen, reisefertig, von Soldaten bewacht. Das fiel auf, sprach sich herum, hob nicht gerade die Stimmung im Heer. Am nächsten Tag sah der Kardinallegat von einem Hügel aus, wie sich lange Wagenkolonnen zum Wald bewegten, aus dem sie gekommen waren; er wollte wissen, was dies zu bedeuten habe, erfuhr, was man bei solchen Fragen stets erfährt: es handle sich um einen Befehl. Die ersten Absetzbewegungen, und noch kein Hussit in Sicht. Als man zum erstenmal von ihrem Anmarsch erfuhr, wichen die Fürsten »ein wenig hindan«. Erneut wurden Kundschafter ausgeschickt, und bald hatte Ritter Rechberg Erschreckendes zu berichten über das heranrückende Hussitenheer. Nun begann bei den hohen Herren das große Schlottern. Fern hörte man die Trompetensignale der Hussiten, das berüchtigte Hussitengebrüll, das hinausgeschriene Taboritenlied »Die ihr Gottes Krieger seid . . .«, mit der Schlußzeile: »Schlagt zu, schlagt tot, laßt keinen leben.« Diese akustische Demonstration reichte: Panik, beginnende Flucht, dann Massenflucht Richtung Böhmerwald. Unter den davongaloppierenden Reitern wohl auch Oswald von Wolkenstein.
Die Hussiten nahmen sofort die Verfolgung auf. Fußsoldaten, die so rasch nicht vorankamen, wurden von nachsetzenden Reitertrupps der Hussiten scharenweise niedergemacht. An der Grenze des Böhmerwalds versuchte der Kardinallegat die Flüchtenden aufzufangen, ließ Kampfeinheiten zusammenstellen, eine Wagenburg aufbauen, doch ehe man damit fertig war, griffen die Hussiten an, stachen nieder, schlugen mit Streitkolben zu, die gesamte Leibwache des Legaten fiel, er selbst konnte gerade noch fliehen. Flucht und Verfolgung in den Waldgebieten, fast alles Kriegsgut blieb zurück, Kanonen und Wagen: von 4000 Wagen sollen nur 300 über die Grenze gekommen sein, die wurden aber sogleich von Soldaten des Reichsheeres geplündert.
Am Abend konnten die Hussiten den Sieg feiern: zahlreiche Gefangene, enorme Beute. Sie soffen eroberten Wein, sprengten Pul-

verwagen in die Luft. Was den Siegesjubel steigerte, war die Erbeutung der päpstlichen Fahne, des Kardinalshuts, Kardinalsmantels – Hohn und Spott auf diese Insignien der verhaßten päpstlichen Macht.
Am nächsten Morgen wurde die Verfolgung fortgesetzt in den weiten Waldgebieten. Hochklettern in Bäume nützte den Fliehenden nichts: die Bäume wurden gefällt, Feuer wurde gelegt. Wieder Gefangene, wieder Beute, wieder Liquidierungen. »Sie zergingen wie Rauch und zerflossen wie Wachs«, hieß es bald darauf in einem Hussitenlied.

201 Im Herbst kehrte Oswald nach Tirol zurück. König Sigmund gab ihm ein Beglaubigungsschreiben und eine mündliche Botschaft an Herzog Friedrich mit. Über ihren Inhalt wissen wir nichts. Persönliches? Oder eine Nachricht, die er nicht schriftlich fixieren wollte – über die wahre Lage des Reiches nach dieser Massenflucht? Der fragmentarisch überlieferte Text des Beglaubigungsschreibens läßt sich im Satz zusammenfassen: Glaub Oswald, was er sagt. Friedrich scheint Oswald geglaubt, scheint rasch reagiert zu haben.
Im Tagebuch des Reichsfürsten, Kanzlers, Bischofs Putsch finde ich für 1431 folgende Notiz: »Noch einmal reiste ich zum Herzog und blieb vierzehn Tage bei ihm. Auf seine Anordnung habe ich sämtliche Pässe besetzt und befestigt, alle Klausen, Städte und Burgen, gegen die Ungarn und andere Feinde, die das Land mit ihrem Einmarsch bedrohten.« Diese »Ungarn« konnten nur die Hussiten sein – waren für Ulrich wie für Oswald alle suspekten, gefährlichen Leute Ungarn?
Man befürchtete also, der Verfolgung des geschlagenen Reichsheeres könnte eine Invasion der Hussiten folgen, und sie könnten diesmal erheblich tiefer in das Reichsgebiet eindringen – der Widerstand noch geringer, die Furcht noch größer.
Zur militärischen Bedrohung kam eine Pestepidemie. Gegen Schluß der Aufzeichnungen dieses Jahres ließ Putsch notieren: »In diesem Jahr brach in Brixen eine große Pest aus, und ich floh nach Bruneck und blieb dort drei Monate mit großen Aufwendungen für meine Diener und weiteres Gefolge.«

202 Gefahr für das Land, Gefahr für die eigene Person: sind auch hier Motivationen dafür, daß Oswald in dieser Zeit seine zweite Sammelhandschrift in Auftrag gab? Seine wirtschaftliche Situation konnte nach dem erneuten Zugriff des Hans von Villanders kaum miserabler sein, die Herstellung einer Handschrift aber war (selbst bei Kulanzpreisen) ein aufwendiges Unternehmen. Dokumentiert sich hier nicht die Angst, die Hinterlassenschaft könnte vernichtet, das Werk vergessen werden?
Oswald selbst gibt das Stichwort zu solchen Überlegungen: er hat in einem späteren Liedbeginn die Angst vor dem Verstummen, vor dem Vergessenwerden artikuliert.

Und würde ich noch länger schweigen,
so wäre ich recht schnell vergessen:
paar Jährchen noch – und keiner dächt an mich!
So mach ich einen neuen Anfang nun
mit Singen – falls ich es noch kann!

Der dichterische Potenzerweis wird in diesem didaktischen Lied über zwölf Formen der Trunkenheit (Kl 117) nicht in voller Höhe erbracht; wichtig aber sind für uns diese ersten fünf Zeilen: Oswald, der ein neues Lied schreibt, um nicht vergessen zu werden – ließ er die neue Handschrift aus dem gleichen Grund herstellen? Die erste Handschrift war in der Zwischenzeit nicht verlorengegangen, hier wurden weiterhin Lieder nachgetragen. Wenn Oswald nun (in einer wirtschaftlich noch schlimmeren Situation als 1424) eine zweite Handschrift in Auftrag gab, läßt sich damit also voraussetzen: er wollte nicht riskieren, daß sein Nachleben als Dichter und Komponist abhing vom Schicksal einer einzigen Handschrift, wollte sich doppelt absichern?

203 War für Oswald die neue Sammelhandschrift so etwas wie eine ›Ausgabe letzter Hand‹?
Es gibt einige Philologen, die davon überzeugt sind. Schon in der repräsentativen Aufmachung der Handschrift B sehen sie einen Beweis. Bei der ersten Handschrift hatten allein acht Textschreiber mitgewirkt, so sieht sie nicht gerade homogen aus; die zweite Handschrift dagegen wurde von nur einem Textschreiber hergestellt: er ist identisch mit dem letzten Textschreiber der ersten Handschrift, offenbar eine Spitzenkraft der Schreibstube von Neustift.

Zeigt sich in der zweiten Handschrift auch eine größere Sorgfalt der Text-Edition? Hans Moser und Ulrich Müller nehmen an, Oswald habe für die Handschrift B einige Texte bearbeitet. Erika Timm dagegen vertritt die These: keine verbesserten Fassungen in der zweiten Handschrift, sondern andere Versionen, Vortrags-Varianten.

Ich kann hier auf die Details nicht eingehen, will nur Relationen deutlich machen: auffällige Unterschiede, die auf Eingriffe des Autors schließen lassen, gibt es in höchstens einem Dutzend Zeilen unter insgesamt acht- bis neuntausend. Hier läßt sich wohl nicht ernsthaft von Textrevision reden!

Erika Timm wird also recht haben: auf den Vortrags-Blättern waren Varianten eingetragen, und so mußten die Schreiber jeweils ihre Entscheidung treffen.

Ein Beispiel für solche Vortrags-Varianten: im Überlingen-Song (Kl 35) lernten wir den stellenweise schwäbisch schimpfenden Wirt kennen; die Alemannismen finden sich aber nur in der zweiten Handschrift. Für uns heute wird die Textqualität durch die schwäbischen Zitate verbessert: Charakteristisches pointierend herausgearbeitet. Hat auch Oswald so gedacht? Ich vermute, die Sache war recht einfach: die Version mit den schwäbischen Zitaten sang er, wenn Schwaben unter seinen Zuhörern saßen, die andere Version war für ein Publikum bestimmt, das zum Schwäbischen keine Beziehung hatte.

Abgesehen also von Aufmachung und Ausstattung: keine wesentlichen Unterschiede zwischen den beiden Handschriften? Doch, es gibt einen Unterschied, der mir sehr aufschlußreich scheint: sieben Lieder der Handschrift A finden sich nicht mehr in der Handschrift B.

Erika Timm schließt aus, daß Oswald hier kritisch gesichtet hat: »Die fehlenden Lieder unterscheiden sich in der Qualität nicht von dem übrigen Bestand.« Wirklich nicht?

Einen der Texte kennen wir bereits, zum Teil: »Bog dep'mi«, die zweite der Sprachcollagen aus Konstanz. Eine Doublette, wir sahen es schon, zu »Do frayg amors«, und keineswegs eine bessere oder witzigere Version. Weiter: eine Variante zu einem Textmuster, von dem ich bereits zwei Ausführungen vorgelegt habe: die Preisarie auf die körperlichen Schönheiten einer Geliebten. Hier freilich fällt die lobpreisende Beschreibung recht blaß aus; nichts von der Fixiertheit auf körperliche und sprachliche Details. Dann ein Tagelied: »nu rue mit sorgen«. Wir haben gesehen, wie weit Oswalds Spektrum allein bei diesem literarischen Muster reicht – dieses Lied aber ist (als Text) das matteste, müdeste seiner Tagelie-

der. Weiter: ein Lied über die Trennung von einer Geliebten, formelhaft-dürftig. Ein weiteres Lied zu diesem Thema: »O schaiden ich dich klagen muss«. Dann ein geistliches Lied, dessen erste Strophe der Jungfrau Maria gewidmet ist, doch ohne den Sprachglanz, den sonst sein Marienlob zeigt; die zweite Strophe des Mehrzweckliedes konnte zu Weihnachten gesungen werden, die letzte und dritte Strophe ein allgemeines Gotteslob.
In diesen Texten ist kaum etwas von Oswalds Sprachwitz, Sprachintensität; der Dichter wird sie aussortiert haben, weil sie ihm nicht mehr gefielen.
Bei den übrigen zwei Liedern dürften vor allem inhaltliche Kriterien entscheidend gewesen sein; ich stelle die Liedtexte in längeren Ausschnitten vor. Zuerst ein Song (Kl 122) über einen Trip nach Augsburg, wohl zu Beginn der Konzilszeit; Oswald berichtet, wie man in Schwaben auf das übertrieben lange Männlichkeitssymbol seines Bartes reagierte.

Auf gehts, Freunde, los, nach Augsburg,
hübsche Mädchen gibt es dort!
Wem der Bart lang runterhängt,
der wird sicher preisgekürt!
Wer hier nichts zu zeigen hat,
bleib daheim, das rate ich,
sonst wird er gleich mattgesetzt,
graues Haar kriegt er dazu.
Richtig los geht erst der Spaß,
wenn der Tanz eröffnet wird
mit den Damen, die so schön sind
und so äußerst – kultiviert!
Habe das zu spürn bekommen,
als ich in das Tanzhaus kam,
trug da einen prächtgen Bart:
fand dort großes Interesse.

Eine sagte, nie zuvor
hätt sie solch ein Ding gesehn,
ob ich wohl ein Geißbock wäre?
Das war mir denn doch zu stark,
mich als Geiß bezeichnen lassen!
Ich darauf: Schon oft auf Jagd,
Fuchsschwanz in das Loch gesteckt?!
Ja, so sehe ich die Sache . . .
Hopsten denn herum, possierlich,

in die Ecken ging der Tanz.
Hätte da noch mehr erreicht,
wär mein Bart zu Haus geblieben!
Hätt ihn abrasieren sollen,
als ich fortritt, um in Schwaben
aller Welt Besuch zu machen:
diese Einsicht kam zu spät!

In der dritten und letzten Strophe Fortsetzung des turbulenten Geschehens. Und nun zwei von vier Strophen eines Songs (Kl 123), der wohl gleichfalls zur Zeit des Konstanzer Konzils geschrieben wurde: Oswald im Freudenhaus.

»Hör, mein Bester, was ich sage:
wer hier naschen will, kriegt Prügel!«
Eine führte mir das vor
mit nem Faustschlag an das Ohr –
und mein bessres Aug' ging über!
Als der ›Ehrentrunk‹ geschluckt
und mein Flunsch das deutlich zeigte,
hielt man mich noch mehr zum Narren –
das auch noch für bares Geld!
Ja, die Ella, schöne Elsa –
beide Pferdchen tanzten schräg,
und es fiel für mich was ab!
Haben mich denn doch erfreut,
sehr gespürt hat das mein Bart:
jutschte durch die ganze Stube
wie beim Saatwurf das Getreide!

Denk ich an den Bodensee,
tut mir gleich mein Beutel weh!
Zahlte dort im Haus »Zur Wide«
Schillinge für Liebesdienste . . .
»Los, blech, nun mach!« war ihr Gesang.
Wütend war auch das Gebrüll des
Steinbrechers von Nesselwang:
Warum ich nicht zu Hause bliebe?
War für ihn nur eine Flasche,
nahm das Geld, ließ mir die Tasche.
Soll doch gleich in seinem Haus
bißchen Naschen untersagen!
Bin schon weit herumgekommen,

Preußen, Rußland, Syrien,
hab noch nirgendwo erlebt,
daß man derart scharf balbiert!

Oswald wollte sich die Frauen erst mal anschauen, wollte das angebotene Fleisch prüfen, schon dafür wurde Geld verlangt, aber Oswald wollte nicht zahlen. So gab es Zunder: die beiden Frauen, an die er sich herangemacht hatte, schlugen zu. Später dann Krach mit dem Bordellwirt, dem Steinbrecher von Nesselwang. Ein Steinbrecher, so erzählte mir Mück, war damals ein Quacksalber, ein Bader, der Geschlechtskrankheiten behandelte durch rabiaten Einsatz von Bimsstein auf der Eichel. Daß dieser Quacksalber, Puffwirt und Rausschmeißer Oswald eine »Flasche« nennt, ist keine ›Modernisierung‹ durch den Übersetzer, das steht so im Originaltext.
Ich nehme an, Oswald erschienen diese beiden Texte unpassend für dieses Repräsentationswerk, in dem er sich – über dem Inhaltsverzeichnis – in stolzen Lettern als RITTER bezeichnen ließ, als DES ALLERDURCHLAUCHTIGSTEN KÖNIGS SIGMUND RAT IM 18. JAHR.

204 Oswald hat in die zweite Handschrift folgenden Text aufgenommen:

Ich klag ich klag ich klag
Ein Engel ein Engel wundersam
inwendig
Oh Tag erlöse die Liebliche
Verjag die Alten
die kalten
Faltigen
Schweigen befremdend
heiter

Ein Text, der literarische Artikulationen späterer, viel späterer Zeiten vorwegnimmt? Eher die Vorskizze zum Text eines Liedsatzes: in Kl 108 wird mit einigen Stichworten, auch Reimen, ein Sprachfeld abgesteckt. Warum hat Oswald dieses Fragment in die Handschrift B aufnehmen lassen?
Nehmen wir an, dieses Skizzenblatt wäre versehentlich zwischen die Blätter geraten, die Oswald, nach kritischer Vorauswahl, dem Schreiber übergab; nehmen wir weiter an, der Schreiber kopierte

dieses Blatt zu einer Zeit, in der Oswald für Rückfragen nicht zur Verfügung stand – wenn auf diese (oder andere) Weise das Textfragment in die Handschrift geraten wäre, hätte Oswald dann nicht nachträglich anordnen können, diese Eintragung wieder zu löschen? In der Handschrift nimmt die Notation nur eine halbe Seite ein – beim Liedtext »Ain klugen abt« (ein Lied gegen den »schlauen« Ulrich Putsch) hatte man erheblich mehr Pergamentfläche für eine nachträgliche Entscheidung geopfert: eindreiviertel Seiten! Ließ Oswald den Textansatz in der Handschrift stehen, weil ihn womöglich das Fragmentarische faszinierte? Damit wäre er seiner Zeit außerordentlich weit vorausgewesen!
Während der Text Fragment blieb, ist die Komposition vollständig ausgeschrieben: ein dreistimmiger Satz. Fast könnte man Kl 108 als Instrumentalsatz auffassen – auf der ersten Oswald-LP der Archiv-Produktion ist diese Komposition auch so aufgezeichnet worden. Könnte Oswald bei der kritischen Vor-Auswahl für die zweite Handschrift etwa dies gedacht haben: Der Text ist zwar noch nicht ausgeführt, aber die Komposition ist mir wichtig?
Kl 108 erinnert uns sehr nachdrücklich daran, wieder einmal, daß Oswald nicht allein Dichter war! Das vorige Kapitel konnte fast solch einen Schluß zulassen – es war nur von Textkriterien die Rede. Frage jetzt: wie hatte Oswald als Komponist weitergearbeitet, seit Konstanz?
Es zeigt sich ziemlich konsequent eine Entwicklung zur Monodie. Seine Lieder über Kidnapping, Gefangenschaft, Folterung, seine neuen Reiselieder, seine Hauensteiner Winterlieder: alles einstimmig. Daraus ziehe ich den Schluß: Oswald hat in einem nur begrenzten Zeitraum polyphone Liedsätze kontrafaziert und komponiert – Höhepunkt war das Große Konstanzer Jahr. Hier hatte er die Möglichkeit, mehrstimmige Liedsätze aufzuführen, gemeinsam mit Musikern (vor allem aus Italien), die darauf eingespielt waren; hier hatte er auch ein Publikum, das an polyphoner Musik interessiert war. Vielleicht war der dreistimmige Liedsatz »Ich klag . . .« eine der letzten Arbeiten in Konstanz, Oswald konnte sie nicht mehr beenden vor seiner Rückkehr nach Tirol, hat sie in den Jahren danach nicht weitergeführt.
Da Brixen an einer der europäischen Hauptrouten lag, dürfte es nicht schwer gewesen sein, reisende Musiker zu finden, mit denen er einen dreistimmigen Liedsatz einstudieren konnte – aber wollte man so etwas in seiner persönlichen Umgebung überhaupt hören? Oswald trat nun wohl vorwiegend vor Mitgliedern der Familie auf, vor Mit-Kombattanten im Kampf gegen den Landesfürsten, vielleicht auch vor einigen Bürgerlichen, mit denen er in Brixen zu

tun hatte, beruflich – ein Publikum mit geringeren musikalischen Ansprüchen? Wenn ja: wollte Oswald auch bei diesem Publikum Resonanz finden, und er wurde in seiner Kompositionstechnik und vor allem in seiner Vortragsweise einfacher, lapidarer?
Hier soll keine These aufgestellt, nur eine Möglichkeit genannt werden. Wie hätte sich solch ein Stilwandel ausgewirkt? Nehmen wir an, Oswald hatte noch ältere Lieder im Repertoire, oder er nahm sie gelegentlich wieder in sein Programm auf, so konnte er rhythmische Figuren vereinfachen, Melismen verkürzen, melodische Sprünge ausstufen. Also: Nivellieren, Zurechtsingen. Dies geschah gewiß, wenn Oswald nicht gut disponiert war. Können wir aber generell annehmen, Oswald habe nun der musikalischen Differenzierung eine einfachere, damit (vielleicht auch) wirkungsvollere Artikulation vorgezogen?
Ein Beispiel für eine späte Arbeit kennen wir bereits: Kl 116. Der Text dieses Lieds über den Frühling zwischen Eisack, Kastelruth und Seiser Alm ist auf eine ältere Liedkomposition (Kl 40) geschrieben, und mit ihr hat Oswald differenzierte Intervallfolgen, schwierige Septsprünge übernommen. Wäre ihm dieser technische Schwierigkeitsgrad zu hoch geworden, mittlerweile, so hätte er eine andere Vorlage suchen oder eine neue Komposition schreiben können, die seinem technischen Standard, seinem gegenwärtigen musikalischen Stil entsprochen hätte.
Auch wenn Oswald das Kontrafazieren und Komponieren mehrstimmiger Liedsätze nun wohl aufgegeben hatte (eine Ausnahme wird beispielsweise das Piacenza-Lied sein) – es kann nicht pauschal gesagt werden, bei Oswald zeige sich eine generelle Tendenz zu einer größeren musikalischen Einfachheit.

205 Oswald im Spätherbst, im Winter 1431: Dokumente aus jener Zeit lassen erkennen, daß er weiterhin Einkünfte aus Besitzungen zog, die ihm nicht gehörten, und daß er sich davor drückte, Schulden zu bezahlen.
Der erste, der sich in dieser Zeitphase über Oswald beschwerte, war Michael. Ich habe nirgendwo gelesen von Übergriffen Oswalds auf das Eigentum seines jüngeren Bruders, mehrfach aber von Übergriffen auf das Eigentum des älteren, in der Familie mächtigeren Michael – nur eine Überlieferungslücke?
Michael, wir hatten es schon im Jahre 1404 gesehen, besaß Anrechte auf Eigentum aus der Erbmasse der Barbara Jäger. Aber für die widerrechtliche Nutzung von Jägerschem Besitz fühlte sich

Oswald wohl allein zuständig – er kassierte weiterhin Einkünfte aus solchen Besitzungen, auch wenn sie seinem Bruder zustanden. Michael wandte sich nicht direkt an Oswald, jedenfalls nicht mehr in dieser Phase, er beschwerte sich beim Landesfürsten, und der diktierte am 15. November einen Brief an Oswald. »Unser getreuer und lieber Michael von Wolkenstein, Unser Rat, Dein Bruder, hat Uns berichtet, daß Du ihm seinen Anteil am Besitz der Jäger vorenthältst und daß er ihn nicht von Dir bekommen kann. Wir wünschen mit Nachdruck, daß Du heute in drei Wochen vor Uns erscheinst und Dich in dieser Angelegenheit Deinem Bruder gegenüber verantwortest; Wir werden euch jeweils in Gegenwart des anderen aussagen und jeder Partei dann ihr Recht widerfahren lassen.«

Folgte Oswald, nach den schlimmen Erfahrungen vom Februar 27, dieser Vorladung? Er ignorierte diesen Gerichtstermin!

Im Dezember eine weitere Beschwerde, diesmal vermittelt durch Ulrich von Matsch junior: Johann Kellner, Schreiber in Meran, hatte seinerzeit von Barbara Jäger den Dörrhof übernommen, Oswald aber hielt den Hof weiter in seiner Gewalt. Ein Schlichtungstermin wurde angesetzt – sicher hat sich Oswald auch in diesem Fall einen Dreck darum geschert.

Auch Bischof Ulrich von Brixen mußte eine Beschwerde gegen Oswald aufnehmen: Kunz Kramer aus Brixen beklagte sich darüber, daß Oswald eine Schuldsumme noch immer nicht zurückzahlte. Der Bischof gab Oswald den entschiedenen Rat, die Sache möglichst rasch zu klären, sonst müßten Rechtsmittel eingesetzt werden. Nützte diese Drohung etwas, bei Oswald, in dessen Situation?

Ein Thema mit Variationen: Oswald wollte und konnte nicht zurückgeben, worauf andere berechtigte Ansprüche erhoben. So blieb auch Herzog Friedrichs Vermittlungsversuch ohne Ergebnis. Am 4. Dezember, nach Ablauf der gesetzten Frist, diktierte Friedrich noch einmal einen Brief an Oswald, der Wortlaut weithin identisch mit dem vorherigen Schreiben; erneut wurde ein Rechtstermin gesetzt. Ob Oswald ihn diesmal wahrgenommen hat?

206 Der sehr kalte Winter 1431/32: die Kälte setzte ein im November, wurde erst gebrochen nach Lichtmeß. Auf Rhein und Donau fuhren Lastkarren, überall im Reichsgebiet verhungerten, erfroren Menschen. Bischof Ulrich in seinem Tage-

buch: »Der Winter dieses Jahres war sehr heftig, und eine so schneidende Kälte, daß unzählige Menschen erfroren und die Wölfe sehr viele Leute aufgefressen haben.«
Oswald auf Hauenstein: heulten auch in seinem Wald die Wölfe, sah er sie vorbeihuschen, von den Bergen herabkommend, auf die Hochebene ziehend? Was er ganz bestimmt gesehen hat, auch in diesem Winter wieder: Felsbrocken, Baumstubben, Schneestangen, Felsbrocken, Baumstubben, Schneestangen; die Berge; Stubenheizer in Holzschuhen. Die Familie mußte wahrscheinlich noch enger zusammenrücken als sonst im Winter – wieviele Kinder waren es inzwischen? Alle sieben? Oswald, Michael, Leo, Gotthart, Friedrich, Ursula und Maria? Vielleicht noch andere Kinder dazwischen, die dann vor dem sechsten, siebten Jahr starben?
Zum Ende der monatelangen Frostperiode wird auf Hauenstein das Schreiben eingetroffen sein, das König Sigmund am 10. Januar in Piacenza in der Lombardei diktiert hatte: »Edler und lieber Gefolgsmann. Deine Anwesenheit in diesem Lande ist erforderlich, denn Wir brauchen Dich für verschiedene Sonderaufgaben. Darum wünschen Wir dringlich, daß Du Dich sobald wie möglich zu Uns begibst; Wir dulden darin keinerlei Verzögerung.«
Oswald wird bald aufgebrochen sein: weg von Tirol, auf nach Italien!

207 Schon seit mehreren Jahren hatte König Sigmund geplant, sich in Rom zum Kaiser krönen zu lassen; im Herbst 1431 war er aufgebrochen.
Amtsvorgänger früherer Jahrhunderte waren mit oft riesigen Heeren über den Brenner gezogen, um sich den Weg zur Kaiserkrönung freizuwalzen, Sigmund aber hatte einen nur kleinen Trupp. Denn die Reichsstände unterstützten diesen Romzug nicht, sie sahen nicht ein, weshalb Sigmund ausgerechnet in einer so kritischen Situation nach Italien wollte: im August noch die Massenflucht bei Taus, weiterhin die Gefahr einer erneuten Invasion der Hussiten. Außerdem war wenige Monate zuvor das neue Konzil in Basel eröffnet worden: eins der wichtigsten Verhandlungsthemen sollte die Lösung des Hussitenproblems sein. Sigmund aber ernannte einen stellvertretenden Schirmherrn, ließ sich in Basel gar nicht erst blicken.
Um an Geld zu kommen, berief er einen Reichstag nach Frankfurt, aber die Vertreter der Reichsstände blieben vorsichtshalber

fern, sie wußten, der König würde eine Beisteuer fordern – so blieb er auf diesem Reichstag allein mit seinem Anhang. Kein Geld also. Und erst recht keine Truppen; zu groß die Angst vor den Hussiten. So hatte Sigmund nur ein geringes Reisebudget, als er aufbrach; etwa 800 Reiter begleiteten ihn, meist Ungarn.
Sigmund hoffte auf Unterstützung, vor allem durch den Herzog von Mailand. Mit ihm hatte er ein Bündnis geschlossen zum gemeinsamen Kampf gegen Venedig und Florenz. Philipp Maria Visconti hatte dabei zugesichert, er werde Sigmund mit gebührenden Ehren in Mailand empfangen, werde dafür sorgen, daß er die Eiserne Krone der Lombardei erhalte, werde ihm während seines Aufenthalts in Italien monatlich 5000 Gulden zahlen, werde ihm Truppen mitgeben für den weiteren Weg nach Rom.
Sigmund, manchmal allzu optimistisch, zog von Nürnberg über Donauwörth, Augsburg und Lindau nach Feldkirch. Hier blieb er mehr als einen Monat; er hoffte, die Reichsstände würden ihm doch noch Gelder und Truppen schicken – aber nichts kam. So brach er in der zweiten Novemberwoche wieder auf, überquerte die Alpen, erreichte Mailand am 21. November.
Hier begann ein eigentümliches Versteckspiel: der Herzog Philipp Maria ließ grüßen, übermittelte gute Wünsche, sehen aber ließ er sich nicht, obwohl er in Mailand war. Der Mailänder Erzbischof setzte König Sigmund die Eiserne Krone auf; der Herzog ließ dazu gratulieren. Sigmunds eigentliches Ziel war freilich die Kaiserkrone, er brauchte dringend eine Truppenunterstützung des Visconti, um nach Rom zu kommen: in Italien wurde wieder einmal Krieg geführt.
Dies war auch der Grund, weshalb der Herzog von Mailand sich nicht sehen ließ; er hätte sich einen König gewünscht, der ihn mit großem Truppenaufgebot aktiv unterstützte, dieser Sigmund aber war kein militärischer Faktor, das ließ ihn der Herzog spüren: wochenlang hielten sie sich in der gleichen Stadt auf, noch immer keine Begegnung, so oft auch Sigmund darum bat. Der Herzog wollte den nutzlosen Gast aus Deutschland loswerden, und so ließ er den Vorschlag überbringen, man solle sich südlich von Mailand treffen, in Piacenza. Sigmund zog folgsam dorthin, aber nun ließ sich der Herzog erst recht nicht blicken. Und erst recht keine Gelder und Soldaten. So saß Sigmund fest in Piacenza und war sicher froh, als Oswald von Wolkenstein aus Tirol kam.

208 Oswald schrieb während seines Aufenthalts in Piacenza ein Lied: Kl 103. Es läßt erkennen: in Piacenza herrschte mehr Galgenhumor als Frohsinn. Ein offenbar kalter, nasser Frühling – was sich Oswald auf Hauenstein von dieser Italienreise erträumt haben mochte, es traf nicht ein.

Wer seine Augen beizen will im Ofenqualm,
wer lebensmüde ist, mit guten Zähnen
schlecht essen will, auf Stroh sich betten,
der reis mal in die Lumpardei –
dort wird ihm gleich die Lust vergehn!
Tief ist der Straßendreck, teuer das Brot!
Bigotterie und Perfidie –
das findet man dort täglich neu.
Dies ist ein Fraß, den ich nicht kau!

Wer schlechtgewogne Hechte kaufen will
(mußt feilschen, Freund, sonst fällst du rein!)
und einen, dessen Leber steinschwer ist,
der frage nach der Kaiserkanzlei,
wo man an solche Fische kommt.
Mann aus Jülich, sag, was kost ein Pfund?
Cinque soldi, tre zecchini –
soviel ist wert das feine Leberchen
von diesem »leeven Heschtelschen«.

Hermann, Marquart! In Konstanz, Ulm, ja das war Leben!
Wir fanden Lust an schönen Lippen!
Und säß mein alter Freund noch hinterm Ofen,
das wäre beßre Lustbarkeit
als sich den Beutel leeren lassen
in Piacenza; die gute Absicht
wird hier schwach (und trotzdem gute Miene!),
so daß mein Schreiber reichlich oft
von seinen Sorgen jammern muß.

Sebastian, wärst du ein Ochs in Florenzola
oder ein »caniola« und zögst »cum dola«
täglich Mist auf einem schweren Wagen –
das ging mir ein wie Honigseim!
Führwahr, ich wünsch dir einen Schlag
auf deine Brust, wie du ihn mir verpaßt,
voll böser Raublust, grob wie 'n Stier.

So geige ich dir gerne heim!
Und kriegst du mehr ab, mir wärs recht!

Der Text dieses zweistimmigen Liedsatzes wurde wieder einmal für eine genau umgrenzte Zuhörergruppe geschrieben. So werden wir denn öfters vor die Frage gestellt: Wovon, bitte, ist hier die Rede? Was ist beispielsweise mit dem Hecht los? Vom Einkauf eines Hechtes auf einem Fischmarkt wird gewiß nicht berichtet, hier wird wohl mit einem Namen gespielt. Bei Norbert Mayr lese ich, daß der königliche Sekretär und Protonotar Hermann Hecht gemeint ist.

Und was ist mit der Leber dieses Mannes? Oswald bezeichnet sie als »ain staine leber«, das heißt, nach Mayr: eine Leber, die einen Stein schwer ist – eine Gewichtangabe. Dieser Sekretär Hecht war also ein Mann mit einem Trumm von einer Leber. Was aber soll die Frage nach dem Preis für ein Pfund Leber? Achselzucken, auch unter Fachleuten.

Sonst hat man schon allerlei herausgefunden. Zum Beispiel: der »Mann aus Jülich« muß Peter Kalde aus Stetternich bei Jülich sein, ein geistlicher Würdenträger. Auf das heimische Idiom dieses Mannes spielt Oswald mit einem kurzen Zitat an – ich habe eine Entsprechung dafür eingesetzt aus der Mundart, die meinen gegenwärtigen Wohnort mit der Nachbarstadt Jülich verbindet: ein original rheinischer Diminutiv.

Der Marquart, der neben Hermann Hecht angerufen wird, ist der Registrator Marquart Brisacher aus Konstanz, oft nachweisbar in königlichen Urkunden jener Zeit. Und der Freund hinterm Ofen war wohl Mathias Schlick: königlicher Sekretär, Bruder des Kanzlers Kaspar Schlick.

Eine Anmerkung noch zur Kanzlei: Oswald schreibt von »des kaisers canceleie«, und das ist verwunderlich, denn zu diesem Zeitpunkt war Sigmund noch längst nicht zum Kaiser gekrönt. Es wird in Dokumenten denn auch exakt unterschieden zwischen rex und imperator. In diesem Punkt war Oswald gewiß kein Versehen unterlaufen, es muß Absicht gewesen sein: Für uns, unter uns, ist er längst schon Kaiser; wir jedenfalls haben das Gefühl, in einer kaiserlichen, nicht bloß königlichen Kanzlei zu arbeiten . . . Kleine Aufmunterung für Sigmund, der gewiß unter den Zuhörern saß?

In der letzten Strophe wird ein Italiener besungen, auf den man sich bisher keinen Reim machen konnte. Ich nehme an, er war ein Straßenräuber, der Oswald überfallen und ausgeplündert hat – einen indirekten Beweis werde ich bald vorlegen.

209 Oswald in Italien: was sah er in Piacenza, in Parma, später möglicherweise auch in Rom?
In einem Museumsbüro sehe ich eine Original-Ausgabe der Rom-Radierungen von Piranesi, blicke neugierig hinein, schaue sie mir genau an: in diesem Rom des 18. Jahrhunderts ist noch viel vom Rom des 15. Jahrhunderts zu sehen, in dem Oswald wahrscheinlich war. Typisches wohl auch von anderen italienischen Städten: eine Welt mit rauher, rissiger, faltiger, schrundiger, knotiger Oberfläche, der Blick verhakt sich an zahllosen Details, gleitet nicht ab, tastet sich langsam voran. Auf den Straßen, auf den Plätzen noch keine Pflasterung, nur auf dem Petersplatz, sonst Rinnen, Mulden – diese Straßen sind bei Regen aufgeweicht, tief ausgefahren, und Staub wirbelt auf bei Trockenheit. Auf einem Platz Säulentrommeln – liegen dort seit Jahrhunderten, niemand kommt auf den Gedanken, sie wegzuschaffen: man setzt sich drauf, lehnt sich dran, und wer zu Fuß, zu Pferd, im Wagen kommt, weicht vor diesen Säulentrommeln eben aus. Und Grün auf Hausdächern, Kirchendächern, Grün aus Mauerschrunden, Mauerrissen, Mauerfugen, Grün auf Sockeln, Gesimsen, Kanten, das wächst dort, also wächst es weiter. Und mitten auf den Straßen, Plätzen: Stände, Verschläge, Buden von Händlern. Und Bäume, Büsche auf einem Platz vor einer Kirche, Bäume und Büsche in den Außenwinkeln von Kirchenbauten. Und ein alter Torbogen vor einem neuen Kirchengebäude und vor dem Torbogen ein großer Steinbrocken. Kein Begradigen, Planieren, Plattieren, kein Glätten, Kaschieren, Polieren, noch nichts funktionsgerecht gemacht für rasches, leichtes Durchgleiten.

210 Warum Sigmund in Italien noch lange warten mußte auf die Kaiserkrönung, warum Oswald schon einige Wochen später nach Basel geschickt wurde, dies muß begründet werden durch einige Hinweise auf das Konzil von Basel.
Die großen Probleme der damaligen Kirche, Ketzerei und Reform, sollten in Basel endlich gelöst werden. In Konstanz hatte man durch die Verbrennung des Jan Hus das Hussitenproblem erst richtig angeschürt; die Beschlüsse zur Frage der Kirchenreform waren unzureichend gewesen. Das nächste Konzil, 1423 in Pavia, mußte wegen einer Pestepidemie nach Siena verlegt werden, wurde dort aber wegen zu geringer Beteiligung aufgelöst. Aber man hatte noch beschlossen, auf dem nächsten Konzil in Basel Beschlüsse zu fassen zur Bekämpfung der Ketzerei, zur Re-

form der Kirche »an Haupt und Gliedern«. Ein großer Teil der Geistlichkeit war mehr mit Gliedern als mit den Häuptern aktiv; immer zahlreicher, dringlicher die Klagen über den Klerus.
Das Verhandlungsthema Ketzerei: hier sah man sich doppelt bedroht, durch Hussiten und Türken. Die Serie von Niederlagen in Böhmen hatte gezeigt, daß das Hussitenproblem militärisch nicht mehr zu lösen war; man wollte verhandeln, ehe sich die ›Irrlehre‹ in Europa durchsetzte, ehe eine neue Invasion stattfand. Die Hussiten zeigten Verhandlungsbereitschaft; der Krieg dauerte bereits zwölf Jahre, die Aufwendungen für die Heere waren enorm hoch, dazu ein sehr trockener Sommer 1431, der sehr kalte Winter danach: Mißernten und Hungersnot. Auch dies machte die sonst siegreichen Hussiten kompromißbereit.
Nicht zu Kompromissen bereit waren dagegen die Türken. Deshalb wollte sich die griechisch-orthodoxe Kirche des bedrohten Stadtstaates Byzanz mit der römischen Kirche arrangieren, in der Hoffnung, militärisch unterstützt zu werden; Konstantinopel mußte gehalten werden.
Höchst aktuelle Probleme also, eine brisante Lage. Die Voraussetzungen zu einem gemeinsamen Handeln der europäischen Mächte waren freilich minimal. England und Frankreich setzten die jahrzehntelange wechselseitige Zerfleischung fort; Jeanne d'Arc war inzwischen aufgetreten, war verbrannt worden. Der fortdauernde Krieg zwischen dem Ordensland Preußen und Litauen-Polen; der Handelskrieg zwischen den skandinavischen Ländern und der Hanse; selten Ruhe auf der Iberischen Halbinsel; das Reich zersplittert, Spannungen zwischen Regionalmächten.
So sah man, wie Aschbach in seiner *Geschichte des Kaisers Sigmund* betont, nur eine Möglichkeit: ein neues Konzil der geistlichen und weltlichen Mächte Europas. Hier sollte der gordische Knoten gelöst werden; hier hoffte man, durch Verhandlungen die Hussitengefahr bannen zu können; hier sollte auf wundersame Weise ein Zusammenschluß gegen die Türken erfolgen; hier sollten die Kirchenreformen beschlossen werden.
Das Konzil machte einen kümmerlichen Anfang im Februar 1431. Papst Martin, auf dem Konzil von Konstanz gewählt, sagte ab: er sei zu alt. Zu seinem Stellvertreter ernannte er Kardinal Cesarini. Kurz darauf starb der Papst; als sein Nachfolger wurde Eugen IV. gewählt. Er war, nach Aschbach, ein großer und kräftiger Mann, würdevoll und ruhig, konservativ und nicht allzu intelligent. Stellvertreter Cesarini übergab zwei Delegierten die Leitung des Konzils, zog nach Nürnberg, von dort nach Böhmen, versuchte vergeblich die Massenflucht des Heeres aufzuhalten, verlor, wie

berichtet, seine Amtsinsignien. In Basel indes Vorbesprechungen; dringliche Einladungen wurden verschickt. Am 9. September zog Cesarini in der Konzilsstadt ein; an Pomp und Dekor fehlte es nicht.
Cesarini wurde sofort aktiv: erneute Einladungen an säumige Teilnehmer; Beginn der Diskussionen über Kirchenreformen; Unterhandlungen mit Hussiten über eine Teilnahme am Konzil: die Hussiten forderten Geiseln, der Betrug von Konstanz sollte sich in Basel nicht wiederholen.
Entschiedenen Widerstand fand das Konzil beim neuen Papst Eugen. Es wiederholte sich die alte Konstellation: das Konzil etablierte sich als höchste kirchliche Autorität, der Papst sah in sich die höchste kirchliche Autorität, also lehnte er das Konzil ab, wollte es auflösen. Dies teilte er König Sigmund mit, dem Schutz- und Schirmherrn des Konzils, der sich während der Eröffnungsphase freilich in Mailand aufhielt. Papst Eugen nannte mehrere Gründe für die Notwendigkeit einer Auflösung. Erstens: die Zahl der Teilnehmer in Basel sei zu gering, deshalb könnten dort Entscheidungen über die Kirche nicht getroffen werden. Zweitens: diese Stadt sei zu weit von Rom entfernt, die Winterreise über die Alpen könne ihm nicht zugemutet werden. Drittens: für die Gespräche mit Vertretern von Byzanz sei eine italienische Stadt geeigneter. Viertens: mit Erstaunen habe er vernommen, in Basel solle mit Hussiten verhandelt werden – dies sei eine Mißachtung des apostolischen Stuhls und der heiligen Kirche, denn mit Ketzern werde nicht verhandelt! Eugen schickte eine Auflösungsbulle nach Basel, nannte als neuen Tagungsort Bologna.
Sigmund erklärte ihm, er mißbillige die Auflösungsbulle. Nach Basel schrieb er, das Konzil stehe weiterhin unter seinem Schutz. In Basel war man empört über die Bulle aus Rom. Die Konzilsväter teilten dem Papst mit: die Teilnehmerzahl sei gestiegen, steige weiterhin; für die Vertreter von Byzanz sei eine Reise nach Basel zumutbar; Verhandlungen mit den Hussiten seien notwendig; Tagungsort bleibe Basel.
Auch bei den nächsten Runden der Auseinandersetzung war es für Sigmund nicht schwer, das Konzil zu immer schärferer Opposition gegen den Papst anzutreiben. Er hätte das in Basel noch weitaus wirkungsvoller tun können, wurde auch mehrfach aufgefordert, endlich zum Konzil zu kommen. Warum blieb er in Italien? Aschbach meint, Sigmund habe Wert gelegt auf die Kaiserkrönung, um größere Autorität einsetzen zu können, auch in Basel. Das scheint mir nicht logisch: mehr Autorität durch einen formalen Akt des Papstes, gegen den er das Konzil aufhetzte? Offenbar

war Sigmund völlig auf diese Kaiserkrönung fixiert, er konnte sehr zäh, ja stur sein. Der Papst war ebenfalls zäh, ja stur. Wer würde länger durchhalten?
Von beiden Seiten kamen entschiedene Erklärungen. Sigmund ließ durch eine Delegation dem Papst förmlich und unmißverständlich klarmachen, er sei entschlossen, mit allen Kräften das Konzil zu unterstützen; der Papst möge sich überlegen, ob er sich und seinen Kardinälen mit einer Auflösung des Konzils nicht letztlich den Untergang bereite. Zugleich gab er nach Basel den Wink: hart bleiben, der Papst wird schon weich werden. Der Papst wiederum bezeichnete das Konzil als »sogenanntes« Konzil und bestand darauf, es solle sich auflösen, wie angeordnet. Und er machte Sigmund die Spielregeln klar: erst Auflösung des Konzils, dann Kaiserkrönung. So dauerte Sigmunds Aufenthalt in Italien schließlich zweieinhalb Jahre! Aber man dachte damals in anderen Zeitdimensionen: das Konzil dauerte insgesamt siebzehn Jahre!
Um die Sache wenigstens äußerlich etwas in Bewegung zu bringen, zog Sigmund im März von Piacenza nach Parma. Der Herzog von Mailand hatte sich noch immer nicht sehen lassen; als äußerste Konzession hatte er 600 Reiter zur Verfügung gestellt, aber keine Gelder. Sigmund mußte Schulden machen, wie immer, wollte sie offenbar auf verschiedene Städte verteilen, nun war Parma an der Reihe. Von dort aus führte er über Delegierte die Verhandlungen mit Papst Eugen weiter.

211 Anfang 1432 hatte Sigmund kurz nacheinander zwei Delegationen zum Vatikan geschickt. Sprecher der zweiten Gesandtschaft war Dr. Nikolaus Stock, mit dem Oswald später nach Basel reiste.
Die Gesandtschaft brach am 20. Februar in Piacenza auf. Der Papst gewährte ihr eine Audienz am 17. März. Stock trug vor, der König werde eher die Kaiserkrone als das Konzil aufgeben. Der Papst äußerte sich noch nicht dazu, wollte zuvor die Rückkehr einer eigenen Delegation abwarten.
So fand die nächste Audienz erst am 24. April statt. Der Papst, so leise sprechend, daß man ihn nur in unmittelbarer Nähe hören konnte, äußerte sich über die zweifelhafte Haltung des Königs zur Hussitenfrage, über dessen Einmischung in italienische Angelegenheiten. Er kündete an, er werde eine Gesandtschaft nach Basel schicken; je nach Ergebnis werde er über Fortsetzung, Auflösung, Verschiebung oder Verlegung des Konzils entschei-

den. Als darüber eine Diskussion entstand, erklärte der Heilige Vater, er sei nicht da, um zu disputieren. Die Gesandten reisten am 1. Mai ab, kamen etwa Mitte des Monats nach Parma.
Mit Dr. Stock trafen in Parma auch Mitglieder der Voraus-Delegation ein: sie war bei Ronciglione überfallen worden. Solch ein Überfall war hier nicht zum erstenmal geschehen.
Sigmund berichtete dem stellvertretenden Protektor in Basel: »Du sollst auch wissen, daß keine Gesandtschaft sicher nach Rom kommt; man überfällt sie, tut Gewalt an, prügelt – und das alles tun die Leute des Papstes; es geschieht mit seiner schriftlichen Billigung.«
Bei Marold finde ich einen Auszug aus einem Brief, in dem am 24. April 1432 Kaspar Stange, Prokurator des Deutschen Ordens, in Rom dem Hochmeister vor allem über die Papst-Audienz vom gleichen Tag berichtete. »Etliche Höflinge aus den deutschen Ländern, die mit sechzehn Pferden nach Rom zogen, unter ihnen der Bruder des Herrn Kaspar Schlick und der Kanzler des Erzbischofs von Mainz, wurden in einem Kastell in der Nähe von Rom aufgehalten und geschlagen.«
Oswald machte aus den Berichten der Beteiligten und betroffenen in sehr kurzer Zeit ein Lied (Kl 105), das er im gewohnten Kreis vorsang, in dem sicher auch einige der Blessierten saßen.

Neues kommt hier angesaust
übers Gräflein namens Süß:
sauer wurde sein Empfang
manchem Gast in Ronciglione!
Auch der Papst erfuhr davon,
mancher Kardinal in Rom,
großes Echo fand der Fall
dann in der Bevölkerung.
Bauern, Knechte, sie begannen
diese Kirchweihprügelei:
brachen auf die Herbergstüre,
rannten gleich die Treppe hoch.
Ihre Waffen: Keule, Spieße.
Ihre Absicht: war nicht gut.
Zahl der Gäste: sechzehn Mann.
Schon begann der Weiheakt.
Wer noch keine Beule zeigte,
kriegte sie sofort verpaßt,

für 'nen Schlag gabs vier zurück,
mancher steckte vieles ein.

In der ersten Runde flog
gleich der Wirt zum Fenster raus;
was er andren eingebrockt,
löffelte er selber aus.
Janko, Dietrich von Sannau
wurden grob am Haar gepackt,
flogen eine Treppe runter –
hatten wahrlich großes Pech.
Und mein Freund Mathias Schlick,
hoch zum Dach stieg er geschwind,
wie die Katz zum Fenster raus!
Rief: »Da tut sich was!
Wär jetzt lieber auf dem Lech,
bei ner hübschen Kahnpartie.«
Und auch er bekam nen Hieb,
mitten auf sein Nasenbein.
Vierzehn Tage lang in Rom:
Staunen! Diese Muschelform . . .
Knecht German, ein Fels von Mann –
senkrecht flog er in die Luft!

Gottschalk, Martin, der aus Speier:
je ein Arm war eingeknickt,
von der Achsel bis zum Daumen
bandagiert in Bindenweiß.
Daß man sie so lieb behandelt,
haben sie denn sehr beklagt,
selber habe ich's gehört
von den beiden, war ganz Ohr!
Hans von Dänemark, ein Herr,
flog durchs Bretterbodenloch
gleich hinunter in den Stall,
daß der Schädel ihm gedröhnt,
so, als läge er im Traum
allzu nah am heißen Feuer.
Rigo, diesen Klotz aus Wien,
warf man gleich noch hinterher.
Hans schrie laut: »Wer da?
Hab ich einen Schreck gekriegt . . .
Dachte schon, das Dach kommt runter.
wird so in Minuten alt . . .«

De la Stella schlug man blau,
schrie: »Misericordia!«
Doch das half ihm einen Dreck,
kriegte seinen Anteil ab!
Sieben andre noch dazu,
die ich nicht persönlich kenne,
haben mit dem Hurlahei
ihre rechte Weih empfangen.
Rücken, Hüfte, Arm und Bein –
blau vom ›Bischofssegen‹.
Wer so teilnahm an der Weihe,
hat es denn auch sehr bereut.
Gräflein Süß blies auf zum Tanz –
sauer klangs den meisten . . .
Mancher kam ins Ächzen
wie ein alter Karren,
dem das Schmierfett fehlt,
mancher sah recht närrisch aus,
als man ihn in dem Krawall
eingefärbt mit rotem Saft!

Bei der Kirchweih ging es rund!
Wer da nicht drei Stiegen fiel,
oder aber zwei, zumindest –
tja, der war nur halb geweiht.
Wer die Keulen nicht verspürt,
die man dort mit Fäusten schwang
(was ja keinem recht bekommt . . .)
dessen Beichte war umsonst.
Als das Fest beendet war
und es schließlich Morgen wurde,
schlugen sie einander vor
hold vereint im Schmerzgesang:
»Kriechen wir nun aus dem Stroh,
nächstes Mal gehts härter zu!«
Keiner auf dem Pferde saß,
der nicht arg gejammert hat.
Vielfach sah man Arm und Bein
eingehüllt in hellen Flachs.
Ohne Zweifel wird man dies
seiner Lebtag nie vergessen . . .

212 Am 18. Mai ließ König Sigmund einen Schutz- und Geleitbrief ausstellen für Oswald von Wolkenstein. Auch dieses Dokument im Nürnberger Archiv: ein sehr repräsentatives Stück! Auseinandergefaltet ist es gut einen halben Meter breit, einen viertel Meter hoch. Dieses Pergamentblatt (der Geleitbrief mußte wasserfest sein in einer Zeit, in der es noch keine regenfeste Kleidung gab!) wurde mehrfach zusammengefaltet, ungefähr auf Paßgröße.
Zuerst entbietet der König den Fürsten, Grafen, Rittern, Amtsleuten, Bürgermeistern, Zöllnern und so weiter aller Städte und Gemeinden und sonst allen Untertanen, denen dieser Brief vor Augen oder zu Ohren kommt, seine gnädigen Grüße und Wünsche. »Den Ritter Oswald von Wolkenstein, Unseren Diener und lieben Gefolgsmann, haben Wir als besonderen Gnadenerweis mit Leib und Gut in Unseren und des Heiligen Reiches Schutz und Schirm genommen und ihm, kraft dieser Urkunde und Römisch Königlicher Macht, sicheres und freies Geleit zugesichert. Wir haben vernommen, daß dieser Oswald auf mancher Reise gegen alles Recht überfallen und rücksichtslos beraubt worden ist. Das befremdet Uns aufs Äußerste und erscheint Uns ungebührlich; Wir sind nicht geneigt, so etwas hinzunehmen.« Und noch einmal wird gefordert, mit besonderem Nachdruck: keine ungesetzlichen Handlungen gegen Oswald, seine Diener, sein Hab und Gut, keinerlei Behinderungen! Versiegelt mit anhängendem (inzwischen leider abgeschnittenem) Siegel. Parma in der Lombardei.
Hier mein (indirekter) Beweis dafür, daß Oswald (auch) in Italien überfallen worden ist – vom stiergroben Sebastian?

213 Dr. Nikolaus Stock sollte dem Konzil von den jüngsten Unterhandlungen mit dem Papst berichten. In einem Schreiben an seinen Stellvertreter in Basel, den Herzog von Bayern, kündete Sigmund am 18. Mai den »ehrbaren Magister Nikolaus Stock, Lehrer des Kirchenrechts« und den »edlen Oswald (›Oswolten‹) von Wolkenstein« an. In diesem vertraulichen Schreiben (auf der Rückseite stand: »Diesen Brief soll Herzog Wilhelm allein lesen«) berichtete der König, der Papst sei dem Konzil feindlich gesinnt, Näheres werde Stock berichten. Den weiteren Inhalt dieses Schreibens referiert Altmann wie folgt: »Er (S.) sende nunmehr den von Swihow u. den Propst von Weissenburg zum Papst, um ihn zur Nachgiebigkeit zu bestimmen; er wolle nunmehr nach Siena ziehen u. auf halbem Wege zwischen

Rom u. Siena mit dem Papst zusammenkommen; gebe dieser nicht nach, so könne er sich nicht krönen lassen u. würde dann ohne Geld u. Leute in eine traurige Lage geraten; er könne nur dann mit Ehren zurückkehren, wenn ihn das Konzil zu seinem Schutze zurückriefe; er erwarte, daß der Herzog zu seinem Besten mit den Konzilsvätern reden, d.h. seine Zurückrufung betreiben werde.«
Dr. Stock und Oswald von Wolkenstein wurden nun auch dem Baseler Konzil beglaubigt: »Mittimus honorabilem magistrum Stock, decretorium doctorem, adiuncto sibi nobili viro Oswaldo de Wolkenstein fideli nostro« – die Herren würden über nähere Umstände verschiedener Punkte berichten, man möge ihnen glauben wie ihm selber.
Ein ehrenvoller Auftrag für Oswald, aber was hatte er mit diesen Verhandlungen zu tun? Er war nicht mit in Rom gewesen – warum wurde er nun mit Stock nach Basel geschickt? Oswald war Repräsentationsfigur: die Standesperson, die den Bürger begleitet; so erhielt die königliche Delegation Rang und Würde.
Wohl am 19. Mai brachen die beiden Herren mit ihren Knechten auf; am 4. Juni erreichten sie die Konzilsstadt. Der Empfang der Delegation war ehrenvoll: die Bischöfe von Como und Lausanne kamen ihnen mit großem Gefolge vor dem Stadttor entgegen.
Am 7. Juni erstattete Dr. Stock vor der Generalversammlung Bericht; über eine Teilnahme Oswalds an dieser Kongregation ist nichts vermerkt.
Ich nehme an, er hat sich ein paar angenehme Wochen gemacht: noch einmal Konzilsatmosphäre! In Gassen, auf Plätzen die Tische, die Stände, die Buden von Schneidern und Goldschmieden, von Schustern und Kürschnern, von Juwelieren und Geldwechslern, von Metzgern und Fischern, von Pastetenbäckern und Kerzenziehern. Delegationen, Verhandlungsteilnehmer zu Fuß, auf Pferden. Zwischendurch ein festlicher Umzug. Viel Glockenläuten. Vielleicht nahm Oswald an Tanzveranstaltungen teil. Vielleicht Besuche in einem der beiden neu eingerichteten Bordelle an der Stadtmauer. Wahrscheinlich sang er Lieder vor herrschaftlichem Publikum. Sicherlich stimmte er ein in die allgemeinen Klagen über die viel zu hohen Preise: das Fleisch, die Eier, das Brot, der Wein, die Zimmer, die Frauen, alles überteuert. Wohl auch, weil ihm das Geld ausging (das er in Parma erhalten haben dürfte), wird er im Juli die Konzilsstadt verlassen haben, um zurückzukehren nach Tirol.

214 Nach seiner Rückkehr wird Oswald wohl bald die Schreibstube von Neustift aufgesucht haben, um zu sehen, wie weit die Sammelhandschrift inzwischen war. Lag zu dieser Zeit das Portraitgemälde schon vor, fertig zum Einbinden, oder wurde es jetzt erst angefertigt?

Einige Autoren nehmen an, Oswald habe das Bild in Italien malen lassen, sogar von Pisanello. Der Meister hatte den König, seinen Kanzler und einen weiteren Mitarbeiter portraitiert, vielleicht in Piacenza, und so hätte denn Oswald die Chance wahrgenommen, sich auch gleich malen zu lassen. Ich habe hier einige Zweifel. Beispielsweise hätte Oswald die Abmessungen der Handschrift sehr genau im Kopf haben müssen, denn dieses Bild ist exakt auf Maß gearbeitet. Solange Kunsthistoriker nicht schlüssig nachweisen, daß dieses Portraitbild von Pisanello stammt, setze ich voraus: es wurde, speziell für diese Handschrift, von einem (vielleicht durchreisenden) Künstler in italienischer Manier gemalt. Ein Bild von hoher Qualität.

Das erste realistische Gemälde eines deutschsprachigen Dichters und Komponisten! Oswald mit allen Zeichen der Repräsentation: ein rotes, golddurchwirktes Gewand; eine violette, mit Hermelin verbrämte Samtmütze, ein pelzbesetzter Kragen; die goldene Kette des Kannenordens mit dem Greif, die weiße, diagonale Schärpe; der Drachenorden: Oswald über die Toppen beflaggt!

Ich habe dieses Bild lange Zeit nur auf Reproduktionen gesehen, meist postkartenklein. Obwohl ich die Maße des Bildes kannte, war ich überrascht von seiner Größe, als ich mir in den Innsbrucker Universitätsbibliothek die Handschrift B anschaute: dieses Bild ist 46,5 mal 32,5 Zentimeter groß! In diesem Format zeigen sich Details, die kleinformatige Reproduktionen unsichtbar machen: die geduldig gemalten Bartstoppeln etwa.

Aufregend die schwarze Pinselvorzeichnung, die man auf der Rückseite des Pergamentblattes sieht und die sich deutlich abhebt, wenn man das (in Tempera gemalte) Bild vors Licht hält: da zeigt sich, daß dieses sehr realistische Gemälde noch aufgeschönt ist. Das Doppelkinn wulstiger, zusätzlich Halsfalten, tiefe Kerblinien zwischen Nasenflügeln und Mundwinkeln, noch betonter die vorgeschobene Unterlippe mit der Narbe, und auf der Nasenspitze so etwas wie eine Warze.

Ich halte dieses Bild wiederholt vor das Licht, sehe neben der Bildfläche, bei verändertem Fokus, ein Neubau-Betongerippe, darüber die Gipfel der Nordkette: ich frage mich, ob auch Oswald dieses Pergamentblatt vors Licht gehalten hat, etwa, als er es der Familie auf Hauenstein, den Herren von Neustift zeigte.

Die Wolkenstein-Handschrift B: ich halte sie in den Händen: vielleicht sogar mit dem Einband, mit dem Oswald sie in Händen hielt; der Holz- und Ledereinband stammt offensichtlich aus dem 15. Jahrhundert, wurde irgendwann einmal restauriert, das helle, fast weiße Leder unterlegt mit braunem Leder; eine Schnalle, die ebenfalls aus der Gotik stammt – »ave« steht auf ihr und »Yhs«; die Eckbeschläge sind verlorengegangen, aber im weißen Leder sehe ich die kleinen Nagellöcher.
Auf dem ersten Pergamentblatt, dem Deckblatt ein paar Buchstaben und Wörter. Ein »m«. Ein kurzer Satz: »ich weich der zeitt«. Ein »w«. Ein Wort wie »einigerin«. Was hat das zu bedeuten? Das Gemälde. Gegenüber das Inhaltsverzeichnis. Darüber in vier Zeilen ein Zertifikat: »Im Jahre 1432, am ersten Samstag nach St. Augustin, ist dieses Buch gedichtet und vollendet worden durch mich, Oswald von Wolkenstein, Ritter, des allerdurchlauchtigsten Römischen Königs Sigmund etc. Rat im 18. Jahr.« Hier war gemeint: an diesem 30. August wurde die Herstellung der Handschrift beendet, zumindest im Hauptteil – später wurden noch Lieder nachgetragen. Das Inhaltsverzeichnis ist mit wenigen Titeln fortgesetzt auf der nächsten Seite. Dann, gegenüber, das erste Lied: »Ain anefangk«. Darunter das Beglaubigungsschreiben, fragmentarisch, das König Sigmund seinem »Rat und lieben Gefolgsmann« an Herzog Friedrich mitgegeben hatte. Viel Repräsentation! Ich bin jetzt noch sicherer, daß Oswald die beiden Bordell-Songs aus Image-Gründen gestrichen, die anderen Texte aussortiert hat.
Ich blättre weiter: drei Seiten lang die Texte der sieben Lieder über die Zeit in Prissian und Forst. Die Strophen sind jeweils durchgehend geschrieben, mit dunkelbrauner Tinte. Zäsuren, Zierstriche, die meisten Notenlinien, technische Anmerkungen in roter Tinte. Die Noten meist braunschwarz, manchmal rot. Die Initialen blau und rot. Das sehe ich mir an, Blatt um Blatt: 48 Blätter insgesamt, doppelt so viele Seiten also.
Die Innsbrucker Wolkenstein-Handschrift B. Jahrhunderte lang die Gefahr, daß sie beschädigt wurde, durch Ratten, durch Wasser, daß sie zerstört wurde, durch Feuer, daß sie verräumt, verschlampt wurde von Nachkommen, die sich längst an Buchdruck gewöhnt hatten, sich nicht mehr für so eine alte Schwarte interessierten, das Bild rausgerissen, der Rest weggeworfen – die Texte verstand man ja kaum noch, und was sollte man mit dieser altmodischen Musik anfangen? Aber die Handschrift blieb erhalten, die längste Zeit wohl im Familienbesitz, bis sie Graf Arthur schließlich an Kaiser Franz Joseph I. verkaufte, für 6000 Gulden. (Aus-

gerechnet 6000 Gulden: kleine Familienrache am Habsburger?) Der Kaiser übergab sie der Universitätsbibliothek Innsbruck. Die zahlreichen Möglichkeiten des Verlustes bedenkend, staune ich, daß die Handschrift nun vor mir liegt. Noch einmal, abschließend, betrachte ich das Portraitbild, das Oswald von sich malen ließ und auf dem er sich gemalt sah: plötzliches Einschrumpfen von Zeitdistanz. Das Buch wieder auf dem Tisch: Präsenz des Gegenstandes.

215 König Sigmund in Italien: sieben Wochen Parma, die Verhandlungen mit dem Vatikan weiterhin ergebnislos. Papst Eugen ließ ausrichten: Sigmund hätte erst einmal den Krieg gegen die Hussiten beenden sollen, ehe er sich in italienische Angelegenheiten einmische! Und was das Verhältnis zur Kirche betreffe: Sigmund habe dem Papst und der Kirche zu gehorchen, habe sie zu verehren. Und er drohte: schon viele hätten versucht, der Kirche Gottes und seinem Statthalter zu schaden, doch Gott habe sie erniedrigt.
Die Wut des Königs wuchs: er brach mit seinem kleinen Heer auf. Als der Papst das erfuhr, ließ er Truppen sammeln und an der Nordgrenze des Kirchenstaates aufstellen. Der König, nun vollends in Rage, forderte das Konzil auf, diesen Papst abzusetzen. Das geschah nicht, immerhin aber wurde vom Konzil Anklage erhoben gegen den Papst, wegen Ungehorsams. Zugleich forderte man den König auf, endlich nach Basel zurückzukehren: eine Kaiserkrönung sei in dieser Lage nicht mehr zu erwarten.
Sigmund aber wollte nicht aufgeben, nicht ums Verrecken. Er wartete, verhandelte in Lucca, in Siena – hier mußte er weitaus länger bleiben als geplant: die Stadt wurde von Florentinischen Truppen belagert; von Juli 32 bis Mai 33 saß Sigmund fest, verglich sich mit einem wilden Tier im Eisenkäfig. Er langweilte sich in Siena, verkürzte sich die Zeit, so gut und oft es ging, mit Liebschaften, Gelagen, ließ durch seine Kanzlei weiterhin Briefe und Anordnungen schreiben. Der Erfolg: aus Basel wurde dem Papst mitgeteilt, falls er nicht binnen sechzig Tagen die Auflösungsbulle zurücknehme, werde ihm der Prozeß gemacht.
Nun wurde Eugen klar, daß er die Partie verloren hatte; am 16. Februar erkannte er das Konzil von Basel an – offiziös, noch nicht offiziell. Ein Erfolg für Sigmund. Aber noch immer saß er fest in Siena. Kanzler Schlick verhandelte mit dem Papst, erreichte dies: Sigmund wird gekrönt, wenn er sich verpflichtet, den Papst in all

seinen Rechten zu schützen; die Kosten der Krönung trägt der Papst. Der Gegenspieler nun als Schutzherr des Heiligen Stuhls – Politik! In Viterbo trafen sich Papst und König; Geheimklauseln wurden ausgehandelt. Sigmund forderte vom Konzil ein milderes Verhalten gegenüber dem Papst – man möge den Frieden der Kirche nicht stören.

216 Möglicherweise ritt Oswald zu dieser Zeit noch einmal nach Italien, um an der Kaiserkrönung teilzunehmen. Ein Hinweis auf die Reise läßt sich herauslesen aus Oswalds großer Rechtsrede, die er fünf Jahre später schreibt oder beendet; hier äußert er sich sehr abfällig über römische Rechtspraktiken und römischen Klerus, bemerkt, er habe dies in Rom selbst erlebt.
In der Dokumenten-Überlieferung bietet sich eine passende Zeitlücke an. Am 4. April 1433 vollzog Oswald mit einem Brixener Bürger einen Gütertausch. Danach fünf Monate lang kein urkundlicher Beleg. Am 1. September tauschte Oswald mit Bischof Ulrich landwirtschaftlichen Besitz gegen Stadthäuser in Brixen und Klausen.
Es ist also denkbar, daß Oswald dabei war, als Sigmund zu Christi Himmelfahrt feierlich in die Stadt Rom einzog, vor 600 Soldaten zu Pferd, 800 Soldaten zu Fuß. Vorangetragen wurden seine Königsinsignien: Krone, Zepter, Schwert, Reichsapfel. Auf den Stufen der Peterskirche in vollem Ornat der Papst; rituelle Begrüßung. Am Pfingstfest, dem 31. Mai, die Kaiserkrönung. Dazu werden von Eberhard Windecke tolle Dinge erzählt: Sigmund kniend vor dem thronenden Papst, Eugen hatte ihm die Kaiserkrone nicht genau waagrecht aufgesetzt, sie hing leicht nach rechts, der Papst schob sie mit dem Fuß zurecht, gab Sigmund den Segen. Bei der Schwertübergabe hielt er Sigmund die Spitze hin – der Marschall griff zu, drehte das Schwert so, daß der Kaiser nicht in die Schneide greifen mußte, das Ritual wurde fortgesetzt. Historiker fragen sich, ob der Augenzeuge Windecke hier richtig gesehen hat.

217 Oswald versuchte (nach der Rückkehr aus Rom?) noch einmal, wenigstens an einen Teil des Vermögens zu kommen, das er zehn Jahre zuvor bei Hans von Villanders hatte hinterlegen müssen.

Wo freilich Fehde- und Femeaktionen erfolglos blieben, auch ein Schreiben »ad mandatum dominis Regis«, da war mit bloßen Bitten oder Forderungen nichts zu erreichen. Hans von Villanders schickte am 22. August 1433 ein Absageschreiben an Oswald. Ich übersetze den äußerst knappen Brief nach der Ablichtung einer Abschrift im Nürnberger Villanders-Dossier. (Die meisten Dokumente, die ich zu diesem Rechtsstreit vorlege, waren bisher unveröffentlicht.)

»Meinen Gruß. Lieber Herr Oswald, bezüglich Eurer Forderung von fünfhundert Mark und Eurer Mahnung, ich solle meine Zusage bei Eurer Schwester einlösen: meine Zusage und Euer Wunsch sind nicht vereinbar. Ungeachtet Eurer Bitte werde ich diesen Geldbetrag nicht auszahlen.«

Knapper und härter geht es kaum. Keine Ergebenheitsfloskeln zu Beginn des Briefs, nur ein Minimalgruß, und Oswald wird distanziert als Herr Oswald angeredet. Im Originaltext lautet der Schluß: »Nun wil ich auff solich begerung das gelt allso nicht außgeben.«

Herzog Friedrich hatte diesem geldschneiderischen Verwandten in die Hände gearbeitet, als er »gegen Gott und alles Recht« die Bürgschaftsurkunde zurückbehielt, trotz Urfehde. Wenn Hans von Villanders durch Freunde Oswalds aufgefordert wurde, die hinterlegten Gelder und Papiere endlich einmal zurückzugeben, wird er wohl erklärt haben: Solange der Herzog den Bürgschaftsbrief nicht zurückgibt, muß ich, zu meiner Sicherheit, die hinterlegten Gelder und Briefe behalten.

218

Nach der Kaiserkrönung war Sigmund einige Monate in Rom geblieben, hatte versucht, Papst und Konzil zu versöhnen: Botschafter hin und her zwischen den Städten. Die Kirchenversammlung zeigte auch jetzt nicht die gewünschte Konzilianz, forderte den Papst vielmehr ultimativ auf, nach Basel zu kommen; er solle seine Auflösungsbulle offiziell zurücknehmen, das Konzil und damit die kirchliche Autorität der Versammlung formell anerkennen. Als Eugen diese Forderungen mitgeteilt wurden, wollte er sämtliche Bewohner und Gäste der Stadt Basel bis ins vierte Glied verfluchen, ließ es sich aber ausreden, dämpfte seinen Zorn.

In Basel wurde als Verhandlungstermin gegen Papst Eugen der 11. Oktober 33 angesetzt, aber an diesem Tag erschienen nicht (wie vorausgesetzt) Kaiser und Papst gemeinsam, nur Sigmund kam

mit kleinem Gefolge auf einem Rheinschiff, nach hastiger Reise. Nachdem das Schiff angelegt hatte, soll, so wird erzählt, der Kaiser die Ratsherren als erstes um ein Paar Schuhe gebeten haben: seine Schuhe waren nach der Reise völlig verschlissen, ein zweites Paar besaß er nicht, schnell wurden ihm drei Paar Schuhe zur Auswahl vorgelegt. Und er ging, obwohl gichtgeplagt, rasch zum Münster, dort begannen die Glocken zu läuten, auch in allen anderen Kirchtürmen der Stadt. Auf dem Münsterplatz ein feierlicher Empfang. Danach wollte der Kaiser nicht in sein Quartier, er wollte sofort vor dem Konzil reden.
Wieder zeigte sich seine rhetorische Begabung, sein Verhandlungsgeschick: in wenigen Wochen erreichte er, was vorher undenkbar schien – eine Einigung zwischen Konzil und Papst. Das Konzil unterwarf sich der Autorität des Heiligen Stuhls unter den bekannten Bedingungen: Eugen muß seine Auflösungsbulle zurückziehen, muß das Konzil in seiner Rechtmäßigkeit anerkennen. Das akzeptierte nun der Papst, das Konzil triumphierte. Alle geistlichen Konzilsteilnehmer stimmten das Te Deum an, sämtliche Glocken läuteten, eine glanzvolle Prozession durch die Stadt, Sigmund voran mit den Insignien und Emblemen kaiserlicher Macht.
Am 8. Mai 1434 verabschiedete sich Kaiser Sigmund vom Konzil mit einer langen Rede, reiste ab.

219

Kaiser Sigmund hatte nach der Rückkehr von Rom und Basel wieder Zeit, auch an einen Oswald von Wolkenstein zu denken, und das tat er mit Dankbarkeit; zwei Verfügungen lassen darauf schließen. Im Juni wurde Oswald zum höchsten ›Vollstreckungsbeamten‹ des Klosters Neustift ernannt.
Die Bestallungsurkunde habe ich in Nürnberg bestaunt, ein Prachtdokument: dreiunddreißig mal fünfundvierzig Zentimeter, selbstverständlich Pergament, angehängt eine lebkuchengroße, auch lebkuchenähnliche Bienenwachsform, die das kostbare Kaiserliche Siegel schützend einfaßt.
»Wir, Sigmund, von Gottes Gnaden Römischer Kaiser, allzeit Mehrer des Reiches, König zu Ungarn, Böhmen, Dalmatien, Kroatien etc., erklären und verkünden mit dieser Urkunde allen, die« etcetera, die üblichen Einleitungsformeln. Es heißt nun, das Kloster und Gotteshaus Neustift bei Brixen habe von seinen Vorfahren im Reich, von Römischen Kaisern und Königen, zahlreiche Gunst- und Gnadenerweise erhalten, und es sei in ent-

sprechenden Urkunden niedergelegt worden, daß sich gegen diese Sonderrechte und Privilegien niemand ungestraft vergehen dürfe. »Man hat jedoch darüber Klage geführt, und Uns berichtet, daß die Freiheiten und Privilegien des genannten Klosters und Gotteshauses, seine Sonderrechte und Rechte von zahlreichen Personen wiederholt verletzt und übertreten wurden, wodurch dem Propst, dem Konvent und dem Kloster erheblicher Schaden widerfährt; dies werden Wir im Namen des Reiches weder dulden noch zulassen und Wir wollen die Strafgelder eintreiben, die beim Übertreten solcher kaiserlichen Freiheiten fällig werden.« Welche Übergriffe hier gemeint sind, weiß ich im Detail nicht; bei Arthur von Wolkenstein-Rodenegg lese ich nur, dieses Kloster sei »infolge damals herrschender widriger Umstände von verschiedenen Adligen und ihren Anhängern mehrerer Stiftsgüter beraubt worden«.

In der Urkunde folgt nun die eigentliche Ernennung, ich kürze ab: »Da Wir besonders großes Vertrauen zum Ritter Oswald Wolkenstein haben, Unseren Rat und lieben Gefolgsmann, haben Wir nach reiflicher Überlegung, nach bestem Wissen und Gewissen dem genannten Oswald Wolkenstein und allen seinen männlichen Erben die Anweisung gegeben und ihm dazu jede Vollmacht erteilt, an Unserer Stelle die Strafgelder einzutreiben, die aufgrund solcher Übertretungen fällig werden.« Auf seine Anforderung hin solle ihn jedermann dabei unterstützen.

Oswald hat sicherheitshalber eine Abschrift dieser Urkunde herstellen lassen: »Ich, Oswald von Wolkenstein, Ritter, gebe hiermit bekannt« – und nun folgt eine kurze, einleitende Zusammenfassung, in der er sich als »bevollmächtigter Exekutor und Vollstrecker« bezeichnet.

Im Juli ließ der Kaiser für Oswald einen Lehensbrief ausstellen über den Anteil seiner Frau am Schwangauer Reichslehen. Ein letztlich nur formaler Akt, denn Margarete hatte Oswald schon acht Jahre zuvor ihren Anteil übertragen; an den Einkünften änderte sich also nichts, sie wurden lediglich ›abgesegnet‹.

Kaiser Sigmund gab kund, daß sich der edle Ritter Oswald von Wolkenstein, »Unser Rat, Diener und lieber Gefolgsmann« mit der demütigen Bitte an ihn gewandt habe, ihn als Lehensträger seiner »ehelichen Hausfrau Margarete von Schwangau« einzusetzen für – und nun wird im Detail der Lehensbesitz aufgezählt.

Diese Liste, dieses Dokument konnte Oswald vorzeigen: Ich, Oswald von Wolkenstein, kaiserlicher Lehensträger zu Schwangau . . .

220 Oswalds Ansehen wird nach diesen kaiserlichen Gnadenerweisen gestiegen sein. Ehrenvoll war für ihn auch, daß ihn in dieser Zeit Graf Heinrich von Görz als seinen Stellvertreter zu einem Rechtstag nach Ulm schickte, auf dem ein Streit mit Herzog Heinrich von Bayern geschlichtet werden sollte. Freilich mußte die Verhandlung verschoben werden; nach einer Bekanntmachung des Kaisers vom 29. September 34 war der vom Görzer Grafen gesandte Wolkensteiner unterwegs krank geworden. Oswald, vom Kaiser privilegiert, durch solch eine Mission ›akkreditiert‹ – an seinem Verhalten änderte sich dadurch nichts, er gab weiterhin Anlaß zu Beschwerden.

So nahm er 1435 »Meister Peter« gefangen, den »Arzt, Diener und Hofmann« des Bischofs von Brixen. Ulrich beschwerte sich darüber beim Landesfürsten, der schickte Oswald ein knappes Schreiben: er habe Meister Peter aus dem Gerichtsbezirk Feldthurns entführt, in seine Burg, halte ihn dort weiterhin gefangen: »Das mißfällt Uns sehr und erscheint Uns ungebührlich. Wir geben Dir die dringende Empfehlung, den obengenannten Meister Peter zu Unseren, des Landesfürsten, Händen freizugeben. Auch sollst Du Dich am kommenden Margaretentag hier bei Uns einfinden und Dich in dieser Sache vor dem Genannten von Brixen verantworten.«

Derselbe Oswald, gegen den wiederholt Klagen erhoben wurden, er trat auch richtend und schlichtend auf, vor allem im Auftrag des Grafen Heinrich von Görz: Vermögensfragen, Erbfragen. Ja, 1437 wird Oswald (ausgerechnet!) »in Stellvertretung und im Auftrag des hochwürdigen Fürsten, des Herrn Bischofs zu Brixen, seines gnädigen Herrn zu Bruneck« Recht sprechen, als »Richter des Hofgerichts«. Es geht hier um eine Geldforderung des Georg von Villanders an Bischof Ulrich, 30 Mark aus der Zollstation Klausen; Oswalds Urteil: die Forderung des Klägers sei verjährt. Oswald saß also zu Gericht und stand vor Gericht, Oswald fällte Urteile und Urteile wurden über ihn gefällt . . .

221 Inzwischen war ein gutes Dutzend Jahre vergangen, seit Oswald bei Hans von Villanders Gelder und Papiere hatte hinterlegen müssen: noch immer hatte er dieses Vermögen nicht zurückerhalten. Nur in einem Punkt hatte man sich in der Zwischenzeit geeinigt: Anfang Juli 34 hatte ein Vergleich stattgefunden wegen der 600 Mark. Die Schuldbriefe und Bargelder freilich gab Hans von Villanders auch jetzt nicht zurück.

Im Laufe des Jahres 35 scheint man in der Familie Wolkenstein folgenden Entschluß gefaßt zu haben: nun tritt nicht mehr Oswald als der Fordernde auf, sondern Michael. Eigentlich, so hat man sich offenbar gesagt, eigentlich waren die Gelder und Papiere für die Bürgschaft *insgesamt* hinterlegt worden und nicht bloß für Hansens Anteil an der Bürgschaftssumme; Hans hat die Gelder und Papiere (sozusagen kommissarisch) für *alle* Bürgen in Verwahrung genommen; also konnte Michael nun, als der zweite Hauptbürge, seinen Anteil an dieser Sicherheitsleistung einfordern. Dies wird er schriftlich getan haben; die Antwort des Hans von Villanders war selbstverständlich negativ; daraufhin erklärte ihm Michael die Fehde, leitete Fehdeaktionen ein, vor allem gegen Pächter dieses Verwandten, der ja in der Vorderen Grafschaft Görz wohnte, an den man also nicht direkt herankam.

Oswald wollte vermeiden, daß der Streit so weit eskalierte, daß er vor den Landesfürsten gebracht wurde: er bat, Ende August, Georg von Villanders, auf Hans dahingehend einzuwirken, daß die Auseinandersetzungen in Freundschaft beigelegt würden; in gleichem Sinne wolle er sich bei Michael einsetzen.

Dieser Vermittlungsversuch scheiterte; noch im selben Jahr fand ein Schlichtungstermin statt vor Herzog Friedrich. Das zusammenfassende Protokoll ist überliefert; ich übersetze den Text, mache dabei ein paar (geringfügige) Kürzungen.

»Wir, Friedrich der Ältere, von Gottes Gnaden Herzog von Österreich, von Steir, von Kärnten und von Krain, Graf von Tirol etc., geben bekannt: es fand heute eine Gerichtssitzung statt; vor Uns erschien Unser getreuer, lieber Michael von Wolkenstein, Unser Rat und gab folgendes zu Protokoll: vor Zeiten hatten er und Unser getreuer, lieber Hans von Villanders Unseren getreuen, lieben Oswald von Wolkenstein, seinen Bruder, durch eine Bürgschaft in Höhe von sechstausend Gulden von Uns ausgelöst; daraufhin habe ihnen der genannte Oswald für die erwähnte Bürgschaft etliche Briefe und Gelder übergeben und hinterlegt, damit sie keinen Schaden erleiden sollten; er habe diese Briefe und Gelder dem genannten von Villanders zu treuen Händen übergeben, um sie für beide aufzubewahren; später habe er verlangt, daß er ihm darüber eine Bestätigung ausstelle, er habe sie von ihm aber nicht bekommen können; da er im Ausland wohnte, habe er sich durch diese Ablehnung gezwungen gesehen, ihm einen Fehdebrief zu schicken; daraufhin habe er sich mehrerer seiner Leute bemächtigt; was er ihnen abgenommen habe, das habe er ihnen wieder zurückerstattet, bis auf einen Fall: auf diese Weise wollte er eine Rechtsprechung erwirken; er verlangte, daß der genannte Villanders den Schuldbrief, mit dem sich sein Bruder ihnen beiden gegenüber verpflichtet habe, vorlege, damit er verlesen werde; dann werde jedermann erkennen, daß der Schuldbrief sowohl für den einen wie für den anderen ausgeschrieben sei und daß er ihm seinen Anteil widerrechtlich vorenthalte. Wenn er befragt werde, so könne er weitere Einzelheiten dazu vortragen. Und er stellte einen Antrag auf ein gerichtliches Urteil.

Daraufhin trat der obengenannte von Villanders vor zur Gegendarstellung; er erklärte, der genannte Michael habe ihm gegen Landesrecht die Fehde erklärt – dabei gebe es doch eine gute Rechtspflege! Und er ließ den Fehdebrief verlesen. Nach der Erklärung dieser Fehde habe er [Wolkenstein] einige seiner Bauern festgenommen, eingesperrt und einige unter ihnen auch zu Zahlungen gezwungen; dadurch sei er in seinen Rechten geschmälert worden. Er gab die Erklärung ab, er wäre durchaus bereit gewesen, mit ihm vor Gericht zu gehen; wenn er berechtigte Ansprüche zu stellen habe, so werde er sie, dem Rechtsbrauch entsprechend, keineswegs ablehnen. Und er verlangte, daß ihm und den Seinen das wiedergutgemacht und zurückgegeben werde; habe er dann etwas mit ihm zu verhandeln und werde er daraufhin vorgeladen, wie es dem Rechtsweg entspreche, so wolle er sich rechtfertigen. Er stellte den Antrag auf ein gerichtliches Urteil.

So ist von Unseren Räten und Vertretern der Landschaft, die an der Sitzung teilnahmen, zu Recht erkannt worden: solche Fehdebriefe und Übergriffe sind gegen Landesrecht, und der mehrfach genannte Michael hat das gegen Unseren Willen und Unsere Erlaubnis getan. Wir sollten ihm die Anweisung geben, daß er dem Villanders und seinen Leuten wieder gutmache und zurückgebe, was er sich genommen habe, und er solle sie von den Verpflichtungen entbinden, die er ihnen aufgezwungen habe. Wenn dies geschehen sei, solle der von Villanders diesem Michael den Fehdebrief zurückgeben.

Als dieses Urteil gefällt war, gelobte der Wolkensteiner und versprach, er werde das erfüllen, werde dem von Villanders und seinen Leuten Genugtuung verschaffen. Daraufhin gab ihm der von Villanders den Fehdebrief zurück. Bezüglich der Klage des von Wolkenstein erklärte er, die Briefe und Gelder, die er innehabe, habe er inne wegen des Oswald von Wolkenstein, dem gegenüber er Verpflichtungen eingegangen sei, nach Ausweis der Urkunde, die er dem Oswald in dieser Sache ausgehändigt habe. Werde in dieser Angelegenheit ein Gerichtstag angesetzt, so werde er das Dokument, das der genannte Michael erwähnte, mitbringen, sowie andere Urkunden und Erklärungen, soweit sie vorgetragen

werden müßten; jetzt habe er sie nicht bei sich. Auch solle der obengenannte Oswald vorgeladen werden und das Dokument, das er von ihm besitze, ebenfalls mitbringen, damit dieses Dokument und was jede Partei vorzutragen habe, verlesen werde. Und er stellte einen Antrag auf ein gerichtliches Urteil.
Daraufhin wurde von den obengenannten Unseren Räten und Vertretern der Landschaft einstimmig beschlossen und verkündet: der von Villanders erklärt, er habe die Urkunde, deren Verlesung Michael von Wolkenstein wünscht, sowie andere Urkunden und Erklärungen, soweit sie notwendig seien, nicht bei sich; so wird ihm in dieser Sache ein Rechtstag angesetzt von heute aus in sechs Wochen und drei Tagen. Beide Parteien sollen dann wieder vor Uns erscheinen; auch dem obengenannten Oswald solle dieser Rechtstag verkündet werden; soweit ihn die Sache betreffe, solle er an der Sitzung teilnehmen.«

Nach Ursache und Wirkung wird hier nicht gefragt; dabei war es zu diesen Vorgängen letztlich nur gekommen, weil der Herzog einen Vertrag gebrochen, die Bürgschaftsurkunde nicht zurückgegeben hatte; dies kam aber nicht zur Sprache, jedenfalls nicht im Protokoll und in der Verhandlung gewiß auch nicht. Der Herzog war in diesem Fall die falsche Instanz, er hätte sich wegen Befangenheit selbst ablehnen müssen. Damit hätte er freilich sich und seine Macht in Frage gestellt – solch eine Schwäche konnte er vor den Adligen seines Landes nicht zeigen.

Dieses Protokoll vermittelt uns wenigstens ansatzweise eine Vorstellung davon, wie Hans von Villanders vorging. Hier trat er auf als einer, der völlig der Rechtsprechung des Fürsten vertraute, sich streng an Gesetze hielt; Michael dagegen war derjenige, der vom Rechtsweg abgewichen war, er hatte den Landfrieden gebrochen, als er ihm den Fehdebrief schickte und mehrere seiner Pächter beraubte. Einem Pächter hatte Michael die erzwungenen Kontributionen nicht zurückgegeben, um einen Rechtstermin zu erzwingen, aber: Ist so etwas in einem Rechtsstaat notwendig, würde ein Villanders heute fragen, bekommt hier nicht jeder sein Recht?

Endgültig zur Farce wurde diese Verhandlung, als Hans von Villanders erklärte, er habe die Urkunden über die Hinterlegung von Geldern und Papieren nicht bei sich – in der Fehde war es allein um diese Gelder und Papiere gegangen! Michael hatte ihre Vorlage erzwingen wollen, um hier eine Formulierung herauszulesen oder hineinzuinterpretieren, die ihm die Möglichkeit gab, einen Teil des Vermögens zurückzufordern. Die Taktik des Herrn von Villanders ist hier deutlich zu erkennen: Zeit gewinnen! Diese Zeit war für ihn im genauen Wortsinn: Geld, Oswalds Geld.

222 Hinter drei Namen, die in dieser Biographie oft schon genannt wurden, müssen nun Kreuze gesetzt werden. Als erstes hinter den Namen Martin Jäger; der war bereits einige Jahre zuvor gestorben, hatte sich über den Sieg also nicht lange freuen können.
Nun, am 29. August 1437, starb Ulrich Putsch. Oswald wird auch ihm nicht nachgetrauert, wird zu diesem Zeitpunkt aber auch kaum noch triumphiert haben.
(Der Sterbende und der Mönch: sie wurden in der Erbauungsliteratur des Mittelalters gern miteinander verglichen. So verläßt den Sterbenden die natürliche Wärme, den Mönch die Freundes- und Weltliebe, den Sterbenden der Gebrauch der äußeren Sinne, der Mönch bewacht Augen, Ohren, Mund, etc., der Sterbende verliert die Sprache, der Mönch beachtet das Silentium, der Sterbende verliert die Fähigkeit, sich frei zu bewegen, der Mönch begibt sich des freien Willens, der Sterbende wird mit Totentüchern umgeben, der Mönch mit dem Habit bekleidet, dieser wird in den Sarg gelegt, jener verläßt nicht mehr das Kloster.)
Im gleichen Jahr noch, am 9. Dezember, starb Sigmund, in Znaim. Nach seiner testamentarischen Bestimmung wurde sein Leichnam drei Tage lang ausgestellt: sitzend, in vollem kaiserlichen Dekor.
(Der Tod, so hieß es in der Erbauungsliteratur des Mittelalters, der Tod ist zu fürchten wegen seiner Gewißheit, seiner Strenge, der bitteren Trennung von Leib und Seele, der Beraubung aller Güter, der Erinnerung an die Sünden, des Angriffs der bösen Geister, des Verlustes der Schönheit, der Hinfälligkeit, des Erscheinens der Seele vor dem Besonderen Gericht und wegen des Eintritts in die unbekannte Region.)
Sigmunds Nachfolger wurde Herzog Albrecht von Österreich, sein Schwiegersohn. Mit ihm begann das »ewige Habsburgische Königtum«.

223 Oswald sorgte vor für die Zukunft der Familie, setzte sich mit Entschiedenheit zum Beispiel für seinen Sohn Michael ein, 1439. Michael sollte Theologie studieren und Domherr in Brixen werden, wurde vom Domkapitel aber keineswegs mit offenen Armen aufgenommen; man befürchtete vielleicht, der beängstigend aktive Alte würde über seinen Sohn das Domkapitel noch direkter, intensiver zu beeinflussen versuchen. Wahrscheinlich sollte durch diese Pfründe auch das Studium mitfinanziert

werden. Oswald wandte sich an Bischof Georg, den Nachfolger von Ulrich II., bat ihn, sich für Michael einzusetzen. Und Oswald hatte Erfolg: ein Jahr später war Michael Domherr in Brixen und Student an der Wiener Universität!
Ein Sohn Oswalds als Theologiestudent in Wien – das ist keineswegs selbstverständlich! Michael kam damit in eine soziale Gruppe, die vorwiegend aus Bürgern bestand. Und gegen Bürger, vor allem gegen Theologen und Juristen bürgerlicher Herkunft hatte Oswald offenbar eine Aversion, bei der sicher Neid mitspielte; diese Leute rückten auf in die gesellschaftlich wichtigen, ökonomisch sicheren Positionen, während er selbst sich sein Leben lang hatte herumschlagen, durchschlagen müssen. Dies wollte er seinen Söhnen offenbar ersparen, wollte in ihnen nicht, blind vor Standesbewußtsein, partout wieder Ritter sehen, notfalls Raubritter, er unterstützte die Neuansätze der nächsten Generation.

224 Am 24. Juni 1439 starb Herzog Friedrich IV. Setzten auch bei Oswald sofort Überlegungen ein, wie nun die Landespolitik im Interesse seines Standes weitergeführt werden könnte?
Oswald wird an den oft dramatischen Vorgängen und Ereignissen der kommenden Jahre beteiligt sein, als einer der Hauptakteure: deshalb nun ein kurzer Bericht über die neue politische Konstellation.
Herzog Friedrich, verheiratet mit Anna von Braunschweig, war viermal Vater geworden: zwei Töchter, zwei Söhne. Die Töchter starben früh, von den Söhnen überlebte nur einer; König Sigmund war sein Taufpate gewesen, so trug er dessen Name. Als Friedrich starb, war Sigmund nicht einmal 12 Jahre alt; also mußte ein Vormund für ihn bestimmt werden, bis zur Volljährigkeit, mit 16. Wer sollte diese Vormundschaft übernehmen? Friedrich hatte keine Bestimmung hinterlassen. Eine heikle, ja gefährliche Situation für Tirol, denn rechtlich kamen zwei Männer in Frage, die Herzöge Albrecht und Friedrich (der »steirische Friedrich«), und die waren miteinander verfeindet, jeder wollte sich auf Kosten des anderen ausbreiten in den wiederholt geteilten österreichischen »Landen«, wollte nun sicher auch die Macht über Tirol.
Ein Landtag wurde einberufen nach Hall. Ich nenne einige der adligen Vertreter der »Landschaft«, Namen, die wir schon öfter gelesen haben, Namen, die wir noch mehrfach lesen werden, hier sind sie beisammen: Bischof Georg von Brixen, Graf Ulrich von

Matsch, Hans von Villanders, Kaspar von Gufidaun, Anton von Thun, Sigmund und Hans von Schlandersberg, Wilhelm Truchsess, Parzival von Annenberg, Hans von Velseck, Hans von Ungnad. Und zwei Wolkensteiner; Michael und Konrad. Oswald offenbar nicht, aber dafür tritt er später um so entschiedener hervor.
Auf diesem Landtag wurde überlegt, wie man sich dagegen schützen könne, daß sich der zukünftige Vormund zugleich zum Herrn über Tirol mache. Die Landstände waren entschlossen, die Freiheiten und Rechte Tirols nicht aufzugeben, Tirol sollte seinen Sonderstatus bewahren. Man konnte sich aber nur für einen von zwei machtgierigen Brüdern entscheiden. Dies fiel den Versammelten verständlicherweise schwer, sie wollten die verfeindeten Brüder unter sich entscheiden lassen. Die beiden waren zu dieser Zeit in Hall, jeder mit militärischem Anhang – Alarmbereitschaft der Bürgerwehr. Friedrich erklärte einem Ausschuß des Stadtrats, sein Bruder stehe mit den ärgsten Feinden des Hauses Österreich, mit den Grafen Friedrich und Ulrich von Cilli und dem Grafen Heinrich von Görz in enger Verbindung, wahrscheinlich habe er unter seiner Mannschaft viele Leute der Cillier, es bestehe die Gefahr eines Anschlags. Verstärkte Alarmbereitschaft in Hall.
Es gelang dem steirischen Friedrich, sich durchzusetzen gegen die gleichberechtigten Ansprüche seines Bruders: am 28. Juli, also nach etwa vier Wochen Verhandlungen, wurde er in Hall von den Landständen zum Vormund des kleinen Herzogs Sigmund ernannt.
Selbstverständlich sicherten sich die Vertreter der Landstände ab: Friedrich mußte zwei Verträge besiegeln. Oswald wird sie später offiziell in Verwahrung nehmen, auch deshalb müssen sie vorgestellt werden. Ich folge dabei (wie bisher schon und auch weiterhin) der Untersuchung von Albert Jäger. So mußte sich Friedrich erst einmal verpflichten, ich zitiere aus Jägers Übersetzung: »Wir wollen und sollen Unseren Vetter Sigmund in der Luft, in welcher er erzogen wurde und bisher gewohnt hat, nämlich hier im Inntal, und zwar in jenem Schlosse oder in jener Stadt, die je nach der Jahreszeit die geeignetste sein wird, bleiben lassen und ihn weder selbst noch durch andere aus dem Lande führen.« Nach Ablauf der vier Vormundschaftsjahre werde Herzog Friedrich alle Lande, die er als Vormund in Besitz genommen, ferner alle Schätze und Briefe ohne Verzug und Widerrede dem Herzog Sigmund überantworten, und alle Hauptleute, Burggrafen, Pfleger und Amtsleute, alle Bürger in Städten und Märkten sowie die gesamte Landschaft der Grafschaft Tirol von den Eiden entbinden, die ihm anläßlich der Übernahme der Vormundschaft geschworen wurden.

Zweiter wichtiger Punkt: die reiche Hinterlassenschaft des verstorbenen Friedrich, der einmal »Friedel mit der leeren Tasche« genannt worden war. In dessen Schatzkammer (so lese ich bei Jäger und bei Seel) lagen Goldgeschmeide und Silbergeschirre, Halsbänder und Gürtel, Ringe und Becher, Kannen und Becken aus Silber und Gold, auch Perlen, Saphire, Smaragde, Türkise, Amthyste, Korallen, Diamanten. Allein das Silbergeschirr hatte einen Wert von 1 272 Mark. Dazu Silber in sieben Fässern, im Gesamtgewicht von 16 Zentnern. Friedrich hatte außerdem 14 500 Dukaten, 54 500 rheinische Gulden hinterlassen.
Der steirische Friedrich besichtigte diesen Schatz, mußte in doppelter Ausfertigung das Inventar besiegeln, mußte zusichern, vertraglich, daß auch dieser ›Staatsschatz‹ in Tirol bleibe.
Herzog Friedrich behielt ein Exemplar des Inventars, Bischof Georg von Brixen bekam das zweite. Für den steirischen Friedrich wurde dieses Inventar zur Wunschliste.

225 Kaum hatte Herzog Friedrich kommissarisch die Regierung von Tirol übernommen, wurde er von Oswald über das Verhalten des Hans von Villanders informiert: nach dem Tod Friedrich IV. hätte er eigentlich sofort die Gelder und Schuldbriefe zurückgeben müssen, denn nun bestand nicht mehr der geringste Vorwand für eine Fortsetzung der erzwungenen Sicherheitsleistung. Aber der Verwandte gab auch jetzt das Geld nicht heraus. Oswald wird dies dem kommissarischen Landesherrn berichtet, wird zugleich angefragt haben, ob er den Unrechtsakt seines Vorgängers weiterzuführen gedenke. Und Friedrich diktierte am 15. September einen Brief an Hans von Villanders: er behalte einen Geldbetrag zurück, den ihm Oswald von Wolkenstein (»Unser getrewer«) ausgehändigt habe für die Bürgschaft gegenüber dem verstorbenen Herzog Friedrich; er empfehle ihm mit allem Nachdruck, diesen Geldbetrag unverzüglich zurückzugeben, in seinem und im Auftrag des Herzogs Sigmund (»den wir inn haben«).
Auch dieses Schreiben nützte nichts.

226 Wenige Tage nach Ausfertigung dieses Schreibens verließ Herzog Friedrich Tirol. Es zeigte sich recht bald schon, daß er sich durch den Vormundschaftsvertrag von Hall nicht gebunden fühlte: er ließ Sigmund aus Tirol entführen und an seinen Hof in Graz bringen. Den Innsbrucker Schatz ließ er auch abholen.
Enttäuschung, Verbitterung, Wut in Tirol! Aber Friedrich hatte weder Lust noch Zeit, auf Anfragen und Anwürfe zu reagieren, er hatte bereits anderes im Sinn: er wollte König werden. König Albrecht hatte die Türken geschlagen, in einer wichtigen Schlacht, war aber bald darauf gestorben: Ruhr. Der steirische Friedrich kandidierte für das vakante Amt und wurde am 2. Februar 1440 zum König des Heiligen Römischen Reiches Deutscher Nation gewählt: Friedrich III.
Ein König als Gegner, das war nicht günstig für die Tiroler Landstände. Aber sie wollten ihre Ansprüche auf den Herzog nicht aufgeben, sie warteten ungeduldig auf den 25. Juli 1443, den letzten Tag der Vormundschaftsfrist.
Auch Oswald setzte Hoffnungen auf die Rückkehr Sigmunds – er war einer der wenigen Tiroler Adligen, denen es (später) gelang, geheimen Kontakt aufzunehmen mit Sigmund. In Graz und Wiener Neustadt wurde der kleine Herzog systematisch isoliert, rigoros bevormundet.

227 Achtzehn Jahre sind es mittlerweile her, seit Oswald Bargelder und Schuldverschreibungen bei Hans von Villanders hinterlegt hatte, unfreiwillig. Ob und wo Oswald für die 2200 Gulden Darlehen aufgenommen hat, weiß ich nicht; wenn er nicht Zinsen gezahlt hat, so hat er Zinsen verloren.
Offiziell wurden damals unter Christen keine Zinsen gezahlt, aber man hatte Modalitäten entwickelt, die Zinszahlungen entsprachen. Als 1405 Heinrich von Rottenburg bei Leonhard eine Hypothek in Höhe von 600 Gulden aufnahm, garantierte er dafür im Vertrag jährliche Einkünfte von 60 Gulden aus Besitzungen bei Aichach – also eine zehnprozentige Verzinsung.
Setzen wir dies als Richtwert an, so hatten sich die 2200 Gulden, die Oswald 1422 an den Schwager auszahlen mußte, im ersten Jahrzehnt ungefähr verdoppelt; dieser Betrag verdoppelte sich (mit Zinsen und Zinseszinsen) im nun zweiten Jahrzehnt auch wiederum. Selbst, wenn man einen geringeren Zinssatz annimmt, kommt man auf mindestens 6000 Gulden, vor allem, wenn man

die Nachzahlung für den Neuhauser Pfandbrief mitrechnet. Bei einem Zinssatz von zehn Prozent aber nähert man sich bereits der Summe, mit der sich die Reichsstadt Nürnberg von Eroberung, Besetzung, Zerstörung durch die Hussiten freigekauft hatte.

Wieviel Zeit inzwischen vergangen war, zeigt sich auch daran, daß nun die nächste Generation den Kampf aufnahm: »Oswald junior« schickte einen Brief an Hans von Villanders. Leider ist das Schreiben in der Datierungszeile beschädigt, aber es dürfte 1440 diktiert worden sein.

»Meinen Gruß, lieber Hans. Es geht um das Hab und Gut, das mein Herr Vater seinerzeit in vollem Vertrauen bei Dir treuhänderisch hinterlegt hat; ich bin diesbezüglich im Besitz Deiner besiegelten Urkunden, seitdem unser Herr Vater mir und meinen Brüdern die Aufgabe übertragen hat, von Dir zurückzufordern und einzuziehen, was Du ihm aufgrund der Rechtslage längst schon hättest aushändigen müssen, insbesondere nach Deinem Versprechen, Du würdest ihm und auch uns gegenüber – bevor wir in eine wirtschaftlich bedrohliche Lage gerieten – so handeln, daß wir Dir zu Dank verpflichtet wären; auch hierfür habe ich rechtsgültige Beweise. Ich verlange nun von Dir, für mich und meine Brüder, daß Du uns – um allzu empfindliche Vermögensverluste zu vermeiden – jenen Besitz, den Dir unser Herr Vater treuhänderisch übergeben hat, unverzüglich zurückgibst und übermittelst, einschließlich der Jahreszinsen, die Du ebenfalls widerrechtlich einbehalten hast. Solltest Du dies jedoch unterlassen und wieder einmal aufschieben (was wir aber nicht hoffen wollen!), so dürfest Du wohl selbst einsehen, daß wir solch ein Verhalten Deinerseits nicht länger hinnehmen können. Lasse uns in dieser Angelegenheit eine schriftliche Antwort zukommen.«

Im nächsten Jahr, am 14. Februar 1441 (nachdem wieder einmal ein paar hundert Gulden Zinsen verlorengegangen waren – mehr, als die gesamten landwirtschaftlichen Besitzungen einbrachten), wurde erneut ein Brief an Hans von Villanders geschrieben: es siegelten »Oswald junior und Gotthart, Gebrüder von Wolkenstein«.

»Hans von Villanders! Der Sachverhalt ist Dir wohlbekannt: es handelt sich um das Hab und Gut, das Dir unser Herr Vater treuhänderisch zu Verwahrung übergeben hat und wovon er bisher nie etwas von Dir zurückerhalten konnte. Er hat sich auf Dein Wort und Versprechen verlassen, Du würdest – wenn er Dir nur Vertrauen entgegenbrächte – ihm und auch uns gegenüber so handeln, daß wir Dir zu Dank verpflichtet wären; dieses Versprechen hast Du nicht abgeleugnet. Daraufhin hatte er Dir, wie gesagt, seinen Besitz anvertraut. Ein Freundschaftsdienst im oben genannten

Sinne wurde uns gegenüber bis dato nicht erwiesen; wir können keine entsprechende öffentliche Erklärung abgeben – es sei denn, Du änderst jetzt Dein Verhalten; dafür wäre Dir unser Dank sicher.
Da unser Herr Vater alle seine Ansprüche auf uns und unsere Brüder übertragen hat (er hat Dir das korrekterweise mündlich mitgeteilt), verlangen wir nun von Dir, daß Du jetzt Dein Versprechen, wie es urkundlich besiegelt ist, zwischen dem Datum dieses Schreibens und dem kommenden Freitag vor Pfingstsonntag bei uns einlöst und erfüllst und uns, sowie unsere Brüder, in Bezug auf das Kapital und die entgangenen Vermögenserträge zufriedenstellst, und zwar so, wie Du es Dir selbst und uns gegenüber sowie den Geboten der Ehre und des Rechtes schuldig bist.
Solltest Du dies in genannter Weise jedoch nicht tun, so nimm zur Kenntnis: nach Ablauf der Frist können und wollen wir bezüglich unseres Besitzes nicht länger in Güte und Freundschaft Außenstände hinnehmen, weder von Dir noch von Deinem Sohn; wir wollen uns hier mit ganzer Kraft einsetzen. Wir können allerdings nur wünschen, für uns, für unsere Helfer und Diener und überhaupt für alle, die wir gegen Dich werden aufbieten müssen, daß uns diese Aktion erspart bleibe, daß auch ohne sie dem schweren Übergriff, der Willkür und der Schädigung, die Du Dir unserem Vater und auch uns gegenüber jahrelang erlaubt hast, ein Ende gesetzt wird.«
Beim Lesen dieser Briefe könnte der Eindruck entstehen: Oswald ist den Kampf müde geworden. Im folgenden Kapitel wird sich zeigen, daß er nur diesen Fall weitergab, sich sonst aber durchaus noch zu helfen, zu wehren wußte, seine Energie keineswegs verloren hatte.

228 Zu berichten ist nun von einem Rechtsstreit, der Oswald sicher ebenfalls seit vielen Jahren beschäftigte, der ab 1441 jedoch zu eskalieren begann: Auseinandersetzungen mit der Gemeinde Am Ritten; es ging um Vorweiderechte.
Zu diesen Vorgängen ist erstaunlich viel Material überliefert: Faszikel 18 des Nürnberger Nationalmuseums enthält ungefähr 80 (achtzig!) Dokumente. Ich habe sie alle gelesen, zumindest angelesen, habe dabei einen aufregenden Fund gemacht.
Der Schauplatz dieser Auseinandersetzungen, für Leser skizziert, die Südtirol oder diese Region Südtirols nicht genauer kennen: der Ritten ist ein von der Bozener Ebene zwischen Sarntal und Eisack-

tal nach Norden hin sanft ansteigendes, heute reich bewaldetes, dünn besiedeltes Hügel- und Bergmassiv, das am Rittner Horn eine Höhe von 2260 Meter erreicht; von der Seiser Bergstufe und damit selbstverständlich von der Burg Hauenstein aus kann man Wälder und Wiesen des Ritten sehen, jenseits des Eisacktals: hat Oswald grimmig dort hinübergeblickt, wenn wieder einmal ein Schreiben, eine Aktion notwendig wurde?

Worum es bei diesem Streit grundsätzlich ging, darüber habe ich mich in einem Aufsatz von Nikolaus Grass informiert. Oswald besaß auf der Villanders Alpe, einem nördlichen Sektor des Rittenmassivs, mehrere Almwiesen, wohl aus dem Erbteil seiner Mutter, der Katharina von Villanders. Diese Almwiesen (in Streulage!) grenzten vor allem an Weidegebiete der Gemeinden Ritten und Wangen. Es war üblich, einen Teil der Almgebiete als Weiden, den anderen Teil als Mahdwiesen zu nutzen. Oswalds Weideflächen und Mahdwiesen aber waren auf der Villanders Alpe »völlig durcheinander vermischt«: weitere Voraussetzung für Komplikationen. Entscheidend war nun, daß Weideflächen wie Mahdwiesen in einer Region lagen, in der die Gemeinden Wangen und Ritten das Vorweiderecht besaßen. Das heißt, die Gemeinden trieben jedes Jahr große Herden (bis zu tausend Stück) auf diese Almen, ließen sie dort vierzig bis fünfzig Tage lang »sömmern«, und dabei fraßen sie auch das Gras auf den Weideflächen und Mahdwiesen des Herrn Oswald von Wolkenstein. Das war weder Nachlässigkeit noch Provokation, dazu besaß man ein altverbrieftes Recht, eben die Vorweideberechtigung: erst nach dem Abtrieb der Herden durfte auf den Mahdwiesen Gras geschnitten, Heu geerntet werden. Wenn aber die Senner mit ihren Herden wieder abzogen, war nicht allzuviel Gras übriggeblieben. Die Ochsen und Rinder, die Oswald zur gleichen Zeit auf der Villanders Alpe »sömmern« ließ, fanden durchaus ihr Futter, aber auch Oswald brauchte Heu, um sein Vieh über den Winter zu bringen.

Also letztlich Streit um Winterfutter. Ein Streit übrigens, der schon lange vor Oswald begonnen hatte und erst Jahrhunderte nach ihm beigelegt wurde: 1823 wurden die Weideberechtigungen der verschiedenen Gemeinden und Besitzer klar abgegrenzt. Mehr als ein halbes Jahrtausend Krach um den Ritten also; dabei war Oswald gewiß einer der härtesten Streithansl gewesen.

Ich kann die Vorgänge nicht bis in alle Verfilzungen darstellen, kann nur einige Phasen hervorheben. Zuvor möchte ich nochmal Dank sagen. Zuerst bei Erika Timm. Ich erwähnte schon, daß ich in Nürnberg die Dokumente geprüft und gesichtet, zum Teil auch abgelichtet habe; bei der Übersetzungs-Vorarbeit habe ich jedoch

mehrfach Transkriptionen benutzt, die mir Erika Timm zur Verfügung stellte – Typoskripte von Dokumenten, die bisher nie veröffentlicht worden sind, bis auf eine Ausnahme. Diese Transkriptionen haben mir die Arbeit leichter gemacht, denn bei diesem Streit wurden nicht immer die besten Schreiber beschäftigt!
Mit Nachdruck bedanke ich mich auch noch einmal bei Lambertus Okken: in diesem Kapitel war ich besonders stark auf seine Unterstützung angewiesen. Ich habe eine Reihe von Dokumenten für dieses Buch selbst übersetzt, ohne Konsultationen, aber das riskierte ich nur, wenn ich mich sicher fühlte. In diesem Fall jedoch wäre ich ohne Okkens Hilfe mit den Dokumenten kaum fertig geworden; sie sind äußerst schwierig.
Nun zu den Vorgängen selbst! Oswald schrieb einen Brief, gemeinsam mit dem ebenfalls betroffenen Kaspar von Gufidaun, Hauptmann von Bruneck. Das Schreiben ist zwar in Bruneck verfaßt worden, am 26. Juni 1441, aber Oswald war hier offenbar der federführende Partner, er nennt sich auch jeweils zuerst.
»Der gesamten Bauerngemeinde Am Ritten und dazu allen anderen, die mir, Oswald von Wolkenstein, Ritter, und mir, Kaspar von Gufidaun, unser väterliches Erbe, gelegen auf der Villanders Alpe, lange Zeit mit Gewalt, gegen Gott und alles Recht genommen und genutzt haben, nutzen und vielleicht auch noch zukünftig zu nutzen vorhaben – wo vor Gott sei! – stellen wir beiden Obengenannten nachdrücklich folgende Forderung: ihr sollt uns den bisherigen Schaden wiedergutmachen und auch künftig von unserem Boden, unseren Wiesen- und Heuflächen, soweit sie zu unseren Höfen und Gütern gehören oder durch Marksteine abgegrenzt sind, fernhalten und davon wegbleiben, so daß ihr mit eurem Vieh und auch sonst keinerlei weitere Schäden mehr anrichtet, weder uns noch den Unsrigen, und daß ihr künftig auf die Gewalt, wie ihr sie bisher angewendet habt, verzichtet. Geschieht dies aber nicht in der obengenannten Weise, und müssen wir durch euch noch länger Schäden hinnehmen, so merkt euch folgendes: wir tun es nicht gern, aber wir werden alles in unserer Kraft stehende tun, damit uns für unseren Teil, sofern unser Grund und Boden davon berührt ist, solche Übergriffe und Schädigungen von eurer Seite erspart bleiben. Überdies wollt ihr bitte bemüht sein, uns beiderseits weitere Belästigungen, Verärgerungen und Schädigungen zu ersparen.«
Die Rittner wendeten sich an den Sohn des Landeshauptmanns. Ulrich von Matsch junior schrieb an die beiden Herren; Oswald diktierte das Antwortschreiben; dieser Brief ist ebenfalls im Konzept erhalten. Nach den Begrüßungsfloskeln heißt es: »Euer ge-

genwärtiges und vorheriges Schreiben bezüglich der Bauerngemeinde Am Ritten habe ich zur Kenntnis genommen. Ich weise darauf hin, daß ich und der Gufidauner den obengenannten Personen unsere Meinung schriftlich dahingehend mitgeteilt haben, daß sie unser väterliches Erbe, die Wiesen- und Heuflächen auf der Villanders Alpe, soweit sie zu unseren Höfen und Gütern gehören oder durch Marksteine abgegrenzt sind, künftig mit ihrem Vieh meiden und sich dort fernhalten sollen, damit wir und unsere Bauern von ihnen nicht weiter geschädigt werden; auch sollen sie uns für den bisherigen Schaden aufkommen, so, wie das im Schreiben ausführlicher niedergelegt wurde. Von all dem haben sie bisher nichts erfüllt, und sie haben sich auch nicht bereiterklärt, in Zukunft auf solche Behelligungen zu verzichten. Ja, sie haben vielmehr in aller Öffentlichkeit erklärt, sie würde sehr wohl mit Gewalt, gegen Gott und alles Recht, unsere Güter nutzen, ob es uns passe oder nicht. Daraus mögt Ihr und andere schließen, ob die Verletzung von Anstand und Recht bei uns oder bei denen liegt. Denn hätten sie irgendwelche Ansprüche an mein väterliches Erbe zu stellen, so hätten sie die ja vor Gericht geltend machen können, dort, wo es rechtens gewesen wäre, gemäß dem Landrecht, und ich hätte das von meiner Seite aus nicht abgelehnt.«

»Wir und unsere Bauern«: Oswald sprach, schrieb, handelte als Grundbesitzer, der daran interessiert war, daß seine Pächter (soweit sie Vieh auf der Villanders Alpe »sömmerten«) genug erwirtschafteten, um ohne Abstriche die Grundrente zahlen und liefern zu können. Zugleich war Oswald in dieser Sache wohl auch direkt betroffen. Im Inventar war als letzter Posten angegeben: sechs Kühe. Hier muß gefragt werden: besaß Oswald im Schnitt nicht mehr? Und: ließ er diese Kühe auf der Villanders Alpe »sömmern«?

Es geht um den Streitwert: ließ Oswald als ›Hörndlbauer‹ nur ein paar Stück Rindvieh auf die Alm treiben oder war es eine Herde? Etwa ein Vierteljahrhundert nach seinem Tod kam es, so lese ich bei Nikolaus Grass, zu Rechtsstreitigkeiten zwischen der Gemeinde Kastelruth und Besitzern von Weiden auf der Seiser Alm. Oswalds Sohn Oswald, als Gerichtsherr von Kastelruth, vernahm mehrere Zeugen, die zu Oswalds Lebzeiten als Hüter auf der Seiser Alm gearbeitet hatten. Es wurde zu Protokoll genommen, daß die Familie Wolkenstein im Jahr durchschnittlich 24 bis 32 Ochsen auf die Seiser Alm treiben ließ. Wie viele Ochsen davon gehörten Oswald? Jennewein Schmelzl berichtete, der selige Oswald von Wolkenstein habe zwei Ochsen auf der Seiser Alm gehabt, zu Rechtsstreitigkeiten sei es nicht gekommen. Mathes Runnsoler bestätigte: er habe des öfteren zwei Ochsen des Herrn Oswald selig gesehen; an Schwierigkeiten, Rechtsstreitigkeiten könne er sich nicht erinnern. Ulrich von Cost sagte aus, zu seiner Zeit hätte Herr Oswald selig vier Ochsen auf der Alm gehabt.

Die Eigenwirtschaft des Oswald von Wolkenstein war also in der Tat recht klein: zwei bis vier Stück Rindvieh jährlich auf der Seiser Alm. Und die lag in der Nähe von Hauenstein. Zur Villanders Alm war der Weg sehr viel weiter, das Vieh mußte erst nach Waidbruck hinuntergetrieben werden, über oder durch den Eisack, dann den Ritten hinauf. Ich vermute, die Zahl seiner Ochsen und Kühe, die auf der Villanders Alm sömmerten, war kaum größer als die Zahl der Ochsen und Kühe auf der Seiser Alm.

Damit sind nun die Proportionen erkennbar: hier kämpfte nicht der Besitzer einer großen ›Ranch‹ gegen eine kleine Bauerngemeinde, sondern: ein ›Hörndlbauer‹ namens Oswald von Wolkenstein, der ein paar Kühe oder Ochsen auf der Villanders Alm sömmern ließ, kämpfte an gegen eine sehr selbstbewußte Gemeinde von Bauern mit eigenem Grundbesitz, die sich mit anderen Bauerngemeinden zusammenschloß zu einem Interessenverband und zugleich Protektion suchte bei höheren Tiroler Instanzen.

Von diesen Voraussetzungen her ist Oswalds folgendes Schreiben zu verstehen: das konspirative Getuschel zeigt, daß er sich bei diesem Kampf keineswegs sicher und mächtig fühlte, vielmehr mußte er seinen Helfern glaubhaft versichern, sie würden keinerlei Nachteile erleiden, er allein werde notfalls den Kopf hinhalten...

Der Brief an Michael ist nicht datiert, muß aber nach den beiden vorherigen Schreiben diktiert worden sein: die Aktionsgemeinschaft zwischen Oswald von Wolkenstein und Kaspar von Gufidaun war inzwischen zerfallen; Oswald suchte einen neuen Kampfgenossen.

»Zuvor meine freundlichen Grüße, mein lieber Herr Bruder. Wie Ihr wissen werdet, bin ich mit dem Gufidauner darin übereingekommen, daß wir den Rittnern unsere Meinung schriftlich dahingehend klarmachen wollen, daß sie von unserem Grund und Boden, unseren Wiesen- und Heuflächen, soweit sie als Teil unserer beiden Güter und Höfe mit Marksteinen gekennzeichnet sind, künftig fernbleiben und nicht weiter ihr Vieh darauf treiben sollen. Wenn sie dazu nicht imstande sind, dann sollen sie gänzlich von der Alm fernbleiben! Sollte unsere Forderung nicht erfüllt werden, dann würden wir nach besten Kräften das Unsrige vor ihnen schützen und behüten. Und diese Absicht möchten wir auf diese Weise verwirklichen (mit der geheimen Unterstützung

durch Euch und andere bergberechtigte Leute), daß man sich nur an uns beide halten kann und sonst an niemand. Der Bischof von Brixen ist damit einverstanden; mit dieser Verabredung haben wir uns getrennt.
Nun höre ich aber, daß die Rittner danach beim Gufidauner gewesen sind und daß er in dieser Sache nun eine Haltung einnimmt, mit der ich nicht einverstanden sein kann; er macht jetzt Vorbehalte. Wenn ich sicher wäre, daß ich wenigstens auf Euch rechnen könnte, und daß Ihr mich heimlich mit dem Bischof von Brixen in der besprochenen Weise unterstützen würdet, so würde ich den Streit, wie oben beschrieben, ganz allein auf mich nehmen und durchführen, so daß einzig und allein ich dafür geradezustehen habe.
So ist es denn auch nicht ratsam, daß wir uns an irgendeinem Tag zu einer gemeinsamen Beratung zusammensetzen. Denn wenn danach die Aktion beginnt, sei es durch einen oder durch mehrere, so würden die anderen mit hineingezogen.
Ich habe mich in dieser Angelegenheit auch mit Herrn Veit verständigt, und ich habe diesbezüglich keinen Zweifel, daß er wie ein Freund handeln wird. Das gleiche bei Herrn Oswald von Säben. Wir verstehen uns also: wenn die Aktion jetzt beginnt, in der oben beschriebenen Weise, so wird man hier niemand außer denen wahrnehmen, die den Streit anfingen und durchführten. Es ist sehr darauf geachtet worden, daß sonst keiner dafür geradezustehen hat und dadurch Schaden erleidet. Gebt mir dazu bitte schriftlich Nachricht.«
Nun ein Schreiben, aus dem hervorgeht, wie Oswald die Sache zur juristischen Entscheidung vorantreiben wollte – er ließ ein paar Kühe stehlen! Sollte dies schon die konspirativ beraunte Aktion gewesen sein?!
»Dem wohlgeborenen Herrn Vogt, Ulrich von Matsch, Graf zu Kirchberg und Hauptmann an der Etsch, entbiete ich, Oswald von Wolkenstein, meinen Gruß.
Ihr habt mir kürzlich geschrieben wegen der vier Ochsen, die meine Knechte aus dem Gericht Sarnthein fortgetrieben haben sollen. Dazu gebe ich folgende Erklärung ab: diese Ochsen haben meinen erklärten Feinden gehört. Ich hatte es nicht erwartet, daß irgendeiner von den Särntnern die Weidegebiete meiner Feinde in nächster Nähe meiner Alm benutzen würde; dadurch wurde mir täglich Schaden zugefügt.
Wenn nun die Rittner den seit langem erlittenen Schaden wiedergutmachen würden, mir und meinen Bauern, so würde ich auch meinerseits einen Ausgleich mit den Rittnern schaffen.

Ich höre ferner, falls ich die vier Kühe nicht wieder in das Gericht Sarnthein zurückbrächte, so würdet Ihr die Rechtsvertreter unseres gnädigen Herrn, des Römischen Königs, sowie der Landschaft ein Urteil darüber fällen lassen, inwieweit ich in dieser Sache schuldig sei; so stellt das in ausführlicheren Worten die besagte Vorladung dar – ich habe das schriftlich von Euch früher schon einmal vernommen. Dabei habe ich niemals etwas gegen die Ehre getan, habe also keinen Anlaß, solch eine Beleidigung hinzunehmen. Wenn mir nun dieses Unrecht widerfährt, so zweifle ich nicht, daß der allerdurchlauchtigste Römische König etc., Majestät und Gnaden geruhen werden, weder mich noch sonst jemand aus irgendeinem Grund ungnädig zu behandeln.
Nehmt weiter zur Kenntnis, daß ich diese Beleidigung, die mir unverdient und wegen einer Lappalie zugefügt wird, nicht auf mir ruhen lassen werde; ich will rechtmäßig verklagt werden und mich entsprechend verteidigen, um meiner Ehre Genüge zu tun, wie das ein Ehrenmann und Ritter beanspruchen darf. Gegeben zu Hauenstein.« Und zwar am 26. August 1441.

Oswalds Fehdeaktion gegen die Gemeinde Am Ritten (und gegen die mit ihr kooperierende Gemeinde im Gebiet des Sarntals) dürfte aber kaum allein dieser Viehdiebstahl gewesen sein, hier muß mehr geschehen sein, sonst wären die folgenden Vorgänge kaum verständlich.

Einzelheiten hierzu erfahre ich aus einem Dokument, das ich im Ritten-Dossier gefunden habe: das Protokoll eines Verhörs, das auf Hauenstein stattfand; ein Knecht namens Kunz Widmer verriet Rachepläne der Bauerngemeinde. Im ersten Entdeckerfieber hatte ich in Nürnberg gleich angefangen, hier Notizen zu machen, zu übersetzen, habe die Übersetzung freilich nochmal anhand der Ablichtung überarbeitet, die ich mir von diesem Protokoll machen ließ.

Kunz Widmer berichtet einleitend, wie er mit mehreren Bauern des Ritten bei Landrichter Erhart in Kontakt kam und von ihnen angeworben wurde; er suchte zu dieser Zeit Arbeit, auf einer der Burgen, aber nun bot man ihm 100 Gulden (plus anfallende Beute) für eine besondere Aufgabe an, bei der ihn zwei Helfer unterstützen sollten, ebenfalls für 100 Gulden pro Kopf. Widmer ahnte offenbar gleich, daß dies ein gefährlicher Auftrag sein müsse, er fragte, ob sich das etwa gegen die Herrschaft richte? Darauf teilten ihm die Verhandlungspartner beruhigend mit, sie hätten den König auf ihrer Seite, und wenn man den König hätte, hätte man auch den Landeshauptmann, der müsse sie unterstützen; der König sei den Wolkensteinern feind, weil sie gegen die Regierung und das ganze

Land seien. Widmer erklärte nun, ihm sei es egal, wem er diene, und fragte, wo er hingehen solle. Darauf erhielt er zur Antwort, er solle mit den beiden anderen (Sengeisen und Kühleisen) nach Kastelruth gehen und ausspionieren, wieviele Leute auf der Burg Prösels, auf Hauenstein, auf der Trostburg und auf Wolkenstein seien und welche Gewohnheiten man auf den Burgen habe. Man solle versuchen, sich dort, zusammen mit anderen Knechten, zu verdingen; werde man in eine Burg nicht eingelassen oder aufgenommen, so solle man es gleich bei einer anderen versuchen; bei Hauenstein solle er den Anfang machen. Widmer erklärte den Rittnern, man werde ihn dort nicht hereinlassen. Der Bürgermeister von Siffian und »einer mit einem langen Bart, der dem Spital zu Bozen zinspflichtig sei«, hätten daraufhin vorgeschlagen, Widmer solle sagen, er werde von Veit von Wolkenstein geschickt, er solle sich bei Oswald von Wolkenstein verdingen. »Also gingen wir alle drei auf den Berg zu den Burgen und sollten auch den Berg Kastelruth ausrauben helfen, sobald die Friedensregelung demnächst am St. Georgstag abgelaufen ist.«
Noch einmal habe man ihm, Widmer, eingeschärft, sich höflich und friedfertig zu verhalten und besonders darauf zu achten, wie man am leichtesten die Burg Hauenstein ersteigen könne; speziell solle man bei den »Rohren« aufpassen. Wenn er diesen Auftrag erledigt habe, sollten er und seine zwei Gesellen sich zur Rücksprache melden.
Die »Rohre« – damit konnte nicht der Brunnenschacht gemeint sein, hier mußte es sich um (wenigstens) ein Zuleitungsrohr handeln; die Quelle wohl oberhalb der Burg, am Sockel vielleicht des »Wasserbergs« Schlern. Wie man nun durch oder an solchen Rohren entlang in eine Burg kommen konnte, heimlich, ist mir technisch nicht klar. Entscheidend ist: man wollte die Burg Hauenstein angreifen, besetzen. Und bei dieser Aktion sollten Widmer, Sengeisen & Kühleisen aktiv mitwirken.
Es heißt nun im Protokoll: »Auch habe ich gestanden, daß der Kühleisen und der Sengeisen das Haus Hauenstein erstiegen haben sollten, und wenn sie hinaufgekommen wären, so sollten wir dann in dem Haus ein Feuer angezündet haben, da wären dann die Nachbarn hingelaufen und wenn sie dann hineinlaufen wollten, so sollten wir unter das Tor gegangen sein und die Nachbarn getäuscht haben, und es sollten dann die Rittner mit ihnen hineingelaufen sein. Hätten sie das aber nicht ersteigen können, so sollte ich ihnen ein Signal mit einem Stab aus dem Erker bei der Stube geben, und wenn ich das getan hätte, so sollte ich danach ein Feuer in dem Haus gemacht haben, so wären dann die Nachbarn eben-

falls herbeigelaufen und die Rittner mit ihnen hinein, wie es oben beschrieben wurde.
Weiter habe ich gestanden, daß ich und meine Gesellen Herrn Oswald bespitzeln sollten, wo auch immer, und wenn wir das getan hätten, so sollten wir ihnen das mitteilen; sie wollten uns dann genug Leute zuschicken, damit man ihn gut überwältigen könnte. Denjenigen, die ihn so brächten, denen wollten sie tausend Gulden geben, und sie sollten ihn nach Stein am Ritten bringen oder anderswohin; wenn sie ihn dahin brächten, würde der Thun den Rittnern die tausend Gulden dazu leihen, bis sie die untereinander gesammelt hätten.
Auch habe ich gestanden, daß wir zu den Rittnern sagten: wenn wir ihn nicht von dorther bringen könnten, wie wir dann mit ihm verfahren sollten. Da sagte ein Kunz Päurlen: So erschießt oder ersticht ihn und bringt ihn um! Da sprach der Bürgermeister von Siffian, dies solle man nicht tun, damit würde uns unser Schaden nicht vergolten, und mit diesem Ratschlag setzte er sich durch. Und er sagte noch Weiteres: Wenn es uns auf der einen oder anderen Tour nicht gelingt, seiner habhaft zu werden, so gelingt es uns auf der dritten, und sobald wir seiner habhaft werden, muß er uns 6000 oder 10000 Gulden geben, damit uns unser Schaden entgolten sei.« Und nun folgt eine Aussage, die wieder gestrichen wurde, ich übersetze sie trotzdem: (»Seine Frau und sein Bruder, die lassen ihn wegen des Geldes nicht fallen, die werden das für ihn erledigen.«) Und das Protokoll wird wieder fortgesetzt: »Mit den anderen Burgen Prösels, Trostburg und mit Wolkenstein sollte man auf gleiche Weise verfahren haben, wie man es mit Hauenstein getan haben wollte. Weiter habe ich ihnen gestanden, daß die Rittner zu uns gesagt haben, daß ihnen die Särntner und Möltner auf St. Jenesienberg, die wollen ihnen mit vier- oder mit sechshundert Knechten zu Hilfe kommen.
Weiter habe ich gestanden, daß die Rittner gesagt haben, sie wollten oberhalb von Hauenstein eine Holzrutsche anlegen und Baumstämme hinablassen, um den Graben vor dieser Burg zu füllen, und wenn er gefüllt wäre, so wollten sie das Haus stürmen; wenn ihnen das aber nicht gelänge, so wollten sie es anzünden.
Ebenso habe ich gestanden, daß sich Herr Oswald und Herr Michael mit Leib und Gut vor den Rittnern sehr vorsehen sollten.
Auch habe ich gestanden, daß die Rittner gesagt haben: Mein Bester, die Frau ist heute vor acht Tagen nach Hauenstein geritten, und Herr Oswald ist jetzt auch von Taufers nach Bruneck geritten.«
So fand die Aktion denn doch nicht statt. Es wurden Alternativlö-

sungen erörtert unter den Rittnern: Oswald und Michael vor Brixen auflauern, sie einfangen – und so weiter. Auf jeden Fall: man wollte mit Oswald und seinem Bruder abrechnen.
Oswald wird dieses Verhör bald auswerten: ist das Protokoll dafür schon ›frisiert‹ worden? Die Wirrheit dieser Aufzeichnungen läßt kaum darauf schließen; auffällig ist nur, daß mehrere Aussagen gestrichen wurden – sie sollten in das Abschlußprotokoll nicht aufgenommen werden.
Selbst, wenn wir in der Beurteilung dieser Aussagen sehr vorsichtig sein müssen – erkennbar wird doch, welche Emotionen damals geweckt waren. Man meint die Teilnehmer der Versammlung der Bauerngemeinde toben zu hören: Bringt ihn um, erstechen und erschießen! Nein, er soll zahlen, sechstausend, zehntausend Gulden! Eine absurde Forderung, denn soviel Schaden hätten nicht einmal grasende Dinosaurier anrichten können. Aber die Leute sahen rot vor Wut, sie wollten mit den Wolkensteinern endlich abrechnen, vor allem mit diesem Oswald auf Hauenstein!
Aufschlußreich ist übrigens, daß sich die Bauern aus dem Sarntal, von Mölten und Jenesien mit einigen Hundertschaften dieser Aktion anschließen wollten: vor allem Bauern aus dieser Region waren aufmarschiert, als im Frühjahr 1418 die Gebrüder Wolkenstein die Belagerer von Greifenstein überrannt hatten – war die Kampfbereitschaft dieser Bauern auch motiviert worden durch langwierige Almstreitigkeiten? Wahrscheinlich.
Oswald, in direkten Aktionen offenbar unterlegen, versuchte es nun mit einer Propaganda-Aktion: auf der Grundlage dieses Verhörs verfaßte er eine öffentliche Erklärung, ließ sie in Brixen anschlagen. Auch diese Bekanntmachung ist im Konzept erhalten, glücklicherweise, denn an diesem Text läßt sich einiges über Oswald ablesen und auch darüber, wie er weithin eingeschätzt wurde.
»Allen Herren, Rittern, Knechten, Bürgern und selbständigen Bauern, die diese Bekanntmachung lesen oder sich vorlesen lassen, teile ich, Oswald von Wolkenstein, folgendes mit: eine große Untat haben einige gegen mich und auch gegen meinen Bruder, Herrn Michael, in einer fehdefreien Zeit ausgeheckt. Ich halte seit einiger Zeit einen Verbrecher in Gewahrsam, sein Name ist Kunz Widmer; er hat – zur Hauptsache ohne Anwendung von Folter – eine Aussage gemacht und ein Geständnis abgelegt. Er wird dies auch heute noch vor gerichtsfähigen Personen wiederholen.
Ich habe ihn am Leben gelassen für den Fall, daß eine unter den Personen, die er belastet hat (es handelt sich um namentlich bekannte und anonyme Leute, darüber gleich Näheres) so ehrenhaft

war und immer noch ist, daß er (einzeln oder in der Gruppe) entgegen den Aussagen des Kunz Widmer seine Unschuld unter Beweis stellen will. Dergleichen ist bisher aber nicht geschehen.
Ich, beziehungsweise mein Bruder haben uns wegen jener Frevel vor dem Hauptmann und dem Hofgericht durch öffentliche Aussage und auch angemessen schriftlich beklagt; wir haben verlangt, daß auf solche unerhörten Vorgänge in gebührender Weise reagiert wird! Ich will hinzufügen, daß ich für mein Teil noch nie gehört habe, daß man Leute ungeschoren läßt, einzeln oder alle miteinander, die sich auf eine offene Anschuldigung hin noch nicht der Vorwürfe entledigt haben; von Rechts wegen müßten solche Leute verhört werden.
Es geht hier um den Kühleisen und den Sengeisen und einige, die zu ihrer Kumpanei gehören. Nach allem, wie sich die Rittner bisher aufführten, habe ich nicht den geringsten Zweifel daran, daß die Anschuldigungen, die der genannte Kunz Widmer in seinem Geständnis gegen sie vorgebracht hat, und das untenstehend zu lesen ist, durchaus glaubwürdig sind; jeder Ehrenmann kann das deutlich erkennen und sehen. Gott sei Dank ist ihnen der Plan nicht gelungen!
Jeder Ehrenmann und jeder, der etwas auf sich hält, gleichgültig, ob er von Adel ist oder nicht, ob reich, ob arm – jedermann soll sich davor hüten, denen, auf welche Weise auch immer, zu helfen, denn sie sind die Unterstützung durch anständige und ehrenhafte Männer nicht wert. Im Gegenteil: von rechtswegen sollten sie und ihre Kindeskinder von aller Welt wegen dieses Frevels geächtet und ausgerottet werden!
Nun wird in Bozen in aller Öffentlichkeit folgendes dahergeredet: es gäbe den und jenen, der sich aus purem Eigennutz um unseren gnädigen Herren und Landesfürsten, Herzog Sigmund, verdient gemacht hätte, und der und jener hätte seinen Untertanen auf dem Ritten Schaden zugefügt und hätte es erreicht,daß den Rittnern trotz rechtskräftigen Urteils nicht zurückgegeben würde, was er ihnen abgenommen hatte. Keiner wird wohl je erfahren, was ich alles für meinen gnädigen Herrn, den Herzog Sigmund, im bescheidenen Rahmen meiner Fähigkeiten tue oder getan habe. Die ganze Mühe hat mir bisher überhaupt nichts eingebracht; ich habe im Dienst für meinen Herrn und Landesfürsten aus Pflichtbewußtsein nur getan, was meiner Ehre förderlich war [. . .] Ich gönne jedem seinen Besitzstatus – mir selber übrigens auch – nur nicht den falschen Rittnern. Zu dieser Auffassung haben sie mir wahrhaftig allen Grund gegeben.«
Und es geht weiter mit Vorwürfen! Bleiben wir noch einen Mo-

ment bei dieser Bekanntmachung. Die Formulierung »zur Hauptsache ohne Anwendung der Folter«, im Originaltext: »dem merren teil an alle martt«, will einschränken, offenbart zugleich die Tatsache: es wurde gefoltert auf Hauenstein, wenigstens in diesem Fall, möglicherweise auch in anderen Fällen. Wie weit man auf Hauenstein in der Anwendung von Foltermethoden ging, weiß ich nicht.

Aufschlußreich ist an diesem Dokument auch, wie Oswalds landespolitische Aktivität beurteilt wurde: alles nur zu eigenem Nutzen und Vorteil! Oswald verteidigt sich gegen diesen Vorwurf auffällig larmoyant; wir werden uns im nächsten Kapitel zu fragen haben, aus welchen Gründen er sich für Herzog Sigmund einsetzte.

Wie viele Faktoren bei diesem Rechtsstreit zusammenwirkten, läßt sich weiter an einem Schreiben Oswalds an Anton von Thun ablesen. Er war von Kunz Widmer als Drahtzieher und Geldgeber für die Aktion gegen Hauenstein und andere Wolkenstein-Burgen genannt worden; Kühleisen war einer seiner Knechte. Oswald verzichtete in diesem Brief auf einleitende Ergebenheitsfloskeln.

»Anton von Thun! Du schreibst mir sinngemäß, daß nach Deiner Meinung der Kühleisen ein anständiger Mensch ist. Nun ist aber längst bekannt, daß ich vor dem Hauptmann und der gesamten Landschaft Anklage gegen ihn erhoben habe. Auch habe ich zu Brixen auf dem Marktplatz durch Anschlag den Frevel bekanntgegeben, den er nach der Aussage des Kunz Widmer begangen hat. Der Anschlag erfolgte zu einer Zeit, als der Hauptmann, Du selber und andere Ritter und Knechte aus der Landschaft dort waren; sie haben gehört und gesehen, daß der genannte Kühleisen mir gegenüber nie die Anklage widerlegt hat, weder persönlich noch durch andere Leute. Deswegen hätte er gemieden werden müssen; er kannte seine Schuld sehr wohl.«

Mit diesem Anton von Thun wird Oswald später noch harte Auseinandersetzungen haben. Hier aber nun: die erwähnten Herren mußten Oswalds Bekanntmachung in der offenbar nur kurzen Zeit gesehen, gelesen, gehört haben, in der sie am Marktplatz von Brixen ausgehängt war; recht bald schon wurde sie entfernt, und zwar vom erwähnten Hauptmann. Wieder reagierte Oswald mit einer schriftlichen Stellungnahme: sie ist 1901 von Josef Schatz veröffentlicht worden. Verständlicherweise wird gern aus dieser Bekanntmachung zitiert. Erstens weil hier Oswalds Selbstbewußtsein als Dichter zum Ausdruck kommt, zweitens wegen eines drastischen Satzes. Das Konzept läßt erkennen, wie Oswald auch an dieser Formulierung gearbeitet hat. Zuerst hatte er dik-

tiert, die Rittner und ihre Sympathisanten sollten alle miteinander zur Hölle fahren. Dann hatte er hinzufügen lassen, am Rand des Konzepts: »dem schwarzen Teufel hinten in sein Arschloch«. Danach hatte er das Adjektiv umstellen lassen: »dem Teufel hinten in sein schwarzes Arschloch«. Nun erst war er mit der Formulierung zufrieden.
Und damit die erste Hälfte der Erklärung, die er wohl ebenfalls in Brixen anschlagen ließ:
»Ich, Oswald von Wolkenstein, gebe jedermann bekannt, der diesen Anschlag lesen oder hören wird: ich hatte eine Bekanntmachung in der Stadt Brixen öffentlich anschlagen lassen, als Anklage gegen schweres Unrecht, das mir in einer fehdefreien Zeit widerfahren ist. Ein Verbrecher, den ich in Gewahrsam halte, hat diesen Frevel vor gerichtsfähigen Zeugen eingestanden, zur Hauptsache ohne Anwendung von Folter – siehe das Protokoll des Verhörs dieses Verbrechers mit Namen Kunz Widmer.
Diese Bekanntmachung hat nun der Hauptmann abgerissen und an sich genommen. Dazu soll gesagt worden sein, vor jedermann, wie ich gehört habe: Mein Schreiben sei eine Erfindung, die sich niemals bestätigen würde – außer durch die Erklärung des genannten Verbrechers. Wer nun aber meiner Darstellung nicht glauben wollte und will, der kann den Verbrecher noch heute in dieser Sache befragen, denn er bleibt bei seiner Aussage, wie sie seither und auch früher viele gerichtsfähige Ehrenmänner von ihm gehört haben und noch heute hören können, wie oben erwähnt.
Deshalb wünsche ich, daß mir ein jeder das erspart, was er sich gerne selbst ersparen möchte; ich will nicht ins Gerede kommen. Nur dies noch: ich ließe die Rittner und ihre sämtlichen Freunde alle miteinander eher zur Hölle und dem Teufel hinten in sein schwarzes Arschloch fahren, ehe ich mir grundlos solch eine Geschichte ausdenken wollte – obwohl ich sonst dichten kann!«

229 Wenn man in Bozen (und gewiß nicht dort allein!) kritisch fragte, aus welchen Motiven Oswald sich für den jungen Herzog Sigmund einsetzte, so ist das kein Wunder: er hatte schließlich eine Kehrtwendung vollzogen! Bisher hatte man bei ihm nur *eine* Haltung gekannt: *gegen* den Landesfürsten und *für* den König. Hätten sich mit der neuen politischen Situation seine Wünsche nicht erfüllen müssen? Mit Sicherheit würde man nach 1443 einen schwachen Landesfürsten und einen zumindest ehrgeizigen König haben – eine günstige Konstellation für Adlige.

Außerdem: wenn Tirol von Friedrich in seine Erblande eingegliedert wurde, konnte das Rückwirkungen haben auf die Gesellschaftsordnung dieses Landes – möglicherweise fand eine Angleichung statt an die Verfassungen der anderen österreichischen Länder. Und das konnte bedeuten: die alte Grundherrlichkeit würde wieder eingeführt!

Bei einer aktiven Unterstützung solcher Restauration hatte der Tiroler Adel bei Herzog Sigmund kaum Widerstand zu befürchten: er galt als wenig selbständig, wenig energisch.

Geradezu ideale Voraussetzungen für eine Realisierung der Standespolitik des Adels! Und trotzdem: Oswald bekämpfte den König, unterstützte den Landesfürsten. Warum?

Ich nehme an, Oswalds Traum von einer mächtigen Monarchie, die auch den reichsunmittelbaren Adel stark macht, war ausgeträumt. Was Kaiser Sigmund nicht geschafft hatte, dieser phasenweise sehr energische Mann, das würde ein König Friedrich erst recht nicht erreichen, dazu kannte man diesen jungen Mann mittlerweile genug.

König Friedrich, Jahrgang 1413, sah zwar tatkräftig aus – ich lese in einer Skizze der *Allgemeinen Deutschen Biographie* von breiter Brust, starkem Körperbau – aber der äußere Eindruck täuschte. Nur wenn es um seinen Vorteil ging, brachte er Energie auf, sank aber bald zurück in Apathie. Er galt im allgemeinen als schwunglos, bedächtig, träge, wurde später als des Heiligen Römischen Reiches Erzschlafmütze bezeichnet.

Die deutschen Kurfürsten und Fürsten hatten sich aus politischem Kalkül für ihn entschieden: sie wünschten sich wieder einen König, gegen den sie möglichst mühelos ihre Machtansprüche durchsetzen konnten. Und Friedrich erwies sich, im Sinne seiner Wahlmänner, als geradezu idealer König. Erst zwei Jahre nach der Wahl kam er über die Donau, um sich in Aachen krönen zu lassen. Und nach seiner ersten politischen Schlappe (beim Versuch, Schweizer Gebiete zurückzuholen) zog er sich hinter die Steirer Berge zurück, blieb dort für die nächsten Jahre.

Kompensierend aber träumte er von einem riesengroßen, letztlich weltweiten Habsburgerreich. Seine Lieblingsformel: Austria est imperare orbi universo. Und diese Weltherrschaft Österreichs setzte beispielsweise voraus, daß sich Tirol nicht selbständig machte.

So reiste König Friedrich 1442 in dieses Land, um die Angliederung vorzubereiten. Bei dieser Gelegenheit zitierte er, zum 18. März, auch Oswald von Wolkenstein nach Innsbruck: er solle sich wegen der Beraubung mehrerer Personen rechtfertigen.

Oswald hatte in der Tat wieder Anlässe zu Beschwerden gegeben, hatte beispielsweise (drei Jahre zuvor) seinem Schwager, Georg von Schwangau angeboten, für ihn die Zinsen von einigen Gütern bei Villnöß einzuziehen, hatte ihm nur 13 Pfund ausgezahlt.
Und so weiter – die üblichen Übergriffe, Unterschlagungen. Vielleicht aber wollte König Friedrich nicht in erster Linie Gerechtigkeit üben, sondern einen der entschiedensten politischen Gegner ausschalten oder wenigstens einschüchtern. Sollte dies seine Absicht gewesen sein, so war ihm das freilich nicht gelungen!

230 Es bestanden Kontakte zwischen einigen Tiroler Adligen und Herzog Sigmund. Hans von Knöringen beispielsweise hatte sich mit einem (selbstverständlich geheimen, dem Herzog zugeschmuggelten) Schreiben über Willkürakte des Königs beschwert. Am 31. Januar 43 antwortete ihm Sigmund (im ebenfalls geheimen, geschmuggelten, möglicherweise abgefangenen Brief): er könne, bekanntlich, nicht so handeln, wie er wolle; »Wir sind so überwacht und beengt, daß Wir in keiner Weise weder für Unsern eigenen Nutzen noch den der Unsrigen zu sorgen in der Lage sind, oder auch nur davon sprechen dürfen.« Und er kündete, allzu optimistisch, an: »Auf dem künftigen St. Jakobstag wollen Wir mit Gottes Hilfe und mit Eurer und aller der Unsrigen Unterstützung zu Unserm väterlichen Erbe zu kommen trachten. Wir begehren mit großem Verlangen Unseres Herzens, ihr wollet die Unsrigen darauf vorbereiten, damit sie nach ihrem Vermögen Uns dazu verhelfen, denn Wir wollen Uns zu keiner längeren Verschreibung weder durch Liebe noch durch Leid bewegen oder nötigen lassen.« Am Schluß des Briefes hieß es, ich zitiere weiter nach der Übersetzung von Jäger: »Wir begehren ernstlich, daß es mit diesem Unserem Schreiben so gehalten werde, daß es Uns und den Unsrigen bei Unserem Herrn, dem Könige, keinen Schaden verursache.«
Von einem namentlich nicht genannten Tiroler Adligen (ebenfalls Hans von Knöringen?) wurde dem Herzog versichert, er brauche an der Loyalität seiner Anhänger in Tirol nicht zu zweifeln. Und es wurden ihm einige seiner treuesten Anhänger genannt, die bereit seien, ihr Leben und ihr gesamtes Vermögen für ihn zu opfern: Michael und Oswald von Wolkenstein, Heinrich von Mörsberg, Joachim von Montani. Man werde sich auf einen Aufschub seiner Rückkehr nicht einlassen, eher würde man ihn aus seiner Zwangslage befreien, ihm zur Flucht verhelfen. Und es wurden Details

erörtert – beispielsweise, wie sich Sigmund ein Geheimsiegel beschaffen könne, um seine Schreiben zu beglaubigen: ohne Siegel auf einem Brief handle niemand gern ...

Im gleichen Monat wandte sich Herzog Sigmund an Oswald: er schickte ihm aus Graz einen Boten, genannt »der Sachse«, gab ihm ein Beglaubigungsschreiben mit, schrieb hier vorsichtshalber nur, sein Bote solle eine Angelegenheit mit ihm besprechen, Oswald möge ihm Glauben schenken. Und zum Schluß: er, Sigmund, habe besonderes Vertrauen zu Oswald.

Was berichtete ihm »der Sachse«? Wurden Klagen des Herzogs über die entwürdigende Bevormundung wiederholt und die Bitte, ihm zu seiner Freiheit, zu seinen Rechten zu verhelfen?

Bevor man handelte, mußte man freilich den Stichtag abwarten, den 25. Juli. An diesem Tag geschah nichts. Auch in den nächsten Wochen: keine Ankündigung aus Graz. Die Nachricht, die schließlich eintraf, überraschte selbst Pessimisten: aufgrund eines Abkommens zwischen Herzog Sigmund und König Friedrich sei die Vormundschaft um weitere sechs Jahre verlängert worden.

Ende August kamen zwei Schreiben aus Graz, die das bestätigten, eins von Friedrich, eins von Sigmund. Friedrich ernannte seine Stellvertreter in Tirol für die kommenden sechs Jahre: Bischof Georg von Brixen, Vogt Ulrich von Matsch, Hans Spaur, Wolfhart Fuchs, Wolfgang von Freundsberg und Parzifal von Annenberg; alle Beamten Tirols wurden zum Gehorsam gegenüber diesen kommissarischen Regenten verpflichtet.

Das Schreiben des Herzogs bestätigte: er habe seinen Vormund gebeten, ihn, in Anbetracht seiner Jugend und der schwierigen Zeitläufe, auf weitere sechs Jahre gnädig in seiner Vormundschaft zu behalten. In einem besonderen Vertrag hatte er den König überdies von der Rechnungslegung über Einnahmen aus Tirol freigestellt. Damit schrieb er Friedrich das Recht zu, den Innsbrucker Schatz sowie weitere Einkünfte zu behalten.

Als einer der Initiatoren des Vertragsbruchs wurde bald Hans von Ungnad genannt, königlicher Kammerherr. Er hatte Kaspar Schlick verdrängt, der als Kanzler von Sigmund und Albrecht übernommen worden war; Ungnad strebte offenbar eine hohe Machtstellung an. Auch einen zweiten Mitschuldigen konnte man bald benennen: Enea Silvio Piccolomini, einen Höfling, der für die Erziehung des jungen Mannes verantwortlich war. Mit welchen Argumenten er dessen Entscheidung vorbereitet hatte, läßt eine Schrift erkennen, die er verfaßt und Sigmund vorgelegt hatte. Hier werden vor allem Gefahren geschildert, die auf einen jungen Herrscher lauern; stärker als ältere Regenten sei er auf die Mitwirkung von Räten angewiesen, denen aber gehe es letztlich nur darum, seine Gunst zu gewinnen, sie würden nicht zu dem raten, was nötig und nützlich sei, sondern zu dem, was ihrer Meinung nach dem Fürsten angenehm sein könnte; dem jungen Herrscher fehle das gereifte Urteil, um hier kritisch unterscheiden und entscheiden zu können; darum solle ein Jüngling die Regierung eines Landes nicht übernehmen; Sigmund handle klug, wenn er lieber seinem Verwandten Friedrich vertraue als anderen und erst einmal Erfahrungen sammeln wolle, ehe er die Herrschaft antrete. Dies wird als weise bezeichnet, diese Weisheit wird gepriesen: so, wie die Königin von Saba und andere Orientalen nach Jerusalem kamen, um Salomos Weisheit zu feiern, so werde ihn das ganze Abendland verehren und Unzählige würden, angezogen vom Ruf seiner Weisheit, herbeieilen, ihn zu bewundern.

So wurde der junge Mann besäuselt. Es wurden aber auch ein paar politische Gründe genannt. Etwa: viele Nachbarländer wollten Tirol mit aufgesperrtem Rachen verschlingen, nur die Macht und der Glanz der königlichen und kaiserlichen Macht vermöge sie in Schranken zu halten. Friedrich allerdings hatte seinen Rachen am allerweitesten aufgesperrt!

In Tirol wurde ein Landtag einberufen, nach Meran. Die Initiative dazu kam in erster Linie von den Städten und Bauerngemeinden. Die Regierungsbevollmächtigten unter Bischof Georg dagegen hielten sich zurück: sie wollten ihre neue Macht nicht verlieren . . .

In dieser Situation zeigte sich, daß der Tiroler Landtag nicht bloß Vollzugsorgan der Regierenden war, sondern eine recht selbständige Instanz. König Friedrich hatte das falsch eingeschätzt.

Sein Vertragsbruch wurde gerügt. Er wurde aufgefordert, Herzog Sigmund herauszugeben. Es wurde beschlossen, von den königlichen Bevollmächtigten keinen Befehl mehr entgegenzunehmen. Und: alle Burgherren, alle Verwalter, alle Amtsleute und Beamten in höheren Positionen sollten klar zu erkennen geben, ob sie für den König oder für den Herzog seien.

Besonders wichtig war in dieser Situation die Haltung des Bischofs von Brixen: würde er weiterhin die Sache des Königs vertreten oder sich doch der »Landschaft« anschließen? Der Landtag benannte eine Delegation, die den kommissarischen Regenten aufsuchen und politisch bekehren sollte. Ihre Mitglieder: Oswald von Wolkenstein, Diepold von Wolkenstein (ein Sohn Michaels), Oswald von Säben und vier Bürger. Die Delegierten erhielten klare Instruktionen: lehne es der Bischof ab, sich der Landschaft anzuschließen, so solle man sich an das Domkapitel wenden; sei auch

hier die Antwort negativ, so müßte mit Entschiedenheit klargestellt werden: wer nicht gehorche, den werde man »vertreiben und ächten mit Leib und Gut«.
Der Landtag beschloß zudem Verteidigungsmaßnahmen gegen einen möglichen Angriff von außen, durch ein königliches Heer, und gegen innere Unruhen, ausgelöst von Anhängern des Königs; man teilte das Land in fünf Distrikte auf, unterstellte sie jeweils einem Verweser. Oswald wurde »Verweser am Eisack und im Pustertal«, war damit (unterstützt von Kaspar von Gufidaun), verantwortlich für den zu dieser Zeit wichtigsten Verteidigungsdistrikt des Landes. Denn erstens war Brixen die Hochburg der kommissarischen königlichen Regentschaft, hier waren Unruhen am ehesten zu befürchten. Und zweitens: wenn der König mit einem Heer nach Tirol marschierte, so am ehesten durch das Pustertal – die einzige direkte Verbindung zwischen der Steiermark und Tirol. Die Mühlbacher Klause, wenige Kilometer östlich von Neustift, erhielt damit zentrale strategische Bedeutung. Falls der König versuchte, von Norden her, über Salzburg, in Tirol einzumarschieren, so war Oswald ebenfalls verantwortlich für die Verteidigung: sein Distrikt reichte bis zum Brenner.

231 Oswald nach dem Landtag in Meran: einer der wichtigsten und mächtigsten Männer des Landes! Welches Ansehen, welche Bedeutung er nun hatte, läßt sich ablesen an Erklärungen, die ihm zugeschickt wurden. So schrieben Heinrich von Mörsberg und andere, sie wollten getreulich zu ihm und zu Herzog Sigmund halten. Zu ihm und zu Herzog Sigmund – ja, das war nach Oswalds Meinung wohl zutreffend formuliert!
Auch in Zweifelsfällen wandte man sich an Oswald. Joachim von Montani schrieb ihm, auch er sei der Ansicht, Herzog Sigmund solle ins Land kommen, es herrsche freilich auch eine gegenteilige Stimmung, und er fragte Oswald, wie er sich zukünftig verhalten solle. Die Antwort liegt mir nicht vor, sie wird klar und entschieden gewesen sein.
Oswald wohnte in der nächsten Zeit vorwiegend in Neustift, gewiß im Pfründnerhaus. Neustift hatte mehrere Vorteile für ihn, in dieser Situation. Vor allem: er war hier leichter zu erreichen als auf Hauenstein, mehrere hundert Meter höher. Er konnte von hier aus rasch zur Mühlbacher Klause reiten. Außerdem war er hier in der Nähe des Bischofs von Brixen. Den hatte er mit der Delegation aufgesucht, Georg aber hatte auf Verpflichtungen und Verbind-

lichkeiten gegenüber dem König hingewiesen; hatte Oswald weisungsgemäß die massiven Drohungen ausgesprochen? Hat er in weiteren Unterredungen versucht, den Bischof politisch umzupolen?

Seine Aufmerksamkeit blieb nicht allein auf diesen kirchlichen Würdenträger und weltlichen Machthaber fixiert; Ende November wurde am Ritten – das heißt also wohl: auf der Nord-Süd-Straße, die am Hang des Ritten entlangführte, Hans von Ungnad festgenommen, der königliche Kammerherr, der mit dazu beigetragen hatte, daß Friedrich den Vormundschaftsvertrag von Hall gebrochen hatte. Was tun mit diesem Mann?

Bürgermeister und Rat der Stadt Bozen wandten sich in einem Schreiben vom 2. Dezember an Oswald, baten ihn um Weisungen. Und es hieß weiter: Oswald solle die (Mühlbacher) Klause gut versorgen – hatte man Angst nach der Verhaftung dieses königlichen Amtsträgers?

Am 4. Dezember schrieben Bürgermeister und Rat der Stadt Bozen noch einmal an Oswald, diesmal nicht mehr anfragend, sondern auffordernd: Oswald möge dafür sorgen, daß Ungnad und Friedrich von Thun samt Gesellen des Landes verwiesen würden. Am 5. Dezember schrieben Bürgermeister und Rat der Stadt noch einmal an Oswald: es bestünden geteilte Meinungen darüber, ob man Ungnad und Thun im Lande lassen oder ausweisen solle; Oswald möge seinen Rat dazu geben und tun, was das Beste für Herzog Sigmund sei. Mit einem Schreiben vom gleichen Tag kündigten ihm Bürgermeister und Rat der Stadt Meran Geld an für den Ausbau der Mühlbacher Klause und die Einstellung von Söldnern für diese Grenzbefestigung. Wenige Tage später, am 9. Dezember, schrieben Bürgermeister und Rat der Stadt Meran noch einmal an Oswald, teilten ihm mit, Anton von Thun habe sich bereit erklärt, Herzog Sigmund in seinen Schlössern und Burgen zu empfangen und aufzunehmen. Man wolle ihm dies zur Kenntnis geben, er möge in allen Dingen das Beste tun.

232 Oswald, nun Mitte sechzig: ein damals wahrhaft biblisches Alter! Aber der Patriarch blieb bis in sein letztes Lebensjahr aktiv, und das nicht allein im politischen Bereich!

So fragte am 12. Dezember 1443 Kaspar von Gufidaun in einem Schreiben an, ob Oswald ihm zwei- bis dreitausend Star Roggen liefern könne, also 60- bis 90000 Liter. Was Oswald Getreide-Großhändler geworden?

Daß Oswalds ›Lebensabend‹ nicht ruhig war, dafür sorgte, unter anderem, auch ein Anton von Thun. Wir erinnern uns: Oswald hatte ihm einen knappen, bösen Brief geschrieben wegen des Kühleisen, der – wohl in Thuns Auftrag – an den Vorbereitungen der Aktionen gegen Hauenstein und andere Familienburgen beteiligt gewesen war. Die Auseinandersetzungen kulminierten in der zweiten Jahreshälfte, besonders nun im Dezember 43.
Oswald hatte sich offenbar schon öfter bei diesem Mann beschwert, der ihm vor allem die Grundrenten, die Zinsabgaben von Höfen in und bei Lajen (Grödnertal) abnahm: Methoden, die Oswald gegen andere angewandt hatte, vielleicht auch weiterhin anwandte! Anton von Thun hat Oswalds Proteste offenbar ignoriert, Oswald aber ließ nicht locker, er forderte die Gemeinde Lajen auf, ihn in dieser Angelegenheit zu unterstützen.
»Ich, Oswald von Wolkenstein, Ritter, entbiete den Hofbesitzern von Lajen und der ganzen Bauerngemeinde des dortigen Gerichts meine freundlichen Empfehlungen. Ich habe vor einiger Zeit wiederholt Klage geführt über mehrfache Belästigungen, die mir und den Meinen täglich durch den Thuner widerfahren. Nun kommt Euch dies zur Kenntnis: daß er mir und meinem Bruder unsere Bauern weggefangen hat und sie nicht, wie das rechtens wäre, herausgeben will. Ich bitte Euch, Ihr möget Euch mit Entschiedenheit in dieser Sache verwenden und ihm die Anweisung erteilen, er solle vor Gericht seine Ansprüche an unsere Bauern unter Beweis stellen. Dafür wäre ich Euch sehr verbunden.«
Oswald erhielt eine beruhigende Zusicherung, aber es änderte sich nichts. Oswald mußte noch einen Brief nach Lajen schicken. (Die drei Schreiben dieses Kapitels werden hier zum erstenmal veröffentlicht.)
»Den Hofbesitzern und der gesamten Bauerngemeinde von Lajen entbiete ich, Oswald von Wolkenstein, meine Grüße. Ihr habt mir schriftlich mitgeteilt, mit ausführlicheren Worten, daß mir von der Burg Gufidaun her kein Schade mehr zugefügt werden soll. Ich teile Euch hierzu mit, daß mir der Thuner in Lajen die Zinseinkünfte und auf Villanders die Wein-Einkünfte entzogen hat. Solche Anweisungen und Übergriffe gehen alle von der Burg Gufidaun aus. Hätte er diese Burg nicht, so könntet Ihr sicher sein, daß ich solche Übergriffe, sei es zu Lajen oder auf Villanders, von ihm nicht hingenommen hätte. Ich bitte Euch im Guten, Euch in dieser Sache einzuschalten: falls er Ansprüche an mich zu stellen hat, so möge er mich in dieser Sache vor Gericht verklagen. Ich habe mich ganz auf Euer Schreiben verlassen und bin auch nie darüber informiert worden, was er mir vorwirft und warum er mir

meinen Besitz entzieht. Laßt mir Eure schriftliche Antwort binnen kürzester Frist zukommen.
Er hat eine gute Bürgschaft von mir gehabt, nach Wunsch, und doch hat er mir die Wein-Einkünfte entzogen und gedroht, er würde meine Bauern erschießen.«
Auch dieses Schreiben blieb erfolglos; Oswald ging bald wieder direkt vor gegen diesen Gegner, schickte ihm am 11. Dezember eine Art Kriegserklärung, weckte hier den Eindruck, als hätte er angesichts des himmelschreienden Unrechts (ausgerechnet einige jener Höfe zu berauben, deren Einkünfte er dem hl. Oswald dediziert hatte!) die gesamte Landschaft Tirol gegen ihn aktiviert.
»Anton von Thun, eigentlich bin ich Dir keine Fehdeerklärung schuldig, weil kein ehrlicher Friede zwischen mir und Dir vereinbart ist. Aber nun hast Du gegen Gott und alles Recht meiner Kapelle die ihr zustehenden Einkünfte entzogen – entgegen Deiner Zusage, die mir unterstehenden Kapläne nicht unbillig zu belasten. Diese Zusage hast Du nicht eingehalten. Ich meinerseits will aber meine Ehre Dir gegenüber bewahren, gemeinsam mit all denen, die ich zum Kampf gegen Dich mobilisiert habe, mit Genehmigung meines gnädigen Herrn, des Herzogs Sigmund und der ganzen Landschaft, stellvertretend für unseren obengenannten gnädigen Herrn, nach Anweisung des Auftrags, der in Hall ausgestellt und der Anordnung, die zu Meran erteilt worden ist. Stelle Dich darauf ein.«
Viel konnte der Thuner auf den Höfen von Lajen nicht abkassiert haben – in den Urbaren zeigt sich, wie wenig sie im Schnitt einbrachten. Nun hatte Anton von Thun wohl auch einige Pächter Oswalds eingesperrt, sie massiv bedroht: aber auch das waren landesübliche Mafia-Praktiken. Deshalb gleich eine Strafexpedition gegen Anton von Thun, mit spezieller Genehmigung des Landesfürsten im fernen Graz und der sehr beschäftigten Landschaft? Hat Oswald geblufft?

233 Etwa am 10. Dezember traf in Graz eine Tiroler Delegation ein; der Landtag hatte ihr klare schriftliche Instruktionen erteilt: Die Freilassung Herzog Sigmunds und die Rückgabe des Innsbrucker Schatzes verlangen, sich nicht weiter auf Verhandlungen einlassen, keine Erklärungen des Königs entgegennehmen, nur die Antwort Ja oder Nein fordern.
Die Antwort des Königs war nicht ganz so knapp, doch eindeutig: er sei nicht verpflichtet, diese Forderungen zu erfüllen; Herzog

Sigmund sei hier einer Meinung mit ihm. Sigmund selbst erklärte den Herren, er könne ihrer Aufforderung nicht nachkommen, denn er sei noch nicht so reifen Alters, daß er die Regierung des Landes zu übernehmen imstande sei.

Die Gesandten waren enttäuscht und empört: sie merkten sehr wohl, daß dies eine erzwungene Antwort war. Enttäuschung und Empörung in Tirol, als die Gesandtschaft eintraf, das Ergebnis sich herumsprach. Man bereitete sich noch entschiedener vor auf eine Verteidigung des Landes, ging noch schärfer vor gegen Anhänger des Königs: wer die geforderte Loyalitätserklärung für die Landschaft und für Sigmund nicht abgab, wurde seiner Ämter enthoben. Dem Bischof von Brixen wurde erklärt, falls er sich nicht endlich mit aller Klarheit für die Landschaft entscheide, werde er aus dem Lande gejagt.

Staunen in Graz. Enea Silvio Piccolomini an Kaspar Schlick: »Das Land Tirol ist in voller Aufregung, die Verschwörung eine allgemeine. Adel und Volk machen gemeinsame Sache; alle, die im Namen des Königs das Land verwalten, sind abgesetzt, andere Beamte an ihre Stelle berufen. Jeder Eingang in das Land ist gesperrt.« Und kurz darauf, am 28. Dezember: der König gehe tagaus, tagein mit dem gleichen Marmorgesicht umher, keine Entschlüsse, keine Handlungen. Weiter berichtete er, einer königlichen Gesandtschaft habe man die Einreise nach Tirol verwehrt, die Gesandten säßen in Rottenburg am Inn, würfelnd, Fische zählend. »Das Bauernvolk steht in ganz Tirol unter den Waffen und bewacht die Pässe wie das Grab des Herrn, doch schlafen sie nicht wie die Anhänger des Pilatus, sondern Tag und Nacht setzen sie den Humpen zu.« Überall höre man die Forderung, man solle sich den Herzog »erobern«.

Friedrich weiterhin wie gelähmt: sobald eine Lage für ihn kritisch wurde, tat er nichts mehr. Eigentlich hätte er längst schon zum Reichstag nach Nürnberg reisen müssen, aber er verschob den Aufbruch Tag um Tag, Woche um Woche.

Inzwischen war in Brixen Bischof Georg gestorben, in der Tat ›plötzlich und unerwartet‹. Oswald wurde vom Dompropst schriftlich aufgefordert, als Gotteshausmann an der Neuwahl teilzunehmen. Diese Wahl war in der gegenwärtigen Situation ein Politikum, denn der König besaß das Recht, den Kandidaten für dieses reichsfürstliche Bischofsamt zu benennen; Oswald und seine Freunde aber wollten in Brixen nicht wieder einen Vertreter des Königs haben, sondern einen Mann, der ihre Politik unterstützte, und zwar energisch. Piccolomini an Schlick: »Ich bin der Ansicht, daß die Führer der herrschenden Partei in Tirol nicht gesäumt haben werden, nach Brixen zu eilen, um dort eine Bischofswahl in ihrem Sinne vorzunehmen.« Er hatte recht; am 4. Januar 44 wurde der Domherr Dr. Johannes Röttel zum neuen Bischof gewählt, und er gab sogleich offiziell die Erklärung ab, er werde die Politik der Landschaft unterstützen, soweit sich das mit seinem Amt als Bischof und seiner Position als Reichsfürst vereinbaren lasse. Er schloß mit der Landschaft einen Vertrag zur gemeinsamen Verteidigung des Landes: ein politisches Novum, ein demonstrativer Akt.

Selbstverständlich akzeptierte König Friedrich diese Wahl nicht, hintertrieb die kirchliche Anerkennung, und so dauerte es noch etliche Zeit, ehe Johannes Röttel in seinem Amt bestätigt wurde, vom Heiligen Stuhl.

Von Streitfall zu Streitfall wurde so die Lage brisanter: würde es zum Krieg kommen? Mehrfach Gerüchte über einen Aufmarsch im Pustertal. Und die Stadt Trient – im südlichsten Bereich von Tirol sowieso schon recht selbständig – erklärte sich offen für König Friedrich. Neue Gerüchte: König Friedrich befinde sich gemeinsam mit dem Grafen von Cilli im Anmarsch auf Trient.

In Brixen bildete sich ein Verteidigungsausschuß: Ulrich von Matsch, Oswald von Wolkenstein, einige weitere Herren. Sie beschlossen, ein Heer aufzustellen zur Eroberung von Trient.

Allgemeine Nervosität. Am 20. Januar 44 wurde Oswald von Wolkenstein von Bürgermeister und Rat der Stadt Meran darüber informiert, daß zwei Bürger von Trient zum König geritten seien, man habe daraufhin alle Pässe und Straßen Richtung Trient besetzt. Und Oswald wurde aufgefordert, die Mühlbacher Klause mit Soldaten zu besetzen, die sich alle 14 Tage abwechseln sollten. Das klingt, als habe es in dieser Klause bisher nur Zöllner gegeben; die Anlage dürfte aber bereits von Soldaten besetzt gewesen sein; der Name ihres Kommandanten ist überliefert: Erhart Zollner, Landrichter von Gries bei Bozen. Gewünscht, gefordert wurde in dieser Situation also wohl eine militärische Verstärkung dieser wichtigen Grenzbefestigung.

234 Ich stelle den Wagen an einer Steinmühle ab, westlich der Klause. Ein Lastwagen fährt auf eine Rampe, unter eine Ladeluke, schon dröhnt es auf die Ladefläche, Staub quillt auf. Ich gehe an der Straße entlang: sie teilt sich, wird – jeweils einbahnig – durch eine Toröffnung, einen Mauerdurchbruch geführt. Die Steinmühle zermalmt, zerstößt Steinmaterial. Ich versuche mir

vorzustellen, wie diese Sperranlage zu Beginn des 15. Jahrhunderts ausgesehen haben mag: was ich hier sehe, stammt aus dem 17. Jahrhundert. Ich steige den Hang hoch, innerhalb der Festungsanlage: Mauern, ein zweiter Turm, am Hang. Bestimmt war schon damals eine Mauer den Hang hochgezogen, damit niemand die Klause umging. Die Mühle zermalmt Steinmaterial; die lange, sich langsam drehende Walze, Schottergrößen sortierend. Personenwagen, Lastwagen durch den Straßenturm unten, durch die Maueröffnung des niedrigen Gebäudes zwischen Turm und Rienz. Noch unverändert die Konturen der Landschaft, die Oswald sah, wenn er von hier nach Osten blickte: Kulissen bewaldeter Hänge, die sich hintereinanderstaffeln.

235 Oswald hat einen ausführlichen Brief an den Kommandanten der Klause geschickt, eins der letzten Schreiben, die von ihm überliefert sind – es ist mittlerweile sein vorletztes Lebensjahr. Ein Brief, der uns über die wirre Situation zu Beginn des Jahres 1444 informiert und über Oswalds wohl letzte diplomatische Mission: wie er sich mit dem Grafen Ulrich von Cilli treffen sollte und wie er sich davor drückte.
Die Grafen von Cilli besaßen die Grafschaften Cilli (südöstlich von Klagenfurt, jenseits der Alpen), Ortenburg (bei Spittal) und Sternberg (auf der Höhe des Wörthersees). Sehr energische Herrschaften, die ganz konsequent ein Ziel verfolgt und schließlich auch erreicht hatten, die Reichsunmittelbarkeit: 1436 waren Friedrich von Cilli und sein Sohn Ulrich in einem Festakt zu Prag von Kaiser Sigmund in den Reichsfürstenstand erhoben worden. Damit waren Spannungen, Auseinandersetzungen mit Herzog Friedrich IV. vorprogrammiert, der ebenfalls Kärnten verwaltete: hier saßen die reichsunmittelbaren Herren von Cilli auf ihren Reichslehen und ließen sich von ihm nichts mehr sagen.
Eigentlich wäre auch König Friedrich, »Herzog zu Österreich, zu Steier, zu Kärnten und Krain«, prädestinierter Gegner des ehrgeizigen Ulrich von Cilli gewesen, mit dem Macht und Ansehen derer von Cilli den Höhepunkt erreichten, aber hier schien sich eine Allianz zu bilden: Ende 43 hatte sich Friedrich in St. Veit mit Ulrich von Cilli und Heinrich von Görz getroffen, um über eine gemeinsame militärische Aktion gegen Tirol zu beraten. Und nun, Anfang 44, das Gerücht, der König befände sich, gemeinsam mit Ulrich von Cilli, auf dem Vormarsch Richtung Trient.
Die Tiroler Landschaft wünschte, verständlicherweise, Klarheit

über die politische Einstellung dieses Grafen – konnte man eventuell noch mit ihm rechnen? Oder zeichnete sich bereits die politische Verständigung ab, die im Herbst in Wiener Neustadt besiegelt wurde? Von da an nannten die Cillier die Habsburger wieder »unsere gnädigen Herren« . . .
Oswald erhielt den Auftrag, mit Ulrich von Cilli zu verhandeln – eine prekäre Mission! Im Nürnberger Archiv liegen einige der Briefe, in denen diese Besprechung verabredet wurde: Oswald solle, so ließ Graf Ulrich ausrichten, nach Lienz kommen – also befand er sich doch nicht auf dem Marsch nach Trient. Bald folgende Schreiben zeigen Ungeduld an, weil Oswald nicht prompt zur Stelle war: er solle sich unverzüglich in Lienz einfinden; der gewünschte Geleitbrief werde ihm durch Graf Hochberg zugestellt. So hieß es am 17. Februar. Und gleich noch einmal: er solle mit der Botschaft der Landschaft unverzüglich zu Graf Cilli nach Lienz kommen.
Wenige Tage später berichtete Oswald zu Beginn seines (bisher unveröffentlichten) Schreibens an Zollner: »Meine Grüße, lieber Erhart. Mir schreibt die Landschaft, ich hätte es unterlassen, in einer bestimmten Mission zu dem von Cilli zu reiten. Dazu erkläre ich folgendes: der von Cilli hat es unterlassen, nach Bruneck zu reiten. Hätte man mir statt dessen anbefohlen, mich mit dem von Cilli in Lienz zu treffen, so hätte ich sofort schriftlich eingewendet, daß mir dieser Auftrag nicht paßt. Kein Mensch wollte mir dazu raten (so viele ich auch darüber befragt habe!), vor die Lienzer Klause zu reiten. Insbesondere waren es mächtige Leute, die ich nicht nennen will, die mir insgeheim im Vertrauen abgeraten haben, obwohl mir ein Geleitbrief zugesichert wurde, wie ich belegen kann.«
Daß ursprünglich verabredet war, Graf Ulrich solle Oswald bis Bruneck entgegenkommen, dürfte kaum stimmen: hier hat Oswald wohl gemogelt. Schließlich war Ulrich ein Reichsfürst, und der ließ einen Landedelmann zu sich kommen. Die vorhergehenden Schreiben zeigen auch ganz klar, daß Ulrich Lienz als Verhandlungsort bestimmt hatte.
Oswald brach trotz aller Bedenken und Proteste auf, ritt erst einmal bis Toblach, sah hier Soldaten des Heinrich von Görz. Bis hierher konnte er sich einigermaßen sicher fühlen, er war Lehnsrichter dieses Grafen, und der hatte Schwierigkeiten (Erbfragen!) mit den Cilliern; zugleich aber deutete sich in dieser Zeit, zumindest gerüchtweise, die Möglichkeit einer Zweckallianz an zwischen Heinrich von Görz und Graf Ulrich von Cilli. Der Görzer hatte sich mit seinen Truppen westwärts bewegt: eine bessere Ver-

teidigungsposition bei einem eventuellen Angriff eines königlichen Heeres, oder wurden die Truppen hier bereitgestellt für einen gemeinsamen Einmarsch in Tirol?
Oswald ritt weiter, ungefähr 20 Kilometer, bis nach Sillian. Weiter wollte er auf keinen Fall; bis Lienz waren es nochmal rund 40 Kilometer; standen dort schon Soldaten des Königs? Trafen die Gerüchte zu, nach denen der König und der Graf gemeinsame Sache machten? Oswald schickte andere Mitglieder der Delegation weiter. Und diktierte den Brief, enttäuscht, verärgert.
»Nun habe ich der Landschaft meine Befürchtungen mitgeteilt, und trotzdem haben sie mir mit Nachdruck den schriftlichen Befehl gegeben, nach Lienz zu reiten – das hätte ich von einigen Herrschaften nun nicht erwartet, daß sie mich derart in Gefahr bringen würden! Ich habe es nicht verdient, daß man mich so leichtfertig aufs Spiel setzt! Ich würde mit Fug und Recht zu diesem Zeitpunkt im Dienst der Landschaft und vor allem unseres gnädigen Herrn, des Herzogs Sigmund, lieber nach Frankreich oder nach England reiten als nach Lienz, wo doch Herr Graf Heinrich selbst sich von Lienz zurückgezogen hat nach Toblach und das Land diesseits der Klause mit großer militärischer Macht besetzt hält. Ich hoffe aber nun, daß es mir die gesamte Landesgemeinde nicht zumuten wird, mich auf ein derartiges Risiko einzulassen, und daß man meine bisherige Pflichterfüllung anerkennt, die ich dem gnädigen Herrn, Herzog Sigmund, und der Landschaft bisher erwiesen habe und auch weiterhin erweisen möchte.
Unter diesen Umständen bin ich immerhin bis Sillian geritten und habe meinen Neffen, Herrn Diepold, den Vintler, den Nocken und den Staudacher nach Lienz zu dem von Cilli geschickt, um seine Wünsche zur Kenntnis zu nehmen und sie mir auszurichten, gemäß meinem Auftrag.
Nun ist aber der Markgraf von Rötlan einen halben Tag vorher dort angekommen, so daß die Entgegennahme und Übermittlung des Auftrags dennoch richtig erfolgte und nichts unerledigt bleibt. Falls diesen Männern Unannehmlichkeiten widerfahren wären, so hätten sie mich ohne weiteres zum Verantwortlichen machen können, und das wäre weniger riskant gewesen, als wenn ich dort gewesen wäre. Immerhin bin ich so nah, daß man mich in vier Stunden leicht erreichen kann, sei es der von Cilli persönlich oder seine Räte oder unsere Boten. Das ist für die Landschaft ehrenhafter als meine Anwesenheit in Lienz; sie werden in dieser Angelegenheit weniger kritisiert. Warum sollten wir uns ihnen gegenüber unterwürfig verhalten, so, als würden wir gerne ihre Anwei-

sungen entgegennehmen! Außerdem, es bleibt in dieser Sache ja nichts unerledigt.
Gegeben zu Sillian, am 22. Februar 1444. Oswald von Wolkenstein, Ritter.«

236 Die Stadt Trient wurde von etwa 3000 Soldaten belagert, aufgeboten von der gesamten Tiroler Landschaft; Befehlshaber war Heinrich von Mörsberg. Als erstes hatte man, zu Beginn des Jahres, die Umgebung der Stadt verwüstet; dann wurde der Belagerungsring geschlossen; reiche Bürger der Stadt hatten sich rechtzeitig abgesetzt. Mehrere Ausfälle der Belagerten, jeweils hohe Verluste unter den Tiroler Truppen, aber der Belagerungsring wurde nicht durchbrochen. Immer ungeduldiger wartete man in Trient auf ein Entsatzheer unter König Friedrich, aber der tat wieder einmal nichts, blieb in Graz. Sein Wahlspruch soll gelautet haben: Die Zeit verwaltet das Amt der Rache.
Die Belagerung dauerte gut ein Vierteljahr, entsprechend hoch waren die Kosten. Einige Herren zeichneten am 4. März eine Kriegsanleihe an das Land Tirol, in Höhe von insgesamt 1300 Dukaten; Oswald von Wolkenstein beteiligte sich mit 200 Dukaten (der Durchschnittsbetrag), ebenso Anton von Thun.
Am 5. April die Kapitulation von Trient; Heinrich von Mörsberg wurde Stadtkommandant. Ein Sieg, der von der Tiroler Landschaft als Triumph gefeiert wurde.
Der König zeigte nun Verhandlungsbereitschaft, wurde aber von Hofleuten, vor allem durch Konrad von Kraig, mit Entschiedenheit aufgefordert, hart zu bleiben: er kenne die Tiroler, »sie halten nicht aus, sie bleiben nicht beisammen«. Der König, wieder aufgerichtet, erklärte, er werde denen von der Etsch noch einen Strick um den Hals legen, daß sie vor ihm auf die Knie fallen müßten! Sympathisanten der Tiroler sorgten dafür, daß diese Äußerungen bekannt wurden: Trotzreaktionen in Tirol! Weiterhin blieben strategisch wichtige Pässe, Klausen, Burgen besetzt. Und die Distriktkommandanten kamen zu einer Besprechung in Meran zusammen: Koordination der Verteidigungsmaßnahmen.
Hier in Meran erhielt Oswald eine weitere, ehrenvolle Aufgabe: für die Aufbewahrung der beiden zu dieser Zeit wichtigsten Urkunden des Landes zu sorgen, des Vormundschaftsvertrages von Hall und der Inventarliste des ›Staatsschatzes‹; man wollte die Dokumente von der Bischofsburg in Brixen nach Meran bringen, dort waren sie nun sicherer, ein Angriff von Süden her

war kaum noch zu befürchten, eher durch das Pustertal. Oswald traf die nötigen Vorbereitungen: er suchte einen Turmraum aus, gab den Auftrag, zwei Eisentüren einzubauen. Im Juli berichtete ihm Konrad Vintler »betreffs des Gemachs, wie Ihr es besichtigt habt« und informierte Oswald darüber, »daß die eine Eisentüre völlig fertig ist; mit der anderen dauert es auch nicht mehr lange«. Am 14. August 44 versammelte sich der Rat der Landschaft noch einmal in Meran; Oswald wieder unter den Teilnehmern. König Friedrich drohte weiterhin mit Krieg; obwohl das mittlerweile nicht mehr völlig ernstzunehmen war, blieb man in Alarmbereitschaft.

237 Vor Ostern 1445 war Margarete von Wolkenstein in Meran, schickte von dort einen Brief nach Hauenstein, an »meinen hochgeschätzten Diener Jörg«. Ich lege eine Übersetzung dieses Briefes vor: er gibt uns (trotz einiger Texträtsel) ein wenig Einblick in die häuslichen Verhältnisse, erlaubt vielleicht auch einen Rückschluß auf Oswalds damaligen Gesundheitszustand.

Vorbereitend noch diese Anmerkung: an zwei Stellen des Briefs (Okken hat mich darauf hingewiesen) hat Margarete schwäbische Sprachformen diktiert; das habe ich in der Übersetzung berücksichtigt.

»Lieber Jörg, ich habe zur Kenntnis genommen, daß ich während der Osterfeiertage no Hauenstein zurückkehren soll. Du weißt ja selbst, daß ich nicht im Kopf habe, wem wir noch Geld schulden; das soll nun alles bereinigt werden, damit man nichts Schlechtes über uns redet. Am liebsten wäre mir, Dein Herr würde Dich selber hierher schicken, damit alles ordnungsgemäß erledigt wird. Übrigens, die Anweisungen, die mir Dein Herr erteilen läßt, für meinen Aufenthalt hier und au für Hauenstein, die will ich sehr gern ausführen. Und richte Deinem Herrn aus, ich hätte hier keinen Aufseher außer Christel, diesen Narren, wenn der Schneider nicht länger bliebe. Und der Geyer gibt reichlich an! Und wenn der Wein alle ist, soll ich dann den roten anzapfen? Gib mir auch hierüber Bescheid, lieber Jörg. Und kümmere Dich gut um Deinen Herrn, ich werde es dir anständig lohnen. Und schicke mir den Ring, der von Oswald dem Goldschmied stammt, und zwar schicke ihn mir zu Händen des Richters von Meran. Und laß Dir den Bächle anempfohlen sein, dafür wäre ich Dir sehr dankbar. Ferner teile ich Dir mit, daß mir der Burggraf von Tirol während der Osterfeiertage die Pferde nicht leihen kann, weil er und seine Frau nach Villnöß wollen. Wenn er mir ein Maultier schicken würde, egal, ob groß oder klein, so wäre mir das schon recht. Und, lieber Jörg, informiere mich genau und umfassend darüber, was ich tun und lassen soll, ich will mich danach richten. Schicke die Antwort bitte zu Händen des Richters.«

Margaretes Bitte an den Diener, sich um seinen Herrn zu kümmern – ist sie bemerkenswert? Daß ein Diener für seinen Herrn sorgte, galt als selbstverständlich, mußte damals kaum erwähnt werden – und dieser Jörg scheint ein zuverlässiger Diener gewesen zu sein, besaß offenbar eine Vertrauensstellung. Sonderlich beunruhigt klingt Margaretes Brief nun allerdings nicht: Personalprobleme, der Wein geht zur Neige, sorg für Deinen Herrn . . . Freilich folgt nun Margaretes Zusicherung, sie werde ihn dafür belohnen. Also doch Aufgaben für diesen Diener, die über seine sonstigen Tätigkeiten hinausgingen, deshalb zusätzlich honoriert werden sollten?

Wozu Margarete nach Meran geritten war, läßt dieser Brief nicht erkennen. Ein privater Besuch, oder reiste sie im Auftrag, in Stellvertretung ihres Mannes? War Oswald zu dieser Zeit krank, pflegebedürftig? Deshalb die Bitte, das Angebot?

Woran Oswald erkrankte oder krankte, woran er schließlich starb, wissen wir nicht. Aus seiner Altersklage, die er bereits zwei Jahrzehnte zuvor geschrieben hatte, lassen sich keine eindeutigen Schlüsse ziehen. Vielleicht aber können uns hier – bei aller literarischen Stilisierung – zwei Hinweise weiterhelfen: »Was an mir rot war, wird nun blau.« Und: »Kein Gesang, nur Husten in der Kehle; der Atem wird mir knapp.«

Allzu ernst dürfen wir das nicht nehmen, denn mit ausgeprägter Blausucht und chronischer Herzinsuffizienz hätte Oswald die folgenden zwei Jahrzehnte kaum überlebt – und das derart aktiv! Nach einem Gespräch mit einem Arzt scheint mir dies wenigstens denkbar: akute Herzinsuffizienz, nach Kidnapping, Haft, Folterung. Von robuster Konstitution, hatte sich Oswald in der folgenden Zeit dann wohl erholt. Verschlechterte sich sein Zustand nun wieder: erneut akute Herzinsuffizienz? Geschont hatte er sich wohl nie – begann er nun Folgen zu spüren?

238 Der Streit zwischen König Friedrich und der Landschaft dauerte mittlerweile drei Jahre. Reichsfürsten versuchten nun, zu vermitteln; in Salzburg sollte eine Konferenz stattfinden,

aber das war nur ein Gerücht. Dennoch, der König sah ein, daß er verhandeln mußte: er forderte die Landschaft auf, eine bevollmächtigte Delegation nach Wien zu senden.
Daraufhin wurde erneut ein Landtag nach Meran einberufen, auf den 16. Mai 1445: Oswald war unter den Teilnehmern. Es ging vor allem um die Bestimmung der Verhandlungsrichtlinien. An den beiden Hauptforderungen hatte sich freilich nichts geändert, konnte sich auch nichts ändern: Freigabe von Herzog Sigmund, Rückgabe des ›Staatsschatzes‹. Siegessicher erörterte man bereits Einzelheiten für den feierlichen Empfang des Landesfürsten, überlegte schon, wer ihn durch das Pustertal bis zur Tiroler Grenze geleiten sollte: Heinrich von Görz und Ulrich von Cilli?

239 Am 28. Mai diktierte Margarete auf Hauenstein einen Brief an ihren Mann in Meran, ließ ihn durch einen Knecht überbringen.
»Zuvor meine freundlichen und dienstwilligen Empfehlungen. Herzliebster Herr. Daß Euch nichts fehlt und daß es Euch gut geht, das wäre mir eine große Freude. Und ich will Euch berichten, daß verschiedene Leute in Kastelruth herumgeredet und Euch schwer verflucht haben wegen aller Bedrohung und Verwirrung, die nun im Lande sind, und weil man nach Trient marschiert ist und weil man den Brettlein gefangen und beraubt hat und desgleichen den Gerhart. Und weiter heißt es, niemand sei so schuld daran wie Ihr, daß man sich nicht für Herrn Theobald verwendet hat, und wo Ihr ihm nur schaden könntet, da würdet Ihr das mit Vergnügen tun; falls Euch diese Sache zum Guten ausschlage, so würde einen das aber äußerst wundern! Und man hoffe, Ihr würdet nicht länger im Landrat bleiben. Und es würden keine acht Tage vergehen nach Eurer Rückkehr vom Landtag, und es würde sich schon zeigen, wie es Euch dann ergeht! Auch hat Herr Theobald erklärt, er werde Euch nicht über seine Bauern rechtsprechen lassen, wie es urkundlich festgelegt ist, eher würde er die Fälle dem Landesherrn oder der Landschaft zur Erledigung übergeben. Ich bitte Euch, herzliebster Herr, seid in jeder Hinsicht sehr vorsichtig, damit Euch keine Schande und kein Schade widerfahre; Ihr müßt hier wirklich aufpassen!
Lieber Herr, traut dem Gufidauner nicht, denn er und der Thuner und Herr Theobald, die stecken unter einer Decke. Auch möchte ich Euch berichten, daß hier gesagt wurde, Ihr wärt zu gut prote-

giert; wäre dies nicht der Fall, so würde man durchaus dafür zu sorgen wissen, daß Ihr die Leute nicht weiter schädigt.
Seid so gut, herzliebster Herr: solltet Ihr noch länger im Landrat bleiben, so laßt mich kommen. Ich werde es Euch zu danken wissen, denn ich will nicht von Euch getrennt sein, wo immer Ihr auch seid.
Lieber Herr, ich habe gehört, daß der Herr Bischof aus Brixen nicht nach Meran gekommen ist. Ich habe Seine Gnaden so verstanden: könntet Ihr nicht zu ihm kommen, um Euch mit ihm wegen der Urkunden zu verständigen, so wird er Euch (falls ihn der Rat schriftlich beauftragt) die Urkunden übergeben; er sei gern dazu bereit, auf Eure Bürgschaft hin.
Lieber Herr, solltet Ihr mit dem Jost reden können, so sagt ihm, er solle zurückkommen. Oder schickt sonst einen anderen guten Knecht, damit Euer Besitz in guter Hand ist; wir brauchen so jemand dringend hier in der Burg.
Weiter lasse ich Euch wissen, daß ich zwei Ochsen gekauft habe, für 10 Dukaten und 1 Pfund; der Passeier hat die neun Dukaten dazu vorgestreckt. Eine andere Sache: weder der Propst noch der Hauser wollen das Butterfett haben. Wollt Ihr es aber dem Großkopf überlassen, so will er es gerne abnehmen, ein Pfund für neun Vierer, aber nicht mehr. Der Fräl allerdings meint, er würde es zu Tramin günstig loswerden, falls Ihr es ihm übergebt. Laßt mich bitte schriftlich wissen, wie Ihr das geregelt haben möchtet, auch schreibt zu dieser und jener Angelegenheit, und wie es Euch geht und was Ihr vorhabt; der Geyer soll das übermitteln. Und schickt mir ihn gleich zurück, ich kann ihn in der Burg nicht entbehren. Sonst kann ich nur sagen, es ist alles in Ordnung auf Hauenstein. Und damit behüte Euch der allmächtige Gott. Gegeben zu Hauenstein, am Freitag nach Fronleichnam, anno domini 1445. Margarete von Wolkenstein.«
Der Brief zeigt, erst einmal: Margarete hat in Oswalds Abwesenheit die Burg Hauenstein verwaltet, Oswald wollte jedoch über alle Details informiert sein – sonst hätte sie ihn kaum mit der Frage behelligt, wieviel Butterschmalz man wem zu welchem Preis verkaufen solle. Auch sonst hat man den Eindruck: es wurde hart gerechnet auf Hauenstein. Um zehn Dukaten für zwei Ochsen ausgeben zu können, mußte man neun Dukaten ausleihen.
Weiter läßt sich aus diesem Brief schließen: Oswald hatte Feinde in seiner unmittelbaren Umgebung. Sie sahen äußerst ungern, daß er eine so wichtige Position besaß, und fürchteten, er würde nun noch rücksichtsloser seine privaten Interessen wahrnehmen.
Und warum wollte Oswald die Wahl des Theobald von Wolken-

stein zum Bischof von Trient hintertreiben? Margarete deutet einen der Gründe an: Theobald stand in Verbindung mit dem Gufidaun. Mit Kaspar von Gufidaun? Der war für Oswald ein unsicherer Kantonist, seit dem Streit mit der Gemeinde Ritten. Außerdem der Thuner: ist das Anton von Thun? Wenn ja, so hätte dieser Theobald Umgang mit Leuten gehabt, die Oswald suspekt, ja verhaßt waren!
Kam auch Politisches hinzu? Theobald, Sohn des Michael von Wolkenstein und dessen Frau aus Schwangau, war Domherr in Brixen, wie sein Bruder Diepold, studierte Theologie an den Universitäten Wien und Padua, promovierte, war seit 1441 Domherr in Trient, wollte dort also auch Bischof werden – ausgerechnet in der Stadt, die sich für Friedrich erklärt hatte, und in der es sicher noch zahlreiche Anhänger des Königs gab. Auch hier möglicherweise einer der Gründe, weshalb Oswald gegen die Kandidatur seines Neffen intrigierte. Er wurde trotzdem gewählt, die Tiroler Landschaft aber erkannte Bischof Theobald nicht an, er durfte die Verwaltung des Bistums nicht übernehmen, bevor der zukünftige Landesherr Sigmund in dieser Sache entschied. Gewiß stand Oswald hinter diesem Beschluß. Erst die Loyalitätserklärung für Sigmund, dann das Bischofsamt . . .

240 Margarete hatte Grund, besorgt zu sein: bald nachdem ihr Schreiben in Meran eingetroffen war, schickte Oswald einen Boten nach Neustift, bat den Dekan um eine Begräbnisstätte in der Stiftskirche; dies wurde ihm am 14. Juni schriftlich zugesichert.
Dachte Oswald in dieser Zeit über das Sterben nach, wie schon einmal, rund zwanzig Jahre zuvor, zwischen den Gefangenschaften? Damals hatte er ein Lied über sein Sterben geschrieben, Kl 6; es gehört nicht chronologisch, aber thematisch in dieses Kapitel.

> Ich riech ein Tier:
> die Füße breit, und scharf sind seine Hörner;
> das will mich in die Erde stampfen,
> mit einem Stoß durchbohren.
> Den Rachen hat es vor mir aufgerissen,
> als sollt ich ihm den Hunger stillen.
> Es kommt heran,
> die Mordlust auf mein Herz gerichtet –
> ich kann der Bestie nicht entfliehn!

Wie ist die Not so groß,
seit alle Jahre, die von mir vergeudet wurden,
zu einem Tag nun aufgehäufelt sind.
Zum letzten Tanz bin ich jetzt vorgeladen,
und alle meine Sünden, zu einem Kranz geflochten,
die werden mir nun präsentiert –
ich muß die Rechnung dafür zahlen.
Doch will es Gott, der Eine Gott,
sie wird mit einem Strich erledigt!

Nun zeigt sich klar:
wenn ich für eine Jahreslänge
vernünftig leben würde,
das könnte meine Schuld verringern,
da zahlte ich mit kleiner Münze,
wo ich nun, leider, alles geben muß.
So ist mein Herz
voll Sorge und Beklemmung –
die Angst vorm Tod wiegt nur gering.
Wo bist du morgen, Seele?
Wo wirst du Zuflucht finden,
wenn du im Fegefeuer büßen mußt?
Ach, Kinder, Freunde und Kumpane –
wo bleibt denn eure Hilfe, euer Rat?
Ihr nehmt nur den Besitz, laßt mich allein
eintauchen in das Scheidewasser,
das alles Geld entwertet, bloß bestehen läßt
die guten Taten. Ach, hätt ich sie gemehrt!

Allmächtiger,
von Ewigkeit zu Ewigkeit, sei mein Geleit,
zeig dein Erbarmen, göttlich groß,
damit der Luzifer und seine Helfer
von mir nicht mehr verlangen, als ich geben kann,
und mich der Höllenschlund verschlingt.
Maria, Jungfrau,
erinnere dein liebes Kind doch an sein großes Leid.
Er, der die Christenheit erlöste,
er schließe mich nicht aus,
sein Martertod sei Hoffnung auch für mich,
wenn meine Seele aus dem Körperkerker flieht.
Oh Welt, nun gib mir schon den Lohn,
trag mich zu Grab, vergiß mich bald.

Hätt ich statt deiner nur dem Herrn gedient,
als Einsiedler im Wald,
da wär ich jetzt auf rechtem Pfad.
Gott, Schöpfer: so erleuchte mich, den Wolkensteiner.

241 Oswald erholte sich noch einmal, wenigstens so weit, daß er der Bitte des Konrad Öttinger nachkommen konnte, als Zeuge einen Schriftsatz zu siegeln: »der edel streng und vest herr Oswald von Wolkenstain ritter«. Dies war am 6. Juli 1445.
Am 2. August starb er, in Meran. Seine Frau war bei ihm. Noch am gleichen Tag übergab sie Ulrich von Matsch, dem »obersten Verweser Herzog Sigmunds«, die beiden Schlüssel des Turmraums, in dem der Vormundschaftsvertrag und die Inventarliste deponiert waren; Oswald hatte die Schlüssel der beiden Eisentüren bei sich getragen. Ulrich von Matsch ließ Margarete eine Empfangsbescheinigung ausstellen.

242 Im Kloster Neustift wurde notiert, Oswalds Leichnam sei unter erheblichen Mühen überführt worden und bei großer Hitze. Wenn das besonders vermerkt wurde, auf lateinisch, muß es schon eine Hitzewelle gewesen sein. So dürfte Oswald in den Stunden der höchsten Temperatur, damit der stärksten Kreislauf-Belastung gestorben sein, mittags oder am frühen Nachmittag.
Die letzte Reise wird am nächsten Tag begonnen haben. Zuvor: das Waschen, Anziehen, Aufbahren des Leichnams; Gebete, die Totenwache. Ein Hitzestau wohl auch im Sterbezimmer. Es muß eine feuchte Hitze gewesen sein: die Sümpfe in der Ebene vor der Stadt. Und wenig Wind im August. Zahllose Fliegen. So konnte bereits nach zwei Stunden eine Leiche verfärbt, aufgequollen sein. Man wird deshalb, nach den kirchlichen Ritualen, den Leichnam in einen Keller getragen haben. Hat ihn vielleicht mit essiggetränkten Tüchern umwickelt. Oder hat ihn ein Bader abgerieben mit einer Alaunlösung, die gerbend einwirkt auf die Haut? Dies war damals eine teure, seltene Präparierungsmaßnahme. Was man in der kurzen Zeit auch unternahm: der Verwesungsprozeß konnte nur verzögert, nicht verhindert werden, bei diesem langen Transport in großer Hitze. Man wird drei Tage gebraucht haben für den Weg über Bozen und Brixen, ein bis zwei Tage für die Route über

den Jaufenpaß. Schon innerhalb des ersten Tages aber treten bei Hitze diese Veränderungen ein: Grünfärbung, rasches Auftreiben des Bauchs, zugleich des Hodensacks – »das sieht grotesk aus«, sagte der Pathologe, den ich befragte, und an den »abhängenden Körperpartien«, also seitlich und am Rücken, bilden sich Blasen, wachsen, platzen, ein Aufreißen bald auch des prall geblähten Körpers, es tritt ein gelbliches, »sirupartiges« Sekret aus: das »Abtropfen«. Das schmierige Grün der Oberfläche verwandelt sich in schmutziges Rosa; der »Schaumpilz« vor dem Mund; Sekret sikkert aus den Winkeln der blau aufgetriebenen Lippen, aus den Augenhöhlen, aus der Nase, aus allen Körperöffnungen: Blutflüssigkeit, verflüssigtes Bindegewebe, verflüssigte Muskulatur. Zusätzlich wohl auch Madenfraß.

243 Über Oswalds ›Weiterleben‹ berichtet eine Sage; ich erzähle sie nach der Vorlage von Wolffs *Dolomitensagen*. Der König des Rosengartens besitzt einen großen Jagdforst mit zahlreichen Goldfasanen, mit weißen Hirschen und in den Bergen Hunderte von Gemsen. Königlicher Jagdaufseher, Forstaufseher ist Partschótt. Er mäht Wiesen am Rand des Rosengartens, lagert das Heu in Stadeln, füttert damit im Winter die Gemsen und die weißen Hirsche. So ist alles gut und schön, wie es ist.
Aber plötzlich die Wende: der König läßt den paradiesischen Rosengarten versteinern, schickt seinen Hofstaat in Felsensäle, Felsenhöhlen – nur den Jagdaufseher Partschótt draußen, den vergißt der König.
Und dieser Partschótt sieht erschrocken, wie versteinert, daß der Rosengarten zu einem wüsten Felsgebirge wird (Rosengarten Spitze, Catinaccio 2981 m). Partschótt ruft, Partschótt läuft umher – alles ausgestorben, alles tot. Da baut er sich eine Hütte am Grünser Bühel (2145 m), mäht weiterhin Gras, füttert im Winter mit Heu die Gemsen und die weißen Hirsche: tut, was er immer getan hat.
Aber nun, da der König des Rosengartens seine Herrschaft aufgegeben hat, kommen Fremde aus den Tälern herauf, dringen in den Wald ein, jagen das Wild. Und andere folgen mit Viehherden. Der alte Jagdaufseher versucht, den Wildbestand zu retten, aber alles Bitten, alles Mahnen bleibt vergeblich, die Gemsen und die weißen Hirsche werden gejagt, große Flächen Wald werden abgeholzt, niedergebrannt, die Eindringlinge brauchen Weideflächen für ihre Viehherden: die Seiser Alm. Dem alten Partschótt nimmt

man sogar seine Heustadel ab. Und hilflos sieht er zu, wie mehr und mehr Wald vernichtet wird, wie die Gemsen und die weißen Hirsche ausgerottet werden; der letzte der weißen Hirsche flieht hinunter in den Hauensteiner Forst.
Man beginnt den alten Partschótt zu vergessen. Wer ihn noch einmal sieht, der traut ihm nicht mehr, hält ihn für ein gefährliches Wesen. Der Alte wird immer scheuer, zieht sich tief in die Restwälder zurück. Alte Hirten sehen in ihm einen Berggeist.
Erst wenn im Herbst die Viehherden wieder abgetrieben sind, wenn keine Menschen mehr auf der Hochfläche sind, kommt der Alte aus den Waldgebieten heraus, schaut über die Hochebene, geht zum Schlernmassiv, verschwindet in Felsschroffen. So wiederholt sich das jeden Herbst.
Aber eines Tages, wenn der alte Partschótt über die Seiser Alm zum Schlern geht, wird er hoch auf dem Grünser Bühel den Sänger Oswald von Wolkenstein sehen, in schimmernder Rüstung. Und Partschótt wird einen Jubel- und Jodelschrei ausstoßen, den man weit, weit hören wird, über das Grödnertal hinweg bis zum Raschötz und hundertfach das Echo in den Bergen. Und dann wird Oswald erneut seine Lieder anstimmen, und aus dem kargen, schroffen Felsgebirge Rosengarten wird wieder ein paradiesisch schöner Rosengarten, blühend, blühend, und die alten Bergpaläste entstehen neu, und die schlafenden Zwerge erwachen, und der Wald wird wieder über die Seiser Alm wachsen, und der alte Partschótt wird wieder das Wild hegen, die Gemsen und die weißen Hirsche.

244 Von Meran nach Neustift werde ich Oswald ein letztes Geleit geben, über Bozen und Brixen – man wird die Leiche kaum über den Jaufenpaß transportiert haben, damals nur ein Saumtierpfad; wahrscheinlich wurde sie im Sarg auf einen einachsigen Karren gelegt.
Die 600-Jahrfeier auf der Trostburg und in Seis; anschließend werde ich nach Meran fahren. Früh werde ich dort aufbrechen, kaum aber so früh wie Margarete, Familienmitglieder, Knechte: man ritt gewiß im ersten Frühlicht los. Die Landstraße Richtung Bozen wird in meiner Morgenstunde hoffentlich noch leer sein, und ich kann langsam, wenn auch nicht karrenlangsam fahren, etwa bis zur Höhe von Lana; aussteigen, hinaufschauen zur Bergstufe von Tisens und Prissian: »des lig ich Wolkensteiner inn der fall«. Und die Klage, »das ich den namen ie erkannt von diser

Hausmaninnen«. Fortgesetzt die Fahrt bis Siebeneich; der rotbraune Felsklotz, herausragend aus dem Hanggrün, und ganz oben die Mauerreste: »si müssen alle fliehen von Greiffenstein geleich«. Ich würde gern dort hinauffliegen, mit einem Hubschrauber, gechartert für Aufnahmen zu einem Fernsehfilm über Oswald von Wolkenstein – ein Film, den ich, erschöpft von der Arbeit an dieser Biographie, nicht vorschlagen, nicht realisieren werde, von dem ich verschiedene Sequenzen aber bereits vor mir sehe: Umkreisung des Felsklotzes, langsamer Flug zum Hang ostwärts: »die handwerch und hütten und ander ir gezelt das ward zu ainer aschen in dem obern veld«. Weiter Richtung Glaning, Waldwegstreifen zwischen Fichtendunkelgrün und Wiesenhellgrün, bald schon Jenesien. Mit sinkender Flughöhe zur Burg Rafenstein – der Ausschnitt Ebene, wie man sie von der Burg aus sieht: »schalmützen schalmeussen niemand schied das geschach vorm Raubenstain inn dem ried.« Von Rafenstein oder Raubenstein der Blick auch auf die Autobahn Richtung Brixen, Bressanone, auf die Landstraße, auf der ich, von Siebeneich kommend, weiterfahren werde.

Wahrscheinlich hat die Gruppe mit dem Sarg für diesen ersten Streckenabschnitt bereits einen Tag gebraucht, und es wurde in Bozen übernachtet, der Sarg in einen Keller getragen, das Aussikkern, Abtropfen, »wenn ich bedenck den bittern tod«.

Oberhalb der Straße, die ich weiterfahre, wird die Gruppe auf dem Hangweg gegangen, geritten sein, am Morgen des zweiten Tags. Und bald schon Hitzeflirren hangaufwärts, beispielsweise bei Villanders; vielleicht fahre ich dort den Ritten hinauf, bis ich den Schlern sehe, massig, langgestreckt, und vorgelagert die Santnerspitze: bei Luftaufnahmen würde ich Weidegebiete auf dem Ritten zeigen, dann die rasche Flugbewegung über das Eisacktal mit Landstraße, Autobahn, Fluß, Schienen, schon die Hochebene bei Völs, die Fichtenschräge zwischen Santnerspitze und Seis und mittendrin das Mauerhellgrau der Burgruine: »auff ainem runden kofel smal mit dickem wald umbfangen«. Hauenstein ein paarmal überflogen, weiter nach Ratzes: »in Races vor Saleren daselbs belaib ich an der e«. Hoch zur Seiser Alm, Fichten, Wiesen, Heustadel; Hotels an der Westkante der Hochebene; Busse, Personenwagen; Sessellifts mit Feriengästen; braungrünes Sumpfgras; Fichtengruppen, Bergtannen; südlich Grünser Bühel, Goldknopf, Molignon, Catinaccio d'Antermoia, die Rosengartenspitze und ostwärts Plattkofel und Langkofel: seine »Nebel und Wolken«, sein »Sausen und Rauschen«, der WOLKENSTEIN, von Adlern umkreist, kein Mensch hatte ihn damals bestiegen. Flug um diesen Berg herum, hinunter zum Dorf Wolkenstein, Selva, mit klatschenden Rotorblättern, hinüber zum Langental, rechts das Sella-Massiv, aber die Kamera gerichtet auf die Stevia-Wand westlich, auf das Felsennest: »und wer ich auff dem Wolkenstein«. Der Flug durch das Grödnertal: »von Wolkenstein wolt ich zu Cölen gütter lawn«. Und am Eingang des Tals die Trostburg, Ende dieser Bildsequenz.

Auf der Trostburg vielleicht die zweite Station des langsamen, in Neustift als mühsam bezeichneten Leichentransports: lebte damals noch Michaels Witwe, Margaretes Schwester, wohnte hier, wie Margarete dann auf Hauenstein wohnte, laut Vertrag mit ihren Söhnen, bis sie starb, wenige Jahre nach Oswald?

Von der Trostburg nach Brixen; nun war die Begleitgruppe wohl größer. Gegen Mittag des Tages, an dem ich in Meran aufbreche, werde ich (in flirrend diesigem Licht?) die Türme des Brixener Doms sehen, werde langsam in die Stadt hineinfahren; eine große Feuersbrunst 1444, ein weithin noch brandschwarzes Brixen also, durch das die Leiche gekarrt wurde. Der Sarg kurz abgestellt in der Oswald-Kapelle der Stiftskirche, Totengebete der beiden Kapläne? Fahrt hinaus zum Nordtor, für mich eher ein Name als ein Bau. Die Straße teilt sich bald, führt links zum Brenner, nach Innsbruck – dort zog 1446 der junge Herzog Sigmund ein, umjubelt; die Gruppe bog nach rechts ab, die Straße nach Neustift und weiter, durch die Mühlbacher Klause, ins Pustertal. Bald schon der Weg hinüber zum Kloster; der Karren mit der Leiche vorbei an der sogenannten Engelsburg, in deren Nähe ich den Wagen abstelle, und zu Fuß gehe ich die letzten hundert Meter zur Klosterkirche, in die man den Sarg trug: »got schepfer leucht mir Wolkensteiner klar«. Oswald wurde begraben in der Nähe des Taufsteins.

Anhang

Bibliographie

Diese Bibliographie enthält im wesentlichen nur Titel, auf die in der Biographie hingewiesen wurde: meist Arbeiten über Person und Werk des Oswald von Wolkenstein sowie über Personen seines Umkreises. Arbeiten über Oswald, die ich zwar gelesen habe, die mir für diese Arbeit aber nicht wichtig schienen, habe ich nicht aufgezählt; diese Bibliographie schlüsselt lediglich Kurzhinweise auf. So habe ich auch nicht Bücher und Aufsätze genannt, die ich herangezogen habe, um mich (beispielsweise) über das Konstanzer Konzil oder das damalige Osmanische Reich zu informieren; hierzu bringt jedes große Lexikon Literaturhinweise, von denen man ausgehen kann.
Ein Verzeichnis der gesamten Sekundärliteratur über Oswald von Wolkenstein bringt Hans-Dieter Mück in seiner Publikation:

Die Oswald von Wolkenstein-Forschung, 1800–1977. Teil I: Bibliographie. Zusammengestellt von Hans-Dieter Mück. Mit einer Stellenbibliographie von Hans-Dieter Mück und Lambertus Okken. Göppingen 1977 (= G.A.G. 213).

Diese Gesamt-Bibliographie enthält auch eine Diskographie. Ich weise auf eine dieser Produktionen hin, weil die Arbeit an ihr auch zur Arbeit an diesem Buch gehörte: die Aufnahmen des Oswald-workshops sind, erweitert um vier Titel, auf einer Langspielplatte erschienen: FSM 53516 AULOS.

Oswald von Wolkenstein. Handschrift A. In Abbildung hrsg. von Ulrich Müller und Franz V. Spechtler. Stuttgart 1974.

Oswald von Wolkenstein. Handschrift A. Vollständige Faksimile-Ausgabe im Originalformat des Codex Vindobonensis 2777 der Österreichischen Nationalbibliothek. Kommentar Francesco Delbono. Graz 1977 (= Codices Selecti LIX).

Oswald von Wolkenstein. Abbildungen zur Überlieferung I: Die Innsbrucker Wolkenstein-Handschrift B. Hrsg. von Hans Moser und Ulrich Müller. Göppingen 1972 (= Litterae. Göppinger Beiträge zur Textgeschichte 12).

Oswald von Wolkenstein. Abbildungen zur Überlieferung II: Die Innsbrucker Wolkenstein-Handschrift c. Hrsg. von Hans Moser, Ulrich Müller und Franz Viktor Spechtler. Mit einem Anhang zum ›Wolfenbütteler Porträt‹ und zur Todesnachricht Oswalds von Wolkenstein von Hans-Dieter Mück. Göppingen 1973 (= Litterae. Göppinger Beiträge zur Textgeschichte 16).

Oswald von Wolkenstein. Geistliche und weltliche Lieder. Ein- und mehrstimmig. Bearbeitet von Josef Schatz (Text) und Oswald Koller (Musik). Wien 1902 (= Denkmäler der Tonkunst in Österreich IX/1, 18). Reprograph. Nachdruck Graz 1959.

Die Lieder Oswalds von Wolkenstein. Unter Mitwirkung von Walter Weiss und Notburga Wolf hrsg. von Karl Kurt Klein. Musikanhang von Walter Salmen. 2., neubearbeitete und erweiterte Auflage von Hans Moser, Norbert Richard Wolf und Notburga Wolf. Tübingen 1975 (= Altdeutsche Textbibliothek 55).

Dichtungen von Oswald von Wolkenstein (1367–1445). Übers., eingeleitet und erklärt von Ludwig Passarge. Leipzig (1891) (= Reclams Universalbibliothek 2839/2840).

Oswald von Wolkenstein. Lieder. Mittelhochdeutsch und Neuhochdeutsch. Auswahl. Hrsg., übers. und erl. von Burghart Wachinger. Stuttgart 1967 (= Reclams Universal-Bibliothek 2839/2840) – 2. Aufl. 1972.

Oswald von Wolkenstein: Frölich geschray so well wir machen. Melodien und Texte, ausgew., übertr. und erprobt von Johannes Heimrath und Michael Korth, erl. von Ulrich Müller u. Lambertus Okken. München 1975.

Abel, Wilhelm: Geschichte der deutschen Landwirtschaft vom frühen Mittelalter bis zum 19. Jh. Stuttgart 1962.
Abel, Wilhelm: Die Wüstungen des ausgehenden Mittelalters. 2. Aufl. Stuttgart 1955.
Ariès, Philippe: Geschichte der Kindheit. Mit einem Vorwort von Hartmut von Hentig. Aus dem Franz. von Caroline Neubaur und Karin Kersten. München/Wien 1975.
Aschbach, Joseph: Geschichte Kaiser Sigmunds. 4 Bde. Hamburg 1838 bis 1845.
Atiya, Aziz Suryal: Kreuzfahrer und Kaufleute. Die Begegnung von Christentum und Islam. Mit einer Einführung von Hellmut Diwald. München 1973 (= Menschen und Mächte. Geschichte im Blickpunkt H. 8).
Ausserer, Karl: Ruine Hauenstein. Studie über die ältere Geschichte des Schlosses mit einer Stammtafel der Hauensteiner. In: Der Schlern. 6. 1925. S. 133–141.
Ausserer, Karl: Castelrotto – Siusi. Ein Bild ihres geschichtlichen Werdens. In: Der Schlern. 8. 1927. S. 221–252.

Bertau, Karl: Oswalds von Wolkenstein ›Es ist ain altgesprochen rat‹ als gesungenes Lied. In: Germanistik in Forschung und Lehre. Vorträge und Diskussionen des Germanistentages in Essen, 21.–25. Okt. 1964. Hrsg. von Rudolf Henss und Hugo Moser. Berlin 1965. S. 151–154.
Bravi, Ferruccio: Mito e realtá in Osvaldo di Wolkenstein. Bolzano 1970 (= Centro di documentazione storica per l'Alto Adige. Collana d'attualita 3).
Bezold, Friedrich von: König Sigmund und die Reichskriege gegen die Hussiten. 3 Bde. München 1872–1877.
Beyschlag, Siegfried: Zu den mehrstimmigen Liedern Oswalds von Wolkenstein. Fuga und Duett. In: Literatur und Geistesgeschichte. Festgabe für Heinz Otto Burger. Hrsg. von Reinhold Grimm und Conrad Wiedemann. Berlin 1968. S. 50–69.
Bösch, Hans: Wundsegen. In: Anzeiger für Kunde der deutschen Vorzeit. N. F. 25. 1878. Sp. 67.
Bösch, Hans: Margareta von Schwangau, Gemahlin Oswalds von Wolkenstein. In: Anzeiger für Kunde der deutschen Vorzeit. N. F. 27. 1880. Sp. 75–80, 97–101.
Bösch, Hans: Oswald von Wolkenstein und Aldriget von Castelbarco. In: Anzeiger für Kunde der deutschen Vorzeit. N. F. 28. 1881. Sp. 99–100.
Bösch, Hans: Ordnung und Gewalt des Minnesingers Oswald von Wolkenstein zur Vornahme der Inventur des Nachlasses seines Vetters Veit von Wolkenstein. In: Anzeiger für Kunde der deutschen Vorzeit. N. F. 28. 1881. Sp. 296–299.
Bösch, Hans: Inventar des Veit von Wolkenstein (gest. 1442). In: Anzeiger für Kunde der deutschen Vorzeit. N. F. 29. 1882. Sp. 121–128.
Brandis, Clemens Wenzeslaus Graf und Herr zu: Tirol unter Friedrich von Österreich. Wien 1823.
Brunner, Otto: Land und Herrschaft. Grundfragen der territorialen Verfassungsgeschichte Österreichs im Mittelalter. 5. Aufl. Wien 1965. Reprogr. Nachdr. Darmstadt 1973.

Coreth, Anna: Der ›Orden von der Stola und den Kanndeln und dem Greifen‹ (Aragonesischer Kannenorden). In: Mitteilungen des österreichischen Staatsarchivs. 5. 1952. S. 34–62.
Coryate, Thomas: Die Venedig- und Rheinfahrt 1608. Stuttgart 1970 (= Bibliothek klassischer Reiseberichte).
Craft, Robert: Strawinsky. München o. J.

Dejori, Alois: Heimatempfinden und Heimatlieder Oswalds von Wolkenstein. Diss. (masch.) Innsbruck 1961.
Deutsche Privatbriefe des Mittelalters.

Bd. 1: Fürsten und Magnaten, Edle und Ritter. Hrsg. von Georg Steinhausen. Berlin 1899 (= Denkmäler der deutschen Kulturgeschichte. 1. Abt.: Briefe 1).

Deutsche Reichstagsakten unter Kaiser Sigmund. 3. Abt.: 1427–1431. Hrsg. von Dietrich Kerber. Gotha 1887 (= Dt. Reichstagsakten 9).

Deutsche Reichstagsakten unter Kaiser Sigmund. 4. Abt.: 1431–1433. Hrsg. von Hermann Herre. Gotha 1906 (= Dt. Reichstagsakten 10).

Deutsche Sozialgeschichte. Dokumente und Skizzen. Bd. 1: 1815–1870. Hrsg. von Werner Pöls. München 1973.

Die Brunnenburg und das Landwirtschaftliche Museum. Landwirtschaftsmuseum Brunnenburg 1975.

Dieterich, J. R.: Vemegerichtsurkunden aus Tirol. In: Mitteilungen aus dem germanischen Nationalmuseum. 1892. S. 89–93.

Doon, P. J., Lambertus Okken, Heinrich L. Cox: Wurde Oswald von Wolkenstein gefoltert? In: Neophilologus. 58. 1974. S. 391–394.

Eberhard, Wilhelm: Ludwig III., Kurfürst von der Pfalz und das Reich 1410–1427. Ein Beitrag zur deutschen Reichsgeschichte unter König Sigmund. Gießen 1896.

Emmel, Hildegard: Die Selbstdarstellung Oswalds von Wolkenstein. In: Gestaltung, Umgestaltung. Festschrift für Hermann August Korff. Hrsg. von Joachim Müller. Leipzig 1957. S. 39–45.

Feldges, Mathias: ›In Katlon und Ispanien, do man gern ist kestanien‹. Wo liegt das ›künigreich‹ Spanien des Oswald von Wolkenstein? In: Zeitschrift für deutsche Philologie. 95. 1976. S. 374–399.

Gedichte 1300–1500. Nach Handschriften und Frühdrucken in zeitlicher Folge hrsg. von Eva und Hansjürgen Kiepe. München 1972 (= Epochen der deutschen Lyrik 2).

Göllner, Theodor: Landinis ›Questa fanciulla‹ bei Oswald von Wolkenstein. In: Die Musikforschung. 17. 1964. S. 393–398.

Grass, Nikolaus: Oswald von Wolkenstein und die Almwirtschaft. Ein Beitrag zur Kenntnis adeligen Landlebens im spätmittelalterlichen Tirol. In: Zeitschrift der Savigny-Stiftung für Rechtsgeschichte. Germanistische Abt. 92. 1975. S. 105–116.

Gruber, Karl: Notizen zur Familie von Wolkenstein. In: Der Schlern. 50. 1976. S. 725–726; 2 Abb.

Häusser, Ludwig: Geschichte der rheinischen Pfalz nach ihren politischen, kirchlichen und literarischen Verhältnissen. Bd. 1. Heidelberg 1845.

Hallauer, Hermann: Nikolaus von Kues und das Brixener Klarissenkloster. In: Mitteilungen und Forschungsbeiträge der Cusanus-Gesellschaft. 6. 1967. S. 75–123.

Herrmann, Max: Die letzte Fahrt Oswalds von Wolkenstein. In: Vierteljahrschrift für Literaturgeschichte. 3. 1890. S. 602–608.

Höfler, C.: Ruprecht von der Pfalz. Freiburg 1861.

Hömberg, Hans: Schnee fällt auf den schwarzen Harnisch. Roman. Bern 1947.

Hormayr, Joseph Freiherr von: Ueber Oswald von Wolkenstein und sein Geschlecht. In: Tiroler Almanach auf das Jahr 1803. Wien 1803. S. 85–125. 1804. S. 127–159.

Huizinga, Johan: Herbst des Mittelalters. Studien über Lebens- u. Geistesformen des 14. u. 15. Jhs. in Frankreich und in den Niederlanden. Hrsg. von Kurt Köster. 10. Aufl. Stuttgart 1969 (= Kröners Taschenausgabe Bd. 204).

Jäger, Albert: Der Streit der Tiroler Landschaft mit Kaiser Friedrich III. wegen der Vormundschaft über Herzog Sigmund von Österreich von 1439–1446. In: Archiv für öster-

reichische Geschichte. 49. 1872. S. 89–265.
Jagt, Hendrik C. van der: Zum Wortschatz von Oswald von Wolkenstein 104: *Von trauren möcht ich werden taub.* In: Modern Language Notes. 88. 1973. S. 535–561.
Jones, George Fenwick: Oswald von Wolkenstein's *Mein sünd und schuld* and the *Beichtlied* tradition. In: Modern Language Notes. 85. 1970. S. 635–651.
Jones, George Fenwick: Oswald von Wolkenstein – Vogelsteller und Jäger (zu Klein Nr. 83 u. 52). In: Et multum et multa. Beiträge zur Literatur, Geschichte und Kultur der Jagd. Festgabe für Kurt Lindner zum 27. Nov. 1971. Hrsg. von Sigrid Schwenk, Gunnar Tilander und Carl Arnold Willemsen. Berlin/New York 1971. S. 133–145.
Jones, George Fenwick: Oswald von Wolkenstein. New York 1973 (= Twayne's World Authors Series 236).
Jones, George Fenwick: The ›Signs of old age‹ in Oswald von Wolkenstein's *Ich sich und hör* (Klein No. 5). In: Modern Language Notes. 89. 1974. S. 767–786.

Kersken, Wolfgang: *Genner beschnaid.* Die Kalendergedichte und der Neumondkalender des Oswald von Wolkenstein. Überlieferung – Text – Deutung. Göppingen 1975 (= Göppinger Arbeiten zur Germanistik Nr. 161).
Kéry, Bertalan: Kaiser Sigismund. Ikonographie. Wien/München 1972.
Klein, Karl Kurt: Der ›Minnesänger‹ Oswald von Wolkenstein in der Politik seiner Zeit. In: Die Brennerstraße. Deutscher Schicksalsweg von Innsbruck nach Bozen. Bozen 1961 (= Jahrbuch des Südtiroler Kulturinstitutes 1). S. 215–243.
Kramer, Hans: Das Leben des Marx Sittich Freiherrn von Wolkenstein. In: Marx Sittich von Wolkenstein. Landesbeschreibung von Südtirol, verfaßt um 1600, erstmals aus den Handschriften hrsg. von einer Arbeitsgemeinschaft von Innsbrucker Historikern. Innsbruck 1936 (= Schlern-Schriften 34). S. 1–6.
Kramer, Hans: Die Grundlinien der Außenpolitik Herzog Friedrichs IV. von Österreich-Tirol in seiner späteren Regierungszeit. Teil 1.2. In: Tiroler Heimat. 17. 1953. S. 25–39. 21. 1957. S. 37–47.
Krieg, Walter: Materialien zu einer Entwicklungsgeschichte der Bücherpreise und des Autorenhonorars vom 15. bis 20. Jh. Wien/Bad Bocklet/Zürich 1953.

Ladurner, Justinian: Das Hereinragen des Fehmgerichtes in Tirol. Zugleich ein Beitrag zur Culturgeschichte im 15. Jahrhundert. In: Archiv für Geschichte und Altertumskunde Tirols. 5. 1869. S. 193–208.
Laußermayer, Maria Theresia: Ist das Porträt Oswalds von Wolkenstein in Hs. B ein Werk Pisanellos? In: Oswald von Wolkenstein. Beiträge. S. 63–67.
Das Leben König Sigmunds von Eberhard Windecke. Nach Hss. übers. von Dr. von Hagen. Leipzig 1886 (= Die Geschichtsschreiber der deutschen Vorzeit in dt. Bearb. 87).
Lindner, Theodor: Die Fragen des Königs Ruprecht über die Vemegerichte. In: Mitteilungen aus dem germanischen Nationalmuseum. 1. 1884–1886. S. 194–214.
Lindner: Theodor: Die Veme. Münster/Paderborn 1888.
Loewenstein, Herbert: Wort und Ton bei Oswald von Wolkenstein. Königsberg 1932 (= Königsberger Deutsche Forschungen 11).

Macek, Josef: Die hussitische revolutionäre Bewegung. Ins Dt. übers. von G. Jarosch. Prag 1958.
Mader, Ignaz: Brixner Häusergeschichte. Ergänzt von Anselm Sparber. Innsbruck 1963 (= Schlern-Schriften 224).

Malfèr, A.: Es war einmal . . . Versuch einer Wiederherstellung von Südtiroler Burgen. In: Der Schlern. 37. 1963. S. 1–43.
Marold, Werner: Kommentar zu den Liedern Oswalds von Wolkenstein. Diss. (masch.) Göttingen 1926.
Marx Sittich von Wolkenstein. Landesbeschreibung von Südtirol, verfaßt um 1600. Erstmals aus den Handschriften hrsg. von einer Arbeitsgemeinschaft von Innsbrucker Historikern. Innsbruck 1936 (= Schlern-Schriften 34).
Mau, Hermann: Die Rittergesellschaften mit St. Jörgenschild in Schwaben. Ein Beitrag zur Geschichte der deutschen Einigungsbewegung im 15. Jahrhundert. Diss. Teildruck. Stuttgart 1941.
Mayr, Karl M.: Zwei neue Urkunden zu Oswald von Wolkenstein. In: Der Schlern. 21. 1947. S. 7–8.
Mayr, Norbert: Die Pilgerfahrt Oswalds von Wolkenstein ins Heilige Land. In: Germanistische Abhandlungen. Hrsg. von Karl Kurt Klein und Eugen Thurnher. Innsbruck 1959 (= Innsbrucker Beiträge zur Kulturwissenschaft 6). S. 129–145.
Mayr, Norbert: Die Reiselieder und Reisen Oswalds von Wolkenstein. Innsbruck 1961 (= Schlern-Schriften 215).
Meiners, Irmgard: Zu Oswalds von Wolkenstein Fuga ›Mit günstlichem herzen‹ (Klein Nr. 71). In: Zeitschrift für deutsches Altertum. 105. 1976. S. 126–131.
Mishiro, Mitsuyoshi: Osvaruto fon Vorukenshtain. Yaku oyobi kaisetsu. In: Neue Stimme. Hrsg. von der Shinsei-Kai Tokyo. 1962–63, 2. S. 49–57.
Mit 15 an die Kanonen. Eine Fallstudie über das Schicksal der als ›Luftwaffenhelfer‹ (LwH) eingesetzten Oberschüler in den Sperrfeuerbatterien (Flak Abt. 514) rund um Aachen während der anglo-amerikanischen Luftoffensive der Jahre 1943/44. Hrsg. von der Unterprima des Kaiser-Karl-Gymnasiums in Aachen. Aachen (Selbstverlag) 1975.
Mittelalterliche Inventare aus Tirol und Vorarlberg. Mit Sacherklärungen. Hrsg. von Oswald von Zingerle. Innsbruck 1909.
Moser, Hans: Durch Barbarei, Arabia. Zur Klangphantasie Oswalds von Wolkenstein. In: Germanistische Studien. Hrsg. von Johannes Erben und Eugen Thurnher. Innsbruck 1969 (= Innsbrucker Beiträge zur Kulturwissenschaft 15). S. 75–92.
Moser, Hans: Wie sorgt ein spätmittelalterlicher Dichter für die Erhaltung seines Werks? Nachlese zur Oswald-Überlieferung. In: Oswald von Wolkenstein. Beiträge. S. 85–120.
Moser, Hans: Zur Vorzeichnung des Oswald-Porträts in der Handschrift B. In: Oswald von Wolkenstein. Beiträge. S. 408–409, 2 Abb.
Mück, Hans-Dieter: Oswald von Wolkenstein – ein Frühpetrarkist? Überlegungen zur literarhistorischen Einordnung. In: Oswald von Wolkenstein. Beiträge. S. 121–166, 1 Abb.
Müller, Ulrich: ›Dichtung‹ und ›Wahrheit‹ in den Liedern Oswalds von Wolkenstein. Die autobiographischen Lieder von den Reisen. Göppingen 1968 (= Göppinger Arbeiten zur Germanistik 1).
Müller, Ulrich: Oswald von Wolkenstein. Die ›Heimatlieder‹ über die Tiroler Streitereien (Kl 81, Kl 104, Kl 116). In: Zeitschrift für deutsche Philologie. 87. 1968. Sonderheft. S. 222–234.
Müller, Ulrich: ›Lügende Dichter‹? (Ovid, Jaufre Rudel, Oswald von Wolkenstein). In: Gestaltungsgeschichte und Gesellschaftsgeschichte. Literatur-, kunst- und musikwissenschaftliche Studien. In Zus.arbeit mit Käte Hamburger hrsg. von Helmut Kreuzer. Fritz Martini zum 60. Geburtstag. Stuttgart 1969. S. 32–50.
Müller, Ulrich: Beobachtungen und Überlegungen über den Zusammenhang von Stand, Werk, Publikum und

Überlieferung mittelhochdeutscher Dichter: Oswald von Wolkenstein und Michel Beheim – ein Vergleich. In: Oswald von Wolkenstein. Beiträge. S. 167–181, 3 Abb.

Müller, Ulrich: Untersuchungen zur politischen Lyrik des deutschen Mittelalters. Göppingen 1974 (= Göppinger Arbeiten zur Germanistik 55/56).

Muffat, Karl August: Ueber Margareta von Schwangau. In: Sitzungsberichte der kgl. Bayer. Akad. der Wissenschaften. Philosoph.-philolog. und histor. Classe. Jg. 1875, 1.1. München 1875. S. 98–104.

Noggler, Anton: Der Wolkenstein-Hauensteinische Erbschaftsstreit und dessen Austragung unter Oswald von Wolkenstein. In: Zeitschrift des Ferdinandeums für Tirol und Vorarlberg. 3. Folge. 26. 1882. S. 99–180.

Noggler, Anton: Eine unbekannte Reise Oswalds von Wolkenstein. (Mit einem) Excurs: Versuch einer näheren Zeitbestimmung der ersten Belagerung Greifensteins unter Herzog Friedrich dem Älteren. In: Zeitschrift des Ferdinandeums für Tirol und Vorarlberg. 3. Folge. 27. 1883. S. 3–70.

Noggler, Anton: Die Starkenbergische Streitschrift gegen Herzog Friedrich von Oesterreich. In: Zeitschrift des Ferdinandeums für Tirol und Vorarlberg. 3. Folge. 27. 1883. S. 71–118.

Noggler, Anton: Hat Oswald von Wolkenstein im Jahre 1424 Tirol verlassen? In: Zeitschrift für deutsches Altertum. 27. 1883. S. 179–192.

Noggler, Anton: Einige kleine Mitteilungen zur vaterländischen Geschichte. I: Ein Bericht Oswalds von Wolkenstein über die Zustände im heiligen Lande. In: Bothe von und für Tirol und Vorarlberg. 79. 1893. Nr. 269. S. 2129.

Noggler, Anton: Einige kleine Mitteilungen zur vaterländischen Geschichte. II: Ein dunkler Punkt in dem Leben Oswalds von Wolkenstein. In: Bothe von und für Tirol und Vorarlberg. 79. 1893. Nr. 271. S. 2293.

Oberrauch, Luis: Zur Belagerung von Greifenstein durch Herzog Friedrich (1423–1426). In: Der Schlern. 50. 1976. S. 319–320, 2 Abb.

Okken, Lambertus, Heinrich L. Cox: Untersuchungen zu dem Wortschatz der Lieder Oswalds von Wolkenstein 54, 55, 59 und 60. In: Neophilologus. 56. 1972. S. 298–310, 435–450. 57. 1973. S. 42–61, 156 bis 172.

Okken, Lambertus, Heinrich L. Cox: Untersuchungen zu dem Wortschatz der Lieder Oswalds von Wolkenstein 81 und 116. I. Lied 81. In: Modern Language Notes. 88. 1973. S. 956–979.

Okken, Lambertus, Heinrich L. Cox: Untersuchungen zu dem Wortschatz der Lieder Oswalds von Wolkenstein 81 und 116. II. Lied 116. Mit einem Beitrag von Franz Viktor Spechtler. In: Modern Language Notes. 89. 1974. S. 367–391.

Okken, Lambertus: Oswald von Wolkenstein: Lied Nr. 44. Wortschatz-Untersuchung. In: Oswald von Wolkenstein. Beiträge. S. 182–218.

Oswald von Wolkenstein. Beiträge der philologisch-musikwissenschaftlichen Tagung in Neustift bei Brixen 1973. Im Auftr. des Südtiroler Kulturinstituts hrsg. von Egon Kühebacher. Innsbruck 1974 (= Innsbrucker Beiträge zur Kulturwissenschaft. Germanistische Reihe. Bd. 1).

Otten, Dirk: Oswald von Wolkensteins Lied ›Herz, prich‹. In: Neophilologus. 55. 1971. S. 400–417.

Paris, Edmond: Die große Zeit der Galeeren und Galeassen. Bielefeld 1973.

Petzsch, Christoph: Text- und Melodietypenveränderung bei Oswald von Wolkenstein. In: Deutsche Vierteljahrsschrift für Literaturwissenschaft und Geistesgeschichte.

38. 1964. S. 491–512.
Petzsch, Christoph: Kontrafaktur und Melodietypus. In: Die Musikforschung. 21. 1968. S. 271–290.
Piper, Otto: Österreichische Burgen. T. 4. Wien 1905.
Plangg, Guntram: Romanisches in der Dichtung Oswalds von Wolkenstein. In: Weltoffene Romanistik. Festschrift für Alwin Kuhn zum 60. Geburtstag. Hrsg. von Guntram Plangg und Eberhart Tiefenthaler. Innsbruck 1963 (= Innsbrucker Beiträge zur Kulturwissenschaft 9/10). S. 51–66.
Pörnbacher, Hans: Margareta von Schwangau. Die Gemahlin Oswalds von Wolkenstein ca. 1390–1448. In: Der Schlern. 48. 1974. S. 283–297, 5 Abb.
Politische Lyrik des deutschen Mittelalters. Texte II: Von Heinrich von Mügeln bis Michel Beheim. Von Karl IV. bis Friedrich III. Hrsg. von Ulrich Müller. Göppingen 1974 (= Göppinger Arbeiten zur Germanistik 84).

Die Reisen des Ritters John Mandeville durch das Gelobte Land, Indien und China. Bearb. von Theo Stemmler nach der deutschen Übersetzung des Otto von Diemeringen. Stuttgart 1966 (= Bibliothek klassischer Reiseberichte).
Robertshaw, Alan: Ein Brief Oswalds von Wolkenstein? In: Veröffentlichungen des Tiroler Landesmuseums Ferdinandeum. 56. 1976. S. 141–144, 1 Abb.
Röhricht, Reinhold: Deutsche Pilgerreisen nach dem Heiligen Lande. Innsbruck 1900.
Röll, Walter: Zur Lingua franca. In: Zeitschrift für romanische Philologie. 83. 1967. S. 306–314.
Röll, Walter: Kommentar zu den Liedern und Reimpaarreden Oswalds von Wolkenstein. T. 1: Einleitung und Kommentar zu den Liedern Kl 1–20. Habil.-Schrift (masch.) Hamburg 1968.
Rupp, Heinz: Oswald von Wolkenstein ›Es ist ain altgesprochner rat‹. In: Germanistik in Forschung und Lehre. Vorträge und Diskussionen des Germanistentages in Essen, 21. bis 25. Okt. 1964. Hrsg. von Rudolf Henss und Hugo Moser. Berlin 1965. S. 149–150.

Salmen, Walter: Werdegang und Lebensfülle des Oswald von Wolkenstein. In: Musica Disciplina. 7. 1953. S. 147–173.
Salmen, Walter: Der fahrende Musiker im europäischen Mittelalter. Kassel 1960 (= Die Musik im alten und neuen Europa 4).
Salmen, Walter: Die Musik im Weltbilde Oswalds von Wolkenstein. In: Oswald von Wolkenstein. Beiträge. S. 237–244.
Schäfer, Heinrich: Geschichte von Portugal. Bd. 2. Hamburg 1839 (= Geschichte der europäischen Staaten. Hrsg. von A.H.L. Heeren und F. U. Ukert).
Schaller, Viktor: Ulrich II. Putsch, Bischof von Brixen und sein Tagebuch. 1427–1437. In: Zeitschrift des Ferdinandeums für Tirol und Vorarlberg. 3. Folge. 36. 1892. S. 225–322, 568–572.
Schatz, Josef: Sprache und Wortschatz der Gedichte Oswalds von Wolkenstein. Wien/Leipzig 1930 (= Akademie der Wissenschaften in Wien. Philosophisch-historische Klasse. Denkschriften 69, 2).
Schönach, Ludwig: Neue Beiträge zur Geschichte des Hereinlangens der Femegerichte nach Tirol. In: Forschungen und Mitteilungen zur Geschichte Tirols und Vorarlbergs. 14. 1917. S. 147–152.
Schultz, Alwin: Deutsches Leben im XIV. und XV. Jahrhundert. Große Ausgabe. Prag/Wien/Leipzig 1892.
Schwob, Anton: Oswald von Wolkenstein. Sein Leben nach den historischen Quellen. In: Der Schlern. 48. 1974. S. 167–186.
Schwob, Anton: Zum Grabstein Oswalds von Wolkenstein. In: Der

Schlern. 48. 1974. S. 298–300, 2 Abb.
Schwob, Anton: Zwar disem fursten sol ich nymmer fluchen. Zur Stellung Oswalds von Wolkenstein im Streit zwischen König Sigismund und Herzog Friedrich IV. von Österreich. In: Oswald von Wolkenstein. Beiträge. S. 245–271.
Seel, Heinrich: Geschichte der gefürsteten Grafschaft Tirol. Bd. 3. München 1817.
Senn, Walter: Wo starb Oswald von Wolkenstein? In: Der Schlern. 34. 1960. S. 336–343.
Sinnacher, Franz Anton: Beyträge zur Geschichte der bischöflichen Kirche Säben und Brixen in Tyrol. Bd. 6. Brixen 1828.
Smitmer, Franz Paul Edler von: Über den Drachen-Orden. In: Jahrbuch der k. k. heraldischen Gesellschaft ›Adler‹. N. F. 5/6. 1895. S. 65–82.
Sommerfeld, Martin: Die Reisebeschreibungen der deutschen Jerusalempilger im ausgehenden Mittelalter. In: Deutsche Vierteljahrsschrift für Literaturwissenschaft und Geistesgeschichte. 2. 1924. S. 816 bis 851.
Spechtler, Franz Viktor: Beiträge zum deutschen geistlichen Lied des Spätmittelalters. In: Zeitschrift für deutsche Philologie. 90. 1971. Sonderheft. S. 169–190.
Spechtler, Franz Viktor: Beiträge zum deutschen geistlichen Lied des Mittelalters II: Oswald von Wolkenstein. In: Oswald von Wolkenstein. Beiträge. S. 272–284.
Stäblein, Bruno: Das Verhältnis von textlich-musikalischer Gestalt zum Inhalt bei Oswald von Wolkenstein. In: Formen mittelalterlicher Literatur. Siegfried Beyschlag zu seinem 65. Geburtstag. Hrsg. von Otmar Werner und Bernd Naumann. Göppingen 1970 (= Göppinger Arbeiten zur Germanistik 25). S. 179–195.
Stäblein, Bruno: Oswald von Wolkenstein, der Schöpfer des Individualliedes. In: Deutsche Vierteljahrsschrift für Literaturwissenschaft und Geistesgeschichte. 46. 1972. S. 113 bis 160.
Stäblein, Bruno: Oswald von Wolkenstein und seine Vorbilder. In: Oswald von Wolkenstein. Beiträge. S. 285–307.
Stäblein, Bruno: Hussiana. In: Festschrift Walter Senn zum 70. Geburtstag. Hrsg. vom Tiroler Landesmuseum Ferdinandeum Innsbruck unter Erich Egg, redigiert von Ewald Fässler. München/Salzburg 1975. S. 221–238.
Stolz, Otto: Geschichte des Zollwesens, Verkehrs und Handels in Tirol und Vorarlberg von den Anfängen bis ins 20. Jahrhundert. Innsbruck 1953 (= Schlern-Schriften 108).
Timm, Erika: Die Überlieferung der Lieder Oswalds von Wolkenstein. Lübeck 1972 (= Germanische Studien 242).
Timm, Erika: Ein Beitrag zur Frage: Wo und in welchem Umfang hat Oswald von Wolkenstein das Komponieren gelernt? In: Oswald von Wolkenstein. Beiträge. S. 308–331.
Toman, Hugo: Husitské válečnictvíz doby Žižkovy a Prokopovy. Praha 1869.
Tumler, Franz, Karl M. Mayr: Herkunft und Terminologie des Weinbaues im Etsch- und Eisacktale. Innsbruck 1924 (= Schlern-Schriften 4).

Ulrich Richental. Das Konzil zu Konstanz. Bd. 1: Faksimileausgabe. Bd. 2: Kommentar und Text bearb. von Otto Feger. Starnberg/Konstanz 1964.
Rodank, Arthur von (d. i. Arthur Graf von Wolkenstein-Rodenegg): Sabina Jäger. Ein Zeit- und Lebensbild aus dem Anfange des 15. Jahrhunderts. Innsbruck 1905 (= Tiroler Romane von Arthur von Rodank 8).

Die Urkunden Kaiser Sigmunds (1410 bis 1437). Bd. 1: 1410–1424. Hrsg.

von Wilhelm Altmann. Innsbruck 1896/97 (= Regesta Imperii XI).
Urkundenbuch des Augustiner Chorherren-Stiftes Neustift in Tirol. Hrsg. von Theodor Mairhofer. Wien 1871 (= Fontes rerum austriacarum. Österreichische Geschichts-Quellen. 2. Abt. 34).

Verskonkordanz zu den Liedern Oswalds von Wolkenstein. (Hss. B und A). 2 Bde. Hrsg. von George Fenwick Jones, Hans-Dieter Mück, Ulrich Müller. Göppingen 1973 (= Göppinger Arbeiten zur Germanistik 40/41).
Voigt, Johannes: Geschichte Preußens von den ältesten Zeiten bis zum Untergang der Herrschaft des deutschen Ordens. Königsberg 1832.

Waldbott von Bassenheim, Friedrich Reichsfreiherr von: Graf Oswald Gobert von Wolkenstein. Seine direkte Abstammung väterlicher und mütterlicher Seite von den Fürstenhäusern Rákóczy und Hohenzollern. Budapest 1908.
Weingartner, Josef: Die Trostburg. In: Der Schlern. 3. 1922. S. 1–6.
Wellmann, Hans: Ain burger und ain hofman. Ein ›Ständestreit‹ bei Oswald von Wolkenstein? In: Oswald von Wolkenstein. Beiträge. S. 332 bis 343.
Wendler, Josef: Studien zur Melodiebildung bei Oswald von Wolkenstein. Tutzing 1963.
Will, Cornelius: Der Anfang eines Klagelieds Oswalds von Wolkenstein auf die Hussitenschlacht bei Taus im Jahre 1431. Nach einer gleichzeitigen Handschrift mitgeteilt. In: Verhandlungen des historischen Vereines von Oberpfalz und Regensburg. 51. N. F. 43. 1899. S. 89–100.
Wolff, Karl Felix: Dolomitensagen. Sagen und Überlieferungen, Märchen und Erzählungen der ladinischen und dt. Dolomitenbewohner. 11. erweiterte deutsche Aufl. Innsbruck/Wien/München 1963.
Wolkenstein-Rodenegg, Arthur Graf: Zum Aufsatze ›Zur Frage der Geburtsstätte Oswalds von Wolkenstein‹. In: Der Schlern. 6. 1925. S. 391–393.
Wolkenstein-Rodenegg, Arthur Graf von: Oswald von Wolkenstein. Innsbruck 1930 (= Schlern-Schriften 17).
Wolkenstein-Trostburg, Heinrich Graf: Das Greifenstein-Lied des Oswald von Wolkenstein. In: Der Schlern. 34. 1960. S. 176–183.
Wurzbach, Constant von: Biographisches Lexikon des Kaiserthums Österreich. Th. 58. Wien 1889.

Personen- und Sachregister

Zusammengestellt von Heike Mück

Bildnachweise

Seite I
Oswald von Wolkenstein, Ritter: das repräsentative Portrait (mit allen Orden) in der Innsbrucker Liederhandschrift. Universitätsbibliothek Innsbruck. Foto: Ursula und Ulrich Müller.

Seite II
Die Burgruine Wolkenstein und das Langental, auf einer Zeichnung von 1837. Bildarchiv: Tiroler Landesmuseum Ferdinandeum Innsbruck. Foto: A. Demanega.

Seite III
Die Trostburg; im Vordergrund der Eisack. Eine Zeichnung von 1825. Bildarchiv: Tiroler Landesmuseum Ferdinandeum Innsbruck. Foto: A. Demanega.

Seite IV
Oswalds Region zwischen Schlern, Eisack und Ritten. Ausschnitt aus einer Karte von 1611.

Seite V
Oswalds Landesherr, Herzog Friedrich IV. von Österreich (»Friedel mit der leeren Tasche«). Bildarchiv: Tiroler Landesmuseum Ferdinandeum Innsbruck. Foto: A. Demanega.

Seite VI
Oswald als Kreuzritter auf dem Marmor-Gedenkstein von Brixen, aus dem Jahre 1408. Foto: Dieter Kühn.

Seite VII
Oswald von Wolkenstein neben einem Petrarca-Brief; Ausschnitt einer Seite einer Wolfenbütteler Handschrift. Bildarchiv: Herzog August Bibliothek Wolfenbüttel.

Seite VIII
Sigmund, König von Ungarn, König des Heiligen Römischen Reiches Deutscher Nation. Aus dem Bildarchiv der Österreichischen Nationalbibliothek.

Seite IX
Die Stadt Konstanz, auf einem Holzschnitt von 1570. Aus dem Bildarchiv der Österreichischen Nationalbibliothek.

Seite X
Die Belehnung des Pfalzgrafen Ludwig durch König Sigmund, Mai 1417 in Konstanz. Im Besitz des Rosgarten-Museums Konstanz.

Seite XI
Bildausschnitt: Reiter des Gefolges, unter ihnen Oswald von Wolkenstein, zweiter von rechts. Im Besitz des Rosgarten-Museums Konstanz.

Seite XII
Burg Hauenstein, gezeichnet im 19. Jahrhundert, ohne Santnerspitze und Schlern. Bildarchiv: Tiroler Landesmuseum Ferdinandeum Innsbruck.

Seite XIII
Umschlagzeichnung des ›Hauptgeschäftsbuchs‹, das Oswald um 1427 anlegen ließ. Bildarchiv: Germanisches National-Museum Nürnberg, Wolkenstein-Archiv.

Seite XIV
Pfalzgraf Ludwig III. (»Der Bärtige«). Aus dem Bildarchiv der Österreichischen Nationalbibliothek.

Seite XV
Bischof Ulrich II. von Brixen (Ulrich Putsch) auf seinem Grabstein. Foto: Hans-Dieter Mück.

Seite XVI
Die Burg Greifenstein über dem Etschtal, von Osten gesehen. Bildarchiv: Tiroler Landesmuseum Ferdinandeum.

Von Dieter Kühn
erschienen im Suhrkamp Verlag
und Insel Verlag

Und der Sultan von Oman. *Erzählung* 1979
Ich Wolkenstein. *Eine Biographie* 1977
Josephine. *Aus der öffentlichen Biographie der Josephine Baker* 1976
Stanislaw der Schweiger. *Roman* 1975
Festspiel für Rothäute. *Erzählung* 1974
Die Präsidentin. *Roman eines Verbrechens* 1973
Siam-Siam. *Ein Abenteuerbuch* 1972
Ausflüge im Fesselballon. *Roman* 1971
N. *Erzählung* 1970

edition suhrkamp
Goldberg-Variationen. *Hörspieltexte mit Materialien* 1976. Band 795
Unternehmen Rammbock. *Planspielstudie zur Wirkung gesellschaftlicher Literatur* 1974. Band 683
Grenzen des Widerstands. *Essays* 1972. Band 531

suhrkamp taschenbücher
Josephine. *Aus der öffentlichen Biographie der Josephine Baker* 1980. Band 587
Siam-Siam. *Ein Abenteuerbuch* 1974. Band 187
N. *Erzählung* 1973. Band 93

insel taschenbücher
Eduard Pöpping: In der Nähe des ewigen Schnees
Herausgegeben und mit einem Nachwort versehen von Dieter Kühn 1975. Band 166